D1877975

जॉन स्ट्रैटन हौली

जॉन स्ट्रैटन हौली—जैक—के नाम से भी जाने जाते हैं। भारत की भक्ति परम्परा पर उनकी चर्चित किताबें हैं—'अ स्ट्रॉर्म ऑफ सांग्स : इंडिया एंड दि आइडिया ऑफ दि भक्ति मूवमेंट' (हार्वर्ड, 2015), 'सूर'स ओशन' (कैनेथ ब्रायंट के साथ, हार्वर्ड, 2015), 'इन टू सूर'स ओशन' (हार्वर्ड ओरिएंटल सीरीज, 2016), 'सूरदास : पोएट, सिंगर, सेंट' (प्राइमस, 2018)। 'कृष्ण की लीलाभूमि : 21वीं सदी में वृन्दावन' उनकी पुस्तक 'कृष्णा'स प्लेग्राउंड : वृन्दावन इन द 21स्ट सेंचुरी' (ऑक्सफोर्ड यूनिवर्सिटी प्रेस, 2020) का अनुवाद है। वे गुग्गेनहेम और फुलब्राइट-नेहरू फेलो रह चुके हैं और अमेरिकन अकेडमी ऑफ आर्ट्स एंड साइंस के लिए भी मनोनीत हो चुके हैं।

फिलहाल कोलम्बिया यूनिवर्सिटी के बर्नार्ड कॉलेज के धर्म विभाग में प्रोफेसर हैं।

ई-मेल : jsh3@columbia.edu

अशोक कुमार

अशोक कुमार ने बिहार में 1974 के जन-आन्दोलन की पत्रिका 'तरुण क्रान्ति' और 'समग्रता' में पत्रकारिता का प्रारम्भिक पाठ पढ़ने के बाद दिल्ली के भारतीय जनसंचार संस्थान से पत्रकारिता का डिप्लोमा किया। 'धर्मयुग', 'जनसत्ता', 'इंडिया टुडे हिन्दी', 'इंडिया टुडे साहित्य वार्षिकी' और 'शुक्रवार' के सम्पादक मंडल में विभिन्न पदों पर काम करने के बाद सम्प्रति गांधी शान्ति प्रतिष्ठान से जुड़ाव। उनके अनुवाद में ज्याँ द्रेज़ और अमर्त्य सेन की कृति 'भारत और उसके विरोधाभास' और जॉन स्ट्रैटन हौली की दो पुस्तकें—'भक्ति के तीन स्वर : मीराँ, सूर, कबीर' एवं 'कृष्ण की लीलाभूमि : 21वीं सदी में वृन्दावन' राजकमल प्रकाशन से प्रकाशित हैं।

ई-मेल : akalpam@yahoo.com

'भक्ति-मीमांसा' शृंखला की पाँचवीं पुस्तक

शृंखला संपादक

पुरुषोत्तम अग्रवाल

कृष्ण की लीलाभूमि

21वीं सदी में वृन्दावन

जॉन स्ट्रैटन हौली

अनुवाद

अशोक कुमार

राजकमल पेपरबैक्स

मूल अंग्रेज़ी पुस्तक 'Krishna's Playground : Vrindavan in the 21st Century' का हिन्दी अनुवाद

राजकमल पेपरबैक्स में
पहला संस्करण : 2023

राजकमल पेपरबैक्स : उत्कृष्ट साहित्य के जनसुलभ संस्करण

राजकमल प्रकाशन प्रा. लि.
1-बी, नेताजी सुभाष मार्ग, दरियागंज
नई दिल्ली-110 002
द्वारा प्रकाशित

शाखाएँ : अशोक राजपथ, साइंस कॉलेज के सामने, पटना-800 006
पहली मंजिल, दरबारी बिल्डिंग, महात्मा गांधी मार्ग, प्रयागराज-211 001
वेबसाइट : www.rajkamalprakashan.com
ई-मेल : info@rajkamalprakashan.com

यश प्रिंटोग्राफिक्स
नोएडा-201 301 (उत्तर प्रदेश)
द्वारा मुद्रित

मूल्य : ₹499

KRISHNA KI LEELABHUMI : 21vin Sadi Mein Vrindavan
by John Stratton Hawley
Translated by Ashok Kumar

ISBN : 978-81-19028-78-8

रॉबिन बीछ की स्मृति को समर्पित

क्रम

वृन्दावन : पुराना और नया—पुरुषोत्तम अग्रवाल *9*
प्रस्तावना *13*
आभार *17*

खो गया सपनों का संसार 23
केशी घाट का संघर्ष 45
मॉल ऑफ वृन्दावन 84
गगनचुम्बी मन्दिर 139
महिलाओं का वृन्दावनी आश्रय : आज कैसा? 198
श्रीवत्स होना 237
वृन्दावन : हमारे समय का संकेत 285

टिप्पणियाँ *318*
सन्दर्भ ग्रंथ सूची *350*
अनुक्रमणिका *365*

वृन्दावन : पुराना और नया

भक्ति मीमांसा श्रृंखला में 'भक्ति के तीन स्वर' (2019) के बाद, यह प्रो. जॉन स्ट्रैटन हॉली की दूसरी किताब है। विचारोत्तेजक शोध और मोहक लेखन-शैली के लिए विख्यात प्रो. हॉली भक्ति संवेदना और उसके इतिहास के समर्पित अध्येता हैं। सूर-काव्य के प्रामाणिक पाठ-निर्धारण से लेकर विभिन्न भक्ति-धाराओं के परस्पर संवाद और सम्पर्क को समझने तक की जो यात्रा हॉली ने की है, उसका श्रीगणेश पचास बरस पहले वृन्दावन से ही हुआ था, जब वे सूरदास पर शोध करने के लिए वृन्दावन पहुँचे थे।

हॉली के लिए वृन्दावन सूर-काव्य की शोध-यात्रा का एक अनिवार्य पड़ाव-भर न रहकर स्वयं एक अदम्य आकर्षण बन गया। दिल्ली और आगरा के बीच, मथुरा नगरी के पास स्थित भौगोलिक वृन्दावन सात समंदर पार से आए शोधार्थी के अपने मन-वृन्दावन में बदल गया। यह किताब उस मन-वृन्दावन से भौतिक वृन्दावन तक की यात्रा का दस्तावेज है।

मन-वृन्दावन की रचना के सन्दर्भ का संकेत लेखक ने एकदम आरम्भ में ही दे दिया है। उनके प्रोटेस्टेंट धार्मिक-सांस्कृतिक परिवेश में श्रम को ही पूजा (वर्क इज वरशिप) माना जाता था; वे मैक्स बेवर की किताब 'पढ़ने के पहले ही समझ गए' थे कि 'प्रोटेस्टेंट नैतिकता क्या होती है'। तुलनात्मक धर्म का अध्ययन करने के क्रम में उन्होंने पहली बार ऐसे भगवान (श्रीकृष्ण) के बारे में जाना, जिसके बचपन के खेल-कूद और शरारतें भी पूजा का विषय, आस्था का आधार हो सकती हैं। उनका परिचय ऐसे धर्म-बोध से हुआ जिसमें पूजा श्रम के प्रति समर्पण नहीं, बल्कि वात्सल्य के भाव से भी की जा सकती है; जिसमें बाल-क्रीड़ा भगवान की लीला में बदल जाती है। इस लीला के अद्वितीय गायक सूरदास को समर्पित अध्येता का मन वृन्दावन से जुड़ जाए, यह स्वाभाविक ही है।

वृन्दावन अनेक हैं—पौराणिक वृत्तान्तों का वृन्दावन, लोक-स्मृति का वृन्दावन, मानचित्र पर एक छोटे से नगर के रूप में सूचित वृन्दावन, दक्षिण भारत से लेकर अमेरिका तक में बनाए गए वृन्दावन-भक्तों के मन में रचे वृन्दावन, और हॉली जैसे

अध्येताओं के मानस में संरक्षित वृन्दावन। इस किताब में आपका कमोबेश संवाद इन सभी वृन्दावनों से होता है।

यह किताब पिछले पचास साल में आए बदलावों से लेखक के अपने साक्षात्कार को भौतिक परिवेश में आए परिवर्तन, पूँजीवादी संस्कृति के फैलाव, धर्म-बोध में आए बदलावों के व्यापक, विचारोत्तेजक आख्यान के सन्दर्भ में स्थापित करती है। वृन्दावन के तथाकथित विकास के प्रसंग में संरक्षणवादी बनाम भविष्यवादी खेमों की जिस बहस का विवरण यह किताब देती है, वह जाहिर है कि वृन्दावन तक सीमित नहीं। केवल वृन्दावन ही नहीं, अन्य तीर्थस्थल भी टूरिस्ट स्पॉटों में सायास बदले जा रहे हैं। ऐसे आयास कितने घातक हो सकते हैं, इसकी ताजातरीन मिसाल जोशीमठ है।

जनसंख्या और मध्यवर्ग की सम्पन्नता के बढ़ने के साथ ही, अमेरिका, यूरोप जा बसे हिन्दुओं के मातृभूमि-प्रेम और धर्म-प्रेम (जो मयामी बीच को वृन्दावन या हरिद्वार ले आने या काशी को क्योटो; हर तीर्थ-संकुल को टूरिस्ट फ्रेंडली कॉरिडोर बना देने वाले विकास के मुहावरे में बोलता है) के कारण वृन्दावन या किसी भी तीर्थस्थान पर आधुनिकीकरण और तथाकथित विकास का दबाव बढ़ता जा रहा है। इस हालत में, धार्मिक-सांस्कृतिक केन्द्रों के विकास के बारे में सोचते समय जरूरत खोखली भावनात्मकता और शानदिखाऊ नारेबाजी की नहीं, सच्ची सांस्कृतिक संवेदनशीलता की है। हॉली उस प्रक्रिया का प्रामाणिक आख्यान प्रस्तुत करते हैं जो ऐसी संवेदनशीलता के अभाव के कारण वृन्दावन को अपना खुद का अजायबघर बनाए दे रही है। यह प्रस्तुति नाटकीय भावुकता से मुक्त होने के कारण बहुत गहरा प्रभाव छोड़ती है।

वृन्दावन के तथाकथित विकास का विरोध या समर्थन ही होती, तो यह किताब वह न होती जो कि है, तब यह भारत बल्कि दुनिया के महत्त्वपूर्ण तीर्थस्थानों के बारे में लिखी जाने वाली अनेक किताबों में से बस एक ही होती। हॉली की किताब आपको वृन्दावन को अपनी धार्मिक कल्पना के केन्द्र में रखने वाले विभिन्न संगठनों (जिनमें सर्वाधिक विख्यात तो इस्कॉन ही है) के सोच-विचार और आन्तरिक सत्ता-संघर्षों से भी अवगत कराती है, और याद दिलाती है कि मन्दिर हो या मस्जिद या चर्च उनकी भव्यता का सम्बन्ध भक्ति-भावना से कम भक्तों द्वारा अपनी राजनैतिक या आर्थिक शक्ति के प्रदर्शन की कामना से अधिक होता है।

इस क्रम में हम अकबर के सेनापति मानसिंह द्वारा निर्मित गोविन्द देव मन्दिर के निर्माण और आंशिक विध्वंस की कथा के विभिन्न पाठों से परिचय के साथ यह सोचने का अवसर भी प्राप्त करते हैं कि अतीत के अतीतपन को धता बताते हुए उसे वर्तमान राजनीति की चाकरी में लगा देने के परिणाम कितने घातक हो सकते हैं।

पुस्तक का सबसे प्रभावी पक्ष यह कि यद्यपि 'पुराने वृन्दावन' के प्रति लेखक का लगाव, बल्कि नॉस्टेल्जिया स्पष्ट है लेकिन फिर भी वे 'नये' वृन्दावन के विरुद्ध कोई मूल्य-निर्णय देने की हड़बड़ी में नहीं हैं। वे हमें दिखाते हैं कि नये में यदि उपभोक्तावाद की अश्लीलताएँ हैं तो अब तक पुरुषों के लिए ही सहज माने जाने वाले धार्मिक कृत्यों में स्त्रियों की बढ़ती भागीदारी जैसे स्वागत योग्य तत्त्व भी हैं। किसी भी प्रसंग में विचार करते समय, हॉली पुराने और नये वृन्दावन के बीच अन्तरों को ही नहीं, निरन्तरताओं को भी अपने विवेचन का विषय बनाते हैं, आखिरकार कोई भी ऐतिहासिक परिवर्तन हवा में से तो नहीं टपक पड़ता। बहुत चौंकाने वाले परिवर्तन भी बहुधा परम्परा के नैरंतर्य में विस्फोट के रूप में ही इतिहास के रंगमंच पर अवतरित होते हैं।

इसीलिए यह पुस्तक साहित्य और इतिहास के विद्यार्थियों के लिए तो महत्त्वपूर्ण है ही, साथ ही वृन्दावन या किसी भी धार्मिक-सांस्कृतिक केन्द्र के बारे में विचार और गतिविधि कर रहे संरक्षणवादियों के लिए भी अनिवार्य है, और भविष्यवादियों के लिए भी।

बतौर संपादक के, 'कृष्ण की लीलाभूमि' को भक्ति मीमांसा शृंखला में प्रकाशित करते हुए मुझे गौरव का अनुभव हो रहा है।

29 जनवरी, 2023

—पुरुषोत्तम अग्रवाल

प्रस्तावना

यह किताब सबसे पहले जो सीख देती है उनमें एक यह है कि आप वृन्दावन से कभी दूर नहीं जा सकते। दुनिया-भर में उग आए नये वृन्दावन इस तथ्य को प्रमाणित करते हैं। और वास्तव में, श्रीकृष्ण के जीवन में एक ऐसा समय आया जब वे स्वयं वृन्दावन छोड़ देते हैं। एक प्रसिद्ध प्रकरण यह है कि वे जिन गोपियों को पीछे छोड़ आए हैं, उनके पास वे अपना एक सन्देशवाहक उन्हें यह सन्देश देने के लिए भेजते हैं कि उनका तन चाहे कहीं भी रहे, मन और भावना सदा उनके साथ हैं। उद्धव उनका सन्देश लेकर जाते हैं लेकिन गोपियाँ उनकी कोई बात सुनने को तैयार नहीं होतीं। वे श्रीकृष्ण को अपने वृन्दावन में, इस वृन्दावन में चाहती हैं, जो यमुना तट पर बसा है, उनकी तरफ के यमुना तट पर।

वृन्दावन का नक्शा, ए.आर. सुशान्त भारती (पैमाने पर नहीं)

कोविड ने खत्म होने में लम्बा समय लिया, और उन तीन लम्बे वर्षों तक मैं दूसरी तरफ की दुनिया में इंतजार करता रहा। वृन्दावन को चाहे मैं अपने मन में जितना बसाए रखूँ, उसके बारे में अपने छात्रों से चाहे जितनी बातें करूँ, और 10,000 मील दूर से भी मुझे राधारमणजी के दर्शन करने के चाहे मुझे कितने भी अवसर मिले हों, वास्तविक चीज का कोई विकल्प नहीं हो सकता। जनवरी 2020 में इस पुस्तक का अंग्रेजी संस्करण प्रकाशित हुआ था, इसके बाद पहली बार वापस लौटकर जब मैं यह भूमिका लिख रहा हूँ तब बहुत आनन्दविभोर हूँ।

वृन्दावन कई तरह से जस का तस दिखा, ठीक उस शहर जैसा, जो वह 2020 में तेजी से बनता जा रहा था। हर जगह निर्माण कार्य चल रहा है। 2020 में जो आवासीय परियोजनाएँ आधी-अधूरी थीं वे अब पूरी हो चुकी हैं—उदाहरण के लिए संस्कार सिटी, या उदाहरण के लिए श्रीकृष्ण हाइट्स, और यही स्थिति वृन्दावन चन्द्रोदय मन्दिर के ठीक बगल में स्थित विशाल रियल एस्टेट 'कृष्ण भूमि' के बड़े हिस्से की है। 70 मंजिला इस मन्दिर का आधार 15 मंजिलों जितना ऊँचा है और इसमें जो चार मन्दिर होंगे उनमें से पहला मन्दिर अब करीब बन गया है और उसका निर्माण कार्य जारी है। और अभी बहुत...बहुत...बहुत कुछ सामने आने वाला है। वृन्दावन के नये हिस्से में ऐसा लगता है कि वृन्दावन 'वृन्दावन-प्रॉपर्टी-डॉट-इन' में या इसके कई प्रॉपर्टी डॉटकॉम बन्धुओं में से एक के रूप में परिवर्तित हो चुका है।

यानी गति कायम है। जब मैं वृन्दावन छोड़कर गया था उस समय परिक्रमा मार्ग जिस हाल में था उसके मुकाबले आज उस पर भीड़ और अधिक बढ़ गई है। बिहारीजी के दर्शन के लिए उनके मन्दिर (कई लोगों के लिए सबका केन्द्र यही है) के आगे लगने वाली कतार और लम्बी हो गई है। 2020 में जब केन्द्र सरकार की सख्त पाबन्दियों में छूट दी गई थी तब ये कतारें कई किलोमीटर लम्बी हो गई थीं। जैसा कि मेरे प्रिय मित्र, वृन्दावन के विद्वान सम्राट कुमार ने बताया, ऐसे संकट के समय में लोग अपने इष्टदेवता का दर्शन करने की ज्यादा जरूरत महसूस करते हैं इसलिए मन्दिर पर दबाव अभूतपूर्व रूप से बढ़ गया। 2022 में, जब संकट गुजर गया तब मथुरा रोड पर, जिसके पास सम्राट रहते हैं, ट्रैफिक इतना बढ़ गया कि उनके फाटक से बाहर कदम रखना तक मुश्किल हो गया। जब सबको पता था कि भीड़-भाड़ से खतरा बढ़ सकता है, तब ऐसे समय में भी वृन्दावन में भीड़ ही बढ़ रही थी।

और, नदी का क्या हो रहा था? जब मैंने वृन्दावन छोड़ा था तब कंक्रीट के विशाल चबूतरे यमुना में बनाए जा रहे थे। ये नई रिंग रोड की खातिर बनाए जा रहे थे, जो कि मोटर वाहन के इस युग में बेहतर परिक्रमा मार्ग का रूप लेगी और ऐतिहासिक केशी घाट को छुए बिना गुजरेगी। यद्यपि यह अवैध था लेकिन इस बात को हमेशा

स्वीकार नहीं किया गया। वे चबूतरे तो अभी भी वहाँ कायम हैं, लेकिन मेरी दृष्टि में सौभाग्य से सड़क अभी नहीं है। फिर भी, केशी घाट परिवर्तनों से अछूता नहीं है। धर्म के कुछ उद्यमियों ने इसकी विशाल सीढ़ियों को नया नाम दे दिया है—आरती घाट। यह चमकीले रंग से लिखी गई इबारत से स्पष्ट है। जो तीर्थयात्री शाम को वहाँ पूजा-अर्चना करने आते हैं उन्हें सीवर के बड़े-बड़े, टूटे पाइपों को लाँघकर जाना पड़ता है। वे जलते दीये यमुना में प्रवाहित करते हैं, हालाँकि अफसोस की बात है कि इससे नदी प्रदूषित होती है लेकिन वे ऐसा करते हैं। चमकती आँखों वाले कुछ बच्चों ने मुझे भी कुछ दीये बेचने की कोशिश की।

यह सब काफी जाना-पहचाना है, लेकिन लोग बताते हैं कि सरकार के पास नई, बड़ी योजनाएँ हैं। मैंने सुना कि बनारस में जिस तरह काफी लोकप्रिय हुआ काशी विश्वनाथ कॉरिडोर बनाया गया है, वैसा यहाँ भी यमुना नदी से मदन मोहन मन्दिर से आगे तक कॉरिडोर जल्दी ही बनाया जाएगा, जब पर्यावरण सम्बन्धी पाबन्दियाँ हटा दी जाएँगी। बिहारीजी मन्दिर और प्राचीन मदन मोहन मन्दिर के बीच के सभी ढाँचे गिरा दिए जाएँगे। मेरा खयाल है, मन्दिरों को नहीं गिराया जाएगा। इसके बारे में खबर बीबीसी संवाददाता ने दी है।

इस बीच, पुराने वृन्दावन का क्या हुआ, जिसे बसाने की शुरुआत 16वीं सदी में हुई थी? उसकी विरासत भी कायम है। जनवरी 2023 में जिस रात मैं वहाँ पहुँचा, अँधेरे और ठंड का राज था लेकिन राधारमणजी मन्दिर और बाकी मन्दिरों के अन्दर भी जबरदस्त शोर, गर्मजोशी और रोशनी का साम्राज्य था। प्रांगण के पीछे से गूँजते संगीत के बीच लोगों के शरीर आपस में गुँथे थे, हर कोई प्रतीक्षा कर रहा था कि राधारमणजी मन्दिर के युवा पुजारी 'शयन आरती' के लिए गर्भगृह के द्वार कब खोलते हैं। महिलाएँ नाच रही थीं, पुरुष नाच रहे थे, दोनों साथ मिलकर नाच रहे थे। वृद्ध लोग भी खड़े होकर कतार में लग रहे थे, वे भी नाच रहे थे। दस युवक संगीतकारों के पास जब वृत्ताकार घेरा बनाकर चक्कर काटने लगे, चारों तरफ मोबाइलें चमक उठीं और दृश्य को कैद करने लगीं। हर तरफ से तालियों की आवाज आने लगी। यह वृन्दावन का हृदय धड़क रहा था—ठक...ठक...ठक यह 500 वर्षों से थाप दे रहा है।

आइए, मेरे साथ मिलकर इस नवीन-प्राचीन वृन्दावन को समझने का प्रयास कीजिए। मेरे साथ मिलकर इसके अतीत का कीर्तिगान कीजिए, इसके भविष्य की चिन्ता कीजिए और यह याद रखिए कि मैं तो बस एक यात्री हूँ, वह भी एक विदेशी यात्री। जो लोग मुझसे ज्यादा बार यहाँ आते हैं और जो लोग यहाँ रहते हैं, उन सबके प्रति मैं बहुत आभारी हूँ। मेरी हिन्दी बहुत अटकती-सी है, इसके बावजूद वृन्दावन के लोगों ने अपना दिल और दिमाग मेरे सामने खोलकर रखा। पहली बार मैं यहाँ 50 साल पहले आया था, तब से ऐसा ही रहा है।

वृन्दावन की मेरी कहानी जिस भाषा की बदौलत लिखी जा सकी उसे उसी भाषा में प्रस्तुत करने की यह घड़ी है। यह कहानी कई-कई भावों में हिन्दी में ही शुरू हुई और उसे अब अंग्रेजी से हिन्दी में अनूदित किया गया है। इस परिवर्तन के लिए मैं प्रतिभाशाली, धैर्यवान, अनुभवी अनुवादक अशोक कुमार का बहुत-बहुत शुक्रगुजार हूँ। इसमें थोड़ी अंग्रेजी भी शामिल है, जैसी कि वह नये वृन्दावन में शामिल है। लेकिन हिन्दी और ब्रजभाषा के बिना हम अपना सच्चा अभिप्राय नहीं तय कर सकते। यह साल मेरे लिए घरवापसी का साल रहा है, और यह पुस्तक भाषा में घरवापसी है।

20 जनवरी, 2023

—जैक हौली

आभार

कोई भी किताब अपने आप नहीं लिख जाती है और न ही किसी किताब का लेखक कोई एक व्यक्ति होता है। लेकिन यह किताब अधिक से भी कहीं अधिक संवादमूलक है। वास्तव में यह किताब लगभग पूरी तरह प्रेक्षण और संवाद पर बुनी गई है। यह जिस संसार का वर्णन करती है उसी का यह एक हिस्सा है। इसका अर्थ यह है कि मैं न केवल अपने साथियों, गुरुओं और सहायकों का बल्कि वृन्दावन के व्यापक संसार का गहरा आभारी हूँ, जिनमें वे लोग भी शामिल हैं जिनका नाम तक मैं नहीं जानता। उदाहरण के लिए, वृन्दावन की मुख्य सड़क के किनारे बैठी वह महिला, जिसके चेहरे पर उम्र के खूबसूरत निशान और आपस में जुड़े हाथों ने मुझे अपनी ओर इस तरह खींच लिया कि मैं उसकी फोटो खींचने को मजबूर हो गया था। उसकी फोटो आप तीसरे अध्याय के अन्त में, आखिरी तसवीर के रूप में देख सकते हैं। उसकी बगल में मेज पर चीजें बिखरी पड़ी थीं, वह पूरे परिदृश्य को देख रही थी, जैसे मैं। और, हालाँकि हमने एक-दूसरे से बात नहीं की—या जैसा कि लोग कहते हैं, कभी 'मिले' नहीं—उस खामोश लम्हे में वह एक सहयात्री जैसी थी, एक ऐसे शख्स के रूप में जिसका नजरिया मेरे नजरिये को तय कर रहा था। मैं कृतज्ञ हूँ।

दूसरे कई लोग ज्यादा खास कारणों से उससे मिलते होंगे। उनमें से कई के नाम आप नोट्स में देखेंगे, लेकिन मैं कुछ नामों का जिक्र करूँगा क्योंकि उनके बिना यह किताब आती ही नहीं। सबसे पहला नाम ज्ञानी एवं सौम्य श्रीवत्स गोस्वामी का है, जो चार दशकों से मेरे गाइड रहे हैं, जो मुझे वृन्दावन लाए। फिर, उनका पूरा गोस्वामी परिवार है जिसमें वे लोग भी शामिल हैं जो उनके लिए काम करते हैं। इस किताब के लिखे जाने के दौरान इस प्रतिष्ठित, उदार दृष्टि वाले परिवार में 94 से लेकर ढाई साल तक की उम्र के सदस्य जुड़ गए। उनमें से मैं विशेषकर अभिनव और सुवर्ण गोस्वामी का ऋणी हूँ, जिन्होंने स्थान के सुन्दर चित्र और

जानकारियाँ समय पर उपलब्ध कराकर मेरी विशेष सहायता की। अगली पीढ़ी की विष्णुप्रिया गोस्वामी अध्याय 4 में संक्षिप्त भूमिका में प्रकट होती हैं।

और भी कई-कई हैं—वृन्दावन के मन्दिरों और आश्रमों के पुजारी, भक्त, और व्याख्याकार; चन्द्रकान्त गुप्ता सरीखे कर्मचारी जिन्होंने शहर के मुख्य सीवेज परिशोधन संयंत्र में मेरा स्वागत किया था जब एक दिन अचानक मैं वहाँ पहुँच गया था; माँ धाम आश्रम और सेवा संगठन की मोहिनी गिरि, मीरा खन्ना और उनके सहयोगी; औचक मिल गईं मेरे ही देश की चाँदी हेफ्नर; और स्वामी विश्वानन्द, परमाद्वैती स्वामी, सत्यनारायण दास सरीखे धर्मगुरु, रेवतीकान्त, विश्वमोहिनी, उषा गर्ग, और रॉबर्ट लिंड्से भी कम महत्त्वपूर्ण नहीं हैं जिन्होंने मुझे सिखाया कि समुदाय में सक्रिय होने का क्या अर्थ है, और इस बारे में अपने विचार बताए। यान 'जगत' ब्रेजिंस्की अपनी व्यक्तिगत हैसियत से भी और 'वृन्दावन टुडे' के सम्पादक की हैसियत से भी इतिहास और समकालीन परिप्रेक्ष्य के लिए एक अथक स्रोत रहे। मनप्रीत कौर ने 2015 में वृन्दावन की संक्षिप्त मगर बेहद फलदायी यात्रा से इस प्रोजेक्ट को मूल्यवान गति प्रदान की। इस पूरे प्रोजेक्ट में मुझे वृन्दावन चन्द्रोदय मन्दिर (वीसीएम) से जुड़े लोगों की विचारशील उदारता से काफी लाभ मिला। ऊपर के स्तर के चंचलापति दास, मधु पंडित दास और उषा गुरुराज से लेकर लखन दुबे जैसे नीचे के स्तर के स्थानीय वृन्दावन प्रतिनिधियों तक सबका मैं सचमुच आभारी हूँ। सर्वानन्द गौरांग दास और वास्तुविद् रिंपेश शर्मा (दोनों गुड़गाँव के) विशेष स्नेहपूर्ण उल्लेख के अधिकारी हैं। अध्याय 3 ऐसी ही खुशमिजाज, समर्पित आत्माओं के इर्द-गिर्द बुना गया है।

2016 के बाद से साधु महाराज और उनका पूरा परिवार—जैविक और आध्यात्मिक, दोनों—वृन्दावन के मुंगेर मन्दिर में मेरा बार-बार स्वागत करता रहा है। वहाँ एलिडा जेकबसेन और सम्राट कुमार उन पहलुओं से इस शहर के बारे में गहरा एवं ग्राह्य ज्ञान देते रहे हैं, जो मेरे लिए एकदम नया रहा है। उन्होंने अपने जोशीले बच्चों से संवाद करने का भी मौका दिया। मैं उनके बैठकखाने का दृश्य याद करता हूँ तो मुझे सम्राट का मोबाइल बजता सुनाई देने लगता है, एलिडा का कम्प्यूटर मेज पर खुला दिखता है, राधिका किसी वीडियो में डूबी दिखती है, मोहन अपने मजबूत होते पाँवों से डगमग चलता दिखता है, और सुनीता रसोई से कॉफी लेकर खुलकर मुस्कुराती हुई आती दिखती है। पता नहीं कितनी बार सम्राट ने मुझे डिजिटल पहेली सुलझाने में मदद की होगी या मुझे किसी घटना के बारे में पहले से आगाह किया होगा।

वृन्दावन तो इस किताब का मूल केन्द्र है ही, मगर यह आसपास और दूर

की जगहों को भी जोड़ता है। मैं प्रिया चोपड़ा का आभारी हूँ कि उन्होंने वाशिंगटन में विश्वबैंक में मुझसे मुलाकात की; स्वामी रेवतीकान्त का आभारी हूँ कि उन्होंने जर्मनी में मुझे भक्ति मार्ग केन्द्र में घुमाया; मुम्बई के पास गोवर्धन ईको विलेज के राधानाथ दास और उनके तकनीक-कुशल साथियों का भी आभारी हूँ। कविता सिंह एवं कुणाल तथा शुभ्रा चक्रवर्ती ने खुद भी मुझे बहुत कुछ सिखाया, और जवाहरलाल नेहरू विश्वविद्यालय के अपने छात्रों एवं साथियों से भी सीखने का मूल्यवान अवसर दिया। विकासशील समाज अध्ययन केन्द्र (सीएसडीएस) के राजीव भार्गव से ज्यादा उदार, उत्साहवर्द्धक मेजबान तथा वार्ताकार शायद ही दूसरा कोई मिलेगा, सीएसडीएस के ही अवधेन्द्र शरण मेरे लिए पारिस्थितिकी के मामलों के बारे में ज्ञान के एक बड़े स्रोत साबित हुए। क्रिस्पिन ब्रेनफूट 'धरोहरों' के मामले में व्यापक ज्ञानवर्धक जानकारी, और उनसे सम्बन्धित ग्रंथों की सूची उपलब्ध कराने में बहुत मददगार रहे। तकनीकी उद्यमी और वृन्दावन भक्त के रूप में असाधारण दृष्टिकोण रखनेवाले वरुण अग्रवाल ने कई प्रश्नों पर अपने विचार रखे, जिनका उल्लेख अन्तिम अध्याय में मिलेगा। दिल्ली में फुलब्राइट हाउस के सारे कर्मचारी, खासकर एडम ग्राट्स्की, प्रियरंजना घोष, अनुपम आनन्द, नीलम प्रधान, कालदेन श्रृंगला, मीना त्यागी, और शानदार ब्रजवासी नीरज गोस्वामी के प्रति मैं इतना कृतज्ञ हूँ कि उसे व्यवस्थागत एवं वित्तीय सहायता के तराजू पर नहीं तौला जा सकता। दोस्ती और मस्ती का एक साम्राज्य है जो दिन-रात 'गेटहाउस गैंग' तक फैला हुआ है।

जेएनयू में संवाद, फुलब्राइट सम्मेलन, शार्लट में नॉर्थ कैरोलिना यूनिवर्सिटी, दक्षिण एशिया पर विस्कॉन्सिन सम्मेलन, और कोलम्बिया यूनिवर्सिटी सेमिनार ने मुझे अपने कुछ विचारों को ढालने का और उनके बारे में लोगों की प्रतिक्रियाओं से लाभ उठाने का अवसर प्रदान किया। 2016-17 में बर्नार्ड कॉलेज से एक साल के शोध अवकाश के साथ फुलब्राइट-नेहरू फेलोशिप इस प्रोजेक्ट को शुरू करने का महत्त्वपूर्ण अवसर था। बर्नार्ड कॉलेज ने पुस्तक प्रकाशन का कुछ खर्च उठाकर सहायता की। मैं कोलम्बिया यूनिवर्सिटी सेमिनारों के लिओनार्ड हेस्टिंग्स शौफ पब्लिकेशन फंड का आभारी हूँ जिसके अनुदान की वजह से मैं पुस्तक में कई चित्र, जिनमें ज्यादातर रंगीन हैं, शामिल कर पाया। इन चित्रों को उपलब्ध कराने के लिए मैं कई व्यक्तियों और संस्थाओं के प्रति कृतज्ञता प्रकट करता हूँ, जिनका उल्लेख चित्रों के साथ दिए गए कैप्शन में किया गया है। जिन चित्रों के साथ परिचय नहीं दिया गया है वे मेरे खींचे हुए फोटो हैं।

ऑक्सफोर्ड यूनिवर्सिटी प्रेस (ओयूपी) इंडिया के साथ काम करना बेहद आनन्ददायी रहा। इसके सम्पादकीय विभाग ने पुस्तक को शुरू में ही अपना

लिया, जब हमने इसके बारे में बातचीत आरम्भ ही की थी। उसका यह भरोसा पुस्तक के पन्नों पर सर्वश्रेष्ठ रूप में परिलक्षित हुआ है। मैं उनकी प्रशंसा करता हूँ कि उन्होंने इसके साथ काफी सक्रियता से जुड़ने की अनुमति दी। सीता नटेश एक बेमिसाल कॉपी एडिटर हैं, जिनकी नजर हर चीज पर थी और उनका लगाव सतही चिन्ताओं से कहीं ज्यादा गहरा था। प्रेस में उनकी उत्तराधिकारी भी उनसे कम नहीं थीं। इस बीच, ओयूपी न्यूयॉर्क में प्रकाशन के बारे में सिंथिया रीड के व्यापक और हाजिरजवाब ज्ञान से मुझे काफी लाभ मिला।

मैं खास तौर से श्रीवत्स गोस्वामी, डेविड हेबरमैन, सम्राट कुमार, जोएल ली, और रूपर्ट स्नेल को धन्यवाद देना चाहूँगा जिन्होंने पुस्तक की पूरी पांडुलिपि पढ़ी, अपने सुझाव दिए और प्रोत्साहित किया और मुझे कई छोटी-बड़ी गलतियाँ करने से बचा लिया। मैं यहाँ 'छोटी' गलतियों का जिक्र करना चाहूँगा। वैसे, कुल मिलाकर देखें तो उन्हें छोटी नहीं कहा जाएगा, और छोटी-छोटी ही तो जमा होकर बड़ी गलती बन जाती हैं। ऐसे मित्रों और विद्वानों का क्या किया जाए? और, मेरी पत्नी लॉरा शपीरो के अनूठे योगदान के लिए बिगुल! एक परिपूर्ण स्टाइलिस्ट और एडिटर के तौर पर वे हमेशा मेरे पीछे, बगल में खड़ी रही हैं और कभी-कभी तो उन्होंने मेरे पूरे लेखन को रचनात्मकता की कसौटी पर सीधे खारिज किया, इस पुस्तक की तो बात ही क्या है। अगर आप किसी विचार को किसी विशेष तरीके या शैली से प्रस्तुत करने के ढंग पर खुश होने लगें तो निश्चित मानिए कि उसकी असली लेखिका लॉरा ही हैं, मैं नहीं।

पूरे सम्मान और सद्भाव के साथ मैं यह पुस्तक महान फोटोग्राफर, संग्रहकर्ता और वृत्तचित्र निर्मात्री रॉबिन बीछ को समर्पित कर रहा हूँ। इस पुस्तक को शुरू किए जाने से एक साल पहले रॉबिन कैंसर के चलते इस दुनिया से विदा हो गईं। वे आखिरी दम तक जबरदस्त ऊर्जा से भरी थीं। जब मैं काम कर रहा था तब श्रीवत्स गोस्वामी ने जयसिंह घेरा में उनके फ्लैट में रहने का मौका दिया था; बीच के साल में यह खाली पड़ा था। रॉबिन के संसार में प्रवेश करने से ज्यादा प्रेरणादायी बात क्या हो सकती है! यह संसार राधारमणजी के प्रति उनके समर्पण का उदाहरण है, अपनी अनुपस्थिति में भी वे अपने मित्रों को जो ऊष्मा दे रही थीं उसके उदाहरण थे छोटे-मोटे बर्तन, फ्रिज पर चिपकी तसवीरें जो उनकी उपस्थिति का एहसास करा रहे थे। उनके टोस्टर से मुझे खास लगाव हो गया था। वृन्दावन को रॉबिन से ज्यादा शायद ही कोई प्यार करता होगा, और उसके भविष्य के बारे में उनसे ज्यादा उत्कटता से शायद ही कोई सोचता होगा।

कृष्ण की लीलाभूमि

21वीं सदी में वृन्दावन

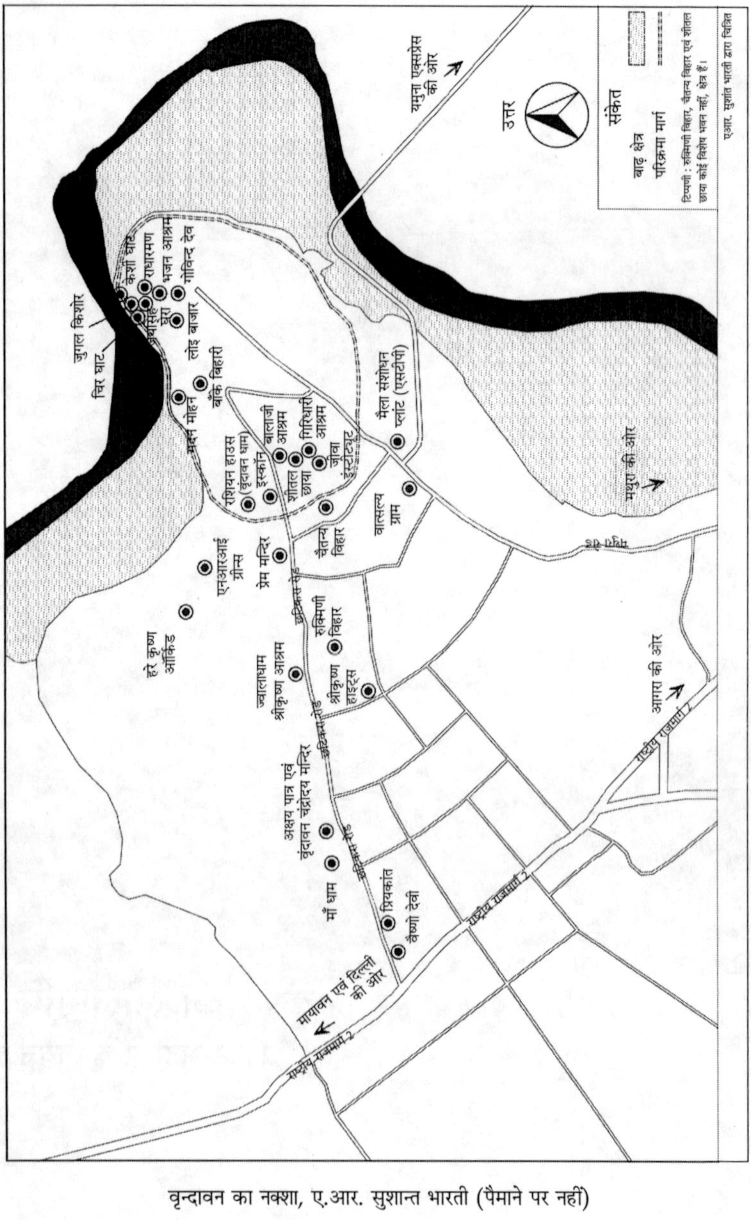

वृन्दावन का नक्शा, ए.आर. सुशान्त भारती (पैमाने पर नहीं)

1

खो गया सपनों का संसार

मैं उस दुनिया में पला-बढ़ा जिसमें काम को पूजा माना जाता था, या ऐसा प्रतीत होता था। मेरे पिता अपना ब्रीफकेस हमेशा घर ले आया करते थे—एक दिन के लिए उनके पास इतना ज्यादा काम होता था—और जिस रविवार की सुबह वे कहते कि वे चर्च न जाकर गोल्फ कोर्स में अपना 'रेलिजन' ढूँढ़ेंगे, तो मुझे झटका लगता। गोल्फ में 'रेलिजन'? 'रेलिजन' कोई खेल तो नहीं है। वह तो एक काम है, वास्तविक काम—कर्मकांड, नैतिकता; आप संगीत को भी इसमें शामिल कर सकते हैं। जब मैं बड़ा हुआ, रूढ़ि की लीक और गहरी हो गई। हाईस्कूल और इसके ऊपर, वही जानी-सुनी बातें—इस संसार को तो ईश्वर चला रहा है, आदि। जीवन का कुल मकसद यह समझना है कि वह इसे कैसे चला रहा है, और इसी को समझने में जुट जाना है। मेरा एक पसन्दीदा भजन इस विचार को सारगर्भित ढंग से व्यक्त करता है—

> आओ, काम करो
> सामने फैले खेत पर कोई
> यूँ ही कैसे खड़ा रह सकता है
> जबकि उसके चारों ओर
> सुनहरी फसल लहरा रही हो?
> और हर मजदूर से कह रहा हो वह मालिक कि
> 'आओ आज काम करो'।[1]

मेरे दिमाग में इस तरह के गीत गूँजा करते, और मैंने मैक्स वेबर की किताब पढ़ने से पहले ही समझ लिया था कि 'प्रोटेस्टेंट नैतिकता' क्या होती है।[2]

जरा कल्पना कीजिए कि तब श्रीकृष्ण से मिलना कैसा रहा होगा—उस देवता से, जो खेलता है; मेरे पिता को उसने अच्छी तरह समझा होता (चित्र 1.1)। मैंने हारवर्ड में ग्रेजुएट स्कूल में धर्म और मनोविज्ञान की पढ़ाई शुरू करने की उम्मीद की थी लेकिन मैंने विलफ्रेड कैंटवेल स्मिथ के 'इंट्रोडक्शन टु वर्ल्ड रेलिजन' (विश्व धर्म का परिचय) पाठ्यक्रम में दाखिला लिया था, और वह चल पड़ा। अचानक मैं तुलनात्मक रेलिजन के पाठ्यक्रम में चला गया और वहाँ टिक गया। स्मिथ में अध्ययन की शुरुआत भारत से की गई; और जल्दी ही हम भगवद्गीता का अनुवाद पढ़ने लगे। संस्कृत शब्द 'गीता' का अर्थ है गीत, लेकिन यह तो सचमुच बहुत ही गम्भीर किस्म का गीत था। इसमें श्रीकृष्ण ने योद्धा राजकुमार अर्जुन को ज्ञान दिया है, मनुष्य को वह दार्शनिक एवं भावनात्मक संबल दिया है जिसके सहारे वह जीवन-संघर्ष की सबसे कठिन चुनौतियों का सामना कर सके; अर्जुन के मामले में देखें तो वे इस ज्ञान के बाद तीर चला सके, यद्यपि ऐसा करने से उन्हें मानव जाति के विनाश का सन्देह था। बाद में श्रीकृष्ण बड़ी चतुराई से अर्जुन को एक धर्मयुद्ध में विजय प्राप्त करने के लिए अधार्मिक कार्य करने का आग्रह करते हैं।

चित्र 1.1 : माखन तैयार करती गोपी को छेड़ते कृष्ण। यह चित्र बनारस के भारत भवन केन्द्र में संगृहीत 'सूरसागर' के 18वीं सदी के मध्य के एक चित्रमय संस्करण से लिया गया है।

दूसरे शब्दों में, वे ईश्वर थे और वही कर रहे थे जो ईश्वर किया करते हैं—विश्व को अपनी इच्छा से नचाना।

लेकिन ऐसा हमेशा नहीं होता। श्रीकृष्ण के बारे में मैं जितना पढ़ता गया उतना मुझे लगा कि मैंने ऐसे किसी दूसरे ईश्वर को तो जाना ही नहीं, जिसका एक बचपन हो और उस बचपन ने उसकी युवावस्था को गौण बना दिया हो। पूरे भारत में लोग बालक कृष्ण को; घुटनों के बल चलनेवाले, नटखट, लीलामय श्रीकृष्ण को पूजते हैं। लोग उनके बारे में गीत गाते हैं, उनके बारे में पढ़ते हैं, कविताएँ लिखते हैं; सदियों से चित्रकार उनके जीवन्त श्यामवर्णी मुख का महिमामंडन करते आए हैं। गीता में जो योद्धा श्रीकृष्ण हैं वे कहते हैं कि मुझमें निष्ठा रखो। लेकिन उनके भक्त तो उनके बाल्यकाल का ही आनन्द लेते हैं। जब मैंने बालक कृष्ण के लिए सरल और आह्लादकारी गीत लिखनेवाले हिन्दी कवि सूरदास के बारे में जाना तो मुझे लगा कि अपने शोध-निबन्ध के लिए मुझे एक विषय मिल गया। उनके गीत उनके जीवन के 500 साल बाद आज भी भारत की गलियों में गाये और सुने जाते हैं। जल्दी ही मैं भारत पहुँच गया और हारवर्ड में अपने सलाहकारों के सुझाव पर बनारस में टिक गया लेकिन धीरे-धीरे मुझे स्पष्ट हो गया कि मैं जिस श्रीकृष्ण की खोज में हूँ, वे तो कहीं और बसते हैं। मैं उनके लिए वृन्दावन आ गया।

वृन्दावन की महिमा उस स्थान के रूप में मानी जाती है, जहाँ श्रीकृष्ण का बाल्यकाल बीता। और श्रीकृष्ण की महिमा उस दिव्य शक्ति के रूप में मानी जाती है जो हम प्राणियों को हमारी घातक वासनाओं से, सांसारिक बन्धनों से मुक्त करके अपने वास्तविक स्व से हमारा साक्षात्कार कराते हैं। वृन्दावन एक कालातीत यौवन को प्रस्तुत करता है, उस स्वर्ग को, जहाँ हम सबको अपने जीवन का कुछ अनिवार्य भाग जरूर बिताना चाहिए। सौभाग्य से मुझे वहाँ पहुँचने में सहायता भी उपलब्ध हो गई। बनारस में मेरी मुलाकात श्रीवत्स गोस्वामी से हुई, जो वृन्दावन के एक प्रभावशाली ब्राह्मण परिवार के वंशज हैं। मेरी तरह वे भी पीएचडी कर रहे थे। वृन्दावन में वे मेरे विशिष्ट मेजबान बने, जहाँ उन्होंने मेरे लिए कई द्वार खोले, कई सूत्र थमाए। उनकी पत्नी सन्ध्या ने मेरी पत्नी लॉरा के लिए वैसी ही भूमिका निभाई। हम वहाँ 1974 के पतझड़ के मौसम में पहुँचे थे।

वृन्दावन तब स्वर्ग समान लगता था। वह सौम्य, चिन्तनशील, लीक से हटकर था। और गहरे तौर पर लीलामय था। मैं यह शाब्दिक अर्थ में कह रहा हूँ : यह इतनी तरह की लीलाओं का स्थान था कि यह श्रीकृष्ण की लीला के हर पहलू के लिए मंच की तरह काम करता था। और यह उस भाषा में होता था जिसे कृष्ण ने अपनी बोली के रूप में अपनाया था। यह ब्रजभाषा थी, ब्रज क्षेत्र की भाषा, जो

हिन्दी की ही एक शाखा थी जिसके साथ एक तरह का गँवईपन जुड़ा है। इसका एक विस्तृत साहित्यिक इतिहास है, जिसमें सूरदास की कविता शामिल है। औपचारिक संस्कृत के स्वरावरोह वाली भगवद्गीता के भाव से दूर, ब्रज और वृन्दावन में श्रीकृष्ण के दिन नृत्य, गायन और बाँसुरी वादन में ही बीतते थे। वृन्दावन का अर्थ है वृन्दा यानी तुलसी का वन, जहाँ छोटे-छोटे वृक्षों से पटा एक ऐसा विशाल जंगल हो जिसमें, जैसा कि थोरो ने कहा था, संसार के संरक्षण का बीज पाया जा सकता है।[3]

पिछले 40 साल में मैं कई बार वृन्दावन गया हूँ, प्रायः किसी सम्मेलन के लिए, या खास तौर से पहेली बनी सूरदास की कविताओं पर श्रीवत्स से बात करने के लिए। उन कविताओं ने, जिनके बारे में मैं अपनी ग्रेजुएट की पढ़ाई के समय से ही विचार करता और लिखता रहा हूँ, मुझे मिथक और कथा के एक पात्र वृन्दावन को हमेशा मेरे विचारों के केन्द्र में रखने को बाध्य किया है। वैसे, पिछले 10-15 वर्षों में जब भी मैं वृन्दावन गया हूँ, उस स्वर्ग का दर्शन निरन्तर मुश्किल होता गया है। वहाँ बगीचों, वृक्षों, मन्दिरों के बाड़ों का जाल तो फैला है लेकिन इस पौराणिकता के ऊपर जमीन-जायदाद के विकास और जहाँ-तहाँ बिखरे प्लास्टिक थैलों, हर तरह के प्रदूषण, सड़कों पर लगे साइनबोर्डों, रातों में चमकते कृत्रिम झरनों, थीम पार्कों की तरह बनाए गए मन्दिरों आदि का एक जंगल भी साथ-ही-साथ उग आया है। अन्तिम बार जब मैं वहाँ गया था तब दुनिया के सबसे ऊँचे धार्मिक व्यापार का एक केन्द्र तुलसीवन में मंजिल-दर-मंजिल अपना सिर ऊँचा करता जा रहा था। यह है नया वृन्दावन।

कृष्ण के साथ क्रीड़ा

1970 वाले दशक के मध्य में जब मैं लॉरा के साथ यहाँ आया तो श्रीवत्स गोस्वामी के बचपन के घर में ऊपर की मंजिल के फ्लैट में रहा था (चित्र 1.2)। एक आँगननुमा संरचना में बने इस फ्लैट से नीचे का आँगन दिखता था। श्रीवत्स बताते हैं कि लोग इस आँगन में रासलीला करते थे, जो श्रीकृष्ण के जीवन को लेकर संगीतमय प्रस्तुति हुआ करती थी। वहाँ एक रसोईघर, एक छोटा भंडारघर, एक कुआँ होता था जहाँ एक बाल्टी रखी होती थी ताकि बिजली चली जाए और पम्प न चले तो पानी लिया जा सके। नीचे वाले हॉल में असीम कृष्णदास अपनी चौड़ी मुस्कान के साथ सादगी भरा जीवन जीते थे (चित्र 1.3)। उनका जन्म न्यूयॉर्क के फार रॉकअवे में एलन शपीरो के रूप में हुआ था और वे यूरोप से चलकर एशिया को सड़क के रास्ते पार करके वृन्दावन पहुँचे थे। वो ऐसा समय था जब आप इस तरह के काम कर सकते थे। 1979 की ईरानी क्रान्ति अभी हुई नहीं थी।

चित्र 1.2 : राधारमण मन्दिर के इर्द-गिर्द मकानों के परिसर का एक हिस्सा जिसमें मन्दिर के पुजारियों के परिवार रहते हैं। 23 मार्च, 2017।

चित्र 1.3 : अपने चूल्हे की आग को हवा देते असीम कृष्णदास। राधारमण घेरा, 1975।

हमारा फ्लैट राधारमणजी (राधा के प्रेमी) के मन्दिर के इर्द-गिर्द एक-दूसरे से सटकर बने घरों के साझा आँगन का ही एक हिस्सा था। कहा जाता है कि राधारमणजी 1542 में काले शालिग्राम पत्थरों में से प्रकट हुए थे। कहा जाता है कि राधारमण (श्रीकृष्ण का एक नाम) गोपाल भट्ट नाम के अपने एक अति निष्ठावान भक्त (चित्र 1.2) के आग्रह पर इस तरह भौतिक रूप में प्रकट हुए थे। गोपाल भट्ट अपनी मर्जी से बड़ी यात्राओं पर निकल जाते थे। उन्होंने वृन्दावन से दक्षिण के तमिलभाषी श्रीरंगम तक की पदयात्रा कर डाली थी लेकिन कभी अपनी कोई निजी छवि नहीं बनाई। एक दिन जब वे फिर से देवता की गुहार लगा रहे थे तब कृष्ण ने उनकी मनोकामना पूरी कर दी थी। वे बाँसुरीवादक वाली पारम्परिक त्रिभंगी मुद्रा में 11 इंच की सुन्दर मूर्ति के रूप में प्रकट हो गए। ये राधारमण थे। गोपाल भट्ट ने उस टोकरी के ढक्कन पर दस्तक दी, जहाँ उन्होंने शालिग्राम पत्थर रखे थे। यह भी एक लीला थी। उनमें से एक पत्थर उनके अन्दर जी उठा था। गोपाल भट्ट ने राधारमणजी के लिए 16वीं सदी में एक मन्दिर बनवाया, जिसकी जगह एक बड़ा मन्दिर 19वीं सदी में बनाया गया। वहाँ आज भी भक्तजन गोपाल भट्ट की अनुभूति को तब जी सकते हैं जब मन्दिर की घंटियाँ सुबह होने से पहले बज उठती हैं (चित्र 1.4)।

मन्दिर में पैर रखिए, और अगर राधारमणजी के दर्शन हो जाएँ—क्योंकि वे अपने कमरे पर लगे परदे के पीछे से दिन में केवल नौ बार दर्शन देते हैं—तो आप पाएँगे कि उनके मुख पर दो बड़ी आँखें आपका स्वागत करती देख रही हैं। उनकी कोहनियाँ इस तरह मुड़ी हुई हैं कि उनके दोनों हाथ उनके दाएँ गाल से सटे दिखते हैं। ऐसा लगता है कि वे श्रीकृष्ण की वह बाँसुरी थामने को तैयार हैं, जिसे वे गायें चराने के समय बजाते थे। उस बाँसुरी के स्वर ऐसे थे जिन्हें सुनकर ब्रज के गाँवों की गोपियाँ सुधबुध खोकर दौड़ी चली आती थीं। मगर मन्दिर वाले राधारमणजी के हाथ में बाँसुरी आपको प्रायः नहीं दिखती। उसकी जगह उनके दाहिने हाथ में गाय चरानेवाली छड़ी दिखती है। राधारमणजी का नाम उनकी सुन्दर संगिनी, गोपियों में श्रीकृष्ण की सबसे प्रिय प्रेमिका के नाम की याद दिलाता है। श्रीवत्स जिस समुदाय के हैं, उसे गोपाल भट्ट का आध्यात्मिक उत्तराधिकारी माना जाता है और वह मानता है कि राधा वास्तव में स्वयं श्रीकृष्ण ही हैं, उनके अन्दर का स्त्री रूप। उनका अन्तरंग सम्बन्ध इतना गहरा है कि मानो बाँसुरी भी उनके बीच बाधा बनती है। ऐसा लगता है कि बाँस की बाँसुरी, जिसे ब्रज में एक स्त्री के रूप में देखा जाता रहा है, राधा के लिए एक सौतन जैसी है। इसलिए अनुष्ठान वर्ष में दो विशेष अवसरों को छोड़कर बाकी समय राधारमणजी बाँसुरी को अपने होंठों से न लगाकर कहीं और

चित्र 1.4 : राधारमणजी। छायांकन : अभिनव गोस्वामी। श्रीचैतन्य प्रेम संस्थान के अभिलेखागार के सौजन्य से।

रख देते हैं। पुजारी लोग उसे शायद उनकी कमरधनी में खोंस देते हैं। इसी तरह, राधा श्रीकृष्ण की तरह सामने भक्तों की ओर नहीं देखतीं, भक्तजन उन्हें केवल एक आकृति के रूप में देख पाते हैं। रेशमी वस्त्रों, आभूषणों और राधारमणजी के मुकुट जैसे मुकुट से सजीं राधा की आँखें केवल अपने प्रियतम पर टिकी होती हैं। जब भक्तजन उन्हें एक साथ देखते हैं तो उन्हें उनमें, गौड़ धर्मशास्त्रियों के अनुसार, रहस्यपूर्ण भेद-अभेद वाले अचिन्त्य सम्बन्ध का बोध होता है—अचिन्त्य भेदाभेद।

यह सब गीता के कठोर, न्यायप्रिय संसार से बहुत दूर की बात है, इतनी दूर कि ब्रज क्षेत्र में श्रीकृष्ण की पहचान मानी जानेवाली रासलीला में कुरुक्षेत्र की रणभूमि के कृष्ण-अर्जुन संवाद या श्रीकृष्ण की युवावस्था के किसी पहलू को दिखाना प्रतिबन्धित है। इन रासलीलाओं में मुख्य भूमिका किशोरवय से कम उम्र के लड़कों के लिए ही आरक्षित होती है, और उनमें सिर्फ ब्रज के सम्मोहक क्षेत्र में बीते श्रीकृष्ण के बाल्यकाल और किशोरवय की कहानियाँ ही मंचित की जाती हैं, बाकी संसार भले अपनी लीक पर चल रहा हो। इन रासलीलाओं के प्रति मैं इतना सम्मोहित हो गया कि मुरारीलाल वर्मा द्वारा तैयार किए गए ट्रांसक्रिप्शन का इस्तेमाल करके श्रीवत्स के साथ मिलकर मैंने कई रासलीलाओं का अनुवाद किया और उन्हें अपनी पहली पुस्तक 'ऐट प्ले विद कृष्ण' (कृष्ण के साथ क्रीड़ा) में शामिल किया।

आगे कुछ कहने से पहले मैं नामों और स्थानों के बारे में कुछ कहना चाहूँगा। प्राचीन आलेखों में वृन्दावन को ब्रज क्षेत्र (यह संस्कृत शब्द 'व्रज' से निकला है और घुमन्तुओं के शिविर के अर्थ में प्रयुक्त है) या गोकुल (गायों का झुंड) क्षेत्र से अलग नहीं बताया गया है। इनमें से हरेक शब्द को उस चरागाह क्षेत्र के लिए प्रयुक्त किया जा सकता है जहाँ श्रीकृष्ण पले-बढ़े। इन शब्दों को एक-दूसरे के लिए भी प्रयोग किया जाता है। 16वीं सदी में वृन्दावन को विशेष स्थल के रूप में चिह्नित किया गया, तब उसके बाद वृन्दावन को मन्दिरों का नगर कहा जाने लगा, जिसकी चर्चा हम करते हैं। यमुना नदी के पूरब में बसे नगर को गोकुल कहा गया, और इस पूरे क्षेत्र को ब्रज कहा गया। फिर भी इस बात को लेकर मतभेद रहा कि सचमुच वृन्दावन किसे कहा जाए। बहुमत बंगाल के भावविभोर भक्तकवि चैतन्य महाप्रभु के अनुयायियों की इस राय के पक्ष में था, जिसे मुगल शासन ने भी मान्य किया, कि मथुरा से पाँच मील दूर यमुना के तट पर बसा नगर ही वृन्दावन है। हम अब तक इसी वृन्दावन के बारे में बात करते रहे हैं, और इसी बड़े समुदाय से जुड़ा है श्रीवत्स का परिवार और उनके वंशज, जिनके सूत्र गोपाल भट्ट से जुड़ते हैं। इसके विपरीत अल्पमत चैतन्य के समकालीन वल्लभाचार्य के अनुयायियों का है,

जिनका मानना है कि वृन्दावन 20 मील पश्चिम में गोवर्धन पर्वत के पास है। हम वही मानेंगे, जो प्रचलन में है और उसी वृन्दावन की बात करेंगे, जहाँ गौड़ीय—यानी बंगला—इतिहास की अहम उपस्थिति है। लेकिन यह याद रखना भी जरूरी है कि प्राचीन संस्कृत आलेखों में इस शब्द का काफी लचीला उपयोग किया गया है। वृन्दावन, गोकुल, ब्रज, सारे नाम मिलते हैं लेकिन सब उसी ग्राम्य परिवेश की ओर संकेत करते हैं जहाँ श्रीकृष्ण खेले और अपनी युवावस्था बिताई; उनके बीच की सीमा-रेखाएँ अस्पष्ट हैं।

वास्तव में, स्वयं श्रीकृष्ण के व्यक्तित्व के बारे में अस्पष्टता है। एक तरह से, श्रीकृष्ण अपने मनोरम बाल्यकाल के लिए एक उधार थे। कथा यूँ है कि उनका जन्म मथुरा में राजसी वृष्णी परिवार में एक राजकुमार के रूप में हुआ था। लेकिन कंस नाम का एक राक्षस, जिसने मथुरा के राजा की गद्दी छीन ली थी, राजकुमार के खून का प्यासा था इसलिए उसके पिता उसे मथुरा से ब्रज के गाँव में ले आए थे। यह कंस राक्षस ईसा के समय के घोर यहूदी राजा हेरोड से भी कई गुना बुरा था। कंस को बताया गया था कि वह शिशु राजकुमार बड़ा होकर उसे गलत तरीके से हासिल की गई गद्दी से हटा देगा। कंस और हेरोड, दोनों ने हजारों बेकसूरों का संहार करवाया था ताकि वह दैवी शिशु भी सबके साथ मारा जाए। इतिहास के मुताबिक यह हेरोड के लिए सच नहीं हो सकता, और कंस के मामले में ऐतिहासिक सबूत उपलब्ध नहीं हैं। लेकिन मिथकों का भी अपना जीवन तो होता ही है। हिन्दू मिथक कहता है कि कंस ने शिशु कृष्ण की हत्या करवाने के लिए कई राक्षस भेजे—पूतना को भेजा कि वह शिशु को अपने स्तन से विष मिश्रित दूध पिला दे, तूफान नाम के एक गधे को, विशाल काले नाग को, और कई और दानवों को भी भेजा। लेकिन सब विफल रहे क्योंकि श्रीकृष्ण ने इन सभी को खेल-खेल में सहजता से परे कर दिया। और इनमें से हरेक विजय श्रीकृष्ण की बाललीला की अनगिनत लोकप्रिय कथाओं का विषय है।

वैसे, उनकी किशोरावस्था में चीजें बदलने लगती हैं। श्रीकृष्ण वृन्दावन छोड़ देते हैं और अचानक उनका सांसारिक रूप सामने आ जाता है। उनकी विजय की घटनाएँ कम हो जाती हैं और उनकी पराजय भी होती है, यद्यपि पाठों में उनकी दैवी शक्ति के प्रति विश्वास ही उभरता है। अब वे धर्म के क्षेत्र में सक्रिय हो जाते हैं, विश्व में उपयुक्त सन्तुलन स्थापित करने के संघर्ष में जुट जाते हैं, और उनका संघर्ष दुरूह हो जाता है। वयस्कता एक जटिल और रक्तरंजित चरण है। वे अपने बड़े भाई के साथ मिलकर कंस का वध करते हैं, लेकिन इससे सुदूर में बसा उसका एक सम्बन्धी क्रुद्ध हो जाता है और वह उन्हें कई और संघर्षों के लिए मजबूर

करता है। आखिर में, श्रीकृष्ण का राज्याभिषेक सुदूर पश्चिम में अरब सागर के तट पर द्वारका में होता है। कुछ समय आनन्दपूर्वक राज चलाने के बाद वे उत्तर-मध्य भारत लौटते हैं और दुष्टों से लड़ते हैं। इस बार वे एक योद्धा नहीं हैं, केवल कार्रवाई के मास्टरमाइंड हैं। लेकिन इसके बावजूद परिणाम क्रूर हैं। द्वारका लौटने के बाद वे पाँव में तीर लगने के कारण स्वर्ग सिधार जाते हैं। यह उनके अति सहज बाल्यकाल से कितना अलग है!

वृन्दावन में उनका जीवन उनके वयस्क जीवन का एकदम उलटा है। तब अगर लड़ाई थी तो वह प्रेम की लड़ाई थी। वे गायें चरा सकते थे, दूध-माखन खा सकते थे, अपनी माता यशोधरा की छाती से बहनेवाली प्रेमधारा का भी रसास्वादन कर सकते थे। यशोधरा या किसी गोपी ने अगर छत से लटके छीके में ताजा मीठा मक्खन रखा हो ताकि कोई जानवर उसे न खा ले, तो भी कोई बाधा ऐसी न थी, जो कृष्ण नाम के इस जीव को माखन खाने से रोक सके। किसी-न-किसी जुगत से वह छीके तक पहुँच ही जाता था। बाद में, गोपियों का झुंड उसके करतबों से मोहित होकर उसे अपने निर्बाध प्रेम का 'माखन' लजाते हुए या खुलकर प्रस्तुत करता तो वह घर से गाँव तक पहुंच जाता और पुत्र से प्रेमी में परिवर्तित हो जाता। और अगर गोपियाँ यह माखन नहीं प्रस्तुत करतीं तो उसे यह हासिल करना आता था। गल्प और ईर्ष्याएँ भी इस कथा को आगे बढ़ाया करती थीं लेकिन इन वास्तविकताओं से उसे कोई अन्तर नहीं पड़ता। वे बस यह दर्शाती थीं कि हर कोई उसे कितना मूल्यवान मानता था। श्रीकृष्ण का काम बस मनमोहिनी बाँसुरी बजाना है, या दूसरा भाव उसे लाड़ले शरारती के रूप में देखता है। बचपन में चोरी के अपने प्रसंगों में उसने जब दाँव ऊँचे कर दिए और नदी में स्नान कर रहीं गोपियों के वस्त्र चुरा लिये, अपने वस्त्र वापस पाने के लिए उन्हें निर्वस्त्र खड़े होने को मजबूर कर दिया, तो सांसारिक दृष्टि से लगा कि पूरे पुरवे में वे ही एक पुरुष हों—भले ही वह एक लड़का रहा हो या उससे थोड़ा बड़ा। वे जब उस पर ध्यान देतीं तो मातृत्व और कामुकता के भाव गड्डमड्ड हो जाते और उनमें मैत्री और भक्ति की भावनाएँ भी उभर आतीं। यह लीला का स्वर्ग था—अपने सभी अर्थों के साथ। और धर्म से सम्बन्धित सभी गहरे संघर्ष कहीं दूर पड़े दिखते।

ऐसा परिवेश स्वाभाविक और अनिवार्य तौर पर भी, कविता और गीत के लिए स्थान बनाता है। वृन्दावन के मनोहारी क्षेत्र का महिमागान ब्रजभाषा में निरन्तर होता रहा है, और श्रीकृष्ण की भाषा 16वीं सदी में इस उपमहाद्वीप के आश्चर्यजनक रूप से व्यापक क्षेत्र में हिन्दी की सबसे महत्त्वपूर्ण साहित्यिक भाषा बन गई। ब्रजभाषा के अग्रणी कवियों में गिने गए सूरदास की एक कविता एक उदाहरण है। इसमें कवि

अपनी वाचिक पहचान कविता के अन्त में देते हैं लेकिन इस क्रम में वे कृष्ण के एक सखा, एक गोपाल या शायद गोपी के मूल स्वर को अपनाते हैं—

देषौ ब्रिंदावन श्री कमल नैन
आयौ है मदन गुन गुदर दैन
नव दल कुसुम अनेक रंग
प्रति ललित लता संकुलित संग
कर धन धरि कटि कसि निषंग
जनु बने सुभट सजि कवच अंग
कोकिल कुंजर हय हंस मोर
रथ सयल सिला पदचर चकोर
धुज पताक तरु तार केरि
निर्झर निसान तहँ भ्रमर भेरि
नेब सुमति अति मलय बात
रुचि राजत बिपन बिलोल पात
धाप धरत छबि तुरंग गात
अति तेज बसन बानै उडात
सूरदास इमि बदति बाल
इह काम क्रिपण सिव क्रोध काल
चितै चपल लोचन बिसाल
अब अपनौ कर थपियै गुपाल।[4]

अपने अन्तिम दोहों में यह कविता कामदेव और शिव के बीच के आद्य संग्राम की याद दिलाती है, जिसमें विश्व के सबसे महान योगी शिव में युगों-युगों के कठोर तप के कारण संचित आत्मसंयम की अग्नि काम की गहन अभिव्यक्ति को पराजित करके उसे अमूर्त कर देती है। लेकिन यह विनाशकारी विजय है, जिसके बारे में हरेक श्रोता जानता है। अमूर्त काम स्वयं को उसी विश्व में फैला लेता है, जो कि ब्रज में कृष्ण के प्रेम-प्रसंगों से सिद्ध होता है। शिव और काम के बीच का संग्राम वास्तव में कोई संग्राम है ही नहीं; हम प्रेम से आप्लावित संसार में जी रहे हैं। वसन्त ऋतु तो इसका शाश्वत प्रतीक है ही, ग्रीष्म ऋतु की बारिश का अपना विशेष रूमानी रंग होता है और हेमन्त ऋतु के पूर्ण चाँद की तुलना में तो कोई आ ही नहीं सकता। यह वो बीहड़ है जिसे रोजमर्रा के वयस्क जीवन को कभी विस्मृत नहीं करना चाहिए।

आखिर कहाँ है वृन्दावन?

जैसा कि हम महसूस करने लगे हैं, 16वीं सदी में वृन्दावन एक कथा से एक स्थान में परिवर्तित होने लगा था और इसका ज्यादा श्रेय दूर देश से आए यात्रियों को जाता है, जो उस पौराणिक तुलसी वन की खोज में लगे कि आखिर वह वास्तव में है कहाँ। भावविभोर बंगाली भक्त चैतन्य महाप्रभु उनमें सबसे महत्त्वपूर्ण थे, क्योंकि वे आगत की आहट सुनने से खुद को रोक नहीं सकते थे। उन्होंने पूछा—कृष्ण ने वास्तव में लीला कहाँ की थी? उनमें ऐसा कुछ था कि वे जान लेते थे। उनके अनुयायियों का कहना था कि वे हरेक स्थल की खरी पहचान कर सकते थे। उनके अनुयायियों का कहना था कि वे स्वयं एक कृष्ण थे—राधा एवं कृष्ण एक व्यक्ति में समाहित, इसलिए वे उनकी आत्मा में धड़कते थे। दूसरों की दूसरी निष्ठाएँ थीं—वल्लभ सम्प्रदाय के अनुयायियों ने वृन्दावन को जहाँ बताया, चैतन्य ने उसे वहाँ नहीं बताया था—लेकिन इन मतभेदों के बावजूद गौर करनेवाली बात यह है कि 16वीं सदी में कई लोग ब्रज की यात्रा पर आए। इनमें मुसलमानों की संख्या कम न थी, जो मध्य एशिया से किसी और मकसद से आए थे। उन्होंने हिन्दुओं से मित्रता की, शादियाँ कीं और धार्मिक एवं सांस्कृतिक विरासत को पुनर्स्थापित करने की व्यापक गाथा में निर्णायक भूमिका निभाई।

इस तरह, 16वीं सदी का वृन्दावन उभरने लगां। बाह्य नक्काशियों से मुक्त (शायद मुस्लिम भावबोध के प्रति सम्मान के कारण), अपनी सादगी के साथ उत्कृष्ट दिखनेवाले इसके लाल पत्थर वाले मन्दिर उसी काल के हैं। ये मन्दिर स्थानों की विशिष्टता का सम्मान करते हुए बनाए गए। किसी पहाड़ी को किसी देवी का स्थान माना गया, जहाँ कोई गाँव पहले से रहा होगा अथवा जहाँ प्राचीन भग्नावशेष पाए गए वैसे स्थानों को किसी मन्दिर के लिए उपयुक्त स्थल माना गया। इसके अलावा, वहाँ कई वनप्रान्तर तथा तालाब भी थे जिन्होंने दैवी युगल को आकर्षित किया होगा। कुछ लोगों को लगता है कि कृष्ण और राधा ने इस जगह पर रास रचाया, तो उस जगह पर गोपियों के वस्त्र चुराए, और यह वो स्थान है जहाँ से वे यमुना में कूदे थे कालिय नाग को नाथने के लिए। इन सभी स्थलों को निश्चित ही कृष्ण की वनलीला का स्थल माना गया लेकिन सांसारिक मथुरा से इनकी समीपता कोई संयोग नहीं है। कोई बाग इसलिए बाग है क्योंकि उसे सामान्य जीवन से इतर चिह्नित किया गया है। कोई बीहड़ इसलिए बीहड़ है क्योंकि 'उस पर किसी का स्वामित्व नहीं है, उसे नियोजित नहीं किया गया है, वह कोई नगर नहीं है। और बचपन इसलिए बचपन, या प्रेमक्रीड़ा इसलिए

एक क्रीड़ा नहीं है क्योंकि ये मूल तथ्य हैं, बल्कि इसलिए है क्योंकि वयस्कों ने उसे उस कर्तव्यपरायण व रोजमर्रा के निर्धारित जीवन से, जिसमें वे ढल गए हैं, मुक्त होने की मान्यता दे रखी है। निर्मित वृन्दावन का उद्देश्य इस विरोधाभास को यथार्थ बनाना था, इसकी भौतिक एवं सांस्थानिक सीमा निर्धारित करना था। और इसके इतिहास का एक उल्लेखनीय पहलू यह है कि मुसलमानों—मुगल बादशाह अकबर (शासन काल 1556-1605) के दरबार—के प्रत्यक्ष एवं परोक्ष समर्थन के बिना इस हिन्दू तीर्थस्थल को इतना अधिक महत्त्व नहीं मिलता जितना आज मिला हुआ है।

यह इतिहास की गति थी लेकिन यह मिथकों के काव्य में प्रतिध्वनित हुई और वृन्दावन का मिथकीय प्रभाव बीती शताब्दियों में पूरे भारतीय उपमहाद्वीप में और उससे भी आगे फैला। संयुक्त राष्ट्र की संस्था 'यूनेस्को' की भाषा में यह एक विश्व विरासत स्थल है यद्यपि स्थानीय और प्रदेश स्तर की राजनीति ने इसकी घोषणा नहीं होने दी और इसके संरक्षण में अड़ंगा लगा रखा है। वृन्दावन के प्रभाव का आकलन हम इस उपमहाद्वीप के अन्तिम दक्षिणी सिरे की यात्रा करके कर सकते हैं। वहाँ तमिलभाषियों के क्षेत्र में कई प्रमुख स्मारक उस वृन्दावन की याद दिलाते हैं जो उनके मन में तभी से बसा है जब 16वीं शताब्दी के वे मन्दिर यमुना तट पर खड़े भी नहीं हुए थे। उदाहरण के लिए, तमिल महाकाव्य 'शिलप्पदिकारम' (एक पायल की कथा) में एक प्रसंग वह भी आता है जिसमें ग्वालिनें युवा कृष्ण से जुड़ा नृत्य करती हैं ('बालचरित नाटकंकल')। इसमें माखन से भरा छीका भी है, दूध से भरे थनों वाली गायें भी हैं और कृष्ण, बलराम एवं दक्षिण की गोपी नप्पिन्नई की भूमिकाएँ भी हैं नृत्यनाटिका के रूप में।[5] यहाँ वृन्दावन अपने नाम के साथ उपस्थित नहीं है लेकिन इस महाकाव्य का मदुरै नगर से गहरा सम्बन्ध है। मदुरै नाम मथुरा का तमिल रूप लगता है। प्रतिध्वनि जान-बूझकर पैदा की गई है।[6] यह चलन हम मदुरै से जुड़ीं तमिल कवयित्री आंडाल (सम्भवतः 9वीं सदी) के काव्य 'तिरुप्पावै' में भी देखते हैं। यहाँ तक कि उनके दूसरे काव्य 'नाचियर तिरुमोली' का समापन 'प्रश्नों और उत्तरों वाली कविता' से होता है, जिसमें ग्वालिनें बार-बार पूछती हैं कि श्रीकृष्ण कहाँ हैं, और बार-बार उन्हें एक ही उत्तर मिलता है—'हमने उन्हें वृन्दावन में देखा था।'[7]

वृन्दावन दूसरी जगहों पर भी कम नहीं दिखता है। उदाहरण के लिए, दक्षिण-पश्चिम भारत में तुंगभद्रा नदी में स्थित उस द्वीप का नाम भी नव वृन्दावन रखा गया है, जहाँ मध्व सम्प्रदाय के नौ ब्रह्मचारी संतों की, जिनमें व्यासतीर्थ सबसे महत्त्वपूर्ण थे, समाधि बनाई गई है। नव वृन्दावन का अर्थ नया वृन्दावन लगाया

चित्र 1.5 : बंगलूरु के मल्लेश्वरम में 'न्यू बृंदावन' रेस्तराँ। बेशक यह शाकाहारियों के लिए है। 29 जनवरी, 2019।

जा सकता है मगर वास्तव में यहाँ नव का अर्थ नौ लिया गया है, यानी हर एक समाधि अपना एक वृन्दावन है। दावा यह है कि इनमें से हरेक संत ने मृत्यु के परे जाकर देवत्व प्राप्त कर लिया है। वे श्रीकृष्ण के बारे में अवगत हैं।[8] इस राज्य में मैसूर के पास कृष्णराजसागर बाँध पर 60 एकड़ में फैला एक प्राकृतिक संरक्षण क्षेत्र वृन्दावन उद्यान है, जिसका उद्घाटन 1932 में किया गया था। इस उद्यान में सैलानियों के आकर्षण के लिए सुन्दर झरने लगाए गए हैं जो रात में रंग-बिरंगी रोशनियों के साथ मनमोहिनी छटा बिखेरते हैं। और कर्नाटक की राजधानी बंगलूरु के प्रसिद्ध आइटी क्षेत्र व्हाइटफील्ड में करिश्माई धर्मगुरु सत्य साईं बाबा (2011 में निधन) के, जिनके विदेशी भक्तों की संख्या भी काफी बड़ी है, नाम पर विशाल परिसर का निर्माण किया गया है। इसका नाम भी वृन्दावन के नाम पर रखा गया है। या अगर आप बंगलूरु के पुराने मल्लेश्वरम इलाके में जलपान या भोजन करना चाहते हैं तो 'न्यू बृंदावन' रेस्तराँ (चित्र 1.5) में पधारिए।

वृन्दावन भारत के दूसरे छोर पर भी उपस्थित है। 12वीं सदी के बंगाल में सेन वंश के शासन में जयदेव की संस्कृत कृति 'गीतगोविन्द' में तो यह उपस्थित है ही, पूरे उपमहाद्वीप में भी इसे बाद में मंचित किया जाने लगा।[9] इसके पाठ

में वृन्दावन का परिवेश छाया हुआ है लेकिन यह केवल श्रीकृष्ण और राधा की निजी अन्तरंगता के रूप में है, न कि कामुकता के व्यापक आदान-प्रदान के रूप में जो हमें दक्षिण में प्राय: देखने को मिलता है। यह भाव मिथिला और बंगाल की कविताओं में भी दिखता है, और मणिपुर में रासलीला की एक परम्परा दिखती है, जो ब्रज की रासलीला से बहुत भिन्न है।[10] असम ने 'वृन्दावनी वस्त्र' की परम्परा दी है, जिसका सबसे प्रसिद्ध उदाहरण 17वीं शताब्दी के उत्तरार्द्ध में मिलता है और अभी वह ब्रिटिश संग्रहालय में उपलब्ध है। इस वस्त्र पर कढ़ाई करके श्रीकृष्ण के जीवन की झाँकियाँ प्रस्तुत की गई हैं—कालिय नाग मर्दन से लेकर बकासुर वध और गोपियों के वस्त्रहरण तक।[11] उधर बंगाल में, भक्तों के भौतिक एवं भावनात्मक अस्तित्व के अन्दर या साझी जमीन पर छिपे स्वयंभू गुप्त वृन्दावनों को खोज निकालने की एक संस्कृति ही विकसित हो गई थी। ऐसा ही एक वृन्दावन 17वीं-18वीं शताब्दी के बीच दक्षिण-पश्चिम बंगाल के विष्णुपुर में उभरा था। इसके मल्ल शासकों के मन में विशेष तौर पर 'हमारा' वृन्दावन ही था, जब उन्होंने अपने यहाँ गौड़ों द्वारा ब्रज में बनवाए गए मन्दिरों की प्रतिकृति बनवाई थी।[12] लेकिन आगे चलकर चैतन्य महाप्रभु का छोटा नगर नबद्वीप ज्यादा महत्त्वपूर्ण हो गया।[13] 1894 में गौड़ीय आधुनिकतावादी केदारनाथ दत्त ने जब चैतन्य के वास्तविक जन्मस्थल की पहचान की, तो यह उस बड़ी योजना के तहत किया गया था जिसके जरिये वे यह दिखाना चाहते थे कि नबद्वीप का पूरा क्षेत्र बंगाल का वृन्दावन है।[14]

दत्त की पहल ने एक शताब्दी बाद हरे कृष्ण आन्दोलन यानी इंटरनेशनल सोसाइटी फॉर कृष्ण कांशसनेस (इस्कॉन) वाले भावोन्माद को जन्म दिया। इसके बारे में ज्यादा कुछ हम अध्याय 4 में जानेंगे। वैसे, फिलहाल हम यही जानेंगे कि इस्कॉन दूसरी जगहों पर भी सक्रिय था, और मूल ब्रज से सुदूर स्थानों पर वृन्दावन की उपस्थिति कायम करने के लक्ष्य में जुटा था। 1968 में न्यूयॉर्क में अपने गठन के दो साल बाद ही इस्कॉन ने वेस्ट वर्जीनिया के ग्रामीण क्षेत्र में न्यू वृन्दावन का निर्माण शुरू कर दिया था ताकि शहरी भक्त वृन्दावन के ग्रामीण परिवेश का आनन्द ले सकें। अभी हाल में इस्कॉन ने न केवल मुम्बई और उसके आसपास बल्कि हंगरी और स्पेन में भी 'न्यू व्रज' (ब्रज) स्थापित किए हैं।[15] ब्रज के गौरव का प्रतिरूप बनाने की दूसरी कोशिश कृपालु जी महाराज के भक्तों ने टेक्सास के ऑस्टिन के बाहरी इलाके में की है। इस परिसर का नाम राधा के गृहनगर के नाम पर बरसाना धाम रखा गया है। पेंसिलवेनिया के ग्रामीण इलाके में वल्लभ सम्प्रदाय के अनुयायियों ने एक आश्रयस्थल बनाया है जिसका नाम 'व्रज' रखा है।[16] वृन्दावन और उसके

आसपास का परिवेश अचानक हर जगह दिखने लगा है और वह वैश्विक हो गया है, लेकिन ब्रज से दूर वृन्दावन की नकल के पीछे भावना भारतीय ही रही है। इससे पता चलता है कि सहस्राब्दियों और उससे पहले से वृन्दावन ने हिन्दू सोच पर कितना गहरा प्रभाव बना रखा है।[17]

लेकिन आज क्या हो रहा है? उस सारी पहचान के जब खो जाने का खतरा पैदा हो गया है तब क्या होगा?

कुछ पाठक, खासकर भारतीय पाठक, यह अपेक्षा कर सकते हैं कि '21वीं सदी का वृन्दावन' उपशीर्षक वाली पुस्तक इस स्थान का निष्पक्ष, वस्तुनिष्ठ चित्र प्रस्तुत करेगी। ऐसे पाठकों से मुझे जरूर क्षमा माँग लेनी चाहिए। मैं वैसा विस्तृत, व्यवस्थित विश्लेषण नहीं प्रस्तुत कर सकता जैसा कोई समाजविज्ञानी कर सकता है, जिसमें जाति, वर्ग, लिंग, धार्मिक आस्था, आर्थिक स्थिति आदि की दृष्टि से विश्लेषण किया गया होता है। और न ही मैं किसी बड़े विदेशी पत्रकार की तरह सुनिश्चित, सन्तुलित विवरण प्रस्तुत कर सकता हूँ। मैं नितान्त व्यक्तिगत परिस्थितियों से संचालित रहा हूँ। यह वह शहर है जहाँ मैं दशकों से मेहमान बनकर आता रहा हूँ और हमेशा एक ही ब्राह्मण परिवार का अतिथि बनता रहा हूँ, जिसकी जड़ें वृन्दावन की पारम्परिक संस्कृति से गहराई से जुड़ी हैं। अपने आसपास होनेवाली घटनाओं को मैं जिस दृष्टि से देखता हूँ वह मेरे अतीत से और उस आतिथ्य एवं बौद्धिक साहचर्य से प्रभावित है जिसके प्रति मैं सदा आभारी रहूँगा। कई पाठक 21वीं सदी को बेशक इन आदर्शों से जोड़कर देखते हैं—आर्थिक, सामाजिक और स्त्री-पुरुष समानता; यथासम्भव सर्वोत्तम धर्मनिरपेक्ष शासन, आदि। मैं भी इन आदर्शों को मानता हूँ। लेकिन यहाँ मेरा मुख्य उद्देश्य यह देखना नहीं है कि वृन्दावन इन आदर्शों की कसौटियों पर खरा उतरता है या नहीं। बल्कि मैं उन नाटकीय परिवर्तनों के बारे में बताना चाहूँगा, जो वास्तव में हो रहे हैं।

वृन्दावन : कल क्या था, आज क्या है?

1974 के पतझड़ के मौसम में जब मैं यहाँ पहुँचा था तब ऐसा लगा था कि मैंने अतीत के किसी काल में कदम रख दिया है—किसी पुराने युग में तो नहीं मगर एक ऐसे स्थान में, जो आदिकालीन नियम-कायदों पर चल रहा हो। तीर्थयात्री यहाँ किसी ताँगे पर आते थे या पैदल चलकर (चित्र 1.6)। हर कोई यमुना में नहाता था; यह बिलकुल सीधी-सी सामान्य बात थी। नवागन्तुक लोग वृन्दावन के किसी पारम्परिक पंडे के पास पहुँचते थे ताकि वे तीन-चार दिन जो यहाँ

चित्र 1.6 : 1970 के दशक के मध्य में, ताँगे से वृन्दावन आते तीर्थयात्री।

बितानेवाले हैं उसके बारे में उनसे मार्गदर्शन ले सकें। तीर्थयात्रा मौसम के मुताबिक होती थी। गर्मी में या बरसात में, कार्तिक माह में या फागुन माह में होली के आसपास सबसे ज्यादा तीर्थयात्री आते थे, बाकी मौसमों में संख्या काफी कम हो जाती थी। हर कोई यही चाहता था कि कम-से-कम एक रासलीला तो जरूर देखकर जाए। बरसात के मौसम में रासलीलाओं की संख्या खूब बढ़ जाती थी। इसके अलावा बगीचे थे, जो कृष्ण और राधा के मिलन के स्थल माने जाते थे, विशेषकर सेवाकुंज और निधिवन के बारे में माना जाता था कि वहाँ वे दोनों और गोपियाँ रास रचाया करती थीं और आज भी रचाती हैं। यह उन्हें ही नजर आता है जिनमें देखने की दृष्टि है। शहर में सबसे महत्त्वपूर्ण मन्दिर कौन-कौन हैं कि जहाँ जरूर जाना चाहिए, यह सबको पता होता था—बाँके बिहारी मन्दिर, जो स्थानीय लोगों का पसन्दीदा मन्दिर है और जो किसी भी अन्तर-क्षेत्रीय पंथ से जुड़ा नहीं है; रंगजी मन्दिर, जिसका नाम तमिलनाडु के श्रीरंगम के महान वैष्णव मन्दिर के नाम पर रखा गया है; और लाल पत्थर वाले कई प्राचीन मन्दिर जो 16वीं-17वीं शताब्दी में बने। राधारमणजी का नया मन्दिर बाद में बनाया गया, और यह भी इसी समूह का मन्दिर है।

पहले से सब कुछ तय नहीं होता था मगर यात्रा में क्या-क्या शामिल हो सकता है इस पर आम सहमति होती थी। तीर्थयात्री किसी बड़ी धर्मशाला में

ठहरते; और यहीं उनका सम्पर्क गाइड से होता था। और अगर आप तीर्थयात्री नहीं हैं तो सम्भावना यही है कि आप तीर्थ से सम्बन्धित कारोबार से जुड़े होंगे; या गोस्वामी, किसी मन्दिर के पुजारी या पंडा होंगे; या तीर्थयात्रियों से होनेवाली कमाई पर निर्भर शायद कोई व्यापारी। उन दिनों इसी वृन्दावन से मैं मिला था, जो बहुत व्यस्त होता था और इतना व्यापारिक होता था कि शायद पूर्णकालिक स्वर्ग नहीं हो सकता था, लेकिन वह एक ऐसा शहर था, जो अपनी यह छवि सब तक पहुँचाने के प्रति समर्पित था।

आज उनमें से हर एक विशेषता बदल गई है, कई तो आमूल रूप से बदल गई हैं। ताँगे तो लगभग खत्म हो चुके हैं, और उनके साथ-साथ पुराने, बेआवाज रिक्शे भी। उनकी जगह बैटरी वाले ऑटोरिक्शे, तीन पहियों वाले टेम्पो और निजी कारें हैं। और ये सब मिलकर शोर मचाते दौड़ते रहते हैं। मोटरसाइकिलों के हॉर्न तो खासकर कान के परदे फाड़ते हैं, और उनकी रफ्तार जानलेवा होती है। बसें अब भी आती हैं, जैसे कि वे 1970 वाले दशक में आती थीं लेकिन चार्टर्ड बसें अब तीन दिन से ज्यादा शायद ही रुकती हैं। हाइवे की हालत में भारी सुधार के कारण टूरिस्ट बसें पर्यटकों को जयपुर और आगरा की यात्रा के साथ वृन्दावन भी फटाफट घुमा देती हैं। इसका मतलब यह हुआ कि अब स्थानीय पंडों की बहुत जरूरत नहीं रह गई है क्योंकि टूरिस्ट कम्पनियाँ खुद ही तय कर देती हैं कि पर्यटकों को क्या-क्या दिखाना है। तीर्थयात्री भी अब ज्यादा पूछताछ या मोल-तोल नहीं करते। अब कह नहीं सकते कि इन्हें तीर्थयात्री कहेंगे भी या नहीं। ये यात्री जयपुर और आगरा जैसे धर्मनिरपेक्ष स्थलों की यात्रा पर होते हैं। बेशक उनमें कुछ अपवाद भी होते हैं, लेकिन चलन तो स्पष्ट है।

वृन्दावन अभी भी एक गन्तव्य है—एक महत्त्वपूर्ण गन्तव्य—लेकिन वहाँ पहुँचने के तरीके नये हैं। बड़ी संख्या में लोग कारों में भरकर आते हैं, ज्यादातर दिल्ली, हरियाणा या पंजाब से। मौसम के मुताबिक आने का पुराना सिलसिला अब टूट गया है, अब 'वीकेंड' पर घूमने की संस्कृति उभर आई है, जो 45 साल पहले नहीं थी। उन दिनों शनिवार भी काम का दिन होता था। आजकल बड़ी संख्या में निजी कारें शनिवार, रविवार, और एक दिन की छुट्टियों पर यहाँ नजर आती हैं।

जहाँ तक रासलीलाओं की बात है, जो श्रीकृष्ण के बाल्यकाल के स्वर्ग के रूप में वृन्दावन की छवि से अति सुन्दर ढंग से तादात्म्य बिठाती हैं, आज भी होती हैं मगर उनकी हालत डगमग है। दर्शकों की संख्या घट गई है, और इन लीलाओं का स्वरूप भी बदल गया है। जैसा कि मैं कह चुका हूँ, पहले इनमें मुख्य भूमिकाएँ बच्चे निभाते थे, मगर आज किशोर और युवा छा गए हैं। मुझे यह

गिरावट लगती है, और उस नाट्यविधा के लिए गलत लगती है, जिसे मैं बच्चों की मासूम, महीन आवाज और आनन्द से भरे भक्त दर्शकों से जोड़कर देखा करता हूँ। सेवाकुंज और निधिवन में अभी भी भारी भीड़ लगती है—पहले से भी अधिक, क्योंकि 1970 के बाद से भारत की आबादी दोगुनी बढ़ गई है—लेकिन इन दिनों लोग अलग तरह के 'गार्डेन' में समय गुजारना चाहते हैं, जो सजावटी बगीचे होते हैं। इस तरह के स्थल शहर के बाहरी क्षेत्र में एक साथ बन गए हैं और इनका परिवेश पुराने आश्रयस्थलों आदि से अलग ही होता है। कुछ बड़ी धर्मशालाएँ तो आज भी मौजूद हैं लेकिन उनके इर्द-गिर्द कई होटल खड़े हो गए हैं, जो धार्मिक नहीं बल्कि व्यापारिक ठिकाने हैं और उनमें से कुछ तो काफी आलीशान किस्म के हैं। जहाँ तक मन्दिरों के कारोबार का मामला है, मैं बाँके बिहारी और दूसरे मन्दिरों का जिक्र कर चुका हूँ जिनमें भक्त बड़ी संख्या में आते हैं, खासकर बाँके बिहारी मन्दिर में, लेकिन इस्कॉन का मन्दिर भी कम लोकप्रिय नहीं है। और प्रेम मन्दिर जैसे नये मन्दिरों की चर्चा बाकी है, जिनमें उत्सुक लोगों की भीड़ आती है। प्रेम मन्दिर 2012 में उस इलाके में शुरू हुआ, जो 1974 में जंगल था और शहर का हिस्सा भी नहीं था।

मोटर वाहनों का आना, शहर का विस्तार, प्रदूषण में वृद्धि जैसे परिवर्तन 21वीं सदी के लिए कोई नई बात नहीं हैं। लेकिन जिस स्थान ने पौराणिकता के विस्तार में अपनी पहचान एक धार्मिक पर्यटनस्थल के रूप में बनाई हो उसके लिए तो ये परिवर्तन हैरान कर देनेवाले हैं। ये गिरावट के संकेत हैं या ताकत के, पूर्णतः विनाशकारी हैं या आशा की कोई गुंजाइश छोड़ते हैं—इन प्रश्नों पर हम अगले अध्यायों में चर्चा करेंगे। लेकिन ऐसे ही एक परिवर्तन ने वृन्दावन को मौलिक रूप से बदल दिया है, जो कि यमुना नदी से सम्बन्धित है। आज लगभग कोई भी व्यक्ति इस नदी में स्नान नहीं करता, और इसका पानी तो चन्द लोग ही पीने की हिम्मत करते हैं। वृन्दावन की तीर्थयात्रा का जो मूल तत्त्व है वह पूरी तरह लुप्त होने के कगार पर है।

इसमें शक नहीं है कि केवल वृन्दावन ही इस तरह के परिवर्तनों से नहीं गुजर रहा है। दूसरे मधुवन और मनोरम स्थलों ने भी अपनी मौलिकता और प्राचीनता खो दी है। येरुसलम के चारों ओर निन्दनीय दीवार खड़ी हो गई है; मक्का में काबा के चारों ओर इतने ऊँचे-ऊँचे होटल खड़े हो गए हैं कि काबा ओझल हो गया है; और चीन की जो शानदार यांत्जे नदी घाटी चित्रकारों के लिए प्रेरणा का स्रोत रही है उस पर चीनी सरकार ने बाँध बना दिया है। वेनिस विहार नौकाओं की बाढ़ में डूब गया है। और जरा बड़े फलक पर गौर कीजिए। हम साँसों में जो हवा खींच

रहे हैं उसमें पर्याप्त हवा नहीं होती; हम जिसे खाना समझकर खाते हैं वह वास्तव में खाद्य उद्योग है; पानी में प्लास्टिक का अंश होता है; और नीरवता तो शोर के आगे बेबस हो चुकी है। अमेरिकी लोग सोचते हैं कि रियलिटी टीवी इतना रियल हो गया है कि इसे साबित करने के लिए उन्होंने एक राष्ट्रपति को चुन लिया है। यह सब हमें हर जगह से मालूम हो रहा है।

फिर भी, वृन्दावन पर विशेष ध्यान देने की जरूरत है क्योंकि यह एक मनोहर प्रतीक है—जिसे जान-बूझकर एक निर्जन वनप्रान्तर के रूप में देखा जाता है और बड़े शहरों के बीच एक वनप्रान्तर के रूप में भी। इनमें तीन शहर थे—मथुरा, दिल्ली और आगरा—लेकिन वृन्दावन को विशेष तौर पर निर्मित एक क्षेत्र के तौर पर सम्मान देने के पीछे असली उद्‌देश्य यह था कि इसका जो सारतत्त्व है वह पहुँच के भीतर हो मगर इन शहरों से अलग हो। इसे सभ्यता और साम्राज्य की लय के साथ तालमेल में भी होना था और इनका ग्रास नहीं बनना था। पश्चिम के कछवाहों से लेकर पूरब के बुंदेलों तक हिन्दू राजाओं के दृष्टिकोण से इस तरह का निरपेक्ष भाव रखना एक जरूरत थी : श्रीकृष्ण की प्रभुता 13वीं सदी में ही हिन्दू राजाओं के नियंत्रण के बाहर हो गई थी। लेकिन यह मुस्लिम शासकों और उनके मुस्लिम पूर्ववर्तियों के दृष्टिकोण से भी सच था। वे अपेक्षा रखते थे कि कोई आध्यात्मिक गुरु धर्मनिरपेक्षता की शक्ति की पीठ से एक दूरी बनाए रखकर अपना पारलौकिक प्रभाव डालेगा। और यह दूरी बहुत ज्यादा नहीं होनी चाहिए। इसलिए सेनाएँ और व्यापारी उस साम्राज्य का ताना-बाना बुनते हुए, जिसका हिस्सा वे खुद हैं, वृन्दावन से गुजर तो सकते हैं लेकिन वृन्दावन को बाकी दूसरे शहरों की तरह एक धर्मनिरपेक्ष स्थल बनना है तो वह अपनी वह विशेष पहचान खो देगा जिसके बूते ही उसकी अपनी खास तरह की सत्ता स्थापित है। तब वह अपनी नकल भर रह जाएगा, और इसके यौवन का झरना सूख जाएगा।

दुनिया-भर में हम जिसे 'रेलिजन' कहते हैं उसने ऐसे आक्रमणों का सामना करने में मदद की है। वह इन आक्रमणों को उन वास्तविकताओं से बेअसर करता रहा है जिन्हें वह अपनी बताने के दावे करता रहा है। व्याख्याकार इसे खारिज करते हुए यही कहते रहे हैं कि यह भी एक सांस्कृतिक उत्पाद है, खास तौर से एक प्रबल उत्पाद क्योंकि यह पवित्र स्वाधीनता के गुब्बारे में सवार होकर इन सबके ऊपर होने का दिखावा करता है। धार्मिक लोग इस निष्कर्ष को स्वीकार नहीं करते। उनका जवाब होता है कि अगर 'रेलिजन' का ढाँचा कभी जटिल और पुराना होता है तो वह किसी ऊँचे, महान सत्य के लक्ष्य को ही पूरा करने के लिए होता है। लेकिन व्याख्याकार ऐसे किसी तर्क को स्वीकार नहीं करते। वे

कहते हैं कि 'रेलिजन' हमेशा भरे हुए गुब्बारे जैसा, विशाल आकार वाले लास वेगास जैसा, किसी भी थीम पार्क जैसा होता है। निर्माणाधीन वृन्दावन चन्द्रोदय मन्दिर (वीसीएम)—जिस पर हम अध्याय 4 में चर्चा करेंगे—को देखकर तो इस विचार से असहमत होना मुश्किल है क्योंकि विशाल कृष्ण थीम पार्क भी इस मन्दिर परिसर का हिस्सा है। इस मन्दिर के इर्द-गिर्द आभासी वृन्दावन का निर्माण किया जा रहा है क्योंकि यह इसलिए जरूरी हो गया है कि शताब्दियों पुराना मूल नगर, जहाँ श्रीवत्स गोस्वामी पले-बढ़े, उसे वापस ला पाना असम्भव लगता है, या वह बहुत दूर चला गया है।

नये वृन्दावन के अन्दर पैठते हुए और पुराने के अवशेष में शरण लेते हुए मैं इस सबका अर्थ समझने का प्रयास करता हूँ। हो सकता है कि वृन्दावन वास्तविक जीवन, वास्तविक वयस्कता से दूर किसी सच्चे पड़ाव की जगह हमेशा किसी महारानी की सैरगाह के रूप में प्रस्तुत होता रहा हो। हो सकता है कि मैं इस तथ्य को देख ही न पा रहा होऊँ कि दमित वर्गों के लोगों को ब्राह्मण वर्चस्व वाली ऐसी जगह में, या मुसलमानों को हिन्दू स्थान में स्वीकार्य किए जाने में दिक्कत महसूस होती है। और हो सकता है कि वृन्दावन पहले की तरह खुद को बस नया रूप दे रहा हो। या नया वृन्दावन अँधेरी होती मानव गुफा का गीत गानेवाला पक्षी है, उसका अन्तिम और सबसे दुख-भरा गीत?

इस बहस पर मुझे एक अच्छे और उपयोगी परिप्रेक्ष्य की जरूरत है, इसीलिए मैं वापस आया। मुझे उम्मीद है कि यह परिप्रेक्ष्य इस पुस्तक के बीच में ही उभरेगा, जो पानी के साथ शुरू होता है, और यही होना भी चाहिए। यमुना नदी की दुर्दशा ने इस शहर को जितना एकजुट किया है उतना दूसरे किसी संकट ने नहीं किया है। क्या होगा अगर यह नदी वृन्दावन की पहचान से ही बाहर हो जाती है, जब वह इसके साथ गर्भनाल की तरह जुड़ी नहीं रह जाती? (अध्याय 2)। फिर, हम इस शहर, नये और पुराने, दोनों पर गहरी नजर डालते हैं और अपने से पूछते हैं कि क्या दोनों को स्वीकार किया जा सकता है, किया जाना चाहिए? (अध्याय 3)। इसके बाद बारी आती है गगनचुम्बी 'वीसीएम' की, जिसे वृन्दावन के भविष्य का महान प्रतीक माना जा सकता है या फिर जो कुछ था उसके ताबूत की आखिरी कील? (अध्याय 4)। इसके बाद हम उस वृन्दावन की ओर रुख करते हैं, जो लम्बे समय से महिलाओं से जुड़ा रहा है—खासकर विधवाओं से। शताब्दियों से भारत के कुछ हिस्सों में विधवाओं को उनका परिवार घर से निकाल दिया करता है क्योंकि वह उन्हें अपशकुनी मानता है या उनको साथ नहीं रखना चाहता है। पुराना वृन्दावन उन्हें हमेशा आश्रय, भोजन और प्रार्थना करने

की जगह देता रहा है लेकिन नया वृन्दावन कुछ और सोचता है (अध्याय 5)। और अन्त में हम अपने मित्र और संरक्षक श्रीवत्स गोस्वामी से मिलते हैं। वे इन परिवर्तनों को किस तरह लेते रहे हैं? वृन्दावन के आत्मसंधान की प्रक्रिया में क्या वे अपने पिता की तुलना में कम प्रासंगिक हैं? या ऐसा तो नहीं है कि वे इस नये ज्वार में नये पतवार से नाव खे रहे हैं? (अध्याय 6)। मेरे लिए और मेरे बाद के छात्रों की पीढ़ियों के लिए, राधारमणजी के मन्दिर में श्रीवत्स को देखना वृन्दावन को ही देखने जैसा है।

लेकिन अब? वृन्दावन किस तरह की वास्तविकता की ओर बढ़ रहा है? यह अतिउत्साही है? या गिरावट की ओर है? या बस आभासी है? आप कह सकते हैं कि 'रेलिजन' हमेशा से एक आभासी वास्तविकता रहा है, लेकिन मानव गुफा वाले युग के आते ही वह आभासी वास्तविकता किस तरह रूप बदल रही है? सातवें और अन्तिम अध्याय में उन उत्तरों की ओर बढ़ूँगा, जो नये वृन्दावन को विश्व मंच पर स्थापित कर देंगे।

2

केशी घाट का संघर्ष

पुराने वृन्दावन में अपने कमरे से मैं नदी को देख सकता हूँ। वसन्त ऋतु में इसकी धारा सँकरी हो जाएगी, फिलहाल मैं देख रहा हूँ कि मानसून के बाद अभी यह मुक्त होकर बह रही है। इसका पानी वही विशेष श्यामवर्णी है। वह श्याम रंग, जो कृष्ण के कई नामों से जुड़कर अमर हो गया है। श्रीकृष्ण भी श्यामवर्ण के हैं, काले बादलों की तरह, घनश्याम। नदी के उस पार की बलुही मिट्टी का हल्का मटमैला रंग इस क्षितिज को उपयुक्त पृष्ठभूमि देता है। और जब शाम ढलते ही घरों में चूल्हे जलते हैं तो इस पूरे परिदृश्य में एक तीसरा रंग घुल जाता है। यह राख का धूसर रंग है, जो लगभग सफेद है। हवा का झोंका इस धुएँ को दूर पेड़ों के झुरमुट में पहुँचा देता है, जहाँ लगता है कि एक समानान्तर नदी बह रही हो।

इस तरह के नजारे ने वृन्दावन को पूरे भारत में प्रसिद्ध कर दिया है; और आज तो पुस्तकों, वीडियो, वेबसाइटों आदि ने इसे पूरी दुनिया में मशहूर कर दिया है (चित्र 2.1)। अँधेरा होते ही यमुना और अधिक चमकदार, और रहस्यमय रूप से स्थिर दिखने लगती है। विशेष तौर पर कार्तिक के महीने में, जब चाँद सिकुड़ते-सिकुड़ते लगभग लुप्त हो जाता है और फिर धीरे-धीरे अपना आकार वापस लेने लगता है, सूरज ढलने के बाद लोग नदी किनारे जमा होते हैं और उसकी काली पड़ चुकी सतह पर जलते हुए दीये प्रवाहित कर देते हैं। रोशनी के ये बिन्दु यमुना को दी जानेवाली भेंट के मूल तत्त्व हैं। ऐसा लगता है कि रोशनी के ये छोटे-छोटे सैनिक नदी में दूर स्थित किसी शत्रु से लड़ने के लिए एक गति से चल पड़े हों।

उत्तर दिशा से आती हुई यमुना वृन्दावन में प्रवेश करते ही ध्यान खींचनेवाले दो बदलाव करती है। पहले तो वह पूरब की ओर मुड़ जाती है, इन दिनों वह कुछ

चित्र 2.1 : वृन्दावन में नदी का किनारा, 1998। मध्य से दाहिनी ओर केशी घाट, पंडावाला घाट, युगल किशोर मन्दिर (पृष्ठभूमि में), और भ्रमर घाट। फोटो : अभिनव गोस्वामी

अर्धगोलाकार प्रवाह में बहती है। पहले, 16वीं से 19वीं सदी के बीच वह नाटकीय रूप से मानो एक धुरी पर घूम जाती थी जिसके चलते शहर के उत्तरी हिस्से में यमुना के तटों पर कई मन्दिर और घाट बन गए। इन सबके आगे से गुजरने के बाद यमुना वृन्दावन के एकदम आखिरी पूर्वी छोर का घेरा बनाते हुए मुड़कर शहर के दक्षिणी हिस्से से गुजरती है और अपने प्राचीन पड़ाव मथुरा की ओर बढ़ जाती है। इसका अर्थ यह है कि जब वह अपने पुराने पेटे में—जिसमें अर्धगोलाकार शॉर्टकट नहीं था—बहती थी तब यह नदी दूर दक्षिण की ओर बढ़ने से पहले वृन्दावन शहर को तीन तरफ से गले लगाती थी। कोई भी समझ सकता है कि चैतन्य महाप्रभु और उनके अनुयायियों ने इसे इतना मनोहारी स्थल क्यों माना। आगे, मथुरा के बाद यह नदी आगरा से गुजरती है, जहाँ इसके दाहिने किनारे पर ताजमहल खड़ा है। ताज के पैर पखारने के बाद वह फिर नाटकीय मोड़ लेती है और इलाहाबाद में गंगा से मिलने के लिए पूरब की ओर बढ़ जाती है। वहाँ ये दो बहनें—गंगा और यमुना—मिलकर बंगाल की खाड़ी में जा गिरती हैं।

यमुना पर इस तरह से दृष्टि डालना किंवदंती का दर्जा पा चुकी नीरवता के दृश्य का सर्वे करने के समान है। लेकिन इस दंतकथा में एक शत्रु भी शामिल है, जो इस मनोहारी ग्रामीण परिवेश के मूड में खीज पैदा करता है (चित्र 2.2)। यह शत्रु यमुना के दूसरे मोड़ पर स्थित केशी घाट नामक उस कगार पर खतरे के रूप में उभरता है, जहाँ शताब्दियों से यह नदी गहरी धार के रूप में बहती है। केशी से

उस घोड़े की ओर संकेत किया गया है, जिसके घने बाल हैं और जिसे कंस ने श्रीकृष्ण से लड़ने के लिए भेजा था, जब वे मात्र सात-आठ साल के शिशु थे। उस घोड़े का पशुबल उस दैवी बालक की शक्ति के सामने अशक्त साबित हुआ था। केशी जब कृष्ण की ओर दौड़ा था तब उन्होंने अपनी कोहनी उसके जबड़े में फँसा दी, जिसके दर्द के आवेग से उसकी मृत्यु तुरन्त हो गई।

चित्र 2.2 : केशी वध। 5वीं सदी (सीई) उत्तर भारत, टेराकोटा। इस आख्यान के अनुसार मृत केशी नीचे पड़ा है। मेट्रोपॉलिटन म्यूजियम ऑफ आर्ट, न्यूयॉर्क, 1991.300।

आजकल केशी घाट एक दूसरे महायुद्ध का केन्द्र बन गया है। इसमें जो दो पक्ष उलझ गए हैं उन्हें मैं भविष्यवादी और संरक्षणवादी कहता हूँ, हालाँकि दोनों ही दूसरे के नाम पर दावा करेंगे। वृन्दावन आज जिन समस्याओं का सामना कर रहा है, उनके अलग-अलग समाधान ये दोनों प्रस्तुत करते हैं, लेकिन दोनों ही मानते हैं कि समस्याएँ कुल मिलाकर ये हैं—

- पुराने शहर में खुले नालों और उनसे बहनेवाले गन्दे पानी और कचरे का नदी में बहना;
- असहनीय दुर्गंध;
- बेलगाम घूमते सूअर, जो सदियों से सफाई कर्मचारियों के साथी हैं;
- हर जगह फेंके गए प्लास्टिक के थैले, जो नदी में भी पहुँच जाते हैं;
- सड़कों पर लगे प्राय: हर धार्मिक आयोजन और रियल एस्टेट के बड़े-बड़े साइन बोर्ड;
- शहर के पुराने और नये, दोनों हिस्सों में निरन्तर ट्रैफिक जाम;
- दिन-रात धर्म का पाठ पढ़ाते लाउडस्पीकर;
- हर स्तर पर भ्रष्टाचार;
- और पानी का संकट।

यहाँ पर केशी घाट का मसला खास तौर पर उभरकर सामने आता है। इन दिनों कुछ ही लोग नदी में स्नान करने की हिम्मत करते हैं (हालाँकि तीर्थयात्रियों की पहली इच्छा यही होती है), क्योंकि यमुना यहाँ पहुँचने से पहले ही उद्योगों, खेती, और दिल्ली की भारी आबादी के कारण बुरी तरह प्रदूषित हो चुकी होती है। वृन्दावन का अशोधित मैला इसके प्रदूषण को और गम्भीर बना देता है।

इसके अलावा बन्दरों की विकट समस्या है, जिसकी शिकायत हर कोई करता है। चालीस वर्षों से, जब से मैं वृन्दावन आता रहा हूँ, ये लाल-भूरे बन्दर पुराने शहर के कहीं किसी चौक पर जमा होकर नटखट पशु की तरह सामने आते हैं, तो कहीं आतंक के रूप में छा गए हैं। ये इसी प्रजाति के, लम्बी पूँछ वाले लंगूरों से एकदम अलग हैं, जो वृन्दावन से गायब हैं, सिवाय एक-दो के, जिन्हें बन्दरों को भगाने के लिए बाहर से लाया गया है। इन दिनों आप चश्मा लगाकर बाहर नहीं निकल सकते क्योंकि कोई भी बन्दर कहीं से अचानक कूद पड़ेगा और आपका चश्मा छीनकर भाग जाएगा। एक बार मैंने कार की खिड़की तीन इंच खुली छोड़ दी थी और मनुष्य के हाथ जैसा एक हाथ तुरन्त उसमें से अन्दर आया और मेरा चश्मा ले भागा। किस्मत से मेरे ड्राइवर को इसका जवाब मालूम था। वह केले

खरीदकर लाया और उसके बदले चश्मा वापस हासिल कर लिया। हम मजाक में कहा करते कि बन्दरों और चश्मा बनानेवालों के बीच कोई मिलीभगत है, लेकिन आजकल यह कहा जाता है कि स्थानीय लड़कों ने बन्दरों को चश्मा उड़ाने और फिरौती वसूलने की ट्रेनिंग दे रखी है। गली के लड़के यह सब देखते रहते हैं; बन्दर करीब की किसी दीवार पर बैठे रहते हैं; लड़के उन्हें खाने को कुछ देते हैं और बन्दर चश्मा गिरा देता है; परेशान व्यक्ति खुश हो जाता है और लड़के को बख्शीश मिल जाती है। आप दूर से खड़े होकर यह तमाशा देखकर खुश हो सकते हैं लेकिन ऐसे माहौल में जीना, जहाँ स्थानीय लोग और तीर्थयात्री कैदी बन गए हों, जल्दी ही थका देता है। आज चीजें किस तरह नियंत्रण से बाहर हो गई हैं, यह उसका भी एक अच्छा रूपक है।[1]

कई लोगों का मानना है कि इस तमाम अफरातफरी और गिरावट के साथ-साथ एक मजबूत प्रतिकारी शक्ति भी सक्रिय है, और वह है 'इस्कॉन'—हरे कृष्णा आन्दोलन। अधिकतर अमेरिकी लोग इसे गलियों के चौराहों पर नारंगी रंग के वस्त्रों में नाचते और 'हरे कृष्णा' मंत्र का जाप करते हिप्पियों से जोड़ते हैं। लेकिन अमेरिका में 1965 में फैलने के बाद से अब तक इस आन्दोलन में काफी परिवर्तन आ चुका है। इसका सूत्रपात करनेवाले अभय चरण डे को उनके अनुयायियों ने जल्दी ही नया नाम दे दिया—अभय चरणारविन्द भक्तिवेदान्त स्वामी प्रभुपाद। पश्चिम की अपनी मिशनरी यात्रा पर निकलने से पहले वे वृन्दावन में रहते थे। बहुत ही कम समय—1970 वाले दशक के शुरू में—ही यह आन्दोलन वृन्दावन पहुँच गया, जिसे प्रभुपाद अपना क्षेत्र मानते थे। 1975 में शहर के बाहरी, धूल-भरे क्षेत्र रमण रेती में इस्कॉन का एक विशाल मन्दिर खुल गया। प्रभुपाद 1977 में अपनी मृत्यु तक वहीं रहे। वृन्दावन की अधिकांश आपत्तिजनक चीजें (सिवाय विज्ञापन बोर्डों और ट्रैफिक जाम के) इस्कॉन मन्दिर के इर्द-गिर्द वैसी समस्या के रूप में मौजूद नहीं दिखतीं; हाँ, वहाँ घुसपैठ करने की पुरजोर कोशिश में लगी हैं।

1970 वाले दशक में हरे कृष्णा वाले भक्त भी लगभग उसी समय वृन्दावन पहुँचे थे, जब मैं वहाँ पहुँचा था, लेकिन हम दोनों अलग-अलग संसार में जीते थे। वे लोग शहर के बाहरी क्षेत्र में रहते थे और अंग्रेजी बोला करते थे; मैं शहर के बीच में रहता था और हिन्दी में बातें करने की पूरी कोशिश करता था। मैं उन लोगों से दूरी ही बनाए रखने का प्रयास करता था, लेकिन वृन्दावन के लोगों के लिए हम सब विदेशी थे जिनमें अन्तर नहीं किया जा सकता था। इसलिए स्थानीय लोग मेरा स्वागत भी 'हरे कृष्णा' या 'हरि बोल' कहकर करते थे। लेकिन मैं

उन्हें उनकी ही बोली और शैली में 'राधे-राधे!' बोलकर जवाब देता था। मैं कह नहीं सकता कि कोई इस पर गौर करता था या नहीं मगर शहर के बाहरी क्षेत्र में बने 'अंग्रेज मन्दिर' में जो कुछ भी चलता था, मैं उन सबसे अलग रहने की पूरी कोशिश में लगा रहता था।

इतने वर्षों में वृन्दावन के जनजीवन में इस्कॉन के कारण जो भारी परिवर्तन हुए हैं उनकी अनदेखी करना कठिनतर होता गया है। 1980 का दशक शुरू होते-होते 'अंग्रेज मन्दिर' भारी संख्या में यात्रियों को आकर्षित करने लगा था। वह शहर के सबसे लोकप्रिय स्थलों में शुमार हो गया। आज इस्कॉन केवल पश्चिम वालों का आन्दोलन नहीं रह गया है बल्कि कई भारतीय भी इससे जुड़ चुके हैं और इस वजह से वृन्दावन का चेहरा और चरित्र एकदम बदल गया है।

पूरी तरह संगमरमर का आलीशान इस्कॉन मन्दिर शहर के पश्चिमी छोर पर मुख्य मार्ग के किनारे दान में मिली जमीन पर बना है, और यह नये वृन्दावन का मील का पत्थर बन गया है (चित्र 4.5)। इसके पास सबसे पहले एक स्कूल और एक आवासीय परिसर बना, जो इस्कॉन की ही परियोजनाएँ थीं। इसके बाद, 1990 के दशक में भारतीय अर्थव्यवस्था का उदारीकरण हुआ और काले धन को लेन-देन के सुविधाजनक साधनों में बदलने का चलन शुरू हुआ, तो नये निर्माणों की बाढ़ आ गई, और यह सब इस्कॉन के दायरे से बाहर हुआ। अब सड़क के किनारे मन्दिरों, अस्पतालों, आश्रमों और आवासीय परिसरों की कतारें खड़ी हो गईं। नजर उठाकर देखिए तो आपको हर जगह अधबने अपार्टमेंट, क्रेन नजर आएँगे। खतरा यह पैदा हो गया है कि पुराना वृन्दावन नये का ग्रास बनता जा रहा है।[2]

इस्कॉन मन्दिर से पहले शहर में सबसे ज्यादा लोग स्पष्ट तौर पर बाँके बिहारी मन्दिर जाते थे, जहाँ 'बाँके रसिया' के रूप में श्रीकृष्ण की आश्चर्यजनक रूप से छोटी प्रतिमा स्थापित है। यहाँ उनका शरीर एड़ियों, कमर और गरदन से मुड़ा हुआ है, जैसा कि राधारमणजी का है। इस्कॉन मन्दिर का स्थान इस सफलता को हासिल करने में दैवी वरदान साबित हुआ। या ऐसा तो नहीं है कि इसकी योजना बड़ी सावधानी से बनाई गई थी? 1980 और 1990 के दशकों में निजी कार रखनेवालों की संख्या बढ़ी तो वृन्दावन को मथुरा से जोड़ने (और उसे पूरे भारत से खासकर रेल से जोड़ने) वाली पुरानी सड़क से, जो इस शहर तक पहुँचने का सबसे लोकप्रिय रास्ता था, यातायात नेशनल हाइवे-2 की ओर मुड़ गया। यह हाइवे दिल्ली को आगरा और दूसरी जगहों से जोड़ता है। 1970 वाले दशक में इस हाइवे को चौड़ा करके चार लेन का बनाया गया, और यह अपने समय में

एक चमत्कार था। अब यह छह लेन का हो गया है। वृन्दावन इससे बस पाँच किलोमीटर की दूरी पर है। 1975 में, जब इस्कॉन मन्दिर का उद्घाटन हुआ था तब इस रास्ते से वृन्दावन आने पर सबसे पहले यही इमारत मिलती थी। इस्कॉन के भक्तों ने नगरपालिका पर जोर डालकर इस स्थान पर एक मेहराब बनवाया, जिस पर हिन्दी में लिखा था—नगरपालिका आपका स्वागत करती है। लेकिन इसके ठीक नीचे अंग्रेजी में लिखी इबारत यह सूचना देती है कि यह इस्कॉन के संस्थापक के सम्मान में बनाया गया 'भक्तिवेदान्त स्वामी गेट' है (इस बात का कहीं जिक्र नहीं होता कि अपना अधिकांश जीवन उन्होंने भारत की एक दवा कम्पनी के मैनेजर के तौर पर बिताया)। बाद में इसमें दो पैनल जोड़े गए और यह लिखा गया कि इस्कॉन 'न्यूयॉर्क, अमेरिका' में निगमित है, मानो दूर का वह महानगर वृन्दावन का साथी शहर हो।

प्रभुपाद की चमचमाती सुनहरी प्रतिमा इस मन्दिर में आनेवाले श्रद्धालुओं के लिए सबसे बड़ा आकर्षण है। उनकी प्रतिमा मुख्य मन्दिर से जुड़े स्मारक स्थल में स्थापित है। उनके अगल-बगल इसी तरह चमकते सुनहरे पट्ट लगे हैं जिनमें उनके मिशन की सफलताओं का उल्लेख है। एक में वे न्यूयॉर्क में फिफ्थ एवेन्यू पर जगन्नाथ रथयात्रा का नेतृत्व करते देखे जा सकते हैं, और पृष्ठभूमि में मशहूर एम्पायर स्टेट बिल्डिंग और एक चर्च भी दिखता है। इसमें कहा गया है कि अमेरिका पर विजय पाने में उन्हें बस दस साल लगे। उनकी असहज कर देनेवाली विशाल उपस्थिति मुख्य मन्दिर में भी त्रिआयामी सुनहरी छवि के रूप में नजर आती है।

इस्कॉन मन्दिर और पुराने शहर के बीच पहले कभी खाली, शान्त जंगलनुमा विस्तार होता था, आज दुकानों, होटलों, आश्रमों, रियल एस्टेट के दफ्तरों, रेस्तराँओं की कतार लग गई है। इस्कॉन से पश्चिम की ओर नेशनल हाइवे की तरफ चलें तो पूरे वृन्दावन में सबसे प्रभावशाली इमारत, 'प्रेम मन्दिर' दिखता है, जो श्रेष्ठ उत्तर भारतीय शैली में पूरी तरह इतालवी संगमरमर से बनाया गया है। रात में इस परिसर और मन्दिर को विविध रंगों की रोशनियों से जगमग किया जाता है। प्रेम मन्दिर का उद्घाटन धर्मगुरु कृपालु जी महाराज ने 2012 में किया। कहा जाता है कि आज इसे देखने आनेवालों की संख्या ताजमहल के दर्शकों की संख्या से कहीं ज्यादा है। यही नहीं, प्रेम मन्दिर और इस्कॉन के बीच में एक चित्रकूट आश्रम है, जहाँ हनुमान और गणेश की 52 फुट ऊँची प्रतिमाएँ हैं। प्रेम मन्दिर के दूसरी तरफ छटीकरा रोड पर ऐसी मूर्तियों की कतार दिखती है। कमल के आकार का कंक्रीट का एक पीला-सा मन्दिर है, जो शान्ति सेवा धाम गेस्टहाउस का केन्द्र है;

ज्वाला धाम श्रीकृष्ण आश्रम के ऊपर क्रेन के आकार का एक टावर बना है, जो रात में छोटी-छोटी बत्तियों से रोशनी फैलाता है; इसके नीचे देवी दुर्गा की विशाल प्रतिमा के साथ आश्रम बना हुआ है; और जहाँ यह सड़क नेशनल हाइवे से मिलती है उसके पास ही माता वैष्णो देवी की इससे भी विशाल मूर्ति लगी है। वैसे तो देवी दुर्गा का वर्चस्व हिमालय में देखा जाता है, जहाँ हर पहाड़ी और पर्वत पर उनका कोई-न-कोई मन्दिर बना हुआ है; लेकिन वैष्णो देवी का प्रभाव जम्मू क्षेत्र में ज्यादा है। आपस में जुड़ी ये दोनों देवियाँ हिमालय के अपने निवास के साथ-साथ वृन्दावन में भी उतरी दिखती हैं।

इस बीच, फ्लैटों और चारदीवारी से घिरे रिहाइशी परिसरों की कतार पूरे इलाके में उग आई है, जो भारत के नये महानगरीय लोगों के दूसरे घर या सेवानिवृत्त होने के बाद के आशियाने का काम करते हैं। 2016 में एक विज्ञापन बोर्ड लगाया गया था, जिसमें घोषणा की गई थी कि नव-विकसित वृन्दापुरम में फ्लैटों की पहली बार बिक्री खुल गई है। नाम तो हिन्दी में बड़े-बड़े अक्षरों में लिखा था मगर बाकी सूचनाएँ अंग्रेजी में थीं—'दिल्ली से मात्र 120 किमी., नोएडा से 120 किमी. की दूरी पर विश्वविख्यात पर्यटन स्थल में विश्वस्तरीय शिक्षा परिसर और औद्योगिक केन्द्र'।

तेजी से विकसित होते इस शहर को ध्यान में रखकर मैं उन लोगों को भविष्यवादी कहता हूँ, जो वृन्दावन को ऐसा रूप देना चाहते हैं, जिसमें नये विकास की होड़ उस मनोरम जीवनशैली को नष्ट कर सकती है जिसकी कभी इच्छा रखी गई या कम-से-कम कल्पना की गई थी। यह हमें फिर से केशी घाट के लिए संघर्ष पर ला देता है। भविष्यवादियों ने केशी घाट को यमुना के अन्दर 200 मीटर तक बढ़ाने की योजना शुरू की है, जहाँ कंक्रीट का चबूतरा बनेगा और वह उस स्थल के रूप में काम करेगा जहाँ से पर्यटक और श्रद्धालु पुराने घाटों के सुन्दर दृश्य का आनन्द उठा सकेंगे। पुराने घाटों के नीचे यमुना के किनारे-किनारे पैदल यात्रियों, कारों, बसों, स्कूटरों, रिक्शों के लिए रास्ता बनेगा। इसके किनारे बैठने के लिए बेंच, कोल्ड ड्रिंक वगैरह के खोखे लगाए जाएँगे। कुछ लोगों का कहना है कि नदी में मनोरंजन के लिए फेरिस झूला भी लगाया जाएगा।

एक योजना यात्रियों को नदी पार कराने के लिए रोप-वे और उड़नखटोले बनाने की भी है।[3] इससे यात्रियों को ऐतिहासिक घाटों और भव्य मन्दिरों का याद रखने लायक दृश्य दिखेगा और शहर तक पहुँचने का सीधा और साफ-सुथरा रास्ता उपलब्ध होगा।[4] 2012 के बाद से वृन्दावन उस एक्सप्रेसवे से जुड़ने लगा है, जिसे दिल्ली वालों को आगरा और ताजमहल तक तेजी से पहुँचाने के लिए

बनाया जा रहा है। उत्तर प्रदेश सरकार के पैसे और इसके निर्माण सहयोगी जेपी समूह द्वारा बनाए जा रहे इस एक्सप्रेसवे का नाम पहले 'ताज एक्सप्रेसवे' रखा गया था लेकिन बाद में जब पाया गया कि दिल्ली से चलनेवाली ज्यादातर गाड़ियाँ आगरा की जगह मथुरा और वृन्दावन के लिए रवाना होती हैं, तो इसका नाम 'यमुना एक्सप्रेसवे' कर दिया गया ताकि इससे सबको जुड़ाव महसूस हो। एक तरह से यह दुनिया-भर में वृन्दावन की बढ़ती ख्याति का प्रमाण है। वैसे, एक तरह से इससे यह भी पता चलता है कि महानगर दिल्ली का किस तेजी से विस्तार हो रहा है और इसके निवासियों में सप्ताह के आखिरी दिनों में सैर-सपाटा करने की भूख कितनी बढ़ रही है। ऐसे लोगों में बेशक तीर्थयात्री भी होते हैं; हमें इन्हें अलग-अलग समूह के रूप में नहीं देखना चाहिए। दोनों के मामले में, इस बात से फर्क पड़ता है कि वृन्दावन से दिल्ली पहुँचने में आगरा पहुँचने के मुकाबले एक घंटा कम समय लगता है।

भविष्यवादियों के मुताबिक, केशी घाट का विकास अगर वृन्दावन के केन्द्र यानी पुराने वृन्दावन में प्रवेश के लिए एक आकर्षक और आदर्श रास्ते के रूप में किया गया तो इससे हर एक को लाभ होगा। यात्रियों के वाहनों को यमुना के पार पार्क किया जा सकेगा और वृन्दावन की गलियों को वाहनों से मुक्त, पैदल चलनेवालों का क्षेत्र बनाया जा सकेगा (ऐसा लगता है कि वहाँ के निवासियों को अपना वाहन चलाने की छूट होगी)। सदियों पहले शहर के पुराने हिस्से में जिन प्रतिष्ठित परिवारों के मन्दिर और आश्रम बने—उनमें से अधिकतर ब्राह्मण हैं और वे धार्मिक कार्यों में व्यस्त रहते हैं—उन्हें अब अपने मेहमानों का पहले से आसान और सीधे मार्ग से स्वागत करने की सुविधा प्राप्त होगी। और जिन लोगों ने नये वृन्दावन में निवेश किया वे अब खुलकर साँस ले सकेंगे और कहीं भी आ-जा सकेंगे, गलियों में सप्ताहान्त पर होनेवाले जाम को अब नियंत्रित किया जा सकेगा।

क्या इस सबका श्रेय रोप-वे और उड़नखटोले को दिया जाए? नहीं, और भी बहुत कुछ है। केशी घाट के एक अग्रणी पैरोकार परमाद्वैती स्वामी का कहना है कि ट्रैफिक को नियंत्रित करने के लिए 'लाइट रेल' जैसे दूसरे नये साधनों की भी जरूरत पड़ेगी। कई लोग वृन्दावन के चारों ओर रिंग रोड बनाने और वृन्दावन में कारों और बसों को आने की अनुमति न देने की भी बात करते हैं। या केवल रिंग रोड बनाया जाए, जो एक नये पुल से जुड़े और यमुना एक्सप्रेसवे तक ट्रैफिक के प्रवाह को सुचारु करे। जाहिर है, इन सबको पूरी योजना में समाहित करना होगा। लेकिन परमाद्वैती स्वामी का कहना है कि महत्त्वपूर्ण बात आगे बढ़ना है, न कि

पीछे हटना—इसलिए सब मिलकर काम करें, विवाद न करें। तभी उस स्वच्छ भारत अभियान के मुताबिक वृन्दावन को साफ-सुथरा बनाया जा सकेगा जिसे प्रधानमंत्री नरेन्द्र मोदी और भारतीय जनता पार्टी (भाजपा) की सरकार ने 2014 का चुनाव जीतने के बाद अपना बड़ा लक्ष्य घोषित किया था।

भारत में इस्कॉन के प्रमुख सूचना अधिकारी महामंत्र दास के, जो अपने छात्र-जीवन के दिनों से अच्छी राजनीतिक पहुँच रखते हैं, साथ काम करते हुए परमाद्वैती स्वामी 2016 में उत्तर प्रदेश के तत्कालीन मुख्यमंत्री अखिलेश यादव से मिले। परमाद्वैती स्वामी का मानना है कि इस मुलाकात के बाद ही अखिलेश यादव वृन्दावन नदीतट विकास योजना पर आगे बढ़े, लेकिन स्वामी मानते हैं कि इसकी योजना तैयार करने में दूसरे लोग भी जुड़े रहे। मोटे तौर पर ये दो तरह के लोग थे—एक, वे जो शुद्ध रूप से विकास के लिए चिन्तित थे और वृन्दावन को आधुनिक युग में लाना चाहते थे; दूसरे, वे जो वृन्दावन के सुन्दर, ऐतिहासिक नदीतट को बचाए रखने को चिन्तित थे। हम पाएँगे कि इन दोनों लक्ष्यों में कभी-कभी टकराव हो जाता है, लेकिन परमाद्वैती स्वामी का मानना था कि दोनों में फिलहाल तालमेल हो गया है। उनका मानना था कि स्थानीय प्रभारी यानी मथुरा के जिलाधिकारी को मुख्यमंत्री से निर्देश मिला था कि वे इस योजना को प्राथमिकता देते हुए लागू करें। लेकिन यह कैसे हो? छह फुट व्यास वाले बड़े-बड़े पाइप घाटों के किनारे लाकर रखे गए ताकि उन्हें जमीन में बिछाकर नाले के पानी और कचरे को घाटों से दूर ले जाकर बहाया जाए। कुल मिलाकर योजना क्या थी?

इस बारे में जिलाधिकारी की राय जानने और उन्हें वृन्दावन के धार्मिक गुरुओं की चिन्ताओं का खयाल रखकर काम करने के लिए परमाद्वैती स्वामी ने 24 अक्टूबर, 2016 को एक बैठक आयोजित की। युवा जिलाधिकारी ने अपने सबसे करीबी आदमी के साथ सबसे पहले केशी घाट का दौरा किया और जिसे यहाँ लोग 'इंडियन स्टैंडर्ड टाइम' कहते हैं, उसका पालन करते हुए ढाई घंटे देर से बैठक स्थल पर पहुँचे। बैठक इस्कॉन मन्दिर के ठीक पीछे मायापुर वृन्दावन ट्रस्ट (एमवीटी) के शान्त, रमणीक मैदान पर आयोजित की गई थी, जिसे इस तरह की मुलाकातों के लिए आदर्श स्थान कहा जा सकता है और जिसकी तरह पूरा वृन्दावन दिखे, ऐसा हर कोई चाहेगा। इस्कॉन मन्दिर के अध्यक्ष, स्पष्टवादी अमेरिकी पाँच गौड़ दास भी वहाँ मौजूद थे। मालाओं का ढेर लगा था, जिन्हें प्रतिष्ठित मेहमानों के गले में डाला जाना था, और जब जिलाधिकारी के बोलने की बारी आई तो उन्होंने ढेरों आश्वासन दे डाले, कहा कि एक महीने में कार्य-

योजना तैयार हो जाएगी। और जो कानून बने हुए हैं—मसलन लाउडस्पीकरों पर रोक, वृन्दावन शहर में प्लास्टिक के इस्तेमाल पर रोक—वे तुरन्त लागू कर दिए जाएँगे। बाद में, इन दोनों मामलों पर वे कोशिश ही करते रहे, हालाँकि नीति और उसके क्रियान्वयन में दूरी हमेशा रहती ही है।

और केशी घाट का क्या? वह एक बड़ा प्रस्ताव था। जिलाधिकारी ने कहा कि वे इस मामले का अध्ययन करेंगे—जमीन के स्वामित्व, उसकी लागत और योजना की व्यावहारिक सम्भाव्यता का। उन्होंने कहा कि रोपवे और उड़नखटोले के बारे में वे पहली बार सुन रहे हैं। लेकिन लखनऊ में उत्तर प्रदेश सरकार इस प्रस्ताव पर पहले से काम कर रही थी। अपने ठेकेदार के साथ मिलकर उसने तीन मिनट का एक थ्री-डी वीडियो तैयार किया था जिसमें दर्शकों को नदीतट पर बने एक पार्क के पेड़ों के ऊपर से नीचे का दृश्य दिखाया गया है कि पैदल चलनेवाले लोगों को तब कितना सुकून मिलता है, जब उनके बगल से इक्का-दुक्का कारें ही निकलती हैं। यह आज के वृन्दावन से कितना उलटा है, जो लगातार ट्रैफिक जाम से परेशान रहता है, या इसे किसी नजरिये से यह भी कहा जा सकता है कि यह शहर को कितना जीवन्त बनाए रखता है। परमाद्वैती स्वामी ने इस वीडियो को इस आयोजन में बड़े परदे पर दिखाने की उम्मीद की थी मगर वह इतनी देर से पहुँचा कि यह सम्भव न हो सका। कोई बात नहीं। आप यह सब अपने मोबाइल फोन पर देख सकते हैं, और बाद में कई लोगों ने इस तरह देखा भी।[5] इस वीडियो में केशी घाट और इसके पास का युगल किशोर मन्दिर साफ पहचाना जाता है (हालाँकि केशी घाट किसी म्यूजियम जैसा दिखता है), लेकिन नदी के किनारे किसी और चीज के होने का संकेत नहीं मिलता, केवल पार्क के आगे अज्ञात पुरानी सफेद इमारतें नजर आती हैं। पुराने सुन्दर घाट अदृश्य हैं। शायद उनके बारे में उस तकनीकी दल को जानकारी नहीं होगी जिसने वीडियो तैयार किया, या डिजाइन तैयार करनेवालों को शायद वे घाट महत्त्वपूर्ण नहीं लगे होंगे। वैसे भी, वीडियो को गौर से देखने पर लगता है कि उस डिजाइन में उन घाटों के लिए कोई जगह नहीं है। नदीतट का कायापलट किया गया है और इसके लिए इस क्षेत्र में ऋषिकेश, हरिद्वार में गंगातट या लखनऊ में गोमती के तट पर जो किया गया है उसी की नकल की गई दिखती है। इनमें से हर जगह नदी को एक नहर जैसे सीधे प्रवाह में बाँध दिया गया है और किनारे पर पैदल चलनेवालों के लिए जगह बनाई गई है। यमुना की खास नौकाओं की जगह अल्युमिनियम वाली अमेरिकी शैली की नावें रखी गई हैं, फिल्मों में दिखाए जानेवाले कुहासे और नदी के किनारे रखे

बोल्डरों की तसवीरों के साथ वीडियो शुरू होता है। बोल्डर? कहाँ पहुँच गए हैं हम? यह तो वृन्दावन के करीब की कोई जगह नहीं हो सकती। सॉफ्टवेयर न्यूयॉर्क स्थित 'रीजनल प्लान एसोसिएशन' (आरपीए) ने तैयार किया है, जिसे अजय कंस्ट्रक्शन कम्पनी ने बहुत दूर जाकर आउटसोर्स किया है।

संरक्षकों का परिचय

कई तरह से यह एक सुन्दर परिवर्तन था। आज केशी घाट के इर्द-गिर्द जो दुर्दशा दिखती है उससे यह कितना उलटा था! मैं थोड़ा सम्मोहित हुए बिना न रह सका। लेकिन जब मैं अपने कमरे में लौटा तो एक दूसरे संसार ने मुझे घेर लिया। यहाँ भी मैं शान्ति और सौन्दर्य के परिदृश्य से घिर गया, लेकिन यह वास्तविक था। श्रीवत्स गोस्वामी ने मुझे ठहरने के लिए आश्रम की दूसरी मंजिल पर कमरा दिया था। इसमें रासलीला के लिए श्रीचैतन्य प्रेम संस्थान नामक एक परिसर था, जिसे उनके पिता ने केशी घाट के पास एक अहाते में बनवाया था। लन्दन की जानी-मानी फैशन फोटोग्राफर रॉबिन बीछ, जो वृन्दावन के रंग-बिरंगे परिवेश और जीवन के प्रति 1990 के दशक में ही आकर्षित हुई थीं, 2015 में अपनी मृत्यु तक यहीं रहीं और उन्होंने इस फ्लैट को एक अजूबा बना दिया था। कोई खम्भा चाँदी की तरह चमक रहा था, तो कोई सोने की तरह; भारी-भारी दरवाजे स्थानीय शिल्पकारों से बनवाए गए थे और विशाल खिड़कियाँ नदी की ओर खुल रही थीं। यह सब श्रीवत्स के उस आतिथ्य के कारण सम्भव हो सका था, जो पहले रॉबिन को मिला और फिर मुझे। वृन्दावन में घूमते हुए और पूरे दृश्य को विभिन्न पहलुओं से देखते हुए मेरी आँखें जहाँ टिकती थीं उनके पीछे-पीछे श्रीवत्स की आँखें वहाँ क्यों नहीं टिकतीं?

वृन्दावन को स्वच्छ बनाने के प्रयासों के पीछे वे एक बड़ी ताकत रहे हैं, और उड़नखटोले के बारे में नहीं बल्कि कचरे और मैले के बारे में सोचते हैं। जब मैं पहली बार वृन्दावन 1970 के दशक में आया था तब यह शहर वास्तव में साफ-सुथरा था। हाँ, यह सच है कि नालियाँ तब भी खुली थीं और सीवेज और कचरे को साफ करने का काम नुकीले बालों और वैक्यूम-क्लीनरनुमा नाक वाले सूअरों के अलावा सुबह और रात में झाड़ुओं तथा कूड़ागाड़ियों के साथ घूमनेवाले सफाईकर्मियों के जिम्मे था।[6] लेकिन शहर काफी छोटा था। 2011 में हुई जनगणना में इसकी जनसंख्या दोगुनी बढ़कर 65,000 हो गई और 2018 में 1 लाख को पार कर गई। यहाँ आनेवालों की संख्या भी दिन दूनी रात चौगुनी

बढ़ती हुई, सरकारी आँकड़ों के मुताबिक, सालाना 3.5 लाख पर पहुँच गई, जबकि वृन्दावन दिल्ली के महानगरीय दायरे में शामिल हो गया है। इस तरह भारी मात्रा में मैला नदी में डाला जा रहा है।

बहुत पहले 1996 में ही, श्रीवत्स ने इस समस्या के समाधान की एक निजी पहल में सहायता की थी, जिसके तहत यहाँ के सफाईकर्मियों को दूसरे शहरों में दिए जा रहे मानक मेहनताने से ज्यादा दिया गया। उन्हें सफाई करते वक्त पहनने के लिए वर्दी भी दी गई और कचरे को नंगे हाथों से न उठाने के लिए दस्ताने भी दिए गए। इस पहल का नाम रखा गया—'वृन्दावन बन्धु'। यह कई पाइलट परियोजनाओं की तुलना में काफी सफल रही, उदाहरण के लिए बाँके बिहारी मन्दिर के इर्द-गिर्द की गन्दगी की सफाई में। लेकिन जब इस परियोजना को नगरपालिका का समर्थन देने की बारी आई तब सरकारी अधिकारियों ने जिम्मेदारी लेने से मना कर दिया। लेकिन नगरपालिका को शहर से दूर एक कचरा शोधन संयंत्र (सीवेज ट्रीटमेंट प्लांट, एसटीपी) लगाने पर मजबूर किया गया। लेकिन यह संयंत्र कभी पूरी तरह चालू नहीं हुआ। शहर के कर्ता-धर्ता इसके लिए एक कर्मचारी से ज्यादा देने को तैयार न हुए और कचरा संग्रह को कभी इस तरह व्यवस्थित नहीं किया कि वह संयंत्र के काम आ सके। कचरा कहीं जमा किया जाता और वह नदी में भी बहता, उधर संयंत्र खाली पड़ा जंग खाता रहा। आज हालत कुछ बेहतर है, एक और संयंत्र नदी के दूर निचले स्थान पर बनाया गया है। इसे 2015 में चालू किया गया। परिशोधन के लिए इसे अधिकतर कचरा आपस में जुड़े दो पम्पिंग स्टेशनों से मिलता है—एक, यमुना के पास कालियदह में है और दूसरा, शहर के नये रुक्मिणी विहार इलाके में। लेकिन यह शहर के कुल कचरे का आधा ही है, और शहर से मेरा मतलब इस्कॉन मन्दिर से पहले का पुराना क्षेत्र है। यह सब बहुत मामूली प्रगति है, लेकिन मास्टर प्लान की घोषणा कभी नहीं की गई। 2018 की गर्मियों में जब मैंने संयंत्र को जाकर देखा था तब वहाँ सात कर्मचारी काम पर थे और उन्हें राज्य सरकार से छह महीने से वेतन नहीं मिला था। यह किसकी गलती थी—लखनऊ में बैठी सरकार की या इस परियोजना के ठेकेदार की, जो आगरा में बैठा था? वृन्दावन में जो प्रभारी था उसके पास इसका जवाब नहीं था। बाद में, किस्मत से यह बकाया भुगतान हो गया।[7] लेकिन संयंत्र यहीं तक प्रगति कर पाया। 2018 की गर्मियों में उस अहाते के आगे की गली के नीचे पाइप बिछाया गया, जहाँ मैं रहता था। एक साल बाद इससे बहनेवाला कचरा सीधे नदी में ही जा रहा था, और इससे जुड़नेवाला नाला खुला था—और बदबू फैला रहा था[8] (चित्र 2.3)।

चित्र 2.3 : वृन्दावन में कचरे की गन्दगी के विरोध में चीर घाट के पास दीवार पर बनाया गया चित्र, जिसमें शिव और गऊ से सन्देश बुलवाए गए हैं। नवम्बर, 2016।

श्रीवत्स सरीखे सुधारक और उनके साथी इस तरह की प्रबन्ध व्यवस्था का वर्षों से विरोध करते रहे हैं। 2009 में मथुरा-वृन्दावन विकास प्राधिकरण (एमवीडीए) ने, जिसमें मथुरा और वृन्दावन की नगरपालिकाएँ शामिल थीं और जिसे दोनों के भविष्य की योजना बनाने का काम सौंपा गया था, यमुना पर एक पुल बनाने की मंजूरी दी और पर्यटन विकास के लिए राज्य सरकार की पहल का स्वागत किया। नदी में 11 विशाल खम्भों के लिए खुदाई शुरू करके पुल निर्माण को आगे बढ़ाया। इन खम्भों पर से हाइवे गुजरनेवाला था। यह विशाल ढाँचा हर तरह से आँखों को चुभता था लेकिन उम्मीद की जाती थी कि जब पुल बन जाएगा तब इसका औचित्य समझ में आएगा और यह सुन्दर भी दिखेगा। लेकिन यह पुल कहाँ पहुँचानेवाला था?

आगे सामने आया कि यह तो नदी के उस पार नहीं बल्कि नदी के बीच में पहुँच रहा है। अगर पुल की परिभाषा यह है कि वह किसी जल क्षेत्र के इस पार से उस पार पहुँचाता है, तो इसे पुल नहीं कहा जा सकता था। इसके समर्थक और निर्माता इसे भले अर्धचन्द्राकार पुल नाम देते हों, वास्तव में यह अर्धवृत्ताकार सड़क थी। इसका मकसद केशी घाट की परिक्रमा करके उस रिंग रोड से जुड़ना था जो पुराने वृन्दावन के चारों ओर बनाई जानेवाली थी। इसके खम्भे उस प्राचीन परिक्रमा मार्ग के समानान्तर उसके एक हिस्से के रूप में बनाए गए थे, जो कि वृन्दावन की पवित्र भूमि की एक विशेष पहचान थी; ये केशी घाट की दूसरी तरफ के खम्भों से जुड़नेवाले थे।

परिक्रमा मार्ग वृन्दावन शहर की परिधि के साथ इस तरह बना हुआ है कि शहर इस मार्ग पर चलनेवाले तीर्थयात्री के हमेशा दाहिने हाथ की तरफ पड़ता है। हिन्दू धर्म में दाहिने हाथ को शुभ माना जाता है, बाएँ को नहीं। जब हिन्दू लोग किसी मन्दिर में जाते हैं तो प्रायः वे घड़ी की सूई की दिशा में उसके चारों ओर परिक्रमा करते हैं ताकि पवित्र स्थल हमेशा उनके दाहिने हाथ की तरफ रहे। वृन्दावन में भी यही नियम लागू किया गया है। लोग सदियों से इस मार्ग पर नंगे पाँव पदयात्रा करते रहे हैं। इस मार्ग का करीब दो किलोमीटर रास्ता यमुना के पुराने बहाव के किनारे बने घाटों के साथ चलता है। इस पर पदयात्रा नदी का पानी उतरने के बाद की जाती थी। सदियों तक इन घाटों से लोग नदी तक पहुँच जाते थे, चाहे किसी भी मौसम में नदी का जल-स्तर कुछ भी रहा हो। परिक्रमा मार्ग के अलावा ये घाट भी लोगों को इन पर से टहलते हुए न केवल नदी की सुन्दरता का आनन्द लेने में सहायता करते थे बल्कि उसमें स्नान करने की सुविधा भी उपलब्ध कराते थे।[9] नदी के बीच में हाइवे बनने से इन सबके नष्ट होने या हमेशा के लिए विकृत हो जाने का खतरा पैदा हो गया था। नदी में केशी घाट से दूर से गुजरने के कारण शायद फुटपाथ को नुकसान नहीं पहुँचे, मगर फ्लाइओवर के नीचे से गुजरनेवाले तीर्थयात्रियों को पूरा आनन्द नहीं मिल सकेगा। निर्माण कार्य शुरू होने से नदी को दूसरे किनारे की तरफ धकेल दिया गया। निर्माणाधीन फ्लाइओवर के नीचे ट्रक भर-भर कर रेत गिराए जाने से नदी की धारा बदल गई है।

इस सबको लेकर काफी जनाक्रोश उभरा, जो केवल पुल परियोजना के नहीं बल्कि इससे बड़ी समस्या—यमुना के विनाश—के विरोध में था। 2010 में जन-समर्थन जुटाने के लिए परमाद्वैती स्वामी ने केशी घाट के नीचे बहती नदी का एक छोटा मगर अर्थपूर्ण वीडियो बनाया। यह आज भी देखने लायक है, सिर्फ इसलिए नहीं कि इसका चौंकानेवाला अन्त एक बन्दर द्वारा परमाद्वैती स्वामी का चश्मा छीने जाने से होता है।[10] 2011 की गर्मियों में साइकिलचालकों के एक दल ने

'यमुना बचाओ' अभियान के तहत यमुनोत्री से वृन्दावन तक की साइकिल-यात्रा की। यह अभियान उस 'नर्मदा बचाओ आन्दोलन' की तर्ज पर किया गया, जो मध्य भारत की इस नदी के विनाश और उसके कारण 2 लाख लोगों के बेघर होने के विरोध में चलाया गया लेकिन विफल हो गया था। 2011 और 2013 में भी विशाल पदयात्राएँ निकाली गईं। पहली पदयात्रा इलाहाबाद से शुरू हुई, जहाँ यमुना और गंगा का संगम होता है, और यह वृन्दावन से होती हुई दिल्ली पहुँची, जहाँ संसद भवन के सामने धरना दिया गया। 2013 में भी एक लाख लोगों ने वृन्दावन से दिल्ली तक विरोध मार्च किया, मगर इस सबका कोई असर नहीं हुआ।[11]

श्रीवत्स ने भी इस मामले में अपनी भूमिका निभाई। रेतीले परिक्रमा मार्ग के अधिकांश हिस्से को पक्की सड़क में बदल दिया गया था, जो कि नदी के विस्तार क्षेत्र की रक्षा से सम्बन्धित नियमों के अनुसार अवैध है, और अवैध रूप से भरी गई मिट्टी पर नया निर्माण किया जा रहा था। श्रीवत्स की जमीन से लेकर केशी घाट तक परिक्रमा मार्ग के हिस्से को अभी पक्का नहीं किया गया था, और श्रीवत्स चाहते थे कि इसे वैसा ही रहने दिया जाए। इसकी माँग करते हुए उन्होंने गांधीवादी तरीका अपनाते हुए उसी जगह पर धरना दे दिया। वे दोपहर से शाम तक वहाँ बैठ जाते। एक समय तो सड़क पक्का करने का काम रुक गया। लेकिन बात यहीं खत्म नहीं हुई।

2015 में वृन्दावन में आयोजनों का सिलसिला चला, क्योंकि माना जाता है कि इससे 500 साल पहले चैतन्य महाप्रभु ने ब्रज की पहली बार तीर्थयात्रा की थी और वह इसकी 500वीं वर्षगाँठ का साल था। पूरे साल भर के आयोजनों के लिए उत्तर प्रदेश सरकार से प्राप्त कोष से 'वृन्दावन प्रकाश' उत्सव मनाया गया। हरेक बड़े मन्दिर ने इस अवसर पर कुछ-न-कुछ योगदान दिया। यह कुछ वैसा ही था जैसा 2017 में ईसाई जगत ने विट्टनबर्ग चर्च के फाटक पर अपने 95 'थेसेस' टाँके जाने की 500वीं वर्षगाँठ मनाई थी। भारत के तत्कालीन राष्ट्रपति 'वृन्दावन प्रकाश' समारोह में भाग लेने के लिए पधारे और शिष्टाचार के नाते उत्तर प्रदेश के मुख्यमंत्री अखिलेश यादव भी आए। इस मौके पर उन्हें अपने सहायक से यह कहते हुए सुना गया कि "हमें वृन्दावन के लिए कुछ करना पड़ेगा।" शायद उन्हें 2017 में होनेवाले चुनाव का खयाल था, जो कि उनकी समाजवादी पार्टी के लिए एक चुनौती बननेवाला था। उन्हें 'हिन्दू वोटों' की जरूरत थी।

और ऐसा लगता है कि वह सब फिर से शुरू हो गया था। इस बेहद लोकप्रिय और अतिविशिष्ट स्थल के संरक्षण एवं विकास के लिए कुछ करती हुई दिखने के वास्ते राज्य सरकार ने निर्माणों का बड़ा और नया अभियान शुरू करवा दिया (चित्र 2.4)। उसने इस परियोजना के लिए 330 करोड़ रु. की राशि अलग से दे

चित्र 2.4 : यमुना नदी के किनारे-किनारे बिछाया जानेवाला पाइप, और उसके आगे निर्माण कार्य में लगी टीम का कप्तान और उसके साथी। नवम्बर, 2016।

दी। इसके बाद नदी के किनारे मिट्टी काटनेवाली मशीनों, नींव खोदनेवाले गर्डरों और कंक्रीट के बड़े-बड़े पाइपों के साथ युद्ध स्तर पर काम शुरू हो गया। कम्पनी के दो फील्ड कार्यालय भी नदी तट पर खड़े हो गए। सामाजिक कार्यकर्ताओं ने काम रुकवाने के लिए अदालत के दरवाजे खटखटाए और प्रदेश के उच्च न्यायालय ने उनके पक्ष में फैसला सुना दिया कि घाटों और नदीतट के वर्तमान स्वरूप को बदलनेवाले किसी भी निर्माण कार्य की अनुमति नहीं दी जाती है। राष्ट्रीय हरित ट्रिब्यूनल (एनजीटी) ने भी इसी तरह का फैसला सुनाया। भारत के प्राकृतिक संसाधनों के संरक्षण और पर्यावरण सम्बन्धी मसलों के निबटारे के लिए 2010 में गठित इस राष्ट्रीय संगठन ने कहा कि केशी घाट पर निर्माणों से यमुना के रेतीले विस्तार को नुकसान पहुँचेगा, इसलिए वहाँ किसी नये निर्माण की अनुमति नहीं दी जा सकती। एनजीटी ने यह भी कहा कि निर्माण कार्यों से इस एक और प्रावधान का उल्लंघन होता है कि भारतीय पुरातत्त्व सर्वेक्षण (एएसआइ) द्वारा संरक्षित स्मारक के 200 मीटर के दायरे में निर्माण से पहले विशेष अनुमति लेना जरूरी है। यहाँ युगल किशोर मन्दिर इस दायरे में आता था, जो कि एएसआइ के अधीन है। केशी घाट पर निर्माण से इस दायरे का अतिक्रमण हो रहा था।

सफलता मिली, लेकिन ज्यादा दिन के लिए नहीं। रोक के आदेशों के बावजूद केशी घाट तक परिक्रमा मार्ग को पक्की सड़क में बदलने का काम एक सप्ताह बाद ही शुरू हो गया। मैं शहर के दूसरे हिस्से की तरफ जाते हुए वहाँ से गुजरा तो मैंने देखा कि ट्रकों में भरकर मिट्टी गिराई जा रही थी, मशीनों से उसे समतल किया जा रहा था और ट्रकों से ईंटें भी गिराई जा रही थीं। मैं रुक गया और ट्रक चला रहे एक युवक से पूछा कि क्या हो रहा है, और वह किसकी तरफ से काम कर रहा है? तो बहुत हिचकते हुए उसने बताया कि वह किसी निजी कम्पनी के लिए काम कर रहा है। उससे जब पूछा कि उसकी कम्पनी किसके लिए काम कर रही है, तो वह फिर हिचका लेकिन बाद में उसने माना कि कम्पनी नगरपालिका के लिए काम कर रही है। मुझे लगा कि डंपर ट्रक के ड्राइवर की फोटो मोबाइल से खींच लूँ तो वह नये भारत की एक आकर्षक छवि प्रस्तुत करेगी, क्योंकि वह काम करते हुए अपने मोबाइल फोन पर बात भी कर रहा था। मैं जब फोटो लेने लगा तो उसने मुझे गुस्से से देखा और कैमरा हटाने का संकेत किया।

नीचे नदी में नींव डालने के लिए शीट पाइलिंग का काम चल रहा था (चित्र 2.5) और बदसूरत 'पाइलन' हटाए जा रहे थे। कम-से-कम यह एक

चित्र 2.5 : नवम्बर, 2016 में यमुना नदी के ऊपर पुल निर्माण के लिए खम्भे की नींव खुदाई का काम। इसके पीछे 2009 में निर्मित एक खम्भा दिख रहा है, जिसे 2017 के वसन्त में अन्ततः गिरा दिया गया।

ठीक काम हो रहा था। जब वे खम्भे हटा दिए जाएँगे तो आप नदी का पूरा प्रवाह फिर से देख पाएँगे। लेकिन शीट पाइलिंग से महीन और स्थायी काम हो रहा था। यमुना को भविष्य की नदी के रूप में ढालने के लिए, उसे अपने पुराने स्वरूप के मुकाबले ज्यादा बँधी हुई और भविष्य की नदी के रूप में सजी हुई बनाने का काम किया जा रहा था।

2017 के चुनाव के बाद वृन्दावन पहली बार केन्द्र, राज्य और स्थानीय स्तर पर भी एक पार्टी—भाजपा—के अधीन आ गया। वृन्दावन बचानेवालों को लगा कि इस नई व्यवस्था में अधिकारियों को अन्ततः ज्यादा जवाबदेह बनाया जा सकेगा। यही नहीं, प्रधानमंत्री नरेन्द्र मोदी अपने स्वच्छ भारत अभियान के धार्मिक पहलू को लेकर काफी मुखर थे। लेकिन बदला कुछ भी नहीं, बल्कि और भी बुरे में तब्दील हो गया। सरकार का हर महकमा अब पूरी तरह भविष्यवादियों के साथ हो गया। जून, 2017 में फिल्म अभिनेत्री और वृन्दावन-मथुरा से सांसद हेमा मालिनी ने मथुरा में 'डिज्नीलैंड' की तरह एक अनूठे 'कृष्ण थीम पार्क' बनाने की अपनी योजना का फिर जिक्र किया और कहा कि वे चाहती हैं कि वृन्दावन में यमुना नदीतट परियोजना पूरी तरह लागू हो।[12] इस बीच लखनऊ में नई सरकार ने इस परियोजना को कुछ संशोधन के बाद अपना लिया। और हेमा मालिनी की उम्मीदें और बढ़ गईं, उन्होंने उम्मीद की कि वृन्दावन निरन्तर फैलते राष्ट्रीय राजधानी क्षेत्र (एनसीआर) का जल्दी ही एक हिस्सा बन जाएगा, जिसमें दिल्ली के बाहरी इलाकों के करीब 20 हजार वर्गमील क्षेत्र आएँगे। उत्तर प्रदेश की नई सरकार ने भी घोषणा की कि उसने पूर्वी दिल्ली से सटे 'नोएडा' की पवनहंस कम्पनी के साथ साझीदारी की है। योजना यह थी कि वृन्दावन में एक उड़ान पट्टी से उड़कर 20-30 मिनट में पूरे ब्रज के दर्शन करानेवाली 'हवाई परिक्रमा' की व्यवस्था बनाई जाए। इन तीर्थयात्रियों को नोएडा में एक हेलिकॉप्टर अड्डे से लाया जाएगा। पूरे ब्रज क्षेत्र की परिक्रमा में जहाँ पूरा एक दिन या कभी-कभी एक महीने तक लग जाता है, वह एक झटके में पूरी हो जाएगी। यानी नीचे रहनेवालों के लिए शोर की एक और परत बढ़ाने का इन्तजाम किया जा रहा था।

यह कहानी अन्तहीन है, और इसके ब्योरे अस्पष्ट हैं, अभी तक कोई मास्टर प्लान सामने नहीं आया है।[13] परमाद्वैती स्वामी सरीखे पैरोकारों का कहना है कि पक्की सड़क इतनी सँकरी होगी कि केशी घाट पर जो सूई के छेद जैसा रास्ता बनेगा उससे केवल बैटरी वाला एक रिक्शा ही गुजर सकेगा, कोई कार या दूसरा वाहन नहीं। इस तरह, पैदल परिक्रमा करनेवालों के लिए पारम्परिक भावना सुरक्षित रखी जा सकेगी और वायु प्रदूषण भी कम होगा। इस्कॉन के अधिकारी महामंत्र

दास ने, जिन्होंने परमाद्वैती स्वामी के साथ मिलकर एमवीटी की बैठक आयोजित की थी, इससे अलग विचार व्यक्त करते हुए कहा कि इससे बुजुर्गों को लाभ होगा, वे कार में बैठकर पवित्र परिक्रमा कर सकेंगे। लेकिन ब्योरे परस्पर विरोधी हैं। आपसी कानाफूसियों में मैं सुना करता कि परिक्रमा मार्ग को सिर्फ मंत्रियों और उनके चमचों की खातिर पक्का किया जा रहा है। अगर रिंग रोड पूरी तरह बन गई तो ये लोग अपनी एयरकंडीशंड कारों में मोबाइल फोन के साथ वृन्दावन के चक्कर लगा सकेंगे।

लोग, खासकर बृजवासी, अमावस्या के दिन अभी भी इस पवित्र नगर की पैदल परिक्रमा करते हैं; और जो लोग अधिक गहरी हिन्दू आस्था रखते हैं, वे एकादशी के दिन परिक्रमा करते हैं। दोनों तरह के ये श्रद्धालु हर तीन साल पर आनेवाले अधिक मास में परिक्रमा करते हैं। लेकिन उनके अनुभवों में पूरा अन्तर आ गया है। पारम्परिक मान्यता के मुताबिक, इस परिक्रमा का लाभ यह है कि लोगों को अपने नंगे पैरों से ब्रज की रज का स्पर्श होता है। इस क्रम में अगर यह धूल उनके मस्तक और शरीर को भी स्पर्श करे तो और भी अच्छा। ऐसा तब होता है जब वे दंडवत होते हैं और पूरे शरीर को जमीन पर लेटाकर परिक्रमा करते हैं (चित्र 3.15)। यह सब तब सम्भव होता था जब मार्ग पवित्र धूल से भरा और आरामदायक होता था, ऐसा कि इसका नाम ही 'ब्रज की रज' पड़ गया था। आज, केशी घाट के पास के छोटे हिस्से को छोड़कर बाकी मार्ग को पक्का बना दिया गया है। साल के कई महीने तो यह पक्की सड़क धूप के कारण तपती रहती है। अब यह शहर के नये हिस्से को जोड़नेवाला रास्ता बन गया है। पैदल तीर्थयात्रियों को वाहनों की कतार से निबटना पड़ता है, और लोगों तथा पशुओं के चोटिल होने की घटनाएँ बढ़ी हैं। अगर पूरा मार्ग पक्का हो जाएगा तब ऐसी बातें और बढ़ जाएँगी। इस बीच, कुछ युवाओं ने दंडवत का दूसरा तरीका निकाला है, जो ऐसे रास्ते के लिए उपयुक्त लगता है। वे रास्ते पर पहले प्लास्टिक की चादर बिछाते हैं, फिर उस पर लेटकर करवट बदलते हैं, उठकर फिर यही प्रक्रिया दोहराते हैं। यह सब अदाकारी भरी गति के साथ पूरा किया जाता है। कहा भी है, आवश्यकता आविष्कार की जननी होती है। शहरी जीवन के जुगाड़!

लेकिन यहाँ बुनियादी सुविधाओं से जुड़े गम्भीर प्रश्न भी हैं। यमुना के दूसरे किनारे पर पार्किंग की कतारें बनाने का प्रस्ताव किया गया, और चूँकि नदी के बहाव के कारण सारा विकास वृन्दावन में सीमित हो गया इसलिए नदी के उस पार जमीन की कीमत आसमान छूने लगी। जल्दी ही वह भी नये वृन्दावन का एक पहलू बन जाएगा और शहर की वर्तमान अनगढ़ सुन्दरता को नष्ट कर देगा।

श्रीवत्स और उनके साथ वर्षों से काम कर रहे उनके साथियों का मानना है कि यह सब अविश्वसनीय रूप से अदूरदर्शितापूर्ण है, यहाँ तक कि आर्थिक पहलू से भी। ऐतिहासिक इमारतें, स्थान की ऐतिहासिकता का एहसास, और यमुना के किनारे का सुन्दर दृश्य, सब कुछ हमेशा के लिए खो जाएगा। उन्हें डर है कि वृन्दावन तब वृन्दावन नहीं रह जाएगा। और लोगों को इस भुलावे में नहीं रहना चाहिए कि जब असली चीज लुप्त हो जाएगी तब थीम पार्क आदि तीर्थयात्रियों और पर्यटकों को आकर्षित कर पाएँगे। यहाँ से बड़े और बेहतर थीम पार्क कहीं और बन जाएँगे। वृन्दावन अगर अपनी मूल ऐतिहासिकता को गँवा देता है, तो वह सार-सार को गँवाकर थोथे को गहने जैसा ही होगा।

फिर भी, वृन्दावन में अधिकतर लोग भविष्यवादियों के साथ खड़े दिखते हैं। वे यह तो मानते हैं कि निर्माण कार्यों से गड़बड़ी होती है लेकिन वे तात्कालिक आर्थिक लाभों को लेकर उत्साहित हैं। यह भारत के एक सबसे गरीब क्षेत्र के लोगों के लिए तुरन्त रोजगार की उम्मीद जगाता है। उन्हें पूरा भरोसा है कि यहाँ तीर्थयात्रियों और पर्यटकों की संख्या बढ़ेगी। फिलहाल तो जैसा कि हम बता चुके हैं, इनकी संख्या सालाना 3.5 करोड़ है। तो यह बुरा कैसे हो सकता है?

इस तरह के विचारों को एक अप्रत्याशित स्रोत से समर्थन मिला। गाँववालों और मजदूरों की तरह माथे पर सफेद साफा बाँधनेवाले मध्यवय के बलवान दिखनेवाले संत जयकृष्ण बाबा, जो पर्यावरण रक्षा के लिए काम करनेवाले ऐक्टिविस्ट माने जाते हैं, इन विचारों के प्रवक्ता बने। काफी आहत भाव से एक बार उन्होंने समझाया कि हिमालय से मैदानी इलाके में आने के बाद यमुना के साथ आजकल क्या ज्यादतियाँ हो रही हैं। उसके ऊपर बाँध बनाए जा रहे हैं, उसके पानी से मूल तत्त्व निकाले जा रहे हैं, उसमें जहर घोला जा रहा है। ये सारे मुद्दे उन्होंने कई बार तब उठाए थे जब वे तेजतर्रार नेता थे और वृन्दावन से दिल्ली तक उन्होंने विशाल विरोध मार्च निकाला था।

लेकिन वृन्दावन के सवाल पर वे रूखे और भावनाविहीन दिखे। उनका आरोप था कि श्रीवत्स यमुना पर अपनी जमीन को बचाने के लिए ही विकास का विरोध कर रहे हैं। पुराने भवनों को बचाने के लिए जो आवाज उठ रही है उसे वे हो-हल्ला बताते हैं और यह उन्हें पसन्द नहीं। उनका सवाल था, क्या वे सारे मन्दिर कृष्ण के काल के हैं? कतई नहीं। उन्होंने ब्रज के प्राचीन तीर्थों की गिनती करते हुए कहा कि तब केवल नदी थी और गोवर्धन पर्वत था और यह भूमि थी। यमुना पर नये घाट बनाने और यमुना तथा उन पुराने भवनों के बीच खुली जगह बनाने से नदी अपने प्राचीन सुन्दर रूप में आएगी। अगर विकास का

मतलब यही है तो वे इसके साथ हैं। और मानो यह साबित करने के लिए कि हजारों शब्दों से ज्यादा ताकत एक चित्र में होती है, उन्होंने अपने मोबाइल फोन पर एक 3-डी वीडियो दिखाया, जिसमें भावी नये घाटों की छवि थी और वहाँ बाग-बगीचे बने थे तथा यमुना में काफी पानी बह रहा था। इन सबका विरोध भला कौन कर सकता है?

वास्तव में, श्रीवत्स विकास के विरोध में नहीं हैं, वे सिर्फ मूलभूत बातों पर जोर देते हैं। जब वे 3-डी वीडियो देखते हैं तब उन्हें विशिष्ट, ज्यादा सुन्दर बनाए गए भारत की छवि दिखाई देती है जिसे वृन्दावन से कुछ लेना-देना नहीं है। इसमें जो उफनती यमुना दिखाई गई है उसके लिए पानी कहाँ से आएगा? आखिर, इसमें पानी तो निरन्तर घटता ही जा रहा है। भविष्यवादियों ने इस बारे में गम्भीरता से विचार नहीं किया है, लेकिन वे नदी के उस पार के माँट गाँव की बात करते हैं। इस गाँव के खेतों को उस नहर से कुछ पानी मिलता है जिसे 19वीं सदी के मध्य में गंगा के पानी को इसके बहाव क्षेत्र में फैलाने के लिए बनाया गया था।[14] भविष्यवादियों का कहना है कि इस नहर को यमुना से जोड़ने के लिए थोड़ी दूर तक नाला बनाया जाएगा। श्रीवत्स का कहना है कि यह नाला मात्र तीन फुट चौड़ा है। उनका यह भी मानना है कि दिल्ली की तेजी से बढ़ती आबादी यमुना के ज्यादा पानी को वृन्दावन पहुँचने से पहले ही रोक लेगी। 1980 के दशक में अदालत का आदेश आया था कि यमुना का कम-से-कम 60 क्यूसेक पानी वृन्दावन के लिए छोड़ा जाए। इतना पानी उसके लिए कभी नहीं छोड़ा गया। या शायद यमुना बेसिन की समस्याओं को दूर करने के लिए गंगा के पानी के इस्तेमाल की क्षेत्रवार परियोजना के तहत एक नई पाइपलाइन बिछाई जाएगी। इस तरह की एक परियोजना जापान बैंक ऑफ इंटरनेशनल कोऑपरेशन की बड़ी वित्तीय सहायता से 2005 में शुरू की गई थी और पलड़ा से मथुरा होकर आगरा तक पाइप बिछाया गया था। इसका कोई परिणाम सामने नहीं आया है।[15]

और मैला के निबटारे का क्या हुआ? इसे भूलने के पीछे कौन-सा विज्ञान काम करता है?[16] 2016 से 2017 आ गया फिर भी ऐसा लगा कि इसका उपयुक्त निबटारा करने की कोई व्यवस्था इस नई योजना में नहीं सोची गई। लगता है कि विशाल पाइप केवल नदी को दबाव वाले स्थानों से आगे बढ़ाने के लिए थे, न कि इसकी सफाई के लिए। श्रीवत्स को आशंका थी कि अगर ये पाइप मैले के लिए थे (इसकी कोई योजना स्पष्ट नहीं की गई थी), तो बाढ़ के दिनों में ये पाइप लीक करने लगेंगे और मैला नदी में ही बहने लगेगा। उन्हें विकास की ऐसी किसी योजना को गम्भीरता से लेने में मुश्किल लगती थी जिसमें इन ग्लैमरहीन मगर

महत्त्वपूर्ण पहलुओं का सीधा समाधान नहीं मिलता था। इसलिए, एनजीटी ने जब फैसला सुनाया कि केशी घाट वाली पहल अवैध है, तो वे बहुत खुश हुए। उन्हें लगा कि नदी को मरने से एक बार फिर बचा लिया गया है। लेकिन यह खतरा डेढ़ साल बाद फिर उभरा। विकास के पैरोकारों ने दावा किया कि उनकी योजना सिर्फ घाटों का सौन्दर्यीकरण करने की है। एनजीटी ने उनके इस दावे को भी 12 जुलाई, 2018 को खारिज कर दिया और 21 जनवरी, 2019 को आदेश दिया कि जो भी निर्माण सामग्री नदी में डाली गई है उसे हटाया जाए।[17]

संरक्षणवादियों को एक बार फिर सफलता मिली लेकिन यह कहना मुश्किल था कि यह कितने दिन कायम रह पाएगी, या इन फैसलों को किस हद तक लागू किया जाएगा। बहुसंख्यक 'प्रगतिशील' समूह को ऐसा लगा कि यमुना एक जिद्दी, प्रतिगामी समूह के शिकंजे में फँस गई है, जो उसे आधुनिक इंजीनियरिंग और शहरी नियोजन के संसाधनों के बूते अपनी परेशानी से मुक्त नहीं करना चाहता। या उसे और उसके साथ बाकी शहर को मुक्त नहीं करना चाहता ताकि वे आधुनिकता की उस लहर पर सवार हो सकें, जो चुनावों और रियल एस्टेट में निवेश की लय पर संचालित होती है। एक से ज्यादा बार युद्धविराम जैसा हुआ लेकिन वह सिद्धान्त पर आधारित नहीं था; यह किसी समझौते का संकेत नहीं देता।

जुलाई, 2018 में निर्माण कार्य कहाँ तक पहुँचा था, यह बताने के लिए वहाँ रेत की बोरियों की कतार लगा दी गई। नये 'घाट' का पठार यहाँ पर आकर रुक गया था, केवल एक क्रेन बचा था और वह भी निष्क्रिय था। जनवरी, 2019 तक घाट आगे बढ़ गए थे। इस अगले भाग के पीछे जो गर्डर थे वे अब पैदल पथ को सहारा दे रहे थे, जो नदी की धारा के अनुरूप मुड़ता था (चित्र 2.6)। और इसके आगे केशी घाट के ऊपर कंक्रीट की एक सँकरी सिल्ली गाड़ दी गई थी और उस पर घोषणा की गई थी कि आगे और क्या-क्या काम होंगे। नदी के किनारे पर काफी सक्रियता थी। कई युवा कच्चे परिक्रमा मार्ग के समानान्तर खंदक की खुदाई कर रहे थे ताकि नई सीवर लाइन डालने के लिए पाइप डाले जा सकें। यह सीवर लाइन नदी के साथ-साथ डाले गए विशाल पाइपों से एकदम अलग होगी। यह शहर से मैला ले जाकर कालियदह तक और वहाँ से 'एसटीपी' संयंत्र में पहुँचाएगी। यह 1960 के दशक में बनाई गई पुरानी लाइन की जगह ले लेगा। जहाँ तक नदी के किनारे-किनारे डाले गए 6 फुट व्यास वाले विशाल पाइपों की बात है, मैंने सुना कि उन्हें कोसी नाले से आनेवाले औद्योगिक कचरे को बहाने के लिए डाला गया है। कोसी नाला मनुष्य-निर्मित नाला है, जो यमुना के ऊपरी हिस्से में इससे मिलता है ताकि वह वृन्दावन में बहनेवाली नदी को प्रदूषित न

चित्र 2.6 : नवनिर्मित 'जेट्टी' और उसके बगल में गर्डरों के ऊपर बन रहा प्लेटफॉर्म, नीचे केशी घाट की ओर बहती नदी। 23 जनवरी, 2019।

करे। जहरीले पानी को इसकी जगह केशी घाट से आगे ले जाकर यमुना में डाला जाएगा। बड़ी मेहरबानी!

और जरा उन पाइपों पर नजर डालिए। अगस्त, 2018 की अच्छी-ख़ासी बरसात में, जिसे जबरदस्त नहीं कहा जा सकता, यमुना ने उन पाइपों को तोड़ डाला। उनके टुकड़े केशी घाट और दूसरी जगहों पर पड़े दिखे, वे अपने जोड़ों से अलग हो चुके थे, उनमें गाद और कचरा भरा था, या वे मिट्टी में धँस चुके थे। यह वैसे ही हुआ था जैसी श्रीवत्स ने भविष्यवाणी की थी। इन हकीकतों ने एनजीटी के जनवरी, 2019 के फैसले के पीछे के तर्क की पुष्टि कर दी थी, लेकिन कोई सुनने को तैयार नहीं था। और यह तो पूरी तसवीर का बस एक हिस्सा है। नेशनल ट्रैपीजियम जोन ने व्यापक लक्ष्य तय किए थे, उनमें से एक को भी एमवीडीए के विकास कार्यक्रमों ने पूरा नहीं किया। नेशनल ट्रैपीजियम जोन का गठन उच्चतम न्यायालय ने 1996 में किया था ताकि यमुना की निचली धारा में वह प्रदूषण घटे, जिनके चलते ताजमहल को नुकसान पहुँच रहा था। वृन्दावन भी नेशनल ट्रैपीजियम जोन में आता है, और एनजीटी ने इस पर ध्यान दिया था।

चमत्कार और चाँदी

याद रहे कि एनजीटी का पहला आदेश 1 नवम्बर, 2016 को आया था। वह कोई सामान्य दिन नहीं था, वृन्दावन के लोग जिस कैलेंडर का पालन करते हैं उस चन्द्र कैलेंडर के मुताबिक वह यम द्वितीया थी, कार्तिक माह में चन्द्रमा की कला के घटने का दूसरा दिन। यह एक महत्त्वपूर्ण पर्व का दिन होता है, जब माना जाता है कि यमुना से प्रार्थना की जाती है कि वह मृत्यु के देवता, अपने भाई यम से मनुष्यों की रक्षा करे। वास्तव में पौराणिक कथाएँ अलग-अलग हैं लेकिन उनके नामों से ऐसा लगता है कि उनमें एक रिश्ता है। परम्परा यह रही है कि इस दिन भाई-बहन एक-दूसरे का हाथ पकड़कर यमुना में नहाते हैं और बहन यमुना से प्रार्थना करती है कि वे उसके भाइयों की यम से रक्षा करें। इसके लिए भाई अपनी बहन को इस दिन उपहार देते हैं। तो इस दिन एनजीटी का जो फैसला आया उसे क्या दैवी वरदान माना जाएगा कि यमुना ने गरीब, दुखी भाई-बहनों पर कृपा की?

अगर ऐसा है, तो यमुना के तट पर कोई पहली बार चमत्कार नहीं हुआ। श्रीवत्स गोस्वामी और उनका परिवार जिस भूखंड पर बसा है उसे कछवाह वंश के महाराजा जय सिंह द्वितीय ने 1699 में स्थानीय भूस्वामियों से हासिल किया था। इस वंश ने पूर्वी राजस्थान के बड़े भाग पर राज किया था। मशहूर गुलाबी शहर जयपुर का निर्माण जय सिंह ने ही अपने नाम पर किया था। 1947 में भारत के स्वतंत्र होने के बाद जयपुर रियासत को भंग कर दिया गया, और इसके बाद बने राजस्थान सूबे ने 1992 में वृन्दावन सहित दूसरी जगहों पर शाही परिवार की जमीन-जायदाद बेच दी। श्रीवत्स के पिता पुरुषोत्तम गोस्वामी वृन्दावन के भूखंड के मुख्य हिस्से को हासिल करने में सफल हुए और इसे उन्होंने राधारमणजी मन्दिर के दायरे में वापस शामिल करवा दिया, जैसा कि हमेशा से था। जिस जमीन पर नित्यगोपाल का छोटा-सा मन्दिर बना है वह रह गया (इसके रखरखाव का जिम्मा राजस्थान सरकार ने वृन्दावन नगरपालिका को सौंप दिया है), लेकिन नदी के किनारे की महत्त्वपूर्ण जमीन समेत बाकी को फिर से कब्जे में कर लिया गया।

इसे भ्रमर घाट कहा जाता है। संस्कृत और ब्रज भाषा के साहित्य में कहा गया है कि इसी घाट पर विरह में डूबी गोपियों ने बड़े-से काले भँवरे को कृष्ण का सन्देशवाहक समझ लिया था। भँवरे का काला रंग उनके प्रेमी के रंग से मिलता था और उसके सुनहरे पंख उन्हें कृष्ण की पीली धोती की याद दिलाते थे। गोपियाँ विरह से इतनी ग्रस्त थीं कि उनके मन में यह सवाल नहीं उभरा कि भँवरा कृष्ण का सन्देशवाहक कैसे हो सकता था? लेकिन ऐसा हुआ भी। जिस दिन भ्रमर घाट

को पुराने रूप में लाकर लोकार्पित किया गया, उस दिन सचमुच में डेढ़ इंच का एक भँवरा अप्रत्याशित रूप से वहाँ पहुँचा और एक नहीं दो बार आया। भँवरा भ्रमर घाट के पुनर्स्थापन के समारोह का हिस्सा बनना चाह रहा था।[18] यह 30 साल पहले की बात है, और लगता है कि घाट और नदी के बीच एक नये सम्बन्ध की शुरुआत हुई थी। लेकिन अगर यमुना के किनारे नई सड़क बनती रही तो भ्रमर घाट की पहुँच नदी तक नहीं रह जाएगी। वैसे भी यमुना इस घाट तक बरसात के दिनों में ही पहुँचती है क्योंकि नदी का काफी पानी पहले ही खींच लिया जाता है। इस मामले में दिल्ली सबसे बड़ा अपराधी है। यह पास के केशी घाट के लिए मारक हो सकता है। एनजीटी के फैसलों ने कई बार यह उम्मीद बँधाई है कि तथाकथित विकास के मारक प्रभावों को रोका जा सकता है। ऐसा हो गया तो यह एक और चमत्कार ही होगा।

और नदी का क्या हुआ? कम-से-कम एक समय तो ऐसा लगा कि केशी घाट पर एक तरह का कोई चमत्कार हो गया हो। इस चमत्कार का नाम था शारलीन हेफनर। जैसा कि नाम से जाहिर है, वे एक अमेरिकी हैं। उनका मूल नाम शारलीन था, जो भारत में बदलकर चाँदी हो गया था। करीब दो दशकों तक केशी घाट पर उनकी मौजूदगी पैसे और राजनीतिक रसूख की ताकत का उल्लेखनीय प्रमाण है। इसमें यह तथ्य भी जुड़ा है कि इस रसूख का इस्तेमाल दूर से किया गया। केशी घाट पर एक महल है, जिसे चाँदी हेफनर ने अपना घर बना लिया था (चित्र 2.7)।

वृन्दावन महलों से भरा है। उनमें से अधिकतर 18वीं या 19वीं सदी के हैं, जब भारत के उत्तर और पूरब के हिस्सों—ग्वालियर, इन्दौर, मुंगेर, त्रिपुरा, मणिपुर आदि—के राजघरानों ने वृन्दावन में अपने लिए निवास बनवाए। यह परम्परा 20वीं सदी में भी जारी रही। इनकी तुलना में जय सिंह का आश्रयस्थल मामूली था। और सबसे प्रभावशाली जो था वह केशी घाट में बनाया गया, जिसे बाद में चाँदी हेफनर महल के नाम से जाना गया। उनकी राजशाही नई तरह की है, जो वंश परम्परा वाली नहीं बल्कि दौलत वाली है। चाँदी की दौलत और ताकत का स्रोत तम्बाकू की उस व्यवसायी डॉरिस ड्यूक से उनका रिश्ता है, जिनके पिता का नाम ड्यूक विश्वविद्यालय में खुदा हुआ है। चाँदी ने डॉरिस ड्यूक के निधन के बाद 1990 के दशक में एक विख्यात जटिल मुकदमे में जीत हासिल करके विरासत के तौर पर इस महल को हासिल किया। वे डोनाल्ड ट्रम्प की जबरदस्त प्रशंसक हैं। 2016 के चुनाव में ट्रम्प की जीत से पहले उन्होंने मुझसे कहा था कि वे मैनहट्टन में हुए उस भोज में शामिल थीं, जिसमें ट्रम्प भी आए थे। सिर्फ पुरुषों के उस जमावड़े में अकेली महिला होने का उन्हें बहुत गर्व था।

चित्र 2.7 : भरतपुर के राजा का महल, लक्ष्मी रानी कुंज जो 2017 तक चाँदी हेफनर के कब्जे में था। जुलाई, 2018 में ली गई फोटो। दाहिनी ओर गुजराती तीर्थयात्रियों का एक झुंड दिख रहा है और आगे बिछाए गए पाइप दिख रहे हैं।

चाँदी हेफनर डॉरिस ड्यूक से अमेरिका के हवाई में भक्ति और योग के कार्यक्रमों में मिली थीं। उन कार्यक्रमों में पोलो और घुड़सवारी भी शामिल थी और वे दोनों बेली डांस के क्लास भी साथ-साथ करती थीं। कई वर्षों तक उनमें काफी करीबी रिश्ता रहा। डॉरिस को इस पारस्परिक आकर्षण के पीछे यह वजह लगती थी कि चाँदी को वह अपनी उस बेटी का पुनर्जन्म मानती थीं जिसकी मृत्यु जन्म के साथ ही हो गई थी। लेकिन अक्टूबर, 2016 में जब मैंने चाँदी से उनके भव्य महल में कई घंटों तक बात की थी तब उन्होंने ऐसा कुछ भी नहीं बताया था। उस मुकदमे का भी कोई जिक्र नहीं किया था। बल्कि उस बातचीत से मेरी यह धारणा बनी थी कि उनकी परवरिश मेरीलैंड के एक पुराने धनी परिवार में हुई थी। बाद में अपनी आजादी और मनमर्जी दुनिया घूमने की अपनी ख़्वाहिश के कारण उन्होंने हवाई में मस्ती की। उन्होंने मुझे बताया कि वे उन स्मारकों की खोज करते हुए 1970 के दशक के शुरू में वृन्दावन आईं, जिनकी फोटो 19वीं सदी में ईस्ट इंडिया कम्पनी के एक कर्मचारी डॉ. जॉन मरे ने खींची थी। लेकिन वह इस्कॉन के लिए निराशा का दौर था, और चाँदी उससे जुड़ गईं। इसके बाद की सदी के पहले

दशक में जब वे वृन्दावन लौटीं तब वे एक काफी अमीर वंशज थीं। वे एमवीटी में इस्कॉन मन्दिर के बगल में रहने लगीं। लेकिन जल्दी ही वे वहाँ से यह आपत्ति करते हुए हट गईं कि इस्कॉन अपने फाटक पर मदद की आस में आनेवाले गरीबों से बहुत क्रूर व्यवहार करता था। उस दौरान उनकी मित्रता एक विख्यात भारतीय से हो गई, जिन्होंने उनके लिए अलग रहने की व्यवस्था करवा दी। हाल तक कोई विदेशी व्यक्ति भारत में कानूनन कोई सम्पत्ति नहीं हासिल कर सकता था, लेकिन चाँदी को के.पी.एस. गिल ने रास्ता दिखा दिया।

भारत की एक जानी-मानी हस्ती रहे गिल मई, 2017 में गुजर गए। वे आला पुलिस अधिकारी थे और उन्होंने पंजाब में अलगाववाद को नियंत्रित करने में अहम भूमिका निभाई थी, जिसमें उन पर बर्बरता बरतने के भी आरोप लगे। 1984 में प्रधानमंत्री इन्दिरा गांधी के निर्देश पर उन्होंने अमृतसर के विख्यात स्वर्ण मन्दिर को अलगाववादी खालिस्तानी सिखों से मुक्त कराया था। जैसा कि सर्वविदित है, बाद में निजी सुरक्षा गार्डों ने इन्दिरा गांधी की हत्या कर दी। भारत सरकार को मूल्यवान सेवा देने के लिए गिल को सबसे आला निजी सुरक्षा प्रदान की गई थी। इस सुरक्षा व्यवस्था का लाभ उन्होंने चाँदी को भी उपलब्ध कराया। उनके महल के अस्तबल में दो ऊँटों के साथ दो काले बुलेटप्रूफ एसयूवी भी खड़े रहते थे। चाँदी को पशुओं से बहुत प्यार था। वे जहाँ भी जातीं, उनके साथ गार्ड भी होते। 2016 के पतझड़ में जब हमारी बातचीत हुई थी, चाँदी ने जोर देकर कहा था कि वृन्दावन अब उनका घर बन गया है, अमेरिका वे साल के कुछ महीनों के लिए ही जाना चाहेंगी। लेकिन गिल के निधन के कुछ ही दिनों बाद वे भारत से चली गईं और वापस नहीं लौटीं। अब महल के स्वामित्व को लेकर मुकदमा चल रहा है। सवाल यह है कि इसका मालिक कौन है—गिल परिवार, या चाँदी, या वह व्यक्ति जो इसकी एक दीवार में बने हनुमान मन्दिर की देखभाल करता था? ऊँट तो मौजूद हैं मगर सुरक्षा गार्ड नहीं रहे। उनके बिना चाँदी कैसे लौटें?

वे जिस महल में रहती थीं, उसका निर्माण 19वीं सदी के मध्य में भरतपुर के राजा रणधीर सिंह ने वृन्दावन से 35 किमी. दूर करवाया था।[19] उनकी पत्नी लक्ष्मी पटियाला के राजघराने से थीं। वे वृन्दावन में रहना चाहती थीं इसलिए अपने लिए राजा द्वारा बनवाए गए महल की वे काफी प्यार से देखभाल करती थीं। चाँदी ने लाखों डॉलर खर्च करके बड़ी सावधानी से इसकी मरम्मत करवाई और उसमें जान लौटाई। इसके फाटक के बाहर उन्होंने एक मेडिकल क्लीनिक खुलवाया। वे इसके कामकाज में काफी रुचि रखती थीं मगर अधिकतर दिनों में वे खुद वहाँ नहीं रहती थीं क्योंकि वे आसपास के गाँवों में मेडिकल और पशु डॉक्टरों की मोबाइल टीम

के साथ घूमती थीं। यह टीम अपने पास आए बीमारों की मुफ्त चिकित्सा करती थी। सारा खर्च चाँदी बड़ी खुशी से किया करतीं। वे इन गाँव वालों को असली ब्रजवासी मानती थीं। अपने महल के आसपास काम करने के लिए वे शहर वालों को नहीं बल्कि इन ग्रामीणों को ही बुलाती थीं। इन गाँव वालों से अपने विशेष रिश्ते पर वे काफी जोर देती थीं। उनका कहना था कि इन लोगों की तरह उन्हें भी उपदेश सुनना पसन्द नहीं था। बल्कि वे 'कृष्ण के हृदय' को ज्यादा महत्त्व देती थीं। जब हम बातचीत कर रहे थे, वे इस बात पर जोर देती रहीं कि वे वृन्दावन में हमेशा 'फर्जी' पवित्र चीजों—भगवा वस्त्र, दंडवत आदि—के बिना रह सकती हैं। और उनका जो आशय था उसका आदर्श उदाहरण श्रीवत्स गोस्वामी को मानने में उन्हें ज्यादा वक्त नहीं लगा। श्रीवत्स भी उन्हें दूसरों की तरह स्वार्थी ढोंगी लगे थे, और उन्हें पक्का विश्वास था कि जब श्रीवत्स को पता चलेगा कि मैंने केशी घाट आकर उनसे (चाँदी से) मुलाकात की है तो वे मुझे सामान सहित अपने घर से बाहर फिंकवा देंगे। कहने की जरूरत नहीं कि ऐसा कुछ भी नहीं हुआ।

गिल से तो मैं कभी मिल नहीं पाया लेकिन एक समय वे श्रीवत्स तथा दूसरों से मिलकर कोशिश कर रहे थे कि अन्धा पुल परियोजना रद्द हो जाए, और उन्होंने चाँदी के साथ मिलकर यमुना की मूल धारा को बहाल करने का महँगा प्रयास किया था, जब मोटे-मोटे खम्भों ने अलग धारा पैदा कर दी थी। लेकिन बाद में चाँदी पूरी तरह भविष्यवादियों के साथ हो गईं, लेकिन इस समझ के साथ नहीं कि वे उनके प्यारे केशी घाट को यमुना से अलग करनेवाली सड़क सचमुच में बनाएँगे। इस मसले पर यह परमाद्वैती स्वामी और महामंत्र दास के मतों के बाद तीसरी तरह का मत था। उन लोगों का जो आशय था उसके विपरीत चाँदी का मानना था कि वह केवल पैदल चलनेवालों का रास्ता होगा। इस पैदलपथ के नीचे सीढ़ियाँ बनी होंगी, जो नदी तक पहुँचाएँगी। प्राचीन भवन और नदी के बीच का सम्पर्क अबाधित रहेगा। चाँदी को यकीन था कि जिस निर्माण कम्पनी ने हरिद्वार में गंगा घाटों को नया रूप दिया था वह यहाँ भी उसी मॉडल पर सही तरह से काम करेगी।

केशी घाट पर चाँदी हेफनर की उपस्थिति मेरे लिए एक रहस्यपूर्ण बात थी लेकिन इसे आप वैसा चमत्कार नहीं कह सकते जैसा यम द्वितीया पर एनजीटी का फैसला या भ्रमर घाट पर भँवरे का आ जाना था। यह मामला काफी सनसनीखेज है। बात सिर्फ यह नहीं है कि चाँदी ने डोनाल्ड ट्रम्प के साथ बैठकर भोज खाया, बल्कि वे अपने भयाक्रान्त दृष्टिकोण को भी प्रचारित करती थीं। मसलन यह कि चुनाव से पहले के ट्रम्प की तरह वे यह कहती थीं कि इस्लाम दुनिया के लिए एक खतरा है, और यह कोई अमूर्त खतरा नहीं है। चाँदी ने मुझसे कहा कि पाकिस्तानी

खुफिया एजेंसी आइएसआइ वृन्दावन में काफी समय से सक्रिय है। इसलिए उन्हें सुरक्षा गार्डों की जरूरत है। वे सब कुछ सफेद और काले में देखती थीं। यह उन्हें उस वृन्दावन से अलग करता था, जिसे मैं जानता और मानता था। वहाँ के अधिकतर लोग चाहे जितनी भी असहमति रखें, वे दुनिया को इस तरह दो ध्रुवों में बाँट कर नहीं देखते थे। हम एक महत्त्वपूर्ण इतिवृत्त तैयार करते रहे हैं और कुछ किरदारों को पहचान गए हैं लेकिन यही लोग आपस में संवाद करते रहे हैं, भले ही वे आपस में कितने भी असहमत क्यों न रहे हों। वे सर्वश्रेष्ठ की आशा करते रहे हैं। हमेशा एक चमत्कार हो जाने की उम्मीद रही है। और चाहे आप भविष्यवादी हों या सरंक्षणवादी या इन दोनों के बीच के, अगर आप रिश्वतखोरी में व्यस्त न रहे हों तो आप उस दिन का स्वागत करने की कोशिश करते हैं।

चाँदी दैनन्दिन संवादों की इस आम धारा से अलग थीं। एक तरह से उनके पास कोई विकल्प भी नहीं था। वे एक विशेष तरह के विदेशी शाही वंश से थीं और स्थानीय भाषा में न तो शाब्दिक तौर पर बात कर सकती थीं और न लाक्षणिक तौर पर। फिर भी उनमें एक विचित्र तरह की शक्ति थी। अब इस तथ्य का कोई क्या मतलब निकाल सकता है कि तीन फुट कीचड़ में धँसे वीरान महल में रहते हुए उन्होंने बलराम की एक विस्मृत प्रतिमा खोज निकाली? यह प्रतिमा तहखाने के एक भंडार में पड़ी हुई थी। टॉर्च लेकर तहखाने में किसी गड़े हुए खजाने की उम्मीद में घूमती चाँदी को दीवारों में कुछ असामान्य उभार दिखा, तो बलराम की प्रतिमा का पता चला। इसे उन्होंने ऊपरी तल पर गर्भगृह में कृष्ण-राधा की प्रतिमा के बगल में स्थापित कर दिया। वृन्दावन के कई ब्राह्मण इस बात से स्तब्ध थे कि बलराम ने अपने त्योहार के दिन चाँदी को दर्शन दिया, इसलिए वे सब उनके प्रतिमा-प्रतिष्ठा के समारोह में उपस्थित हुए।

वृन्दावन में आध्यात्मिकता के कारोबार से जुड़ी अर्थव्यवस्था के, जिसमें ब्राह्मणवादी रुझान काफी मजबूत था, साथ जुड़ने में चाँदी की कोई दिलचस्पी नहीं थी। इसके विपरीत उन्हें इस बात पर गर्व था कि उन्होंने अपने महल के मन्दिर को ब्राह्मणों के चंगुल से मुक्त करा लिया था। अगर उनके यहाँ काम करनेवाले लोग मन्दिर की साज-सज्जा में अपनी तसवीरें आदि शामिल करना चाहते थे तो उन्हें सहज रूप से सीधे शामिल किया जाना चाहिए था। जैसा कि उन्हें कहते हुए सुना गया था, किसी 'फर्जी धार्मिक चीज' की गुंजाइश नहीं थी। अगर कभी वृन्दावन आज के मुकाबले कम ब्राह्मणवादी, अधिक वास्तविक सर्वहारा नहीं, तो अधिक साहसी व्यापारी बना, तब यह सोचना अजीब लगेगा कि उस समतावादी आमूल परिवर्तन की कल्पना एक सनकी, अर्द्ध-स्वीकृत, संकल्पवान, परमार्थी, पूरी तरह से पूँजीवादी रानी ने की थी।

क्या हम एक ऐसी दुनिया में रहते हैं जिसके इस तरह के रहस्यपूर्ण आयाम हो सकते हैं? इसमें शक नहीं है कि वृन्दावन के लोग हमेशा से यह विश्वास करते रहे हैं कि वह स्थान और खासकर वहाँ स्थापित देवताओं—मसलन गोपाल भट्ट के राधारमण और चाँदी के बलराम—में ऐसी शक्ति है कि वे स्वयं को अप्रत्याशित और अपरिचित तरीकों से प्रकट कर सकते हैं। इसका केशी घाट के संघर्ष के लिए अन्ततः क्या मतलब है?

रोज-रोज की वास्तविकताओं को देखते हुए यह सोचना काफी कठिन है कि क्रान्ति (चाहे उसका जो भी अर्थ हो) बस होने ही वाली है। वृन्दावन के विकास और सौन्दर्यीकरण के लिए विभिन्न चरणों की खातिर जो पैसे रखे गए थे वे प्रदेश तथा स्थानीय स्तर के राजनेताओं और राजनीतिक पहुँच वालों की जेबों में गायब हो चुके हैं। इसके अलावा ढेर सारा पैसा वह है जो अधिकारियों की हथेली गरम करने के काम आता है ताकि वे सार्वजनिक जमीन पर अवैध कब्जों (चित्र : 2.8) की ओर से मुँह फेर लें। किन्हीं खास मौकों, मसलन चुनाव के पहले इससे राज्य के स्तर पर कुछ परेशानी पैदा होती है। सरकार को यह स्पष्ट करना

चित्र 2.8 : यमुना के किनारे बने पक्के परिक्रमा मार्ग पर अतिक्रमण, जिनमें एक सफेद मन्दिर भी दिख रहा है। 23 दिसम्बर, 2017।

पड़ा कि वृन्दावन में जो भी परिवर्तन हो रहा है, चाहे वह नुमाया हो या सुन्दर हो या बड़ा हो, उस पर उसका नियंत्रण है। लेकिन इसके बाद प्रशासन कभी यह स्पष्ट नहीं कर पाया कि उसके पास वास्तव में विकास की कोई योजना है। या शायद वह यह स्पष्ट करने को राजी नहीं था क्योंकि उसकी योजना पहले से मौजूद कानूनों और अदालत के उन आदेशों का कई तरह से उल्लंघन करती थी जो उन कानूनों की रक्षा के लिए दिए गए थे। जल प्रबन्धन और पर्यावरण रक्षा के मौजूदा नियमों के आधार पर दायर किए गए कई मामलों के मद्‌देनजर अदालतें समय-समय पर हस्तक्षेप करती रहीं लेकिन सरकारी अधिकारी बार-बार उन हस्तक्षेपों की उपेक्षा करते रहे, और अदालत में यही दावा करते रहे कि उन्होंने नदी के संवेदनशील क्षेत्र में निर्माण कार्य बन्द करवा दिया है। स्थानीय नगरपालिका के कई अधिकारियों पर अदालतें झूठी गवाही देने के लिए जुर्माना कर चुकी हैं, और ऐसे अधिकारियों की सूची लम्बी होती रही है। इसके बावजूद निर्माण कार्य जारी है हालाँकि राज्य सरकार कहती रही है कि कार्य बन्द है। यह हमेशा से जारी है—अदालत के आदेश आने पर कुछ देर के लिए काम रुकने के बाद फिर शुरू हो जाता है।

23 दिसम्बर, 2017 इसका एक उदाहरण है। इसके एक दिन पहले, कई संरक्षणवादियों द्वारा दायर मामले पर इलाहाबाद उच्च न्यायालय ने आदेश जारी किया कि बाँके बिहारी मन्दिर से लेकर केशी घाट तक करीब आधा मील की दूरी तक यमुना के पुराने घाट में 200 मीटर के दायरे में सारे निर्माण कार्य बन्द किए जाएँ।[20] अदालत का कहना था कि इस तरह के निर्माण कार्य नदी क्षेत्र से सम्बन्धित पर्यावरण नियमों का तो उल्लंघन करते ही हैं, वह पूरा क्षेत्र भारतीय पुरातत्त्व सर्वेक्षण द्वारा संरक्षित स्मारकों के दायरे में भी आता है। इन स्मारकों में एक छोर पर मदनमोहन मन्दिर है, तो दूसरी छोर पर युगल किशोर मन्दिर है। इन स्मारकों के 100 मीटर के दायरे में सरकार की मंजूरी के बिना कोई निर्माण नहीं किया जा सकता। श्रीवत्स और उनके परिवार ने, जिसने विकास की इस परियोजना को रुकवाने के लिए जोरदार कोशिशें की थीं, अदालत के इस फैसले का काफी हर्ष के साथ स्वागत किया।

यह देखने के लिए मैं नदी तक गया कि वहाँ अब क्या चल रहा है। वहाँ वास्तव में बहुत कुछ हो रहा था। तीन क्रेनें बेहद सक्रिय थीं, दो बड़े ट्रकों में और ज्यादा पाइप लाए गए थे सीवर लाइन बिछाने के लिए। बहुत कुछ पहले से ही किया जा चुका था। परिक्रमा मार्ग के ठीक नीचे पाइप बिछा दिए गए थे और उनके नीचे गर्डर लगाए गए थे ताकि नदी को उस प्लेटफॉर्म से अलग रखा जा सके जिसके ऊपर पार्क और घास का मैदान बनाया जानेवाला था। उस लाइन

के आखिरी पाइप ने असामान्य किस्म का 'फाउंड आर्ट' बना दिया था, नदी को अर्पित किए गए फूलों और कचरे से एक तरह का चित्र बन गया था। मैंने वहाँ खड़े लोगों और मजदूरों से पूछा कि यह निर्माण कब तक पूरा हो सकेगा, तो किसी ने एक साल और किसी ने पाँच साल का समय बताया। अजय कंस्ट्रक्शन के लिए काम करनेवाले एक विजय कुमार ने सबसे आशावादी अनुमान लगाया कि चार महीने में हो जाएगा। उसे एक दिन पहले आए अदालती फैसले की जानकारी थी और उसने मुझे आश्वस्त किया कि आदेश केवल घाटों के लिए है। यानी आदेश निचले ताल को जोड़नेवाली सीढ़ियों, मशीनों द्वारा बनाए जा रहे प्लेटफॉर्म, शहर के तल के बराबर में मौजूद कच्चे रास्ते और परिक्रमा मार्ग पर लागू होता है। और चाँदी हेफनर को जिस बात का विश्वास दिलाया गया था उसकी मानो पुष्टि करने के लिए उसने खास तौर पर इस बात का खंडन किया कि परिक्रमा मार्ग को केशी घाट के इर्द-गिर्द तक बनाया जाएगा ताकि वह घाट के उस ओर के मार्ग से जुड़ जाए। यात्रियों को अपनी कार से निकलकर पैदल चलना होगा। जब मैंने उसके ब्योरे के बारे में जानना चाहा तो उसने कहा कि आप केशी घाट पर फील्ड ऑफिस में ही पता कर लीजिए। क्या दाएँ हाथ को पता था कि बायाँ हाथ क्या कर रहा है?[21]

दरअसल, विजय कुमार यह कहना चाहता था कि उसका दल जो काम कर रहा है वह अदालत के आदेश के दायरे में कतई नहीं आता। इसी तरह—आप इस पर विश्वास नहीं करेंगे—स्थानीय और प्रदेश स्तर के सरकारी अमलों ने अदालत में साफ कहा कि कोई निर्माण कार्य नहीं चल रहा है। लेकिन जब अदालत को ऐसे फोटो दिखाए गए जिनमें ताजा अखबार की तारीख के साथ यह भी दिख रहा था कि निर्माण कार्य जारी है, तो अदालत को संरक्षणवादियों के पक्ष में फैसला देना पड़ा। 22 दिसम्बर, 2017 के अपने फैसले से अदालत ने बिलकुल स्पष्ट कर दिया कि सरकार के वे सारे बयान झूठे थे। एक विशाल क्रेन रात के अँधेरे में काम करता रहता था और फैसले के बाद भी करता रहा। फ्लडलाइट की रोशनी में हो रहीं गतिविधियों के पास से मैं दो दिनों बाद गुजरा। जाहिर था कि अदालत ने जो कुछ कहा था या हिन्दी के स्थानीय अखबारों में जो कुछ छपा था उसका कोई असर नहीं पड़ा था। असली ताकत कहीं और थी, और उसने तय कर रखा था कि जमीन पर क्या होगा इसका फैसला वह करेगी, और उसका निषेध करने की हिम्मत कोई अदालती आदेश या नियमों का पालन करनेवाला कोई अधिकारी नहीं कर सकता।

वास्तव में, संरक्षणवादियों के दृष्टिकोण से हालात और भी बदतर हुए हैं। श्रीवत्स की तरह उन्होंने भी उम्मीद की होगी कि प्रदेश में भाजपा की सरकार

बनने के बाद दिल्ली से लेकर स्थानीय नगरपालिका स्तर तक सब कुछ व्यवस्थित हो जाएगा; वर्षों से गम्भीर रूप ले चुकी स्थानीय भ्रष्टाचार की समस्या पर नरेन्द्र मोदी के शक्तिशाली नेतृत्व में लगाम लगेगी। लेकिन लगता है कि वास्तव में हुआ इसका उलटा ही। थोड़ी व्यवस्था तो आई लेकिन ऐसा लगता है कि सारा विकास पैसे वालों के हित में इस तरह हुआ जिस तरह भविष्यवादी लोग थोपना चाहते थे। सरकार और प्रशासन के हर स्तर पर एक पार्टी के नियंत्रण से आए बदलाव के कारण जारी एक नये निर्देश के तहत वृन्दावन के स्थानीय प्रशासन को मथुरा नगर निगम के अधीन कर दिया गया। यह बेहद तेजी से किया गया, मानो डेवलपर और उनके सरकारी सहयोगी पहले इसकी योजना बनाते आ रहे हों। लखनऊ में भाजपा की जीत के बाद के पहले दो सप्ताहों में ही इसका फैसला कर दिया गया।[22] इसका मतलब यह हुआ कि मथुरा-वृन्दावन विकास प्राधिकरण के पिछले अवतार ने जोनों की सुरक्षा के लिए जो भी व्यवस्था की थी उसे फिर से तय करना पड़ेगा। पहले कोई डेवलपर सच को तोड़-मरोड़कर कह सकता था कि वह एक आश्रम बनवाना चाहता है जिसके साथ एक बड़ा बाग होगा, और इस तरह वह किसी हरित क्षेत्र में निर्माण की मंजूरी हासिल कर सकता था, जबकि वास्तव में वह कोई बाग नहीं बनवानेवाला हो। अब इस तरह की धूर्तता की जरूरत नहीं थी, और सबसे चिन्ता की बात यह है कि वृन्दावन के पुराने हिस्सों में चार-पाँच मंजिल से ऊँचा और बाहरी हिस्सों में 15 मंजिल से ऊँचा (पास में कोई बड़ा मन्दिर हो तो इससे कम) मकान न बनाने के नियम को सरकार रद्द कर सकती है। इसकी जगह मथुरा में लागू नियम को वृन्दावन में लागू किया जाएगा, जिसके तहत इससे दोगुने ऊँचे मकान बनाना सम्भव होगा।[23] इस तरह के ढाँचे वृन्दावन के उन हिस्सों को दमघोंटू बना देंगे जिन्हें ऐतिहासिक 'विरासत' का हिस्सा माना जाता है। लेकिन तब तक घनी आबादी वाले मथुरा शहर और शान्त ग्रामीण अंचल वाले वृन्दावन के बीच का सदियों पुराना अन्तर खत्म हो जाएगा। प्राचीन कथा के मुताबिक, ग्वालों का जीवन जी चुके श्रीकृष्ण और बलराम ने कंस और उसके गुर्गों को उसके राजप्रासाद में ही एक बड़े युद्ध में परास्त कर दिया था। ऐसा लगता है आज कंस जीत रहा है। वृन्दावन अब मथुरा का ही विस्तार बनता दिख रहा है, या यह शायद संरक्षणवादियों की आशंका है जिसे समझा जा सकता है।

वृन्दावन के खूबसूरत घाटों और ऐतिहासिक मन्दिरों की जरूरत दरअसल किसे है? इस पूरे क्षेत्र की सांसद, भाजपा की हेमा मालिनी को शायद यह लगता है कि मथुरा और वृन्दावन के बीच के मन्दिरों की जगह में कृष्ण थीम पार्क बनाना बेहतर होगा। या कम-से-कम उनकी सारी शक्ति इसी में लगी हुई है।

अन्त में, नदी

2017 की वसन्त ऋतु में एक दोपहर मैं नदी तक पहुँचा, जहाँ मिट्टी काटनेवाली मशीन से रेत निकाली जा रही थी। इस काम को देख रहे एक शख्स से मैंने बातचीत शुरू कर दी। आगे सुन्दर केशी घाट दिख रहा था। मैंने पूछा, "क्या हो रहा है यहाँ?" उसने सीधा जवाब दिया, "यहाँ घाट बननेवाला है, वे लोग यही कर रहे हैं। हाँ, एक पार्क भी बनेगा।" उसने न तो कोई चिन्ता जाहिर की, न कोई आपत्ति जताई। उसे दिख रहा था कि घाट बन रहा है, तो उसे लगा प्रगति हो रही है।

शायद वह केशी घाट की पौराणिक लड़ाई के बारे में नहीं सोच रहा था। लेकिन मैं सोच रहा था, इसी जगह पर बालक के अवतार में भगवान को समाप्त करने के लिए भेजे गए भयावह घोड़े के बारे में। घोड़े के घने अयाल ने सीधे-सादे ग्रामीणों में अफरा-तफरी पैदा कर दी थी। लेकिन यहाँ कौन किस तरफ है? क्या घना अयाल उन संरक्षणवादियों के वजन को दर्शाता है, जो वृन्दावन की विरासत को, और नष्ट हुई यथास्थिति को बचाना चाहते हैं? या कंस ने भविष्यवादियों को भेजा है, जिनमें विनाशकारी शक्ति भरी है और जो हमेशा से कायम एक चीज को नष्ट करने पर उतारू हैं?

अपने इस नये परिचित के साथ नदी किनारे खड़ा मैं यह कल्पना करने की कोशिश कर रहा था कि यहाँ पार्क बनेगा तो कैसा लगेगा। उसके लिए पार्क बाद में सोचा हुआ विचार है। लेकिन सच में यह इससे ज्यादा महत्त्व का है। शहर और यमुना नदी के बीच खुशनुमा हरा-भरा मैदान और पार्क शहर से नदी की ओर बढ़ने पर नई बड़ी चीज बन जाएगी। आप पुराने घाटों के पास बने प्राचीरों के बीच की गलियों से निकलकर वहाँ पहुँचेंगे। आप नई सड़क और इसकी सीमा पर बने नये परिक्रमा पथ को पार करेंगे तो सीढ़ियों से उतरकर नये घाट और नदी की धारा तक पहुँचेंगे। हमें विश्वास दिलाया जा रहा है कि वह कितना मनोरम होगा! इसके प्रायोजक इसे 'सौन्दर्यीकरण' कहते हैं। यह नदी से एक नया सम्पर्क बनाएगा, उस नदी से, जो पता नहीं किन कारणों से उन पुराने घाटों से दूर चली गई है (या इसके लिए मजबूर कर दी गई है) जिन्हें कभी वह छूती हुई बहती थी।

और वह नदी कौन-सी है? काफी कमजोर और बेहद प्रदूषित हो चुकी यमुना, लेकिन उम्मीद की जाती है कि इसकी हालत बदलेगी। जनवरी, 2019 में नदी विकास और गंगा पुनर्जीवन के साथ दूसरे विभागों के केन्द्रीय मंत्री नितिन गडकरी ने मथुरा को 2020 तक यमुना का स्वच्छ जल और पर्यावरण उपलब्ध कराने के लिए 500 करोड़ रुपये का अनुदान देने की घोषणा की। वृन्दावन के एसटीपी को बड़ा करने,

दूसरे एसटीपी बनाने और पूरे ब्रज क्षेत्र के लिए नया सीवेज चैनल बनाने की भी योजना बनाई गई। यहाँ तक तो ठीक था। लेकिन औद्योगिक प्रदूषण से प्रदूषित कोसी नाले का कोई जिक्र नहीं किया गया, न ही उन बड़े-बड़े पाइपों का जिक्र किया गया जिन्हें इस प्रदूषण को नियंत्रित करने के लिए कुछ ही समय पहले बिछाया गया था। क्या वे अभी भी मौजूद थे? उनके अवशेष केशी घाट में बिखरे पड़े थे।[24] (चित्र 2.11)। सवाल यह उठता है कि गडकरी जो मरहम-पट्टी लगा रहे हैं, क्या उससे रोग का इलाज वास्तव में हो सकता था? जब तक वृन्दावन के अशोधित मैले को पुराने घाटों से बहकर नदी में जाने दिया जाता रहेगा, विनाश की आशंका बनी रहेगी। क्या इसे नीचे बहने से पहले दूसरी दिशा में नहीं मोड़ दिया जाना चाहिए था?[25]

जैसा कि उपमाएँ कहती हैं, ये चीजें गहरी हैं। पुराने घाट तो विशाल खम्भों पर बने थे जिनके चलते नदी सिकुड़कर बरसात के बहाव के साथ बहती थी। नई व्यवस्था में 70-70 फुट के खड़े गर्डरों ने उन भूमिगत जल भंडारों को अस्त-व्यस्त कर दिया था, जिनसे शहर को पानी मिलता था। 2016 के पतझड़ के दिनों में ये गर्डर डाले गए और इसके अगले साल वृन्दावन में भूजल का स्तर 50-60 फुट नीचे चला गया।[26] और बदले में क्या मिला? यमुना को अनुशासित करने वाली इस परियोजना का मकसद यह था कि वृन्दावन की यमुना पेरिस की सेन नदी या लखनऊ की गोमती नदी या अहमदाबाद की साबरमती नदी जैसी दिखे। साबरमती तो खास तौर पर नरेन्द्र मोदी की महान देन है। लेकिन परदे के पीछे क्या हुआ? साबरमती का कायाकल्प नर्मदा पर विशाल बाँध बनाने से हुआ, जिसके बारे में हम पहले बता चुके हैं। 1999 में शुरू हुई परियोजना ने लाखों लोगों के जीवन को तबाह कर दिया। विडम्बना यह है कि इस परियोजना को रोकने के लिए जो 'नर्मदा बचाओ' आन्दोलन चला उसका अनुकरण केवल वे समूह ही नहीं करते जो यमुना के आसपास विकास को रोकने के लिए प्रतिबद्ध हैं बल्कि वे लोग भी करते हैं जो इन प्रयासों को नदी के उद्धार के लिए जरूरी मानते हैं। इस मामले को लेकर काफी उलझन की स्थिति है, या चेतावनी के संकेत उभर चुके हैं? लेकिन इन संकेतों को समझना कुछ ही लोग चाहते हैं।

यमुना को नया रूप देने की विशाल परियोजना (अगर यह लागू की जाती रही, जिसकी पूरी सम्भावना है) इसके किनारे बसे वृन्दावन को और प्यासा बना देगी, इसे अपना ही अजायबघर बना देगी। यमुना पुराने घाटों पर अपने पुराने रूप में लौट पाएगी, इसकी कोई सम्भावना नहीं है। यह अयोध्या जैसी हो जाएगी, जहाँ उन्हें वास्तव में घाटों को बनाना पड़ा क्योंकि उन्हें लगता था कि घाट हर धार्मिक नगर में होते ही हैं। भला हो उस विकास एवं सौन्दर्यीकरण परियोजना का, जिसे दशकों पहले शुरू किया गया था और हाल में उसे विस्तार दिया गया, जिसके चलते

अयोध्या में आज घाट बने हुए हैं लेकिन वे शहर से कुछ दूर बह रही सरयू नदी तक पहुँचाते हैं। ऐसा ही वृन्दावन में भी हो जाएगा—घाट नदी तक पहुँचाएँगे नहीं बल्कि उससे अलग करेंगे। लेकिन यहाँ तो घाट पहले से मौजूद थे। अतिक्रमण और 'सौन्दर्यीकरण' ने उन्हें नदी से दूर कर दिया है, और नदी भी खुद खिसक गई है।

आवास एवं शहरी मामलों के केन्द्रीय मंत्रालय से प्राप्त कोष से 'हृदय' (हेरिटेज सिटी डेवलपमेंट ऐंड ऑग्मेंटेशन योजना) नामक कार्यक्रम चला रहा एमवीडीए इस विषमता को दूर करने की कोशिश कर रहा है, लेकिन यहाँ फिर वह 'मरहम-पट्टी' वाला जुमला याद आता है। संरक्षणवादियों के प्रयासों से संकेत ग्रहण करते हुए एमवीडीए कुछ पुराने घाटों का सुन्दर स्थापत्य प्रदर्शित करने के लिए उनकी खुदाई करवा रहा है। संरक्षणवादी चाहते थे कि इस सुन्दरता को सामने लाया जाए ताकि परिक्रमा मार्ग पर अतिक्रमण और निर्माण के कारण क्या कुछ बरबाद हो रहा है और पुराने घाटों से नदी को किस तरह दूर किया जा रहा है, यह जाहिर हो। लेकिन भविष्यवादियों ने यथास्थिति को स्वीकार करके इस मकसद को उलट दिया है। एमवीडीए इन पुराने घाटों की सजावट कर रहा है और उन पर भित्तिचित्र लगाकर तथा उनके सामने तालाब (चित्र 2.9) बनाकर उन्हें अतीत का अलंकार

चित्र 2.9 : परिक्रमा मार्ग पर यमुना किनारे भराव क्षेत्र पर किया गया निर्माण। पुराने घाट की सीढ़ियाँ नीचे तो जाती हैं मगर नदी तक नहीं। इसके पीछे दीवार पर ब्रज की पारम्परिक ब्लॉक प्रिंट का भित्तिचित्र दिख रहा है। 4 मार्च, 2019।

बना रहा है। ये सब लेवल पर लाए गए परिक्रमा मार्ग के, जिस पर पूरा खेल किया जा रहा है, अगल-बगल बनाए जाएँगे। पैदल यात्री किनारे पर चल सकेंगे क्योंकि मार्ग कारों के लिए होगा। यह नदीतट पर पहुँचाएगा, जो कि एक पठार जैसा होगा जिस पर पार्क बने होंगे और मशीनी नौकाओं के लिए जगह होगी। यह आपको पेरिस, लन्दन, अहमदाबाद की याद दिलाएगा, या फिर मुम्बई के चौपाटी की, जहाँ मनोरंजन का इन्तजाम है। यह भविष्यवादियों का कहना है। यह कहीं और का वृन्दावन होगा।[27] लेकिन यह सब हो, इससे बहुत पहले नया परिक्रमा मार्ग मई, 2019 में चुनाव होने के समय तक बनकर तैयार करने की योजना बनाई गई।[28]

चुनाव को तो छोड़िए, यहाँ कुछ गलत हो रहा है। भारत की दूसरी बड़ी नदियों की तरह यमुना भी अविरल बहती हुई मानवता और जनजीवन को शक्ति देनेवाली शक्तियों को मजबूत करती रही है (चित्र 2.10)। तीर्थयात्री हमेशा इसे स्पर्श करना और इसे अपना स्पर्श देना चाहते रहे हैं। वे जब उसमें स्नान करते हैं तब उस धारा में सशरीर प्रवेश करते हैं जिसमें प्रवेश करना श्रीकृष्ण को भी बहुत भाता था, और जैसी कि कथा है, उन्होंने उसकी रक्षा के लिए बहुत कुछ किया था। वृन्दावन आने का उद्देश्य यही होता है, लेकिन जब नदी के पानी में जहर घुला हो और इसके किनारे पर कई लोग प्यासे रह रहे हों तब क्या किया जाए? अब यमुना में शायद ही कोई स्नान करता है। केशी घाट पर मुँह धो रही महिला की तसवीर 1970 के दशक में तो कैमरे में खूब कैद की जा सकती थी, मगर आज मुश्किल है।[29] बेशक आज भी दूरदराज से लोग यहाँ आते हैं। 19वीं सदी में बने भव्य घाट आरती के

चित्र 2.10 : केशी घाट के ठीक नीचे अछूती बची यमुना के किनारे तीर्थयात्री। फोटो 1975 की।

लिए बढ़िया स्थान हैं, जहाँ जलाए गए दीये नदी में प्रवाहित किए जाते हैं। कुछ लोग इसकी फिल्म बनाते हैं, बाकी काम लाउडस्पीकर कर देते हैं।[30] लेकिन सीवर पाइपों के आगे फूल अर्पित करना या प्रार्थना करना निश्चित ही बुरा लगता होगा। वैसे भी फूल अर्पित किए जाने के बाद वहीं जमे रहते हैं। जिन विशाल पाइपों को पानी का बहाव बनाए रखना और उसे साफ रखना था वे कई जगहों पर टूट गए हैं। 2018 की बरसात में यमुना के थपेड़ों ने उन्हें तोड़ डाला (चित्र 2.11)।

चित्र 2.11 : 25 जनवरी, 2019 तक केशी घाट के आसपास का क्षेत्र, 2018 मानसून में नष्ट हुए पाइपों को दर्शाता है।

उन लोगों का कहना है कि 'वहाँ नया घाट बनेगा' लेकिन क्या वह नदी तक पहुँचाएगा, या भारी दिखावा ही बनकर रह जाएगा? क्या आगे इस सभ्यता का प्रकृति के साथ सीधा और सहजीवी सम्बन्ध बना रहेगा? या वह अपनी प्राथमिकताओं को पूरा करने में आत्मलिप्त रहेगी और वह सम्बन्ध मुख्यत: आभासी हो जाएगा? केशी घाट के लिए जो संघर्ष चल रहा है उसके साथ यह सवाल भी जुड़ा है, चाहे हम इस कथा को प्राचीन, पौराणिक रूप में देखें या आज की वास्तविकता के हवाले कर दें। ऐसा लगता है कि कंस के घोड़े का उन्माद हममें समा गया है।

3

मॉल ऑफ वृन्दावन

शहर की ओर

बहुत पहले, 1981 में जब मैं अपनी पुस्तक 'ऐट प्ले विथ कृष्ण' के लिए श्रीवत्स गोस्वामी के साथ मिलकर काम कर रहा था तब मेरा मुख्य मकसद वृन्दावन के रास विलास के बारे में उन लोगों को बताना था जिन्होंने उस जगह के बारे में कभी नहीं सुना होगा, जहाँ मैं इस नृत्य-संगीत को स्वयं देखता रहा था। इसका उद्‌देश्य हिन्दू धर्म के बारे में जड़ जमा चुके 'किताबी ज्ञान' से आगे बढ़कर वास्तविक जीवन में इसका अनुभव करना था। बेशक यह हर एक का हिन्दू धर्म नहीं होगा। इस शब्द के साथ ऐसी चमत्कारी विविधता जुड़ी है कि कोई एक स्थान उसका सम्पूर्णता में प्रतिनिधित्व नहीं कर सकता, लेकिन श्रीकृष्ण एक ऐसे प्रमुख देवता हैं कि उनके कारण वृन्दावन एक विशेष रूप से महत्त्वपूर्ण हो जाता है। यहाँ मुझे पुनर्मिश्रण और समरूपता से बचने का मौका मिला, जहाँ श्रीकृष्ण सीधी और स्थानीय भाषा में अपनी बात कह सकते हैं, जैसा कि वे हर रासलीला मंच पर करते हैं, चाहे वह वृन्दावन हो या ब्रज में कोई और जगह, या उससे भी दूर। वह वास्तव में शायद ही एक 'मंच' है। अगर रासलीला उसी तरह की जाती है जैसी परम्परा के अनुसार की जानी चाहिए, तो वह कहीं अधिक प्राकृतिक परिवेश—गाँव की चौपाल या गाँव के चौराहे के बीच की वृत्ताकार जगह हो सकती है। इसके अभिनेता शायद ही अभिनेता माने जा सकते हैं, बल्कि वे गाँव में पले-बढ़े बच्चे हो सकते हैं या पड़ोस के गाँव से आई किसी नाट्य मंडली के कलाकार हो सकते हैं (चित्र 3.1)। 'ऐट प्ले विथ कृष्ण' का मकसद कृष्ण की बनी-बनाई छवि से आगे बढ़ना, और उन्हें ज्यादा जानकार लोगों से

अपनी भाषा में बोलते हुए सुनना था—खरे-खरे ब्रजवासी, जिनके बीच वे रहने आए थे, कम-से-कम अपने बचपन तक के लिए। यह नाटक है लेकिन नाटक का वह रूप स्थानिक भी है और सार्वभौमिक भी। इसकी वजह से श्रीकृष्ण का बचपन हम सबके बचपन का प्रतीक बन जाता है।

चित्र 3.1 : खुले आकाश के नीचे रासलीला। फोटो : जगदीश लाल गोस्वामी। श्रीचैतन्य प्रेम संस्थान के सौजन्य से, ग्लास निगेटिव, 1945 से पहले।

लेकिन तीर्थयात्री सम्मोहित करनेवाले उस संसार में कैसे भ्रमण करते हैं, जिस संसार को हरेक वय वालों की वयस्कता और आधुनिकता ने बनाया है? इन सबको जो जीवन्त बनाए रखता है उस वृन्दावन को वे कैसा पाते हैं? 1981 तक के वर्षों में अधिकतर यात्री वृन्दावन से सात-आठ मील दूर मथुरा जाने के लिए बस या रेलगाड़ी का उपयोग करते थे। वहाँ से वे दूसरी बस लेते थे या ताँगा अथवा टेम्पो लेते थे या फिर पैदल ही चल पड़ते थे, जो कि सदियों से यात्रा का साधन रहा है। और उनका ठिकाना क्या होता था? कोई धर्मशाला, जहाँ वे नगण्य किराये पर कमरा लेते थे। वृन्दावन में धर्मशालाओं की कमी नहीं थी। सबसे बड़ी और अच्छी मानी जानेवाली धर्मशाला उत्तर प्रदेश में बनारस के पास के मिर्जापुर के एक व्यापारी ने धर्मार्थ सेवा के लिए 20वीं सदी के शुरू में बनवाई थी। इस नक्काशीदार इमारत में हर रात तीन-चार हजार तीर्थयात्री ठहर सकते थे। चूँकि यह शहर के शुरू में ही मथुरा रोड पर बनी थी इसलिए यह यात्रियों की निगाह में आए बिना नहीं रहती थी। अपनी पुस्तक में श्रीवत्स और मैंने इसे काल्पनिक किस्म के यात्रियों के लिए प्रवेशद्वार के तौर पर चुना था, क्योंकि उस समय बड़ी संख्या में यात्री वहाँ ठहरते थे।

अब ऐसा नहीं है। फरवरी, 2015 में मिर्जापुरी धर्मशाला को गिरा दिया गया और अब वहाँ पर इससे ज्यादा आधुनिक तथा महँगा आश्रय बनाया जा रहा है। इससे जो आमदनी होगी वह एक गोस्वामी ब्राह्मण परिवार की जेब में जाएगी, जो शहर में कुछ सबसे कीमती जमीन-जायदाद का मालिक है। तीर्थयात्रियों की सुविधा के लिए बनाए गए भवन को तोड़ना कोई अच्छी बात नहीं मानी जाती है इसलिए इस धर्मशाला को तोड़ने का काम मुसलमानों की एक कंस्ट्रक्शन कम्पनी को सौंपा गया। धर्मशाला के परिसर में एक शिव मन्दिर भी था, जिसे हथौड़े की मार से बख्श दिया गया। इस स्थान की रक्षक आत्माओं ने भी इस पर आपत्ति दर्ज की। स्थानीय लोगों ने बताया कि इस स्थान पर साँपों की सक्रियता बहुत बढ़ गई और उन्होंने कई लोगों को डस लिया। इसके बाद के महीनों में इस परियोजना से जुड़े आठ-दस लोग कई वजहों से चल बसे। लेकिन नुकसान तो हो ही चुका था। मिर्जापुरी धर्मशाला ढहा दी गई।[1]

उसकी जगह न केवल एक ढाँचा खड़ा होने लगा बल्कि शहर के पूरे भूगोल का ही नक्शा बदलने लगा। अब मथुरा रोड वृन्दावन तक पहुँचने की बड़ी सड़क नहीं रही, उसकी जगह छटीकरा रोड ने ले ली, जो नेशनल हाइवे-2 से शहर को जोड़ती है और यह दिल्ली से आनेवाली मुख्य सड़क बन गई है। इसी सड़क पर इस्कॉन मन्दिर है। यहाँ यात्रियों के सामने एक अलग ही दृश्य उपस्थित होता है।

सबसे पहली बात यह कि यह सड़क कारों के लिए है। बसों को अभी भी मथुरा रोड से या फिर एक्सप्रेसवे से आना सुविधाजनक लगता है, और वे यात्रियों को शहर के पुराने हिस्से में उतार देती हैं। लेकिन छटीकरा रोड पर तो कारों-बाइकों का ही राज है। कारों की बाढ़ से निबटने के लिए मथुरा-वृन्दावन विकास प्राधिकरण ने रुक्मिणी विहार अपार्टमेंट परिसर के एक हिस्से में विशाल कार पार्किंग बनवा दी है। इसके अलावा भी सड़क के किनारे जगह-जगह कच्ची कार पार्किंग बनी हुई हैं। पेशेवर तरीके से हिन्दी और अंग्रेजी में लिखे कार पार्किंग बोर्ड के अलावा केवल हिन्दी में हाथ से लिखे ये बोर्ड भी मिलते हैं। यह कोई बड़ा कारोबार नहीं है। गेस्टहाउस (जी हाँ, अब कोई पुराने पड़ चुके 'धर्मशाला' शब्द का प्रयोग नहीं करता) अभी भी मौजूद हैं, लेकिन उम्मीद यही की जाती है कि मेहमान कार में आएगा। और, यह पूरे अर्थशास्त्र को बदल देता है। माँ ज्वाला धाम के जेलनुमा भीतरी हिस्से को देखकर आप सोच सकते हैं कि आप किसी धर्मशाला में हैं लेकिन जैसा कि इसके मैनेजर ने मुझसे कहा, "यह व्यापार है"—हर रात के लिए भोजन समेत ठहरने का भाड़ा 1000 रुपया है, और बुकिंग ऑनलाइन हो जाती है।[2] बीस साल पहले जो बसें तीर्थयात्रा की रीढ़ थीं, वे स्कूली बच्चों को या दिन में यात्रा करनेवालों को ढोती हैं और छटीकरा रोड पर कतार में खड़ी नजर आती हैं। दिन में पारी पूरी करने के बाद वे आधी रात तक दिल्ली या आगरा पहुँच जाती हैं।

कई यात्री आठ-दस के झुंड में तिपहिया टेम्पो या बैटरी रिक्शा में ठुँसकर आते हैं। अपनी पसन्द से बैटरी रिक्शा में यात्रा करते हुए उसी रिक्शे में मेरी मुलाकात दिल्ली या मुम्बई या सूरत के किसी ऐसे दम्पती से हो सकती है जिसने संकल्प लिया होगा कि वह धार्मिक कर्म करने के लिए हर महीने एक-दो दिन के लिए प्रायः सप्ताहान्त में वृन्दावन आएगा। वह उन गुरुओं में से किसी का भक्त हो सकता है, जिनके आश्रम इस रोड पर बने हैं। वह इस्कॉन का या स्वामी कृपालु महाराज का भक्त हो सकता है और इन संस्थाओं से जुड़े आश्रयघरों में ठहर सकता है। और बेशक दिल्ली या आगरा से कई लोग कारों में आते हैं क्योंकि यह इतना नजदीक है कि अगर यहाँ ठहरने की व्यवस्था हो तो एक दिन में यात्रा सम्पन्न की जा सकती है।

अभी हाल तक वृन्दावन की यात्रा यमुना में स्नान किए बिना पूर्ण नहीं मानी जाती थी। आज वह उत्साह लुप्त हो गया है। यह भारत के पवित्र भूगोल में नदियों को जो महत्त्व दिया गया है, उसके मद्देनजर सदमा पहुँचाने वाली बात है।[3] इसकी कुछ वजह, जैसा कि हम देख चुके हैं, यह है कि नदी बेहद प्रदूषित

हो चुकी है और यह हर कोई जानता है।[4] कुछ वजह यह भी है कि अधिकतर तीर्थयात्रियों को स्नान करने के लिए खुले में कपड़े उतारना, सुखाना या साड़ी बदलना अच्छा नहीं लगता है। मन्दिर में देवता के सामूहिक दर्शन की खुशी, सैकड़ों भक्तों के साथ मिलकर भजन गाने के आनन्द जैसी भक्तिपूर्ण अनुभूति में गोते लगाने ने यमुना में डुबकी लगाने के सुख की जगह ले ली है।

ऐसा ही कुछ भूमि के मामले में हुआ है। कुछ लोग अभी भी नंगे पैर वृन्दावन की परिक्रमा करते हैं, लेकिन परिक्रमा मार्ग को जिस तरह पूरा पक्का बना दिया गया है, उसकी वजह से परिक्रमा का अनुभव ही मूलत: बदल गया है।[5] अब हरे रंग के सरकारी साइनबोर्ड पर तीर के निशान के साथ 'इस्कॉन मन्दिर', 'केशी घाट', 'रमण रेती' के साथ 'परिक्रमा मार्ग' भी लिखा दिखता है। पुराना, तीन घंटे में पूरा होनेवाला परिक्रमा मार्ग मोटर वाहनों के लिए बड़ा मार्ग बन गया है (चित्र 3.2)।

लेकिन पहले या अभी हाल तक जो कुछ था उसकी याद मिटी नहीं है। ब्रज की रज की शक्ति की महिमा बतानेवाला दोहा प्राय: लोग गाते हैं और यह जताते हैं कि इतने सारे लोग वृन्दावन क्यों आते हैं और स्थानीय लोग ब्रज देस में जन्म लेने को क्यों महत्त्वपूर्ण मानते हैं—

चित्र 3.2 : परिक्रमा मार्ग और छटीकरा रोड के चौराहे पर ट्रैफिक के साइनबोर्ड। मार्च, 2017।

चित्रकूट का राम राज, वृन्दावन की धूल
यह रज जब मस्तक लगे, पाप होएँ सब दूर।[6]

होली के बाद पड़नेवाली एकादशी को वृन्दावन की परिक्रमा के लिए अभी भी सबसे शुभ दिन माना जाता है, क्योंकि मान्यता यह है कि इस दिन परिक्रमा करने से सारे पाप धुल जाते हैं। लेकिन ब्रज के भौतिक तत्त्व से सम्बन्ध बनाना पहले की तुलना में आज बहुत कठिन हो गया है। उस पवित्र स्थल के सम्मान में आदिम साधनों से यात्रा करते हुए अगर आप उस महीन दानेदार धूल के स्पर्श का आनन्द लेना चाहते हैं तो आपको गोवर्धन पर्वत जैसे स्थान पर जाना पड़ेगा, जहाँ नई बनाई गई पक्की सड़क के साथ कच्ची मिट्टी वाली सड़क को भी संरक्षित करके रखा गया है। कई लोग उस मार्ग की यात्रा करते हैं। गोवर्धन पर्वत और उसके करीब के स्थानों, मसलन पुराने तालाब के किनारे की बस्ती राधाकुंड ने इस एहसास को बचाए रखा है कि पुराना वृन्दावन कैसा रहा होगा, और छटीकरा रोड पर वैसा वृन्दावन नहीं बन सकता। गौड़ीय विद्वान यान ब्रेजिंस्की ने—जो वृन्दावन में लोकप्रिय हैं और जो अपनी ऑनलाइन पत्रिका 'वृन्दावन टुडे' के पाठकों में 'जगत' के नाम से प्रसिद्ध हैं—खबर दी है कि इस्कॉन के कई भक्तों और उससे जुड़े कई समूहों के लोगों ने वृन्दावन में रहना छोड़ दिया है क्योंकि यहाँ भीड़भाड़, शोरशराबा बहुत बढ़ गया है और इस पर बाहरी दुनिया का बहुत ज्यादा असर पड़ गया है।[7] यह विडम्बना दर्दनाक है। इस्कॉन और इसके कृष्ण-बलराम मन्दिर ने नये वृन्दावन के निर्माण के अभियान के अगुआ की भूमिका निभाई, जहाँ से ये भक्त पलायन कर रहे हैं। लेकिन दुनिया-भर में शहरीकरण का यही तो नारा है। यहाँ इसने धार्मिकता की चाबी थाम ली है।

दूसरे लोगों के लिए यह एकदम अलग मामला है। वे नये वृन्दावन में रहने या यात्रा करने के लिए इसलिए नहीं आते कि वे समकालीन जिन्दगी के दबावों से भागना चाहते हैं, बल्कि इसके मूल्यों को मजबूत करने और उन्हें परिष्कृत करने के लिए आते हैं। पुरानी धारणा यह थी कि वृन्दावन की सच्ची तीर्थयात्रा करने के लिए आपको जीवन के स्थायी संबलों—परिवार, रोजगार, घर-बार—को त्यागकर कुछ दिनों के लिए वैरागी जैसा बन जाना चाहिए। लेकिन रियल एस्टेट के एजेंट और काल्पनिक धार्मिक समुदायों के योजनाकार एकदम भिन्न जीवनदृष्टि के साथ नया वृन्दावन रच रहे हैं। इनका एक विज्ञापन कहता है—'ईश्वर के अपने साम्राज्य में राजा की तरह जीवन जिएँ!' इस जीवनदृष्टि के अनुसार, सांसारिक सुख धार्मिक क्रियाओं और अन्तर्दृष्टि में बाधा बनना तो दूर, वास्तव में आध्यात्मिक भावों को

जाग्रत ही करते हैं।[8] यह वास्तव में शुद्ध समृद्धि का वह उपदेश नहीं है जिससे समकालीन अमेरिकी 'रेलिजन' का ताना-बाना बुना गया है, लेकिन उससे यह उतना भिन्न भी नहीं है जितना आप सोचते हैं।

आइए, इस नये वृन्दावन का सर्वे करें। मैं चाहूँगा कि इसे तीन परस्पर जुड़े हुए तरीके से किया जाए। पहले हम उस सड़क से होकर गुजरेंगे, जो इस नये वृन्दावन का मेरुदंड बन गई है—छटीकरा रोड। हम यह देखने की कोशिश करेंगे कि इस सड़क पर जो ढाँचे खड़े हैं—सभी हाल में ही बने हैं और कई तो अभी बन ही रहे हैं—वे पुराने वृन्दावन को किस तरह प्रतिबिम्बित करते हैं या नहीं करते। इसके बाद हम छटीकरा रोड के इर्द-गिर्द रियल एस्टेट के विकास का जायजा लेकर इस नये परिवेश का ज्यादा सम्पूर्ण अनुभव लेने की कोशिश करेंगे। अन्त में, हम यह काम आध्यात्मिक पहलू से करेंगे—यहाँ कौन-से नये गुरु फल-फूल रहे हैं? वे एकमात्र, पिछली इस्कॉन धुरी से हटकर किस तरह विकसित हुए हैं? हमारी नियामक उपमा होगी मॉल।

छटीकरा रोड और नया वृन्दावन

मैं ब्लूमिंग्टन, मिनेसोटा के 'मॉल ऑफ अमेरिका' में कभी गया नहीं हूँ लेकिन इसके बारे में जो कुछ पढ़ा है वह सब मेरे दिमाग में तब घूमने लगता है जब मैं छटीकरा रोड पर नये वृन्दावन से गुजरता हूँ। 520 दुकानों, पूरे साल परेडों, संगीत समारोहों, साउंड-एंड-लाइट शो, सात एकड़ में फैले मनोरंजन पार्क, 'शार्क के साथ तैरने' (शार्क शीशे के कमरे में बन्द रहते हैं) की सुविधाओं और मछलीघर आदि के साथ 'मॉल ऑफ अमेरिका' अमेरिकी व्यापार कौशल के चरम उत्कर्ष को दर्शाता है। यहाँ छटीकरा रोड पर आकर्षण के नजारे छोटे पैमाने पर हैं लेकिन उद्यमशीलता उसी शैली की है और सिर चकरा देनेवाले तमाशे के प्रति रुझान भी वैसा ही है। यह 'मॉल ऑफ वृन्दावन' है।

दिल्ली से आते हुए छटीकरा रोड की ओर मुड़ते ही पहला बड़ा ढाँचा एक मन्दिर का है, जो इतना विशाल है कि छटीकरा रोड से काफी पहले से ही दिखने लगता है (चित्र 3.3)। जो लोग वृन्दावन के मन्दिरों से परिचित हैं, कम-से-कम उनके लिए तो सबसे मार्के की बात यह है कि इस मन्दिर में श्रीकृष्ण कहीं नजर नहीं आते। मैं वैष्णो देवी मन्दिर या औपचारिक नाम लें तो 'माँ वैष्णो देवी धाम' की बात कर रहा हूँ जिसमें उस देवी की प्रतिष्ठा की गई है जो पारम्परिक तौर पर पश्चिमी हिमालय की एक गुफा में वास करती हैं। यहाँ वृन्दावन में वैष्णो देवी 100

चित्र 3.3 : माँ वैष्णो देवी धाम, शेर पर सवार शेरावाली और साथ में हनुमान भी। दिसम्बर, 2016

फुट की हैं, भयानक सिंह पर सवार हैं और तलवार, गदा, त्रिशूल, शंख, भाला और धनुष थामे मुस्कुराती हुई नजर आती हैं। उनके हाथ में कमल का फूल भी है, जो कि देवी के हाथ में पारम्परिक तौर पर हुआ ही करता है। ऐसा लगता है कि सड़क पर प्रमुख स्थान पर विराजमान वैष्णो देवी वृन्दावन रूपी वैष्णव 'मन्दिर' के 'द्वारपाल' की भूमिका निभा रही हों। ऐसा कुछ उत्कृष्ट वैष्णव मन्दिरों में देखा जाता है, जहाँ नदी देवियाँ गंगा एवं यमुना इस भूमिका में होती हैं और वे मन्दिर के द्वार के एक-एक तरफ खड़ी होती हैं। यहाँ वैष्णो देवी के समक्ष अभी कोई देवता तो नहीं हैं मगर बताया जाता है कि इस मन्दिर के सामने सड़क के उस पार शिव का मन्दिर बनाने की योजना है। वृन्दावन में मन्दिर का निर्माण करवानेवाले अमीर दानकर्ताओं के विपरीत, इस विशाल मन्दिर के निर्माण के पीछे जिन जे.सी. चौधरी का हाथ है वे दिल्ली के उद्यमी हैं और कृष्ण से ज्यादा शाक्त और शैव मार्ग के भक्त हैं। लेकिन उनके मन्दिर से यह संकेत मिलता है कि महान वैष्णो देवी ने वृन्दावन की अपनी तीर्थयात्रा की है और उनकी उपस्थिति ने शहर की महिमा को और शानदार तरीके से बढ़ा दिया है।

वैष्णो देवी के इस धाम में एक जो सबसे महत्त्वपूर्ण धार्मिक क्रिया होती है वह सुरक्षा की कवायद से सम्बन्ध रखती है, जो कि पुराने वृन्दावन में कहीं नजर नहीं आती। सभी मन्दिरों में तो आपको अपने जूतों-मोजों को जमा करना पड़ता है मगर यहाँ आपको मोबाइल फोन समेत हर चीज जमा करनी पड़ती है। अपना फोन जमा करने के लिए आपको कतार में खड़ा होना पड़ता है, बैंक की खिड़की की तरह शीशे के कमरे में बैठे लड़कों को अपना फोन देते हुए आपको अपना नाम और फोन नम्बर बताना पड़ेगा तब वे जमा करने का समय बतानेवाली मुहर लगी पर्ची थमा देंगे। आपको चेतावनी दी जाएगी कि मन्दिर में या उसके परिसर में आप कहीं भी फोटो नहीं खींच सकते। मुझे यहाँ एक बड़े नौकरशाही तंत्र की भनक मिलती है, जिसका बहुत कड़ाई से पालन किया जाता है, मानो आप किसी बहुत बड़े अधिकारी के सामने जा रहे हों। देवी के चरणों के नीचे आने से पहले हमें अपने साधारण अस्तित्व के सभी प्रतीकों को त्याग देना होगा। मेटल डिटेक्टर से गुजरने के बाद आपका आगे का क्षेत्र सुरक्षित हो जाता है, वह क्षेत्र जो दैनन्दिन जीवन से बाहर का है। फिर भी, पवित्र क्षेत्र में कदम रखने के बाद भी मुझे लगता है कि शान्ति या भक्ति जैसी कोई भावना बहुत नहीं जागती। अचानक मैं खुद को आगरा से आए स्कूली बच्चों के बीच पाता हूँ, जिन्हें उनके शिक्षक 'जय माता दी' के नारे लगाने के लिए मजबूर कर रहे हैं। जल्दी ही यह एक खेल बन जाता है—सबसे तेज आवाज में नारा कौन लगा सकता है? सच है कि वृन्दावन के ऐतिहासिक मन्दिर उत्साह और शोरशराबे से भरे हैं। बाँके बिहारी जब परदा हटने पर दर्शन देते हैं तो भक्तों की भीड़ शोर मचाकर उनका स्वागत करती है। लेकिन इस वैष्णो देवी मन्दिर में कम-से-कम बच्चों के पवित्र स्वर फुटबॉल के किसी खेल में उठनेवाले शोर जैसे लगते हैं। यह सचमुच कुछ अलग-सा है।

छटीकरा रोड के करीब आधे धाम वृन्दावन से वैसा ही जुड़ाव दर्शाते हैं जैसा शहर के ऐतिहासिक मन्दिर दर्शाते हैं। हम इनमें से कुछ की यात्रा करेंगे। लेकिन उनमें से कई वैष्णो देवी धाम के प्रतिरूप जैसे हैं। वे आधुनिक हिन्दू धार्मिकता के, जिसके दर्शन खासकर पंजाब से प्रभावित दिल्ली में होते हैं, दायरे में उतने ही नजर आते हैं जितने कि वे वृन्दावन की विरासत से जुड़े दिखते हैं।[9]

वैष्णो देवी मन्दिर इसका स्पष्ट उदाहरण है। एक ओर एक पुरानी कथा है, जो इन्हें हिन्दू धर्म के वैष्णव पंथ से जोड़ती है, जिसमें कृष्ण को भी शामिल माना जाता है, लेकिन मूल धारणा यह नहीं है। अगर आप इस गुफानुमा मन्दिर में प्रवेश करने की हिम्मत करेंगे, जो कि ऐसे पहाड़ के नीचे स्थित है जिस पहाड़ पर इनका शेर खड़ा दिखता है, तो वहाँ आपको श्रीकृष्ण का ज्यादा सन्दर्भ नहीं

दिखेगा। मन्दिर के अन्दर की दीवारों पर, जिन्हें यह एहसास दिलाने के लिए बनाया गया है कि वह एक गुफा है, चित्रित दस चित्रों में से केवल तीन चित्र उनसे जुड़े हैं। बाकी चित्र राम, हनुमान, शिरडी के साईं बाबा और गुरु नानक से सम्बन्धित हैं। इसका अर्थ यह हुआ कि अवधारणा और स्थापत्य के लिहाज से वृन्दावन का वैष्णो देवी मन्दिर पुराने और ऐतिहासिक वृन्दावन के मुकाबले न्यूयॉर्क सिटी के क्वीन्स इलाके के वुडसाइड में दिव्य धाम हिन्दू मन्दिर के ज्यादा करीब है। क्वीन्स में भी एक पुराने वेयरहाउस में वैष्णो देवी की जम्मू गुफा का प्रतिरूप गढ़ने की कोशिश की गई है, और मन्दिर की मुख्य वेदी पर कई देवी-देवता नजर आएँगे, जिनका प्रतिनिधित्व जान-बूझकर काफी व्यापक रखा गया है। अगर आपको यहाँ आँख पर पट्टी बाँधकर लाया जाए तो आप यह नहीं समझ पाएँगे कि कौन मन्दिर किस देश का है, सिवाय इसके कि आपके इर्द-गिर्द लोगों की बोली इसका एहसास करा देगी।

इस तरह के पंजाबी मार्का खिचड़ी मन्दिर का एक उदाहरण छटीकरा रोड पर ही कुछ आगे ज्वाला धाम श्रीकृष्णा आश्रम प्रस्तुत करता है। पिछले अध्याय में हम इस मन्दिर पर थोड़ी देर रुके थे। 'श्रीकृष्णा' शब्द इसे वृन्दावन से जरूर जोड़ता है,[10] लेकिन 'ज्वाला धाम' इसे हिमालय की एक प्रसिद्ध गुफा से जोड़ता है, जहाँ निरन्तर प्रज्ज्वलित रहनेवाली तीन ज्वालाएँ देवी के तीन आयामों का प्रतिनिधित्व करती हैं। ज्वालामुखी यानी 'ज्वाला की तरह दमकते मुख वाली माँ'। वे माता वैष्णो देवी की बहन हैं और भक्त प्रायः इन दोनों में अन्तर करना भूल जाते हैं या वे मानते हैं कि उनमें कोई अन्तर नहीं है। ऐसा इस तथ्य के बावजूद है कि आश्रम के मुख्य द्वार पर ज्वालामुखी गुफा का एक मॉडल वैष्णो देवी समेत अन्य देवियों की गुफा के बगल में बनाया गया है और स्पष्ट तौर पर इसे लेबल किया गया है। यह इस आश्रम का एक आयाम है, जिसका हिमालय और शाक्त पंथ से सम्बन्ध जुड़ता है, लेकिन मुख्य द्वार के दूसरी तरफ कुछ ऐसा है जो इसे स्पष्ट तौर पर ब्रज से जोड़ता है। पर्वत का सन्दर्भ यहाँ भी है मगर यहाँ हिमालय से किसी पर्वत का सन्दर्भ नहीं लाया गया है बल्कि यहाँ गोवर्धन पर्वत है। श्रीकृष्ण इस पर्वत को बड़ी सहजता से अपनी छोटी उँगली पर उठा लेते हैं।

इस महती घटना को दूसरी मूर्तियों या चित्रों में जिस तरह प्रस्तुत किया गया है, उसी तरह यहाँ भी ब्रजवासी ग्वालों (यहाँ फाइबर ग्लास से बनी मूर्तियाँ) को श्रीकृष्ण की सहायता करते दिखाया गया है, वे गाय चरानेवाली अपनी लाठी से ही पर्वत को सिर के ऊपर उठा लेते हैं। यहाँ भी श्रीकृष्ण को अकेले ही यह काम करने में कोई कष्ट नहीं होता। वे अपनी बाँह उठाकर पर्वत को अपनी छोटी उँगली पर ही उठाए

हैं। इस दृश्य की अधिक पारम्परिक प्रस्तुति में सत्याभास इस तरह कराया गया है कि पर्वत के श्रृंगों में पशुओं को शरण लिये हुए दिखाया गया है। ये पशु नीचे हो रही नाटकीय घटनाओं से पूरी तरह बेखबर हैं। उन्हें जरा भी पता नहीं है कि पर्वत को उसकी धरती से अलग कर दिया गया है। माँ ज्वाला धाम में इस सबको और आगे ले जाते हुए, पर्वत के नीचे दो जिराफों को भी खड़ा दिखाया गया है और उनके शरीरों को क्रिसमस ट्री वाली रोशनी से सजा दिया गया है (चित्र 3.4)। लेकिन इसका अर्थ यह नहीं है कि ऊपर जो कुछ चल रहा है उसकी ओर ध्यान नहीं है। नीचे से जो पर्वत जैसा दिख रहा है वह एक हेलीपैड के रूप में भी सामने आता है। बच्चे सीढ़ियाँ चढ़कर ऊपर जा सकते हैं और देख सकते हैं कि वहाँ क्या उतरा है (चित्र 3.5)।

देवियों पर केन्द्रित इन संस्थानों में एक अलग तरह का जो पंजाबी भावबोध दिखता है वह छटीकरा रोड पर इस्कॉन मन्दिर के आगे भी झलकता है। यहाँ भी पिछले 10-20 वर्षों में काफी नये निर्माण हुए हैं। उदाहरण के लिए, नानक टीला नाम के सिख गुरुद्वारे को लिया जा सकता है। यह नाम इसलिए पड़ा है कि एक कथा के अनुसार, सिख धर्म के संस्थापक गुरु नानक 1512 ई. में यहाँ आए थे और इस टीले पर बैठकर उन्होंने अपना प्रवचन दिया था। इस गुरुद्वारे के द्वार सितम्बर, 2015 में खोले गए। चूँकि सिख धर्मग्रंथ गुरुग्रंथ साहब में वृन्दावन का उल्लेख भी है, और चूँकि कुछ सिखों का निष्कर्ष यह है कि इसे यहीं बोला गया, इसलिए

चित्र 3.4 : छटीकरा रोड पर माँ ज्वाला धाम आश्रम में मूर्तियों का प्रदर्शन—गोवर्धन पर्वत उठाए श्रीकृष्ण, साथ में ग्वालों का झुंड और जिराफ भी। मार्च, 2017।

चित्र 3.5 : माँ ज्वाला धाम आश्रम में गोवर्धन पर्वत के मॉडल का बाकी हिस्सा। 4 मार्च, 2019।

हाल में दिवंगत हुए सिख संत, बाबा हरबंस सिंह के संकल्प के तहत वृन्दावन में भी गुरुद्वारा बनाया जाना था। हाल में दिल्ली में स्वर्गवासी हुए बाबा हरबंस सिंह ने उन सभी जगहों पर गुरुद्वारा बनाने का संकल्प लिया था जहाँ-जहाँ गुरु नानक गए थे और उनमें भी जहाँ गुरुद्वारा न बना हुआ हो।

गुरुग्रंथ साहब में जिस वृन्दावन का उल्लेख है उसका उस वृन्दावन से, जो इस पुस्तक का विषय है, कोई सम्बन्ध है या नहीं, यह सन्देह का मामला है। सम्बन्धित कविता में नानक ने वृन्दावन को उस युग से जोड़ा है, जो अब अतीत हो चुका है। वह युग हमारे युग से बहुत पहले का है जिसमें नानक खुद नहीं रहे। यह हम इसलिए जानते हैं क्योंकि वे इनमें से हर एक युग को किसी एक वेद के युग से जोड़ते हैं। और यहाँ जिस वेद का उल्लेख है वह यजुर्वेद है, जो कि वेदों में तीसरे क्रम पर है, न कि दूसरे क्रम पर।

जुज महि जोरि छली चन्द्रावलि कान्ह क्रिसनु जादमु भइया
पारजातु गोपी लै आइआ ब्रिंदाबन महि रंगु कीआ[11]

ऐसी चीजों पर मनन के महत्त्व को नानक बड़ी उदारता से आँकते हैं, हालाँकि अन्ततः वे और ऊँचे स्तर पर चले जाते हैं। वे कहते हैं कि कुछ सच हरेक चार प्राचीन युगों से सीखे जा सकते हैं, और फिर वे उन भक्तों के आगे सिर नवाते हैं जो यह जानने की कोशिश करते हैं कि हरेक युग से क्या सन्देश मिलता है। उनका असली ध्यान उन पर है, वे उनकी भक्ति के पात्र नहीं हैं। लेकिन इस बात में सन्देह है कि नानक इस तरह की बात इसलिए करते हैं क्योंकि उन्होंने वृन्दावन की यात्रा की थी। उनकी यात्राओं के शुरुआती ब्योरे में कहीं इस तरह के पड़ाव का उल्लेख नहीं मिलता। और अगर वे वहाँ गए भी हों, तो ऐसा लगता है कि उन्होंने जो कुछ देखा वह उन्हें पसन्द नहीं आया। उनकी रचनाओं में एक अंश वह है जिसे पारम्परिक तौर पर उसी राग 'आसा' में गाया जाता है, और इसमें वे उन मंचीय परम्पराओं की निन्दा करते हैं जो रासलीला या रामलीला जैसी लगती हैं। वे कहते हैं कि इन लीलाओं के कलाकार अनावश्यक रूप से कीमती परिधान पहनकर नाच-गाना करने और गोपियों, कृष्ण, सीता और राम के रूप धरने से पहले बाजार में जाकर ढोल बजाकर अपने लिए व्यापार के मौके बनाते हैं। यह सब महज पैसे के लिए किया जाता है। नानक को सादगी पसन्द है।[12]

गुरुग्रंथ साहब को उद्धृत किए बिना या उसके किसी अंश का उल्लेख किए बिना वृन्दावन गुरुद्वारा के कर्ता-धर्ता ग्रंथी एवं प्रबन्धक का दृष्टिकोण एक जैसा ही दिखता है। अपनी परम्परा और हिन्दू परम्परा के बीच वे जो भेद करते हैं वह सिख धर्म के मामले में एकेश्वरवाद के स्वीकार या नकार (हिन्दू धर्म के मामले में) के अलावा व्यक्तिगत स्वच्छता से सम्बन्धित है। वे यह बताने को बहुत व्यग्र दिखे कि उन्होंने गुरुद्वारे के ठीक पीछे कैसा चकाचक बाथरूम पवित्र परिसर के अन्दर ही बना रखा है। वे कहते हैं, "अगर यह हिन्दू मन्दिर होता तो प्राकृतिक निवृत्ति के लिए बाहर कहीं दूर जाना पड़ता। शरीर के बारे में यह कैसी जागरूकता है? बुजुर्गों का क्या होगा?"[13] दृष्टिकोण में इस अन्तर के बावजूद बाबा हरबंस सिंह और उनके साथी बहुत उत्सुक हैं कि सिख समुदाय मॉल ऑफ वृन्दावन में एक दुकान खोले। जैसा कि किसी मॉल में हरेक फ्रेंचाइज के साथ होता है, उनका मकसद संस्थान की शान बढ़ाने में योगदान करना नहीं है बल्कि अपना माल बेचने का मौका तलाशना है। अगर धर्म को एक पेशकश के रूप में उपलब्ध होना है, तो उन्हें भी वहाँ होना चाहिए।

उपमाओं की अपनी सीमाएँ हैं, और मेरा मकसद कोई अनादर करना नहीं है। लेकिन मुझे लगता है कि व्यापार वाली उपमा कुछ उपयुक्त है, पेशकश के मामले में उतना नहीं जितना प्रदर्शन की साझा परम्पराओं और 'ग्राहकों' की आमद के

अपेक्षित स्वरूप के मामले में है।[14] यह कोई नई बात नहीं है, अतीत में भी धार्मिकता के कई उपभोग आधारित, जीन्सनुमा स्वरूप मौजूद रहे हैं। पिछले 30-40 वर्षों में नये वृन्दावन ने एक आत्म-सन्दर्भी संसार का निर्माण किया है, जो इसे पुराने से काफी अलग करता है, जैसे कि मॉल पहले से मौजूद पास की बस्तियों से कटा हुआ है। जिन इमारतों का हमने अब तक भ्रमण किया है वे सब उस मॉल के स्टोर जैसे दिखते हैं, और इस मामले में वैष्णो देवी मन्दिर एक बार फिर सबसे आगे दिखता है। यहाँ जो प्रसाद दिया जाता है वह चाँदी के सिक्के के रूप में होता है, जबकि सामान्यत: भगवान के दर्शन के बाद प्रसाद कोई खाद्य वस्तु होता है। सिक्के के सामने के हिस्से में देवी की एक प्रतिमा है; इसके पिछले भाग पर लिखा है 'माँ वैष्णो देवी आश्रम, वृन्दावन (यूपी)' और वर्ष 2014 भी लिखा है। बीच में मन्दिर का 'लोगो' खुदा हुआ है। इस दैवी कृपा की अभिव्यक्ति में व्यापार और ब्रांड, दोनों समाहित हैं। यह प्रसाद भी है और स्मृतिचिह्न भी है। कुछ लोगों को यह काफी घालमेल लग सकता है। हाँ, श्रीवत्स गोस्वामी की एक पक्की श्रद्धालु ने, जो नये वृन्दावन में पास में ही रहती हैं, मुझसे काफी अफसोस के साथ कहा कि वे एक बार वैष्णो देवी मन्दिर गई थीं लेकिन अब आगे वहाँ कभी नहीं जाएँगी। हर किसी को इसमें कोई घालमेल नहीं लगता है—यह बहुत नया, बहुत भौतिकतावादी, श्रीकृष्ण और उनके संसार से बहुत कटा हुआ है।

छटीकरा रोड पर विशेषकर श्रीकृष्ण से जुड़े भवनों की यात्रा करते हुए क्या हम इन बातों को भूल सकते हैं? बिलकुल नहीं। मान लीजिए हम वैष्णो देवी मन्दिर के बगल के प्रियाकान्त मन्दिर में रुकते हैं। इसके पास पहुँचते ही इसके दाहिने हिस्से में उपहारों की बिक्री की दुकान दिखती है। यह दुकान स्थानीय ब्रजवासी मशहूर गायक नन्दिनी नन्दन ठाकुर के गाए भजनों की सीडी से भरी पड़ी है। ठाकुर ने भजन गायन के क्षेत्र में कई देशों में नाम कमा लिया है। यह मन्दिर ही अपना बहुत प्रचार नहीं कर रहा है। इसके गर्भगृह में राधा-कृष्ण की प्रचलित मूर्ति लगी है, जो पुराने वृन्दावन के मन्दिरों में लगी अधिकतर मूर्तियों से अधिक बड़ी और चमकदार है लेकिन उन्हीं मूर्तियों की तरह है। लेकिन परिवेश पर गौर कीजिए। तीन तरफ से यह मन्दिर एक सुन्दर गेस्टहाउस से घिरा है, और इस गेस्टहाउस के एक तरफ एक सभागार है जिसमें ठाकुर अपना संगीत कार्यक्रम करते हैं जब वे शहर में होते हैं। जब आप सिर उठाकर देखेंगे तो यह मन्दिर विशाल कमल के फूल की 125 फुट ऊँची कली जैसा दिखता है (चित्र 3.6)। रात में यह रंग-बिरंगी रोशनी से नहा जाता है। हम इसके पड़ोसी वैष्णो देवी मन्दिर के प्रभाव से शायद ही मुक्त हो पाते हैं।

चित्र 3.6 : प्रियाकान्त मन्दिर और उसका आश्रम, छटीकरा रोड। दिसम्बर, 2016।

नये वृन्दावन में विशेष तौर पर श्रीकृष्ण से जुड़े मन्दिर का दूसरा उदाहरण है कृपालु जी महाराज द्वारा निर्मित विख्यात प्रेम मन्दिर। याद रहे कि इसे ताजमहल का जवाब माना जाता है। इसमें मूर्तियाँ बेशक राधा और कृष्ण की ही हैं। वृन्दावन की हवा में साँस लेता हुआ और 'मॉल ऑफ वृन्दावन' की तर्ज पर बना प्रेम मन्दिर कुछ अधिक मूलभूत बातों को उभारता है। उत्तर भारत के प्रसिद्ध नागर मन्दिर की शैली पर बना यह मन्दिर अपने ऊँचे शिखर के साथ गरिमापूर्ण दिखता है। यह पुराने वृन्दावन में महसूस होनेवाले मुगल भावबोध से अलग वैसा दिखता है जैसा किसी हिन्दू मन्दिर को दिखना चाहिए। इस तरह के भवन का स्पष्ट नमूना खजुराहो के मन्दिरों से लिया गया है, जो आज के मध्य प्रदेश में एक सहस्राब्दी पहले बनाए गए थे। लेकिन प्रेम मन्दिर एक मामले में खजुराहो से आगे है। इसे पूरी तरह इतालवी कर्रारा संगमरमर से बनाया गया है, जो हिमपात वाली बर्फ से

चित्र 3.7 : रात में जगमगाता प्रेम मन्दिर। दिसम्बर, 2016।

भी अधिक सफेद होता है। दिन में सफेद दिखनेवाला यह मन्दिर रात में उसी रंग में रंग जाता है जिस रंग की रोशनी इस पर डाली जाती है। इस पर नीला, हरा, पीला, धूसर, सालमन, फिरोजी, लैवेंडर रंग की रोशनी बारी-बारी से डाली जाती है और मन्दिर के अलग-अलग हिस्सों पर परस्पर विरोधी दिखनेवाले रंगों की रोशनी डाली जाती है। इन रोशनियों में से एक ऐसा ढाँचा उभरता है जो क्लासिकल भी है और आधुनिक दुनिया के बहुरंगी रुझानों के अनुरूप भी है। दिन में यह ताजमहल को वृन्दावन का जवाब बना दिखता है, तो रात में टाइम्स स्क्वैयर का जवाब दिखता है (चित्र 3.7)। वास्तव में, ताजमहल से तुलना कोई संयोग नहीं है। प्रेम मन्दिर से जुड़े लोग गर्व से दावा करते हैं कि इधर इस मन्दिर में एक साल में आनेवाले दर्शनार्थियों की संख्या ताजमहल के लिए आनेवालों की संख्या से ज्यादा हो गई है। छटीकरा रोड पर फैले धर्म के मॉलों में वैष्णो देवी मन्दिर अगर पेन्ने (अमेरिका का एक विशाल डिपार्टमेंटल स्टोर चेन) है, तो प्रेम मन्दिर कहीं अधिक उच्चवर्गीय नोर्दस्त्रोम है।

वैसे, यह ज्यादा उच्चवर्गीय भी नहीं है। मन्दिर और इसका मैदान यह आभास कराता है कि यह एकदम जनसाधारण वाला है (चित्र 3.8)। यहाँ आनेवाले यात्रियों

चित्र 3.8 : प्रेम मन्दिर की फोटो खींचते लोग, पीछे दिखता मैदान और भित्तिचित्र। दिसम्बर, 2015।

में एकदम युवा से लेकर बहुत बुजुर्ग तक होते हैं, उनकी औसत उम्र 25 साल के आसपास होगी, जो कुल भारतीय आबादी की भी औसत उम्र है। कुल मिलाकर यह उत्साही समूह है (एक लड़के को चीखकर अपने दोस्त से यह कहते सुना मैंने—"मजे करो!"), जो तेजी से सब कुछ देख लेना चाहता है, हालाँकि बाथरूम के बाहर व्हीलचेयर पर बैठी एक महिला को मैंने इस बात पर खुश होते देखा कि कैंटीन भी आगे ही है, यानी सुस्ताने की गुंजाइश है। प्रेम मन्दिर आनेवालों की भाषा हिन्दी ही होती है, और पूरा माहौल देसी लगता है। आठ मेटल डिटेक्टरों (आधे पुरुषों के लिए, आधे महिलाओं के लिए) से गुजरने के बाद आप घास के बड़े मैदान के एक तरफ बने रास्ते पर चलने लगते हैं। सामने विशाल, ऊँचे चबूतरे पर मन्दिर है। अभ्यस्त भारतीय पर्यटक मानो अपने परिचित स्थान पर पहुँचे नजर आते हैं। वे जाने-पहचाने लेआउट से गुजरते हुए आगे बढ़ने लगते हैं, जैसा कि वे भारतीय पुरातत्त्व सर्वेक्षण के संरक्षण वाले स्थलों में करते हैं, जिनमें बड़े से मैदान के बीच में कोई स्मारक बना होता है। एक बार फिर ताजमहल की याद आती है। लेकिन यह स्मारक जीवन्त है, रात में इसके ऊपर डाली जानेवाली रोशनी इसे जीवन्त बनाती है, तो दिन में भीड़ की हलचल।

जहाँ जीवन नहीं है वहाँ भी जीवन्तता है। प्रवेश क्षेत्र के दाहिनी तरफ घास का

एक और मैदान है और इसके बाद फाइबर ग्लास से ब्रज के गाँव का दृश्य रचा गया है—गायें, गोपियाँ, झूले पर राधा-कृष्ण, और कुछ चौकन्ने खरगोश जो कभी शास्त्रों में अपनी जगह नहीं बना पाए। एक बच्चे को मैंने अपने पिता से यह कहते सुना—"पापा, वो देखो, गाय!" मनुष्य रचित रचना में किसी सजीव प्राणी को देखने का सार्वभौमिक जादू क्या है? इससे आगे कृपालु महाराज (1922-2013) के चित्रों के साथ प्रेम मन्दिर के विशाल चित्र लगे हैं। इनके सामने इस बाहरी 'कक्ष' के एक ओर कालिय नाग के फनों पर बाँसुरी बजाते-नाचते श्रीकृष्ण का विशाल चित्र लगा है। कुछ लोग इसे शेषनाग कहते हैं, जिस पर भगवान विष्णु ब्रह्मांड की रचना के पहले से विराजमान हैं। लेकिन इस नाग पर खड़े श्रीकृष्ण, जाहिर है, ब्रज में ही हैं। वे पानी के एक छोटे तालाब में हैं, जिसे यमुना का आभास देने के लिए तैयार किया गया है, और सात फनों वाला यह नाग कुछ-कुछ देर पर खून (लाल पानी) थूकता रहता है। लाल रंग में रँगे उस थीमपार्क में उसकी आँखें भी लाल रंग में चमक उठती हैं।

आगे, जहाँ आप मन्दिर में प्रवेश करने से पहले जूते उतारते हैं वहाँ आप ऐसे क्षेत्र में पहुँच जाते हैं जहाँ आपका ध्यान विशेष बातों की ओर आकर्षित किया जाता है। आपके दाहिनी तरफ बनी चार झाँकियों (नक्शों और पुतलों से रचे गए दृश्य) में से पहले में श्रीकृष्ण के जीवन को उस पर्व से जुड़ा हुआ दिखाया जाता है जो पर्व उन दिनों चल रहा हो जिन दिनों आप वहाँ आए हैं। मेरे पास खड़ी एक ग्रामीण महिला अपने साथ की महिला का ध्यान कृष्ण के सौतेले पिता नन्द की ओर खींचती है और उसके चेहरे पर भी वही 'देखो!' वाला भाव उभरता है। लोग सेल्फी लेने के लिए रुकते हैं। अगली झाँकी ज्यादा औपचारिक किस्म की है। इसमें कृपालु जी अपने दोनों तरफ खड़ी दो-दो विभूतियों के साथ दिखते हैं। एक लेबल बताता है कि ये चारों जगतगुरु रहे हैं। और वहाँ बिक रही पुस्तकों में इस बात पर बहुत जोर दिया गया है कि मात्र 34 वर्ष की आयु में ही कृपालु जी इस पदवी के अधिकारी माने जाने लगे थे। इस पदवी से उन्हें 1957 में बनारस में ब्राह्मण गुरुओं की सभा काशी विद्वत परिषद ने सम्मानित किया। उनके चित्र के, जो वहाँ सबसे बड़ा चित्र है, पीछे से चमकदार आभा फूटती है। दूसरे चित्र आचार्यों-उपदेशकों के हैं, जिन्हें चार सम्प्रदायों के प्रमुखों के रूप में प्रस्तुत किया गया है, हालाँकि दर्शकों को इस पदवी के बारे में कुछ नहीं बताया जाता है। बाएँ से दाएँ ये हैं—शंकर, निम्बार्क, मध्व (गलती से जिन्हें माधव लिखा जाता है), और रामानुज; सब कुछ हिन्दी में लिखा है। शंकर इस समूह के नहीं थे, क्योंकि उन्हें वैष्णव नहीं बल्कि शैव माना जाता था लेकिन उनकी व्यापक तौर पर मान्य उपस्थिति इस सन्देश को

पुष्ट करती है कि कृपालु जी एक अति उच्च जमात के थे, और इस जमात में कोई भी उनसे ज्यादा महान नहीं था।[15]

कृपालु केन्द्रित संगठन की दूसरी शाखाएँ भी हमारा ध्यान खींचती हैं। हर शाखा का अस्तित्व मन्दिर में नहीं दिखता मगर बड़े-बड़े साइनबोर्ड बताते हैं कि वे क्या हैं। मन्दिर के बगल में ही एक अत्याधुनिक अस्पताल है जिसमें कई रोगों का इलाज सस्ते में किया जाता है। इसके डॉक्टर कृपालु जी के भक्त हैं, जो स्वेच्छा से सेवाएँ देते हैं। अगर हम मन्दिर देखते हैं और अस्पताल को नहीं देख पाते तो एक साइनबोर्ड यह बताने के लिए लगाया गया है कि आप किस चीज को देखना भूल रहे हैं। शहर में दो कृपालु-आश्रमों के बारे में सूचना देनेवाले दो साइनबोर्ड तो लगाए ही गए हैं, उत्तर प्रदेश की दूसरी जगहों पर और यहाँ तक कि विदेश में भी ऐसे साइनबोर्ड लगाए गए हैं। शिक्षा पर जोर देनेवाले एक साइनबोर्ड में दावा किया गया है—'हम लड़कियों को भी शिक्षा दे रहे हैं—हमने 50,000 अभावग्रस्त लड़कियों को शिक्षित किया।'

लेकिन मन्दिर के आगे सब फीके हैं, जिसके निर्माण का सपना कृपालु जी ने तभी देखा था जब वे युवावस्था में स्कूली साथियों के साथ वृन्दावन आए थे। वे रंगजी मन्दिर से ऊँचा मन्दिर बनाना चाहते थे, और उन्होंने शिखर पर झंडे के साथ 125 फुट ऊँचा मन्दिर बनवा लिया।[16] आप यह न सोच लें कि एक व्यक्ति ने खुद को ऊँचा दिखाने की कोशिश की है, इसलिए वहाँ बिक रही किताबों में स्पष्ट किया गया है कि मन्दिर के अन्दर उन्होंने अपनी प्रतिमा लगाने की अनुमति भक्तों की बार-बार की भावुक प्रार्थना के बाद ही दी। न ही कृपालु जी ने इस बात की ओर संकेत किया था कि वे चैतन्य महाप्रभु जैसे दिखते हैं (किताबों की दुकान के एक स्वयंसेवक ने कहा, "भगवान स्वयं अपने बारे में घोषणा नहीं किया करते"), फिर भी भक्तों को यह साम्य स्पष्ट एवं अकाट्य दिखता है। कृपालु जी उनके लिए आज के चैतन्य महाप्रभु हैं। इस तरह की सबसे प्रसिद्ध कथा में भी कृपालु जी अपने बारे में कुछ नहीं कहते, भगवान ही उनके बारे में बताते हैं। एक प्रचलित कथा यह है कि नई सहस्राब्दी शुरू होते ही (तारीखों के बारे में पक्के तौर पर कुछ नहीं कहा जाता) कृपालु जी वृन्दावन के सबसे महत्त्वपूर्ण मन्दिर बाँके बिहारी मन्दिर गए और सबको वहाँ से हटा दिया ताकि वे देवता के साथ करीबी क्षण बिता सकें। वे बाँके बिहारीजी और उनके भक्तों के बीच के परदे के अन्दर चले गए। तब बाँके बिहारीजी ने उनसे अकेले में कहा कि वे जहाँ हैं वहाँ भीड़ बहुत बढ़ गई है। उन्होंने आदेश दिया, "मेरे लिए एक नया मन्दिर बनवाओ।"[17] निर्माण 2001 में शुरू हो गया।

इस तरह, प्रेम मन्दिर को नया बिहारीजी मन्दिर माना जाने लगा। यहाँ आनेवाले लगभग सभी भक्त वृन्दावन के सभी मन्दिरों के साथ बाँके बिहारीजी मन्दिर भी जाते हैं। अगर वे किसी कारण वहाँ नहीं जा पाए तो क्या हुआ, वे नया बिहारीजी मन्दिर तो आए ही, ऐसा उन्हें एहसास होगा यह विश्वास प्रेम मन्दिर के निर्माताओं को है। वे चाहते हैं कि हम केवल और केवल इसी मन्दिर पर सारा ध्यान दें। वहाँ बिक रही अंग्रेजी में प्रकाशित एक पुस्तक में कहा गया है—

> 'बस इस सबसे पवित्र स्थल की परिक्रमा कीजिए, न कोई आध्यात्मिक कर्म करने की जरूरत पड़ेगी और न ब्रज या अयोध्या या और कहीं की तीर्थयात्रा करने की जरूरत रहेगी। क्योंकि यहाँ सबका मेल मिलेगा। आपको सभी पवित्र स्थलों की यात्रा करने का पुण्य मिलेगा, और सभी आध्यात्मिक कर्मों की पूर्ति हो जाएगी क्योंकि प्रेम ही सबकी आत्मा है। प्रेम के साथ मंत्रपाठ ही आपके अन्तिम लक्ष्य—दैवी प्रेम—का मार्ग है।'[18]

यहाँ से पूरब की ओर थोड़ी ही दूर पर 'अंग्रेज मन्दिर' के नाम से पुकारे जानेवाले इस्कॉन के कृष्ण-बलराम मन्दिर के इर्द-गिर्द गहमागहमी वाला इलाका बस गया है। यहाँ इस्कॉन के कई ढाँचे उग आए हैं, जिनके बारे में हम आगे चर्चा करेंगे। लेकिन यात्रियों को कुछ दिलचस्प चीजें भी मिल सकती हैं—इस्कॉन मन्दिर के करीब ही कन्हाई चित्रकार की आर्ट गैलरी है। 'हेरिटेज आर्टिस्ट' (विरासत के चित्रकार) के रूप में उनकी अनूठी उपलब्धि यह है कि वे अपने चित्रों में सोने की चमकी और चूर्ण का प्रयोग करते थे। कन्हाई चित्रकार (1934-2013) को तत्कालीन मुख्यमंत्री (2012-17) अखिलेश यादव ने उत्तर प्रदेश विधानसभा में लगाए जाने के लिए अपना और अपने पूर्ववर्ती मुख्यमंत्रियों के चित्र बनाने का काम सौंपा था। 2016 में इन चित्रों के अनावरण के मौके पर अखिलेश ने छटीकरा रोड का नाम बदलकर 'कन्हाई चित्रकार मार्ग' कर दिया, जबकि पहले इसे 'भक्तिवेदान्त मार्ग' नाम दिया गया था। कृपालु जी के भक्तों ने इस मौके का फायदा उठाकर अपने मन्दिर के बाहर सड़क के उस पार लगे भक्तिवेदान्त मार्ग के नाम वाले शिलापट्ट को तोड़कर गिरा दिया। मैंने जब इसे सड़क पर नीचे पड़ा देखकर पूछा तो कुछ लड़कों ने हिचकते हुए बताया कि मन्दिरों में प्रतिद्वंद्विता खूब चलती है, और इसकी वजह से नये वृन्दावन में सबसे शानदार कृष्ण चन्द्रोदय मन्दिर बनने लगा, जिसके बारे में हम अध्याय 4 में चर्चा करेंगे।

वृन्दावन में विविधता हमेशा से उससे ज्यादा रही है जितने की आप कल्पना कर सकते हैं, और वह कहीं ज्यादा सार्वदेशिक रही है (चित्र 3.9)। फिर भी नये

वृन्दावन में ऐसा कुछ है जो इसे पुराने से अलग करता है। इसका कुछ ताल्लुक इस बात से है कि हम खुद को दूसरों के सापेक्ष देखते रहे हैं—इसके चलते हम उन सबकी नकल करते हैं, जो हमारा ध्यान खींचते हैं और इसके साथ ही हम एक-दूसरे की मौजूदगी से लाभ भी उठाते हैं। इसका कुछ ताल्लुक इस बात से भी है कि यह सिर्फ आकार के मामले में होड़ है, जिसे फिलिप लुत्गेनडॉर्फ ने "मेरे

चित्र 3.9 : छटीकरा रोड पर इस्कॉन मन्दिर के पास दोतारा बजाता एक वृद्ध श्रद्धालु। मार्च, 2017।

हनुमान तुम्हारे हनुमान से बड़े हैं" वाली प्रवृत्ति के रूप में पहचाना है। इस होड़ की मिसाल उन्होंने करीब 25 साल पहले दिल्ली और गुड़गाँव (जो कि तेजी से बढ़ते शहरीकरण का सच्चा प्रतीक है) के बीच महरौली रोड पर देखी थी।[19] और इसका कुछ ताल्लुक लम्बवत विस्तार से नहीं बल्कि क्षैतिज विस्तार से है—उन उपनगरों से, जो छटीकरा मॉल के लिए विशिष्ट पश्चभूमि का निर्माण करते हैं।

मॉल के पीछे

छटीकरा रोड नये वृन्दावन की धुरी है, जिसके इर्द-गिर्द इसका ताना-बाना तैयार हुआ है। इस्कॉन से लेकर एनएच-2 तक इस सड़क और इसके आसपास पूरे क्षेत्र में एक जैसे दिखनेवाले अपार्टमेंटों का जाल बिछा नजर आता है। किसानों के हरे-भरे खेत इन अपार्टमेंटों की, ज़िन्हें कॉलोनी कहा जाता है, दीवारों तक आकर अचानक खत्म हो जाते हैं। इन अपार्टमेंटों के नाम श्रीकृष्ण हाइट्स, हरे कृष्ण ऑर्किड, वृन्दापुरम, एनआरआइ ग्रींस जैसे होते हैं। एनआरआइ का मतलब है प्रवासी भारतीय, जो बेहतर जीवन की तलाश में अच्छी जगह जाकर बस जाता है, लेकिन एनआरआइ ग्रींस से आभास होता है कि यहाँ आपके देश में भी हरियाली है, शायद दूसरा घर या सेवानिवृत्त होने के बाद का आशियाना।

एनआरआइ ग्रींस के फाटक 2009 में खुले और जल्दी ही इसके सारे फ्लैट भर गए, अब यहाँ कोई अपना फ्लैट बेचे तभी जगह मिल सकती है। धुले हुए कपड़े बालकनियों से लटके नजर आते हैं, और स्विमिंग पूल को देखकर लगता है कि उसका खूब इस्तेमाल होता है। सारे निवासी एनआरआइ ही नहीं हैं, लेकिन मुझे बताया गया कि उनकी संख्या अच्छी-खासी है। ये मियामी समुद्रतट के किनारे बने सह-स्वामित्व वाले आशियानों की तरह लगते हैं, समुद्र के बिना। यहाँ एक आकर्षण यह है कि यहाँ रहनेवाले लोग सुबह-शाम दर्शन के लिए पैदल चलकर इस्कॉन मन्दिर जा सकते हैं। कई लोग इस पवित्र अनुष्ठान का पालन करते हैं लेकिन मैंने पास में ही 'इंगलिश वाइन' की दुकान देखी और फिर यह चर्चा शुरू हो गई कि इस दुकान में भला कौन जाता होगा। एनआरआइ ग्रींस के कर्ता-धर्ता ने बताया कि उनके समुदाय के मूल्य इसकी शायद ही इजाजत देंगे, लेकिन उन्होंने इस बात पर भी जोर दिया कि मैनेजमेंट की इस बात में कोई दिलचस्पी नहीं है कि लोग अपने घर में क्या करते हैं। वैसे, सार्वजनिक तौर पर शराब का सेवन निषिद्ध है। सड़क पर आगे हरे कृष्ण ऑर्किड के पास शराब और बीयर की दूसरी दुकान है, जिसके मालिक ने कहा कि स्थानीय लोग शादी-ब्याह या दूसरे

चित्र 3.10 : हरे कृष्ण ऑर्किड में बिक्री कर्मचारी। दिसम्बर, 2016।

मौकों के लिए कुछ ले सकते हैं। इशारा यह था कि यह बाहर वालों के लिए भी है और विशेष मौकों के लिए तो है ही (चित्र 3.10)। हरे कृष्ण ऑर्किड अपना विज्ञापन करता है कि यह शादी-ब्याह या दूसरे मौकों के लिए शानदार जगह है। इस दृष्टि से यहाँ कुछ विशेष कमरे भी उपलब्ध हैं, फ्लैट और विला तो हैं ही। और, वृन्दावन में कोई शादी के आयोजन में शराब क्यों पेश करना चाहेगा? इस सवाल का जवाब एक दरबान ने अपने दोनों हाथ की दो-दो उँगलियों को फँसाते हुए यह दिया—ताकि शादी पक्की रहे।[20]

इस तरह के आवासीय परिसरों को लोग नये वृन्दावन का दिल बताते हैं, और इनमें से कुछ धार्मिक संगठनों से प्रकट रूप से जुड़े हैं, जैसे मायापुर वृन्दावन ट्रस्ट है जो इस्कॉन मन्दिर के ठीक बगल में है और इस संगठन का एक अंग है। दूसरे, निर्माणाधीन परिसरों के सेल्स एजेंट उनमें फ्लैट खरीदने के इच्छुक लोगों को जोर देकर बताते हैं कि वहाँ रहनेवाले लोग निश्चित ही पड़ोस के मन्दिर में नियमित जाएँगे और वे इनमें से किसी एक के साथ विशेष तौर पर जुड़ जाएँगे। उदाहरण के लिए, श्रीकृष्ण हाइट्स की परिचय पुस्तिका में दर्शन की अवधारणा का विस्तार करते हुए इसमें अपने निवास से ही मन्दिर के दर्शन की सुविधा का जिक्र किया गया है। कहा जा रहा है कि इसके कुछ कमरों से

छटीकरा रोड पर बन रहे गगनचुम्बी वृन्दावन चन्द्रोदय मन्दिर (वीसीएम) के दर्शन हो सकेंगे। श्रीकृष्ण हाइट्स की परिचय पुस्तिका में प्रकाशित एक चित्र में दिखाया गया है कि इसके और नये मन्दिर के बीच पेड़ों के सिवा कुछ भी नहीं है। इस चित्र के साथ लिखा है—'श्री वृन्दावन चन्द्रोदय मन्दिर के सामने निर्माणाधीन सुपर लक्ज़ूरियस फ्लैट्स'। और हम इस चित्र में थोड़े उम्रदराज जोड़े को एक खिड़की के बाहर देखते हुए पाते हैं, जो कमरे में बिस्तर पर शतरंज खेलने की तैयारी में है। और इस चित्र का कैप्शन कह रहा है—'मैक्सिमम फ्लैट विंडोज फेसिंग चन्द्रोदय मन्दिर' (अधिक से अधिक फ्लैटों की खिड़कियाँ चन्द्रोदय मन्दिर की ओर खुलती हैं)।

श्रीकृष्ण हाइट्स के बारे में मुझे जानकारी इस्कॉन मन्दिर के सामने चाय की दुकान पर मिली। इस दुकान का मिलनसार चायवाला मुझ पर फ्लैट खरीदने (पहले जो जायदाद भारतीय और एनआरआइ ही खरीद सकते थे उन्हें विदेशी लोग भी अब खरीद सकते हैं ऐसी व्यवस्था हो गई है) का इतना दबाव डाल रहा था कि मैंने उससे पूछा कि क्या उसे कोई कमीशन मिलेगा? उसने गर्व से कहा कि नहीं, उसे तो वेतन मिलता है। श्रीकृष्ण हाइट्स का आत्मविश्वास से भरा बातूनी सेल्स बॉस अमित राजपूत, जो मथुरा का निवासी था, वह तो मुझे अपने स्कूटर पर बैठाकर वहाँ ले जाने को उतावला था। 15 मंजिलों वाली इमारतों के इस परिसर में दो विशाल इमारतें बन रही थीं। पहली इमारत 2020 में तैयार हो जानेवाली थी। इसी तरह के स्थानों पर, जिनमें से दो स्थान वृन्दावन में ही हैं, कम्पनी की ख्याति के कारण आधे से ज्यादा फ्लैट बिक चुके थे। श्रीकृष्ण हाइट्स का सेल्स ऑफिस अपने आप में एक मन्दिर ही है। यह उस मन्दिर से नहीं जुड़ा हुआ है, जो वीसीएम का एक हिस्सा होगा, बल्कि यह वृन्दावन के पुराने सहारे बिहारीजी को समर्पित है। और नये विकास के लिए प्रासंगिक स्थानों के नक्शे में बिहारीजी मन्दिर भी एक कोने को सहारा देता नजर आता है। कम-से-कम मार्केटिंग के मकसद से नया वृन्दावन पुराने से अभी कटा नहीं है।

श्रीकृष्ण हाइट्स कुछ बेहतरीन सुविधाएँ देने का भी दावा करता है—मसलन, इसके निवासियों के लिए एक बस उपलब्ध होगी जो उन्हें उनकी जरूरत के मुताबिक यात्रा कराएगी (खासकर मन्दिरों तक), दोमंजिला भूमिगत पार्किंग और जॉगिंग ट्रैक। इसके प्रबन्धकों का कहना है कि नये परिसर में जल संचय और कचरा परिशोधन संयंत्र भी होगा और संगीतकारों के दल के द्वारा तो नहीं मगर सीडी आदि के जरिये परिसर के 'सार्वजनिक क्षेत्र में राधा-कृष्ण की धुन बजती रहेगी'। फ्लैटों की बिक्री मुख्यतः सप्ताहान्तों में होती है जब दिल्ली से कारों में भरकर

परिवारों की तीन पीढ़ियाँ यहाँ पहुँचती हैं। बच्चों को पिकनिक का मजा आता है, बुजुर्गों को मन्दिर भ्रमण अच्छा लगता है, तो बीच वाली पीढ़ी को पूरे परिवार का एक साथ जुटना पसन्द आता है। जो लोग समर्थ हैं उनके लिए श्रीकृष्ण हाइट्स में फ्लैट लेना मध्यवर्गीय, लगभग संयुक्त परिवार के तनावों से मुक्ति पाने का अच्छा उपाय है क्योंकि युवा सदस्य दिल्ली में रहते हैं, बुजुर्ग लोग वृन्दावन में, और दोनों वर्ग आसानी से कार के जरिये एक-दूसरे से मिल सकते हैं। करीब आधे फ्लैट तो दिल्ली वालों ने ही खरीदे हैं, बाकी भारत के दूसरे स्थानों के लोगों ने खरीदे हैं। मैं यह जानना चाहता था कि वृन्दावन चन्द्रोदय मन्दिर की ओर के फ्लैटों की कीमत इस कारण ज्यादा तो नहीं है। मुझे बताया गया कि ऐसा नहीं है लेकिन कीमत इस बात पर निर्भर करती है कि फ्लैट में सुबह-सुबह धूप आती है या शाम में या फ्लैट जिस टावर में है वह कब तक तैयार करके दिया जाएगा, और कोई नहीं जानता कि वह आठ साल में तैयार होगा या दस साल में।[21]

इसके अलावा निवेश का भी पहलू जुड़ा है। अपने विज्ञापन बोर्डों और पर्चों आदि में श्रीकृष्ण हाइट्स आपको 'निश्चित मासिक लाभ' का आश्वासन देता है। हरे कृष्ण ऑर्किड तो और भी बड़े आश्वासन देता है। इसके सेल्स एजेंट राजदीप सिंह ने कहा कि इस कॉम्प्लेक्स के खुलने के बाद चार साल में इसके फ्लैटों की कीमत 100 प्रतिशत बढ़ गई है। आनन्ददायी बातचीत में उन्होंने हिन्दी से अंग्रेजी में बोलते हुए बुनियादी बातें कीं, और कहा कि "असली बात है चीजों की उपलब्धता। यहाँ आपको सब कुछ मिलेगा—अपनी पसन्द का खाना, कपड़ा, मकान का किराया, कल्चर, और खासकर पसन्दीदा ठिकाना—होटल, आश्रम, धर्मशाला, दो और तीन स्टार वाले होटल, सब कुछ। पहले, 'ऑल दीज च्वाइसेज' यानी पसन्द करने के लिए इतनी तरह की चीजें उपलब्ध नहीं थीं।"[22] यह कहते हुए उसने पुराने वृन्दावन की ओर अफसोस भरी नजर डाली। मुझे इस्कॉन के मायापुर वृन्दावन ट्रस्ट में रेस्तराँ के बारे में सुनी हुई बात याद आ गई—यह अपने पिज्जा के लिए मशहूर है। कई पाठकों को यह सब आश्चर्यजनक नहीं लग सकता है लेकिन जरा 1980 के आसपास मिर्जापुरी धर्मशाला में आनेवाले तीर्थयात्रियों को याद कीजिए। वे किसी और दुनिया के लोग थे, और आज भी हैं। आज भी झुंड-के-झुंड तीर्थयात्री उन्हीं तीर्थयात्रियों जैसे लगते हैं, भले ही वे ताँगे में नहीं आते मगर उन्हें आप हरे कृष्ण ऑर्किड के आसपास फटकते हुए भी नहीं पाएँगे।

नये वृन्दावन के निवासियों का एक समूह एक तरह से पुराने और नये वृन्दावन के बीच की खाई के बीच पुल का काम करता है और आप शायद उम्मीद कर सकते हैं कि यह इस्कॉन के भक्तों का समूह है। आप उन्हें पुराने वृन्दावन के लोई

बाजार की दुकानों (बेशक वे साधारण लोगों के लिए महँगी हैं) से आयुर्वेदिक उत्पाद खरीदते हुए पा सकते हैं। लेकिन आप उन्हें प्रेम मन्दिर के सामने गाते-नाचते भी पा सकते हैं। वे वहाँ क्या कर रहे हैं? वे दर्शन के लिए नहीं आए हैं, वे मन्दिर के अन्दर नहीं जाते। वे अपना प्रचार और व्यापार कर रहे होते हैं। कई शामों के बाद रात होते ही वे उस हरे कृष्णा धुन पर थिरकने लगते हैं, जो सबसे पहले न्यूयॉर्क में उभरी थी, वे गाते-नाचते अपनी पुस्तकें बेच रहे होते हैं। माफ कीजिए, बेच नहीं बल्कि बाँट रहे होते हैं और आप बदले में जो चाहे उन्हें दान दे सकते हैं। ये सब 30 से कम उम्र के युवा होते हैं, उनमें स्त्रियों से ज्यादा पुरुषों की संख्या होती है, और वे ज्यादातर रूसी होते हैं। साल के ज्यादातर दिनों में शहर में करीब 150 रूसी मौजूद होते हैं और वे सारे इस्कॉन वाले होते हैं, लेकिन कार्तिक के महीने में उनकी संख्या काफी बढ़ जाती है। इस्कॉन के भक्तों को पता है कि इस मास का विशेष महत्त्व है इसलिए वे उस महीने में वृन्दावन में रहने की यथासम्भव कोशिश करते हैं।

हरे कृष्ण ऑर्किड से लेकर प्रेम मन्दिर तक के फाटकों के इर्द-गिर्द बैठनेवाले गार्डों और सेल्समैनों में काफी मिलनसारिता दिखाई देती है। और जगहों पर भी ऐसा ही महसूस होता है। इस्कॉन मन्दिर के सामने की दुकानों के पास सिर मुँड़ाए, लम्बी चोटी बढ़ाए, ब्रह्मचारी वाली धोती पहने करीब बीस साल के एक रूसी भक्त को बस मुस्कुराते हुए अपनी थैली आगे बढ़ाने की जरूरत है, लोग उसमें खुशी-खुशी दस रुपये के नोट डालने लगते हैं। मन्दिर दर्शन की भक्ति भावना में डूबा कौन व्यक्ति ऐसे प्रसन्नचित्त धार्मिक, त्यागी व्यक्ति की सहायता करना नहीं चाहेगा! प्रेम मन्दिर के आगे लोगों की प्रतिक्रियाएँ थोड़ी हिचक भरी दिखती हैं। दर्शकों के छोटे-छोटे झुंड इन भक्तों के आगे या उनके बीच जाकर मोबाइल से अपनी फोटो खिंचवाते या उनकी फोटो खींचते नजर आते हैं। दर्शकों में से एक युवक चेहरे पर माइक लगाए और एकॉर्डियन लिये एक इस्कॉन भक्त से भाई-भाई की तरह गले लग जाता है। गोरे हरे कृष्णा डांसरों को भारतीय लोग एक अरसे से देखते आ रहे हैं, मुंबइया फिल्मों में तो वे खूब दिखते रहे हैं लेकिन यहाँ साक्षात् दिख रहे हैं। तो मजा क्यों न लें?[23]

आत्मविश्वास की आम अनुभूति और भविष्य में भागीदार बनने की इच्छा 'कॉलोनी' के सेल्स एजेंटों को इस तरह के युवा रूसियों को एक समूह से बाँध रही है। इस्कॉन मन्दिर के पास के रूसी हाउस (औपचारिक रूप से वृन्दावन धाम) में रहनेवाले कई युवक उस विस्तृत होती वैश्विक अर्थव्यवस्था में हिस्सेदारी कर रहे हैं, जिसके चलते हरे कृष्ण ऑर्किड जैसे ठिकाने फल-फूल रहे हैं। ये रूसी लोग लालची, ईश्वर विहीन पूँजीवादी मूल्यों से भागकर शरणार्थी के रूप में भारत आते

हैं मगर वे खेल में अपना हाथ डाले रहते हैं। उनमें से कुछ तो वृन्दावन धाम में अपने ठिकाने से ऑनलाइन कारोबार करते रहते हैं। इस तरह वे परिधानों से लेकर परफ्यूम तक बेचते हैं, इंस्टाग्राम पर रत्नों और कीमती पत्थरों के लिए दलाली करते हैं और ऑनलाइन काउंसलिंग सेवाएँ भी चलाते हैं। इसके अलावा वे इस्कॉन के सामान्य काम भी करते हैं। पास के चौराहे पर 'एपेक्स कम्प्यूटर्स' में हर उम्र के भक्तों को आते-जाते देखा जा सकता है। वे यहाँ इस्कॉन के आगामी किसी आयोजन के विज्ञापन के लिए रंगीन पोस्टर छपवाने के लिए या विदेश में चल रहे किसी अभियान में निवेश करने के लिए आते हैं, इस भीड़ में एक लड़का दुकानदार से ठेठ हिन्दी में बात करने के कारण एकदम अलग दिखता है। ऐसा कुछ ही स्थानीय इस्कॉन भक्त कर सकते हैं। पता चला कि उसका जन्म वृन्दावन में ही हुआ था और उसके एक अभिभावक रूसी थे। उसकी पढ़ाई इस्कॉन के गुरुकुलम स्कूल में हुई थी। इस स्कूल की वार्षिक पत्रिका में विशेष घोषणा की गई है कि 2014-15 में इस स्कूल को 'भारत में 13वाँ सबसे अच्छा स्कूल' माना गया था। अगर आप इस घोषणा को पूरा पढ़ेंगे तो पता चलेगा कि यह कोई अधिकृत रेटिंग नहीं थी और केवल लड़कों के आवासीय स्कूलों के लिए थी। बहरहाल, यह आत्मप्रशंसा के लिए मसाला तो जुटाता ही है।

लेकिन एक रूसी भक्त ने इस तरह की उच्चस्तरीय मार्केटिंग के प्रति उत्साह दिखाने से इनकार कर दिया है। उनका मूल नाम एवगेनी था, उनका जन्म मुर्मांस्क में हुआ था, जो आर्कटिक क्षेत्र के दूसरी ओर है। यहाँ उनका नाम जीव दास है, और वे बताते हैं कि इसका अर्थ है आत्मा का सेवक (चित्र 3.11)। जीव दास भी वृन्दावन धाम में रहते हैं। उनसे मेरा परिचय वहाँ का दफ्तर सँभालनेवाली महिला ने कराया ताकि वे मुझसे अंग्रेजी में बात कर सकें। वृन्दावन के पुराने इलाके की तुलना में नये इलाके में अंग्रेजी में बातचीत करनेवाले लोग ज्यादा हैं, हालाँकि हिन्दी ही प्रचलित है। बोलचाल की भाषा का यह अन्तर भी नये और पुराने वृन्दावन के बीच की खाई का एक महत्त्वपूर्ण पहलू है।

जीव लम्बे, और अच्छी कद-काठी के हैं और थोड़े संकोची हैं। हालाँकि वे मुस्कुराने और हँसने में देरी नहीं करते लेकिन जल्दी ही अपना सिर झुकाकर ढक लेते हैं। उनकी आँखें हल्के हरे रंग की हैं, लगभग पीली जैसी। यह बताता है कि वे मुर्मांस्क के ज्यादा हैं, वृन्दावन के कम, जहाँ वे रहना पसन्द करते हैं। वे कहते हैं कि चीजें यहाँ तेजी से आगे बढ़ रही हैं। हर समय कीर्तन होता रहता है, लोग अपने जीवन के बारे में खुलकर बात करते हैं (उदाहरण के लिए खाना बनाते समय, जो कि वृन्दावन धाम में उनका एक काम है), और रूस के मुकाबले

चित्र 3.11 : जीव दास (दाहिने) अपने मित्र तथा सहकर्मी आनन्द चैतन्य दास के साथ, वृन्दावन धाम में। दिसम्बर, 2016।

यहाँ का खाना जल्दी खराब हो जाता है। जीव व्यापक संसार से बेखबर नहीं हैं। स्कूल की पढ़ाई करने के बाद उन्होंने ब्रूक्लीन के बाहरी इलाके में बन्दरगाह पर पाँच साल तक लाइफगार्ड से लेकर नाई तक तमाम तरह के काम किए। इसलिए वे बोलचाल वाली अच्छी अंग्रेजी जानते हैं। इसके बाद बाल्टीमोर में वे इस्कॉन से जुड़े, जहाँ एक दोस्त के साथ उन्होंने दो साल बिताए, और इसी ने उन्हें वृन्दावन पहुँचाया।

एक तरह से, जीव को जो कुछ कहना था वह पाठ के मुताबिक कहना था, प्रभुपाद के पाठ के मुताबिक। और वे मेरे हाथ में 'द भगवद्गीता, ऐज इट इज' पुस्तक का हिन्दी अनुवाद थमाने को काफी तत्पर थे। अंग्रेजी में लिखी यह किताब सबसे पहले अमेरिका में प्रकाशित हुई। शायद उससे मुझे पता चलेगा कि उन्हें क्या हासिल हुआ था—कि जीवन का मकसद है स्मरण, और वह स्मरण ऐसा कि मैं श्रीकृष्ण का हूँ। भगवान के नाम के जप से यह भावना पैदा होती है। उन्होंने कहा कि सम्बन्ध का—समान विचार के लोगों के बीच के गहरे सम्बन्ध का—और साथ भोजन करने और प्रसादम खाने का भी यही मकसद है।[24] इस सबसे शुद्धि होती है। वृन्दावन के अपने जीवन के बारे में जीव ने जो कुछ बताया उसमें शुद्धि शब्द का उल्लेख बार-बार आता है। यह कल्पना कर पाना मुश्किल

था कि उन्हें इतने शुद्धीकरण की जरूरत थी। लेकिन उन्होंने मुझे समझाया कि यही मनुष्य की स्थिति है और इस जन्म में उन्हें अपने वर्तमान और पूर्व जन्म के बुरे कर्मों के पाप को जलाने का अवसर मिला है ताकि वे अगले जन्म में कुत्ता बनकर इस धरती पर न आएँ। इस जन्म में उन्हें अवसर मिला है कि वे त्रिकाल (भूत, वर्तमान, भविष्य) के बारे में श्रीकृष्ण के ज्ञान का लाभ लें, कृष्ण चेतना ने यह सुरक्षा उपलब्ध कराई है। एक धाम, असाधारण ऊर्जा और ध्यान के केन्द्र के रूप में वृन्दावन की शक्ति ने इसे तेजी से सम्भव कराया है। उन्होंने कहा कि यहाँ सब कुछ तेजी से होता है। कई सौ गज दूर कृष्ण-बलराम मन्दिर में भावविभोर करनेवाले जो प्रदर्शन होते हैं उनके मूल में जो धार्मिक समझ है उसकी कल्पना उन्हें देखकर नहीं की जा सकती है। जीव मुझे शरीर की भाषा नहीं बल्कि पुस्तकीय ज्ञान देना चाहते हैं, उस उचित सीख का सार देना चाहते हैं जो खुद श्रीकृष्ण से प्राप्त हुआ है। 'शिष्यत्व के उत्तराधिकार' के बूते एक ऐसा सन्दर्भ हासिल होता है जो यह स्पष्ट करता है कि जीवन क्या है। जीव कहते हैं, हर व्यक्ति के पास कहने को अपनी कहानी है लेकिन हरेक को अपने व्यक्तिगत अनुभव से हासिल ज्ञान से आगे जाकर कहीं ज्यादा ज्ञान तक पहुँचना जरूरी है।

20वीं सदी के अन्त में भारतीय अर्थव्यवस्था का जो उदारीकरण शुरू हुआ और उसे 21वीं सदी में जिस तेजी से आगे बढ़ाया गया वह अगर एक अर्थ में नये वृन्दावन के निर्माण के लिए जिम्मेदार है—जिसे हम रियल एस्टेट की क्रान्ति के रूप में देख सकते हैं—तो ईसाई धर्म के सत्य का यह सारतत्त्व दूसरे अर्थ में जिम्मेदार है। नया वृन्दावन जिस रूप में विकसित हुआ है वह वैश्वीकरण की उस विशेष दृष्टि के बिना सम्भव न होता जिसे हरे कृष्णा आन्दोलन ने आगे बढ़ाया है। इसलिए भौतिक दृष्टिकोण से यह उपयुक्त ही लगता है कि कृष्ण-बलराम मन्दिर नये वृन्दावन के प्रवेशद्वार पर ही स्थित हो। लेकिन यह तसवीर ज्यादा जटिल है। इस्कॉन के रूसी समुदाय का नया आवासीय परिसर यमुना के बाढ़ वाले क्षेत्र के काफी करीब है; परिक्रमा मार्ग को मजबूती और विस्तार देने के लिए जो अवैध भराव किया गया है उस पर बनी यह सबसे प्रमुख इमारत है। अवैधता का तत्त्व इसके भविष्य को असुरक्षित बनाता है। राष्ट्रीय हरित ट्रिब्यूनल के निर्देशों के अनुसार इसे तोड़ने की माँग की जा सकती है, और तब यह देखनेवाली बात होगी कि क्या पहले की तरह स्थानीय भ्रष्टाचार के बूते इन निर्देशों को बेमानी कर दिया जाता है।

अनिश्चितता उस निर्माणाधीन छोटे रास्ते को लेकर भी है, जो नये वृन्दावन को बाजना के पास यमुना एक्सप्रेसवे पर बनाए जा रहे नये निकास मार्ग से जोड़ेगा।

दरअसल बाजना उस स्थान से उत्तर में ज्यादा दूर नहीं है, जहाँ से वृन्दावन जाने का रास्ता बना हुआ है। जिस तरह इस्कॉन मन्दिर ने वृन्दावन की पारम्परिक संस्कृति की काफी अनदेखी की, उसी तरह यह नया रास्ता इस्कॉन की अनदेखी करेगा। फिलहाल इस्कॉन के कृष्ण-बलराम मन्दिर को न केवल एनएच-2 से आनेवाली ट्रैफिक से बल्कि यमुना एक्सप्रेसवे से भी फायदा मिलता है। परिक्रमा मार्ग पर फ्लाइओवर के कारण बने लिंक रोड से कारें तुरन्त वृन्दावन पहुँच जाती हैं। लेकिन नई सड़क कुछ दूर होगी। इसके बन जाने के बाद दिल्ली से वृन्दावन में चन्द्रोदय मन्दिर के पास छटीकरा रोड के बाहरी इलाके में उभर रहे उपनगरीय क्षेत्र तक पहुँचना आसान हो जाएगा। लेकिन यह इस्कॉन से होकर नहीं गुजरेगा, जो कि इससे काफी दूर है। नई सड़क नये विकसित हो रहे मायावन से सीधे जुड़ेगी, जिसे नये वृन्दावन में 'बेस्ट से भी बेस्ट' परिसर कहा जा रहा है। एक सप्ताहान्त ई-रिक्शा पर जाते हुए मुझे इसके फर्श पर मायावन का यह विज्ञापन पड़ा हुआ मिला जिसे कोई यात्री छोड़ गया था—

> 'मायावन के प्लॉट उस विश्व स्तरीय विशाल आवासीय क्षेत्र के हिस्से हैं जहाँ असाधारण जीवनशैली, अवकाश और मेहमाननवाजी की सुविधाएँ उपलब्ध होंगी। फाटकबन्द सुरक्षित सामुदायिक निवास का लेआउट अच्छी तरह तैयार किया गया है, इस तक पहुँचने की सड़क बढ़िया है, और हरियाली से भरा एवं उपयोगिता के केन्द्रों से लैस परिसर जीवन को खुशनुमा बना देगा। प्लॉट के मालिकों को मायावन में तमाम तरह की सेवाएँ और सुविधाएँ उपलब्ध होंगी और विला का डिजाइन तैयार करने में उनकी सहायता की जाएगी।'

यहाँ जिस चीज की मार्केटिंग की जा रही है वह फ्लैटों से आगे की चीज है, जो कि श्रीकृष्ण हाइट्स और हरे कृष्ण ऑर्किड जैसे परिसरों का मूल तत्त्व है, हालाँकि वे पास में ही हैं। ये सब गैरसरकारी प्लॉट और विला हैं। विज्ञापन में दो बुजुर्ग महिलाएँ पार्क की बेंच पर बैठी एक-दूसरे का अभिवादन करती दिखती हैं। उनमें से एक की लाठी साफ नजर आती है। अमित राजपूत यहाँ पीढ़ियों को लेकर एक काल्पनिक दुनिया का हवाला देते हैं, लेकिन यहाँ भक्ति वाला पहलू गायब है। इसमें कहा गया है—'यमुना के तट पर विश्व स्तरीय रिहाइश!' मानो एकदम नये वृन्दावन का विज्ञापन किया जा रहा है।

और यमुना? ये प्लॉट नये वृन्दावन के रूप में जाने गए दूसरे परिसरों के मुकाबले नदी के ज्यादा करीब हैं। लेकिन वृन्दावन को जैसा हम जानते हैं वह

दृश्य से गायब हो चुका है। मायावन के ब्रोशर में भी वृन्दावन चन्द्रोदय मन्दिर की विज्ञापन सामग्री की तरह, फोटो में आश्चर्यजनक रूप से निर्जन केशी घाट के पीछे धुन्ध में दूर कहीं एक विशाल मन्दिर उभरता दिखता है, लेकिन इन दो परिसरों के बीच असल में जो घपला उग आया है उसे मनमाफिक लुप्त कर दिया गया है। पारिस्थितिकी और विकास का जो घालमेल किया गया है उसके पहले यहाँ के महान ऐतिहासिक घाट कैसे थे, उसकी यह क्लासिक तसवीर है। मायावन के प्लॉटों को उन सबसे एकदम भिन्न बताया जा रहा है—उन तमाम समस्याओं और मुश्किलों से, जो निर्मित वृन्दावन की परि क्रमा में पहले पेश आती थीं।

नये गुरु और नया आध्यात्मिक वृन्दावन

नये वृन्दावन का भौतिक खाका—जो हासिल किया जा चुका है, निर्माणाधीन है, कल्पित है—भौतिक स्तर से कुछ निचले स्तर पर एक महत्त्वपूर्ण प्रश्न खड़ा करता है। क्या घोटालों और परस्पर विरोधी रूढ़ियों को लेकर कोई सुव्यवस्थित लापरवाही बरती गई है जिसने पहले के समय में आध्यात्मिक गतिरोध पैदा किया? खासकर उन आन्तरिक द्वंद्वों का क्या, जिन्होंने इस्कॉन में माहौल को अस्त-व्यस्त किया है? क्या अब हम उस सबसे आगे निकल चुके हैं? यहाँ मामला जटिल है, और जब हम उसे सामने रखते हैं तो हमें यह जरूर याद रखना चाहिए कि वृन्दावन से गुजरनेवाले 99 प्रतिशत लोगों के लिए यह सब कोई मायने नहीं रखता। उन्हें इस्कॉन मन्दिर की स्पन्दनशील ऊर्जा पसन्द है, जो कि अभी भी वास्तविक है और उन्हें दिल्ली, मुम्बई तथा दूसरी जगहों पर इसके मन्दिरों का वातावरण पसन्द है। इस्कॉन के पास देने को बहुत कुछ है और वह अपनी बढ़िया मार्केटिंग करता है।

लेकिन समस्याएँ भी उभरी हैं। इतने वर्षों में इस्कॉन के मुख्य लोगों में से कई महत्त्वपूर्ण अग्रणी कर्ता-धर्ता इसे छोड़कर चले गए हैं जबकि वे वृन्दावन में सक्रिय रहे हैं। इनमें से एक हैं परमाद्वैती स्वामी, जिनके बारे में हम पहले ही चर्चा कर चुके हैं कि वे वृन्दावन के परिदृश्य में एक निष्ठावान मगर स्वतंत्र शक्ति रहे हैं। केशी घाट को लेकर विवाद में उनका जो रुख रहा है उसके कारण उन्हें भविष्यवादियों में गिना जा सकता है। वे एक अच्छे संरक्षणवादी भी माने जाते हैं। उन्होंने त्रिपुरा के राजा और उनकी मणिपुरी पत्नी द्वारा बनवाए गए महल 'वृन्दा कुंज' की इमारतों और परिसर को उनका पुराना गौरव बहुत ध्यान देकर लौटाया

है। इसके परिसर का उपयोग वे अपने विदेशी भक्तों—खासकर स्पेन और जर्मनी के 20-30 साल के युवा वक्ताओं—को हर साल महीने भर के लिए इकट्ठा करने और प्रवचन, शाकाहारी भोजन, कीर्तन और ब्रज के पवित्र स्थलों के बारे में शिक्षा देने के लिए करते रहे हैं।

वृन्दा कुंज पुराने वृन्दावन में है और यह 19वीं सदी के दौरान बनाए गए दूसरे कई शाही निवासों (जिनके अन्दर मन्दिर भी हैं) के करीब ही है। लेकिन आजकल वृन्दा कुंज के परिवेश को पुराना माना जाता है। कार्तिक मास की खुली चाँदनी में जमा परमाद्वैती स्वामी के भक्त दुनिया-भर से आए अपने नये मित्रों को यहाँ महीना भर बिताने के बाद अपने अनुभव सुनाते हैं। इसे किसी क्रिश्चियन समर कैम्प के आखिरी दिन अलाव के आगे के जमावड़े के रूप में देखा जा सकता है, सिवाय इसके कि यहाँ कैम्प में आए लोगों को वैष्णव आस्था में निष्ठा और वृन्दावन के प्रति लगाव जताना पड़ता है। यहाँ महीने भर के अपने प्रवास में वे खेलते-गाते हैं, अपनी तैयार की हुई लीलाएँ करते हैं। मैंने खुद देखा कि वे 15-20 के झुंड में विभिन्न देवी-देवताओं के नाम लेकर एक साथ उछल रहे थे और तालियाँ बजा रहे थे। सब कुछ पूरी भक्ति भावना से हो रहा था लेकिन वे मस्ती भी कर रहे थे। बाकी समय वे अपने जीवन के बारे में बातें करते हैं। मूड एकदम स्वतंत्र होता है।

परमाद्वैती स्वामी ने वैष्णववाद के बारे में प्रभुपाद से जो कुछ सीखा उसे प्रसारित करने में वे वर्षों से जुटे हुए हैं। यह वाद अपने प्रारम्भिक एवं अधिक शुद्ध रूप से करिश्माई दौर के बाद मताग्रही होता गया। पहले उन्होंने विश्व वैष्णव संघ बनाने की कोशिश की, जो इस्कॉन की सावधानी से सँवारी गई अवधारणात्मक सीमाओं से आगे जाए। बाद में वे 'यूनाइटेड नेशंस ऑफ द स्पिरिट' नामक अन्तर-पंथिक आन्दोलन में शामिल हो गए। इस आन्दोलन का लक्ष्य दुनिया-भर के लोगों को धरती की आन्तरिक पवित्रता से जोड़ना था। उदार, हँसमुख, सबको गले लगाने को तत्पर; लोगों से स्पेनिश, अंग्रेजी और अपनी जर्मन भाषा में बात करनेवाले परमाद्वैती स्वामी जिस आध्यात्मिक उदारता में आस्था रखते थे, उसकी साक्षात् मूर्ति थे। प्रभुपाद की तसवीरें, मूर्तियाँ वृन्दा कुंज आश्रम में कई जगह लगी हुई हैं। परमाद्वैती स्वामी ने प्रभुपाद का अपना एक छोटा-सा पूजाघर ही बना दिया है, जो उस व्यक्ति के प्रति उनकी कृतज्ञता की अभिव्यक्ति है जिसने विश्व इतिहास में अपना योगदान दिया और गुरु-शिष्य परम्परा वाले शिक्षण के स्वरूप को बदल दिया, लेकिन इसे उनके द्वारा स्थापित संगठन के प्रति जारी निष्ठा की अभिव्यक्ति नहीं माना जाएगा।

इस तरह की स्वतंत्रता हासिल करने के लिए आपको परमाद्वैती स्वामी की तरह यूरोपीय होने की जरूरत नहीं है। संस्थागत इस्कॉन से मतभेद रखनेवाले दो

सबसे महत्त्वपूर्ण व्यक्ति भारतीय ही हैं, और उनका भारतीय होना उस अहमियत को मजबूती देता है जिसे वे स्थापित करना चाहते हैं। उनमें से एक हैं सत्यनारायण दास, जो वृन्दावन में रहते हैं और उस तरह नहीं जिस तरह परमाद्वैती स्वामी यहाँ यदा-कदा रहते हैं क्योंकि उन्हें दुनिया-भर में अपने भक्तों को समय देना पड़ता है, दास लगभग पूरे साल यहाँ रहते हैं। जब वे यात्रा पर जाते हैं तो अपने भाई के साथ होते हैं, जो आयुर्वेद उत्पादों का व्यापार करते हैं। एक भाई वे चीजें बेचते हैं जो व्यक्ति के शारीरिक स्वास्थ्य के काम आती हैं; दूसरे भाई अपने प्रवचनों से आध्यात्मिक पहलू को सँवारते हैं। इस कारोबार को वे जीव आयुर्वेद कहते हैं, जिसका मुख्य केन्द्र एक मेडिकल सेंटर के रूप में दिल्ली और वृन्दावन के बीच फरीदाबाद में है। इस केन्द्र में सैकड़ों डॉक्टर देश-भर से आनेवाले फोन का जवाब देते हैं। इन निःशुल्क परामर्शों के साथ प्रायः आयुर्वेद उत्पाद बेचे जाते हैं। जीव का अर्थ है जीवित प्राणी, इसलिए यह आयुर्वेद के सन्दर्भ में बिलकुल उपयुक्त है। लेकिन सत्यनारायण दास ने भी इस्कॉन के प्रमुख संस्थान के पास शीतल छाया बस्ती में अपना आध्यात्मिक उपचार केन्द्र बनाने के लिए आयुर्वेद का ही सहारा लिया है।

इसका नाम है जीव इंस्टीट्यूट। अपने नाम के अनुरूप यह किसी भी प्राणी के जीवन की सम्पूर्णता के विकास के प्रयासों में जुटा है। यहाँ शिक्षण और आध्यात्मिक प्रशिक्षण के कार्यक्रम चलाए जाते हैं, इसके अलावा एक डॉर्मिटरी, एक गौशाला, सादा शाकाहारी भोजन और कीर्तन की भी व्यवस्था है। लेकिन इस सन्दर्भ में 'जीव' का एक दूसरा भी अर्थ है। कई लोग इस शब्द से गौड़ीय सम्प्रदाय में उभरे सबसे महत्त्वपूर्ण धर्मगुरु जीव गोस्वामी (1511-96) को भी जोड़ते हैं। वे उन ज्ञानियों की दूसरी पीढ़ी के थे जिन्हें चैतन्य महाप्रभु ने वृन्दावन भेजा था और जिन्होंने वृन्दावन ही नहीं बल्कि सुदूर बंगाल और ओडिशा में अपनी पीढ़ी से पहली पीढ़ी की धार्मिक एवं संस्थात्मक पहलकदमियों को एकजुट करने में सफलता पाई थी। कुछ आगे चलकर हम सत्यनारायण दास और जीव संस्थान की बात करेंगे लेकिन इससे पहले इस्कॉन से मतभेद रखनेवाले दूसरे, भारतीय मूल के महान व्यक्ति की चर्चा कर लें।

उनका नाम मधु पंडित दास है, वे वृन्दावन से हजारों मील दूर बंगलूरु में रहते हैं। इस्कॉन के विशाल अन्तरराष्ट्रीय दायरे से अलग होनेवाले सबसे महत्त्वपूर्ण समूह का नेतृत्व उन्होंने ही किया था, लेकिन यह उन्होंने अपनी आस्था के आधार पर कुछ नया बनाने के लिए नहीं बल्कि संस्थापक की वास्तविक इच्छाओं को लागू करने के लिए किया था। मधु पंडित दास का मानना था कि प्रभुपाद ने कभी नहीं चाहा कि उन्होंने अपने गवर्निंग बोर्ड कमीशन में पश्चिमी देशों के जिन 12 सदस्यों

को नियुक्त किया है वे उनके आध्यात्मिक उत्तराधिकारी की भूमिका निभाएँ और नये भक्त बनाएँ। बल्कि उन्हें प्रभुपाद की ओर से काम करनेवाले पुजारियों यानी ऋत्विक की भूमिका निभानी थी।[25] प्रभुपाद ने जिस नये रोमांचक कृष्ण समुदाय की स्थापना की थी उसकी गहरी संकल्पना में यह नहीं था कि गुरुओं के विशेष उत्तराधिकार का कोई सिलसिला चले बल्कि यह था कि अपने आन्तरिक परिवर्तन की पुकार सुनी जाए। मधु पंडित दास का मानना था कि इस्कॉन में नवागतों को दीक्षा देने के साथ ही उत्तराधिकार के मामलों में निर्णय किसी एक व्यक्ति के, चाहे वे प्रभुपाद क्यों न हों, हाथ में नहीं होगा बल्कि उन स्थानीय लोगों के हाथ में होगा जो दुनिया में कहीं भी नये इस्कॉन की स्थापना करेंगे। मधु पंडित दास ने इस आन्दोलन को नये ढंग से समझने की जो अपील की वह दुनिया-भर में पहुँची, और महत्त्वपूर्ण बात यह थी कि इस वैश्विक विवेक की बात करनेवाला व्यक्ति भारतीय था। इसने सत्यनारायण दास के निजी आकर्षण और प्रभाव को बढ़ा दिया, जो उनकी धार्मिक एवं सांस्कृतिक पूँजी के कारण सम्भव हुआ। दोनों मामलों में भारत के लिए इस्कॉन की एक खोज हुई।

अगले अध्याय में हम देखेंगे कि मधु पंडित दास के नेतृत्व में बंगलूरु के इस्कॉन मन्दिर ने वृन्दावन को नया स्वरूप देने में बड़ी भूमिका निभाई। वे और उनके करीबी सहयोगी चंचलापति दास वृन्दावन चन्द्रोदय मन्दिर की परिकल्पना करनेवाले सबसे महत्त्वपूर्ण व्यक्ति थे। फिर भी, वृन्दावन में सत्यनारायण दास की भी अहम मौजूदगी है। किसी काम वाले दिन सुबह में अगर आप जीव इंस्टीट्यूट जाएँ तो वहाँ बेसमेंट में 30-40 भद्र लोगों के समूह को पा सकते हैं। बेसमेंट बड़ा-सा सुन्दर स्थान है जिसकी दीवारों के साथ-साथ पुस्तकालय बना हुआ है। ये लोग पोलैंड, रूस, जर्मनी, अमेरिका आदि देशों के हैं और उनमें से कई, जो बुजुर्ग हैं या परिवार के साथ आए हैं वे भारत के हैं। वहाँ पूरा परिवार आ सकता है, और समूह में विभिन्न नस्लों के लोग होते हैं। सत्यनारायण दास, जिन्हें लोग बाबाजी या बाबा कहते हैं, अपनी मोहक एवं स्नेही शैली से उन्हें बाँधे रहते हैं। उनकी आँखें स्नेहिल और चौकस हैं, उनकी हल्की-सी दाढ़ी से लगता है कि अन्दर से वे कन्फूसियस जैसे हैं। वे कई विषय पढ़ाते हैं। दिन की शुरुआत संस्कृत के प्रारम्भिक पाठ से होती है। वे इस भाषा में निष्णात हैं और कुछ दूर पर इस्कॉन के आवासीय विद्यालय में कई वर्षों तक संस्कृतविद् रह चुके हैं। अब शायद संस्कृत कक्षा की जगह रुटगर्स से आनेवालों के लिए हिन्दू धर्म का परिचय करानेवाली या न्यूयॉर्क से आनेवाले योगा ग्रुप के लिए भगवद्गीता की कक्षा शुरू की गई है। सुबह में कुछ देर बाद पतंजलि के योग सूत्र या तर्क व न्यायशास्त्र के दर्शन पर कक्षा में शामिल

हुआ जा सकता है। विषय कोई भी हो, बाबाजी इसे व्यक्ति के जीवन पर उसके प्रभाव से जोड़ देने में कुशल हैं और यह आस्थापूर्ण जीवन का सामान्य परिचय बन जाता है। वे मंच के सामने जमीन पर रखे एक छोटे डेस्क के पीछे बिछे गद्दे पर आराम से बैठते हैं। कभी-कभी वे खड़े होकर सफेद बोर्ड पर कुछ लिखते हैं। कोई उनका वीडियो तैयार कर रहा होता है। ज्यादातर विद्यार्थी सामने क्लासरूम की तरह लगे डेस्क के पीछे बैठते हैं; बाकी लोग किनारे बैठते हैं। बाबाजी पाठ खत्म करते हैं तब विद्यार्थी उनसे कई प्रश्न पूछते हैं। उनके प्रश्न ज्ञानवर्धक होते हैं, और बाबाजी हरेक का उत्तर धैर्य से देते हैं, उनकी आँखों में चमक होती है। कक्षा में वातावरण संवेदनशील होता है। कई लोगों के लिए बाबा केवल शिक्षक नहीं हैं बल्कि गुरु हैं। आपको कभी यह नहीं लगता कि आप कक्षा में नहीं हैं। जीव गोस्वामी के ग्रंथ—जिन्हें बाबा ने संस्कृत तथा अंग्रेजी, दोनों में द्विभाषी रूप में कई खंडों में तैयार किया है—हरेक व्याकरणीय या धर्मशास्त्र सम्बन्धी तथ्य के लिए उदाहरण प्रस्तुत करने में सहायक होते हैं।

बाबाजी के लिए वृन्दावन अच्छी जगह है। यह एक ऐसा वातावरण देता है जिसमें विद्यार्थी जीव इंस्टीट्यूट की सुरक्षित हरी दीवारों के बाहर कई चीजों की खोज कर सकते हैं, जीव गोस्वामी की समाधि भी यहीं है। लेकिन वृन्दावन अब शोर और अस्त-व्यस्तता से भर गया है। बाबा इस इंस्टीट्यूट को यहाँ से एक घंटे की दूरी पर ब्रज के किसी ग्रामीण क्षेत्र में ले जाना चाहते हैं—जहाँ दुनिया से दूर वास्तव में आश्रम वाला वातावरण हो। अगर वे ऐसा करते हैं तो उन्हें अपनी जमीन के लिए वृन्दावन में सबसे ऊँची कीमत मिल सकती है, जो दिल्ली में मिलनेवाली सबसे ऊँची कीमत के बराबर हो सकती है।

बाबाजी की धीमी आवाज सुनकर और एकाग्र अध्ययन के मूल्यों के प्रति उनके समर्पण को देखकर आप कभी अन्दाजा नहीं लगा सकते कि वे यहाँ क्यों आए—इस्कॉन की सबसे महत्त्वपूर्ण हस्तियों से सीधी टक्कर लेने। इस्कॉन से उनका पहला सामना एक मित्र के माध्यम से मियामी में हुआ, जहाँ वे भारत में इंजीनियरिंग पढ़ाई करने के बाद 1981 में नौकरी कर रहे थे। दो वर्ष बाद डेट्राइट में उन्हें दीक्षा दी गई। उस समय उन्होंने आगरा विश्वविद्यालय से संस्कृत में डिग्री लेकर एक दूसरा शैक्षणिक जीवन शुरू किया। पहले तिरुपति में और फिर वृन्दावन में उन्होंने इस्कॉन के लिए संस्कृत तथा कुछ महत्त्वपूर्ण पाठों का शिक्षण किया। आगरा में उन्होंने जीव गोस्वामी के धर्मशास्त्रीय लेखन 'सन्दर्भों' का अध्ययन किया था, और समस्या वहीं से शुरू हुई।

बाबा, और कई गौड़ीय वैष्णवों की तरह प्रभुपाद भी जीव गोस्वामी को धार्मिक

सत्य का अन्तिम स्वर मानते थे और कई अवसरों पर कह चुके थे कि जीव गोस्वामी मानते थे कि मानव शुरू में श्रीकृष्ण के संसर्ग में पवित्र एवं सम्पूर्ण था परन्तु बाद में इस संसार की माया के जाल में उलझ गया। स्पष्ट है कि यह मनुष्य के पतन का वृन्दावन सिद्धान्त था, जो ईसाई चर्च में पढ़ाए जानेवाले इस सिद्धान्त से भिन्न परन्तु तुलनीय है। प्रभुपाद ने ये बातें बेशक पश्चिमी भक्तों के सामने कही, और निस्सन्देह वे शिष्यों को वैष्णव पाठ पढ़ाना चाहते थे और उनके प्रश्नों के उत्तर देते हुए ऐसा कर रहे थे। जीव गोस्वामी के अपने लेखन के गहन अध्ययन से बाबा ने जो कुछ सीखा था उसके मुताबिक वैसा कोई सिद्धान्त जीव गोस्वामी ने नहीं दिया था। वास्तव में, जैसा कि बाबा ने कहा, प्रभुपाद ने दूसरे अवसरों पर जीव गोस्वामी को बिलकुल अलग तरह से प्रस्तुत किया था और ठीक ही कहा था कि दैवी एवं शाश्वत गोलोक वृन्दावन में जो जीव थे वे पूर्णतः ईश्वर के प्रति समर्पित थे और उस अवस्था से मुक्त नहीं होते थे। उनके लिए इसका अवसर भी नहीं था। यह ईश्वर द्वारा नियंत्रित संसार में पाप की उत्पत्ति की एक शास्त्रीय समस्या है। अपूर्ण (आप उन्हें सीमित भी कह सकते हैं) सूक्ष्मतम आत्माएँ, जो मानव शरीर के रूप में अस्तित्व रखती हैं उन्हें दूसरी तरह से समझाना पड़ता है। ऐसा शायद माया से, जो कि सामूहिक आत्म-भ्रम की सर्वव्यापी शक्ति है, समीपता के कारण होता है। या शायद उस नाटकीयता के हिस्से के रूप में भी होता है जो कि लीला की मुद्रा में रहने की श्रीकृष्ण की स्थिति या उसके प्रति उनके रुझान में अन्तर्निहित है। जहाँ तक पतन के ईसाई सिद्धान्त की बात है, मनुष्यों में दैवत्व के बोध और अस्वीकार—कभी जान-बूझकर और कभी अनिवार्यतः—दोनों की व्याख्या की कोशिशें रहस्यपूर्ण और कठिन होती हैं। लेकिन बाबाजी इस बारे में निश्चित थे कि जीव गोस्वामी ने गोलोक वृन्दावन की कल्पना सिद्धान्ततः किसी ऐसे सन्दर्भ के तौर पर नहीं की थी जो किसी तरह की सीमा बाँधता हो।

दूसरे लोग सहमत नहीं हुए और वे ऐसे किसी भी संकेत से परेशान हुए कि प्रभुपाद का हर वचन दोषमुक्त नहीं रहा होगा। पतन के उनके सिद्धान्त को उन्होंने जिस रूप में भी समझा उसकी पुष्टि की। इसका अर्थ यह हुआ कि जीव गोस्वामी के पाठों के इस्कॉन द्वारा प्राधिकृत अनुवाद और व्याख्या के क्रम में बाबाजी ने जब जीव के अपने पक्ष को दर्ज करना जरूरी समझा तो शोर मच गया। समस्या से निबटने की विभिन्न सम्भावनाएँ खुद उभर आईं। जीव गोस्वामी के बारे में प्रभुपाद की व्याख्या से अपनी असहमति वे यथास्थान पाद टिप्पणी में दर्ज कर सकते हैं, जो अभी भी इस्कॉन के भक्तिवेदान्त बुक ट्रस्ट से प्रकाशित हो रही थी। अगर वह उसके द्वारा बाधित की जा रही थी तो स्वीडिश शाखा के जरिये प्रकाशित हो सकती

थी, जहाँ नेतृत्व उनसे सहानुभूति रखता था। या वे बस चुप रह सकते थे। पहला विकल्प इस्कॉन के ऊँचे लोगों को मान्य नहीं था; अन्तिम विकल्प बाबा के लिए असम्भव था; इसलिए उन्होंने बीच का स्वीडन वाला रास्ता चुना। सीधे प्रभुपाद द्वारा दीक्षित शिष्यों के नेतृत्व में इस्कॉन के ताकतवर लोगों के समूह ने जब सुना कि काम इस दिशा में बढ़ रहा है तो उसने अमेरिका में एक मंडली बनाई और तमाम महत्त्वपूर्ण लोगों को वह पत्र लिखा जिसे बाबा 'भारी-भरकम पत्र' कहते हैं। इस पत्र में बाबा को एक 'खतरनाक आदमी' बताया गया।[26] इसके बाद स्वीडन में सब कुछ थम गया। बाबा का विरोध करनेवालों के नेता द्रुतकर्म दास ने 'वन्स वी वेयर विद कृष्ण' (एक समय हम कृष्ण के साथ थे) नामक पुस्तक प्रकाशित करने की तैयारी की, जिसका शीर्षक ही सब कुछ स्पष्ट कर देता है। बाबा ने इसका जवाब अपनी पुस्तक 'इन वैकुंठ नॉट इवन द लीव्स फॉल' (वैकुंठ में पत्ते भी नहीं गिरते) से दिया। इसका शीर्षक भी जीव के बारे में लेखक के दृष्टिकोण को स्पष्ट करता है। इसके बाद इस्कॉन के जनरल बॉडी कमीशन ने 1995 में मायापुर (बंगाल) की अपनी बैठक में बाबा को पेश होने के लिए बुलाया। उन्हें लगा कि इस आग को बुझाना ही होगा।

यह जरूर एक नाटकीय घटना रही होगी। इसकी तुलना मैं 1521 में काउंसिल ऑफ वर्म्स में पवित्र रोमन साम्राज्य की बैठक में लूथर की प्रसिद्ध पेशी से करने से खुद को रोक नहीं पा रहा हूँ। लूथर ने अपने ऊपर विधर्मिता के आरोपों के जवाब में यह मशहूर वाक्य कहा था, "मैं यहाँ खड़ा हूँ। मैं और कुछ नहीं कर सकता।" सत्यनारायण दास कोई ठसक वाले व्यक्ति नहीं थे। जनरल बॉडी कमीशन की बैठक में लम्बी टेबल के आगे इस्कॉन का पूरा नेतृत्व वर्ग बैठा था, टेबल के सिरे पर बैठे अध्यक्ष के दाहिनी तरफ दास को खड़ा किया गया। कमीशन वाले उनसे सवाल कर रहे थे और दास जवाब दे रहे थे, और अन्त में उन सबने दास को समाज-बहिष्कृत कर दिया। उन लोगों ने उनसे कहा कि वे शिक्षण, प्रकाशन बन्द कर दें और वृन्दावन के जिस विद्वान के साथ काम कर रहे थे उसके साथ शोध करना रोक दें। बाबा को काफी सदमा लगा और लम्बे समय तक वे अवसाद में रहे। लेकिन बाद में उन्होंने अपना नया समूह बनाया, उन्हें लगा कि श्रीकृष्ण ने उनके लिए इस्कॉन से बाहर काम करने की योजना बनाई है और जो भी हुआ वह दैवी वरदान ही था। अपने परिवार से मिली वित्तीय सहायता से उन्होंने जीव इंस्टीट्यूट की स्थापना की ताकि वे अपना काम जारी रख सकें। धीरे-धीरे यह प्रगति करता गया।

इस्कॉन के नेतृत्व को भेजे अपने पत्र में द्रुतकर्म दास ने बाबा के बारे में लिखा

कि "वे बस अपनी चलाते हैं। उन्हें महज एक और संस्कृत विद्वान माना जा सकता है, जो अपनी हद से बाहर चले गए हैं"; कि "शब्दों की जुगाली करनेवाले संस्कृत विशेषज्ञों" का बस यही शगल है।[27] लेकिन बाबा का सोच भिन्न था। उन्होंने कहा, "लोगों को सच नहीं पसन्द आता जब तक कि उसके साथ झूठ न मिला हुआ हो। तब वह बहुत सफल होता है।" यह उन लोगों को गाढ़ा दूध देना है जिन्हें यह पचता नहीं है। वे इसे खारिज कर देंगे। या हीरों का उदाहरण ले लीजिए, असली से ज्यादा अच्छा लगता है नकली हीरा, जो ज्यादा चमकदार और सस्ता होता है। उन्होंने कहा, "अगर आप सच कहेंगे, लोग आपको मार डालना चाहेंगे।"[28] इसलिए सत्यनारायण दास का इस्कॉन के विश्वव्यापी विस्तार से विलग होना और वृन्दावन में सिमट जाना निश्चित था। लेकिन उनके दरवाजे पर दुनिया-भर से आनेवालों की संख्या बढ़ती गई।

एक तीसरी दिलचस्प हस्ती भारत और शेष विश्व की सीमा पर उभरती है, हालाँकि वह इस्कॉन वाली बहस में सीधे प्रतियोगी नहीं है। यह हस्ती बाबा के अच्छे मित्र श्री स्वामी विश्वानन्द हैं, जो बाबा से हर मायने में अलग हैं। मॉरीशस में जन्मे, और शुरू में हिन्दू तथा ईसाई धर्मों में करियर अपना चुके, हाल तक बिशप रहे माइकल के नाम से पुकारे जानेवाले विश्वानन्द ने अफ्रीका और यूरोप के कई भागों में भ्रमण करने के बाद अन्ततः उत्तरी यूरोप को आधार बनाकर काम करने का फैसला किया।[29] उनका मानना था कि दुनिया के इस भाग को, खासकर जर्मनी को बिना शर्त प्यार के उनके सन्देश की सबसे ज्यादा जरूरत है। जर्मनी वह देश था जो शुद्ध तार्किकता का गढ़ था; कार्यकुशलता का प्रतीक था, और अपनी धार्मिक जड़ों से बिलकुल कटा हुआ राष्ट्र था।[30]

जर्मनी में ही विश्वानन्द ने अपने संगठन 'भक्ति मार्ग' का मुख्यालय स्थापित किया। जर्मनी में वीजबाडेन के पास श्प्रिंगेन के बाहर खूबसूरत टाउनुस पहाड़ियों में सलीके की आधुनिक डिजाइन वाली इमारत में यह मुख्यालय बनाया गया। विश्वानन्द द्वारा खरीदे जाने से पहले यह इमारत उस क्षेत्र के एक श्रम संगठन का आश्रयस्थल था, जिसे त्याग दिया गया था। अब इसे काफी सँवारकर और ज्यादा नाटकीय आश्रयस्थल में बदल दिया गया है। साल में एक बार, जून में दुनिया-भर के इसके भक्त तीन दिन के प्रेमोत्सव के लिए इकट्ठे होते हैं, जिसे 'जस्ट लव' नाम दिया गया है। इसने यूरोप के कीर्तन और योग के आयोजनों के समर सर्किट में अपनी खास जगह बना ली है (चित्र 3.12)। 2018 की गर्मियों में इसमें भाग लेनेवालों की संख्या असामान्य रूप से ज्यादा, हजारों में पहुँच गई थी क्योंकि स्वामी अपना 40वाँ जन्मदिन एकदम नये मन्दिर का उद्घाटन करके मना रहे थे, जो इसके

चित्र 3.12 : 'जस्ट लव' वाहन, श्प्रिंगेन, जर्मनी, जुलाई, 2018।

आराध्य जीवन का केन्द्र बननेवाला था। श्रम संगठन वाले दौर में यह जगह इनडोर स्विमिंग पूल हुआ करती थी, अब वहाँ आत्माएँ विचरती हैं।

विश्वानन्द के केन्द्र दूसरे देशों में भी हैं। जैसी कि उन्होंने घोषणा की, दक्षिण अफ्रीका में वे दक्षिणी गोलार्ध में सबसे बड़ा मन्दिर बनवा रहे हैं। 2016 के अन्त में उन्होंने वृन्दावन में अपने एक केन्द्र का उद्घाटन किया। यह जीव इंस्टीट्यूट से कुछ ही दूरी पर है, और जिस भवन में इसे स्थापित करने के लिए उसे नया और बड़ा रूप दिया गया वह सत्यनारायण दास के एक पुराने और करीबी शिष्य का था। बाबाजी ने ही विश्वानन्द को इस भवन को खरीदकर वृन्दावन में अपना मोर्चा खोलने का सुझाव दिया था। इस भवन के बगल में नया भवन बनाकर इसे बड़ा बनाया जा रहा है ताकि 'भक्ति मार्ग' द्वारा शहर में लाए जानेवाले श्रद्धालुओं को वहाँ ठहराया जा सके, खासकर तब जब स्वामी खुद वहाँ हों।

दोनों को देखकर आप जरा भी अनुमान नहीं लगा सकते कि सत्यनारायण दास और विश्वानन्द दास गहरे मित्र हो सकते हैं। सत्यनारायण दास संकोची, विद्वान और विनम्र हैं और हर तरह से त्यागी दिखते हैं; इसके विपरीत विश्वानन्द दास करिश्माई चमक वाले हैं, उनके सुन्दर से काले मुखड़े पर सफेद मुस्कुराहट खिली रहती है। सत्यनारायण दास हमेशा सादे-सफेद परिधान में रहते हैं, जो

साधुओं की पहचान है; जबकि विश्वानन्द दास पीले, नारंगी, लाल और कभी-कभी नीले आसमान में घिरे नजर आते हैं। कुंडल, माला, कढ़ाई, और ललाट पर केसरिया लेप उन्हें आदमकद जीवित मूर्ति, पूजा के लिए सजी सुन्दरता की तसवीर बना देते हैं।

सत्यनारायण दास याद करके बताते हैं कि स्वामी विश्वानन्द दास के बारे में पहली बार उन्हें 2007 की गर्मियों में तब मालूम हुआ जब वे अपने भाई के साथ जीव इंस्टीट्यूट द्वारा आयोजित यूरोप यात्रा पर थे। विश्वानन्द दास की एक करीबी शिष्या अनुप्रभा, जो लुफ्तांसा में एअर होस्टेस थीं और पास में ही रहती थीं, बाबा का प्रवचन सुनने आई थीं और उन्होंने उन्हें अगले दिन अपने घर पर कीर्तन के लिए बुलाया। बाद में पता चला कि यह कीर्तन विश्वानन्द दास के 29वें जन्मदिन के अवसर पर किया गया था। उनके यहाँ वेदी काफी सजी हुई थी। तो विश्वानन्द दास के दर्शन तो हुए मगर साक्षात् नहीं। अगले साल वृन्दावन में 'प्रतिबिम्ब साक्षात्कार' हुआ। अनुप्रभा वृन्दावन आई थीं और उनकी मुलाकात बाबाजी की करीबी शिष्या कमला से हो गई, जो इस्कॉन मन्दिर के सामने खरीदारी कर रही थी, जैसा वे कभी-कभार ही करती थीं। इस बार अनुप्रभा को घर आने का निमंत्रण मिला लेकिन इस बार भी विश्वानन्द खुद वहाँ नहीं थे। दोनों शिष्याओं ने महसूस किया कि दोनों बाबाओं की मुलाकात होनी चाहिए। तय किया गया कि यह मुलाकात अगली गर्मियों में बाबाजी की जर्मनी यात्रा के दौरान हो। बाबा बताते हैं कि विश्वानन्द ने उस समय उनके स्वागत के लिए अपने सभी शिष्यों को दो कतारों में खड़ा कर दिया था, जो मंत्रपाठ करते हुए उन पर पुष्पवर्षा कर रहे थे। मायापुर में विपरीतता की क्या बात करें! सत्यनारायण दास और विश्वानन्द दास तुरन्त मित्र बन गए, वे साल में दो बार एक-दूसरे से मिलने लगे। बाबा गर्मियों में दो दिन के लिए श्प्रिंगेन में ठहरते, तो विश्वानन्द जाड़े के दिनों में किसी समय जीव इंस्टीट्यूट में आते थे। बाबाजी के कुछ भक्त इस मित्रता को मजबूत होते देखकर चिन्तित होने लगे—"वे तो जीव इंस्टीट्यूट पर ही कब्जा कर लेंगे!" बाबा ने तुरन्त जवाब दिया, "कर लेने दो, वे मेरे मित्र हैं।"[31]

और यह एक असाधारण मित्रता बन गई। बाबाजी ने कई मौकों पर विश्वानन्द के साथ यूरोप की यात्रा की, जिसे विश्वानन्द दर्शन के सत्र कहते हैं। उनके शिष्य करीब एक हजार तक की संख्या में जमा होकर उनसे आमने-सामने मिलते हैं जिनमें, बाबाजी के अनुसार, "वे कुछ रहस्यमय चीजें करते हैं।" वैसे, बाबाजी प्रवचन देते हैं और भक्तों की लम्बी प्रतीक्षा को अलग तरह से लाभकारी बना देते हैं। यह उल्लेखनीय साझीदारी है। मुझे श्रीकृष्ण के साथ उनके बड़े भ्राता श्री बलराम

की छवि बरबस याद आ जाती है—एक श्याम वर्ण के हैं, तो दूसरे धवल वर्ण के, और दोनों मिलकर राक्षसों का वध करते हैं या गायें चराते हैं। मैं मानता हूँ कि यह तुलना गलत है—बलराम अपने भाई से कम बुद्धिमान थे और नशेबाज थे, फिर भी मैं इस सोच को खारिज नहीं कर सकता। वे एक असामान्य, बेहद गहरी मित्रता वाली जोड़ी बनाते हैं, और वे जो आनन्द बाँट रहे हैं वह वास्तविक है।

एक रात, वृन्दावन में स्वामी विश्वानन्द के नये केन्द्र के उद्घाटन समारोह के दौरान भाई-भाई का यह मेल शारीरिक रूप में सामने दिखा। वहाँ संगीतज्ञों और भक्तों—विश्वानन्द के ज्यादा और बाबा के कम—से भरे सफेद-नारंगी पंडाल में सत्यनारायण दास को विश्वानन्द के साथ नृत्य करने के लिए खींच लिया गया। एक-दूसरे को बाँहों में जकड़े वे पूरी ऊर्जा से नाच रहे थे। और भजन गाते, ढोल बजाते, तालियाँ बजाते कई भक्त उनका हौसला बढ़ा रहे थे। स्वामी विश्वानन्द के समुदाय के युवा लोग संस्कृत और गौड़ीय धर्मशास्त्र का अध्ययन करने के लिए क्या जीव इंस्टीट्यूट में आएँगे? और बाबा के शिष्य क्या विश्वानन्द के साये में रहेंगे? शायद यह सब मुमकिन हो। हो भी सकता था, क्योंकि उन्हें एक ही सड़क पर बस कुछ कदम चलने की जरूरत थी।[32]

सत्यनारायण दास के साथ जुड़ाव ने वृन्दावन में अपना केन्द्र खोलने के विश्वानन्द के फैसले में निश्चित ही भूमिका निभाई। लेकिन बड़ा मामला मॉल से जुड़ा है, छटीकरा रोड वाले मॉल से नहीं, बल्कि उससे भी बड़े उस आध्यात्मिक 'मॉल' से जिसका वह प्रतिनिधित्व करता है। अगर शिव और शक्ति और विशाल हनुमान को 'मॉल ऑफ वृन्दावन' में जगह दी जा सकती है तो विश्वानन्द के विशेष भक्ति रस को क्यों नहीं? उनके समुदाय के मुताबिक, वे एक ऐसे व्यक्ति हैं जिन्होंने "अपना जीवन अध्यात्म के पूर्वी सिद्धान्तों का अध्यात्म के पश्चिमी तत्त्वों से मेल कराने में खपाया। स्वामी विश्वानन्द 'ईश्वर एक है' की अवधारणा को स्थापित करते हैं। वे संस्कृति, धर्म, लिंग या आयु से मुक्त आध्यात्मिकता का अनुभव लेने की प्रेरणा देते हैं।"[33] लेकिन इसका अर्थ यह नहीं था कि विश्वानन्द के वृन्दावन मन्दिर में ईसाई मूर्ति रखी जाएगी, जैसा कि श्प्रिंगेन में किया गया है, जहाँ एक ही हवादार हॉल में हिन्दू और ईसाई पूजास्थल बनाए गए हैं। परिसर के दूसरे हिस्से में नये मन्दिर के एक कमरे में विष्णु भगवान के सिंहावतार की बड़ी प्रतिमा की स्थापना ने पुराने मन्दिर को 'हिन्दू संत संग्रहालय' में बदल दिया है। ईसाई पूजास्थल के साथ सन्तुलन बिठाते हुए वह आज भी बना हुआ है। दोनों कमरे विभिन्न परम्पराओं से जुड़ीं मूर्तियों, चित्रों और साज-सामान भरे पड़े हैं। लेकिन पुराने मन्दिर को संग्रहालय में बदलना कुछ और उजागर करता है कि आश्रम अपनी स्थापना के कुछ ही वर्षों

के अन्दर बड़े आत्मविश्वास के साथ हिन्दू होता जा रहा है। नया मन्दिर और भी बड़ा और नाटकीय है, जिसमें भारी भीड़ उमड़ने की उम्मीद में काफी खुली जगह छोड़ी गई है। हिन्दू और ईसाई, दोनों व्यवस्थाओं में दैनिक पूजा-प्रार्थना की जाती थी, लेकिन अब ईसाई प्रार्थना सप्ताह में एक बार की जाती है।[34]

जाहिर है, भक्ति मार्ग के अन्दर यह चलन वृन्दावन में खुलकर देखा जा सकता है, जहाँ ईसाई पूजा की कोई स्पष्ट व्यवस्था नहीं है। यह वृन्दावन की विशेष हिन्दू भावनाओं का खयाल रखते हुए किया गया है।[35] फिर भी, स्वामी विश्वानन्द के सन्देश से अन्तरधार्मिकता, सार्वभौमिकता का तत्त्व गायब नहीं हुआ है। कम-से-कम मेरे लिए तो ऐसा लगता है कि इसकी अभिव्यक्ति दिसम्बर, 2016 में वहाँ स्थापित देवता के विशेष स्वरूप में हुई—पूरे विश्व को धारण करनेवाले परन्तु अपना अलग निजी आकर्षण रखनेवाले देवता के रूप में। गोवर्धन पर्वत को अपनी उँगली पर उठा लेनेवाले गिरधारी, श्रीकृष्ण को अब 'हृदयधारी' कहा जाता है। और यमुना को असामान्य रूप से उनकी सहचरी के तौर पर दिखाया गया है।[36] गिरधारी नाम को अक्सर प्रसिद्ध राजस्थानी कवयित्री मीराबाई के साथ जोड़ा जाता है, जिनकी ख्याति 16वीं सदी में ही फैल चुकी थी और जो तब से ही दिलों पर राज करती रही हैं। यद्यपि 16वीं सदी से मीराबाई रचित केवल एक कविता हमारे पास है, लोग उनके नाम से लिखी कई कविताओं के माध्यम से उनसे जुड़ने में कोई मुश्किल महसूस नहीं करते हैं।[37] उनमें से कई लोग केवल एक पद 'मीरा के प्रभु गिरधर नागर' के जरिये उनके नाम को 'नागर' गिरधारी से जोड़ते हैं।

कृष्ण ने जिस पर्वत को अपनी उँगली पर उठाया था वह चूँकि ब्रज देस में ही है, इसलिए अचरज नहीं कि लोग यहाँ से पत्थर अपने घर ले जाकर उनकी पूजा करते हैं।[38] वैसे, नये विश्वानन्द मन्दिर में एक और चीज दिखती है। यहाँ गिरधारी की छह फुट लम्बी, हृष्ट-पुष्ट काया वाली मूर्ति है जिसकी मुद्रा ब्रज क्षेत्र में चौथी सदी वाली मूर्ति की मुद्रा से मिलती-जुलती है। किसी और जगह, किसी खास मौके के लिए यह मूर्ति विशाल आकार में भी हो सकती है। मैं यह नहीं कह रहा कि अपने नये गिरधारी के निर्माण का आदेश देते समय स्वामी विश्वानन्द ने इस पुराने इतिहास से प्रेरणा ली होगी, लेकिन उन्हें यह तो पता ही होगा कि जो धार्मिक संस्कृति श्रीकृष्ण को एक रसिक, बाँसुरीवाले गोप के रूप में पूजती रही है उसमें उनकी इस छवि को प्रस्तुत करना एकदम नया प्रयोग होगा। यह कुछ मूक क्रान्ति-सा है, जो पास के छटीकरा रोड पर प्रदर्शित प्रवृत्तियों से जाने-अनजाने और परोक्ष रूप से जुड़ता है। स्वामी विश्वानन्द के नये मन्दिर-आश्रम में हम नये वृन्दावन वाले परिवेश में भी डूबते-उतराते हैं लेकिन इस तरह से, जो काफी बड़ी

और नई अन्तरराष्ट्रीय जमात को भाता है। छटीकरा रोड पर न होने के बावजूद यह मन्दिर उपयुक्त लोगों को आकर्षित करता है, यह तथ्य अपने आप में बहुत कुछ संकेत करता है। विज्ञापन की जरूरत है तो इसे इंटरनेट पूरी करता है, और भक्ति मार्ग के अन्तरराष्ट्रीय भक्तों को इसके बारे में पहले से पता होता है।

रविवार, 4 दिसम्बर, 2016 को 'शीतल छाया' में अभिषेक अनुष्ठान करके गिरधारी की नई प्रतिमा स्थापित की गई। दक्षिण भारत में किए जानेवाले इस अनुष्ठान में देवता के मस्तक पर लगातार कई तरह के द्रव गिराए जाते हैं। इनमें सबसे गाढ़ा होता है चन्दन का लेप, जिसे पूरी प्रतिमा पर लपेटा जाता है। इसके बाद जल डालकर उसे धो दिया जाता है। इसके बाद प्रतिमा को एक के बाद एक कई द्रवों से स्नान कराया जाता है (चित्र 3.13)। इस प्रतिमा के कारण ही नहीं बल्कि यमुना नदी की प्रतिमा के कारण भी, जो गिरधर के बाएँ बाजू में पत्नी स्थान पर है, वल्लभ सम्प्रदाय कभी-कभी उत्सव मनाता है। उसे आसपास रामानुज और विष्णु की सिंहावतार वाली प्रतिमाएँ भी पसन्द हैं। रामानुज से स्वामी विश्वानन्द अपना जुड़ाव इसलिए मानते हैं कि उनके कारण ही वे श्री वैष्णव सम्प्रदाय में शामिल हुए। यह नरसिंह श्प्रिंगेन के केन्द्र में देवताओं के बीच मध्य स्थान पर है लेकिन वृन्दावन में दूसरे स्थान पर है। जीवन्त नरसिंह की उपस्थिति को विश्वानन्द सम्प्रदाय के कुछ

चित्र 3.13 : एक भक्तिन के ललाट पर चन्दन का लेप लगातीं स्वामिनी विश्वमोहिनी (यह एक तरह का प्रसाद है, क्योंकि पहले इसे गिरधारी कृष्ण को चढ़ाया गया था)। 4 दिसम्बर, 2016।

सदस्य विशेष शक्ति के तौर पर अनुभव करते हैं। स्वामी विश्वानन्द ने एक बार अपनी चमड़ी में नरसिंह की धातु की प्रतिमा प्रस्तुत की थी। पानेवाला एक युवक था, जिसका जन्म ब्राजील में हुआ था। वह स्वभाव से जोशीला था। बाद में वह विश्वानन्द के करीबी लोगों की मंडली में शामिल हो गया और उनके आन्दोलन का मुख्य सिद्धान्तकार बन गया। दीक्षा लेने के बाद वह स्वामी विश्वरेवतीकान्तानन्द उर्फ रेवतीकान्त बन गया; विश्वानन्द के सारे सहयोगी स्वामी अपना नाम उनके नाम से शुरू और अन्त करते हैं (चित्र 4.13)।

वृन्दावन उत्सव के दौरान एक समय इन बड़ी मूर्तियों के साथ एक छोटी मूर्ति रख दी जाती, जो शृंखला को पूरी करती और एक तरह से उन्हें गौण कर देती। यह विश्वानन्द की अपनी मूर्ति होती है। कहा जाता है कि इस देवता की पूजा स्वयं मीराबाई ने की थी, जिन्हें वे अपने विवाह में ले गई थीं और उनसे कभी अलग न होने की कसम खाई थी। यद्यपि मीराबाई के अधिकतर गीतों में उन्हें गिरधर कहा गया है लेकिन उनकी छवि जो सोची गई उसमें उनका हाथ बहादुरी के साथ ऊपर उठा हुआ नहीं है (चित्र 7.4) लेकिन बाँसुरी बजाता हुआ है (चित्र 6.8)। आम धारणा यही है कि 16वीं सदी में मीराबाई ने जब वृन्दावन की यात्रा की थी तब वे इसी बाँसुरी वाले कृष्ण की प्रतिमा को साथ लेकर आई थीं। वे एक महान गौड़ीय धर्मशास्त्री से वार्तालाप करने की उम्मीद लेकर आई थीं। नाभादास के 'भक्तमाल' पर 'भक्तिरसबोधिनी' की टीका में प्रियदास ने जीव गोस्वामी से अपनी मुलाकात की कहानी बताई है। मीराबाई ने उनसे पूछा कि वे साधु वाला अपना बाना, किसी महिला से बात न करने का अपना संकल्प छोड़कर उनसे बात क्यों नहीं करेंगे? मीरा के मुताबिक, उन्हें वैसे भी वृन्दावन में केवल एक ही सच्चा पुरुष दिखता है, और वह हैं श्रीकृष्ण; बाकी हम सब तो उनके सखी हैं। इस पर जीव गोस्वामी सहमत हैं।[39] इसलिए यह उपयुक्त ही था कि विश्वानन्द का अभिषेक समारोह जीव इंस्टीट्यूट से सौ गज से भी कम दूरी पर हुआ। शंखनाद हुए, संगीत बजे, और मन्दिर के अन्दर केवल सबसे भाग्यशाली भक्त ही जगह पा सके। बाकी सबको लाउडस्पीकर से सुनना पड़ा, जो कि बाहर सड़क पर खड़े भक्तों के लिए लगाए गए थे।

उन भक्तों को भी इसमें भाग लेने का अवसर तब मिला, जब समारोह समाप्त हुआ (तब तक विश्वानन्द की मीराबाई वाली मूर्ति अपने निजी कक्ष में चली गई थी)। अन्त में स्वामी विश्वानन्द ने सभी उपस्थित लोगों को देवताओं पर अपने साथ मिलकर पवित्र द्रव डालने के लिए आमंत्रित किया। आम लोगों की इस तरह भागीदारी पुराने वृन्दावन में पहले कभी नहीं सुनी गई थी, जहाँ किसी-न-किसी गोस्वामी वंश के विशेष रूप से दीक्षित ब्रज ब्राह्मणों को इस तरह के विशेषाधिकार

दिए जाते थे। लेकिन इस सन्दर्भ में, दीक्षा का अर्थ बदल गया था। इसे विशिष्ट उत्तराधिकारों के उस इतिहास से मुक्त करके एक जीवित गुरु में निहित कर दिया गया था जिसका करिश्माई प्रभाव था और जो वर्तमान में एक ईश्वर दूत था। यह एक तरह से सन्तुलन साधने की कवायद थी। प्रतिस्थापन—मूर्तियों के लिए नहीं बल्कि स्वयं विश्वानन्द के लिए भी क्योंकि वे वृन्दावन समाज में कदम रख रहे थे—के इस औपचारिक अवसर पर विश्वानन्द को यह भी महत्त्वपूर्ण लगा कि वे दूसरे गुरुओं के स्थानीय गौड़ीय सम्प्रदाय में प्रवेश का प्रदर्शन करें। यह वे साधु महाराज, जिनका उल्लेख हम कर चुके हैं, और राधारमण मन्दिर के अभिषेक गोस्वामी के अलावा बरसाना के लोकप्रिय साधु विनोद बिहारी बाबा की भागीदारी से हासिल कर सके। क्रमशः शाही वंश परम्परा और निजी प्रभाव के आधार पर महत्त्व रखनेवाले इन व्यक्तियों ने विश्वानन्द को वह सब दिया, जो वृन्दावन के विद्वानों के स्थानीय समुदाय ने सत्यनारायण दास को प्रामाणिक आचार्य के तौर पर मान्यता देने से कई साल पहले ही दे दिया था। या उनके अपने शिष्य तो ऐसा मानते ही थे।

विश्वानन्द के सभी भक्तों ने देवताओं के जलाभिषेक में भाग लेकर इस समारोह को विशेष बना दिया था। अगर हम लूथर वाले प्रकरण से एक बार फिर तुलना करें तो वह वृन्दावन में सभी आस्थावानों को पुरोहिती सौंपने का अवसर बन गया था। विश्वानन्द ने सबको यह सन्देश दे दिया था कि जो भी आगे आना चाहते हैं उन्हें गर्भगृह में प्रवेश करने के लिए पहले स्नान करना होगा। हिन्दू परम्परा के अनुसार, मासिक धर्म वाली महिलाओं को इससे दूर रहना था। इस तरह, एक कतार बन गई और देवताओं तक पहुँचने के लिए हरेक व्यक्ति को करीब एक घंटा लगा।

यह भौतिक जुड़ाव विश्वानन्द के सन्देश और शैली का केन्द्रीय तत्त्व है। इसका एक उदाहरण यह है कि श्प्रिंगेन में रेवतीकान्त को नरसिंह की प्रतिमा रात 2 बजे मिली। वे हताश हो चुके थे कि जीवन के प्रति उनका जो आलोचनात्मक रुख है वह उनकी अनुभूति क्षमता को हमेशा के लिए खत्म कर सकता है, इसलिए उन्होंने अपना दुख विश्वानन्द के सामने खोलकर रख दिया। लम्बे व्यस्त दिन के बाद वे दोनों एक साथ अकेले थे। उनके गुरु ने चिन्तित होकर उनसे पूछा, "क्या तुम्हें आध्यात्मिक अनुभव चाहिए?" जवाब मिला—"हाँ।" गुरु ने फिर पूछा, "क्या तुम सचमुच ऐसा चाहते हो?" रेवतीकान्त को पता नहीं था कि इसका क्या अर्थ है लेकिन वे सच में यह चाहते थे। तब उनसे उम्र में करीब 12 साल बड़े गुरु ने उन्हें अपनी छाती को अपने हृदय के ऊपर छूने को कहा। वे बस बनियान पहने थे। रेवतीकान्त ने उनकी छाती को छुआ, और उन्हें कल्पनातीत अनुभूति हुई, गुरु का

हृदय किसी मशीन की तरह दौड़ रहा था मानो लगातार बुलेट दागे जा रहे हों, अन्दर मानो भट्ठी जल रही थी। विश्वानन्द ने अपने दाएँ आस्तीन के नीचे से नरसिंह की मूर्ति निकाली। रेवतीकान्त ने उसे अपने हाथ में लिया। वह छूने में ज्वलनशील थी।[40]

विश्वानन्द की शारीरिक उपस्थिति से हर साक्षात्कार में बेशक ऐसा नहीं होता था। उनके नये वृन्दावन आश्रम की सबसे ऊपरी मंजिल पर एक मेज के सामने उनके अलावा कुछ दूसरे लोगों के साथ जब मैं बैठा था तो उन्होंने मुझे एक भूरा-सा परतदार गोल फल खाने को दिया, जिसका नाम उन्होंने सर्पफल बताया। मैंने ऐसा फल पहले कभी नहीं देखा था, पता चला कि वह बाली से आया था। मैं समझ नहीं पा रहा था कि इसका क्या करूँ। असमंजस में मैंने पूछा कि क्या कोई और भी इसे खाना चाहेगा। विश्वानन्द के दो सहायक स्वामियों ने उसका छिलका उतारने में मदद की। फल भीतर से मुलायम, गीला, क्रीम रंग का था और स्वादिष्ट था। एक स्वामी ने उसका छिलका उतारते हुए मजाक में बताया कि यह फल दो छोटी गेंदों की तरह होता है। मुझे तो यह उभरी हुईं बड़ी-बड़ी आँखों जैसा लगा लेकिन वे कुछ और सोच रहे थे। और विश्वानन्द? उन्हें कैसे पता चला कि मैं साँपों से डरता हूँ?

क्या यह भी नया वृन्दावन है? एक तरह से शायद है। वृन्दावन हमेशा से प्रेम का प्रतीक, प्रेम का भौतिक प्रतीक है। उसका रोमांच, आतंक, उसके गहरे पुरस्कार इस नये उभरे गुरु के चारों ओर साफ तौर पर चक्कर काटते दिखते हैं। उनके एक अनुचर अक्षज ने—घुँघराले बालों वाले, तकनीक का ज्ञान रखनेवाले जर्मन, जो उद्घाटन समारोह में प्रवेश स्थान पर गार्ड के रूप में सेवा दे रहे थे—'भक्ति मार्ग' के साथ अपने सात साल के इतिहास पर नजर डालते हुए इस पहलू पर जोर दिया। विश्वानन्द से उनका पहला सम्पर्क कुछ दूर से ही हुआ था। एक दोस्त ने उनके बारे में अक्षज को बताया और किसी तरह उन्हें विश्वानन्द की तसवीर देखने का मौका मिला। उसी क्षण उनके कानों में तीन बार जैसे यह वाक्य गूँजा—'यही हैं तुम्हारे मालिक'...'यही हैं तुम्हारे मालिक'...'यही हैं तुम्हारे मालिक'। और तब से ऐसा ही है।

अक्षज कहते हैं कि गुरु मिलना आसान नहीं है। पहले-पहल ऐसा लगता है कि गुरु मिल गए, खासकर विश्वानन्द सरीखे व्यक्ति के मामले में, क्योंकि वे इतने प्यारे और स्वीकार्य हैं, लेकिन एक बार जब आप इसमें प्रवेश करते हैं, जैसा कि उन्होंने कहा, "यह मेरे जीवन की सबसे कठिन चीज थी।" ये गुरु अहं और अहंकार के किसी भी संकेत से इतनी अच्छी तरह तालमेल बैठा लेते थे कि उसे या तो स्वयं या आश्रम के दूसरे लोगों के जरिये ठुकरा देते थे। "यह आग की लपटों के बीच से गुजरने जैसा है।" यह आपको जलाता है। उनका लक्ष्य होता है 'चित्त'

को नष्ट करना, जो हर चीज में अड़ंगा बनता है, खासकर प्रेम की राह में। यहाँ अक्षज के बिम्ब काफी मजबूत हैं। वे कहते हैं कि विश्वानन्द उस चित्त पर एक हथौड़ा चलाते हैं, एक विशाल गदा। सन्तुष्टि का कोई भी संकेत वार करने के लिए काफी है। उनका मकसद आपको भीतर से झकझोरना है।[41]

मैं सोच रहा था कि क्या श्रीकृष्ण ने इसी मकसद से गोपियों को त्याग दिया था? यहाँ की तरह वहाँ भी यह भौतिक निश्चितता के बोध के सन्दर्भ में हुआ : गोपियाँ श्रीकृष्ण की शारीरिक उपस्थिति का कोई विकल्प स्वीकार करने को तैयार नहीं थीं। जब वे मथुरा और पश्चिम में उससे भी दूर चले गए तो वृन्दावन, गोपियों के अनुसार, एक मरुथल बन गया। यह देखकर श्रीकृष्ण ने अपने दूत उद्धव को उन्हें यह समझाने के लिए भेजा कि वे स्थान या शरीर से मुक्त शाश्वत आध्यात्मिकता को स्वीकार करें। इसी तरह, अक्षज भी शरीर के मोह में थे। भगवद्गीता पर अपने प्रवचन में विश्वानन्द ने क्षेत्र से सम्बन्धित अध्याय के प्रसंग में जब कहा कि शरीर एक विद्युत-चुम्बकीय क्षेत्र है तो यह इंजीनियर अक्षज को तार्किक बात लगी लेकिन मुख्य बात यह थी कि आप कह सकते थे कि गीता में जिस महायुद्ध का वर्णन किया गया है उसमें विश्वानन्द शारीरिक रूप से उपस्थित थे। "वे वहाँ थे।" अक्षज के लिए वे हमारी वर्तमान घड़ी में हमारे श्रीकृष्ण हैं।

व्यक्तिगत तौर पर मैं इसे भौतिकता का वैकल्पिक बोध कहना पसन्द करूँगा, फिर भी मुझे पक्का विश्वास है कि अक्षज इस 'वैकल्पिकता' को खारिज कर देंगे। उनके लिए वास्तव में दूसरा कुछ है नहीं। यह शरीरी सत्य है, और यही अवधारणात्मक सत्य का मार्ग खोल सकता है। आश्चर्य नहीं कि अक्षज ने स्वामी विश्वानन्द के बारे में पहली बार बंगलूरु के पास पुट्टपर्थी में चमत्कारी गुरु सत्य साईं बाबा के आश्रम में सुना था। उनसे पहले, विश्वानन्द वहाँ तब रह चुके थे जब वे एक किशोर थे।[42] लेकिन बड़े कारक तो श्रीकृष्ण हैं—शक्तिशाली, स्थानीय, शारीरिक रूप से निरूपित श्रीकृष्ण। यह समझा जा सकता है कि विश्वानन्द अक्षज से पहले वहाँ रह चुके थे जबकि अक्षज उस समय इस बात से बेखबर थे। अक्षज अपने मन के कानों से जो सुन रहे थे वह केवल अफवाह नहीं थी।

श्रीकृष्ण तक, विशेषकर ब्रज के श्रीकृष्ण तक भौतिक रूप से पहुँच और कहीं उतनी उद्घोषित नहीं होती जितनी मूर्ति विश्वानन्द की निजी पूजा में होती है—मीराबाई की मूर्ति में, श्रीकृष्ण की उनकी निजी भक्ति में। यह मूर्ति उनके पास कैसे आई, यह कहानी हमें हिमालय तक ले जाती है। स्वामी विश्वानन्द और उनके कुछ शिष्यों ने कश्मीर में वैष्णो देवी और हिमाचल के धर्मशाला में दलाईलामा की यात्रा के दौरान काँगड़ा क्षेत्र में पहाड़ी सड़क से गुजरते हुए एक धुँधला-सा साइनबोर्ड

देखा। यह मीराबाई से जुड़े एक प्राचीन कृष्ण मन्दिर की ओर इशारा कर रहा था। वह रास्ता पाँच मील तक सँकरे से सँकरा होता हुआ एक गाँव तक जाकर खत्म हो गया। पहले तो उन्हें वहाँ कोई मन्दिर नहीं नजर आया लेकिन गाँववालों ने एक ऊँची पहाड़ी पर बने जीर्ण-शीर्ण किले की ओर इशारा किया, जो विश्वानन्द के मुताबिक मानो दुनिया का आखिरी छोर था। उन्होंने उस प्राचीन मन्दिर के पंडित को बुलाया, जिसने उन्हें वहाँ की मुख्य प्रतिमा दिखाई और बताया कि यह वही मूर्ति है जिसमें मीरा द्वारका में अपने अन्त में विलीन हो गई थीं। पंडित ने उन्हें वह थैला और उसमें रखी चीजें भी दिखाईं, जो वे हमेशा अपने पास रखती थीं। पंडित ने बताया कि इस किले में रहनेवाला राजा जब राजस्थान गया था तब उसने वहाँ के शाही परिवार से, जो उसके दूर के रिश्तेदार थे और जहाँ मीराबाई ब्याही गई थीं, वह थैला भेंट में पाया था। राजस्थानी राजा ने (जिसके बारे में विश्वानन्द ने इससे ज्यादा नहीं बताया) उसे हर चीज पेश की—उपयुक्त शाही खातिरदारी भी की लेकिन मेहमान राजा ने सब कुछ लेने से इनकार कर दिया। जोर देने पर उसने अजीबोगरीब माँग रख दी—मीरा के कृष्ण की, जिन्हें वे हमेशा अपने साथ रखती थीं। राजा को पता था कि यह माँग पूरी नहीं हो सकती थी। मेजबान रानी ने उस मूर्ति को निजी कब्जे में ले लिया था और वे रोज उसकी पूजा करती थीं। जाहिर था कि वे इसे किसी को नहीं दे सकती थीं। इसकी माँग करना वैसा ही था जैसे शाही उपहार की पेशकश यह जानते हुए कबूल कर ली जाए कि दाता अपनी पेशकश पर अमल नहीं करेगा। सो, काँगड़ा का राजा यह जानते हुए खुशी से लौट जाने को तैयार था कि वह प्रतिमा राजस्थान में ही रहेगी, जहाँ वह हमेशा से थी।

लेकिन उस रात रानी अचानक चल बसी। विश्वानन्द ने दबी जबान से सवाल किया कि "क्या यह उस देवता का काम था?" "हो सकता है। पता नहीं!" इस तरह, बाँसुरी बजाते श्रीकृष्ण की वह प्रतिमा राजा के साथ काँगड़ा आ गई। विश्वानन्द ने काफी हँसते हुए बताया कि वे किस तरह इस कहानी में आए। वे भी खुद को मीराबाई के गोपाल—द्वारका वाली बड़ी प्रतिमा या मीराबाई के साथ रहनेवाली छोटी मूर्ति—की माँग करने से नहीं रोक सके। पंडित ने साफ कह दिया कि दोनों में से कुछ सम्भव नहीं है। बड़े गिरधारी तो मन्दिर में स्थापित हैं, और छोटी मूर्ति के बारे में फैसला मन्दिर ट्रस्ट की अध्यक्ष ही कर सकती हैं, जो बाहर गई हुई हैं। लेकिन, अचानक वे प्रकट हो गईं और पंडित से कह दिया कि "ये जो चाहते हैं, इन्हें दे दीजिए।" इस तरह, विश्वानन्द बाँसुरी बजाते छोटे गिरधारी के साथ आ गए। तब से वे उनकी निरन्तर सेवा करते रहे हैं। वे जहाँ भी जाते हैं, वह मूर्ति उसी तरह साथ होती है जिस तरह मीराबाई के साथ रहती थी। सो, वह पुरानी कहानी

जब आज दोहराई जा रही थी, तब विश्वानन्द एक तरह से काँगड़ा के राजा भी बन गए और राजस्थान की संत राजकुमारी भी बन गए, हालाँकि यह कहानी सुनाते हुए उन्होंने कोई भूमिका निभाने का दावा नहीं किया।[43] वैसे, दोनों दृष्टि से मीराबाई के श्रीकृष्ण ने विश्वानन्द को अपना लिया है—सिद्धान्ततः या भावनात्मक रूप में नहीं बल्कि शरीर से शरीर के जरिये।

वृन्दावन मन्दिर के उद्घाटन के अवसर के लिए प्रकाशित पुस्तिका 'गिरधारी : द अपलिफ्टर्स ऑफ हर्ट्स' गिरधर की इस मूर्ति पर ही केन्द्रित है, न कि उस बड़ी मूर्ति पर जिस पर अभिषेक के चढ़ावे चढ़ाए जा रहे थे। जिस तरह काँगड़ा के जीर्ण-शीर्ण मन्दिर में है, उसी तरह यहाँ भी गिरधारी की बड़ी मूर्ति उस मूर्ति की पृष्ठभूमि में थी, जो विश्वानन्द के साथ हमेशा रहती है। इस छोटे गिरधारी के साथ जुड़ी अन्तरंगता को हृदयंगम करना ही इस पुस्तक को तैयार करने के पीछे इसके सम्पादक का उद्देश्य था। इसके सारे शब्द विश्वानन्द के अपने शब्द हैं, और वे स्पष्ट व्यावहारिकता को उजागर करते हैं। गुरुवाक्य ध्यान के सूत्र के इन तीन चरणों पर विचार करें, जो 'मीराबाई के गिरधर गोपाल' के चित्र के सामनेवाले पन्ने पर प्रकाशित है—

1. सामनेवाले पृष्ठ पर गिरधारी की दैवी छवि पर ध्यान केन्द्रित करें और मन में 'गिरधारी...गिरधारी...' जप करें (एक मिनट)।
2. उनके नाम का जप करते हुए आँखें बन्द करें और अपने तीसरे नेत्र पर उनकी छवि को लाते हुए हरेक साँस के साथ 'गिरधारी...गिरधारी...' जप करें (दो मिनट)।
3. आँखें खोलें और गिरधारी गुरुवाक्य खंड से एक गुरुवाक्य धीरे से तीन बार पढ़ें और उसके ज्ञान को आत्मसात् करें। उसका जो अर्थ आपको समझ में आता हो उसका मनन करें और देवता के साथ इन अन्तरंग क्षणों का आनन्द उनके सान्निध्य में उठाएँ। इस समय आपके हृदय में बस वे और आप हैं इसलिए उनके प्रेम से अनुप्राणित अनुभव करते हुए उनके प्रेम का प्रतिदान दें। (दो मिनट)।[44]

इस तरह गिरधारी विश्वानन्द के पास से हर उस भक्त के पास चले जाते हैं जो यह क्रिया करता है। बेशक यह मध्यस्थता की प्रक्रिया है—पुस्तक की मध्यस्थता की—लेकिन स्वामी विश्वानन्द को ऐसी किसी मध्यस्थता की जरूरत नहीं है। वे उस मूर्ति को हमेशा अपने साथ लेकर चलते हैं। आप कह सकते हैं कि वे हमेशा ब्रज में रहते हैं। यहाँ आने से बहुत पहले वे वृन्दावन में थे (चित्र 3.14)।

चित्र 3.14 : श्प्रिंगेन, जर्मनी के भक्ति मार्ग आश्रम के एक भक्त द्वारा बनाए गए चित्र में स्वामी विश्वानन्द, मीराबाई और उनके बीच बाँसुरी बजाते गिरधारी। 28 जून, 2018।

वृन्दावन और नई पीढ़ी

नये वृन्दावन में नया क्या है इसकी खोज कर रहा कोई विदेशी अगर दूसरे विदेशियों के बारे में इतनी ज्यादा बात करे तो इसे एक कमजोरी माना जाएगा। मैं इसे कबूल करता हूँ। और, कोई इस बात की भी आलोचना कर सकता है कि इस अध्याय में जो इतनी जानकारियाँ दी गई हैं वे अंग्रेजी भाषा के माध्यम से दी गई हैं। फिर भी, अफसोस के साथ मैं यह मानता हूँ कि नये वृन्दावन में जो कुछ हुआ उसमें से काफी कुछ का स्वाभाविक माध्यम विदेशी और अंग्रेजी है, और अन्तरराष्ट्रीय जगत तक इस शहर की तेजी से बढ़ती पहुँच ही नये वृन्दावन में हो रही नई बातों के लिए जिम्मेदार है। इसके बड़े संस्थानों में से एक, वैष्णो देवी मन्दिर की भाषा भले ही हिन्दी हो, इसके निर्माण को सम्भव बनानेवाले संसाधन अंग्रेजी पर निर्भर हैं। जे.सी. चौधरी द्वारा स्थापित आदेश इंस्टीट्यूट अपने छात्रों को उन स्कूलों के लिए पूरी तरह तैयार करता है जिनमें शिक्षण की भाषा अंग्रेजी ही है। इसी तरह, प्रेम मन्दिर में तो प्राय: हमेशा हिन्दी ही बोली जाती है लेकिन इसके निर्माण के लिए चन्दा विदेश से ही आया, और इसके अस्पताल में डॉक्टर लोग अंग्रेजी में ही बात

करते हैं। वृन्दावन में आज के इस्कॉन में जिस तरह रूसी लहजे में बात की जाती है वह दिलचस्प है, लेकिन वे लोग स्थानीय लोगों से प्राय: अंग्रेजी में ही बात करते हैं। अपने आध्यात्मिक जीवन को दिशा देने के लिए वे जिन पाठों का सहारा लेते हैं या लोगों के बीच वे जो साहित्य बेचते हैं, वे शुरू में अंग्रेजी में ही थे। प्रभुपाद की पुस्तकों का रूसी भाषा में अनुवाद किसी भारतीय भाषा से नहीं बल्कि अंग्रेजी से ही किया गया।

यानी, 1970 के दशक में मैंने जिस 'इंगलिश टेम्पल' को महत्त्व न देने की पूरी कोशिश की वह खेल में जीत गया है, या कहें कि वह जिस मैदान पर खेल रहा था उस मैदान ने खेल जीत लिया है। इस्कॉन का अंग्रेज मन्दिर वह केन्द्रीय स्थान बन गया है जो नये और पुराने वृन्दावन को दो भागों में बाँटता है। यह भौगोलिक रूप से भी और सांस्कृतिक रूप से भी सच नजर आता है। भौतिक रूप से पुराना वृन्दावन एक तरफ है, तो नया दूसरी तरफ। सांस्कृतिक रूप से यह वृन्दावन के गौड़ीय अतीत, जिसे प्रभुपाद ने पश्चिम में फैलाने की कड़ी कोशिश की, और नये गुरुओं—जिन्होंने इस्कॉन से आगे जाना जरूरी समझा—के बीच स्थित है। हम देख चुके हैं कि स्वामी विश्वानन्द के मन्दिर के उद्‌घाटन पर न तो पुराने वृन्दावन की परम्परा से कोई उपस्थित था और न इस्कॉन से कोई आया था।

फिर भी, अगर हम यह सोचने लगें कि नया वृन्दावन पुराने से एकदम अलग है और अब सब कुछ—भाषा, संस्कृति और धर्म के लिहाज से—अंग्रेजी में ही हो रहा है, तो हम कुछ अति ही कर बैठेंगे। बस किसी नये साल के पहले दिन वृन्दावन आ जाइए, आपको लगेगा कि आप हिन्दीभाषी लोगों के समुद्र में तैर रहे हैं। सड़कें जाम हो जाती हैं, पुलिस पैदल चलनेवालों की सुविधा के लिए जहाँ-तहाँ (इस्कॉन मन्दिर के आगे तो जरूर) बैरिकेड लगा देती है। 2016 में न्यू ईयर डे रविवार को पड़ा था और ट्रैफिक जाम हरेक सप्ताहान्त पर होनेवाले जाम के कारण और भीषण हो गया था। कई जगहों पर ट्रैफिक एकदम रुक गया था, सबसे बुरा हाल प्रेम मन्दिर के पास छटीकरा रोड पर था, जहाँ पार्किंग स्थल है और उसके आगे कार ले जाना मना है। कारों के कारण ही जाम लगा था और चूँकि वे बेकार हो गई थीं, युवाओं के लिए मस्ती करने का बहाना बन गई थीं। झुंड-के-झुंड युवा अपने जूते उतारकर चल पड़े थे मानो उन्होंने ब्रज की धूलि में नंगे पाँव चलने का कोई संकल्प लिया हो। लेकिन इतना ही नहीं था। उन्होंने पाया कि नंगे पैर मन्दिरों में आसानी से जाया जा सकता है। वैसे भी उन्हें मन्दिर के बाहर जूते-चप्पल उतारने ही पड़ते, तब जूतों के विशाल ढेर में से अपने जूते खोजने में कितनी परेशानी होती, या जूते रखनेवाली व्यवस्था के दुरुस्त होने के लिए कितना इन्तजार करना पड़ता।

वे किन मन्दिरों में जा रहे थे? बेशक, प्रेम मन्दिर और इस्कॉन में। लेकिन पदयात्रियों का अगर कोई एक ही गन्तव्य था तो वह था शहर के बीच में बना बाँके बिहारी मन्दिर। यह पुराना वृन्दावन है और यह स्थान तो उससे भी पुराना है। बाँके बिहारी मन्दिर जहाँ है वह कभी दोसाइच गाँव था। मुगल काल के दस्तावेज बताते हैं कि आज हम जिसे वृन्दावन कहते हैं वहाँ कभी तीन गाँव थे, जिनमें एक दोसाइच भी था। अपने अतीत की स्मृति यहाँ के लोगों में बनी हुई है, केवल बुजुर्गों में नहीं बल्कि युवाओं में भी। करीब बारह साल से, जबसे दिल्ली वालों ने 'ब्रिटिश' कैलेंडर को अपनाते हुए न्यू ईयर डे का जश्न मनाने के लिए वृन्दावन आना शुरू किया, तब से कई लोग इस मौके पर बाँके बिहारी जी के यहाँ भी पहुँचने लगे। 1 जनवरी को वे वृन्दावन में जमा होने लगे, शुरू हो रहे साल के लिए उनसे आशीर्वाद लेने को।

न्यू ईयर डे पर वृन्दावन में होनेवाले धार्मिक कर्मों की एक पवित्र विशेषता परिक्रमा मार्ग से शहर की परिक्रमा करना है (चित्र 3.15)। परिक्रमा मार्ग अब पक्का बना दिया गया है, प्राचीन मार्ग अब नहीं है, फिर भी इस पर कई लोग पैदल परिक्रमा करते हैं, जिनमें केवल वे पारम्परिक तीर्थयात्री नहीं होते जो आसपास के शहरों से आते हैं या पुरानी धर्मशालाओं में एक रात के लिए ठहरते हैं। तमाम तरह

चित्र 3.15 : परिक्रमा मार्ग पर दंडवत प्रणाम की तैयारी करता एक श्रद्धालु। नववर्ष दिवस, 2017।

के लोग यात्रा में शामिल होते हैं। उनमें इस्कॉन के ज्यादातर युवा भक्तों के झुंड भी होते हैं, जिनमें रूसी तथा दूसरे भक्त भी होते हैं। वे किसी साधु के नेतृत्व में होते हैं जिसे रास्ते की जानकारी होती है। मैंने करीब तीस की उम्र की एक महिला को देखा जो लाल-सफेद रंग की साड़ी में थी और दंडवत परिक्रमा कर रही थी। मैंने देखा, जब वह दंडवत मुद्रा से उठकर खड़ी होती तो कभी-कभी मोबाइल फोन पर बात करने लगती थी। मुझे हरियाणा के कुरुक्षेत्र के तीन युवा भी मिले, जो 20 की उम्र के आसपास के थे और इसी तरह परिक्रमा करने आए थे। उनमें से एक युवक बाइक मरम्मत की दुकान चलाता था, दूसरे ने 'कनफेक्शनरी' (उसने अंग्रेजी में कहा) की दुकान खोली है, तीसरा युवक 'डांस अकादमी' (उसने भी अंग्रेजी में कहा) चलाता था। मैंने पूछा, "भरतनाट्यम?" उसने अफसोस के साथ मुझे देखते हुए अंग्रेजी में जवाब दिया, "नहीं, सब वेस्टर्न।"

इस तरह के वातावरण में हम दो भाषाओं और दो कैलेंडरों, महानगरीय संसार और कस्बाई संसार—नये और पुराने वृन्दावन—की सीमा पर खड़े होते हैं, लेकिन असली सवाल यह है कि वर्तमान में इन अन्तरों को शायद ही महत्त्व दिया जा रहा है। उदाहरण के लिए, दिल्ली की एक सबसे बड़ी सब्जी मंडी के एक व्यापारी को लीजिए, जिसने हर अमावस्या से पहले के सप्ताहान्त में वृन्दावन की यात्रा को अपना धार्मिक अनुशासन बना लिया है। इस तरह उसने धर्मनिरपेक्ष 'ब्रिटिश' कैलेंडर के साथ समझौता कर लिया है, जिसने स्पष्ट रूप से धार्मिक चन्द्र कैलेंडर को काट दिया है। यह सप्ताहान्त दोनों लिहाज से उपयुक्त है, और फिर नया साल मनाने का भी संयोग जुड़ गया। या फिर परिक्रमा करनेवाले उन ऊर्जावान लोगों को लीजिए, जो मध्यवय के हैं और युवा हैं और परिक्रमा मार्ग पर एक दुकान के सामने खड़े होकर भजन गाने लगते हैं। ये राधारमण सम्प्रदाय के पुंडरीक गोस्वामी के भक्त हैं, जो एक अन्तरराष्ट्रीय मंडली के अगुआ हैं। वे बहुत अच्छी अंग्रेजी बोलते हैं और दुनिया-भर में भागवत पुराण पर एक सप्ताह का व्याख्यान देते हैं, कभी-कभी उसी भाषा में। प्राय: वे हिन्दी ही बोलते हैं और उसमें अंग्रेजी लहजा काफी मिला होता है। दो-तीन युवक जोश में आकर मुझसे कहने लगते हैं—"वे आ रहे हैं...वे आ रहे हैं..." वे यह हिन्दी में ही बोलते हैं, मगर एक अन्तरराष्ट्रीय, सार्वदेशिक हस्ती का स्वागत कर रहे होते हैं।

इसलिए, पुराने और नये वृन्दावन को अलग करनेवाली तमाम चीजों के बावजूद वृन्दावन अभी भी अस्थिर है, या शायद इस विशेष उत्सव के दौर में ऐसा लगता है। यह उतना ही युवा है जितना भारत है, और उतना ही प्राचीन भी है। यह संक्रमण के दौर में है लेकिन आश्चर्यजनक रूप से सामान्य है, सामान्य उन अर्थों

में जिन अर्थों में इसे भारत में माना जाता है। दुरखाईम यही करने की कोशिश कर रहे थे जब उन्होंने यह कहा था कि धर्म की मूल प्रकृति सामूहिक उत्तेजना को जगाना है, जो अपनी विशेष सत्त्वता में कुछ अवास्तविक जैसा है।[45] न्यू ईयर जैसे अवसरों पर नया-पुराना एक हो जाता है और इससे जो चीज उभरती है वह हमेशा नई ही लगती है।

लेकिन पुराने दौर के लोगों को क्या अनुभव होता है? उन लोगों को, जिन्होंने पुराने वृन्दावन को बिलकुल नया होते देखा है। क्या उन्हें अफसोस होता है? (चित्र 3.16)। मैं सबके बारे में तो नहीं कह सकता मगर साठ साल की उस महिला का दृष्टिकोण बता सकता हूँ जो न्यू ईयर वाले दिन मेरे बगल में टेम्पो पर सवार थी और मैं वृन्दावन की अपनी यात्रा का पहला चरण पूरा करके दिल्ली लौट रहा था। ठंड से बचने के लिए वह कई ऊनी कपड़े पहने हुए थी। वह वृन्दावन में तीन दिन रही थी और रोज दो बार बाँके बिहारी के दर्शन कर रही थी। दरअसल, कई वर्षों से वह हर चन्द्रमास के एक सप्ताहान्त पर इस तरह दर्शन करती आ रही थी। मैंने उससे पूछा था कि इस तरह बार-बार यात्रा करना क्या बहुत कठिन नहीं है? उसने मुस्कुराते हुए जवाब दिया था कि वह इसलिए आती है क्योंकि बाँके बिहारी उसे

चित्र 3.16 : छटीकरा रोड के किनारे वृन्दावन के चित्र और कृष्ण की मूर्तियों के लिए परिधान बेचती एक महिला। नववर्ष दिवस, 2017।

बुलाते हैं, इसमें कष्ट कैसा? भगवान की पुकार का उसमें गजब बोध था। महिला ने कहा, "वे कहते हैं, आओ मुझे देखो। आओ मैं यहीं बैठा हूँ।" मैंने उससे पूछा कि छटीकरा रोड पर इतना कुछ नया बन रहा है उसके बारे में वह क्या सोचती है, मुझे लगा कि वह इतने वर्षों से यहाँ आती रही है तो उसने यह सब ज्यादा ही देखा होगा। मुझे उम्मीद थी कि वह यही कहेगी कि काश पुराने दिन बचे रहते, लेकिन उसने जो जवाब दिया उसमें अफसोस की झलक नहीं थी, "हम क्या जानते हैं भला? सब वाह वाह है।" मानो वह सबको मजे से स्वीकार कर रही थी और यह कह रही थी कि अरे भाई, यह सब बाँके बिहारी का ही काम है।

मुझे लगा, उसकी अन्तिम टिप्पणी चारों ओर फैली अव्यवस्थाजनित विकृतियों पर थी। बाँकपन का वह शायद यही अर्थ लगा रही थी!

4

गगनचुम्बी मन्दिर

आसमान छूने की ललक

जनवरी 2017 में मैं चेन्नै हवाई अड्डे पर था। मेरी हालत वैसी ही थी जैसी उड़ान भरने से पहले हरेक यात्री की होती है। मैं खाली निगाहों से दीवारों, हॉल, छोटी-छोटी दुकानों को देख रहा था, तभी मेरी चौकन्नी पत्नी ने एक बड़े-से विज्ञापन सन्देश की ओर देखकर कहा, "यही तो नहीं है वह...?"

हाँ, वही था—वह सन्देश यात्रियों को बता रहा था कि वृन्दावन में एक और दर्शनीय स्थल बन गया है, 'भगवान श्रीकृष्ण का 210 मीटर, या 700 फुट, या 70 मंजिला, ऊँचा गगनचुम्बी मन्दिर'। इतनी ऊँचाई वाले इस मन्दिर को भारत की सबसे ऊँची इमारत और दुनिया में किसी भी धर्म से जुड़ा सबसे ऊँचा भवन माना जा सकता है। देवताओं को प्रसन्न करने का अनुष्ठान नवम्बर, 2014 में किया गया, और अब जिस स्थान पर इस मन्दिर की नींव डाली जानेवाली थी वहाँ जमीन में विशाल गड्ढा उभर आया था। 2018 के मध्य तक इसके कुल 511 में से 400 खम्भे जमीन के अन्दर बना दिए जानेवाले थे। हरेक खम्भे का आकार दिल्ली मेट्रो के लिए डाले जानेवाले खम्भों के आकार से तीन गुना ज्यादा बड़ा होगा।[1] मन्दिर के भवन का अभी पता तक नहीं था मगर वह सन्देश यात्रियों से इसकी वेबसाइट को 'विजिट' करने की अपील कर रहा था।

यह गगनचुम्बी मन्दिर वह है जिसे हम आज 'वृन्दावन चन्द्रोदय मन्दिर' (वीसीएम) के नाम से जानते हैं। यह हरे कृष्णा आन्दोलन, खासकर इस्कॉन के समृद्ध बंगलूरु मन्दिर की परियोजना है। 1960 और 1970 वाले दशक में हवाई अड्डों पर हरे कृष्णा आन्दोलन की उपस्थिति कुछ अलग अन्दाज में दिखती

थी। लन्दन, लॉस एंजिल्स, या डैलस में किसी फ्लाइट के लिए जब आप पहुँचते थे तब भगवा वस्त्रों में भजन गाते इस्कॉन के युवा भक्तों का कोई झुंड आपको घेरकर प्रभुपाद की पुस्तक 'द भगवद्गीता ऐज इट इज' की प्रति बेचने की कोशिश करता दिख सकता था। लेकिन आज चेन्नै हवाई अड्डे पर नजारा कुछ अलग था। कोई भगवाधारी नहीं, कोई भजन नहीं, इसकी जगह आपके समक्ष था प्रगति तथा प्रतिष्ठा की भाषा में आधुनिक विज्ञापनबाजी का एक नमूना।

चन्द्रोदय का अर्थ है चन्द्रमा का उदय, और वृन्दावन में इसे चैतन्य महाप्रभु के सौम्य, दीप्तिमान आभामंडल और करीब 500 साल पहले विश्वमंच पर उनके पदार्पण से जोड़कर देखा जाता है।[2] यद्यपि इस मन्दिर को 'वृन्दावन का उदय होता चन्द्रमा' कहा जाता है लेकिन वह उदय होता चाँद पहले भारत के 'आइटी शहर' बंगलूरु में देखा गया। वहाँ 2004 में इस्कॉन मन्दिर के अध्यक्ष मधु पंडित दास ने घोषणा की थी कि बंगलूरु के मन्दिर से भी सुन्दर मन्दिर वृन्दावन में बनाया जाएगा। उन्होंने कहा था कि इस मन्दिर को दुनिया-भर में पूरे भारत के आध्यात्मिक केन्द्र के तौर पर देखा जाएगा।[3]

'वीसीएम' के निर्माण के लिए उन्होंने और उनके सहयोगी तथा बंगलूरु मन्दिर के उपाध्यक्ष एवं वीसीएम के अध्यक्ष चंचलापति दास ने अपनी उच्चस्तरीय टीम के युवाओं का एक दल बनाया, जो विश्व के सबसे ऊँचे धार्मिक भवन के लिए अपना जीवन समर्पित करें। इन सबने मिलकर एक योजना तैयार की, वास्तुकार से अनुबंध किया, और वे कोष जमा करने की मुहिम में जुट गए। कोष के लिए तीन स्रोत निश्चित किए गए—व्यक्ति, भारतीय कम्पनियाँ और कई तरह के रियल एस्टेट प्रोजेक्ट, जो भक्तों को मन्दिर के पास ठहरने या बस जाने की सुविधा उपलब्ध करा सकें। मन्दिर के कुल बजट के बारे में कभी कोई सार्वजनिक घोषणा नहीं की गई (विकिपीडिया ने इसे 300 करोड़ रुपये का बताया)। लेकिन 2019 के मध्य तक इतना पैसा नहीं इकट्ठा हुआ था कि इस्कॉन टीम इस गगनचुम्बी मन्दिर का निर्माण शुरू करने के बारे में सोच भी सके।

फिर भी इस मन्दिर के आसपास 5.5 एकड़ के परिसर में काफी कुछ चल रहा है। अगर आप इससे जुड़े निर्माणों को, जिनमें से कुछ इस्कॉन के हैं और कुछ इसके पार्टनर 'इनफीनिटी ग्रुप' के हैं, जोड़ दें तो यह 100 एकड़ तक पहुँच जाएगा। छटीकरा रोड से गुजरनेवाले यात्रियों को अन्दर आकर देखने के लिए आमंत्रित किया जाता है। आगे के हिस्से में ही कारों-बसों के लिए पार्किंग की सुविधा है। दूर पीछे खड़ा एक हेलिकॉप्टर बताता है कि कभी-कभार वीआइपी लोग भी यहाँ आया करते हैं। अपनी कार से बाहर आते ही आप अपने को एक पार्क में पाते

हैं, जहाँ घास का मैदान आपको चहलकदमी के लिए निमंत्रित करता है। बच्चों के खेलने की भी काफी जगह है। जमीन की सतह से नीचे बनी एक रंगभूमि के कुछ हिस्से में पानी का जमाव है। यह रंगभूमि मंचीय प्रदर्शनों के लिए बनी है, जिसके साथ साफ-सुथरे शौचालय बने हुए हैं। थोड़ा पीछे हेलिपोर्ट के पास सभाओं और दर्शन आदि के लिए आयताकार ढाँचा बना हुआ है। आगे और भी कई चीजें हैं। एक बाड़ और गेस्ट हाउस बताता है कि उसके आगे हेल्मेट लगाकर जानेवाला क्षेत्र है, और मन्दिर निर्माण जल्दी शुरू होने जा रहा है। इसके बाद विशाल गड्ढा है, जिसके चारों ओर विलाओं के नमूने बनाने का काम शुरू हो गया है ताकि वे नये मन्दिर के करीब ही हों। वैसे, वे वाशिंगटन डीसी, सान दिएगो, या नेपरविले में दिखनेवाले विलाओं जैसे दिखते हैं। इनमें से एक को रंग-रोगन करके मॉडल विला के तौर पर तैयार किया गया है। विशाल गड्ढे के दूसरी तरफ एक विशाल अपार्टमेंट कॉम्प्लेक्स तैयार हो रहा था, जिसमें विला भी होंगे। उस समय वह धूसर रंग के वर्गाकार ढाँचों का जंगल दिख रहा था, लेकिन पार्किंग स्थल के आगे के साइनबोर्ड यह बता रहे थे कि 'वृन्दावन चन्द्रोदय मन्दिर के चरणों के नीचे' क्या-क्या है। वे घोषणा कर रहे थे—इस कृष्णभूमि परिसर में 'ईश्वरकृपा की छाँव में रहिए'। और क्यों नहीं? 2016 के अन्त तक वहाँ वृद्धाश्रम, आयुर्वेदिक स्पा, कई हवादार फ्लैट, फूड कोर्ट, 'फेमिली लाउंज' और जिम के चित्र भी दिखने लगे। विज्ञापन में एक युवती स्कर्ट व टॉप पहने, धूप में बाँहें फैलाए खड़ी दिखती है और साथ में लिखा है—'कई एकड़ में फैली हरियाली में रम जाइए'।

और सबसे अन्त में वह मन्दिर है। यह फाइबर ग्लास का गुम्बदनुमा अस्थायी ढाँचा है, जिसमें देवताओं की मूर्तियाँ रखी हैं जिन्हें, गगनचुम्बी मन्दिर इन्हें रखने लायक बन जाएगा तो वहाँ स्थापित कर दिया जाएगा। वहाँ उन्हें बंगलूरु मन्दिर के मुकाबले ढाई गुना ज्यादा स्थान उपलब्ध होगा। वर्तमान स्थान पर इन मूर्तियों तक पहुँचने से पहले आपको सामने के पोर्टिको में जूते रखने की एक अच्छी-सी जगह पर अपने जूते उतारकर सीढ़ियाँ चढ़नी पड़ेंगी और मेहराबदार तोरण द्वार पर पहुँचना होगा। वहाँ एक लम्बे गलियारे से आप आगे बढ़ेंगे तो दर्शन के समय की जानकारी मिल जाएगी, जिससे आपको पता चलेगा कि आप गर्भगृह तक जाने के लिए अर्धवृत्ताकार सीढ़ियाँ चढ़ सकते हैं या नहीं। वृन्दावन के सभी मन्दिरों की तरह यहाँ भी देवता दिन के मध्यकाल में विश्राम करते हैं। देवता अगर जागे हुए हों तो आप उनके समक्ष जा सकते हैं। गुम्बदनुमा स्थान में खूब श्रृंगार से युक्त राधा और कृष्ण की मूर्तियों के साथ कई गौड़ीय हस्तियों की मूर्तियाँ भी हैं। यह नये वृन्दावन के सभी मन्दिरों से कई तरह से ज्यादा सजा हुआ मन्दिर है। गुम्बद

का आकार इसे विशेष छवि देता है, ऐसा लगता है कि आप किसी तारामंडल में छत से तारों के उभरने की प्रतीक्षा कर रहे हों। वास्तव में, जब आरती होती है तब कमरा असंख्य लौ से जगमग करने लगता है और ऐसा लगता है कि वे सितारे बन गए हों। सब कुछ इतनी सुन्दरता से प्रस्तुत किया गया है! जब आप दर्शन कर लेते हैं तब एक सेवक या एक संकेत आपको एकतरफा सीढ़ियों से बाहर की ओर ले जाता है। घुमावदार सीढ़ियाँ उतरते हुए आपको ऐसा लगता है कि आप कोई नाटक देखकर बाहर निकल रहे हैं।

लेकिन अभी एकदम बाहर जाने की जरूरत नहीं है। मन्दिर के ठीक बाहर ड्योढ़ी में पन्द्रह फुट लम्बे टेबल के आगे बैठे कई लड़के वीसीएम प्रोजेक्ट के बारे में आपके सवालों के जवाब देने को तैयार मिलेंगे। अगर आप वहाँ कोई फ्लैट खरीदना चाहें तो वे सेल्स एजेंट का काम भी करेंगे। उनके पीछे परदे पर वीडियो चल रहा होगा और पास में ही भावी मन्दिर का मॉडल शीशे में बन्द एक ऐसे मंच पर रखा मिलेगा, जिस पर सिन्दूरी रंग के झालरों वाला कपड़ा बिछा है। ऐसे मंच सम्मानित हस्तियों के लिए बनाए जाते हैं। प्रवेशद्वार के रास्ते पर उपहारों की बिक्री की एक दुकान है, जिसमें किताबें, सजावटी मूर्तियाँ, 'दिव्य चन्दन' से लेकर तमाम तरह की अगरबत्तियाँ बिकती हैं। एक काउंटर से आप घर ले जाने के लिए प्रसाद भी खरीद सकते हैं। जगह का और मुआयना करें तो आप एक कमरे में वीडियो चलते देख सकते हैं, जहाँ सात मिनट के एक वीडियो में मधु पंडित दास और उनके साथी गगनचुम्बी मन्दिर के बारे में जानकारियाँ देते दिखेंगे। बोर्ड रूम, सेमिनार हॉल, और 'अन्नकूट' रेस्तराँ वाली इस पूरी ड्योढ़ी का माहौल किसी कॉरपोरेट कार्यालय के चुस्त माहौल जैसा है। यहाँ आपको केवल मन्दिर का दर्शन नहीं कराया जाएगा बल्कि एक बेहतर, शानदार संसार का हिस्सा बनने के लिए आमंत्रित भी किया जाएगा। उस संसार का नाम है कृष्णा और वृन्दावन—यह वृन्दावन, हेलिपोर्ट और ये तमाम चीजें—इसका प्रतीक हैं। जिस तरह बंगलूरु के आइटी पार्क मुख्य शहर के सन्दर्भ बिन्दु हैं और इसको आगे बढ़कर सम्मान देते हैं, उसी तरह यह चमकदार, स्वच्छ, नया वृन्दावन पुराने को गौण बनाता है।

बहरहाल, परिसर से बाहर कदम रखने से पहले 'रीचिंग टु द स्काइ' नामक मोटी कॉफी टेबल बुक के पन्ने पलट लीजिए। यह किताब लम्बे रिसेप्शन टेबल पर पड़ी मिलेगी। इसमें आप मन्दिर की ऊँचाई के विवरण, परिसर के विभिन्न भागों के नक्शे, मन्दिर से जुड़े संग्रहालय एवं थीम पार्कों और मूल सुन्दर मैदान के काल्पनिक चित्र देख सकते हैं। लेकिन सबसे सारगर्भित खंड वह है जिसे दो पृष्ठों में प्रस्तुत किया गया है और जो पूरी परियोजना को एक परिप्रेक्ष्य प्रदान करता है।

'विश्व की कुछ महान इमारतें' शीर्षक के अन्तर्गत यह पूरे एक कालखंड का रंगीन ब्यौरा प्रस्तुत करता है, जिसमें गीजा के पिरामिडों से लेकर रोम के कोलोजियम, अंगकोरवाट, कुतुब मीनार, मदुरै का मीनाक्षी मन्दिर, इस्ताम्बुल की नीली मस्जिद, वैटिकन का सेंट पीटर चर्च, ताजमहल, ल्हासा का पोटाला महल, अमेरिकी कांग्रेस का भवन, दिल्ली का अक्षरधाम मन्दिर, और अन्त में वृन्दावन चन्द्रोदय मन्दिर तक शामिल हैं। यह किताब जिस वीसीएम नेतृत्व ने तैयार की है उसके लिए 'महान इमारतों' का विचार मुख्य रूप से महत्त्वपूर्ण है। दिल्ली में इसके प्रचार कार्यालय के प्रमुख सर्वानन्द गौरांग दास ने एक बार मुझसे कहा था, "महान, 'प्रतिष्ठित' इमारतें लोगों को आकर्षित करती हैं।"[4]

प्रतीक या मूर्ति हिन्दू धर्म के केन्द्रीय तत्त्व हैं लेकिन यहाँ जो चीज सामने है वह कुछ भिन्न है। चन्द्रोदय मन्दिर में प्रतीक से ज्यादा प्रतिष्ठा पर जोर है। सर्वानन्द मन्दिर और कौतुक—दर्शन और प्रदर्शन—के बीच के अन्तर को अव्यक्त रूप से रेखांकित कर रहे थे, जिस पर कविता सिंह भी पिछले दो-तीन दशकों से भारत में नये यादगार स्थापत्य के चलन के बारे में बोलते हुए जोर दे रही थीं। उनका ध्यान विशेष तौर पर दिल्ली में यमुना के किनारे 2005 में बनाए गए अक्षरधाम मन्दिर पर था। कविता सिंह का मानना था कि इस मन्दिर में प्रदर्शन को दर्शन के ऊपर प्राथमिकता दी गई है, क्योंकि इसका केन्द्रीय ढाँचा मन्दिर जैसा तो दिखता है मगर इसके स्वामीनारायण बिल्डरों ने वास्तव में इसे इस तरह नहीं देखा है। वहाँ वास्तव में एक मन्दिर तो खड़ा है मगर यह प्रदर्शन के लिए निर्मित विशाल मन्दिर के रूप में कुछ अलग-सा है।[5] उत्तर भारत और दूसरी जगहों की कई बड़ी मूर्तियों और भवनों का सर्वे करनेवाली कजरी जैन का नजरिया कुछ अलग है। वे दर्शन और प्रदर्शन के बीच की सीमारेखा के दोनों ओर आवाजाही करती हैं। वाल्टर बेंजामिन ने इसे 'पूजा भाव' और 'कौतुक भाव' कहा है, और जैन ने स्पष्ट किया है कि इन दोनों भावों का मेल इन इमारतों के विशाल व जटिल परिक्रमा मार्ग से भी जुड़ा है जो इस तरह की आडम्बरपूर्ण एवं विशाल मूर्तियों को आधार प्रदान करता है।[6] इसी तरह, चन्द्रोदय मन्दिर के मामले में भी 'प्रतीक' और 'प्रदर्शन' के प्रति आग्रह के भाव मिलकर काम करते दिखते हैं। अब वृन्दावन में जिस भूमि पर नया विशाल परिसर बन रहा हो उसे, अस्थायी ही सही, एक मन्दिर के जरिये पवित्र न किया जाए इसकी कल्पना नहीं की जा सकती। इस्कॉन की दृष्टि में, नेतृत्व तो देवताओं को ही करना है लेकिन उन्हें प्रदर्शन के लक्ष्य को पूरा करने के लिए ही नेतृत्व करना होगा।

यहाँ केवल आकार की बात नहीं है, हम सुन चुके हैं कि "महान, प्रतिष्ठित इमारतें लोगों को आकर्षित करती हैं," और यह परियोजना विश्व भर के आकर्षण

का केन्द्र बननेवाली है। इसके साथ डिज्नीलैंड वाला पहलू खुले तौर पर जुड़ा है—गाँव के मेले के आकर्षणों वाला पहलू।[7] इसलिए इसमें धार्मिकता-धर्मनिरपेक्षता वाली सीमा निहित नहीं है, जो 'थीम पार्क के प्रति आकर्षण' को दूसरे दर्जे का महत्त्व देती है। प्रस्तावित मन्दिर के ग्राउंड फ्लोर को ऐसे क्षेत्र में विकसित करने की योजना है, जिसमें थीम पार्क वाला तत्त्व प्रमुख होगा। यहाँ कृष्णलीला थीम पार्क बनेगा, जिसे विशेष तौर पर बच्चों को ध्यान में रखकर बनाया जाएगा। इसमें अघासुर नाम का वाटर स्लाइड होगा, जो नाग पर बाल कृष्ण की लीला का अनुभव कराएगा; एक छोटी कार होगी जो बकासुर (वह बगुला जिसने कृष्ण पर हमला किया था, उसे यहाँ विशाल आकार वाला दिखाया गया है) के नीचे ले जाएगी; और एक गुफा होगी, जो तृणावर्त (दुष्ट बवंडर) का एहसास कराएगी (चित्र 4.1)।

इन सभी दानवों को कंस ने उस बालक को मार डालने के लिए भेजा था, जो बड़ा होने के बाद उसका वध करके उसे राजगद्दी से उतारनेवाला था। थीम पार्क में हर प्रसंग के साथ काफी साउंड इफेक्ट भी होगा, तृणावर्त के इर्द-गिर्द तूफान की आवाज सुनाई देगी। थीम पार्क के दूसरे भाग बाहर मैदान पर दिखेंगे। इनमें एक जगह विशाल आकार में खुद कंस मथुरा के किले पर खड़ा दिखेगा। यह स्पष्ट तौर पर एंग्लो-सैक्सन शैली का ढाँचा दिखता है जिसमें कालकोठरी बनी है जिसमें

चित्र 4.1 : वृन्दावन चन्द्रोदय मन्दिर के भूतल पर कृष्णा थीम पार्क में चक्रवात दानव तृणावर्त से सामना हो सकता है। कॉफी टेबल किताब 'रीचिंग टु द स्काइ' में प्रकाशित चित्र। साभार : वृन्दावन चन्द्रोदय मन्दिर।

कुटिल राजा ने कृष्ण के माता-पिता को कैद कर रखा था क्योंकि उन्हें जो सन्तान होनेवाली थी उससे उसको खतरा था। इस डरावने क्षेत्र में आप एक खाई पर बने पुल को पार करके पहुँचते हैं। अन्दर जाकर आप कृष्ण जन्म पर एक चलचित्र 'बर्थ ऑफ कृष्ण : डार्क राइड' देख सकते हैं जिसमें नवजात शिशु को उसकी माता स्नान कराती दिखती है। यह उस अभिषेक अनुष्ठान के जैसा ही दृश्य है, जो स्वामी विश्वानन्द ने किया था और जिसे कृष्ण जन्माष्टमी पर पूरे ब्रज में आम मन्दिरों में किया जाता है। लेकिन यहाँ शिशु को छोटे नाद में लेटे हुए दिखाया गया है। 'रीचिंग टु द स्काइ' में इसे प्रस्तुत किया गया देखकर मेरे एक मित्र ने कहा कि इससे उन्हें बेथलहम की ईसाई प्रस्तुतियों की बहुत याद आई। अगर ऐसा है, तो ईसाई धर्मशास्त्रों के आलोक में देखें तो स्नान के नाद को पालना माना जा सकता है और उपयुक्त जगह खड़े बछड़े को 'ईसा से पहले बैल और गदहा आए' के रूपक जैसा माना जा सकता है।[8]

यह सच है कि कृष्ण के जन्म से जुड़े मिथक की कई विशेषताएँ प्राचीन विश्व में दैवी एवं राजसी पात्रों के जन्म से जुड़े दूसरे आख्यानों से मिलती-जुलती हैं—उदाहरण के लिए, केवल ईसा और मूसा या सारगोन आदि से जुड़े आख्यानों से। लेकिन वीसीएम में इन आकर्षणों की रचना करनेवालों का मानना है कि वे जो प्रस्तुत करने जा रहे हैं वह सचमुच कुछ विशिष्ट एवं ऐतिहासिक है। दूसरे धार्मिक आख्यानों एवं अनुभवों में इस दृश्य से मिलता-जुलता कुछ है तो वह उनके लिए गौण है। दुनिया-भर के बाकी दूसरे धर्मों के परिदृश्य से अलग होने का भाव उन्हें क्रिसमस पर ईसाई बधाई सन्देश भेजने से नहीं रोकता, और इन्हें गर्व है कि मन्दिर को डिजाइन करने में जो लोग लगे हैं उनमें साम्प्रदायिक एकता है। उनमें जगमिंदर सिंह, जो एक सिख हैं, रिंपेश शर्मा के अधीन चीफ आर्किटेक्ट के रूप में काम कर रहे हैं, तो आरिफ मोहम्मद भी टीम में शामिल हैं।[9]

विभिन्न धर्मों के इस वैश्विक कैनवस में 'आकर्षण' ही सबसे बड़ी थीम है और इसमें एक तरह की धार्मिक गहराई भी है। वृन्दावन चन्द्रोदय मन्दिर को एक थीम पार्क से ज्यादा एक आकर्षण के रूप में देखा जा रहा है। आखिर, आकर्षण शब्द श्रीकृष्ण के नाम से गहरे जुड़ा है। मंशा यह है कि वीसीएम इस तथ्य को प्रतिबिम्बित करे कि श्रीकृष्ण पूरी मानव जाति के लिए आकर्षण की सबसे बड़ी शाश्वत शक्ति हैं। इसके प्रचार विभाग के कर्मचारियों का मानना है कि आज भी श्रीकृष्ण में वही शक्ति है, और यह विशेषकर इस परियोजना और इस मन्दिर के माध्यम से प्रकट होती है। सर्वानन्द गौरांग दास कहते हैं, "तकनीकी विकास का उद्‌देश्य विश्व को भक्ति की ओर ले जाना है। श्रीकृष्ण यही चाहते हैं।" यानी वे आकर्षित

करते रहेंगे, पहले की तुलना में आज और ज्यादा। नया मन्दिर "सदैव नया बना रहेगा क्योंकि यह श्रीकृष्ण का है, क्योंकि यह आध्यात्मिक जीवन के लिए है। यह अजर-अमर रहेगा।"[10]

आकर्षण का कुछ काम जमीन पर हो रहा है—वीसीएम की अक्षय पात्र परियोजना के तहत मानव सेवा और मानव कल्याण के कार्यों के जरिये। अक्षय पात्र की अपनी इमारत अस्थायी मन्दिर और इसके शोरूम के पीछे ही है। वास्तव में, चूँकि असली मन्दिर अभी निर्माण के प्रारम्भिक चरण में ही है, स्थानीय लोग पूरे स्थल को अक्षय पात्र के नाम से ही जानते हैं। यह इसकी गतिविधियों का एक जनोन्मुख पहलू है, जो कुछ अरसे से सामने दिखता रहा है। अक्षय पात्र यानी कभी रिक्त न होनेवाला पात्र, जिसकी कथा महाभारत की कथा से जुड़ी है। भगवान सूर्य ने युधिष्ठिर को यह पात्र दान किया था ताकि महाभारत युद्ध के दौरान पांडव सेना को भोजन की कमी न हो। आज के अक्षय पात्र को निरन्तर भरा जा रहा है। 2017 की वार्षिक रिपोर्ट के अनुसार, यह पूरे ब्रज में 1870 स्कूलों के 1,68,000 बच्चों को दिन का भोजन मुफ्त करा रहा है। अस्थायी मन्दिर के पीछे एक रसोई में यह भोजन तैयार होता है, जिसे कई वैनों से बच्चों तक पहुँचाया जाता है (चित्र 4.2)।

चित्र 4.2 : स्कूली बच्चों तक दोपहर का भोजन पहुँचानेवाले 'अक्षय पात्र' के ट्रकों के बेड़े का एक ट्रक। वृन्दावन चन्द्रोदय मन्दिर परिसर के मुख्य द्वार के ठीक अन्दर खींची गई फोटो, जुलाई, 2018।

यह रसोई दर्शनीय है, और वास्तव में तमाम जगहों से लोग इसे देखने के लिए आते हैं। उनमें स्कूली बच्चे तो पहले नम्बर पर हैं ही, दूसरे लोग भी हैं। जैसे एक बार मुझे आगरा की कल्याणकारी महिला समिति की करीब 20 महिलाओं (50 से 70 की उम्र की) का एक दल मिल गया। यह समिति करीब के ही शहर में कई वर्षों से अच्छा काम कर रही है। बस से आईं वे महिलाएँ अस्थायी मन्दिर देखने के बाद अक्षय पात्र की इमारत में गईं। वहाँ सफाई की खातिर सबके लिए प्लास्टिक की नीली टोपी और चप्पल पहनने के नियम का उन्होंने पालन किया। उनकी यात्रा का मार्गदर्शन जयपुर का एक मिलनसार व वाक्पटु युवक कर रहा था। वे सब चपाती बनाने में जुट गईं। उस युवक ने बताया कि भोर होने से पहले ही जब चावल का दो टन वाला सेग्रीगेटर (इसका पूरा विवरण मशीन पर ही चिपके लेबल में बताया गया है) चालू किया जाता है तब क्या होता है। इसी तरह, उस दल को 'सूखी रसोई' से 'गीली रसोई' (जहाँ सब्जी, दालें आदि धोई-पकाई जाती हैं) तक दिखाया जाता है। कुछ महिलाएँ थककर रेस्तराँ में चली जाती हैं, जहाँ खाना परोसा जाता है। वे आपस में बात करती हैं, "मैं तो जा रही हूँ, यह सब लम्बा चलेगा।" लेकिन गाइड उनका ध्यान खींच लेता है। यह भी 'आकर्षण' है—अच्छे कार्य के प्रति नहीं बल्कि वह कैसे किया जा रहा है इसके प्रति भी दूसरों को आकर्षित करना। आशा की जाती है कि ऐसे कार्य लोगों को श्रीकृष्ण की छाया में खींच लाएँगे, खासकर बच्चों को, जिनका पूरा जीवन उनके सामने पड़ा है।

अक्षय पात्र कार्यक्रम बंगलूरु के इस्कॉन की अहम परियोजनाओं में एक था। बंगलूरु के साथ देश के उन 16 स्थानों (संख्या निरन्तर बढ़ रही है) में यह कार्यक्रम चल रहा था, जहाँ इसके मन्दिर हैं। हर जगह यह स्वतंत्र रूप से मगर बंगलूरु मुख्यालय की प्रेरणा एवं हल्की निगरानी में चल रहा था। इन सभी मन्दिरों में अक्षय पात्र के कार्यक्रमों को जोड़ें तो 30 लाख से ज्यादा लंच दिए जा चुके हैं, जिसके लिए पैसा मुख्यत: केन्द्र सरकार के एक कार्यक्रम से आया मगर करीब एक-तिहाई खर्च इस्कॉन से जुड़े लोगों ने उठाया, जिसे सरकारी भाषा में पब्लिक-प्राइवेट भागीदारी कहा जाता है। भोजन वितरण का यह दुनिया में सबसे बड़ा कार्यक्रम है। इससे इनकार नहीं किया जा सकता कि यह बेहद प्रभावशाली है, और पोषण के लिहाज से देखा जाए तो यह अरबों में भोजन तैयार करनेवाले मैकडोनल्ड जैसे संगठनों के मुकाबले काफी बेहतर है, या तब हुआ करता था जब संख्या आज की तरह विशाल हो गई जब उसका अर्थ ही खो गया।[11] 2016 में देश के राष्ट्रपति प्रणब मुखर्जी दो अरबवें लंच का समारोह मनाए जाने के मौके पर बंगलूरु आए थे, और जब तीन अरबवाँ लंच 2019 में तैयार किया गया

तब समारोह वृन्दावन में किया गया। प्रधानमंत्री नरेन्द्र मोदी खुद इस अवसर पर दिल्ली से हेलिकॉप्टर से पधारे।

मोदी का साथ देने के लिए योगी आदित्यनाथ लखनऊ से हेलिकॉप्टर से आए। दानकर्ताओं, नेताओं, धार्मिक हस्तियों के अलावा स्थानीय लोगों और अक्षय पात्र से भोजन पाते रहे स्कूली बच्चों की 11,000 लोगों की भीड़ ने उनका स्वागत किया। इस अवसर के लिए हवाई जहाज के ओपेन एअर हैंगर का ढाँचा फटाफट तैयार किया गया था और जब मोदी का हेलिकॉप्टर हॉल के पास लगे परदों पर नजर आया तो भीड़ ने ताली बजाकर स्वागत किया। मोदी ने कड़े, आदेशात्मक लहजे में अपनी सरकार के स्वच्छ भारत अभियान के बारे में बात की और भगवद्गीता का हवाला देते हुए बताया कि सरकार महिलाओं और बच्चों की भलाई के लिए क्या-क्या कर रही है। उन्होंने मातृत्व के प्रतीक गाय की सेवा की मथुरा क्षेत्र की 'सागरीय परम्परा' की प्रशंसा की। अन्त में उन्होंने उम्मीद जताई कि अक्षय पात्र की सेवा का पात्र अक्षय साबित होगा।[12] इस आयोजन से कई दिन पहले वीसीएम के अध्यक्ष चंचलापति दास ने स्पष्ट कर दिया था कि इस मन्दिर का किसी राजनीतिक दल से कोई लेना-देना नहीं है।[13] लेकिन फरवरी के उस व्यस्त दिन वीसीएम-अक्षय पात्र और हिन्दुत्ववादी भाजपा के बीच के लगाव को भाँप पाना मुश्किल नहीं था। वास्तव में इस्कॉन बंगलूरु ही अक्षय पात्र का जन्मदाता है। उस स्थल पर लगे बोर्ड इस सम्बन्ध की घोषणा करते हैं। वृन्दावन इस सम्बन्ध को उस परम्परा से जोड़ता है, जो सदियों पुरानी है। राष्ट्रीय चुनाव से कई महीने पहले यह कोई मामूली उपहार नहीं था।[14]

वीसीएम का प्रचार तंत्र कभी निष्क्रिय नहीं होता। यह भी इसके आकर्षण का एक पहलू है। 2017 के नव वर्ष दिवस पर वृन्दावन में उसी स्थल पर मेरी मुलाकात उन दो युवकों से हुई, जो वीसीएम की प्रचार शाखा के वाइस प्रेसिडेंट के तौर पर अहम जिम्मेदारी निभा रहे थे। युधिष्ठिर कृष्णदास वाइस प्रेसिडेंट के तौर पर अक्षय पात्र और कृष्णलीला थीम पार्क समेत वीसीएम के कई काम देखते हैं। 40 की उम्र और अच्छी कद-काठी वाले युधिष्ठिर वीसीएम की परियोजना के सिलसिले में विदेश जाते रहते हैं। भरतर्षभ दास प्रचार शाखा के वाइस प्रेसिडेंट हैं, उनके गम्भीर हाव-भाव से आप अन्दाजा लगा सकते हैं कि वे आइटी वाले हैं। दोनों बंगलूरु से जुड़े रहे हैं।

युधिष्ठिर ने बताया कि वे मार्केटिंग का दूसरा दौर वीसीएम-2.0 शुरू करनेवाले हैं। इसमें एकदम नया प्रचार वीडियो जारी किया जाएगा, जिसमें महानता को बढ़ा-चढ़ाकर प्रस्तुत किया जाएगा या उसकी जगह विरासत की महानता को स्थापित

किया जाएगा, जिसके लिए वृन्दावन चन्द्रोदय मन्दिर को दूसरा नाम 'वृन्दावन विरासत टावर' तक दिया जा सकता है।[15] युधिष्ठिर ने कहा कि 'महानता' वाले स्वर के विपरीत यह दूसरा विचार भारत के बाहर के दानकर्ताओं को अधिक आकर्षक लगता है, क्योंकि यह अतीत के संरक्षण के प्रति ध्यान को रेखांकित करता है।[16] आशा यह की गई कि यह इस तथ्य से ध्यान हटा सकेगा कि यहाँ वास्तव में एक मन्दिर बनाया जा रहा है, हालाँकि इस तथ्य की अनदेखी नहीं की जा सकती। विदेशी, यानी प्रवासी भारतीय एक नया मन्दिर बनाने के विचार पर नाक-भौं सिकोड़ सकते थे। लॉस एंजिल्स के एक व्यवसायी ने जब सेल्स को लेकर युधिष्ठिर की मुहिम के बारे में सुना तो कहा कि एक और मन्दिर बनाने का विचार "सीधे-सीधे बेमानी है," लेकिन उसे अक्षय पात्र वाला पहलू ज्यादा अच्छा लगा। युधिष्ठिर का काम उसे यह समझाकर बोर्ड में शामिल करना था कि उस स्थल पर 'विरासत' का जो नया पहलू जोड़ा जा रहा है उससे वह सांस्कृतिक तत्त्व भी शामिल हो रहा है जो भारत में कभी समाजसेवा का आवश्यक रूप था लेकिन तेजी से बदलते भारत में लोग जिसे अपनी जड़ों के साथ भूलते जा रहे हैं। लेकिन एक संसाधन के रूप में जमीन से जुड़े पहलू—यानी अक्षय पात्र के काम—को भी नहीं भूलना चाहिए, अतीत ने इस देश को जो विशेष विरासत सौंपी है उसके बारे में एहसास को मजबूत करने के लिए काफी प्रयास करने की जरूरत है।

विरासत या धरोहर या 'हेरिटेज' शब्द दुनिया-भर में गूँज रहा है तो इसका श्रेय यूनेस्को और दुनिया-भर में फैले तमाम एनजीओ को जाता है। इसलिए अचरज नहीं कि मथुरा में एक अपार्टमेंट का नाम 'हेरिटेज ग्रींस' है, तो वृन्दावन में 'हेरिटेज पब्लिक स्कूल' खुल गया है (जैसे ब्रिटेन में 'पब्लिक' का अर्थ वही है जो अमेरिका में 'प्राइवेट' का है)। लेकिन ऐसा लगता है कि वृन्दावन चन्द्रोदय मन्दिर ने खुद को विरासत का विशेष रक्षक मान लिया है। युधिष्ठिर स्वीकार करते हैं कि दुनिया के हरेक हेरिटेज टावर के पीछे एक इतिहास है। उनका इशारा एफिल टावर समेत सभी टावरों की ओर है, लेकिन उनका मानना है कि वृन्दावन का दावा विशिष्ट है। वे कहते हैं कि यह शहर एक धाम है, पूरे भारत में केन्द्रीय धाम। इस नाते यह गहरी जड़ों वाला पवित्र स्थल है, जिसे भारत ही नहीं बल्कि पूरी दुनिया के लिए एक सन्तुलित और सामंजस्यपूर्ण ढाँचा बनाना है। हम देख चुके हैं कि 'धाम' शब्द का पूरे वृन्दावन में प्रयोग किया जाता है, लेकिन एक विशेष विसंगति से भी सामना होता है, या कहें कि यह वीसीएम के आलोचकों को नजर आती है। ऐसे लोगों का कहना है कि भवन इतना विशाल है, और शेष वृन्दावन धाम से इतना अलग और आत्मप्रशंसा के भाव से इतना ओत-प्रोत

दिखता है कि यह मूल तत्त्व को ही हड़पता नजर आता है। यह विचार उनके गले नहीं उतरता कि ऐसा विशाल, आधुनिक किस्म का भवन वृन्दावन की विरासत के संरक्षण में योगदान देगा। दिल्ली के स्कूल ऑफ प्लानिंग ऐंड आर्किटेक्चर की नलिनी ठाकुर, जिन्होंने इस विषय पर काफी अध्ययन किया है कि 'विरासत' का क्या अर्थ होना चाहिए, इस पहलू को लेकर काफी नाराज हैं। उन्होंने कहा, "नया वृन्दावन जैसा कुछ नहीं है। वहाँ जो कुछ चल रहा है उससे वृन्दावन का कोई सम्बन्ध नहीं है।"[17] वैसे, अन्दर से यह कुछ अलग मामला दिखता है। वीसीएम की टीम के लिए 'विरासत' का अर्थ उस भवन से अभिन्न रूप से जुड़ा है जिसे वे बना रहे हैं—विरासत उस संवेदी भाषा में, जिसे 21वीं सदी के लोग समझ सकें और उससे खुद को जोड़ सकें।

छटीकरा रोड पर वैदिक ब्रह्मांडिकी

वृन्दावन चन्द्रोदय मन्दिर की शुरू में जो कल्पना की गई थी उसमें भवन के भूतल पर इसके इर्द-गिर्द विरासत से जुड़े कई तत्त्व शामिल किए जानेवाले थे—कृष्ण विरासत संग्रहालय, ब्रज के प्राचीन 'बारह वनों' की पार्क शैली में प्रस्तुति, और 'यमुना सरिता' के रूप में यमुना की प्रस्तुति (इस कृत्रिम धारा का यह नाम यमुना की अवनति दर्शाता है लेकिन इसे एक उदासी भरे, निराशाजनक रूप से आकर्षक एवं नियंत्रण योग्य रूप देता है)। ऊपर की मंजिलों पर विरासत को एकदम अलग पैमाने और कुछ भिन्न रूप में प्रस्तुत किया जाएगा। वीसीएम भक्तों को तेज गति वाले एलिवेटरों से मन्दिर की चोटी तक ले जाकर उन्हें 'वैदिक ब्रह्मांडिकी' का गहरा अनुभव कराएगा (चित्र 4.3)। यह विरासत की सबसे व्यापक और प्राचीन रूप में प्रस्तुति होगी। यहाँ आपको वृन्दावन धाम का अतुलनीय अनुभव प्राप्त होगा। मूल डिजाइन में केवल निचली मंजिलों पर लोगों की उपस्थिति की व्यवस्था की जानेवाली

चित्र 4.3 : प्रांगण में प्रस्तुत वैदिक ब्रह्मांडिकी। कॉफी टेबल किताब 'रीचिंग टु द स्काइ' में प्रकाशित चित्र। साभार : वृन्दावन चन्द्रोदय मन्दिर।

थी; उन पर मन्दिर, संग्रहालय, दफ्तर और फ्लैट बनाए जानेवाले थे। इसके ऊपर आप एक अलग संसार या संसारों में पहुँचाए जानेवाले थे। वीसीएम की पारदर्शी लिफ्ट में कदम रखते ही आप अपने को लम्बे हयात प्रांगण जैसे दिखनेवाले खाली स्थान में पाएँगे। और इतना ही नहीं, आपके वैदिक अनुभव को '5-डी' मीडियम से नियंत्रित किया जाएगा। अत्याधुनिक सिनेमा में दर्शकों की कुर्सी को कहानी की माँग पर घुमाकर '4-डी' मीडियम का अनुभव कराया जाता है लेकिन यहाँ गंध से लेकर बादल, वर्षा आदि का भी '5-डी' अनुभव कराया जाएगा। सर्वानन्द ने इन बातों के बारे में मुझे जब बताया तो मैंने पाया कि वे दूसरे उदाहरणों को प्रस्तुत करने की कोशिश कर रहे थे, लेकिन अन्त में उन्होंने इतना ही कहा कि इसमें "सब कुछ शामिल है।"[18] चलनेवाली 'सीट' के जिक्र ने मुझे कुछ आशंकित किया, मुझे लगा कि यहाँ सीट का मतलब लिफ्ट ही होगा, लेकिन सर्वानन्द ने मुझे आश्वस्त किया कि वास्तुकार कंपन करनेवाले कैप्सूल के बारे में नहीं सोच रहे हैं।

जहाँ तक डिजाइन के अवधारणात्मक तत्त्व की बात है, वह भी धाम की विशिष्टता का पालन करेगा।[19] जैसा कि 'रीचिंग टु द स्काइ' में बताया गया है, आपको मंजिल-दर-मंजिल चार धामों के दर्शन कराए जाएँगे। सबसे पहले भगवान राम की नगरी अयोध्या के दर्शन होंगे। इसका दायरा टावर की निचली मंजिल पर फैला होगा। इसके ऊपर की मंजिलों पर जो तीन धाम होंगे, वे एक-दूसरे से अधिक उत्कृष्ट होंगे। इस धरती पर श्रीकृष्ण के जीवन को डिजाइनरों ने जिस तरह कल्पित किया है उसके संकेन्द्रित प्रक्षेपण की ऊर्ध्वाकार अभिव्यक्ति यहाँ दिखेगी। इस संकेन्द्रित परन्तु ऊर्ध्वाकार ढलान पर स्थित दूसरा धाम है द्वारका—अरब सागर के तट पर बसा शहर, जहाँ श्रीकृष्ण ने आदर्श राज्य की स्थापना की थी और जो काफी कुछ राम की अयोध्या जैसा था। इसके और आगे, या वीसीएम के अनुसार, और ऊपर आप मथुरा धाम को पाएँगे। यह भी एक सांसारिक क्षेत्र है, एक शासनतंत्र के पूरे तामझाम के साथ एक साम्राज्य। लेकिन चूँकि यह ब्रज में है इसलिए इसे एक विशेष उत्कृष्ट रूप में प्रस्तुत किया गया है। मथुरा में ही श्रीकृष्ण ने मानव अवतार लेकर कुटिल कंस का वध किया था; राम की तरह उन्होंने भी एक धर्मयुद्ध किया था। इसलिए, तीसरा धाम राजनीतिक भी है और कौटुंबिक भी, लेकिन ब्रज के केन्द्र में स्थित होने के कारण यह न केवल सार्वजनिक और वयस्क है बल्कि निजी और बालोचित भी है। आखिर, श्रीकृष्ण का जन्म मथुरा में ही हुआ था। इसके बाद, और अन्त में चौथा धाम वृन्दावन है—अन्तरंगता, रसिकता एवं मित्रता का मूर्त रूप। वीसीएम में इसे गोलोक वृन्दावन कहा जाएगा।[20] संकेन्द्रित, क्षैतिज मॉडल के रूप में वृन्दावन धाम ब्रह्मांड के मध्य में होगा। लेकिन मन्दिर का क्षैतिजाकार शिखर

अब ऊर्ध्वाकार रूप में भी आकार ले रहा है। गोलोक वृन्दावन वृन्दावन चन्द्रोदय मन्दिर के सबसे ऊपरी भाग में स्थित होगा।

भागवत पुराण ने किसी भी क्षेत्र के उस सर्वोच्च दैवी भाग को गोलोक नाम दिया है जिसमें श्रीकृष्ण स्वयं प्रकट होते हैं। लेकिन जैसा कि इसके शाब्दिक अर्थ से प्रकट होता है, यह उस ग्रामीण क्षेत्र को कहा जा सकता है जिसमें श्रीकृष्ण ने सरल लोगों के साथ सरल जीवन जीने का निर्णय किया था। इसलिए, गोलोक वह सर्वोच्च दैवी स्थान है जिसका चेहरा मनुष्य और पशु के मेल से बना है और जो एक ही साथ ज्ञानातीत भी है और सर्वव्यापी भी। यथार्थ के इस सघनतम और सबसे कोमल क्षेत्र में प्रवेश करना चरम की अनुभूति है। वृन्दावन चन्द्रोदय मन्दिर ने इसे शब्दशः इसी तरह प्रस्तुत किया है।

चार धाम की यह योजना एक अतिरिक्त योगदान भी देती है। यह चार धाम के बारे में पूरे भारत की अवधारणा का इस तरह लाभ उठाती है मानो यह विशेष तौर पर वृन्दावन से जुड़ी है। चार धाम के बारे में वृन्दावन केन्द्रित दृष्टिकोण उस सम्प्रदायगत मिलावट के तत्त्व से आगे जाता है जिसे उन चार धामों की विशेषता माना जाता है जो इस उपमहाद्वीप की चार दिशाओं में स्थित हैं। वैष्णव और शैव, दोनों पंथ बद्रीनाथ (उत्तर) में, पुरी (पूरब), रामेश्वरम (दक्षिण), द्वारका (पश्चिम) में पाए जाते हैं। नये चार धामों की ब्रह्मांडिकी के साथ वीसीएम का डिजाइन उस पारम्परिक दृष्टि को परे धकेलता है जिसके साथ चार दिशाओं में पवित्र स्थलों की स्थापना से भारतीय उपमहाद्वीप को जोड़ने की अवधारणा जुड़ी है। वैष्णो देवी या ज्वालामुखी धामों में यात्रियों को होनेवाले अनुभव के विपरीत वीसीएम में जिन लोगों को ऊपरी मंजिलों में पहुँचाया जाता है वे खुद को शुद्ध वैष्णव जगत में पाते हैं।[21]

उत्तर भारत में लोग हिमालय पर्वत में स्थित चार पवित्र स्थलों को चार धाम मानते हैं—गंगोत्री, यमुनोत्री, बद्रीनाथ और केदारनाथ के मन्दिर। इनमें भी वैष्णव शुद्धता लुप्त है। केदारनाथ शिव का ही धाम है; पौराणिक कथाओं के अनुसार गंगा शिव और विष्णु, दोनों से जुड़ी हैं। वीसीएम इन झंझटों से एक बार फिर बच निकलता है। पूरी तरह वैष्णव वीसीएम भागवत पुराण की इस सर्वज्ञात स्वीकृति की पुष्टि करता है कि 'कृष्णस्तुभगवान स्वयम्', श्रीकृष्ण स्वयं भगवान हैं।

इस तरह, चार धाम की अवधारणा वीसीएम को काफी अवधारणात्मक आधार देती है, लेकिन दूसरे चार धाम भी इसमें शामिल हैं। चार भागों वाले इस दूसरे पदानुक्रम के लिए 'लोक' शब्द का प्रयोग किया गया है। मन्दिर की मूल कल्पना 'रीचिंग टु द स्काइ' में घोषित की गई है। इसके मुताबिक, जो लोग पारदर्शी कैप्सूल

एलिवेटर से गोलोक वृन्दावन तक आएँगे, वे न केवल दो मध्यवर्ती धामों से होते हुए बल्कि दो मध्यवर्ती लोकों से होते हुए चौथे और अन्तिम स्तर—हर यात्रा के गन्तव्य—तक इस संसार से ऊपर उठकर पहुँचेंगे जिसमें वे रह रहे हैं। इनमें एक मध्यवर्ती लोक है स्वर्गलोक, जिसे मन्दिर के एक मुखिया चंचलापति दास ने 'सदात्मा' के लिए 'अस्थायी पड़ाव' कहा।[22] इसके बाद वैकुंठ लोक होगा, जिसे भगवान विष्णु का लोक कहा जाता रहा है। लेकिन इसे चूँकि श्रीकृष्ण से ज्यादा श्री विष्णु के पदानुक्रम के रूप में माना जाता रहा है और उनसे जुड़ा माना जाता रहा है इसलिए इसे गोलोक वृन्दावन से जुड़ा माना जाता है। शिखर पर अन्ततः वहीं पहुँचते हैं लोग। इस तरह, गोलोक वृन्दावन जिन क्रमवार लोकों का शिखर है—जो उतना ही वैष्णव है लेकिन जिसकी अलग तरह से कल्पना की गई है—उन लोकों को समझने के लिए हमारे पास एक दूसरी व्यवस्था है।

वृन्दावन चन्द्रोदय मन्दिर में आनेवालों को आरोही क्रम में प्रस्तुत इन दोनों तरह के चार धामों और लोकों के अनुभव कराने का विचार किया गया था, लेकिन मुझे समझ में नहीं आ रहा था कि यह ठीक किस तरह होगा। उत्तर भारत में मेरे वार्ताकारों ने मुझे यह बताने से मना कर दिया कि यह सब व्यावहारिक या धर्मशास्त्रीय रूप से कैसे हो पाएगा। लेकिन वे जिसे 'वैदिक व्यवस्था' कहते थे उसके प्रति उनकी निष्ठा स्पष्ट थी। उनका कहना था कि यह भागवत पुराण की माँग है। वृन्दावन ही नहीं बल्कि विश्व-भर के वैष्णवों द्वारा पूजित वह उत्कृष्ट पाठ वास्तव में खुद को पाठ की दृष्टि से पाँचवाँ वेद, और चार वेदों से श्रेष्ठ भी घोषित करता है। यह सांसारिक दृष्टि से पाँचवाँ वेद है, इसकी रचना चार वेदों के बाद हुई। यह पाठ की दृष्टि से पाँचवाँ वेद है, क्योंकि यह महाकाव्यों की तरह सामान्य चार वेदों से आगे है। भागवत की तरह महाकाव्य भी आख्यानात्मक स्वरूप में है, जो कि चार वेदों से काफी भिन्न है। और दार्शनिक अर्थ में यह पाँचवाँ है, जिसमें पहले के चार वेदों के सन्देशों को एक जगह समाहित किया गया है, ऐसा इसके भक्तों का दावा है। इसी तरह, हम अगर चन्द्रोदय मन्दिर के खाके की बात करें तो कृष्ण से जुड़े लोक, गोलोक वृन्दावन ऐतिहासिक रूप से स्वर्ग की अवधारणाओं के लिहाज से बाकी सबसे ऊपर हैं। जिस तरह वेद एक-दूसरे से पहले आते हैं उसी तरह लोक भी एक-दूसरे से पहले आते हैं। और चन्द्रोदय मन्दिर के डिजाइनरों ने चूँकि इन ऐतिहासिक क्रमों को स्पष्ट रूप से प्रदर्शित नहीं किया इसलिए ऐसा लगता है कि वे इन्हें शीशे में प्रतिष्ठापित करने पर आमादा हैं। वे ऐसा दृश्य-तथ्य गढ़ने की कोशिश कर रहे थे, जो लोगों के दिमाग में बस जाए। मुझे लगता है कि उपमा के रूप में खुद चन्द्रोदय मन्दिर को नया भागवत पुराण या उसके समकक्ष माना जा सकता है।[23]

या, अगर आप भागवत पुराण के मुताबिक चलें, तो आप चन्द्रोदय मन्दिर के निर्माण को कृष्ण की उस लीला का आधुनिक रूप मान सकते हैं जिसमें उन्होंने अपने साथी ग्वालों को अपना विराट रूप तब दिखाया था जब ग्वालों को इसका भान होने लगा था।[24] लेकिन उस प्रसंग की मूल बात इस धारणा को दूर करना थी कि स्वर्ग और कहीं है बजाय इस धरती के या हमारे बीच के। यह सब एक विशाल ढाँचे के निर्माण में सन्दिग्ध रूप से प्रतिबिम्बित होता है, जो ढाँचा जमीन से जुड़े उस वृन्दावन को गौण बनाता है जिससे श्रीकृष्ण प्रेम करते थे। श्रीकृष्ण ने एक समय कंस के दूत अक्रूर को भी अपना विराट रूप दिखाया था, और यह नगर के बाहरी भाग में हुआ था।[25] लेकिन मथुरा जानेवाली सड़क का यह बाहरी स्थल नगर के दूसरे भाग में उस स्थल से अलग है जिस पर चन्द्रोदय मन्दिर बन रहा है। अक्रूर को तो ब्रह्मांड का अनुभव ऊँचाई पर नहीं बल्कि गहराई में जाकर हुआ था। उसे यमुना में स्नान करते हुए अचानक इसका अनुभव हुआ था, न कि इसकी उलटी दिशा में ऊँचाई पर चढ़ते हुए।

यह हमें वीसीएम के अनुभव के अन्तिम आयाम तक पहुँचाता है। मन्दिर के शिखर से जब चारों ओर नजर दौड़ाएँगे तब आपको क्या दिखेगा? अगर आसमान साफ हो तो 70 किलोमीटर दूर दक्षिण में आगरा में ताजमहल दिखेगा। इसका अर्थ यह नहीं है कि ताज मन्दिर में बदल गया है, जैसा कि पी.एन. ओक और उनके समर्थकों के दिमाग में हो चुका है, जिनका आश्चर्यजनक दावा है कि ताजमहल वास्तव में तेजो महालय है, शिव का मन्दिर, तप का महान स्थल। लेकिन यहाँ भी ताजमहल मूल रूप से संशोधित और पुनःपरिभाषित है। वृन्दावन चन्द्रोदय मन्दिर के शिखर से ताजमहल को देखने के लिए आपको नजरें नीची करनी पड़ेंगी। एक हिन्दू स्मारक एक मुस्लिम स्मारक से शब्दशः ऊँचा हो जाएगा।

2017 में उत्तर प्रदेश विधानसभा का चुनाव जीतने के बाद नरेन्द्र मोदी ने योगी आदित्यनाथ को वहाँ का मुख्यमंत्री बना दिया। योगी का कहना है कि ताजमहल पर्याप्त रूप से भारतीय नहीं है। उत्तर भारत की विशिष्ट हिन्दू-मुस्लिम संस्कृति में ताजमहल के मोल के बारे में ऐसा नकारात्मक विचार निन्दनीय हो सकता है लेकिन इस तरह की भावना कोई नई नहीं है। उत्तर-मध्य भारत में ताजमहल के ताज को नीचा दिखाने के लिए कई ढाँचे खड़े करने की कोशिशें हो चुकी हैं। आगरा में ही राधास्वामी सत्संग का स्वामीबाग मन्दिर है, जो 1904 से बन रहा है। इससे दूर उत्तर में आगरा-दिल्ली हाइवे पर मथुरा के पास जय गुरुदेव का विशाल मन्दिर बनाया गया है, जो ताज की नकल है।[26] वृन्दावन के प्रवेश द्वार पर मथुरा रोड पर पागल बाबा का मन्दिर है, जो 1981 में बना। इसे भी ताज का नया और बेहतर

संस्करण कहा जाता है। और अन्त में प्रेम मन्दिर है, जिसका डिजाइन ताजमहल से अलग है लेकिन यह ताज से बराबरी करने का दावा करता है। इसके प्रोमोटर कहते हैं कि इसका संगमरमर ताज के संगमरमर से अधिक स्वच्छ सफेद है। और दावा किया जाता है कि यहाँ ताज के दर्शकों से ज्यादा संख्या में दर्शक आते हैं।[27] लेकिन इन पिछले प्रयासों के बावजूद वृन्दावन चन्द्रोदय मन्दिर के सिवाय ऐसा कुछ और नहीं है जो ताजमहल पर शब्दशः और निर्णायक रूप से वर्चस्व जताता है। दूसरे सभी 'ताजमहलों' की तरह यह अपने डिजाइन या मूर्त रूपों में उसकी नकल की कोशिश को त्यागता है, बल्कि यह अपनी शर्तों पर चलता है। यह इतना ऊँचा है कि इस क्षेत्र के पूरे भू-परिदृश्य को बदल सकता है, और ताज शब्दशः उसकी छाया में खो जा सकता है। कुछ प्रोमोटरों ने कहा है कि वे उस दिन की प्रतीक्षा कर रहे हैं जब भारत आनेवाले हरेक पर्यटक की सूची में दुनिया के सातवें आश्चर्य के रूप में ताज की जगह वीसीएम का नाम होगा।[28] वैसे, मैं बता दूँ कि वीसीएम के अध्यक्ष ने ऐसी किसी मुस्लिम विरोधी होड़ से इनकार किया। एक समझ भरी मुस्कान के साथ उन्होंने इस बात पर भी सन्देह व्यक्त किया कि उनके नये मन्दिर से पता नहीं कितने दिन ताज साफ-साफ दिख पाएगा।[29]

नया असली इस्कॉन

छपी हुई और इंटरनेट पर आई खबरों और लोगों की बातचीत में मैंने सुना कि गगनचुम्बी मन्दिर का विचार इस्कॉन के संस्थापक के दिमाग की उपज है, जो प्रभुपाद के नाम से जाने जाते हैं। इस दावे के समर्थन वाले सन्दर्भों का सावधानी से दस्तावेजीकरण किया गया है। एक दस्तावेज 29 अक्टूबर, 1972 की ओर इशारा करता है, जब वृन्दावन में रूप गोस्वामी की समाधि पर अमेरिकियों के एक समूह के बीच प्रवचन देते हुए प्रभुपाद ने कहा था, "मनुष्य में गगनचुम्बी भवन बनाने की प्रवृत्ति होती है। जैसा कि आप लोगों ने अपने देश में किया भी है। इसलिए गगनचुम्बी भवन से ज्यादा लगाव नहीं होगा। लेकिन आप इस प्रवृत्ति का उपयोग करते हुए श्रीकृष्ण के लिए विशाल मन्दिर बनवा सकते हैं। इस तरह से आप अपनी भौतिक गतिविधियों का शुद्धीकरण कर सकते हैं।" वीसीएम जैसे भवन के निर्माण की बात 25 फरवरी, 1974 को भी उठी थी, जब प्रभुपाद अपने जीवन के अन्तिम वर्षों में थे। उन्हें यह कहते सुना गया था, "यह कृष्णा कन्शसनेस की कल्पना है। ओह, इतने सारे स्काइस्क्रैपर हैं। क्यों न श्रीकृष्ण के लिए एक सुन्दर गगनचुम्बी मन्दिर बनाया जाए? यही कृष्णा कन्शसनेस है।"[30]

इस तरह, ये दो हैं, लेकिन मैंने सुना है कि यह 1974 वाली बात न्यूयॉर्क में हुई थी, जब प्रभुपाद गगनचुम्बी इमारतों के बीच थे। किसी ने यह दिलचस्प बात नहीं बताई है कि 1920 और 1930 के दशकों में उस शहर में 'स्काइस्क्रैपर चर्चों' के निर्माण के लिए एक आन्दोलन चला था। और प्रभुपाद को भी शायद इसकी जानकारी नहीं थी।[31] इस्कॉन बंगलूरु पर पश्चिम का जैसा प्रभाव है वैसा दूसरी जगहों पर भी दिखता है। चंचलापति दास ने स्वर्गलोक के बारे में जो यह कहा है कि यह "सदात्माओं के लिए एक पड़ाव" है, वह मध्ययुग में ईसाई धर्म में जो 'पर्गटोरी' का विचार रखा गया था वैसा ही कुछ लगता है, बेशक हिन्दू परम्परा में भी ऐसा कोई विचार होगा।[32]

हम तो वर्तमान से रू-ब-रू हैं, उस वर्तमान से जिसका मुकाबला पश्चिम से है। वरना वीसीएम की रियल एस्टेट शाखा कृष्णभूमि के एक विज्ञापन में सुनहरे बालों वाली सुन्दर स्त्री की क्या जरूरत हो सकती है? विज्ञापन का यह बोर्ड कभी वीसीएम की जायदाद पर लगे विज्ञापनों का एक हिस्सा था (चित्र 4.4)। विज्ञापन वाली उस स्त्री के पति (ऐसा ही लगता है) को अपने फ्लैट की खिड़की से चन्द्रोदय मन्दिर की ओर देखते हुए अपने मोबाइल फोन पर बात करते दिखाया गया है। लेकिन इस मन्दिर के प्रचार में अपना जीवन लगा चुके लोगों के विचार

चित्र 4.4 : वृन्दावन चन्द्रोदय मन्दिर के प्रांगण में श्रीकृष्ण भूमि अपार्टमेंट्स का एक विज्ञापन बोर्ड जिसमें एक दम्पती को वृन्दावन चन्द्रोदय मन्दिर के साथ दर्शाया गया है। दिसम्बर, 2016।

से इसकी संरचना का उद्देश्य अतीत को भी प्रस्तुत करना है, 'आकर्षण' का एक ऐसा क्षेत्र बनाना है कि लोग उसके प्रति—मानो चुम्बकीय रूप से—खिंचे चले आएँ, जिसे युधिष्ठिर दास 'कृष्ण का ऐतिहासिक व्यक्तित्व' कहते हैं।[33] उन्होंने जोर देकर कहा कि यह किसी भी काल्पनिक चीज के विपरीत है। यह उस तरह की चीज नहीं है जो आप अमेरिका के किसी गार्डेननुमा मनोरंजन पार्क या यूनिवर्सल स्टूडियोज अथवा डिज्नीलैंड में पाते हैं। जब बच्चे बाल कृष्ण के साहसिक कृत्य देखते हैं—जिन्हें प्रभुपाद उनकी 'लीलाएँ' कहा करते थे—तो वे वास्तविक चीज देखना चाहते हैं कि 'इतिहास में वह किस तरह हुआ था', न कि उस तरह जिस तरह उसे हॉलीवुड या उनके अपने यहाँ के किसी और 'वुड' में प्रस्तुत किया जाता है।[34]

मेरे लिए यह आत्मविश्वास उल्लेखनीय है कि ग्रंथों में—मुख्यत: भागवत पुराण में—जो लिखा है वह ऐतिहासिक तथ्य का दर्जा रखता है। यह अधिक खिलंदड़े, लीला की व्यक्तिनिष्ठ संयोजन क्षमताओं का उलटा है, जो कि भागवत में महत्त्वपूर्ण एवं धर्मशास्त्रीय रूप से विविधतापूर्ण है। यह अधिक ताजा दौर के साथ प्रतिध्वनित होता है। उदाहरण के लिए, 19वीं सदी का कोई बंगाली विद्वान बंकिम चन्द्र चट्टोपाध्याय के बारे में सोच सकता है कि वे किस तरह एक ऐसे हिन्दू राष्ट्रवादी आख्यान का धर्मशास्त्र विकसित करने में जुटे थे, जो ब्रिटिश एवं ईसाई श्रेष्ठता के मिथक का जवाब दे सके।[35] इस्कॉन वालों ने वृन्दावन के श्रीकृष्ण को उस तरह नहीं त्यागा है जिस तरह बंकिम चन्द्र ने त्यागने का प्रयास किया था। वीसीएम मन्दिर में श्रीकृष्ण राधा के साथ चमकीले सफेद रंग में दिखते हैं लेकिन शेष चन्द्रोदय मन्दिर शुद्ध रूप से वीर रस से ओत-प्रोत दिखता है। यह पौरुष की उभरती अभिव्यक्ति है, और इसके निर्माण की प्रक्रिया का जो वीडियो है उसमें हम इसे अपने आधार से इस्पाती ताकत के साथ अचानक खड़ा हो चुका देखते हैं।

पुराने वृन्दावन के मृदुल, प्रेम-दीवानेवाले पहलू से जान-बूझकर पल्ला झाड़ने की कोशिश में हम हेगेलवादी 'ऑफहेबुंग' (उन्मूलन) या चेतना के उस पहलू का परिवर्तन अथवा खंडन देखते हैं जो बाद में इसे पहुँच से परे कर देता है। यह ऐसा परिवर्तन है जो उस प्रयास के समानान्तर चलता है जिसके अन्तर्गत प्रभुपाद ने भगवद्गीता को अपनी छवि में ढाला और इसके शीर्षक में इस बात पर जोर दिया कि उन्होंने इस प्राचीन पाठ का जो अपना आधुनिक संस्करण प्रस्तुत किया है वह भगवद्गीता को 'ज्यों-का-त्यों' प्रस्तुत करता है। इसी तरह, चन्द्रोदय मन्दिर के जिन ढाँचों में मन्दिर-निर्माण के हिन्दू मानदंडों का पालन किया गया है वे निचले तल

पर ही हैं, जो ऊपर बनते विशाल सुपरस्ट्रक्चर में दबे हुए नजर आते हैं और जिन्हें वह सुपरस्ट्रक्चर किसी और रूप में समाहित करता दिखता है।

इस सबको मीडिया से भी बल मिलता है, और इसी वातावरण में वृन्दावन चन्द्रोदय मन्दिर के निर्माण का विचार पहले उभरा। 21वीं सदी के पहले दशक में इस्कॉन बंगलूरु के चंचलापति दास और दूसरे लोगों ने 'बिग एनीमेशन' (मुम्बई की रिलायंस कम्यूनिकेशन की शाखा) के साथ मिलकर एनीमेशन सीरीज 'लिटिल कृष्णा' का निर्माण किया। एनीमेशन के लेखक, एम्मी अवार्ड विजेता जेफ्री स्कॉट इससे मुख्य रूप से जुड़े थे। 'लिटिल कृष्णा' को निक्केलोडेओन ने 2009 में भारतीय टेलीविजन पर जारी किया। यह तुरन्त हिट हो गया। इसने चंचलापति दास और इस्कॉन बंगलूरु के उनके साथियों पर गहरा असर डाला। उन्होंने देखा कि यह 1980 के दशक में भारतीय टीवी पर प्रसारित हुए 'रामायण' और 'श्रीकृष्ण' के कच्चे किस्म के एनीमेशन से कितना अलग था। उन्हें समझ में आ गया कि अब और क्या कुछ किया जा सकता है। इसलिए स्वाभाविक प्रश्न यह उठा कि अगर वृन्दावन को इसी तरह एनीमेशन में प्रस्तुत किया गया, तो क्या होगा? उन्हें यह महसूस हुआ कि इस तरह की तकनीकी प्रगति में गुप्त रूप से श्रीकृष्ण का ही हाथ है। सर्वानन्द को उस समय सत्याभास जैसा हुआ था जब यूनिवर्सल स्टूडियोज में किंगकांग को उन्होंने अपने सिर के ऊपर मँडराते देखा था और यह 'चमत्कारी' लगा था, लेकिन तब वे शायद केवल इतना सोच पाए थे कि इन्द्र देवता के कोप से हुई अविरल बरसात से बचने के लिए श्रीकृष्ण द्वारा उँगली पर उठाए गए गोवर्धन पर्वत के नीचे इकट्ठा होने का अनुभव कितना आनन्ददायी हो सकता है। वृन्दावन चन्द्रोदय मन्दिर ऐसा अनुभव कराने में सफल हो सकता है।[36]

तकनीक हर चीज को आसान बना देती है, और ज्यादा विश्वसनीय भी। वीसीएम की टीम के कई सदस्य ऐसा कहते रहते हैं। उन्हें यह सोचना अच्छा लगता है कि तकनीक उनके पक्ष में है। ये लोग—जिनमें सभी काफी युवा हैं—दावा करते हैं कि वे तकनीक की पढ़ाई कर चुके हैं यानी वे हमारी इस दुनिया के नये ब्राह्मण हैं। वे केवल पुजारी सरीखे ब्राह्मण नहीं हैं और न ही अनुष्ठान में निष्णात पुराने किस्म के 'टेकीज' हैं, बल्कि वे आज की दुनिया के प्रचारक और महत्त्वाकांक्षी आचार्य सरीखे हैं।[37] उनमें से कई तो सीधे आइटी संस्थानों से, जिनके लिए बंगलूरु प्रसिद्ध है, या शहर के दूसरे स्तर के स्कूलों से इस्कॉन में आए हैं। उनमें से कुछ तो दूसरी जगहों के तकनीक संस्थानों से प्रशिक्षित थे, शायद किसी प्रतिष्ठित आइआइटी से, लेकिन वे सब बंगलूरु आख्यान के शब्दशः हिस्से बन चुके हैं। साधु बननेवाले हरेक युवक को प्रशिक्षण लेने के लिए बंगलूरु जाना पड़ता है, इसलिए

तकनीकी श्रेष्ठता का इसका आभामंडल हरेक प्रशिक्षु के निजी अतीत का हिस्सा बन जाता है। इस तरह के व्यक्ति के जीवन के साथ 'तकनीक को छोड़ आए' या 'तकनीक समाहित' वाला विशिष्ट तमगा केवल इस्कॉन बंगाल की खासियत नहीं है; उदाहरण के लिए, इसे हम स्वामीनारायण सम्प्रदाय के युवा साधुओं में भी पाते हैं। लेकिन यह वीसीएम के मिथ में और नये मन्दिर की सेवा से जुड़े लोगों के जीवन में गहरे समाहित है।

वीसीएम के पेशेवर साधुओं में करुणा और भविष्य को लेकर सम्भावनाओं का भाव भरा हुआ है, और मानो इसकी पूर्व सूचना देता हुआ वर्तमान चमत्कारों से भरा है। मैं इस शब्द को बार-बार सुन चुका हूँ। फिर भी, भविष्य पर दृष्टि रखते हुए अतीत को पीछे नहीं छोड़ दिया गया है। बल्कि अतीत के गौरवों को वापस हासिल करने का भाव है। हमारे मित्र सर्वानन्द को लगता है कि इतिहास का जो वृन्दावन था वह एक दौर में 'बौद्ध दर्शन से प्रभावित था'। उस दौर ने हमें साँची का सुन्दर स्तूप, और वास्तव में मथुरा में बौद्ध अवशेष दिए। सर्वानन्द के मुताबिक, ये चीजें ब्रज की मूलत: वैष्णव पहचान के लिए प्रशंसा नहीं बल्कि विकर्षण के निमित्त थे और इस खेल को चाणक्य ने ही आकर इस क्षेत्र में श्रीकृष्ण के प्रति चेतना को पुन: जाग्रत करके उलट दिया। लेकिन यह भी वृन्दावन को 'बिखराव' के गर्त में जाने से नहीं रोक पाया। उन्होंने कहा, जरा राधारमण मन्दिर के चारों तरफ फैली गन्दगी पर नजर डालिए, और जहाँ तक बिहारीजी मन्दिर की बात है तो "उन गोस्वामियों को पैसे देकर उनसे जो चाहे करवा लीजिए"।[38] वीसीएम का उद्देश्य इन सबको वैदिक व्यवस्था के अन्तर्गत लाना है, और ऐसे लोग तैयार करना है जो यह काम कर सकें। संवाद विभाग से जुड़े कर्मचारी पहले अमीर और प्रभावशाली लोगों को मनाएँगे, इसके बाद भगवद्गीता के इस श्लोक के आधार पर रणनीति अपनाते हुए आगे बढ़ेंगे—

यद्यदाचरति श्रेष्ठस्तत्तदेवेतरो जनः।
स यत्प्रमाणम् कुरुते लोकस्तदनुवर्तते॥ (3.21)[39]

इस तरीके का प्रयोग करते हुए वीसीएम ने 'संस्थापक संरक्षकों' की एक सूची तैयार की, जिनके नाम वीसीएम के अस्थायी मुख्यालय में निर्माणाधीन मन्दिर के बड़े मॉडल के बगल में एक पट्ट पर प्रदर्शित किए गए हैं। ये वो स्त्री-पुरुष हैं जो अपने जीवन में मांसाहार, शराब, और परस्त्री/परपुरुष गमन से दूर रहेंगे, ये वीसीएम के अभियान के तहत बनाए जा रहे व्यापक समुदाय के आधारस्तम्भ सरीखे होंगे। अक्सर मैं सुनता कि उनके लिए मन्दिर की निचली मंजिलों में विशेष

क्वार्टर बनाए जाएँगे, जिसके वे मालिक नहीं होंगे—मन्दिर का कोई मालिक नहीं हो सकता—लेकिन वे विशिष्ट अतिथि होंगे और वे अपने स्तर के तथा समान विचार वाले दूसरे अतिथियों से मेलजोल रख सकेंगे।

सचमुच यह नया वृन्दावन है। यह वास्तव में नकदीमुक्त अर्थव्यवस्था होगी—2016 में प्रधानमंत्री मोदी द्वारा लागू की गई नोटबन्दी का सबसे बेहतर स्वरूप। वीसीएम को एक ऐसी जगह बनाने का इरादा है, जो उस कालिख से मुक्त होगी जिसे आम तौर पर पैसे और व्यापार से पैदा होनेवाली चीज माना जाता है। अब मैं यह पूछने की गुस्ताखी नहीं करूँगा कि इन आदर्श व्यक्तियों ने अपनी सम्पत्ति कैसे बनाई। लेकिन एक चीज साफ है। इनमें से ज्यादातर लोग बंगलूरु या कोलकाता से नहीं हैं, जहाँ से वीसीएम के ज्यादातर अहम विचारक और उद्यमी हैं, बल्कि वे दिल्ली और आगरा से हैं। मन्दिर की कल्पना भले ही वैश्विक है लेकिन नियमित रूप से आसपास के लोग ही मन्दिर में आएँगे। वे उसी तरह आसानी से वहाँ आ सकते हैं जिस तरह न्यूयॉर्क वाले हैम्पटन जाया करते हैं।

यह बिलकुल यथार्थपरक है, और ऐसी ही वास्तविकता वीसीएम परियोजना के साथ दिख रही है, जो भाई-भाई के बीच होड़ के रूप में है। इस तथ्य की अनदेखी नहीं की जा सकती कि वीसीएम का ताल्लुक इसके करीब के कृष्ण-बलराम मन्दिर से भी है (चित्र 4.5)। ये दोनों एक-दूसरे से होड़ लेते हैं। क्षेत्रीय पहलू से देखें तो यह बंगलूरु के दक्षिण-पश्चिम समूह बनाम अंग्रेज मन्दिर के प्रतिनिधित्व में उत्तर-पूर्व के 'मूल' इस्कॉन समूह के बीच की प्रतियोगिता है। राष्ट्रीय पहलू से देखें तो यह देसी भारतीय बनाम विदेशी का मामला है। इन दिनों कृष्ण-बलराम मन्दिर उतना 'अंग्रेज' नहीं है जितना पहले हुआ करता था। दूर-दूर से बसों में भरकर स्कूली बच्चे इसे देखने आते हैं। औरतें कोने में बैठकर माला गूँथती रहती हैं, जबकि सामने के हिस्से में दर्शन होता है। मन्दिर के सभी भंडारों में भारतीय लोग काम करते हैं और अनुष्ठान करवानेवालों में उनकी संख्या अच्छी है। लेकिन मन्दिर के अध्यक्ष अभी भी अमेरिकी हैं—बफलो के पंच गौड़ दास, जो मेकेडोनिया में पैदा हुए थे। इसके अलावा स्लाविक सूत्र भी गौरतलब है, क्योंकि हम देख चुके हैं कि रूसी लोग भी काफी संख्या में वहाँ मँडराते रहते हैं।[40] कुल मिलाकर 95 प्रतिशत भारतीयों के बावजूद यह अन्तरराष्ट्रीय रंग भी इसके आकर्षण का एक कारण है। ऐतिहासिक दृष्टि से कहें, जैसा कि सत्यनारायण दास के मामले में हुआ, तो स्थितियाँ हमेशा इतनी सौहार्दपूर्ण नहीं थीं। विदेशी लोग सत्ता की कुर्सियों पर बैठे थे और स्थानीय लोगों को उनका सम्मान करना पड़ता था।

चित्र 4.5 : भक्तों से भरा इस्कॉन का अंग्रेज (कृष्ण-बलराम) मन्दिर। नवम्बर, 2016

बाबाजी से जुड़े विवाद से ज्यादा उजागर थी गवर्निंग बॉडी कमीशन और मधु पंडित दास के बीच की लड़ाई। मधु पंडित दास इस्कॉन के सबसे सफल बंगलूरु मन्दिर के अध्यक्ष थे। इस लड़ाई के बारे में हम पिछले अध्याय में पढ़ चुके हैं। देसी भारतीय नेतृत्व में बंगलूरु ने इस सदी के शुरू होते ही इस्कॉन इंटरनेशनल से सम्बन्ध तोड़ लिया। इसको भारतीय न्यायपालिका ने 2002 में जायज भी ठहरा दिया, और 2014 में वे इस्कॉन के बंगलूरु मन्दिर के कानूनी मालिक बन गए, हालाँकि विरोधी पक्ष सुप्रीम कोर्ट में लड़ाई जारी रखे हुए है। इसका नतीजा वृन्दावन में भी दिख रहा है। दक्षिण में अपना आधार मजबूत करने के बाद अध्यक्ष मधु पंडित दास और उपाध्यक्ष चंचलापति दास अन्तरराष्ट्रीय रूप से प्रसिद्ध और स्पष्ट तौर पर देसी मन्दिर को—और यह जिस 'देसी' किस्म के संगठन का प्रतिनिधित्व करता है उसको भी—इस्कॉन के इतिहास के आख्यान में शामिल करने में जुटे हुए हैं। वे और उनका समूह दावा करता है कि वे प्रभुपाद की उसी तरह सेवा कर रहे हैं जिस तरह वे चाहते थे—'श्रील प्रभुपाद के इस्कॉन बंगलूरु' के सेवक के तौर पर, जैसा कि उनके प्रकाशनों में कहा गया है।[41] संगठन का ऋत्विक दर्शन योजना को प्रस्तुत करता है—जिस नये समूह को इस्कॉन से जुड़ने के लिए तैयार किया जाता है वह अपने नेतृत्व में एक मन्दिर बनाता है, लेकिन जैसा कि बंगलूरु मन्दिर

की शानदार सफलता दर्शाती है, जब ऐसा समूह बनता है तब क्या कुछ हो सकता है। और गगनचुम्बी मन्दिर उसकी सफलता की मिसाल बनेगा दुनिया के सामने।

इस कहानी में एक और पेच है। इंटरनेशनल इस्कॉन के संस्थापक के निधन के बाद से इसका जो स्वरूप हुआ उसके चलते मधु पंडित दास और उनके साथियों ने इससे मुक्त होने का फैसला किया और उन्होंने इसकी बंगाल शाखा से अलग होने की घोषणा कर दी। दरअसल, नबद्वीप के पास गंगा के उस पार मायापुर में ही चैतन्य महाप्रभु के प्रारम्भिक वर्ष बीते थे और उसी को हरे कृष्णा आन्दोलन का अन्तरराष्ट्रीय केन्द्र बनाया गया था। मायापुर में ही गवर्निंग बॉडी कमीशन की वार्षिक बैठक हुआ करती थी और जयपातक स्वामी इसके प्रमुख होते थे। जब मधु पंडित दास ने इंटरनेशनल इस्कॉन को विदा कह दिया, तभी विभाजन हो गया था। वे इसके विशेषकर बंगाल सूत्रों से भी अलग हो गए थे। वृन्दावन गगनचुम्बी मन्दिर का नाम ही इसे स्पष्ट कर देता है। इस्कॉन मायापुर में मायापुर चन्द्रोदय मन्दिर 1974 से मौजूद है और 2009 से इसके नये भव्य रूप का निर्माण शुरू हो गया था। मायापुर इस्कॉन में एक पुष्पा समाधि मन्दिर भी है, जिसे प्रभुपाद की स्मृति को सुरक्षित रखने के लिए बनाया गया है। यह स्मारक (समाधि मन्दिर) का ही प्रतिरूप है, जो वृन्दावन के अंग्रेज मन्दिर के परिसर का एक हिस्सा है और यह बताता है कि इंटरनेशनल इस्कॉन के दो 'पीठ' वृन्दावन एवं मायापुर किस तरह एक-दूसरे से जुड़े हैं। इन सबकी स्पष्ट नकल किए बिना नया वृन्दावन चन्द्रोदय मन्दिर इसे 'समाहित' कर लेना और गौण बनाना चाहता है।[42]

वृन्दावन और मायापुर में बन रहे मन्दिर कुछ मामलों में एक-दूसरे से काफी भिन्न हैं। मायापुर मन्दिर को वाशिंगटन डीसी की अमेरिकी कांग्रेस की इमारत की प्रतिकृति के रूप में बनाया जा रहा है। प्रभुपाद ने एक बार इच्छा व्यक्त की थी कि इस्कॉन का एक मन्दिर इस बिल्डिंग की शैली में बनाया जाए। हालाँकि मायापुर मन्दिर का गुम्बद कुछ हद तक अमेरिकी कांग्रेस की इमारत के गुम्बद जैसा है लेकिन यह चमकीले नीले 'फैबर्जे' रंग का होगा। यह बताया इसकी एक छात्रा उर्मिला मोहन ने, जिनके ध्यान में रूसी राजशाही के 'ईस्टर एग्स' थे। वास्तव में, रूसी तकनीशियनों का एक दल रूस में बने कलश लगा रहा है (चित्र 4.6)।[43] वृन्दावन चन्द्रोदय मन्दिर ने गगनचुम्बी मन्दिर बनाने की इच्छा का तो पालन किया है लेकिन कृष्ण गुम्बद के विचार को छोड़ दिया है। इसके बावजूद भाई-भाई के बीच होड़ कई रूपों में स्पष्ट दिखती है। जैसा कि वैदिक तारामंडल मन्दिर के नाम से स्पष्ट है, मायापुर में वैदिक ब्रह्मांड विज्ञान पर ज्यादा जोर दिया गया है, इसलिए आश्चर्य नहीं कि वीसीएम के

चित्र 4.6 : 'फैबर्जे' छवि के साथ मायापुर मन्दिर, चित्रकार की कल्पना में। वेबसाइट https://tovp.org पर मार्च, 2017 में देखा गया चित्र।

डिजाइन में भी तारामंडल जैसी व्यवस्था शामिल की गई है। मायापुर में गुम्बद के नीचे एक विस्तृत 'ब्रह्मांडीय झाड़फानूस' में तमाम मूल तत्त्वों के साथ मेरु पर्वत का चमचमाता सोने का मॉडल भी लटका होगा। यह सब उसी के अनुसार है जैसा भागवत पुराण में कहा गया है, जो कि भागवत सप्ताह के दूसरे दिन की टीका का मुख्य विषय है।[44] इसके विपरीत वीसीएम में तारामंडल अधिक सत्याभासी रूप में होगा, लेकिन मन्दिर के डिजाइनरों के दिमाग में इसका स्वरूप काफी प्रभावशाली है। इसे एक प्रेक्षागार में स्थापित प्रोजेक्टर से प्रस्तुत किया जाएगा।

एक और विशेषता है, जो इन दोनों भवनों के बीच तुलना करने को प्रेरित करती है। इस विशेषता की हम इधर समीक्षा करते रहे हैं। वृन्दावन की तरह मायापुर के मन्दिर में भी चार लोक प्रस्तुत किए जाएँगे लेकिन वे वही नहीं हैं जो वृन्दावन में प्रस्तुत किए जाएँगे।[45] नीचे से ऊपर चढ़ते हुए ये लोक हैं—देवी लोक (हमारी वर्तमान सांसारिक स्थिति), महेश लोक, हरि लोक, और अन्त में गोलोक। पहले तीन लोक शाक्त से लेकर शैव और वैष्णव पंथ वाली बंगला धार्मिक परम्परा की तीन महान श्रेणियों की पुनर्प्रस्तुति होंगे। और इन सबके ऊपर श्रीकृष्ण हैं। वृन्दावन में भिन्न परम्परा की खोज की गई है और लोक और धाम को पर्याय बताया गया है। लेकिन मायापुर में जो कुछ चल रहा है उससे साम्यता की अनदेखी नहीं की जा सकती है। यह सब क्षेत्रीय, धर्मशास्त्रीय प्रतियोगिता का रूप लेता है और इसे संरचनात्मक सन्दर्भों में अभिव्यक्त करता है।

एक तरह से यह होड़ नई और इस्कॉन केन्द्रित है लेकिन दूसरी तरह से यह सदियों पुराने तनाव को प्रतिध्वनित करती है। बंगाल और पुरी यानी पूरब में हम जो गौड़ीय वैष्णववाद देखते हैं और ब्रज यानी पश्चिम में जिस गौड़ीय वैष्णववाद का विकास हुआ, उन दोनों को अलग करनेवाले दृष्टिकोण में लम्बे समय से एक तरह का विशेष अन्तर रहा है। यह 16वीं सदी से शुरू हुए गौड़ीय आन्दोलन के इतिहास से जुड़े डीएनए का हिस्सा है। सारी दुनिया को ऐसा लगता है कि भाई-भाई वाली यह लम्बी होड़ खुद को अभिव्यक्त करने के नये तरीके ढूँढ़ रही है। इस बार यह होड़ दोनों पक्षों को मिल रही अन्तरराष्ट्रीय वित्तीय सहायता के कारण मजबूत हो रही है। बंगलूरु की अन्तरराष्ट्रीय पहुँच वाली आइटी फर्म इन्फोसिस मधु पंडित दास के उपक्रमों के लिए योगदान देनेवाली उल्लेखनीय कम्पनी है। मायापुर में जो कुछ हो रहा है उसमें डेट्राइट की फोर्ड मोटर कम्पनी की सम्पत्ति से काफी सहायता मिल रही है। वैदिक तारामंडल के मायापुर चन्द्रोदय मन्दिर के अध्यक्ष अंबरीष दास हैं लेकिन इस तथ्य को छिपाने की कोई कोशिश नहीं की जा रही कि वे वास्तव में हेनरी फोर्ड के पड़पोते अल्फ्रेड बी. फोर्ड हैं। कई वर्षों से वे इस्कॉन मायापुर के प्रमुख दानकर्ता हैं और इस विशेष भवन के लिए कई करोड़ दान दे चुके हैं। ऐसा लगता है कि तकनीकी आविष्कार से जुड़े ये कॉरपोरेट आइकन—शुरू में अमेरिकी, और अब भारतीय—आध्यात्मिकता से जुड़ी नई वैश्विक अर्थव्यवस्था के कौरव और पांडव बनने की होड़ में जुटे हुए हैं। ऐसा भी नहीं है कि परिवारों से जुड़ाव को पूरी तरह छिपाया जा रहा है। 30 जून, 2017 को मुझे वीसीएम व्हाट्सऐप पोस्ट मिला, जो कि फॉरवार्डेड था। इसके कोने में 'द यूथ' नामक संगठन का प्रतीक-चिह्न बना था और सफेद चादर ओढ़े एक व्यक्ति की फोटो थी, जो आरती कर रहा है, मेरे खयाल से मायापुर में (चित्र 4.7)। उस व्यक्ति के सिर के पीछे लाल वृत्ताकार घेरा बना हुआ है और यह सन्देश इस तरह लिखा हुआ है मानो यह मूल सन्देश हो—'भगवान श्रीकृष्ण की पूजा कर रहे ये कोई साधारण व्यक्ति नहीं हैं। ये दुनिया की सबसे अमीर अमेरिकी कार कम्पनी के मालिक हैं। इनका नाम अल्फ्रेड फोर्ड है।' और लाल रंग में लिखा है—'शेयर दिस मैक्सिमम' ताकि सारे नास्तिक इसे देख लें। मुझे लगता है कि यह सन्देश किसी रूसी व्यक्ति ने लिखा है।

ऐसा लगता है कि यह सन्देश पश्चिम यानी वृन्दावन की ओर से पूरब यानी मायापुर को सुलह का संकेत देने के मकसद से फॉरवर्ड किया गया है। लेकिन होड़ जारी है। इसके सूत्र हमें वृन्दावन में ही दिख जाते हैं। खुद को इस्कॉन से भी अधिक इस्कॉन का दिखाने के लिए वीसीएम के वास्तुकारों ने प्रभुपाद की तसवीर हर जगह लगा दी है, मानो वे उसी सड़क पर खड़े अंग्रेज मन्दिर

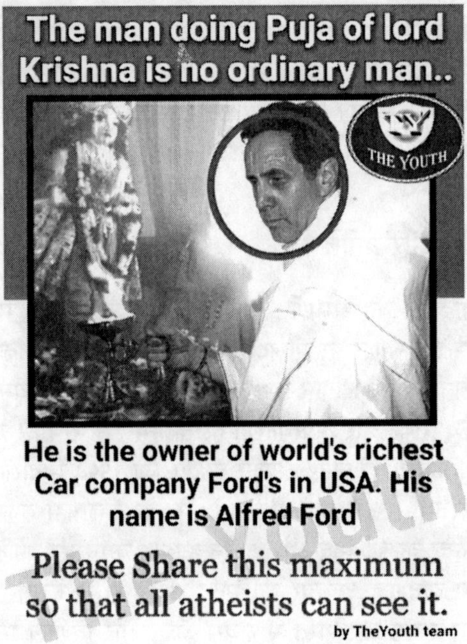

चित्र 4.7 : 'द यूथ टीम' के अल्फ्रेड फोर्ड का व्हाट्सएप सन्देश, जो वृन्दावन चन्द्रोदय मन्दिर की ओर से मुझे रोज भेजे जानेवाले सन्देशों में से एक।

को नीचा दिखाना चाहते हों। जैसे ही आप वीसीएम परिसर में प्रवेश करते हैं, विशाल साइनबोर्ड पर प्रभुपाद मुस्कुराते नजर आएँगे और यह सन्देश दिखेगा कि गगनचुम्बी मन्दिर की परियोजना विशेष तौर पर उनका ही विचार था। छटीकरा रोड के बाहरी हिस्से में हर जगह आपको यह प्रमाण मिलेगा कि बंगलूरु वाले लोग प्रभुपाद की विरासत को चन्द्रोदय मन्दिर के रूप में किस तरह साकार कर रहे हैं। ऐसा लगता है कि चेन्नै हवाई अड्डे पर लगे साइनबोर्ड पर जिस ए.सी. भक्तिवेदान्त मार्ग का संकेत किया गया है वह उनका ए.सी. भक्तिवेदान्त मार्ग है। वीसीएम और इसके साथ 'इनफीनिटी ग्रुप' द्वारा प्रायोजित रियल एस्टेट योजना 'कृष्ण भूमि' ने छटीकरा रोड को बाँटनेवाली बीच की पट्टी पर पूरा कब्जा कर लिया है। बड़े-बड़े साइनबोर्ड समय-समय पर प्रकट होते रहते हैं, 15-15 फुट की दूरी पर लगे छोटे बोर्ड जल्दी-जल्दी बदलते रहते हैं। उन्हें मथुरा रोड पर भी लगाया गया है, जहाँ वृन्दावन में प्रवेश करनेवाला यमुना एक्सप्रेसवे उससे मिलता है। इन बोर्डों के अन्दर रोशनी जलती रहती है इसलिए ये रात में भी पढ़े

जा सकते हैं। आपको उस भारत की शक्ति का अनुभव कराया जाता है, जो न तो बहुत स्थान-केन्द्रित है, न बहुत बंगाली या पश्चिम-केन्द्रित है। यह असली भारत है, असली नया भारत। वैसे, जब आप चन्द्रोदय मन्दिर की ओर बढ़ते हैं, बंगलूरु और गुड़गाँव आपस में जुड़ते नजर आते हैं।

दक्षिण—अतीत और प्रतीत

यह सब उस वृन्दावन का सम्पूर्ण परिवर्तन जैसा दिखता और महसूस होता है, जो 16वीं सदी से इस स्थान पर मौजूद है, और यह निश्चित है कि हम एक बड़ी टूटन के साक्षी बन रहे हैं। लेकिन हम अगर यह सोचते हैं कि वृन्दावन में दक्षिण का आगमन कुछ पराया और अप्रत्याशित है, तो हमें इस पर फिर से विचार करना पड़ेगा। खुद को किसानों की जगह रखकर देखिए, जो 1594 में दोसाइच और उसके आसपास की बस्तियों में तब रहते थे जब आमेर के कछवाहा राजा वहाँ आए थे। वे गोविन्ददेव मन्दिर के इर्द-गिर्द और जमीन हासिल करने की कोशिश कर रहे थे। यह मन्दिर मुगल बादशाह अकबर की मदद से 1590 में बनकर तैयार हुआ था (चित्र 4.8)। उस समय वह भारत में सबसे ऊँचा और विशाल मन्दिर था—400 फुट लम्बा और 300 फुट ऊँचा।[46] आप पूरे भूदृश्य में, पुराने तौर-तरीकों में आमूल

चित्र 4.8 : आमेर में, जिसके पास लगभग 1710 में जयपुर बसाया जानेवाला था, राजा जयसिंह-2 के महल की भोजनशाला में बने चित्र में गोविन्ददेव मन्दिर जिसके गर्भगृह के ऊपर का शिखर साबूत दिख रहा है।

परिवर्तन की बात करें! यह मन्दिर रियल एस्टेट के विकास के कई प्रयासों में एक था, जिसने इस स्थान के उस ग्रामीण परिवेश को बदल दिया जिससे आकर्षित होकर श्रीकृष्ण यहाँ आए थे। इससे जुड़ी पौराणिकता पास के कई नगरों के नामों में देखी जा सकती है, मसलन गोवर्धन, और अरीठ (उस भैंस रूपी राक्षस अरिष्ट का नाम, जिसे कंस ने श्रीकृष्ण से लड़ने के लिए भेजा था)। माना जाता है कि अरीठ नगर वही जगह है जहाँ यह युद्ध हुआ था। जरा कल्पना कीजिए कि इस प्राचीन धरोहर के स्वरूप को नये किस्म के उन मन्दिरों के द्वारा बदले जाने का अनुभव कैसा रहा होगा, जो वृन्दावन में 16वीं और 17वीं सदी में खड़े हो गए। गोविन्ददेव उस समय सबसे भव्य मन्दिर था। जिस व्यक्ति का परिवार उस दौर में वहाँ रह रहा होगा उसे यह चिन्ता जरूर सताती होगी कि मूल वृन्दावन इस हमले का किस तरह सामना करेगा।

राजा मान सिंह राजस्थान के आमेर के थे लेकिन उन्होंने कुछ सबसे महत्त्वपूर्ण जिन धार्मिक उपक्रमों को संरक्षण दिया वे वृन्दावन में थे, और जिनके साथ उन्होंने काम किए वे दक्षिण के थे। रूप और सनातन गोस्वामी गौड़ के थे और हुसैन शाह के दरबार में सेवक थे। वह शहर अब मुगल राज के अधीन था लेकिन रूप और सनातन के पूर्वज कर्नाटक से यहाँ आकर बसे थे और गौड़ में बसे कर्नाटक के प्रवासियों के समुदाय की सहायता करते थे। और, 'पुराने' वृन्दावन में राधारमण मन्दिर की स्थापना से जुड़े गोपाल भट्ट का क्या? वे भी दक्षिण के थे। बताया जाता है कि चैतन्य ने उन्हें श्रीरंगम में नियुक्त किया था। जब उन्होंने अपने 'हरिभक्तिविलास' में अनुष्ठानों के नियम निश्चित किए, जिनका तब के नये वृन्दावन में व्यापक तौर पर पालन किया गया, तो वे दक्षिण के मानदंडों को उत्तर में आयात कर रहे थे। दक्षिण के तीसरे प्रभावशाली व्यक्ति थे नारायण भट्ट, जो घमंडी के नाम से मशहूर हुए। वे अरीठ में बस गए और वहाँ आए पूर्वी भारत के कुछ साधुओं के दल में शामिल हो गए और इस जगह का नाम उनकी भक्ति भावना के अनुरूप राधाकुंड रखा गया। वहीं उन्होंने 1552 में अपना महान ग्रंथ 'व्रजभक्तिविलास' पूरा किया, जिसने ब्रज के नये भूगोल का निर्माण किया और इसके पुराने भूगोल की पुनः खोज की तथा उसे आधुनिक काल के लिए स्पष्ट किया। नारायण भट्ट के एक वंशज ने 17वीं सदी के अन्त में एक जीवनी लिखी जिसमें बताया गया है कि नारायण के पिता सुदूर दक्षिण में मदुरै के थे, लेकिन बीच में कुछ समय के लिए कहीं और भी रहे होंगे। इस जीवनी और 'व्रजोत्सवचन्द्रिका' (खुद नारायण द्वारा लिखित) के मुताबिक, नारायण का जन्म 1531 में गोदावरी के किनारे हुआ था। इसका मतलब यह हुआ कि उत्तर की ओर धीरे-धीरे आना हुआ। लेकिन यह मुद्दा तो बना हुआ

है कि वे भी दक्षिण से आए, जहाँ से 16वीं सदी के कई गोस्वामी आए थे और वास्तव में आज की तरह तब भी दक्षिण के लिए वृन्दावन महत्त्वपूर्ण था। जैसा कि हम पहले कह चुके हैं, मदुरै मथुरा का तमिल पर्याय लगता है, और वह इसी के नाम पर बना है।[47]

नारायण भट्ट का 'व्रजभक्तिविलास' एक उल्लेखनीय ग्रंथ है, जिसमें ब्रज के ग्रामीण क्षेत्र के हर अनुमानित वन, उपवन और घाट को सूचीबद्ध किया गया है और हर एक को श्रीकृष्ण के जीवन में आए किसी-न-किसी देवता या पात्र से जोड़ा गया है। इसके अलावा आनेवाले यात्रियों को निर्देश दिया गया है कि हरेक स्थान पर किस समय किस मंत्र का पाठ किया जाना चाहिए। एलन एंटविस्ल के मुताबिक यह ज्ञानकोश "वास्तविक स्थितियों का विवरण उतना नहीं करता जितना यह ब्रज के सम्पूर्ण उद्धार के लिए एक सम्पूर्ण बीजक प्रस्तुत करता है। और इसके लिए वह वर्तमान वस्तुओं का उपयोग करता है, चाहे वह कितना भी मामूली क्यों न हो, और बाकी का आविष्कार करता है।"[48] यह ब्रज के सम्पूर्ण उद्धार के लिए एक सम्पूर्ण बीजक प्रस्तुत करता है—यह क्या उसे प्रतिध्वनित नहीं करता, जो चन्द्रोदय मन्दिर के डिजाइन में है? स्पष्ट है कि स्थानीय तौर-तरीकों और चलन से दूर होने के कारण ही नारायण भट्ट ब्रज को स्थानीय लोगों के मुकाबले बिलकुल अलग नजर से देख पाए, और इसलिए ब्रज और वृन्दावन का जो परिवर्तन 16वीं सदी में हुआ उसका आधार जुटा पाए। क्या हमें आज बंगलूरु से वृन्दावन आनेवाले सिद्धान्तकारों और डेवलपरों के दृष्टिकोण में कुछ समानता नहीं दिखती है? वृन्दावन चन्द्रोदय मन्दिर के वास्तुकारों को हम आज के समय के रूप, सनातन और नारायण भट्ट के रूप में क्यों न देखें? यही बात कला के मामले में भी लागू होती है। ब्रज में आज रासलीला का जो स्वरूप है उसका श्रेय अकसर नारायण भट्ट को दिया जाता है। इसे मंचीय कला, मीडिया के मामले में ऊँची छलाँग कहा जाता है, जिससे 'विरासत' की रक्षा होती है। चन्द्रोदय मन्दिर में आज जो हो रहा है—इसका थीम पार्क, तीन की जगह पाँच आयामों में संवाद करने की कोशिश, और एनीमेशन को अपनाना—उसे नाटकीय सत्य के नये रूप की एक उपमा के रूप में देख सकते हैं।

समानताएँ यहीं खत्म नहीं होतीं। गोविन्ददेव मन्दिर और चन्द्रोदय मन्दिर की बाहरी दीवारों पर कोई मूर्ति नहीं सजाई गई है। गोविन्ददेव के मामले में ऐसा शायद शाही मुगल भावनाओं का खयाल रखने के लिए किया गया, और वीसीएम के मामले में ऐसा सम्भवत: अन्तरराष्ट्रीय आधुनिक सौन्दर्यबोध के सम्मान में किया जा रहा है। और आगे बढ़कर हम यह भी कह सकते हैं कि आज के अपने बन्धु

सरीखे वीसीएम की तरह गोविन्ददेव मन्दिर को भी इसलिए इतना ऊँचा बनाया गया कि आगरा में नदी के किनारे खड़े मुगल स्मारकों को छोटा दिखाया जा सके। स्थानीय गाइड जो कहानियाँ पैसे लेकर सुनाते हैं और जिसे श्रीवत्स गोस्वामी 'पंडा पुराण' नाम देते हैं उनके मुताबिक, इससे अन्ततः मुश्किलें पैदा हुईं। पांडे बताते हैं कि औरंगजेब ने गोविन्ददेव मन्दिर के शिखर को तुड़वाने का फैसला किया क्योंकि इस पर पंडित लोग जो दीये जलाते थे वे आगरा में लाल किले से दिखते थे। पंडों का कहना है कि औरंगजेब को इससे गुस्सा आता था और अपनी तौहीन लगती थी। लेकिन निश्चित ही यह सच नहीं है, इतिहास में कहीं इसका विश्वसनीय जिक्र नहीं मिलता। शुरू में इस मन्दिर को सहायता देनेवाले औरंगजेब ने मराठों और जाटों से अपनी सल्तनत को मिल रही चुनौती के कारण सियासी सबक सिखाने के लिए शायद इसके शिखर को तुड़वा दिया होगा।[49] वैसे, यह भी सन्दिग्ध ही है। गोविन्ददेव मन्दिर के संरक्षकों को औरंगजेब के पूरे शासनकाल तक वित्तीय सहायता मिलती रही और उसकी मौत से तीन साल पहले 1704 में यह सहायता और बढ़ा दी गई थी।[50] वास्तव में जो भी हुआ हो, आगरा और वृन्दावन के बीच जो एक तरह का कथित तनाव था, वह 16वीं सदी के कई प्रसंगों के कारण आज से जोड़ दिया गया है जिनकी परिणति वीसीएम में हुई है, जिसे ताज के सिर से ताज उतारने का माध्यम बनाया जा रहा है। तब भी और आज भी, आकर्षण का जो केन्द्र वृन्दावन में बनाया गया या बनाया जा रहा है, उसके सूत्र दक्षिण से जुड़े हैं। कर्नाटक मूल की रूप गोस्वामी और उनके उत्तराधिकारी गोविन्ददेव मन्दिर के संरक्षक थे, और आज की आइटी राजधानी बंगलूरु कर्नाटक की राजधानी है।

वास्तव में, गोविन्ददेव मन्दिर और वृन्दावन चन्द्रोदय मन्दिर भी राज्य के भूगोल से सशक्त जुड़ाव रखते हैं। मुगल दौर की आमेर-दिल्ली-आगरा-वृन्दावन धुरी हमें यह याद दिलाती है कि आज बंगलूरु, गुड़गाँव, दिल्ली और (फिर से) वृन्दावन के बीच क्या सम्बन्ध है। इसलिए यह उल्लेखनीय नहीं लगता कि 16 नवम्बर, 2014 को जब वृन्दावन चन्द्रोदय मन्दिर के भूमिपूजन के अवसर पर अधोलौकिक देवताओं के प्रमुख के रूप में आदिम सर्प के सम्मान में 'अनन्त शेष स्थापना' पूजा आयोजित की गई तो उसमें देश के राष्ट्रपति प्रणब मुखर्जी उपस्थित हुए। उसी साल भाजपा केन्द्र में सत्ता में आई थी। इस तरह के आयोजन में राष्ट्रपति का भाग लेना कांग्रेस शासन में भी हो सकता था। आखिर, कांग्रेसी प्रधानमंत्री मनमोहन सिंह ने 2005 में अक्षरधाम मन्दिर का उद्घाटन किया था। भारत में धर्मनिरपेक्षता का अर्थ यह है कि सरकार धार्मिक समूहों से बराबरी का सम्बन्ध रखेगी, यह नहीं कि वह ऐसे सभी समूहों से दूरी रखेगी। लेकिन नई भाजपा सरकार के प्रबल हिन्दुत्ववादी झुकाव और

वृन्दावन तथा इसके वृन्दावन चन्द्रोदय मन्दिर से जो हिन्दुत्ववादी सन्देश देने की साफ कोशिश की गई उसने दोनों को करीब ला दिया। इसलिए, नितिन गडकरी के लिए यह स्वाभाविक ही था कि 2019 के प्रारम्भ में वे ब्रज की पानी की समस्या को दूर करने की योजना की घोषणा वीसीएम से करते। वैसे, औपचारिक प्रचार में, अधिक धर्मनिरपेक्ष स्वरूप के अक्षय पात्र को उद्घाटन का मंच बताया गया, हालाँकि हर कोई जानता है कि अक्षय पात्र कहाँ है। अपने मजबूत हिन्दू आधार वाली शक्तिशाली भाजपा का दुनिया के सबसे ऊँचे, प्रकट रूप से हिन्दू मन्दिर से तालमेल बैठता भी है।

एनसीआर और इसके प्रणेता

यह एक और महत्त्वपूर्ण आयाम से हमारा सामना कराता है। चन्द्रोदय मन्दिर परियोजना का दक्षिणी नेतृत्व नये ढाँचे के बारे में जो कहता है उस पर जोर देकर, और दक्षिण वालों की पुरानी पीढ़ी और आज की पीढ़ी के बीच जो भयावह प्रतिध्वनियाँ हैं उन पर जोर देकर हम करीबी वास्तविकता को देख पाने में विफल रहे हैं। दिल्ली चुपचाप हमारे बीच आ बैठी है। 1974 में जब मैं यहाँ आया था उसके बाद से वृन्दावन की आबादी दोगुनी बढ़ गई है। लेकिन दिल्ली की आबादी 1971 में 40 लाख से बढ़कर कोई 1.9 करोड़ हो गई है।[51] जहाँ तक गुड़गाँव की बात है, जो वीसीएम परियोजना के मुताबिक नये वृन्दावन से दिल्ली के मुकाबले ज्यादा करीब है, उसकी आबादी तो 2001 और 2011 की जनगणनाओं के बीच 283 प्रतिशत बढ़ी है।[52] ये बातें भारत में सबको इस तरह मालूम हैं जैसे कि वे आम बातें हों। लेकिन इनका उस शहर पर नाटकीय असर पड़ा है, जो खुद को एक 'वन' के रूप में देखता रहा है। वृन्दावन दिल्ली की बाढ़ में डूब रहा है।

निर्जनता कभी भी अपने आप में कोई नैसर्गिक अथवा प्रदत्त चीज नहीं रही है। एक विचार के रूप में निर्जनता किसी बसे-बसाए क्षेत्र की तुलना में ही अर्थ ग्रहण करती है। और वृन्दावन का विचार हमेशा से शहरी संस्कृतियों के मानसिक विस्तार का एक हिस्सा रहा है—किंवदंतियों में भी, और 16वीं सदी में यमुना के किनारे बस गए क्षेत्र के रूप में भी।[53] यह कोई संयोग नहीं है कि इस निर्मित वृन्दावन ने उस सड़क के करीब आकार ग्रहण किया, जिसे शेरशाह सूरी ने यमुना के पश्चिमी किनारे पर मुगलों के सत्ता में आने के थोड़ा ही पहले बनवाया था। यह मुगलों की दो राजधानियों आगरा और दिल्ली के बीच की मुख्य सड़क बन गई। जहाँ तक वृन्दावन की बात है, शहर और वन से उसका जुड़ाव हमेशा बना रहा; लेकिन इसके साथ ही दोनों

के बीच दूरी भी बनी रही—विचार के स्तर पर भी, और स्पष्ट दिखती वास्तविकता के स्तर पर भी। वैसे, हाल के वर्षों में भारी परिवर्तन हो गया है। वीसीएम परियोजना के मुख्य वास्तुकार के दफ्तर से चन्द्रोदय मन्दिर कार से दो घंटे में पहुँचा जा सकता है, और इस पूरे रास्ते बस्तियाँ बस चुकी हैं। इस बीच, महानगर दिल्ली से आनेवाली गाड़ियाँ नदी के दूसरी ओर यमुना एक्सप्रेसवे से वृन्दावन पहुँच सकती हैं, जबकि यह महानगर फैलता हुआ साल-दर-साल वृन्दावन के करीब आता जा रहा है (चित्र 4.9)। लोग मजाक में कहने लगे हैं कि वृन्दावन जल्दी ही दिल्ली मेट्रो का एक स्टेशन बनने जा रहा है।

वैसे, ऐसा हुआ तो अच्छा ही होगा। अगर आप कार से दिल्ली से आनेवाली सड़क से आकर यमुना एक्सप्रेसवे से उतरकर वृन्दावन निकास पर आएँगे तो आपको असुविधाजनक स्थिति का सामना करना पड़ेगा। मसलन, 2017 के नववर्ष दिवस पर दोपहर में मैंने देखा कि एक्सप्रेसवे और शहर के बीच इतना जबरदस्त जाम था कि एक कार को आधा किलोमीटर की दूरी तय करने में तीन घंटे लग रहे थे। यानी जितने समय में आपने दिल्ली से यहाँ तक की दूरी तय की उससे ज्यादा समय स्थानीय ट्रैफिक के जाम में फँसे रहिए। फिर भी लोग यहाँ आते रहते हैं, वह भी कार से। यह सप्ताहान्त में परिवार के साथ सैर करने की जगह बन गई है। जब तक यह लत में शामिल न हो जाए तब तक सुखद है।

चित्र 4.9 : यमुना एक्सप्रेसवे के निकास स्थल पर वृन्दावन का रास्ता दिखानेवाले चिह्न, पीछे कई अन्तरराष्ट्रीय व्यंजनों के विज्ञापन दिख रहे हैं। जनवरी, 2017।

माना जा रहा है कि चन्द्रोदय मन्दिर इस तरह की स्थितियों से राहत दिलाएगा। यह शहर से काफी हट कर है, शहर के दूसरी तरफ और आधुनिक एक्सप्रेसवे से दूर। इसके साथ विशाल पार्किंग स्थल होगा, जो भविष्य की अनुमानित जरूरत को पूरा करेगा। फिलहाल तो यह सब अच्छा लगता है लेकिन ऐसी रमणीकता कब तक टिकेगी? इसी तरह की आशंका चन्द्रोदय मन्दिर में बनाए जा रहे धार्मिक वातावरण को लेकर उठाई जा रही है। माना जा रहा है कि सब कुछ श्रीकृष्ण के बारे में होगा, लेकिन ऑनलाइन पत्र 'इंडिया डेली टाइम्स' के रिपोर्टर ने वृन्दावन को 'भारत की आध्यात्मिक राजधानी' कहा तो वह ठीक ही था। यहाँ 'राजधानी' शब्द दिमाग में बस जाता है। वृन्दावन तेजी से मध्यवर्गीय, शहरी, राजनीतिक, नव-हिन्दू भारत का प्रतीक-चिह्न बनता जा रहा है और चन्द्रोदय मन्दिर खुद को उसके प्रतीक-चिह्न के रूप में ढाल रहा है।[54] इसलिए आश्चर्य नहीं कि इसके इर्द-गिर्द का क्षेत्र बाँके बिहारी मन्दिर या केशी घाट के इर्द-गिर्द के क्षेत्र के मुकाबले गुड़गाँव से ज्यादा मिलता-जुलता दिखता है। इस तरह के विस्तार ने ही दिल्ली को राष्ट्रीय राजधानी क्षेत्र (एनसीआर) के रूप में विस्तृत होने के लिए प्रशासनिक रूप से जरूरी बना दिया है। इसलिए आश्चर्य नहीं कि हेमा मालिनी चाहती हैं कि वृन्दावन भी इसमें शामिल हो जाए।[55]

इस दौर का जो मूड है वह हर जगह हावी है, और हम इसके बारे में पहले ही बहुत कुछ जानते हैं—रियल एस्टेट, नेशनल हाइवे-2 पर व्यापारिक इमारतों का निर्माण, किसी की साँसों में शराब की हल्की गंध। लेकिन, ब्रज की संस्कृति को यह नया एनसीआर किस तरह हड़प जाएगा इसका सबसे प्रकट उदाहरण यह है कि 2007-12 के दौरान उत्तर प्रदेश की मुख्यमंत्री रहीं मायावती ने ब्रज के महान तीर्थस्थलों को एनएच-2 पर स्थानान्तरित करने पर विचार किया था। वे तीर्थस्थल दिल्ली-आगरा हाइवे पर पड़ावों के रूप में खड़े होनेवाले थे, कोई बरसाना बननेवाला था, तो कोई नन्दगाँव, और गोवर्धन पर्वत के लिए भी जगह बननेवाली थी। छोटे-छोटे मनोरंजन पार्कों के साथ बने ये पड़ाव परिवारों के दिल बहलाने की जगह के साथ धरोहर के रूप में भी विकसित होनेवाले थे। इनके लिए आपको सड़क से दूर भी नहीं जाना पड़ता।[56] इस तरह के स्थानान्तरण के उदाहरण हिन्दू धर्म के इतिहास में भी मिलते हैं। दक्षिण भारतीय तीर्थ गोकर्ण के लघु रूप मथुरा और बनारस में मिलते हैं।[57] लेकिन इस मामले में महत्त्वपूर्ण अन्तर यह है कि स्थानान्तरण एक पवित्र स्थल से दूसरे पवित्र स्थल में नहीं हो रहा था बल्कि एक पवित्र स्थल से एक नये राजमार्ग पर हो रहा था। यह बाइपास की संस्कृति है।

आइए इस उभरते मेगालोपोलिस (महानगर) और वृन्दावन से इसके जुड़ाव के स्वरूप पर नये पहलू से विचार करने की कोशिश करें। आइए, हम वीसीएम के

मुख्य वास्तुकार रिंपेश शर्मा के गुड़गाँव स्थित दफ्तर चलें। यह चमचमाता दफ्तर स्पेज आइटी पार्क नाम के कॉरपोरेट परिसर में शीशे की दीवारों वाले कार्यालयों के शानदार भवनों में स्थित है। यह गुड़गाँव के सबसे फैशनेबल बिजनेस केन्द्रों में से एक है, और इस 'स्पेज' शब्द में जो 'ज' अक्षर है वह आपको तैयार कर देता है कि क्या कुछ सामने आनेवाला है। पहले तो यह एकदम भिन्न लगेगा लेकिन इससे पहले ही आप यह देख पाएँगे कि यह पारम्परिक भी है, परम्परा वह जो आज की है। इस 'ज' का प्रयोग गुड़गाँव और दूसरी जगहों पर भी हर जगह हुआ है ताकि पुराने शब्दों की ऊब को तोड़कर जोश पैदा किया जा सके।[58] घोषणा की जा रही है—"हम एकदम अलग हैं, हम 'हिप' हैं!" लेकिन पता चलता है कि हम उतने ही रूढ़िवादी हैं। भवन में प्रवेश करने के लिए आप शीशे के जिस फाटक को खोलते हैं उस पर खुदा हुआ है—'स्पेज : भविष्य का आह्वान कीजिए'।

रिंपेश शर्मा वास्तु कम्पनी 'इनजीनियस स्टूडियो प्राइवेट लि.' के दो संस्थापक निदेशकों में से एक हैं। उनके दफ्तर का पूरा माहौल युवा और सुव्यवस्थित था (चित्र 4.10)। पास कोड वाले दरवाजे से अन्दर आते ही बाईं तरफ कॉन्फ्रेंस रूम है। इसके ठीक आगे दो छोटे-छोटे कक्ष हैं जिनमें कुछ अधेड़ उम्र के व्यक्ति अपने जूनियर कर्मचारियों को निर्देश देते दिखे, और एक किनारे दो निदेशकों के लिए

चित्र 4.10 : गुड़गाँव के अपने दफ्तर में रिंपेश शर्मा। 2 जनवरी, 2017।

सुन्दर ऑफिस हैं। खिड़की से नीचे देखने पर पार्क जैसे स्थान में कुछ युवाओं को ब्रेक के दौरान बातें करते या इमारतों के बीच आते-जाते देखा जा सकता है। यह किसी वास्तुकार की ड्राइंग के जैसा दृश्य है, जिसमें कुछ स्वप्निल किस्म की आकृतियाँ कल्पना में उभरे ढाँचों की सजावट जैसी दिखती हैं। यह ह्यूस्टन है या सैन दिएगो? क्या यह वास्तविक है? इस कॉरपोरेट पार्क के फाटक उत्तर भारत की आम दुनिया को परे ही रखने में जुटे रहते हैं। आपको दिल्ली मेट्रो के शायद आखिरी स्टेशन तक पहुँचाने के लिए तिपहिए मिल जाएँगे, जो बाहर कोने पर अनुशासित खड़े होंगे। और अगर आप भारत के जायकेदार, ताजा फुटपाथी खाने का स्वाद लेना चाहते हैं तो आपको बाहर आना पड़ेगा। एक उद्यमी लड़का एक थाली ऐप के लिए 'फ्लायर' थमा गया, जिसके जरिये आप 'घर बैठे घर का खाना' मँगा सकते हैं, या शायद उसे आपके दफ्तर के कड़े पहरे वाले फाटक पर पहुँचा दिया जाएगा। मैं कह नहीं सकता कि घर का अनुभव सचमुच मिलेगा या नहीं।

गुड़गाँव रातोंरात उभर आया। शहर का यह हिस्सा पिछले दशक में बना है।[59] लेकिन ऐसा न लगे कि 'इनजीनियस स्टूडियो' ऐसे बहिर्नगर लोकेशन पर अपना दफ्तर खोलकर दिखावा कर रही है, इसलिए मैं बता दूँ कि कितनी समझदारी से जगह चुनकर इसके दफ्तर खोले गए हैं। उन्हें किसी 'एक्जीक्यूटिव' ऊपरी मंजिल पर नहीं खोला गया है बल्कि वे जमीन के काफी करीब पहली मंजिल पर हैं। इसका अर्थ यह हुआ कि आपको पूरी बिल्डिंग की सेवा के लिए बनी लिफ्ट की दया पर निर्भर नहीं होना होगा। सीढ़ियों का प्रयोग आसान है। रिंपेश शर्मा भी इसी तरह जमीन से जुड़े दिखते हैं। छरहरे, औसत कद के शर्मा कायदे से सिले गहरे रंग के सूट में पूरे ठाट-बाट वाले दिखते हैं। उनकी जैकेट की ऊपरी जेब में करीने से मोड़ा हुआ तिकोना सुन्दर रूमाल खोंसा हुआ दिखता है। लेकिन अपनी इस सुघड़ता (वैसे बता दूँ कि बाकी समय वे अनौपचारिक पोशाक में होते हैं) के बावजूद वे व्यवहारकुशल व्यक्ति हैं। उनका मोबाइल फोन अगर साइलेंट मोड पर न हो तो हमेशा बजता ही सुनाई दे। लेकिन वे काफी मिलनसार, संयत और साफ बोलनेवाले व्यक्ति हैं। उनका हाव-भाव आपको तुरन्त सहज बना देता है। शर्मा पंजाब के एक गाँव में बड़े हुए, और करीब के एक सरकारी कॉलेज में वास्तुकला की पढ़ाई की। उनके पिता एक फौजी थे, जिनका परिचय दुबई में किसी व्यक्ति से था, इसलिए शर्मा ने इस क्षेत्र में अपना कैरियर दुबई के बुर्ज खलीफा के साये में शुरू किया। एक दशक बाद वे भारत लौटे, जब वे 33 साल के ही थे। अब वे 40 से ऊपर की उम्र में पहुँच रहे हैं और उनकी कॉन्फ्रेंस टेबल पर रखे ब्रोशर, ब्लूप्रिंट, प्रचार पुस्तकें यही संकेत देती हैं कि अभी वे बहुत कुछ करनेवाले हैं।

अपनी तरक्की के बारे में वे जिस तरह बात करते हैं वह आपको उम्मीद से ज्यादा विस्मयकारी लग सकता है। अभी वे यह सोच रहे थे कि आगे क्या पढ़ाई करनी है कि एक पुराने दोस्त से हुई बातचीत से उन्हें पता चला कि वास्तुकला भी एक विषय है। उनके अपने नाम रिंपेश के पीछे भी कोई कहानी नहीं है। मैंने उनसे पूछा था कि क्या उसका तिब्बत के रिन्पोचे से कोई सम्बन्ध है? नहीं, उनके माता-पिता को बस इस शब्द से जो ध्वनि निकल रही थी वह पसन्द आ गई, इस शब्द का कोई अर्थ नहीं है। अगर कुछ होता भी तो उसकी बात तो बाद में उठती। इस तरह के कई प्रयोग उनके साथ होते रहे। जयपुर में उनकी एक मित्र अर्चना सुराणा ने अपने घर के दो कमरों में डिजाइन का एक स्कूल शुरू किया। रिंपेश उस समय युवा ही थे, उन्होंने उस स्कूल में आन्तरिक साज-सज्जा और वास्तु विद्या पढ़ाना शुरू कर दिया। वास्तु विद्या एक प्राचीन भारतीय विद्या है जिसमें चीनी फेंग शुई की तरह शुभ-अशुभ दिशा-स्थान आदि के बारे में बताया जाता है। यह विद्या संस्कृत के प्राचीन ग्रंथों में है और रिंपेश संस्कृत नहीं जानते थे, सो उन्हें पहले खुद पढ़ना पड़ा। लेकिन कुछ समय बाद दोनों मित्र अलग हो गए। कई वर्ष बाद उनकी यही मित्र एक वास्तुकार की खोज कर रही थी। उसके स्कूल में 600 छात्र पढ़ने लगे थे। उन्हें एक नये भवन की जरूरत महसूस हुई, तो सुराणा ने अपने एक मित्र से किसी फर्म का नाम बताने को कहा। 'इनजीनियस स्टूडियो' का नाम उभरा, और उन्हें यह देखकर सुखद आश्चर्य हुआ कि रिंपेश ही इस फर्म को चला रहे थे।

कुछ ऐसे ही संयोग से रिंपेश चन्द्रोदय मन्दिर से जुड़े। 2013 में वे पहली बार वृन्दावन गए, अपनी पत्नी और बेटे के साथ। वे गुड़गाँव से कार से चले और सबेरे साढ़े छह, पौने सात बजे के बीच वृन्दावन पहुँचे और एनएच-2 से अन्दर आते ही नाश्ते के लिए अक्षय पात्र के रेस्तराँ में रुके। वहाँ वीसीएम के एक आदमी ने उन्हें बताया कि वे मथुरा और आगरा के लिए आगे बढ़ने से पहले किस-किस मन्दिर में दर्शन कर सकते हैं। बातचीत के बीच रिंपेश ने अपना कार्ड उस आदमी के पास छोड़ दिया। एक साल बाद वे विमान में सवार होने के लिए तैयारी कर रहे थे कि उन्हें फोन आया—क्या वीसीएम का एक दल उनसे मिल सकता है? हाँ, अगर वह गुड़गाँव के सेक्टर 46 में उनके घर आ जाए, अभी तो वे हवाई अड्डे जा रहे हैं। सो, वह मुलाकात हुई। उन लोगों ने रिंपेश के बारे में पहले काफी कुछ पता लगा लिया था, रिंपेश को बाद में मालूम हुआ कि वे पहले दूसरों के पास जा चुके थे। अन्ततः वृन्दावन में उस सुबह हुई मुलाकात का असर हुआ, रिंपेश को वह काम मिल गया।

जैसा कि हम देख चुके हैं, वीसीएम के कई कर्मचारियों की जीवन-दृष्टि में आकस्मिकता का तत्त्व भी शामिल है, लेकिन वे इसे 'चमत्कार' कहते हैं। वरना

श्रीकृष्ण की आश्चर्यजनक लीलाओं को चमत्कार के इस बोध के बिना कैसे स्वीकार किया जा सकता है? रिंपेश के मामले में भी नहीं। जिन्दगी उनके रास्ते में जो-जो डालती रही उनके प्रति वे बस मस्तमौला बने रहे हैं। इसी तरह, उनका मानना है कि गहन विचारमंथन ही किसी योजना को सफल बनाता है, किसी मॉडल या ब्लूप्रिंट से ज्यादा 'एक सोच' महत्त्वपूर्ण होता है, वह भी खासकर एक मन्दिर जैसे भवन के लिए। योजना में लचीलेपन का तत्त्व निहित होना चाहिए। वे कहते हैं, "कुछ चीजें वक्त के साथ चलती हैं, और मन्दिर उनमें से एक है। वे चन्दे से बनते हैं, इसलिए आप किसी पर जोर नहीं डाल सकते...लोग आपका काम देखने के बाद आपका साथ देते हैं," और आप यह नहीं जानते कि आप कितने लोगों के लिए योजना तैयार कर रहे हैं। हाँ, रिंपेश जानते हैं कि वे बस उस क्षण के लिए जी रहे होते हैं, जब "पत्थर...हमारे सामने ढाला जा रहा होता है।" लेकिन इसके साथ सब कुछ गतिशील होना चाहिए—काम के बीच में ही निश्चित ही नया कुछ 'जोड़ा' जा सकता है। वास्तुकला का कमाल यह है कि ऐसा ढाँचा बनाया जाए कि जब समय आए तो उसमें कुछ जोड़ा जा सके।[60]

किसी वास्तुकार का काम एक ऐसा डिजाइन तैयार करना होता है, जो सम्बन्धित इमारत की माँगों के अलग-अलग पहलुओं का विशेष समाधान प्रस्तुत करने में पूरा लचीलापन बरते। परियोजना जितनी बड़ी होगी, लचीलापन उतना ज्यादा हो। उन्होंने कहा, "जब हम शुरू करते हैं, उस समय हमें कुछ पता नहीं होता कि इसके क्या-क्या हिस्से हो सकते हैं।" वीसीएम के लिए अग्नि सुरक्षा के मामले को ही लें। रिंपेश बताते हैं कि 30 मीटर से ऊँची इमारत के लिए इसके कोई नियम नहीं हैं, इसलिए आप बिल्डिंग अथॉरिटी के लोगों के साथ अपने सामान्य सम्पर्कों को भूल कर प्रदेश के अग्निशमन विभाग के दरवाजे खटखटाने लगते हैं। जब रिंपेश ने यह किया तो यह निर्णायक साबित हुआ। वीसीएम की कल्पना करनेवालों के दिमाग में इमारत की मंजिलों और अवतरणों की कोई कल्पना नहीं थी, उन्हें एनीमेशन का एक भव्य थिएटर चाहिए था, और काम करनेवालों को यह सब शामिल करना था। अगर कोई घटना हो गई तो लोग कहाँ शरण लेंगे? इमारत को अचानक ऐसा स्वरूप देना पड़ गया कि जिसमें ऊपर तक मंजिलें, और प्लेटफॉर्म बनने थे जिनका आपात स्थिति में इस्तेमाल किया जाना था। सबसे ऊपर की दो मंजिलों पर गोलोक वृन्दावन और प्रेक्षण-स्थल बनाना था, जहाँ से पूरे ब्रज और ताजमहल को देखा जा सके। उन्हें इस तरह डिजाइन किया जाना था कि निचली मंजिलों पर हुई किसी दुर्घटना की स्थिति में वे अभयस्थल का काम कर सकें। क्या इस दृष्टि से गोलोक वृन्दावन के अर्थ को बदला गया? रिंपेश के विचार से, जरा भी नहीं।

इस सबमें धर्म कहाँ है? क्या इसे कहीं ढूँढ़ा जा सकता है? आश्चर्य की बात है कि यह 'वैदिक' को लेकर रिंपेश की धारणा में प्रकट होता है। उनके लिए वैदिक का पाठों से कम ही सम्बन्ध है। "मेरे खयाल से, जो भी तर्कसंगत है वह वैदिक है। यह कोई पत्थर की लकीर नहीं है। यह कैलकुलेटर जैसा है।" अपने हाथ के कैलकुलेटर को दिखाते हुए वे कहते हैं कि "आप देख रहे हैं, इसमें नौ बटन हैं और आपको सारा हिसाब इन्हीं नौ बटनों से करना है।" वेद इस दृष्टि से गतिशील हैं कि पूरी तसवीर किसी के पास नहीं है। इसलिए आपको प्रयोग करते हुए अपना रास्ता बनाना है। वे कहते हैं, "सम्पूर्ण तसवीर स्थिर है।" बस हम उसका एक हिस्सा ही जानते हैं। इसलिए इस बात को ध्यान में रखकर ही सम्पूर्ण डिजाइन तैयार किया जाता है। एक बार फिर हाथों से आकार बनाते हुए वे कहते हैं कि यहाँ जो तसवीर उभरी वह एक केन्द्रीय स्तम्भ के साथ बने कोणीय ढाँचे की थी, जिसमें चक्कर काटते क्षैतिज आयाम शामिल थे। इसी तरह, जो वैदिक है वह प्राचीन है लेकिन निरन्तर परिवर्तनशील भी है।

रिंपेश को इस बात पर आश्चर्य है कि उन्होंने कैलकुलेटर की उपमा पहले से नहीं सोची थी बल्कि एकदम अचानक सूझ गई थी। लेकिन यह उपमा चन्द्रोदय मन्दिर को लेकर उनकी ठोस व गतिशील कल्पना के लिए सटीक लगती है, जिसके लिए विशाल नींव और बेहद मजबूत ढाँचा चाहिए और 'शायद 5-डी लेजर शो' के लिए भी व्यवस्था करनी पड़ सकती है। कैलकुलेटर वाली उपमा रिंपेश की इस मान्यता से भी जुड़ती है कि वे यहाँ किसी वास्तविक मॉडल पर काम नहीं कर रहे हैं। पहले बनाए जा चुके भवनों से सीख ली जा सकती है, लेकिन एक और भवन बना डालने में क्या रखा है? उन्होंने इस विचार को एकदम खारिज कर दिया कि चन्द्रोदय मन्दिर के तल में नदी के बहाव का जो अनुमान लगाया जा रहा है उसका अक्षरधाम मन्दिर से कोई सम्बन्ध है। "हम लोगों ने अपना कोई बेंचमार्क नहीं तय किया है।"

'वैदिक' के बारे में यह जो धारणा है, उसे क्या वास्तव में धर्म माना जा सकता है? इन दिनों हिन्दू भारत में पॉप-वेद जैसा सोच काफी चल पड़ा है—मसलन वैदिक गणित आदि। लेकिन वीसीएम में रिंपेश जिन सिद्धान्तकारों और धर्मशास्त्रियों के साथ काम कर रहे हैं उन्हें यह सोच सन्तुष्ट कर पाएगा इसमें सन्देह ही है। उनके 'वैदिक ब्रह्मज्ञान' के अनुसार उनकी कसौटियाँ अधिक कड़ी हैं। इसके बावजूद उनके और रिंपेश के झुकावों में एक सुखद तालमेल है। रिंपेश का दृष्टिकोण अपनी तरह से अधिक व्यापक है, और व्याख्या के साम्प्रदायिक मानदंडों की सीमाओं में कम बँधा है। उनकी टेबल पर पास में ही बन रहे नये शिव मन्दिर 'शंकर धाम वृन्दावन' के

अलावा उत्तर भारत के कई मन्दिरों के डिजाइन भी अगर मौजूद हैं तो इससे उनके दृष्टिकोण में कोई अवधारणात्मक समस्या नहीं पैदा होती है। जो चार किंगडम डिज्नी वर्ल्ड के चरित्र का निर्माण करते हैं वे पूरी तरह भिन्न-भिन्न हैं—वरना वे वैसा आकर्षण नहीं पैदा कर पाते जो वे सचमुच कर रहे हैं—लेकिन जमीन के नीचे कई सुरंगें और एक विशाल रसोई उन्हें आपस में जोड़ते हैं।

'इनजीनियस स्टूडियो' के सभी ग्राहक एनसीआर के ही नहीं हैं, उन्हें सुदूर सऊदी अरब में भी पाया जा सकता है, और न ही चन्द्रोदय मन्दिर के सभी विशेषज्ञ डिजाइनर करीब-करीब रहते हैं। इमारत के ढाँचे के काम का प्रभारी मुम्बई से काम कर रहा है, और प्रकाश-व्यवस्था का कंसल्टेंट ऑस्ट्रेलिया में है। और यह कोई समस्या नहीं है। आज भारत में राष्ट्रीय और अन्तरराष्ट्रीय कार्यप्रणाली के इस तरह के मेल का उदाहरण गुड़गाँव बना हुआ है, और इस मामले में वह अपने पड़ोसी शहर दिल्ली से आगे है। इस लिहाज से भी गुड़गाँव भी वही है, जिसके लिए वृन्दावन चन्द्रोदय मन्दिर बन रहा है, बल्कि उससे भी ज्यादा है। रिंपेश कहते हैं कि यहाँ जो ढाँचा बनाया जा रहा है उसे ऐसा तो होना ही होगा 'जिस पर पूरा भारत गर्व करे'। वास्तव में ऐसा नहीं है कि वृन्दावन चन्द्रोदय मन्दिर जो हासिल करना चाहता है, वही वृन्दावन का भी साध्य है, जबकि गुड़गाँव एक साधन के तौर पर है। बल्कि, साध्य और साधन आश्चर्यजनक रूप से एक ही दिखते हैं। और ऐसा लगता है कि वीसीएम के जन सम्पर्क कर्मचारी इसे अपनी दृष्टि से देखते हैं। उन्होंने 2017 के प्रारम्भ में जो प्रचार वीडियो बनाया उसमें रिंपेश को होस्ट और स्टार बनाया। यह वीडियो मेरे फेसबुक पोस्ट पर उस साल 27 जून, को दिखा। रिंपेश केवल उसी में नहीं दिखे।

गुड़गाँव जिसका प्रतीक है उस सबके और वीसीएम के बीच जो सम्बन्ध है वह अलग तरह से मजबूत हुआ है। वृन्दावन चन्द्रोदय मन्दिर ने 29 अप्रैल, 2018 को गुड़गाँव में ही अपने पहले 'सैटेलाइट सेंटर' का उद्घाटन किया। यह वहाँ राधारमणजी के रूप में श्रीकृष्ण के एक मन्दिर के निर्माण की उम्मीद करते हुए लीक से हट कर हुए आयोजन के रूप में किया गया। राधारमणजी ने ही 16वीं सदी में गोपाल भट्ट को दर्शन दिया था।[61] वृन्दावन और गुड़गाँव के बीच का यह नया सम्बन्ध कई तरह से अर्थपूर्ण है, जिसमें दोनों दिशाओं में महान शक्ति और प्रयोगों का प्रवाह हो रहा है। हाल में हमने गुड़गाँव से वृन्दावन की ओर के प्रवाह पर नजर डाली, लेकिन इस नये केन्द्र का निर्माण दूसरा दावा करता है—यह उम्मीद पैदा करता है कि महानगरीय, दुनिया से जुड़ा गुड़गाँव वृन्दावन के साये में आएगा। यह नया 'उपग्रह सरीखा केन्द्र' अमेरिकन एक्सप्रेस तथा कई दूसरी बहुराष्ट्रीय कम्पनियों के

साये में है; वे इसके करीबी पड़ोसी हैं। लेकिन इसका मकसद इसे एक बीज और दोष निवारक के रूप में भी उभारना है, एक भव्य वैष्णव 'मिशन चर्च' के रूप में। वीसीएम के एक आदमी ने बताया कि इसके आसपास शराब की छह-सात दुकानें पहले से मौजूद हैं।[62] यह मन्दिर दुनिया को गुड़गाँव की याद दिलाएगा कि किस चीज को बिलकुल नहीं छोड़ना चाहिए, और जैसा कि बंगलूरु में हुआ है, इसे एक ताकीद से अधिक एक आकर्षण, एक चुम्बकीय पत्थर, एक दिशासूचक बनना है।

बार-बार पुर्जे बदलना

वीसीएम परियोजना से गहरे जुड़े लोगों में एक गहरा मोह यह भी है कि इसका बहुत सारा हिस्सा हमेशा उनके लिए करने को बाकी पड़ा होता है। जब तक यह पूरा नहीं हो जाता तब तक यह कभी पूरा हुआ नहीं माना जा सकता, और उम्मीद यही की जाती है कि उसके बाद भी इसमें विकास होता रहेगा। इसकी मूल डिजाइन टीम के सदस्यों, जो इस्कॉन से ही आए हैं, के लिए इसके धार्मिक अर्थ हैं—श्रीकृष्ण आगे-आगे चल रहे हैं, वे एक अगुआ हैं जो उन सबको साथ चलने को कह रहे हैं। लेकिन वास्तुकारों के लिए अधिक फौरी चीज है संरचनात्मक पहलू। 20 करोड़ वर्गफुट में फैली इस परियोजना का बाहरी खाका—संगमरमर और शीशे का बाह्य खोल और भीतर की हर चीज का वजन उठानेवाले विशाल खम्भों का खाका एक बार तय हो जाए, तो फिर आन्तरिक हिस्से को ठीक करना, उसका विस्तृत खाका तैयार करना रह जाएगा। यहाँ स्थान का खाका तैयार करने में माहिर स्थल/अन्तरिक्ष विज्ञानी रिंपेश के उत्साह को महसूस किया जा सकता है—आन्तरिक हिस्सों को किस तरह अर्थपूर्ण बनाया जाए? उनका आकल्पन किस तरह किया जाए कि वे दानकर्ताओं और संरक्षकों को उत्साहित करें और अपना भी एक अस्तित्व ग्रहण करें? इस परियोजना के डिजाइन के तत्त्व उन दूसरे मन्दिरों की परियोजना से बहुत अलग हैं जिन्हें वे लागू कर रहे हैं। एक तत्त्व है ऊँचाई। लेकिन वे अक्सर इस बात पर जोर देते हैं कि अलग-अलग मंजिल की योजनाएँ काफी जेनरिक हैं। अन्तर इसी से पड़ता है कि अन्दर क्या है।

हालाँकि वे पहले ही कह चुके हैं कि वे केवल आम अर्थों में ही व्यक्तिगत तौर पर धार्मिक हैं, और यह भी कह चुके हैं कि "यह परियोजना हम लोगों को धार्मिक नहीं लगती है", इसके बावजूद मुझे लगता है कि रिंपेश जब भी चन्द्रोदय मन्दिर की योजना पर जोर देते हैं तब एक वास्तुकार के रूप में उनका निजी अनुशासन एक विशेष रूप में जाग जाता है, जिसे धार्मिक शब्दावली में 'साधना' कहा जा सकता

है। अपनी विशेष माँग के कारण वीसीएम इस तरह का अनुशासन आरोपित करता है कि रिंपेश के लिए श्रीकृष्ण की राह पकड़ना स्वाभाविक हो जाता है, और जब यह उभरता है तब वे इसे उत्साहपूर्वक अंगीकार करते हैं। इस परियोजना के बारे में बात करते हुए वे बहुत खुशी से 'हरे कृष्ण' कहकर अभिवादन करते हैं। उनका काम इस संरचना और इसके चारों ओर के लैंडस्केप परिसर को ऐसा बनाना है कि वह श्रीकृष्ण की वास्तविकता को प्रतिबिम्बित करे, और अपने असाम्प्रदायिक तरीके से वे इस भूमिका को अपनाते हैं।

'वास्तविक संसार' भी अपनी भागीदारी जताता है। 5 करोड़ रुपये से ज्यादा का शुद्ध वार्षिक मुनाफा कमानेवाली भारतीय कम्पनियों से 2013 के बाद से कहा जा रहा है कि वे कॉरपोरेट सामाजिक जिम्मेदारी के मद में अपनी कमाई का 2 प्रतिशत भाग दान दें, और इस मद में दिए गए दान को धार्मिक दान नहीं कहा जा सकता है। किसी मन्दिर के निर्माण के लिए दान देनेवाली कम्पनी को कोई सार्वजनिक श्रेय नहीं दिया जाएगा। इस तरह का दान पाने के लिए वृन्दावन चन्द्रोदय मन्दिर को मन्दिर से ज्यादा कुछ बनना पड़ेगा, वास्तव में मन्दिर से अलग कुछ। इसलिए आश्चर्य नहीं कि कम-से-कम कुछ सार्वजनिक सन्दर्भों में इसे वृन्दावन हेरिटेज टावर (वीएचटी) के नाम से जाना जाता है।

इस नाम से गूगल पर सर्च करें तो ढेरों सूचनाएँ मिलती हैं। लेकिन वीसीएम (आप चाहें तो वीएचटी कहें) ने जो प्रचार सामग्री जारी की है उसमें 'हिन्दू' शब्द आप कहीं नहीं पाएँगे। इसकी जगह 'सांस्कृतिक' शब्द 'वैदिक' का प्रयोग किया गया है—जैसा 'वैदिक मूल्य' शब्द में प्रयोग किया गया है। और 'धार्मिक' शब्द से बचने की कोशिश करते हुए 'आध्यात्मिक' शब्द का प्रयोग किया गया है। वृन्दावन हेरिटेज टावर केवल एक मन्दिर नहीं होगा बल्कि एक शिक्षापीठ होगा जहाँ विद्यार्थीगण 'हमारे' आध्यात्मिक मूल्यों और उनका प्रतिनिधित्व करनेवाले भगवद्गीता और भागवत पुराण जैसे पाठों में निहित अर्थों को अपने में समाहित कर सकेंगे। हम यह भी सुनते हैं कि इसमें 'उदय' भी निहित है। यह केवल गांधीवादी शब्द नहीं है। यहाँ यह अक्षय पात्र के काम और वृन्दावन को स्वच्छ बनाने की आम निष्ठा पर लागू होता है। दरअसल, 2017 में प्रसारण के लिए जो वीडियो, दावे के अनुसार उपयुक्त गम्भीरता से, बनाया गया था उसका आखिरी शब्द 'विरासत' ही था। और इसमें इस परियोजना को हिन्दू धर्म से अलग दिखाने का उल्लेखनीय प्रयास किया गया है, कम-से-कम कुछ दर्शकों के लिए। एक विशेष फीचर में युधिष्ठिर को "सुहैल मोहम्मद अल जरूनी, गिनीज वर्ल्ड रिकॉर्ड होल्डर, अल जरूनी फाउंडेशन के चेयरमैन एवं अल जरूनी महल में अमीराती उद्यमी" के साथ

दिखाया गया है। कई दृश्यों में दोनों व्यक्ति एक-दूसरे के सामने कैमरे के आगे खड़े दिखते हैं। उनके हाथ में 'गैर-वैदिक' कला का प्लास्टिक में लिपटा नमूना है जिसके लिए इस्कॉन प्रसिद्ध है। इसके साथ ही मन्दिर—या कहें कि हेरिटेज टावर—के बारे में प्रकाशित बड़े आकार का एक ग्रंथ भी है। कहीं अल जरूनी 'द भगवद्गीता ऐज इट इज' की एक प्रति ग्रहण करते भी दिखते हैं।

रिंपेश शर्मा वीएचटी उपनाम से असन्तुष्ट हैं, उन्हें 'टावर' नाम काफी सख्त और हृदयहीन लगता है, और वे उपयुक्त विकल्प की खोज में हैं। एक बार उन्होंने सोचा था—'भगवान श्रीकृष्ण का मोरपंख'।[63] वास्तव में, भवन जिस भूखंड पर बनेगा उसका डिजाइन रिंपेश ने मोरपंख के चित्र के रूप में स्वीकृत किया है, और उनकी एक इच्छा यह है कि परियोजना के 'क्षैतिज' पहलुओं को इसके ऊर्ध्वाकार आयाम के साथ अगले भाग में प्रस्तुत किया जाए। वे बताते हैं कि वीसीएम की दीवारों और ऊँचाई के लिए प्लान निश्चित कर लिये गए हैं लेकिन इस स्थल की जीवन्तता आन्तरिक भाग से प्रकट होगी। जीवन्तता वहाँ प्रकट होगी, जहाँ रिंपेश के मुताबिक, भवन के क्षैतिज आयाम हैं। ये इस स्थल से जुड़े लोगों के अनुभव को प्रतिबिम्बित करेंगे, उसका अनुमान लगाएँगे और उसे आकार प्रदान करेंगे। वे जैविक होंगे। लेकिन इस जैविक वास्तविकता को अस्तित्व में आने से पहले ही कैसे अनुभव किया जाए? इस परियोजना को जो '2.0' नाम दिया गया है उसका दूसरा भाग और 'कृष्णलीला थीम पार्क' इस पहलू को प्रस्तुत करने की कोशिश करता है, लेकिन केवल यह अन्दाजा देता है कि वह अनुभव क्या होगा। मार्च, 2017 में रिंपेश प्रतीक्षा कर रहे थे कि सही अवधारणा स्वतः प्रकट होगी। वे इसे अन्दर से उभारने की कोशिश कर रहे हैं।

यह कई भागों में बँटा स्थान है। इसके अपने ब्रह्मांडीय दावे और पहले की अवधारणात्मक विशिष्टता जो संकेत देती हैं उसके मुकाबले 'वैदिक ब्रह्मांड विज्ञान' वाला पहलू अधिक बड़ी योजना के उपयुक्त लगता है। भारतीय उपमा का प्रयोग करते हुए रिंपेश कहते हैं कि हम यहाँ उन विस्तृत प्रक्रियाओं की बात कर रहे हैं, जिसे वे पर्यटन—मनोरंजन, शिक्षण, अध्यात्म, और सांस्कृतिक धरोहर से जुड़ा पर्यटन—कहकर सन्तुष्ट हो जाते हैं, और टावर का मामला यहाँ आकर समाप्त होता है। शब्दशः भी ऐसा ही हो रहा है। पर्यटक पहले इन 'विस्तृत' प्रक्रियाओं का जायजा लेंगे और तब टावर पर ऊपर जाएँगे। मार्च, 2017 तक स्थिति यह थी कि 'विधवाओं का भोजन कराने की व्यवस्था' होगी, 'फूड फेस्टिवल के स्थल' होंगे, और इसके अलावा विशाल दुनिया होगी जो बिलकुल अपनी होगी, लेकिन सचमुच की दुनिया।

मेरे विचार से, नये वृन्दावन हेरिटेज टावर के सबसे उल्लेखनीय पहलुओं में एक है 'मूल्यों का आधार कक्ष', जिसके खम्भे टावर के ऊर्ध्व ढाँचे का भारी वजन सँभालते हुए आधार स्थल के क्षैतिज विस्तार में समाहित हो जाएँगे—और यह क्षैतिज विस्तार पर्यटनीय नहीं, नीतिसम्मत होगा। यह सबसे निचली मंजिल पर स्थित धाम यानी नैतिक अयोध्या को मूल कल्पना में दिए गए चौथे स्थान से लाक्षणिक रूप से ऊपर उठाना है। इस बड़े अवधारणात्मक रूपान्तरण में केन्द्रीय ढाँचे के गिर्द खड़े चार मुख्य खम्भे सत्य, दया, तपस्या, शौच (शुचिता) के खम्भे होंगे। ये 'सभ्य जीवन के चार खम्भे' होंगे। इन सिद्धान्तों को इस्कॉन के सिद्धान्तकारों ने भगवद्गीता से उद्धृत किया है। वास्तव में, इस भवन में नीति एवं मूल्यों के लिए एक संस्थान के अलावा भगवद्गीता के लिए भी एक संस्थान होगा। लेकिन उल्लेखनीय बात यह है कि रिंपेश और उनकी टीम ने इन मूल्यों को इस भवन के ढाँचे से संकेतित करने का एक रास्ता ढूँढ़ लिया है, मन्दिर के नीचे वाले तल पर। चार विशाल खम्भे दान के साधन भी हैं, आप उन पर अपना या अपने परिवार अथवा कम्पनी का नाम लिखवाकर इस पूरे उपक्रम के प्रति या इन चार आयामों में से किसी के प्रति अपने समर्थन एवं दान को अमर बना सकते हैं। पहले आओ, पहले पाओ। आपने जल्दी नहीं की तो अपनी पसन्द का स्थान नहीं हासिल कर पाएँगे। अनुमान लगाया जा रहा है कि हेनरी डेविड थोरो और राल्फ वाल्डो एमरसन के नाम इन खम्भों के गिर्द बने सेंट्रल हॉल में लगी पट्टिकाओं पर खुदे होंगे। ये गीता के प्रति उनकी भक्ति के प्रतीक होंगे। उनके साथ आप भी अपना नाम जोड़ सकते हैं।[64]

वीसीएम-2.0 या वीएचटी-2.0 का यह दृष्टिकोण वैदिक ब्रह्मज्ञान की अवधारणा को स्वरूप प्रदान करता है। पहले हम इस संसार या ब्रह्मांड को भागवत पुराण के विशेष आग्रहों के सन्दर्भ से जुड़ा देख चुके हैं। प्रारम्भ में हमने देखा कि संसार—वास्तव में ब्रह्मांड—उन चीजों से जुड़ा है जिन पर भागवत पुराण में विशेष बल दिया गया है। और भागवत पुराण ब्रजभूमि के विशेष चमत्कारों और श्रीकृष्ण के जीवन में उसकी भूमिकाओं का वर्णन कर चुका है। लेकिन अब हमारे पास भगवद्गीता के, जो भागवत पुराण की बड़ी बहन है, मुकाबले कहीं अधिक सौम्य दावे हैं। इस्कॉन के दृष्टिकोण से यह उस ग्रंथ को ध्यान का केन्द्र बनाता है, जिसने हरे कृष्णा आन्दोलन को दुनिया के बीच स्वीकृत करवाया और कहीं अधिक अन्तर्मुखी पुराण से ध्यान को विलग करवाया। प्रभुपाद ने जब 'द भगवद्गीता ऐज इट इज' तैयार कर लिया तब इसके बाद इसी पुराण पर अपनी ऊर्जा केन्द्रित की थी। अब यह उम्मीद नहीं की जाती कि वीसीएम-2.0 में आकर्षण की प्रबलता ऐसी होगी कि वह जादुई हो, जैसी कि पहले उम्मीद की गई थी। संवाद और प्रचार

प्रक्रिया का मूल रूपक अब आकर्षण नहीं बल्कि निर्माण है। शायद यह कहना ज्यादा सही होगा कि इन दोनों के बीच के सन्तुलन को बदला गया है, लेकिन ऐसा लगता है कि ढाँचे का 'वजन' ही ज्यादा प्रमुखता से प्रस्तुत किया जा रहा है मानो वीसीएम-1.0 में जो अनुमान लगाया गया था उसके मुकाबले यह, आकार लेते स्वरूप के लिए ज्यादा जरूरी हो। इस बात से इनकार नहीं किया जा सकता कि, जैसा कि रिंपेश कबूल करते हैं, "ढाँचा बहुत प्रभावशाली है।" इसे स्वीकार करते हुए, 'कृष्ण थीम पार्क' की अनिवार्य थीम को रद्द नहीं किया गया है बल्कि उसे अपनी नई जगह में रख दिया गया है, और इस अवधारणात्मक परिवर्तन की प्रक्रिया में वृन्दावन चन्द्रोदय मन्दिर ने शेष वृन्दावन से दूर जाने की लम्बी छलाँग लगा ली है। अपने डिजाइन में यह शहर के दूसरे किसी भी ढाँचे के मुकाबले हमेशा से ज्यादा पुंसत्वपूर्ण, मांसल रहा है—इसे लैंगिक कहने का दुस्साहस भी किया जा सकता है—लेकिन अब यह अपने वित्तीय पाँव जमीन पर टिकाने की कोशिश कर रहा है।

इस परिवर्तित, अधिक व्यावहारिक मिजाज के दूसरे उदाहरण भी हैं। जैसा कि सर्वानन्द ने कहा, एक होटल, स्कूल, या उनके शब्दों में एक "आतिथ्य संस्थान" बनाया जाएगा जिसमें रोजगार चाहनेवाले स्थानीय युवाओं को वह हुनर सिखाया जाएगा जिसके बूते वे वृन्दावन से बाहर भी नौकरी पा सकेंगे। सर्वानन्द के मुताबिक, उन्हें जो तौर-तरीके, पेशेवर व्यवहार सिखाए जाएँगे वे उन पंडों के क्रूर और दबंग तरीकों के उलट होंगे जिन्होंने 2002 में दक्षिण भारत से पहली बार वृन्दावन आए सर्वानन्द से बुरा बरताव किया था। इस संस्थान में कोई भी स्थानीय व्यक्ति गन्दी भाषा का प्रयोग नहीं करेगा, जिसका प्रयोग इन स्थानीय गाइडों ने सर्वानन्द के साथ आए उनके परिवार की बुजुर्ग महिलाओं के सामने भी किया था।[65] इसके विपरीत नये प्रशिक्षु इस्कॉन और श्रीकृष्ण के कुशल, प्रशिक्षित दूत बनेंगे, चाहे वे प्रशिक्षण पूरा करने के बाद जिस भी पद पर काम करें। आँकड़ों के उदाहरण भी दिए जा सकते हैं। रिंपेश और उनकी टीम ने जो कई स्लाइड्स तैयार की हैं वे इस तथ्य पर जोर देती हैं कि एक नई उत्पादन इकाई औसतन 45 रोजगार पैदा करती है जबकि नई पर्यटन सुविधा 78 रोजगार पैदा करती है। इस तरह के आँकड़े मैंने विश्वबैंक की 'गरीब समर्थक आर्थिक वृद्धि की पहल' के सन्दर्भ में भी देखे हैं। जहाँ तक वीसीएम और इसके कई रियल एस्टेट के उपग्रहों के बीच के सम्बन्धों की बात है, वे वीसीएम से औपचारिक रूप से जुड़े होंगे या नहीं, तो चन्द्रोदय टावर उन सबके लिए यूएसबी का काम करेगा, यह कहना है रिंपेश का।[66] उनका कहना है कि दरअसल वह पहले से ही काम कर रहा है।

महान नये वीसीएम परिसर की प्रचार सामग्री की जो पहली खेप आई—मान

लें 'रीचिंग टु द स्काइ'—उनके मुताबिक चन्द्रोदय मन्दिर को ठोस स्वरूप प्रदान करनेवाले आख्यान के रूपक और 'पुराने' वृन्दावन में प्रमुखता से उभरनेवाले रूपांकनों में स्पष्ट सम्बन्ध है। बच्चों को ध्यान में रखकर कुछ उन लीलाओं पर जोर दिया जा सकता है जो पुराने वृन्दावन में कोई भूमिका नहीं निभातीं, लेकिन एक सम्बन्ध रखती हैं। उदाहरण के लिए, श्रीकृष्ण द्वारा सर्प दानव अघासुर वध का प्रकरण प्रमुखता पाता है लेकिन इसका सम्बन्ध उस अधिक प्रसिद्ध प्रकरण से है जिसमें श्रीकृष्ण कालिय नाग पर नृत्य करते हैं। इस प्रकरण को परिक्रमा मार्ग पर कालिय दह नामक स्थान के द्वारा अमर बना दिया गया है। अब, यद्यपि वीसीएम-2.0 के मामले में, अगर हम पूरे परिसर पर विचार करें तो नकल जो है वह मूल सामग्री से इतनी अलग है कि वह सम्बन्ध नाम का ही रह जाता है।

चन्द्रोदय टावर वृन्दावन के मुकाबले दिल्ली और देश को ज्यादा साकार करता है, और इसकी कुछ वजह सार्वजनिक चन्दे से सम्बन्धित दबाव है। मार्च, 2017 में सर्वानन्द दास से हुई बातचीत से पता चलता है कि इस मामले में पहले के मुकाबले बड़ा परिवर्तन हुआ है। मुझे यह देखकर काफी आश्चर्य हुआ कि इस बातचीत में वे कृष्ण और उनकी चमत्कारी शक्तियों का शायद ही उल्लेख कर रहे थे। इसकी जगह मैंने धर्मनिरपेक्षता से सम्बन्धित व्यावहारिकताओं के बारे में सुना, जो इस धार्मिक परियोजना को सफल बना सकती हैं। उस समय रिंपेश शर्मा का रुख कुछ अलग था। उनका काम ऐसा था जो बिक्री से सम्बन्धित दबावों से कम बाधित होता था, इसलिए वे ज्यादा खुलकर बोल सकते थे। लेकिन उनमें भी कुछ बदलाव महसूस हुआ, जिसे उनके शब्दों में क्षैतिज कहा जा सकता था। वे इस दुनिया और इसकी जटिलताओं पर तीन महीने पहले के मुकाबले ज्यादा ध्यान देते दिख रहे थे।

एक साल और बीतने के बाद मूड में एक और बदलाव आया, और इसके क्षैतिज तथा ऊर्ध्वाकार, दोनों आयाम थे। जुलाई, 2018 में हुई एक बातचीत में सर्वानन्द दास ने बड़े उत्साह से बताया कि वीसीएम परियोजना कैसे विविध आयामी हो गई है और उसका विस्तार हो गया है, मानो क्षैतिज रूप से। इसने न केवल गुड़गाँव में नये राधारमण मिशन मन्दिर (शब्द उनके नहीं मेरे हैं) के लिए जमीन हासिल कर ली है बल्कि गुड़गाँव और फरीदाबाद में काफी लोकप्रिय अंग्रेजीभाषी 'कल्चर शिविर' स्थापित किया है। ये दोनों 'क्लासिक' दिल्ली की सीमा पर स्थित हैं। ऐसे कई शिविर पूरे शहर में बनाए जाएँगे। अभिभावकों को लगता है कि उनके बच्चों को भारतीय धार्मिक विरासत के विभिन्न पहलुओं के बारे में शिक्षा दी जाए, जिसे इन बच्चों के अंग्रेजी मीडियम स्कूलों के पाठ्यक्रम में शामिल नहीं किया जाता है। मेरे विचार से यह एक क्षैतिज विकास है, न केवल इस दृष्टि से कि यह

वृन्दावन नहीं मगर फैलते महानगर के लिए है बल्कि इसलिए भी कि यह वीसीएम के उस दायरे का निर्माण नहीं करता जिसमें वह निवास करता है, जैसा कि पहले के 'आकर्षण' के मॉडल के साथ था, बल्कि उसे समाहित कर लेता है। जब 'ब्रज धरोहर उत्सव' अगस्त, 2018 में परिदृश्य पर पहली बार उभरा, वह वृन्दावन आधारित था लेकिन वह इस अधिक सामान्य 'क्षैतिज' क्षेत्र का हिस्सा था। इस उत्सव में युवाओं के लिए संगीत, नाटक, नृत्य की प्रतियोगताएँ आयोजित की गईं और उन्हें गीता और पुराणों की कहानियों के अपने ज्ञान को भी प्रदर्शित करने का अवसर प्रदान किया गया। इस तरह की प्रतियोगिताएँ इस्कॉन बंगलूरु में काफी सफल हुई थीं। और जैसी कि वीसीएम के आयोजकों को उम्मीद थी, मथुरा-वृन्दावन क्षेत्र के स्कूलों के कोई 10,000 युवाओं ने इसमें भाग लिया। प्रतियोगिता वाला यह पहलू इस नई परियोजना को 'क्षैतिज' क्षेत्र में मजबूती से स्थापित करता है; यह भारत में पाठेतर निजी शिक्षण का प्रतीक है, और इसकी मजबूत प्रतिध्वनि विदेश में भी मिलती है। यह कोई संयोग नहीं है कि हाल के दिनों में अमेरिका के हिन्दू बच्चे राष्ट्रीय स्पेलिंग प्रतियोगिता में प्रमुखता से भाग ले रहे हैं।[67]

जहाँ तक ऊर्ध्व पहलू की बात है, उसमें भी वीसीएम ने अपनी प्रारम्भिक योजनाओं का महत्त्वपूर्ण समायोजन किया है। यह इस तथ्य के मद्देनजर कुछ समय से सतह के नीचे आकार ले रहा था कि 2 प्रतिशत के कॉरपोरेट सामाजिक उत्तरदायित्व टैक्स के जरिये भारतीय कम्पनियों को निशाना बनाने के बावजूद 'धरोहर' रीब्रांडिंग अभियान में उम्मीद के मुताबिक पैसे ज्यादा नहीं आ रहे थे। इससे भी बुरी बात शायद यह थी कि प्रधानमंत्री मोदी के नोटबन्दी के फैसले ने भारत के 'असंगठित' आर्थिक क्षेत्र से अपेक्षित बड़े नकदी चन्दे का रास्ता बन्द कर दिया। इन असुविधाजनक वित्तीय वास्तविकताओं के नाटकीय प्रभावों के कारण उस पूरी योजना को रद्द कर दिया गया जिसके तहत वीसीएम की अधिकांश भीतरी खाली दीवारों पर वैदिक ब्रह्मांड विद्या को प्रस्तुत किया जाना था। एक समय तो ऐसा लगा कि खाली जगह को उसी तरह अपार्टमेंटों से भरा जाएगा जिस तरह दुनिया-भर में हाल में बने सूईनुमा टावरों की कई मंजिलों को भरा गया है (चित्र 4.11)। पहले, वीसीएम टावर की कल्पना एक विशाल दर्शनीय स्थल के रूप में की गई थी। इस बदलाव ने कम-से-कम आंशिक तौर पर तो स्थिति को उलट दिया। अब आप अपने फ्लैट में बैठे-बैठे ही पूरा वृन्दावन और ब्रज के बड़े भाग के दर्शन भी कर सकेंगे।

सर्वानन्द ने बताया कि ऐसे कुछ फ्लैट तुरन्त खरीदे जा सकेंगे, बाकी को कुछ-कुछ समय के लिए बारी-बारी से अलग-अलग लोग हासिल कर सकेंगे।[68] और आप जितने ऊपर जाएँगे, आपकी हैसियत उतनी बड़ी आँकी जाएगी—माली

चित्र 4.11 : वृन्दावन चन्द्रोदय मन्दिर के उत्तर-दक्षिण खंड का खाका, 'रीचिंग टु द स्काइ' के एक संस्करण से। इसमें टावर की ऊपरी मंजिलों पर 'गोलोक सुइट्स' नाम के अपार्टमेंट होंगे, जो नीले रंग वाली मंजिलों ('व्यूइंग गैलरी') शुरू होने के ठीक पहले होंगे। साभार : वृन्दावन चन्द्रोदय मन्दिर।

हैसियत। ऊपर की मंजिलों के फ्लैट महँगे होते जाएँगे और वे आपको उस कुलीन तबके में शुमार करेंगे जिसमें आप हैं। मैनेजमेंट की चालू शब्दावली में आपको 'ऊँचे नेटवर्क' में शुमार माना जाएगा, आप केवल इसलिए मूल्यवान नहीं माने जाएँगे कि आप कितने साधन-सम्पन्न हैं बल्कि इसलिए कि आपकी पहुँच किस हैसियत वालों तक है। जैसा कि सर्वानन्द ने कहा, "आपको उस तरह की फंडिंग चाहिए तो... वे अच्छे व्यवहार की अपेक्षा रखेंगे।" फिर भी, 'प्रीमियम' तीर्थ पर जोर देने का मतलब सिर्फ यह नहीं होगा कि यह सेकुलर मार्केटिंग होगी। सर्वानन्द जोर देकर कहते हैं, "आप तीर्थ में ही रह रहे हैं।" यहाँ उन्होंने उस संस्कृत शब्द का प्रयोग किया, जिससे उस तीर्थ की ध्वनि निकलती है जिसमें धार्मिकता प्रमुख है। पहले,

निजी हो या साझा, निजी स्वामित्व को एक बाधा माना जाता था। इस बात पर जोर दिया गया कि वृन्दावन चन्द्रोदय मन्दिर में आप जो सम्पत्ति लेंगे वह सिद्धान्ततः उस सम्पत्ति से भिन्न होगी जो आप कृष्ण भूमि में लेंगे, यद्यपि दोनों के उद्यमी पड़ोसी होंगे और वित्तीय साझीदार भी होंगे। ठीक सामने के रियल एस्टेट के विपरीत इन मन्दिर परिसरों में कोई स्वामित्व नहीं होगा। वृन्दावन के सभी मन्दिरों की तरह, वास्तविक स्वामी वहाँ स्थापित देवता होंगे। लेकिन अब सीमा-रेखाएँ गड्डमड्ड हो रही हैं, वैसे ही जैसे मन्दिर के लिए जमीन हासिल करने के मामले में हुई थीं।

क्या यह दुनियादारी के आगे समर्पण करने, अलौकिक शुद्धता के मौलिक आदर्शों को खत्म करने के लिए किया गया? यह सवाल थीम पार्क वाले पहलू के मामले में भी उठता है। इन लीला पार्कों को अब, मुनाफे के लिए बेचे जा रहे स्थानों के रूप में पेश किया जा रहा है जिन्हें फ्रैंचाइज के रूप में बाहरी खरीदारों को बेचा जाएगा और वे उनका विकास करके अन्ततः, शायद 15 साल बाद, मन्दिर प्रबन्धन को सौंप देंगे। इस बीच, प्रवेश के लिए शुल्क लिया जाएगा, जिससे आर्थिक आय होगी। बेशक, सामग्री को लेकर सीमाएँ तय की जाएँगी। वीसीएम टीम जोर देगी कि थीमपार्क में आकर्षण के जो तत्त्व बताए गए हैं उन्हें मंजूर किया जाए, और वह मन्दिर में रिहाइश की शुद्धता के मानदंड का पालन करवाती रहेगी। वहाँ फ्लैट आदि खरीदने के लिए नैतिकता से सम्बन्धित परीक्षा देनी होगी—मांस-मदिरा, शोरशराबे वाली पार्टियों का निषेध करना होगा। इस तरह हम नये वृन्दावन में उग आए विवाह-मंडपों से काफी दूर हैं।

सर्वानन्द ने जब इस तरह की विपणन रणनीति का उल्लेख किया तब मैंने महसूस किया कि उनके भीतर एक तरह की चिन्ता दबी हुई थी—पहले वाली निर्दोषता गायब थी—लेकिन एक और तरह की धार्मिक प्रयोगशीलता प्रवेश कर गई थी। उदाहरण के लिए, जहाँ तक रियल एस्टेट के निजी स्वामित्व की बात है तो सर्वानन्द ने बड़ी खुशी से रूप गोस्वामी के 16वीं सदी के ग्रंथ 'भक्तिरसामृतसिन्धु' का एक उद्धरण प्रस्तुत किया, जिसे उद्धृत करने का विचार उन्हें पहले नहीं आया था। उन्होंने कहा कि गौड़ीय धर्मशास्त्रियों ने इस विशाल ग्रंथ को खँगाला और इस बात पर जोर दिया कि रूप ने पवित्र जीवन जीने के पाँच सिद्धान्त बताए हैं। सर्वानन्द ने कहा कि इनमें से चौथा सिद्धान्त 'मथुरावासम्' का था, जिसका अर्थ रूप के लिए सिर्फ मथुरा तीर्थ नहीं बल्कि वृन्दावन वास भी था।[69] रूप जब बंगाल से तीर्थ में रहने आई थीं तो वहीं रही थीं। वीसीएम ऊँचे नेटवर्क वालों को उनके स्तर का जीवन जीने के लिए वृन्दावन को पेश करके यही करना चाहता है। यह सभी दक्षिणपंथियों के क्षैतिज संचयन—अपने मकसद और स्वर में धर्मनिरपेक्ष—की

एक कहानी है, लेकिन नाटकीय रूप से ऊर्ध्व और पवित्र।

छह महीने बाद चीजें फिर बदल गईं। रियल एस्टेट से सम्बन्धित इन रियायतों से उम्मीद के मुताबिक, वीसीएम नेतृत्व ने फिर दिशा बदल दी। इस बार यह उच्चतम स्तर पर हुआ। वे ज्यादा सहज, सलीकेदार की ओर बढ़े। फिर भी अत्याधुनिक फ्लैट बनाए जाने थे जिनमें दानकर्ता रह सकें, लेकिन उन्हें मन्दिर के स्तर से नीचे जगह दी जाएगी, ताकि मन्दिर को ऊपर बढ़ने में बाधा न आए। जनवरी, 2019 में रिंपेश से जब मैंने गुड़गाँव में बात की थी तब उन्होंने ऐसा ही कहा था। लेकिन जब मैं उसी महीने के अन्त में बंगलूरु पहुँचा और मैनेजमेंट के पिरामिड की चोटी पर बैठे चंचलापति दास से बात की, तब पता चला कि ये फ्लैट एकदम अलग भवन में होंगे। और मन्दिर का टावर एकदम अलग भवन में होगा और मन्दिर स्वतंत्र होगा।[70] मन्दिर का अर्थ एक घर भी होता है और ईश्वर का घर भी। लेकिन इनके अन्तर का खयाल रखा जाएगा। तेज गति वाली चार लिफ्टों और समय-समय पर ढाँचे की खातिर और सुरक्षा की खातिर रखे गए कंक्रीट के कुछ स्लैब के सिवाय टावर खाली ही रहेगा। लिफ्ट एक बार में 20-30 लोगों को दीर्घाओं तक पहुँचा सकती है। तीन दीर्घाएँ करीब 450 फुट की ऊँचाई पर होंगी और दो दीर्घाएँ सबसे ऊँचे शिखर पर कलश के नीचे होंगी। कलश, जैसा 'रीचिंग टु द स्काइ' में मूल रूप में दिखाया गया है उसकी तुलना में अधिक पारम्परिक किस्म का होगा। और बाकी संरचना रिंपेश शर्मा की अपेक्षा के अनुरूप एक 'एकीकृत प्रस्तुति' के रूप में ही होगी लेकिन इसका चेहरा कम आधुनिक होगा। रिंपेश ने विषम चतुर्भुजों को अपनी ऊर्ध्व इकाई के तौर पर प्रस्तुत किया। वह इकाई विशालकाय केले की तरह आसमान की ओर बढ़ती दिखेगी, जो कि आधार पर मन्दिर के जटिल ढाँचे से निकलती नजर आएगी। अब बंगलूरु के नेतृत्व ने इसकी जगह अष्टकोणीय ढाँचों को पसन्द किया, क्योंकि वे पारम्परिक नागर मन्दिर वास्तुकला को सहजता से प्रतिबिम्बित करेंगे।

यह पहले की चौराहा वाली योजना से कहीं ज्यादा तामझाम वाली, अलंकृत लग सकती है, लेकिन चंचलापति ने इसके बारे में जोर देकर कहा कि सारा जोर सरलीकरण पर होगा क्योंकि अब केवल एक ही मन्दिर होगा। उन चार सहायक मन्दिरों को रद्द कर दिया गया है जो प्रभुपाद के लिए, चैतन्य महाप्रभु और गोस्वामियों, श्रीकृष्ण, बलराम और उनके सखाओं तथा गोपियों के लिए बनाए जाने थे। यह अवधारणात्मक शुद्धता के लिए नहीं बल्कि पैसे की दृष्टि से किया गया, यद्यपि इसका संरचनात्मक महत्त्व भी है—टावर और मन्दिर के बीच पहले जो दूरी रखने का फैसला किया गया था उस पर पुनर्विचार किया गया है। अब पूरा

भवन मन्दिर जैसा दिखेगा। बंगलूरु वाले नेतृत्व ने कुछ समय इस पर बहस की कि रिंपेश ने मन्दिर की मीनार को जो आसमानी नीले रंग में रँगने का प्रस्ताव किया था उसे गहरे पीले रंग में रँगा जाए या नहीं क्योंकि यह वृन्दावन की पहचान रहे बलुही पत्थर के मेल में होगा, लेकिन अन्त में नीले व सफेद रंग के पक्ष में फैसला किया गया (चित्र 4.12)।[71] यह रिंपेश के मुताबिक मायापुर की 'मिक्स्ड वेजिटेबल' वाली घालमेल के विपरीत आधुनिकता और अन्तरराष्ट्रीयता की जीत थी।[72] यह निश्चित तौर पर ग्लोबल इमारत होगी, स्थानीय इमारतों से एकदम अलग।

ये परिवर्तन शून्य में नहीं हुए। चंचलापति दास इस बारे में पूरी तरह खुलकर बात करते हैं। मुख्य गतिशीलता आधार रेखा थी। अलग-अलग ऊँचाई और सुविधाओं वाले बेहद महँगे फ्लैट नहीं बनाए जाएँगे और अन्दर की दीवारों पर महँगे वैदिक चित्र प्रदर्शन भी नहीं होंगे (चित्र 4.12)। उम्मीद के मुताबिक चन्दा नहीं मिल रहा था। चंचलापति दास ने बताया कि चन्द्रोदय मन्दिर का प्रारम्भिक बजट 1200 करोड़ रुपये का था लेकिन अब उसे घटाकर इसके छठे हिस्से के बराबर कर दिया गया है। इसके बावजूद उन्हें काम बढ़ाने के लिए बैंक से कर्ज लेना पड़ेगा। यह आसान नहीं है—"ऊँची लागत वाली परियोजना के खतरे भी ऊँचे होते हैं।" लेकिन कर्ज मिलते ही निर्माण शुरू हो जाएगा। और लोग जब काम होता देखेंगे तो वे आगे आएँगे। मोदी सरकार के टैक्स नियमों के बाद 'वित्तीय माहौल में जो सुस्ती' आई थी, उसमें भी 'धार्मिक झुकाव' वाले लोग आगे आकर इस योजना को सहारा देंगे, जैसा कि बंगलूरु में हुआ था। लोगों को बस दिखना चाहिए कि काम सचमुच हो रहा है।

चंचलापति दास ने इसकी घोषणा किसी उत्साह के साथ नहीं की, केवल उन्होंने अपनी वक्तृत्व कला का प्रदर्शन किया। लेकिन जब उन्होंने यह विचार किया कि छोटा डिजाइन किस तरह स्पष्ट सन्देश देगा, तब उन्होंने इसके लिए वक्तृत्व कौशल का प्रयोग किया। उन्होंने कहा कि 'सन्देश' सामने और केन्द्र में आया, इस नई संरचना का अस्तित्व ही एक सन्देश होगा, हमारे समय के लिए श्रीकृष्ण का सन्देश। हरे कृष्ण मंत्र और इसे उच्चारित करने की जो नई सादगी भरी, भव्य, लोकप्रिय, प्रखर शैली चैतन्य ने तैयार की, वह इस समय के अनुकूल नया स्वरूप ले रही थी। गीता, रूप गोस्वामी, और स्वयं चैतन्य महाप्रभु सरीखे सभी महान स्रोत श्रीकृष्ण को स्मरण करने, उनके बारे में सदैव विचार करने के मूल महत्त्व की बात करते हैं।[73] यह मन्दिर उसी स्मरण का प्रतीक बननेवाला था, और इसे दूसरों में भी जगानेवाला था—वास्तव में 'चन्द्रोदय' मन्दिर में। प्रेम का एक गगनचुम्बी रूप! इस पर संसार प्रतिक्रिया कैसे नहीं करेगा?

चित्र 4.12 : वृन्दावन चन्द्रोदय मन्दिर के अध्यक्ष और अक्षय पात्र फाउंडेशन के उपाध्यक्ष चंचलापति दास, वृन्दावन चन्द्रोदय मन्दिर के नये डिजाइन के पोस्टर के साथ। बंगलूरु, 30 जनवरी, 2019।

चंचलापति दास जब इन विचारों को आकार दे रहे थे, तब उनका दिमाग काफी स्पष्ट था—"जरा देखिए कि हर चीज किस तरह बदल गई है!" लोग जब खरीदारी के लिए दुकान जाते हैं, खासकर युवा लोग, तो वे कहाँ जाते हैं? वे लोग चमचमाते मॉल में जाते हैं। यही बात अस्पतालों, स्कूलों, हवाई अड्डों के साथ भी है। पूरे 'आधुनिक भारत की चमक-दमक' में यह 'उच्चस्तरीय इन्फ्रास्ट्रक्चर' है। उन्होंने स्पष्ट किया कि हमें अपना सन्देश वैसा बनाना है—दिलचस्प, आधुनिक, और साफ-सुथरा, न कि अतीत का कोई गन्दा अवशेष। नहीं तो लोग सन्देश ग्रहण नहीं करेंगे और यह नहीं देखेंगे कि श्रीकृष्ण कौन हैं। मैंने पूछा कि क्या उन्हें लगता है कि तकनीकी परिवर्तन के अग्रदूत के तौर पर बंगलूरु के मिशन ने वृन्दावन को आज का यह रूप दिया है। उन्होंने इनकार कर दिया, "यह केवल ईश्वर का आशीर्वाद है, जिसने हमें कुछ करने की प्रेरणा दी है।" आप देख सकते थे कि वे किस तरह महसूस कर रहे थे कि ईश्वर उनसे कैसे काम करवा रहे थे। बैंक से कर्ज जल्दी मिलने की उम्मीद, और वृन्दावन परिसर में प्रधानमंत्री के आगमन के बाद निर्माण कार्य शीघ्र शुरू होने का भरोसा जागा था। 2020 के कार्तिक मास तक मन्दिर पूरा हो जाने की उम्मीद है। वे ठेके देंगे ताकि दुनिया में कहीं भी इसके 'कम्प्यूटर नियंत्रित सटीक हिस्सों' को अलग-अलग टुकड़ों में बनाया जा सके। सभी हिस्सों को वृन्दावन लाकर जोड़ा जाएगा और टावर मात्र छह महीने में खड़ा हो जाएगा, एक चमत्कार के रूप में।

देवतागण साइट पर, मन्दिर के उत्तरी भाग में होंगे क्योंकि उसे कर्ज मिलने के बाद सबसे पहले बनाया जाएगा। ये देवता 'अनुभव केन्द्र' में रखे जाएँगे और उसका सहारा होंगे। अनुभव शब्द एक बार फिर! दर्शक मॉडलों और दृश्य-प्रस्तुतियों और थीम पार्क के कुछ विषयों के माध्यम से पूरी इमारत की 'सैर' करेंगे।[74] मैंने पूछा कि वैदिक ब्रह्मविद्या वाली योजना का क्या हुआ, तो चंचलापति ने आश्वस्त किया कि उसे रखा गया है और उसे लिफ्टों के साथ लगे स्क्रीन पर प्रदर्शित किया जाएगा। दर्शकों को वेद का परिचय (कम-से-कम वैसा तो जरूर जैसा इस्कॉन उसे समझता है) भी कराया जाएगा, लेकिन इस पर कम खर्च किया जाएगा। यह मनोवैज्ञानिक दृष्टि से भी अच्छा है। जैसा कि रिंपेश ने एक बार कहा था, लिफ्ट में 20-30 लोगों के साथ दो-तीन मिनट एक लम्बा समय होता है।

बेशक, सबसे चरम अनुभव सबसे ऊपर की मंजिल पर होगा। लिफ्ट से बाहर निकलते ही आप एक खुली दीर्घा में प्रवेश करते हैं जहाँ से सम्पूर्ण ब्रज का दर्शन होता है, आज के ब्रज का। दूरबीन से आप मथुरा में श्रीकृष्ण के जन्मस्थल को, या बरसाना में राधा के घर को या बल खाती यमुना के प्रवाह को देख सकते हैं। इस

तरह आप एक क्षण में ब्रज की परिक्रमा कर लेते हैं, लेकिन यही चरम अनुभव नहीं है। एक मंजिल ऊपर जाइए, और आप एकदम अलग क्षेत्र में पहुँच जाएँगे, जो भिन्न है मगर पूरक भी है। आपको विशेष रूप से तैयार कई कुर्सियों में से एक में बैठा दिया जाएगा और आप 5-डी 'आभासी सच के अनुभव' की दुनिया में प्रवेश कर जाएँगे, जो कि हमेशा से योजना में शामिल रहा है। सीजीआइ (कम्प्यूटर ग्राफिक्स इमेजरी) चश्मा पहनकर आप न केवल आज के बरसाना को देख पाएँगे बल्कि उस स्थान को भी देखेंगे जिसे राधा और श्रीकृष्ण ने स्वयं देखा था—नन्दगाँव, या गोकुल या मथुरा या वृन्दावन। आप जो देखना चाहें उसे चुन सकेंगे—चुनना जो कि आधुनिक जीवन की गौरवपूर्ण स्वतंत्र सुविधा है—लेकिन चंचलापति को उम्मीद है कि आप वर्तमान और अतीत के बीच तुलना करना चाहेंगे। कम्प्यूटर के परदे पर आनेवाला पोर्टल आपको किसी एक या दोनों को देखने या जोड़ने की छूट देगा। आज आप कार में जाकर जिस ब्रज को देखेंगे उसके मुकाबले 'हरे-भरे जंगल से भरा मूल ब्रज' अधिक जीवन्त और वास्तविक लगेगा। आज के तीर्थयात्री जो करते हैं उसकी निन्दा करने से चंचलापति सावधानीपूर्वक बचते हैं, लेकिन उनकी ऊर्जा भावी या उस आदर्श की ओर छलाँग लगाती है, जो बरसाना अथवा वृन्दावन कभी था। मेरे विचार से जो मिथक में ढका था वह उनके हिसाब से तथ्यात्मक इतिहास का जीवन्त तत्त्व था। वे कल्पना करते थे कि यह सारा कुछ मौलिक रूप से परिवर्तित 'पैनोप्टिकोन' जेल के परिप्रेक्ष्य से, या फूको की कल्पना वाली इस जेल के मुकाबले बिलकुल मानवीय 'जेल' के परिप्रेक्ष्य से कैसा दिखेगा। वे यह सब प्रस्तुत करते हुए खुद को 'उड़ान के अनुभव' पर ले जा रहे थे, और उस दिन का इन्तजार कर रहे थे जब दूसरे लोग भी उनके साथ आ जाएँगे।[75]

उनकी बातों में एक चीज ध्यान देनेवाली थी, और मैं इसे उठाने से खुद को रोक न सका। धर्म-सैद्धान्तिक रूप से इसका नाम ऐश्वर्य है, और चन्द्रोदय मन्दिर में यह दिखता है। लेकिन श्रीकृष्ण ने जब स्वयं को वृन्दावन में समेट लिया था तब क्या उन्होंने इससे ही बचने के लिए ऐसा नहीं किया था? क्या उन्होंने संसार सागर में तैरने के लिए, सांसारिक अन्तरंगता के लिए दैवत्व, पदानुक्रम और ऊँचाई का परित्याग नहीं किया था?[76] चंचलापति ने इस प्रश्न को स्वीकार किया लेकिन जल्दी ही इसका समाधान भी कर दिया। वे केदारनाथ दत्त—प्रभुपाद के महान गुरु, और अपने नये नाम से प्रसिद्ध भक्ति विनोद ठाकुर—के धर्मशास्त्र की ओर मुड़ गए। जैसा कि हम अध्याय 1 में देख चुके हैं, वे एक बड़े बिल्डर थे। उन्होंने ही चैतन्य महाप्रभु के नबद्वीप के सामने गंगा के पार मायापुर को बसाया था और एक नया युग शुरू किया था। अब यहाँ भी यही हो रहा है, वर्तमान समय के लिए

उपयुक्त एक नये मिशन की शुरुआत। "किसी चीज को छोटा नहीं किया जा रहा है, बल्कि प्रभुपाद की इच्छाओं का विस्तार किया जा रहा है।" उन्होंने कहा कि श्रीकृष्ण और राधा के सम्बन्धों का जो प्रेमसिक्त सार है उसे समझ पाने का संस्कार हर किसी के भीतर नहीं है। कई लोगों को केवल बड़ी तथा राजसी चीजों की ओर उन्मुख करना पड़ता है कि श्रीकृष्ण विष्णु हैं और राधा उनकी संगिनी महारानी लक्ष्मी हैं। हमारा समय भले आगे निकल आया हो मगर मन की ये आदतें कायम हैं। उन्हें श्रीकृष्ण की ओर उपयुक्त मन के साथ भेजना है। हम जिस संसार में रहते हैं उसमें प्रभामंडल का अपना महत्त्व है।

जनवरी 2019 में यह सब बताते हुए चंचलापति दास ने यह संकेत दिया कि सर्वश्रेष्ठ तो अभी सामने आने ही वाला है। इसके दो सप्ताह पहले रिंपेश भी ऐसा ही कुछ कह रहे थे। रिंपेश के बाद उसी दिन जब मैंने सर्वानन्द दास से बात की थी तो कुछ दूसरी कहानी सामने आई थी। हमेशा आशावादी रहनेवाले सर्वानन्द ने स्वीकार किया कि वे उदास हैं। वे आहत थे कि लोग दान नहीं दे रहे हैं। जैसी कि हर कोई उम्मीद कर रहा था, लोग रियल एस्टेट में खरीदारी नहीं कर रहे थे। सो, उनके मन में सवाल उठ रहा था—'आखिर श्रीकृष्ण क्या चाहते हैं?' उन्होंने गहरी साँस भरते हुए कहा, "हम पूरी कोशिश कर रहे हैं। फिर भी हमें उनकी कृपा की प्रतीक्षा है।" बातचीत के बीच उन्होंने ताइपे या क़तर में 100 से ज्यादा मंजिलों वाले स्काइस्क्रैपरों की बात की और माना कि वे श्रीकृष्ण के स्काइस्क्रैपर से ऊँचे होंगे। और यह तमाशा अपने देश में भी करीब आ रहा था। नोएडा में अपार्टमेंट परिसर सुपरटेक केपटाउन का दावा है कि वह 300 मीटर ऊँचा टावर होगा। वीसीएम तो 210 मीटर का ही होगा। बंगलूरु स्थित केन्द्रीय कार्यालय के प्रोत्साहन से सर्वानन्द मन में यह आशा सँजोए रहे कि शायद यह 108 मंजिला होगा। लेकिन इसे व्यक्त कर देने के बाद उन्होंने दार्शनिक रुख अपनाते हुए इन चिन्ताओं को परे कर दिया। वे हर चीज के लिए तैयार हो गए। उन्होंने तुरन्त यह कह डाला कि "हम कृष्णलीला को करीब से देख रहे हैं।"[77]

लीला की अवधारणा शायद इतनी उदार है कि इसमें सब कुछ समा जाता है—वास्तविकता की खिलवाड़ भरी प्रस्तुति। वास्तविकता कभी पूरी वास्तविक नहीं होती। लेकिन क्या यहाँ कोई मौलिक चीज छूट नहीं रही है? विस्मयकारी ऊँचाई ही मुझे विह्वल नहीं करती, मैं देख सकता हूँ कि गुड़गाँव या नोएडा में जमीन पर जो कुछ हो रहा है वह भी कितना विह्वल करता है। मैं चंचलापति की इस बात से सहमत हूँ कि "आप पसन्द करें या न करें," दुनिया बदल रही है। लेकिन बात जब धरोहरों और अवकाश की आती है और उनके बीच के जुड़ाव

की आती है, तब मैं ठिठक जाता हूँ। इसमें कोई सन्देह नहीं है कि वीसीएम में धरोहर का डिज्नीकरण हो रहा है—चाहे यह एक कृत्रिम सँकरी खाड़ी के इर्द-गिर्द टहलना हो या ऊँची मंजिल पर जाने के लिए अपने सिर पर एक यंत्र को बाँधना हो। मैं प्रतिरोध करता हूँ।

चंचलापति के लिए यह सब बिलकुल अलग चीज है। वे कृष्ण चेतना के बादल से घिरे रहते हैं, और अपने कारोबार में इसका सबसे ज्यादा खयाल रखते हैं (यह कहते हुए मेरा इरादा कोई अनादर करने का नहीं है)। लेकिन बाकी हम लोगों का क्या? अपने रमणीक परिवेश और ऊर्ध्वाकार 'पाइरोटेक्निक' के साथ वृन्दावन चन्द्रोदय मन्दिर एक अनुभव के रूप में एक नई तरह की लीला तैयार करने की उम्मीद करता है, और इसके लिए प्रेरणा आभासी संसार से लेता है। लेकिन यह साथ-ही-साथ धरोहर कैसे हो सकता है? ऐसा लगता है कि नया मन्दिर अपना सन्देश केवल तभी मजबूती से दे सकता है जब वह, वृन्दावन अब तक जो रहा है उससे अलग हो। वह मूल्यवान वृन्दावन सांसारिकता से ओत-प्रोत दिखता है।

समयों का समय

एक बार, कुछ सप्ताह बाहर रहने के बाद जब मैं वृन्दावन लौटा तो मैं समय के अलग-अलग बोध के बारे में नोट लेने लगा। वृन्दावन में होने के कारण यह काम फिर शुरू किया। मैं एक परिचित संसार में फिर से आ गया था, और यह उन इमारतों में बसा था जो मेरी तरह बूढ़ी हो चुकी थीं। पुराना वृन्दावन बूढ़े जैक से मिला—कम-से-कम उस जैक की यादों में, जो अभी जीवित है। पहले मैंने अपने पुराने मित्र पुलिन को देखा, जो राधारमणजी के मन्दिर के बगल में फोटो स्टूडियो में हर शाम अपनी सीट पर आकर बैठ जाते हैं। यह वही स्टूडियो है जिसमें उनके पिता दशकों तक हर शाम बैठते रहे थे, जहाँ भक्त लोग आते-जाते रहते थे। दोनों के स्वभाव और स्वर में अन्तर है लेकिन मैं पुलिन में जगदीश को देख सकता था—दो दौर, दो पीढ़ियाँ, एक-दूसरे पर आरोपित। पास के मन्दिर में जिस समय को चिह्नित किया गया है और मनाया जाता है, वह अलग तरह का समय है—श्रीकृष्ण का एक पारम्परिक दिन, जो प्रतिदिन आठ यामों में बँटा है, जिनमें केवल मौसम के हिसाब से थोड़ा बदलाव होता है। यह प्रवीण फोटो स्टूडियो में होनेवाली अधिक सरल, अधिक नाजुक घटनाओं के लिए सांगीतिक पृष्ठभूमि बनता है।

और पास में ही मेरे कपड़ों की धुलाई करनेवाले सुरेश चन्द का भी समय पर अपना अधिकार है। कभी-कभी दिन के आखिरी घंटे में वह अपने डिस्प्ले बक्से

पर किसी मुस्कुराती बिल्ली की तरह पसरकर अखबार पढ़ने लगता है, छपी हुई सच्चाई से सामना करता हुआ। इसका विशेष लाभ है। भला हो उसका, आज का अखबार कल मेरी कमीज के इर्द-गिर्द लिपटा होगा जो कल की खबर को देखने का अच्छा साधन बनता है। यह लाउंडरी का समय है, जिसकी अपनी गति है।

इसके अलावा, परिवार का समय है। मेरे किचन में बिजली का काम करने आए युवक भक्त हरिदास से मैंने उसके परिवार के बारे में पूछा। उसने बताया कि उसकी पाँच महीने की एक बच्ची है। मैंने उससे पूछा कि उसे यह कैसे याद है? बेशक इसलिए कि वह उसका पिता है और इसलिए भी कि उसका जन्म राधा के जन्मदिन राधाष्टमी के दिन हुआ था। क्या यह केवल एक संयोग है कि उसका जन्म उस दिन हुआ? नहीं, उसका मानना है कि कोई है जो समय के चक्र को चलाता है। यह ठाकुरजी, राधा के संगी श्रीकृष्ण का हाथ है।

उस दिन परिवार से जुड़ी एक बात और हुई। इसमें सम्राट शिमएम कुमार और उनकी पत्नी एलिडा जेकबसन की सुन्दर बिटिया राधिका का हाथ था (चित्र 4.13)। सम्राट और एलिडा भारतीय व यूरोपीय माता-पिता की सन्तानें हैं। सम्राट एक महत्त्वपूर्ण शोधग्रंथ 'वृन्दावन्स एनकाउंटर विद मॉडर्निटी : चेंजिंग एनवायरमेंट ऐंड लाइफ-वर्ल्ड्स इन ऐन इंडियन टेम्पल टाउन' (आधुनिकता से रू-ब-रू होता वृन्दावन : भारत के मन्दिरों वाले एक नगर में बदलता वातावरण और जनजीवन) के लेखक हैं। जब भी मैं वृन्दावन में होता, मैं सम्राट और एलिडा से मिलने जाया करता था। उस समय चार साल की राधिका अगर वीडियो देखने में व्यस्त नहीं होती तो अपने छोटे भाई मोहन के साथ दौड़-धूप करती होती थी। 29 जनवरी, 2017 को जब मैं उनके यहाँ पूरे एक महीने के बाद पहुँचा था तो उसने बड़े गौर से मुझे देखा। इस बीच वह बुजुर्गों के चेहरों पर उगी झुर्रियों में अचानक दिलचस्पी लेने लगी थी। उसे यह सोने की खान जैसी लगती थी और मेरा चेहरा उसे कई नई खंदकों की खोज करने का मौका देता था। जब हम साथ बैठे होते तो वह कहने लगती कि मेरे चेहरे पर कुछ चिपका है। मैं उसे चेहरे से हटाने की कोशिश करता मगर सफल नहीं होता। फिर यह साफ हो गया कि मेरी उम्र मेरे चेहरे पर पुती हुई थी। कुछ आश्चर्य के साथ वह मेरे मुँह और आँखों की झुर्रियों को गिनने लगी। वह समझ नहीं पा रही थी कि इन्हें क्या कहे। वह पूछती कि ये क्या हैं? मैं कहता, इनमें से हरेक के पीछे एक कहानी छिपी है, जो मैं भी नहीं जानता। वह पूछती, "क्या यह जंगल के अन्दर जाने की कहानी है?" जब वह इस तरह की यात्रा की कल्पना कर रही थी तब हम दोनों पीढ़ियों के बीच के समय को किस तरह समेट रहे थे?

चित्र 4.13 : ललाटों की रानी राधिका, मेरे ललाट की झुर्रियों की खोज करने से दो महीने पहले 28 नवम्बर, 2016 को। चित्र में वह भक्ति मार्ग समुदाय के स्वामी रेवतीकान्त के ललाट पर ध्यान लगाए हुए है।

मेरा खयाल है कि इनमें से हर एक समय को अपनी भूमिका निभाने के लिए वृन्दावन चन्द्रोदय मन्दिर के दायरे में कहीं-न-कहीं स्थान मिलेगा। लेकिन इसका अन्दाजा आप इसके सबसे समर्पित भक्तों के जीवन को संचालित करनेवाली वर्तमानता के रोमांच से नहीं लगा सकते। एक आसन्न भविष्य, मत के अनुशासन में बँधा एक अतीत, और आभासता के मूल्य का जीवन्त एहसास—ये सारी चीजें वीसीएम से जुड़े लोगों के जीवन और कार्यों में शामिल हैं। उनसे बातचीत में, खासकर हरेक बातचीत के शुरू में, उनमें वैश्विकता के लक्ष्य के प्रति दैनन्दिन एहसास का सामना होते ही समय का मेरा सहजबोध तीव्र हो जाता था। शायद यह व्यवसाय के लिए एक आवश्यक तैयारी भी है—सेल्स से जुड़े लोगों को उत्साही होना ही पड़ता है—लेकिन वे इसके विपरीत यह कहते हैं कि श्रीकृष्ण का काम करते हुए मोक्ष का निरन्तर बोध होता है। इसलिए आश्चर्य नहीं कि उनमें से एक की जिम्मेदारी व्हाट्सऐप मेसेज भेजना है ताकि यह हम सबको गतिशील करे—"आज श्री श्री राधा वृन्दावन चन्द्र का विशेष दर्शन!" इसलिए दिन भी विशेष है, दिन-पर-दिन। यह प्रात: की घंटी (या अगर दुनिया के दूसरे हिस्से में हों तो रात में) के

साथ सहज सुप्रभातम् का अभिवादन हो सकता है, या इस बिलकुल नये वीसीएम उपक्रम के प्रक्षेपित अतीत 'वृन्दावन स्मृति' का कोई प्रकरण। जो भी होगा, सन्देश स्पष्ट है—मन को अपने लक्ष्य पर केन्द्रित रखो। आज जो उद्देश्यपूर्ण भविष्य उभर रहा है उसके लिए समय रखो। नई वास्तविकता से जुड़ो—श्रीकृष्ण की वीसीएम वास्तविकता से, जहाँ आभासी और यथार्थ एक ही हैं।[78]

यह काफी उत्साहवर्धक अनुभूति है, नये वृन्दावन में नई हवा! चन्द्रोदय मन्दिर में इसके प्रोमोटर और वास्तुकार बहुत कुछ जादुई कर रहे हैं, उस वातावरण में भी, जिसमें कोष की 'वास्तविक' माँगों ने अपने दावे रख दिए हैं। यह वीसीएम का जादू है। लेकिन मैं कबूल करूँगा कि मुझे एक अलग तरह के जादू की कमी महसूस हो रही है। वह मेरे चेहरे की झुर्रियों में पाया जाता है, जिसे छोटी-सी बच्ची राधिका अपनी उँगलियों से टटोलती है और वह उसकी वजह से चमक हासिल करती है। यही है जिसे मैं धरोहर—'हेरिटेज'—कहूँगा; और मन्दिर के झरने में कुछ देर तैरने के बाद मुझे लगता है कि इसे वापस हासिल करने के सिवा मुझे और कुछ नहीं चाहिए।

5

महिलाओं का वृन्दावनी आश्रय : आज कैसा?

इस पुस्तक में हम अभी तक अधिकतर पुरुषों की गतिविधियों, उनके विचारों और उनके विवादों के बारे में ही चर्चा करते रहे हैं। लेकिन कई लोग वृन्दावन को एक ऐसी जगह मानते हैं जहाँ महिलाओं को ज्यादा प्रधानता दी जाती है—उन महिलाओं को, जो अपनी पसन्द से नहीं बल्कि अपनी जरूरत के कारण यहाँ आई हैं। वृन्दावन विधवाओं के लिए जाना जाता है, उन महिलाओं के लिए जिन्हें पितृसत्तात्मक समाज के मूल्यों को माननेवाले लोग अशुभ मानकर त्याग देते हैं या उन्हें श्रीकृष्ण के राज्य में धकेल देते हैं। इस निन्दनीय वास्तविकता और वृन्दावन के मिथक के मूल में प्रेम के जो आदर्श हैं उनके बीच का विरोधाभास बेहद तीखा है। इस अध्याय में हम यह देखने का प्रयास करेंगे कि यह विरोधाभास कितना मान्य है, और क्या यह समय के साथ बदल रहा है? हम कई महिलाओं से मिलेंगे लेकिन शुरुआत उन महिलाओं से करेंगे जिन्हें हर कोई विधवा के रूप में जानता है।

प्रेस, खासकर अंग्रेजी प्रेस आदर्श वृन्दावन एवं श्रीकृष्ण के युवाकाल के ग्रामीण परिवेश वाले वृन्दावन और आज की वास्तविक दुनिया वाले वृन्दावन के बीच के फर्क का जायजा लेता रहा है। एक स्तर पर यह प्राय: एक पर्दाफाश जैसा होता है। 29 मार्च, 1998 को न्यूयॉर्क टाइम्स ने अपने पहले पन्ने पर एक लेख प्रकाशित किया जिसका शीर्षक था—'भारत में एक बार विधवा होने का अर्थ है दोहरी उपेक्षा'। 2 मई, 2013 को बीबीसी ने रिपोर्ट दी—'6000 विधवाओं वाला एक भारतीय शहर'। 12 जून, 2014 को 'अल जजीरा' ने वहाँ विधवाओं की स्थिति को सुधारने के प्रयासों के बारे में रिपोर्ट छापी। नेशनल ज्योग्राफिक ने अपने फरवरी, 2017 के अंक में अच्छी तसवीरों के साथ रिपोर्ट प्रकाशित की—'फॉर विडोज, लाइफ आफ्टर लॉस' (विधवाओं के लिए : वैधव्य का जीवन)।

‘द हिन्दू’ ने 28 अगस्त, 2017 को लेख छापा—‘फॉरगॉटन विडोज ऑफ वृन्दावन’ (वृन्दावन की विस्मृत विधवाएँ)। और ‘न्यूयॉर्क टाइम्स’ ने लगभग एक साल बाद ‘अ सेंचुरी फॉर इंडियाज अब्यूज्ड ऐंड एक्जाइल्ड विडोज’ (भारत की उत्पीड़ित एवं बहिष्कृत विधवाओं के लिए एक आश्रय) शीर्षक लेख प्रकाशित करके इस विषय को फिर उठाया।

ये तो बस नमूने हैं। तमाम परिवर्तनों के बीच इस पुराने, कठोर वृन्दावन का बने रहना भारत ही नहीं, पूरी दुनिया को दुखद लगता है। इसके प्रति एक उत्सुकता, और इससे भी ज्यादा कुछ है। इस पर उपन्यास, छाया-लेख प्रकाशित किए जा चुके हैं। फिल्में आ चुकी हैं और राजनयिक रहे पवन वर्मा तो अंग्रेजी में यह कविता भी लिख चुके हैं—

तब उन सबने कहा :
वह सफेद ही पहने
बाल अपने मुँड़वा ले
चूड़ियाँ तोड़ ले
काजल पोंछ ले
सिन्दूर धो डाले
मांस, मसालों को त्याग दे
सफेद अपना ले! सफेद, सफेद रंग
मेहँदी मिटा ले; या कुछ भी करे
सपने में भी
न याद करे
अपने पति को।
वृन्दावन के किसी आश्रम में पड़ी बिसूरती है :
नहीं मिलेंगे कृष्ण मुझे
मन्दिरों के इस नगर में
जहाँ बहती हैं बजबजाती नालियाँ
जहाँ पलते हैं पंडे
कंक्रीट के कूड़ेदानों में
और श्रद्धालु गुजरते हैं गन्दगी पर से
कोई ध्यान नहीं देता उन पर
नहीं मिलेंगे कृष्ण मुझे
इस पवित्र नगर में

जबकि भजती हूँ उनका नाम मैं
सात से दस
हर सुबह
हर शाम।
बनकर रह जाती है वह वेश्या :
रहती हैं हम छाया में
या वेश्याघरों में
शिकार बनकर पंडितों का
मकानमालिकों, रिक्शावालों,
पुलिसवालों, दुकानदारों,
दरअसल, सामने आए किसी भी मर्द का।[1]

इस तरह की रिपोर्ट उस शाश्वत यौवन के मिथक को उलट-पुलट देती है, जो उस संसार की कल्पना करता है जहाँ श्रीकृष्ण हमेशा सम्मोहित गोपियों से घिरे रहते हैं (चित्र 5.1)। फिर भी, वास्तव में यह मिथक और इसकी संस्थागत अभिव्यक्तियाँ इतनी सारी अकेली, जरूरतमन्द महिलाओं को वृन्दावन खींच लाई

चित्र 5.1 : गंग या सूरदास द्वारा रचित सुखसागर नाम के चित्र में वर्णित रासलीला। वर्जीनिया म्यूजियम ऑफ फाइन आर्ट्स, 'वृन्दावन में होली खेलते कृष्ण और उनके सखा', ऑब्जेक्ट नं. 96.33।

चित्र 5.2 : वृन्दावन में एक विधवा। 1970 के दशक में खींची गई फोटो।

हैं (चित्र 5.2)। विशेषकर बंगाल में, वृन्दावन के निर्माण में जिसका बहुत कुछ हाथ था, गौड़ीय मठ उन महिलाओं को यह जानकारी देता रहा है जिन्हें उनके पति के निधन के बाद घर से निकाल दिया जाता है। यह मठ ऐसी महिलाओं को न केवल यह बताता रहा है कि एक स्थान ऐसा है जहाँ वे अपना जीवन फिर से सहेज सकती हैं, बल्कि वह प्राय: उन महिलाओं को वहाँ तक जाने में सहायता भी करता रहा है। दूसरे खिलाड़ी भी इसमें शामिल हुए। इनमें सबसे प्रमुख है 'भजन आश्रम', जिसकी स्थापना जानकी दास पटोडिया ने 1914 में भारी अकाल पड़ने के बाद की थी। इसका विवरण दशकों पहले मैंने अपनी पुस्तक 'ऐट प्ले विद कृष्णा' में इस तरह किया था—यह पुराने वृन्दावन का अभिन्न हिस्सा लगता है।

यहाँ की हवा में 'महामंत्र' अगर निरन्तर गूँजता है तो यह इस्कॉन के सदस्यों के कारण ही नहीं है। इसका श्रेय भजन आश्रम में रोज आठ घंटे इस मंत्र का जाप करनेवाली 1200 विधवाओं को जाता है। हर दिन वे शहर के तमाम कोनों में जहाँ भी उन्हें 2 रुपये के मासिक किराये पर रहने के लिए छोटा-सा कमरा मिला है, वहाँ से चलकर आती हैं और आकर आश्रम में लम्बी कतार में बैठकर श्रीकृष्ण के भजन गाती हैं। भजन गवानेवाली महिला बीच-बीच में सुर बदलती है मगर पूरा उपक्रम भजन दोहराने का ही होता है। वृन्दावन में और भी सभाएँ हैं जहाँ भजन का जाप आनन्द और उत्साह से किया जाता है, लेकिन यहाँ ऐसा नहीं होता। यहाँ हॉल में ऊब और बन्धन का भाव हावी दिखता है। कोई अजनबी आता है तो सबकी नजरें ऊपर उठ जाती हैं, सामुदायिकता का भाव शायद ही दिखता है। इसकी वजह यह है कि यह सिर्फ आर्थिक कारण से किया जाता है। आठ घंटे भजन गाने पर हरेक महिला को पावभर चावल, कभी-कभी दाल भी, और 40 पैसे मिलते हैं, जो कि एक शाम के लिए सब्जी या मिर्च खरीदने के लिए पर्याप्त हैं। अफसर तैनात किए गए हैं जो यह देखते हैं कि हर कोई उतनी देर भजन गाए जितना समय उसे दिया गया है। भजन आश्रम पूरे भारत में व्यापार करनेवाले अमीर मारवाड़ियों के चन्दे से चलता है। वे इसे किसी कारावास की तरह नहीं बल्कि परमार्थ के साधन के तौर पर देखते हैं। आखिर, इन विधवाओं के कारण ही तो वृन्दावन में शुभ ध्वनियाँ गूँजती हैं, भले ही इन महिलाओं को उनके पति के निधन के बाद उनके अपने ही घर में अशुभ माना जाता है। जिस व्यक्ति की वजह से उन्हें समाज में एक जगह हासिल थी, उस व्यक्ति के न होने पर उनकी उपस्थिति को अपशकुन माना जाता है। बेहद गरीब समाज में उन्हें आर्थिक बोझ भी माना जाता है।

अनुमान है कि वृन्दावन की एक-चौथाई आबादी इन विधवाओं की ही है, जिनमें से लगभग सभी बंगाली और नेपाली हैं, और उनमें से अधिकांश लगभग दरिद्र हैं। वे अपने अन्तिम दिन, और युवा विधवाएँ तो अपना शेष पूरा जीवन ही, कृष्ण-राधा के चरणों में बिताने के लिए यहाँ आती हैं। युवा विधवाओं में नेपालियों की संख्या ज्यादा है। उनकी हालत के बारे में कुछ अच्छा नहीं कहा जा सकता। सफेद, बिना किनारी वाली साड़ी पहने; अपने वैधव्य की निशानी, घुटे हुए बालों वाले सिर, और बिना किसी गहने के यहाँ बंगाल से दूर जीवन गुजार रहीं इन महिलाओं को कम-से-कम अशुभ होने के लांछन से तो निजात मिलती है। यहाँ वे गोपियों की जमात में शामिल मानी जाती हैं। उनमें से कुछ अमीर होती

> हैं जिन्हें पेंशन मिलती है, और वे अपनी मर्जी से यहाँ आती हैं। बाकी इसलिए आती हैं कि वे भीख माँगकर जी सकें। कुछ तो विधवाएँ नहीं हैं, पति के अत्याचारों के कारण अपने बच्चे को लेकर घर से भाग आई होती हैं। कारण जो भी हो, वे शरण लेने आती हैं, और वृन्दावन उन्हें शरण देता है क्योंकि इसकी पवित्रता अशुभ को अपने में समा लेती है; और क्योंकि इसका केन्द्रीय मिथक 'रास' इस संसार के रिवाजों को जायज ठहराने के बदले एक वैकल्पिक समाज की कल्पना प्रस्तुत करता है। गोपियाँ अपना घर-परिवार छोड़कर श्रीकृष्ण के पास उनकी बाँसुरी की ध्वनि सुन बेबस होकर वन में चली आती थीं। ये महिलाएँ भी—वृद्ध गोपियाँ, जिनमें से कई तो कमर से झुकी हुई होती हैं—प्राय: वैसे ही बेबस होकर यहाँ आती हैं, और उनकी संख्या बढ़ती जाती है। उनमें से कई को राधा रानी के चरणों में अपना जीवन समर्पित करके शान्ति मिलती है।[2]

क्या यह सब कुछ ज्यादा ही सम्मानजनक, बहुत लीपापोती जैसा एक दुखद सच का स्वीकार लगता है? अगर ऐसा लगता है तो मैं दो आधारों पर खुद को दोषी न माने जाने की गुजारिश करूँगा। पहला तो यह कि मैं भजन आश्रम को दान देनेवालों की सद्‌भावना का और हरे कृष्ण मंत्र की शक्ति में कई लोगों की आस्था का सम्मान करना चाहता हूँ। हममें से कोई भी ऐसा जीवन नहीं जी रहा है जिसका अन्त न होना हो, या जो दुख-तकलीफ से अछूता हो। ऐसे संसार में गीत-भजन एक सुकून, एक भिन्न जीवन जीने की राह दिखाते हैं। इस तरह के जीवन को वृन्दावन में लीला कहा जाता है।

दूसरा कारण यह है कि मैं निन्दनीय किस्म के पितृसत्तात्मक समाज की बुराइयों के लिए वृन्दावन को दोषी नहीं ठहराना चाहता, जैसा कि मीडिया तब-तब किया करता है जब-जब इस शहर पर अपनी नजर डालता है। वह यह संकेत देता है कि धर्म (रिलिजन) समाज की बुराइयों पर से ध्यान हटाने का काम करता है। मेरा खयाल है, यह संकेत देना बहुत आसान होता है। 19वीं सदी के बंगाली संत श्री रामकृष्ण की पत्नी माँ शारदा (ऐसा ही कहते हैं) का उदाहरण लीजिए। रामकृष्ण ने माँ शारदा से कहा था कि उनकी मृत्यु के बाद वे वृन्दावन में शरण ले लें, और सारे विवरण यही बताते हैं कि माँ ने स्वेच्छा से यही किया। उनके जीवन के बारे में पंथ का विवरण यही बताता है कि 1886-87 में उन्हें वहाँ रहना अच्छा लगा था, सिर्फ इसलिए नहीं कि वहाँ रहकर वे अपने पति की मृत्यु के शोक से उबर सकती थीं और साथ ही उनकी उपस्थिति को भी महसूस कर सकती थीं बल्कि

इसलिए कि वे भी अपने पति की तरह ही समाधि में जाने लगी थीं और उन्हीं की तरह उससे बाहर भी आ सकती थीं केवल भोजन माँगने के लिए। वहाँ उन्हें वह स्वतंत्रता प्राप्त थी, जो कलकत्ता में नहीं मिलती थी। कई लोगों को यह पुरुष-प्रधान दृष्टिकोण से रचा गया आख्यान लग सकता है, लेकिन यह विवरण भी मिलता है कि वे यमुना के किनारे टहला करती थीं और राधारमणजी की प्रार्थना किया करती थीं कि वे उन्हें दूसरों की आलोचना करने की आदत से मुक्त कर दें। जब उन्हें पता चला कि कलकत्ता के दक्षिणेश्वर काली मन्दिर ने उनकी पेंशन बन्द कर दी है तो वृन्दावन में जागी भक्ति भावना ने उन्हें इसे स्वीकार करने में सहायता की। निश्चित ही यह कोई प्रबल स्त्रीवादी आख्यान नहीं है, लेकिन ऐसा भी नहीं था कि उन्हें उपेक्षित कर दिया गया था और वे अकेली पड़ गई थीं। वे अपने दिवंगत पति का उत्तरदायित्व निभाते हुए दीक्षा देने लगी थीं। एक तरह से यह उनके सक्रिय जीवन की शुरुआत थी। ऐसा लगता है कि वृन्दावन ने उनके जख्मों पर मलहम लगाया था।[3]

दूसरी महिलाओं की कहानियाँ ज्यादा सक्रियता वाली और अधिक हाल की हैं, जिन्हें पवित्र स्मृति के दायरे से अलग करना आसान है। 20वीं सदी के मध्य में प्रभावशाली आध्यात्मिक गुरु माँ आनन्दमयी ने वृन्दावन में आश्रम की स्थापना की। उन्होंने वर्षों तक मौनव्रत के संकल्प का पालन किया और केवल अपनी आँखों के संकेतों से अपने शिष्यों से संवाद करती रहीं। इन्दिरा गांधी सरीखी हस्ती उनके शिष्यों में शामिल थीं और एक बार रात के अँधेरे में गुपचुप उनसे मिलने आई थीं। माँ आनन्दमयी ने किसी दबाव में वृन्दावन में रहने का निर्णय नहीं किया था, बल्कि कलकत्ता से उनका यहाँ आना परिचित मार्ग का खुलासा करता है।

कई और भी अचर्चित उदाहरण हैं।

मेरी जानकारी में एक उदाहरण भारत के एक सबसे सम्मानित समाजशास्त्री एवं धर्म में गहरी आस्था रखनेवाले त्रिलोकी नाथ मदन की पत्नी का है। दिल्ली में रहनेवाले और वहीं इंस्टीट्यूट फॉर इकोनॉमिक ग्रोथ से जुड़े मदन की पत्नी उमा अक्सर वृन्दावन आया करती थीं। मदन विस्थापित कश्मीरी थे, लेकिन उमा मथुरा मूल के परिवार की थीं। उनकी माँ ब्रजभाषा में बातें करती थीं और उमा श्रीकृष्ण पर लिखी या ब्रज क्षेत्र से जुड़ी कविताओं को बड़े प्यार से याद किया करती थीं—

रहिमन इह संसार में सबसे मिलिए धाय
क्या जाने किस भेस में नारायन मिल जाय।

उमा चतुर्वेदी मदन के लिए वृन्दावन में ऐसा कुछ आश्वस्तिकारक था, जिसके बिना वे रह नहीं सकती थीं। जब भी वे वृन्दावन में होतीं, राधारमणजी मन्दिर जरूर

जातीं। श्रीवत्स गोस्वामी तथा उनके परिवार से उनकी अच्छी मित्रता हो गई थी। उनकी मृत्यु के बाद उनकी अस्थियाँ उनकी इच्छा के मुताबिक वृन्दावन लाई गई थीं। उनकी स्मृति में तुलसी का एक पौधा गोकुलानन्द मदिर के प्रांगण में लगाया गया, जहाँ उन्हें सदी पुराने वृन्दावन भक्तों के साथ रखा गया।[4]

मैं ऐसी उन सभी महिलाओं को प्रणाम करना चाहता हूँ, जिन्हें वृन्दावन में सच में सहारा मिला। लेकिन यह भी सच है कि कई अन्य महिलाओं के लिए स्थितियाँ सुखद नहीं हैं। मीडिया सही कह रहा है। जहाँ तक महिलाओं की बात है, वृन्दावन पर काले बादल छाये हैं। इतिहास को पलटकर देखें तो चैतन्य महाप्रभु से लेकर जीव गोस्वामी और माँ शारदा और प्रभुपाद तक इसके अधिकतर प्रतिष्ठित नागरिक बंगाल और पूर्वी भारत मूल के थे। और वहाँ हम क्या पाते हैं? विवाह और उत्तराधिकार की ऐसी व्यवस्था, जो लड़कियों और महिलाओं के लिए विनाशकारी है। उत्तराधिकार के मामले में दायभाग व्यवस्था को ही उपनिवेशवादी ब्रिटिश सरकार ने भी बंगाल में पारिवारिक कानून का आधार बनाया था। इसमें पति की मृत्यु के बाद उसकी विधवा को उत्तराधिकार के कुछ अधिकार दिए गए थे लेकिन इसके कारण उनमें से कुछ को अपने बेटों और परिवार वालों की ईर्ष्या का शिकार बनना पड़ता था। इस बीच, उच्चवर्गीय बंगाली समाज में यह व्यवस्था बन गई कि पहली बार शादी कर रहे 30 वर्षीय युवक को एक ऐसी लड़की चाहिए होगी, जो अभी-अभी रजस्वला हुई हो। इसका नतीजा यह हुआ कि समाज में युवा और प्रभावशाली विधवाओं की एक ऐसी आबादी बन गई जिससे परेशानी पैदा होने लगी और उसे नजरों से दूर रखना ही ठीक माना जाने लगा। इसके साथ यह तथ्य भी जोड़ लीजिए कि गोपियों की अपनी बड़ी आबादी के कारण वृन्दावन ने बंगाली समाज के खयालों में एक जगह बना ली। और इस तरह आपको साम दाम दंड भेद के ऐसे कई उदाहरण मिल जाएँगे, जो यह स्पष्ट कर देंगे कि कई वर्षों से बंगाल और उसके आसपास का क्षेत्र इतनी सारी विधवाओं को वृन्दावन क्यों भेजता रहा है।[5]

जैसा कि पहले कहा जा चुका है, भजन आश्रम की लगभग सारी विधवाएँ वहीं की होती थीं, सभी सफेद साड़ी में होती थीं और कई के सिर के बाल घुटे होते थे। आज स्थिति कुछ भिन्न है (चित्र 5.3)। साड़ी अब सफेद के अलावा दूसरे रंग की भी होती है, और स्थान पहले से ज्यादा जीवन्त महसूस होता है। 2018 की गरमी में एक दिन जब मैं वहाँ गया तो एक युवा महिला भजन का नेतृत्व कर रही थी। भजन गाते हुए वह नाच भी रही थी। मैंने महसूस किया कि कई महिलाएँ एक-दूसरे को सखी के रूप में जानती हैं, यह स्थिति 40 साल पहले वाली स्थिति से काफी अलग है। आज उन्हें पहले के मुकाबले कम-से-कम बेहतर भुगतान

चित्र 5.3 : भजन आश्रम, जैसा वह 12 जुलाई, 2018 को था।

मिल रहा है। इसके बावजूद उनका जीवन बुरी तरह बँधा हुआ है, और उन्हीं की बदौलत वृन्दावन को जाना जाता है।

मोहिनी गिरि और माँ धाम

कुछ ही वर्ष पहले ओप्रा विनफ्रे दुनिया-भर की महिलाओं के प्रति अपने सरोकार के चलते वृन्दावन आई थीं। इस यात्रा के दौरान उनकी मुलाकात एक व्यवहारकुशल एवं प्रभावशाली महिला डॉ. वी. मोहिनी गिरि से हुई, जिन्होंने जनवरी, 2018 में अपना 80वाँ जन्मदिन मनाया। मोहिनी गिरि को पता नहीं था कि ओप्रा ने उनका नाम कहाँ से सुना, शायद इसलिए सुना हो कि वे महिलाओं के सवालों पर अमेरिका में कई व्याख्यान दे चुकी थीं।[6] जो भी हो, ओप्रा ने एक दिन उन्हें फोन किया, और जनवरी, 2012 में वे वृन्दावन पहुँच गईं। वे मोहिनी गिरि के आश्रम 'माँ धाम' पहुँचीं, जो परित्यक्त महिलाओं की सेवा के लिए बनाया गया है। दोनों की मुलाकात काफी गर्मजोशी भरी हुई, जिसकी शुरुआत एक-दूसरे को माला पहनाने से, और समापन उस दृश्य से हुआ जिसमें दोनों महिलाएँ एक-दूसरे का हाथ पकड़े चलती दिखीं। मोहिनी गिरि अपने सफेद बाल पीछे समेटे लाल साड़ी

में थीं, और ओप्रा अपने घने काले घुँघराले बालों के साथ मटमैले तथा पीले रंग के परिधान में थीं। कैमरे ने मोहिनी गिरि को यह शुभकामना सन्देश देते हुए कैद किया कि "ईश्वर की कृपा आप पर बनी रहे। महिलाओं को आप सदा ताकत देती रहें। पूरी दुनिया के लिए आप बड़ी प्रेरणा रही हैं और महिलाओं के लिए भी एक प्रेरणास्त्रोत बनी रहें।" बाद में ओप्रा ने टीवी के लिए शॉट देते हुए धन्यवाद ज्ञापन किया। उन्होंने कहा कि ऐसा लगता है डॉ. गिरि में मदर टेरेसा की आत्मा समा गई है।[7]

वैसे, आश्चर्य की बात नहीं कि इस बीच संस्कृतियों के अन्तर के कारण कुछ सलवटें उभरीं। मोहिनी गिरि ने गर्व के साथ बताया कि उनके आश्रम में महिलाएँ अपना खाना बनाने से लेकर सफाई और बर्तन धोने तक सारे काम खुद करती हैं। उनकी नजर में यह सब भी महिलाओं की ताकत के प्रतीक हैं, लेकिन ओप्रा को बर्तन धोना आपत्तिजनक लगा। उन्हें यह ठीक नहीं लगा कि इन महिलाओं का जो जीवन बचा है वह "रसोई में एक प्लेट में सिमट जाए।" मोहिनी गिरि ने उस पल को याद किया जब ओप्रा ने आश्रम में एक महिला को उबले आलू अपनी उँगलियों से छीलते देखकर सुझाव दिया था कि इसके लिए मशीन का उपयोग करना अच्छा होगा। उन्होंने अमेरिका लौटकर ऐसी मशीन भेजने की पेशकश की। मोहिनी गिरि ने उन्हें व्यंग्य-भरे लहजे में आश्वस्त किया कि भारत में भी यह मशीन उपलब्ध है। लेकिन उन्होंने व्यवसायगत प्रशिक्षण के नये कार्यक्रम के लिए ओप्रा से 25,000 डॉलर का दान स्वीकार किया।[8]

माँ धाम आश्रम छटीकरा रोड पर दूर में स्थित है। यह चन्द्रोदय मन्दिर की विशाल जायदाद के ठीक पीछे जमीन के छोटे-से टुकड़े पर बना है। सड़क पर संकेत है कि आपको सतर्क रहना चाहिए। यह एक पथरीली गली की तरफ इशारा करता है। आसपास के खेत अभी भी खुलेपन का एहसास कराते हैं, जो कि यहाँ की आम बात होती थी। आप मोरों को भी देख सकते हैं, जो पुराने वृन्दावन में बन्दरों का राज होने से पहले रहा करते थे।

माँ धाम एक अलग तरह की संस्था है। एक तरह से यह काफी पारम्परिक अर्थ में वृन्दावन की है, उन महिलाओं का घर है, जिनके पास कोई साधन नहीं है, जो शरण लेने के लिए वृन्दावन आ गई हैं। वैसे, यह उन प्रसिद्ध संस्थाओं में गिनी जाती है, जो शहर के पुराने हिस्से से बाहर निकल गई हैं। उनमें से भजन आश्रम सबसे अग्रणी है लेकिन कई दूसरी संस्थाएँ भी हैं। उदाहरण के लिए, श्रीवत्स गोस्वामी की पत्नी सन्ध्या उस छोटे-से आश्रय की सचिव हैं, जिसे उनके परिवार ने विधवाओं और जरूरतमन्द महिलाओं के लिए अपने ही घर की निचली मंजिल

पर स्थापित किया है। परमार्थ के इस तरह के पारिवारिक उपक्रम के रूप में और भी कई आश्रय हैं, जो आश्रम जैसे हैं।

दूसरी संस्थाओं ने भजन आश्रम के मॉडल को पूरी तरह अपना लिया है। उदाहरण के लिए, इस्कॉन मन्दिर के पास बनी एक सुव्यवस्थित धर्मशाला यात्रियों को प्रति रात 900-950 रुपये की दर से ठहरने का स्थान देती है। किराया इस पर निर्भर है कि आप परिसर के पुराने भाग में ठहरते हैं या नये भाग में। यह बालाजी आश्रम है, जो छटीकरा रोड के सामने है। इसकी स्थापना 'ऐक्शन शूज' कम्पनी के संस्थापक एवं सीईओ मंगेराम अग्रवाल ने अपने माता-पिता के नाम से की थी। वे खुद दिल्ली में रहते हैं, लेकिन उनका परिवार हरियाणा के हिसार का है। हर दिन ढाई बजे से शाम पाँच बजे तक आसपास की गरीब महिलाएँ आश्रम के प्रांगण में जमा होकर भजन आश्रम वाली महिलाओं की शैली में हरे कृष्ण मंत्र का जाप करती हैं। भजन खत्म होने के बाद हरेक महिला को 100 ग्राम दाल, 200 ग्राम चावल और 10 रुपये मिलते हैं। 29 दिसम्बर, 2017 को मैं जब वहाँ गया था, उस दिन 430 महिलाओं ने भजन के लिए अपना नाम लिखवाया था। यह संख्या वार्डन ने अपने मोबाइल से तुरन्त निकालकर बताई थी। उसने बताया था कि भजन के लिए समय पर आकर दस्तखत करना जरूरी है। इससे कुल संख्या का हिसाब लगाना आसान हो जाता है। और वार्डन ने यह काम बिना कोई घमंड या परेशानी दिखाए किया। बेशक यह कोई व्यवसाय नहीं है, यह परमार्थ और भावना का काम है। लेकिन इसे व्यवसाय की तरह किया जाता है। लेकिन आलोचकों को लगता है कि इसके बारे में साफ बताया नहीं जाता, मानो ये व्यवसायी किस्म के लोग विधवाओं से कोई आध्यात्मिक मुनाफा कमा रहे हों।

माँ धाम का स्वरूप काफी अलग है और यह नये वृन्दावन का ही एक अंग है, पुराने से न केवल भौगोलिक रूप से दूर है बल्कि अवधारणात्मक संरचना के मामले में भी स्पष्ट रूप से भिन्न है। यहाँ विधवाओं को अपशकुन बतानेवाला कोई चिह्न आपको नजर नहीं आएगा। कोई सिर घुटा हुआ नहीं दिखेगा, खानपान में कोई प्रतिबन्ध लागू नहीं है, और कोई विधवा सफेद साड़ी नहीं पहनती। इसकी जगह नीला, पीला और गुलाबी रंग काफी नजर आएगा। यहाँ की महिलाएँ वृन्दावन के दैनन्दिन जीवन की लय से दूर जीवन जीती हैं लेकिन उन्हें दूसरों के जीवन से कट कर नहीं रहना होता। मोहिनी गिरि ने आश्रय को इस तरह बनवाया है कि युवा पीढ़ी हमेशा मौजूद दिखती है। आसपास के गाँवों की लड़कियों के लिए यहाँ स्कूल चलता है और उनकी आवाज काम वाले हर दिन गूँजती रहती है। इसके साथ ही पुरानी पीढ़ी के लिए भी शिक्षा के अवसर उपलब्ध हैं। माँ धाम की महिलाएँ

दफ्तर और कम्प्यूटर चलाने का या ब्यूटीशियन बनने का प्रशिक्षण ले सकती हैं। ब्यूटीशियन एक विधवा हो, इससे ज्यादा विरोधाभासी स्थिति की कल्पना शायद ही की जा सकती है।

माँ धाम में एक नया शिल्प विभाग खोला गया है जिसमें महिलाएँ सन्निधि स्कूल की लड़कियों की स्कूल ड्रेस की सिलाई कर सकती हैं। इस तरह वे अपनी मेहनत का फल भी सामने देख सकती हैं। सिलाई से दूसरे रास्ते भी निकल सकते हैं। कुछ महिलाएँ श्रीकृष्ण की मूर्तियों के लिए छोटे-छोटे चमकदार परिधान एवं मुकुट आदि सिल कर वृन्दावन की विशेष अर्थव्यवस्था में हिस्सेदारी करती हैं। यहाँ आनेवाले यात्री इस तरह की चीजें वृन्दावन से ले जाना चाहते हैं ताकि वे अपने घर में अपने कृष्ण भगवान को सजा सकें। यह व्यापार अच्छी कमाई करवाता है (चित्र 5.4)।

इसके साथ ही, माँ धाम कुछ विशेष—एवं अन्तर्निहित—प्रतिबन्धों को भी तोड़ता है, जो इस पर इस स्थान विशेष में होने के कारण लागू हो सकते हैं। यह सभी धर्मों की महिलाओं का स्वागत करता है। वैसे तो यहाँ हिन्दू महिलाओं की ही संख्या ज्यादा है, क्योंकि ये वृन्दावन के प्रति स्वाभाविक रूप से आकर्षित होती हैं, लेकिन मोहिनी गिरि दबी जबान से खुशी-खुशी बताती हैं कि यहाँ रह रहीं 85 विधवाओं और दूसरी महिलाओं में कुछ मुस्लिम भी हैं। वे जिस स्थान में रहती हैं वह धर्म के प्रति व्यापक दृष्टिकोण रखने की प्रेरणा देता है। माँ धाम में दो पूजास्थल हैं, एक में मुस्लिम-हिन्दू संत शिरडी के साईं बाबा की मूर्ति है, दूसरे में अष्टकोणीय दीवारों पर सभी पंथों—मुस्लिम, बौद्ध, सिख, हिन्दू और ईसाई—के पाठ उपयुक्त भाषाओं तथा लिपियों (ईसाई धर्म के लिए अंग्रेजी-रोमन) में लिखे हैं। मोहिनी गिरि का मानना है कि जो भी अधिक प्रतिबन्धित है वह "हिन्दू धर्म का नहीं हो सकता। हिन्दू धर्म तो वसुधैव कुटुम्बकम् सिखाता है।"[9]

माँ धाम बेशक कोई स्वर्ग नहीं है, और मोहिनी गिरि को यह मालूम है। 2017 के अन्त में जब मैं उनके आश्रम में गया था, मैंने 50-60 के बीच की उम्र की एक महिला से बात की थी और उसने बताया था कि आश्रम के वासियों में खूब झगड़े होते रहते हैं। उस महिला के पास वह नहीं था जिसे वह 'कागज' कह रही थी।[10] ये कागज—या एक ही कागज—फिर से उसे एक मनुष्य बना देगा। इस ब्राह्मण महिला के आँसू थम नहीं रहे थे, वह बता रही थी कि पाँच महीने पहले किस तरह उसके बच्चों ने उसे कानपुर के उसके घर से निकाल दिया था। आश्रम में हर शाम भागवत कथा कहनेवाले युवक ने, जो पास में ही रहता था, बताया कि उसका पति गुजर गया है और अब उसकी 30 एकड़ जमीन पर दावेदारी का मामला चल रहा है। हिन्दी बोलते-बोलते अंग्रेजी में बात करने लग गए इस युवक ने—मुझे लगा,

चित्र 5.4 : माँ धाम की महिलाओं द्वारा तैयार किए गए हस्तशिल्प का प्रदर्शन करतीं वी. मोहिनी गिरि। हस्तशिल्पों में कृष्ण की मूर्तियों की सजावट के लिए तैयार किए गए परिधान। 1 फरवरी, 2019।

कुछ उचटे हुए मन से—कहा कि इस तरह की कहानियों ने उसका दिल तोड़ दिया है और उसे इस तरह की सेवा की जिन्दगी अपनाने की प्रेरणा दी है। अंग्रेजी में बहुत सहजता से बात न कर पाने के कारण वह बनावटी लग रहा था, और उस महिला के सामने तथा उसकी भाषा के कारण वह सेवा के प्रति अपने समर्पण को

ठीक से व्यक्त नहीं कर पा रहा था। लेकिन माँ धाम सेवा के लिए ही है, मोहिनी गिरि हमारी बातचीत में यह सन्देश देना शायद ही भूल रही थीं। अन्त में उन्होंने कहा, "सेवा ही ईश्वर है।" इन्हीं शब्दों के साथ हमारी बातचीत समाप्त हुई।[11]

जहाँ तक इस महिला की बात है, इस मामले में बहुत कुछ कहना बाकी है। जब मैंने उसके दस्तावेजों में देरी और उनके गायब होने की बात आश्रम के प्रशासक मनजीत सिंह से की, तो उन्होंने कुछ और ही बात की। उन्होंने थोड़ी अधीरता से बताया कि महिला के पहचान पत्रों को ठीक करने में समय लगा, और वे दस्तावेज सही होने चाहिए क्योंकि इसका असर उसके इस दावे पर पड़ सकता है कि वह सरकारी नौकरी कर चुकी है। इसके लिए कई महकमों में जाना पड़ता है, लेकिन वे चूँकि इस तरह के काम वर्षों से कर रहे हैं इसलिए यह मामला सुलझ जाएगा। वैसे, इस बीच हाल में आश्रम में आई यह महिला असामान्य रूप से हताश थी। वास्तव में उसे उसकी पहचान से वंचित कर दिया गया था, वह अपने दस्तावेजों और पेंशन के लिए चिन्तित थी। दूसरी महिलाएँ खुश थीं और मानती थीं कि राधारानी की कृपा उन्हें इस आश्रम में ले आई। लेकिन यह महिला इसलिए यहाँ नहीं आई थी कि वह यहाँ आना चाहती थी। शायद वह उन महिलाओं में थी जिन्हें पुलिस भेजती है; जिला अदालत और कोई अस्पताल भी इस तरह भेजता है। वह महिला इस तरह के अन्याय से भीतर से जूझ रही थी, वह अपने लिए स्वयं खुलकर शोक मना रही थी।

मोहिनी गिरि युवावस्था में ही विधवा हो गई थीं, हालाँकि उनकी परिस्थितियाँ अलग थीं। वे वी.वी. गिरि की बहू हैं। वी.वी. गिरि 1969 से 1974 तक राष्ट्रपति थे, जब इन्दिरा गांधी प्रधानमंत्री थीं। पति के निधन के बाद मोहिनी गिरि अपने श्वसुर के काम में सहायता करने लगीं, लेकिन उच्च स्तरीय तबके में भी विधवा होने के अनुभव ने भारत में विधवाओं की स्थिति के बारे में उनकी आँखें खोल दीं। वास्तव में, उनकी माँ भी मध्यवय में विधवा हो गई थीं।

मोहिनी गिरि सात भाई-बहनों में एक थीं। उनके पिता लखनऊ विश्वविद्यालय के कुलपति थे, इसलिए उनके जीवन की शुरुआत विशेष सुविधाओं में हुई थी, लेकिन उनके पिता तभी चल बसे जब वे केवल दस साल की थीं। उनकी माँ परिवार को लेकर ऋषिकेश आ गईं, जहाँ उनके आध्यात्मिक गुरु, एक डॉक्टर प्रसिद्ध शिवानन्द आश्रम के प्रमुख थे। बारह साल की उम्र में मोहिनी गिरि ने यही सीखा कि सेवा क्या होती है। डॉक्टर साहब कुष्ठ रोगियों की सेवा करते तथा आँखों के ऑपरेशन करते, और मोहिनी गिरि उनकी सहायता करतीं। कई वर्ष बाद जब वे दिल्ली के ऊँचे प्रशासनिक हलके में घूमा करती थीं, तभी उनका सामना 1971 के

बांग्लादेश-पाकिस्तान युद्ध जैसी त्रासदी से हुआ। सैनिक अस्पतालों में काम करते हुए उनका परिचय कई विधवाओं से हुआ और अन्ततः उन्होंने उनकी सहायता के लिए 'वार विडोज एसोसिएशन' नामक संगठन बनाया। 1990 के दशक में वे राष्ट्रीय महिला आयोग की अध्यक्ष रहीं। यह पद केन्द्रीय मंत्री के पद के समकक्ष माना जाता है। इस हैसियत से उन्होंने देश का व्यापक दौरा किया। तब तक, 1995 में वे खुद विधवा हो चुकी थीं।

इसके दो-तीन साल बाद होली के एक दिन पहले उन्होंने वृन्दावन की पहली बार यात्रा की थी। वहाँ उन्होंने ऐसा दृश्य देखा जो जीवन-भर के लिए उनकी स्मृति में बस गया। एक विधवा की मृत्यु हो गई थी और उसका शव सड़क पर पड़ा था, जिस पर कुत्ते और गिद्ध मँडरा रहे थे। कोई कुछ नहीं कर रहा था, पास के पुरुषों ने कहा कि वे कुछ नहीं कर सकते क्योंकि वह धार्मिक छुट्टी का दिन था। मोहिनी गिरि को बहुत परेशानी होने लगी, उन्होंने वहाँ जमा हुईं घुटे सिर वाली विधवाओं को चुनौती दी, "कल आप लोगों के साथ ऐसी घटना घटी तो?" इस पर पुरुषों के विपरीत, वे महिलाएँ आगे आईं। वे कहीं से एक अर्थी ले आईं, शव को उस पर रखकर वे बारी-बारी से कंधा देकर उसे घाट तक लेकर गईं, जहाँ शव को नदी में समाधि दे दी गई।[12] मोहिनी गिरि उन महिलाओं के आगे आने से प्रभावित हुईं मगर उनकी दुर्दशा ने उन्हें व्यथित कर दिया। जाहिर है, उन्हें उनकी स्थिति के कारण जिस सीमित भूमिका में बाँध दिया गया था उससे ज्यादा कुछ वे कर सकती थीं। क्या वे अपनी जिन्दगी को और अच्छे काम में नहीं लगा सकती थीं?

यह माँ धाम की शुरुआत थी। इस परियोजना को मोहिनी गिरि ने वहाँ की स्थानीय निवासी स्वराज लता गोयल के साथ मिलकर शुरू किया। पहले एक निजी घर में पाँच विधवाओं से शुरुआत की गई। जल्दी ही मोहिनी गिरि ने एक बड़ी, टूटी-फूटी, खाली पड़ी हवेली के मालिक से गुजारिश की, और इस तरह 300 महिलाओं को वहाँ जगह मिल सकी। जब हवेली की हालत काफी सुधर गई तो उसका मालिक उसे वापस माँगने लगा। मोहिनी गिरि ने नई जगह की खोज शुरू कर दी। शहर के बाहरी इलाके में एक कृषि भूमि खाली पड़ी थी, जिसे नगरपालिका की सम्पत्ति में बदलने की जरूरत थी ताकि वह एक परमार्थ संस्था के नाम की जा सके। सरकारी महकमों से काम करवाना मोहिनी गिरि को खूब आता था, लोगों तथा सार्वजनिक एजेंसियों से सहायता लेने में भी वे माहिर थीं। नये भवन का उद्घाटन 2006 में हो गया।

जैसा कि हम जानते हैं, वहाँ बहुत कुछ हो रहा है। लेकिन मैं वृन्दावन (पुराने या नये) में घटी एक सबसे स्तब्धकारी घटना का उल्लेख करूँगा, जिसे मैंने खुद

देखा था। अवसर था 24 दिसम्बर, 2017 को हुई क्रिसमस पार्टी का। वाकर के सहारे चलनेवाली मोहिनी गिरि इस मौके के लिए दिल्ली से कार से आईं। वे उस कार्यक्रम की अध्यक्षता करने के लिए आई थीं जिसमें 'जर्मन संगीतकार' संगीत पेश करनेवाले थे, जैसा कि अग्रिम प्रचार किया गया था। यह प्रख्यात वायलिन वादक मिडोरी द्वारा 10 दिन की भारत-यात्रा के मकसद से प्रतिभाशाली युवा पेशेवरों की ओर से प्रस्तुत चतुषवाद्य संगीत का कार्यक्रम बन गया था। और वे वृन्दावन में 'द मैरेज ऑफ फिगारो' प्रस्तुत कर रहे थे! मैं हैरान था। ये मैं यहाँ क्या सुन रहा हूँ? जर्मनी में इकट्ठा हुए ये चमत्कारी युवा संगीतकार लातविया से लेकर फ्रांस तक के थे, और मिडोरी खुद जापान के। ऐसे संगीतकारों को इतने करीब से सुनने का मौका कहाँ मिलता है? और वह भी वृन्दावन में! (चित्र 5.5)।

इस अपरिचित संगीत का आनन्द लेना वहाँ के लोगों के लिए मुश्किल था, लेकिन मोहिनी गिरि की युवा साथी और उनका 'दाहिना हाथ' मानी जानेवाली मीरा खन्ना ने इस सांस्कृतिक खाई को भरने की बहुत अच्छी कोशिश की। जब भी कोई संगीतकार अपनी संगीत रचना के बारे में परिचय देता, मीरा उसका हिन्दी अनुवाद और रचना का सन्दर्भ भी लोगों को बतातीं ताकि श्रोता संगीत का

चित्र 5.5 : क्रिसमस के मौके पर मिडोरी संगीत मंडली का संगीत सुनतीं माँ धाम की वासी। 24 दिसम्बर, 2017।

आनन्द ले सकें। सबसे बेहतर क्षण तब आया जब मीरा ने वाइला वादक बेंजामिन बेक द्वारा प्रस्तुत परिचय का अनुवाद करके बताया कि मिडोरी द्वारा प्रस्तुत की जानेवाली हेडन चतुषवाद्य रचना को इतना पसन्द किया गया कि इसे जर्मनी के राष्ट्रगीत के लिए चुन लिया गया। मीरा द्वारा यह बताए जाने पर महिलाओं ने खूब तालियाँ बजाईं और कार्यक्रम समाप्त होने के बाद सबने खड़े होकर भारत का राष्ट्रगान गया।

यह एक उत्कृष्ट संगीत का दिलचस्प समापन था। महिलाओं ने जितनी जोर से गाया उतना ही यह समझ पाना मुश्किल हुआ कि वह किस सुर में गाया गया। इसके बाद कई मेहमान संगीतकारों के साथ सेल्फी लेने लगे, और लोगों को हाथ पकड़कर खींचते नजर आए (चित्र 5.6)। जब यह जोश ठंडा हुआ और चाय शुरू हुई, संगीतकार अपना साज समेटकर दिल्ली जाने की तैयारी करने लगे। मोहिनी गिरि, मीरा खन्ना और दिल्ली वाली मंडली भी विदा हो गई। मोहिनी की बेटी, जो डेट्राइट में रहती है, एसयूवी में सवार हो गई। वह अपने पति के साथ भारत आई थी अपनी माँ का 80वाँ जन्मदिन मनाने के लिए।

यह कहने की जरूरत नहीं है कि माँ धाम 'नये वृन्दावन' को हमने अब तक जिस रूप में देखा है उससे एकदम अलग है। इसे बाकी वृन्दावन से जिस तरह जोड़ा गया है वह भी अनूठा है। ऐसा न केवल पुराने वृन्दावन के मामले

चित्र 5.6 : संगीत समारोह के बाद सेल्फी और बो स्ट्रिंग्स।

चित्र 5.7 : माँ धाम की एक वासी महादेवी माँ।

में है, जहाँ माँ धाम एक दशक तक पनपा, बल्कि यह नये वृन्दावन के लिए भी सच है। माँ धाम की महिलाओं को बगल के ही 'अक्षय पात्र' से आनेवाली वैन से दिन का भोजन मिलता है। इस तरह वे अपने पड़ोसियों से जुड़ी हैं। वैसे, छटीकरा रोड पर हम जिस आडम्बर से रू-ब-रू होते हैं उससे उनका जीवन बिलकुल अछूता है। यह भी उपयुक्त ही लगता है कि माँ धाम की ओर जाने के लिए मुख्य सड़क को छोड़ना पड़ता है। यह भी प्रतीकात्मक है कि माँ धाम उस चीज का प्रतिनिधित्व करता है, जो लीक से हट कर है—स्वतंत्र और प्रगतिशील है, शेष बचे पुराने और नये वृन्दावन पर ज्यादा असर डालने की प्रारम्भिक अवस्था में है। मोहिनी गिरि को उम्मीद है कि यह भारतीय महिलाओं का जीवन सुधारने के प्रयासों के लिए एक उदाहरण बन सकता है, और सेवा क्षेत्र में इसका कुछ अनुकरण कश्मीर, उत्तराखंड, दिल्ली के कुछ हिस्सों और 2004 में सुनामी से प्रभावित तमिलनाडु के कुछ भागों में हो रहा है, जहाँ इसकी जरूरत है। लेकिन वृन्दावन में कहीं इसका अनुकरण किया जाएगा या नहीं, यह देखना बाकी है (चित्र 5.7)।

साध्वी ऋतम्भरा और वात्सल्य ग्राम

नये वृन्दावन की संस्थाओं में माँ धाम की बराबरी करने में सबसे आगे जो संस्था है वह शहर के दूसरे किनारे पर है, लेकिन उनमें फर्क देखने के लिए आपको उसके फाटक तक जाना पड़ेगा। यह किसी ग्रामीण गली में नहीं बल्कि मथुरा-वृन्दावन मार्ग पर एकदम खुले मैं है, और इसका भव्य प्रवेशद्वार इतना चौड़ा है कि उसमें से दो लेन की सड़क गुजर सके। यह सड़क एक चौड़ी पटरी के कारण दो हिस्सों में बँटी हुई है। फाटकों को पुराने मन्दिरों की वास्तुकला के मुताबिक बनाया गया है, जिन्हें पत्थरों के तिकोने टुकड़ों से सजाया गया है। अन्दर 52 एकड़ के परिसर में आप करीब दर्जन-भर भवनों की सैर कर सकते हैं, जिन्हें अलग-अलग नाम दिए गए हैं। इनमें लड़कियों, और लड़कों के लिए स्कूल (अमेरिकी दानकर्ता कृष्णा ब्रह्मरत्न के नाम से) हैं; एक माध्यमिक विद्यालय है, जो लड़कियों की आगे की पढ़ाई के लिए है (संविद गुरुकुलम, जिसमें पूरे उत्तर भारत से फीस देनेवाली छात्राएँ निःशुल्क पढ़ाई करनेवाली स्थानीय छात्राओं के साथ पढ़ती हैं)। बड़ी उम्र वाली लड़कियों के लिए अलग छात्रावास है, बच्चों और उनकी माताओं के लिए एक निवास है, और 'आध्यात्मिक रिजॉर्ट' के रूप में एक बड़ा गेस्टहाउस है, जिसमें 1000 रुपये प्रति रात के किराये पर एक कमरा मिलता है। दूर-दूर से लोग यहाँ आते हैं।

इस भव्य परिसर को वात्सल्य ग्राम कहा जाता है। वात्सल्य तो प्रायः अभिभावक और बच्चे के बीच की भावना होती है लेकिन इसकी संस्थापिका साध्वी ऋतम्भरा इसके स्त्रीत्व वाले पहलू पर जोर देती हैं। वात्सल्य ग्राम की एक प्रभावशाली अंग्रेजी वेबसाइट है, लेकिन 2018 तक इसके विशिष्ट भारतीय स्वरूप का और हिन्दी भाषा की प्रधानता का उद्देश्य शायद 'गिल्ड फॉर सर्विस' वेबसाइट द्वारा आमंत्रित पाठकों के अलग वर्ग को आकर्षित करना था। 'गिल्ड फॉर सर्विस' वेबसाइट आपको माँ धाम की ओर संकेत करती है (www.guild.org.in)। लेकिन नाटकीय अपडेट के बाद भी www.vatsalyagram.org पर उन संकटग्रस्त महिलाओं की तसवीरें नहीं दिखतीं, जो 'गिल्ड फॉर सर्विस' वेबसाइट पर दिखती हैं। वात्सल्य ग्राम की वेबसाइट सुखद अनुभूति करानेवाली वेबसाइट है। अभागी महिलाओं को गले लगा रहीं मोहिनी गिरि की जगह यहाँ माथे पर चमकीला लाल तिलक लगाए, लम्बे काले बालों के साथ भगवा या लाल चोगे में राजसी छवि वाली साध्वी दिखेंगी। या तो वे चौड़ी, चमकती मुस्कान बिखेरती दिखेंगी, या ओढ़ी हुई गम्भीर मुद्रा में दिखेंगी। वे इस संगठन का दिल और दिमाग, दोनों हैं। अंग्रेजी में छपा ब्रोशर उन्हें 'ईश्वरीय' माँ के रूप में अवतरित देवी बताता है।[13]

मोहिनी गिरि दिल्ली के एनजीओ दायरे में महत्त्वपूर्ण हस्ती मानी जाती हैं, लेकिन साध्वी ऋतम्भरा और भी ख्यात हैं। उन्हें वेबसाइट पर भी और प्रकट तौर पर भी 'दीदी माँ' के, जो एक पारिवारिक एवं सम्मानजनक सम्बोधन है, नाम से जाना जाता है। वात्सल्य ग्राम और इससे जुड़ी संस्थाओं से उम्मीद की जाती है कि वे भारतीय संयुक्त परिवार को व्यापक अर्थों में साकार करेंगी। यहाँ भारतीयता और सबके ऊपर वैदिक हिन्दुत्व का खुला प्रदर्शन है। लेकिन मोहिनी गिरि धर्मनिरपेक्षता के प्रति संकल्पबद्ध कांग्रेस पार्टी के आन्तरिक हलके से जुड़ी रही हैं। साध्वी ऋतम्भरा ने अपना जीवन भाजपा की सेवा में बिताया है। वे इसके प्रसिद्ध महिला चेहरों में रही हैं। 1990 के दशक में बाबरी मस्जिद पर हमले के दौरान युवा हिन्दुत्ववादियों में जोश भरने के लिए युवा साध्वी ऋतम्भरा से ज्यादा उग्र भाषण और किसी ने नहीं दिया होगा, सिवा उनकी मानस बहन उमा भारती के, जो भाजपा की उपाध्यक्ष और केन्द्र की वर्तमान भाजपा सरकार में पेयजल एवं स्वच्छता मंत्री हैं। उमा भारती के विपरीत साध्वी ऋतम्भरा ने राजनीति से किनारा कर लिया है और धार्मिक नेत्री का जीवन स्वीकार कर चुकी हैं। वैसे, मोहिनी गिरि की तरह उन्होंने अपनी अर्द्ध-राजनीतिक पहचान बनाए रखी है, लेकिन राजनीतिक परिदृश्य के बिलकुल दूसरे छोर पर।

मोहिनी गिरि और साध्वी ऋतम्भरा जैसी दो भिन्न महिलाओं ने वृन्दावन में महिलाओं के लिए संस्थाओं का गठन किया, यह अपने आप में उल्लेखनीय बात है। लेकिन दोनों ने वृन्दावन से बिलकुल अलग-अलग तरह से सम्बन्ध बनाया है। माँ धाम का ध्यान हताश, बेसहारा वृद्ध महिलाओं पर केन्द्रित है, जो इस पारम्परिक मिशन को नया अर्थ दे रहा है। वात्सल्य ग्राम वयस्क महिलाओं से ज्यादा छोटी लड़कियों पर ध्यान देता है और परिसर में प्राथमिक विद्यालय के माध्यम से लड़कों के लिए भी स्थान जुटाता है। दोनों संस्थाओं का मानना है कि पीढ़ियों को अलग नहीं किया जाए। लेकिन वात्सल्य ग्राम इससे आगे जाकर न केवल बच्चों पर ध्यान देता है बल्कि परिवार को भी नये रूप में देखता है। संस्था का नाम ही बच्चों के प्रति विशेष स्नेह की भावना को उभारता है—उस भावना को, जो कोई गऊ अपने बछड़े के प्रति रखती है।

परिवार का जो नया स्वरूप वात्सल्य ग्राम का प्रतीक है, उसे सिर्फ परिवार या विशेष तौर पर 'वात्सल्य परिवार' कहा जाता है (चित्र 5.8)। ऐसे प्रत्येक परिवार में तीन वयस्क और सात बच्चे हैं, जिनका आपस में खून का कोई रिश्ता नहीं है—लेकिन एक माँ है, एक मौसी है, एक नानी है और उनके साथ पाँच लड़कियाँ और दो लड़के हैं। इस तरह एक इकाई 10 लोगों की है, जिसे गोकुलम नाम के

चित्र 5.8 : वात्सल्य ग्राम में लगा एक पोस्टर जिसमें दीदी माँ साध्वी ऋतम्भरा को एक बच्ची को प्यार देते हुए दिखाया गया है। 26 दिसम्बर, 2017।

भवन में एक-एक फ्लैट दिया गया है। सारे वयस्क आसपास के हैं। माँएँ युवा हैं, 20 से 30 के बीच की उम्र की, शायद विधवा हैं जिनकी शादी किसी बूढ़े आदमी से कर दी गई थी; मौसी और नानी ज्यादा उम्र की हो सकती हैं। संस्था की एक प्रतिनिधि ने जोर देकर कहा कि उम्र नहीं, शिक्षा महत्त्वपूर्ण है। इन महिलाओं में बच्चों की अच्छी तरह परवरिश करने की क्षमता होनी चाहिए। इसलिए आप वृन्दावन की गलियों में भीख माँगनेवाली महिला को यहाँ नहीं पाएँगे। और मैंने सोचा, वात्सल्य ग्राम के पिछवाड़े भीख माँगनेवाली को भी यहाँ नहीं पाएँगे।

जहाँ तक बच्चों की बात है, वे पाँचवीं में पढ़ने लायक उम्र के हैं और वे सब परिसर में प्राथमिक विद्यालय में पढ़ते हैं। पाँचवीं के बाद लड़कियाँ माध्यमिक विद्यालय में जाती हैं और छात्रावास में रहने लगती हैं, जहाँ वे (प्रचार के मुताबिक)

वैदिक योजना के तहत गुरुओं के अधीन रहती हैं। प्राचीन भारत के साहित्य में केवल लड़कों को अपने परिवार से अलग रहकर शिक्षा लेने की बात कही गई है। लेकिन यहाँ लड़कियों को इस निर्देश में शामिल किया गया है और यहाँ के शिक्षा संस्थान विशेषकर उनके लिए हैं। लड़कों को पढ़ने के लिए परिसर से बाहर के स्कूल में जाना पड़ता है, वृन्दावन के बाहर बड़े बोर्डिंग स्कूलों में।[14] जो भी हो, यहाँ सारा ध्यान लड़कियों पर है, जिन्हें हिन्दू समाज का मुख्य स्तम्भ बनने के लिए तैयार किया जाता है। वात्सल्य ग्राम को गर्व है कि इन परिवारों की कुछ लड़कियाँ शादी की उम्र की हो गई हैं, और उनकी शादी उसी से होगी जिसे दीदी माँ चुनेंगी।

यह आविष्कृत परिवार वृन्दावन में 'विधवा समस्या' के लिए ही नहीं बल्कि पूरे उत्तर भारत में महिलाओं को प्रभावित कर रहे व्यापक संकट के लिए साध्वी ऋतम्भरा का समाधान है। देश के इस भाग में लड़की के जन्म का उस उत्साह से शायद ही स्वागत किया जाता है जिस उत्साह से लड़के के जन्म का स्वागत किया जाता है। इसकी वजह है दहेज प्रथा के कारण पड़नेवाला भारी खर्च, संयुक्त परिवार में वंश परम्परा को आगे बढ़ाने के लिए लड़के की जरूरत (क्योंकि लड़की विवाह के बाद दूसरे परिवार में चली जाती है), माता-पिता के अन्तिम संस्कार आदि के लिए पुत्र की जरूरत, आदि। जो परिवार अल्ट्रासाउंड करवाने का खर्च उठा सकते हैं, वे प्राय: गर्भ में स्थित शिशु के लिंग का भी पता लगाकर ज्यादातर कन्या भ्रूण की हत्या करवा देते हैं। इस तरह लिंग का पता लगाना कानूनन मना है लेकिन यह चल रहा है। वात्सल्य ग्राम इन दोनों समस्याओं का हल ऐसे छोटे संयुक्त परिवार का गठन करवाकर कर रहा है, जिनमें बड़ी उम्र और छोटी उम्र के लोग भी साथ रहते हैं।[15]

माँ धाम और वात्सल्य ग्राम, दोनों संस्थाएँ विधवाओं के लिए ज्यादा सम्मानित परमार्थ वैष्णव आश्रय की संस्था को अस्वीकार करती हैं। दोनों खुद को अतीत से ज्यादा भविष्य की ओर उन्मुख बताती हैं। और वे भविष्य भी भिन्न-भिन्न हैं। मोहिनी गिरि के लिए इसका अर्थ है पितृसत्तात्मक व्यवस्था की बुराइयों का अस्वीकार, और इसके साथ ही बहुसंख्यकवादी धर्मों के दमनकारी दावों से भी इनकार। उनका मानना है कि स्वयं श्रीकृष्ण ने ब्रज छोड़ने के बाद रुक्मिणी से विवाह करके उन्हें उस व्यक्ति के साथ जीवन गुजारने की पीड़ा से बचाया जिन्हें वह पसन्द नहीं करती थीं, और वृन्दावन में महिलाओं से संवाद करके उन्होंने 'सबको समान सम्मान' दिया। मोहिनी गिरि ने कहा कि श्रीकृष्ण ने 'स्त्री-पुरुष समानता के लिए महिलाओं को शक्ति दी'।[16] दीदी माँ के लिए कसौटी एकदम अलग है—किसी को नियंत्रित नहीं करना है, केवल कुछ बातों को वापस लाना है। यह वैदिक पूर्णता है, जिसमें मूलत: सबको साथ लिया गया है।[17] इस वैदिक अतीत की दृष्टि में कोई अल्पसंख्यक नहीं

था, किसी को बाहर नहीं रखा गया था। दीदी माँ के प्रभावशाली धार्मिक व्यक्तित्व के जरिये वात्सल्य ग्राम को वे सूत्र मिलते हैं जिनके बूते स्वर्णिम अतीत को लेकर इस तरह की अपील की जा सके। उनका अपना जीवनपथ परिसर में स्थित भवनों में से एक के महत्त्व को रेखांकित करता है। इस भवन का नाम है सद्गुरु सन्निधि, और अधिकृत तौर पर इसे "वात्सल्य ग्राम में आनेवाले संतों के ठहरने का पवित्र स्थान" माना जाता है। लेकिन वास्तव में यह एक ऐसे केन्द्र के तौर पर काम करता है, जहाँ पारिवारिक जीवन से संन्यास ले चुकीं करीब 25 महिलाएँ हिन्दू भारत के निर्माण के लिए प्रचारिका और शिक्षिका बनने का प्रशिक्षण लेती हैं।[18] वे दीदी माँ के पदचिह्नों पर चलने की कोशिश करती हैं।

वृन्दावन का वात्सल्य ग्राम दिल्ली मुख्यालय वाली परम शक्ति पीठ द्वारा स्थापित परमार्थ संस्थाओं के समूह का अगुआ है। 'परम शक्ति' नाम सर्वशक्तिमान देवी का प्रतीक है, जिनकी कई पीठ हैं जो देवी की शक्ति को दर्शाती हैं। देवी माहात्म्य के अनुसार, उनकी शक्ति भारतीय उपमहाद्वीप में फैली हुई है। यह भारतमाता के रूप का निर्माण करती हैं। दीदी माँ के भक्तों और उनके अनुसार, वे स्वयं उस लुप्त राष्ट्रीय मातृत्व का निर्माण करती हैं। वे जिस परम्परा पर गर्व करती हैं और जिसे वात्सल्य ग्राम में समाहित करने की कोशिश करती हैं वह विशिष्ट रूप से वैष्णव परम्परा ही नहीं है बल्कि शैव परम्परा है। उनके अपने गुरु परमानन्द गिरि हैं, जो शैव पंथ के हैं। और वात्सल्य ग्राम के अन्दर प्रवेश करने के बाद गोल चक्कर पर जो कंक्रीट से बनी झाँकी है उसका नाम मंगल मानस है।[19] इसमें हमें शिव-पार्वती (जिन्हें शक्ति भी कहा जाता है) हिमालय में अपने सिंहासन पर बैठे दिखते है। इस पर्वत के नीचे मानसरोवर झील बह रही है, जिसमें जल कैलास पर्वत की बर्फ पिघलने से आता है। कैलास पर्वत शिव का शाश्वत धाम है इसलिए पर्वत पर उनका प्रतीक एक विशाल त्रिशूल और शिवलिंग उपस्थित है। दुर्भाग्य से, जैसा कि इस तरह के कई भारतीय मॉडलों में होता है, इस झील में जल हमेशा नहीं रहता। जल बहुत दुर्लभ है।

शैव स्थल की सीमा पर एक शाक्त तीर्थ है। यह श्री सर्वमंगला नामक देवी का तीर्थ है, जिनका नाम मंगल मानस में दर्ज है। वात्सल्य ग्राम के प्रचार ब्रोशर में कहा गया है कि उनके दर्शन से कई भक्तों को विशिष्ट अनुभव हुए हैं, जो देवी की चमत्कारी शक्तियों को दर्शाते हैं। एक तरह से ये नई देवी हैं, जिन्होंने हाल में ही कथित रूप से साध्वी ऋतम्भरा को स्वप्न में दर्शन दिया। हाल के वर्षों में जो 'नई' देवियाँ प्रकट हुई हैं उनमें संतोषी माँ सबसे विख्यात हुईं। वास्तव में वे सबसे पुरानी हैं और स्त्री शक्ति की पुंज मानी जाती हैं, जिसे भारत के सनातन धर्म का

मूल माना जाता है। लेकिन महत्त्वपूर्ण बात यह है कि श्री सर्वमंगला से सम्बन्धित साहित्य एक भिन्न दिशा ले लेता है। जैसा कि वृन्दावन चन्द्रोदय मन्दिर में हाल में हुआ, धर्म की भाषा की जगह संस्कृति की भाषा अपना ली गई है। सनातन धर्म 'भारत की सनातन सांस्कृतिक विरासत' में बदल गया है। अब मैं यह नहीं कह सकता कि यह अवधारणा के स्तर पर है या चन्दा उगाही की रणनीति के तहत है, लेकिन यह मानना पड़ेगा कि दोनों के बीच ज्यादा अन्तर नहीं है। वात्सल्य ग्राम में प्रवेश करते ही शिव-शक्ति की जो मूर्ति दिखती है उसकी जगह कोई और बड़ी चीज—श्री पीठम—आ जाएगी, जिसके लिए चन्दा जुटाया जा रहा है। यह विशाल गुम्बद वाला ढाँचा होगा, जो भारतीय सभ्यता के बहुचर्चित वैज्ञानिक गौरव को पहचान देगा। इसके साथ इसी उद्देश्य के लिए एक विशाल संग्रहालय होगा, और यह सब शाक्त ध्वज के नीचे होगा।

लेकिन इस सबमें वैष्णववाद कहाँ है? यहीं यशोदा आती हैं, और उनके साथ विशाल कृष्ण परम्परा भी। साध्वी ऋतम्भरा एक सम्मोहक वक्ता हैं, और कभी-कभी वे भारत के हिन्दीभाषी क्षेत्र में या विदेश में देवी महात्म्य पर प्रवचन करती हैं। वे रामायण को भी प्राय: अपना विषय बनाती हैं। आखिर, वे भी अयोध्या में विशाल राम मन्दिर निर्माण के लिए बाबरी मस्जिद विध्वंस आन्दोलन में नेतृत्व की भूमिका निभा चुकी हैं। लेकिन वृन्दावन में वे, स्वाभाविक है कि भागवत पुराण पर प्रवचन करती हैं। वात्सल्य ग्राम के माध्यमिक विद्यालय के बड़े-से सभागार में वे छोटे-से मंच पर विराजती हैं, जैसा कि उन्होंने 2017 के अन्तिम सप्ताह में किया था, जब उन्होंने भागवत कथा का आयोजन किया था, जो 1 जनवरी, को उनके जन्मदिन पर पूर्ण होनेवाली थी। लाल वस्त्रों में दिव्य रूप में दीदी माँ का प्रवचन और गायन अद्‌भुत था। एक युवक चुपचाप उनकी सेवा में जुटा था और जब उन्हें जरूरत होती, शर्बत देता था। पूरा दृश्य एक वैदिक आभा की प्रस्तुति के लिए रचा गया था, ऐसा दृश्य जिसकी फोटो उपनिषदों की दुकान में मिलनेवाली पुस्तक के आवरण पर दिख सकती है। उस मामले में गुरु पुरुष ही है। यहाँ साध्वी ऋतम्भरा उसकी जगह ले लेती हैं।

सभागार में 650 लोग बैठ सकते हैं, कई लोग उनका प्रवचन सुनने के लिए दूर मुम्बई से भी आए हैं। उस दिन का सबसे बड़ा दानकर्ता भी मुम्बई से आया है। साध्वी ऋतम्भरा माइक से प्रवचन देती हैं, मंच के किनारे पर संगीतकार बैठे होते हैं, सभागार की एक दीवार पर बड़ा-सा स्क्रीन लगा है जिस पर साथ-साथ वीडियो चलता है ताकि दूर बैठे लोग उनके चेहरे के हाव-भाव पढ़ सकें, उनकी बातें सुन सकें। सात दिनों का यह भागवत सप्ताह वे पारम्परिक रीति से मनाती हैं

और गीता प्रेस द्वारा प्रकाशित ग्रंथ में जहाँ-जहाँ विराम दिया गया है उसका पालन करती हैं, लेकिन हर मौके का उपयोग वे इस विषय के महिमामंडन में करती हैं कि मातृभूमि ने संसार के लिए क्या किया है। प्राय: वे यशोदा को आदर्श के रूप में प्रस्तुत करती हैं। जैविक माँ की जगह पालक माँ का प्रेम परिवार के उस नये स्वरूप के लिए अनुकूल है जिसे साध्वी ऋतम्भरा प्रस्तुत करना चाहती हैं। वहाँ बिक रही एक पुस्तिका में वे कहती हैं, "यशोदा का भाव ही वात्सल्य ग्राम की मूल प्रेरणा है।"[20] अपने प्रवचन में दीदी माँ जब इस मातृत्व की चर्चा करती हैं, उनकी आँखों से आँसू बहने लगते हैं। मंच पर वे बिलकुल सहज हो जाती हैं और सभी श्रोताओं का ध्यान अपनी ओर केन्द्रित कर लेती हैं। वे जो भजन गाती हैं वह कई लोगों को याद होता है और वे साथ गाने लगते हैं। दान देनेवाली महिलाओं को सबसे आगे बिठाया जाता है और उनके स्वर सबके ऊपर हावी हो जाते हैं, सार्वजनिक कार्य करनेवाली एक महिला के रूप में उनका आत्मविश्वास गौर करने लायक है।

अन्त में ऊँचे स्वर में दो कीर्तन गाए जाते हैं—एक कृष्ण के लिए, और दूसरा भागवत पुराण के लिए। सहायक लोग एक-एक पन्ना सब लोगों को दे देते हैं जिस पर दोनों कीर्तन के शब्द लिखे होते हैं और ऊपर कोने पर मुस्कुराती दीदी माँ और माँ सर्वमंगला की तसवीर छपी होती है। इन दोनों के बीच राधा और कृष्ण की छवि है और एक तरफ गाय की तसवीर है। पन्ने के पिछले भाग में उसी केन्द्रीय स्थिति में और उसी फ्रेम में माला पहने भागवत की छवि है। भजन आरती के अन्तिम शब्द हैं—

गिरिधारी की करो आरती—बनवारी की करो आरती।
भारत माँ की करो आरती—श्री भागवत जी की करो आरती॥

जब कीर्तन चरम पर पहुँचता है, दीदी माँ ही आरती का केन्द्र बन जाती हैं, यद्यपि औपचारिक तौर पर यह भागवत पुराण के लिए होता है, जो उनके सामने एक छोटे टेबल पर रखा होता है। वहाँ अगरबत्ती, धूप होता है, और तब किनारे खड़ा पुरुषों का एक समूह वेद मंत्रों का जाप करने लगता है।

यह संकेत होता है कि लोग गेस्टहाउस या दोपहर के भोजन के लिए जाने को खड़े हो जाएँ। भोजन गेस्टहाउस के पीछे लगाए गए बड़े तम्बू में मिलता है। होटल की लॉबी में शीशे के घेरे में पूरे परिसर का एक मॉडल रखा होता है, जिससे अन्दाजा मिलता है कि जब सब कुछ बन जाएगा तो परिसर कैसा दिखेगा। वह लक्ष्य पूरा होनेवाला है, केवल केन्द्रीय श्री सर्वमंगला पीठम बनना बाकी है। अतिथि लोग जब भोजन क्षेत्र में आवाजाही कर रहे होते हैं, चैनल 2020 लगातार 'ब्रेकिंग

न्यूज' हिन्दी में देता रहता है। स्वागत मेज से लोग पूछ रहे हैं कि बिहारीजी मन्दिर में दर्शन कब शुरू होगा या ताजमहल वाले आगरा पहुँचने में कितना समय लगेगा। कुछ लोग जहाँ हैं वहीं सन्तुष्ट हैं मगर वे कृष्ण-मीरा मन्दिर के उपकक्ष में भटकते हैं, जिसके इर्द-गिर्द कमरे बने हुए हैं। इसके चारों ओर खंदक बनी है जिसमें तरह-तरह के फूलों की खुशबू आती है। हाल में दीक्षा लेनेवाले एक बिहारी भक्त को उस वेदी के आगे दंडवत करते देखा गया, जिस पर गीता प्रेस के भागवत पुराण की दो प्रतियाँ रखी हैं। इसके बाद वे एक सोफे पर बैठकर अखबार पढ़ने लगते हैं।

उस स्थान पर दूसरी इमारतें भी हैं मसलन शहीद संग्रहालय, जो भारत की आजादी की लड़ाई के शहीदों की याद दिलाता है। लेकिन शहादत की गिनती 1947 में देश के आजाद होने के बाद भी जारी रखी गई है। दीदी माँ की दृष्टि से राष्ट्रनिर्माण का काम जारी है। इसलिए संग्रहालय का नाम लेखक और विचारक भानु प्रताप शुक्ल के नाम पर रखा गया है, जिन्होंने 1992 में बाबरी मस्जिद के विध्वंस के लिए पूरे देश के हिन्दुओं को सक्रिय करने में बड़ी भूमिका निभाई थी। एक बार फिर हम देखते हैं कि इतिहास को साध्वी ऋतम्भरा के जीवन से किस तरह जोड़ा गया है और यह पार्टी के उस सबसे महत्त्वपूर्ण और वैचारिक रूप से प्रतिबद्ध समूह के सन्देश प्रसारित करता है जिससे वे जुड़ी हैं। वात्सल्य ग्राम की मासिक पत्रिका 'वात्सल्य निर्झर' के दीवाली विशेषांक के आवरण पर हम भारतीय सेना की तीन युवा महिलाओं को स्वचालित राइफल उठाए सैनिक वेशभूषा में देख सकते हैं। इसका शीर्षक है—'भारत अपने सैनिकों के दिलों में रहता है।'[21]

लेकिन जनता के सामने सब कुछ नहीं रखा गया है। परिसर के फाटक के ठीक अन्दर स्वागत केन्द्र में एक सहायक मुझे वह स्थान दिखाता है, जो मैंने अब तक नहीं देखा था। यह एक छोटा कमरा है जिसका ब्रोशरों में या 'वात्सल्य निर्झर' पत्रिका में उल्लेख नहीं मिलता। इस कमरे में एक मर्मस्पर्शी आकर्षण है। इसके अन्दर एक चौकोर पालना है, जिसे दीदी माँ ने स्वयं डिजाइन किया है और यह झूला खिड़की के ठीक नीचे है (चित्र 5.9)। पहले तो मुझे लगा कि यह झूला खिड़की से आनेवाली रोशनी के लिए लगाया गया है, लेकिन मैं गलत था। खिड़की तो असल में एक छोटा दरवाजा है। इसके बीच में एक खंड ऐसा है जिसमें दो पल्ले झूलते हैं, और बाहर सड़क की ओर जानेवाले गलियारे में खड़ा कोई व्यक्ति उन पल्लों को धकेलकर खोल सकता है। अगर कोई नवजात शिशु को यहाँ छोड़ना चाहता है तो वह रात के अँधेरे में इस खिड़की को खोल कर उसे पालने में डाल सकता है। बच्चे को पालने में डालते ही बगल के कमरे में घंटी बज जाती है और आश्रम का कोई जिम्मेदार व्यक्ति वहाँ आकर देखता है। अगर बच्चे को चिकित्सा की जरूरत

चित्र 5.9 : वात्सल्य ग्राम में एक कमरा जिसकी एक खिड़की बाहर से खोली जा सकती है ताकि जो माता अपने शिशु को त्यागना चाहती है उसे झूले में डाल सके।

हो तो उसे तुरन्त पूरा किया जाता है। ज्यादातर लड़कियों को ही यहाँ छोड़ा जाता है क्योंकि दुनिया में कम ही लोग उन्हें चाहते हैं। जल्द ही इन शिशुओं को 10 लोगों के किसी परिवार में शामिल कर दिया जाता है।[22] लिंगभेद के कारण असुन्तलन का ही नतीजा है कि वात्सल्य ग्राम परिवारों में पाँच-पाँच लड़कियाँ और दो-दो लड़के हैं। मेरे गाइड ने बताया कि बच्चा किसी कुँवारी माँ का भी हो सकता है, लेकिन उसने इस सवाल का जवाब नहीं दिया कि उनमें लड़कियों की संख्या ज्यादा क्यों होती है। इसकी कोई जरूरत नहीं है, यह सब जानते हैं। बहरहाल, इन शिशुओं को पालनेवाले 25 परिवार बनाए जा चुके हैं, और इस बात पर जोर दिया जाता है कि यहाँ आए किसी भी बच्चे को किसी को गोद नहीं दिया जाएगा। वात्सल्य ग्राम कोई सराय नहीं है, बच्चा एक घर में पहुँचा है।

विधवाओं की दुनिया से आगे

वात्सल्य ग्राम के कल्पित क्षेत्र में राधा और गोपियाँ कभी-कभी ही प्रकट होती हैं, यह ताज्जुब की बात है। श्रीकृष्ण की सार्वजनिक छवि में से उनकी पूजा के इस

पहलू को अलग करने की कोशिश का एक काफी जाना-पहचाना इतिहास है, जो 19वीं सदी के उत्तरार्द्ध से शुरू होता है। उस समय से, खासकर तब से जबकि पुष्टिमार्गियों की इस कथित प्रथा पर काफी विवाद हो गया था जिसके तहत दुलहन को शादी की पहली रात समुदाय के नेताओं के पास भेजा जाता था और उसके बाद उसे उसके नये पति के पास उनके 'प्रसाद' के रूप में भेजा जाता था। बंकिम चन्द्र चट्टोपाध्याय सरीखे राष्ट्रवादी बुद्धिजीवियों ने पौरुष से भरे श्रीकृष्ण को अलग रूप में प्रस्तुत करने की कोशिश की।[23] यह श्रीकृष्ण भागवत पुराण वाले 'बाँसुरी बजइया, रास रचइया' श्रीकृष्ण से अलग भगवद्गीता वाले राजनीतिक, मांसल कृष्ण थे। वात्सल्य ग्राम से होकर मथुरा की ओर जानेवाली सड़क पर कुछ ही दूर आगे बिरला घराने ने गीता के कृष्ण, और अर्जुन को सुनाई उनकी गीता की स्मृति में एक विशाल मन्दिर 20वीं सदी के मध्य में बनवाया था। वात्सल्य ग्राम ने वृन्दावन की कृष्ण रासलीला को अलग तरह से प्रस्तुत किया है, मगर यह भी एक प्रस्तुति मात्र ही है। यह भी उपयुक्त ही है कि एक सुधारवादी विषय पर ये दो भिन्न प्रस्तुतियाँ मथुरा रोड पर आसपास ही हैं और वृन्दावन से कुछ हटकर हैं।

वृन्दावन में जिन कई महिलाओं से मैंने बात की उनका मानना है कि उनके अनुसार इस शहर का जो उद्देश्य है, वात्सल्य ग्राम को उसकी सीमा पर ही माना जाएगा। मैं इन महिलाओं को साध्वी ऋतम्भरा और उनकी संस्था से खुद को इसलिए अलग करते हुए कई बार सुन चुका हूँ क्योंकि वे आरएसएस (राष्ट्रीय स्वयंसेवक संघ) और विहिप (विश्व हिन्दू परिषद) से जुड़ी हैं, जो कि भाजपा के बहुद हद तक सांगठनिक और वैचारिक आधार हैं। ये तीनों मिलकर तथाकथित संघ परिवार की रचना करते हैं, जो कि भारत की दक्षिणपंथी हिन्दू राष्ट्रवादी राजनीति का मूल केन्द्र हैं। वृन्दावन के कई लोगों के विपरीत ये महिलाएँ इन सबसे अलग रहना चाहती थीं और वृन्दावन को राजनीतिक विवादों से मुक्त क्षेत्र के रूप में संरक्षित करना चाहती थीं। वात्सल्य ग्राम के प्रकाशनों पर एक नजर डालने से पता चल जाता है कि वे महिलाएँ ऐसे हस्तक्षेप को लेकर चिन्तित क्यों हैं। उदाहरण के लिए, जून, 2017 में 'वात्सल्य निर्झर' पत्रिका ने 'वात्सल्य यात्रा के 25 वर्ष' का स्मरण करने के लिए विशेष अंक निकाला। यह वह दौर था जिसने साध्वी ऋतम्भरा को बाबरी मस्जिद विध्वंस अभियान का नेतृत्व करने से लेकर वात्सल्य ग्राम और सहयोगी संस्थाओं में अपनी विशेष भूमिका निभाने तक पहुँचाया। पत्रिका के अनुसार, यह स्पष्ट किया जा चुका है कि राष्ट्र को मातृभूमि के रूप में देखना रामराज्य का उद्देश्य रहा, इसलिए साध्वी ऋतम्भरा अगर एक अभियान से दूसरे अभियान की ओर जाती हैं तो यह पूरी तरह तर्कसंगत है। लेकिन कुछ महिलाएँ इन

सबके परिणामों को लेकर चिन्तित हैं। वे वृन्दावन, और वैष्णववाद के सार का 'उदार' चित्र प्रस्तुत करती हैं।

ऐसी ही एक सौम्य आलोचक हैं उषा दीदी, जो प्रेम मन्दिर में लम्बे समय से नेतृत्व वाली भूमिका निभाती रही हैं। सत्तर की उम्र छूने जा रहीं उषा दीदी एक खुशमिजाज महिला हैं, जो वृन्दावन में रहने के लिए तब आई थीं जब उनके दादा 1950 के दशक के अन्त में यहाँ आकर बसे थे। जाहिर है, वे बहुत कुछ देख चुकी हैं और प्रेम मन्दिर में रहते हुए भी काफी अनुभव हासिल कर रही हैं। उन्होंने कृपालु महाराज के संगठन में बहुत काम किया है। कई वर्षों तक मथुरा के एक महिला कॉलेज में अंग्रेजी पढ़ाते हुए वे स्वामी कृपालु महाराज और जनता के बीच की प्रमुख कड़ी रह चुकी हैं। बाद में स्वामी ने उनकी योग्यता और निष्पक्षता को देखते हुए संस्था के बुककीपिंग के महत्त्वपूर्ण काम से उनको जोड़ा। सभी दानों का, चाहे वे छोटे क्यों न हों, सम्पूर्ण एवं सटीक हिसाब रखना बहुत महत्त्वपूर्ण था। उषा दीदी ने कहा कि इसका मतलब कभी-कभी रेजगारियों, सिक्कों की गिनती करना भी होता था।[24] हिसाब-किताब रखने की समझ एक पहलू था, दूसरा पहलू कृपालु महाराज की गहरी व्यक्तिगत उदारता से जुड़ा था, जो वर्ष में दो बार होनेवाली सभा में प्रकट होता था, जिनमें वे वृन्दावन की विधवाओं को कंबल, कपड़े, खाद्य सामग्री आदि वितरित करते थे। ये भंडारे प्रेम मन्दिर के सबसे लोकप्रिय आयोजन हैं।

उषा दीदी को इस पारम्परिक संस्था की, चाहे उसका उद्देश्य कितना भी उदार क्यों न हो, व्यावहारिकता को लेकर सन्देह है। इस तरह के सन्देह कृपालु जी के करीबी शिष्य उनके जीवन काल में उनके सामने व्यक्त करते थे, लेकिन उनका कोई असर नहीं होता था। चिन्ता यह थी कि उनके गुरु को अक्सर धोखा दिया जाता था। दान के इस बड़े आयोजन में आनेवाली सारी महिलाएँ वास्तव में विधवा नहीं होती थीं, न ही सारी गरीब होती थीं। उषा दीदी बताती हैं कि उन्हें इस तरह की खबरें मिलती थीं कि दान पानेवाली महिलाएँ दान में मिली चीजें बेच दिया करती थीं, और यह एक घोटाला है। फिर भी यह आयोजन किया जा रहा है और उषा दीदी ने इसके लिए एक नई व्यवस्था बनाई है ताकि इसे जिस उद्देश्य से शुरू किया गया था वह पूरा हो। वे भंडारे के लिए केवल जरूरतमन्द महिलाओं को पहले से ही टिकट बाँट देती हैं। इसके लिए वे भंडारे से ठीक पहले मुंगेर मन्दिर में आ जाती हैं और साधु महाराज की उपस्थिति में जमा हुई गरीब महिलाओं को टिकट बाँटती हैं। कुछ बंगाली विधवाएँ अपना भोजन पाने के लिए भजन आश्रम की तरह भजन गाती हैं। वे छह घंटे की पाली में बँटकर गाती हैं ताकि भजन हवा में गूँजते रहें और उन्हें इसके लिए पोशाक और भोजन मिलता रहे। उषा दीदी ऐसी

ही महिलाओं की सहायता करना चाहती हैं। लेकिन कृपालु जी के भंडारे में प्रवेश पाने की इस नई व्यवस्था को भी लोग जान चुके हैं। उषा दीदी जब 2017 में 40 टिकट बाँटने के लिए मुंगेर मन्दिर आई थीं, तब वे काम शुरू भी नहीं कर पाई थीं, इससे पहले भीड़ ने उन्हें घेर लिया था। बाहर वाली महिलाओं ने अन्दर वाली महिलाओं को धकेलकर बाहर कर दिया था।

ऐसी घटनाओं के बावजूद या उनकी वजह से हाल के वर्षों में वृन्दावन की गरीब महिलाओं की हालत में सुधार आया है। 2000 के प्रारम्भ से, राज्य सरकार ने मथुरा रोड के पास चैतन्य विहार में उनके ही इस्तेमाल के लिए होम बनाए हैं। लेकिन इससे भी ज्यादा नाटकीय और दूरगामी विकास 2012 में हुआ, प्रसिद्ध सुलभ शौचालय के संस्थापक बिन्देश्वर पाठक ने इन गरीब महिलाओं को बड़ा दान दिया। सभी पात्र महिलाओं को सरकार ने दरिद्र के रूप में दर्ज किया है और वे हर महीने 2000 रुपये दान में पाने की हकदार हैं। पाठक के लक्ष्य निश्चित ही प्रशंसनीय थे, और सुलभ होप फाउंडेशन की उदारता से कई महिलाओं को सहायता मिली। लेकिन मैंने इसके दान की निन्दा में यह कहा जाता सुना है कि इस व्यवस्था के तहत बहुत थोड़े को बहुत ज्यादा दिया जाता है, या इसकी आलोचना यह कहकर की जाती है कि वे वैसा प्रशिक्षण आदि नहीं देते जिससे महिलाएँ सचमुच आत्मनिर्भर बनें बल्कि अस्थायी राहत देते हैं। लोगों के मुताबिक, यह भी सच है कि इससे ऐसी भी स्थिति बनी है कि इन महिलाओं को घर से निकालकर यहाँ छोड़ जानेवाले उनके परिजन—खासकर युवा पीढ़ी—यहाँ आकर उनके इर्द-गिर्द चक्कर लगाते हैं ताकि दान में मिली चीजों को हड़प सकें।

मैं चैतन्य विहार की एक निवासी को जानता हूँ और स्वयं देख चुका हूँ कि उस महिला का जीवन किस तरह सँभला। 2016-17 में, जब मैं ज्यादातर वृन्दावन में रहता था तब सुभद्रा दासी मेरे लिए सफाई आदि के काम कर दिया करती थीं और खाना भी बना देती थीं। दिन में राधा दामोदर मन्दिर की रसोई में दूसरी महिलाओं के साथ सब्जी काटने का काम करने के बाद वे शाम 5 बजे मेरे कमरे पर आती थीं। चालीस की उम्र के आसपास वे वृन्दावन आई थीं, उनके पति दूसरी महिला के साथ चले गए थे। अपनी छोटी आमदनी से वे अपने बेटे को पैसे भेजती थीं, उन्हें यह भी चिन्ता थी कि विवाह योग्य अपनी छोटी बेटी के लिए दहेज कैसे जुटा पाएँगी। वहाँ जब मैं था तब एक बार उन्हें अपने बेटे का घर सँभालने के लिए मुझसे एक महीने की छुट्टी लेनी पड़ी क्योंकि उनकी बहू पीठ में ऑपरेशन करवाने के कारण बिस्तर पर पड़ी थी। सुभद्रा को वृन्दावन में इतना मूल्यवान माना जाता था कि राधा दामोदर मन्दिर ने उन्हें वापस लौटने तक अपनी नौकरी में बनाए

रखा और मैंने भी ऐसा ही किया। घर का कामकाज तो अपनी जगह था, मैं अपने दरवाजे पर आते ही उनके मधुर अभिवादन 'राधे श्याम' का आदी हो चुका था।

इसमें शक नहीं है कि सुभद्रा दासी को उन अधिकांश महिलाओं के एक उदाहरण के रूप में नहीं लिया जा सकता, जो भागकर वृन्दावन आई हैं। फिर भी, आवास और आय के मदों में वृद्धि, जिससे उन्हें लाभ होता है, छोटी नहीं है भले ही वह पूरी तरह अपेक्षित वृद्धि न होकर धीमा और मामूली परिवर्तन है। भारत के सर्वोच्च न्यायालय ने वृन्दावन की विधवाओं के मामले में हाल में जो रुचि ली है वह भी एक अच्छा संकेत है, और यह अभावग्रस्त लोगों के समूहों के जीवन को सुधारने के प्रति सरकारी तंत्र की प्रतिबद्धता के कारण हुआ है।[25]

इन परिवर्तनों को अलग दृष्टि से भी देखा जा सकता है, केन्द्रीय प्रबन्धन की दृष्टि से नहीं बल्कि वास्तविक रूप में। 1970 वाले दशक के मध्य में मैं अपनी पत्नी लॉरा के साथ वृन्दावन में रहने आया था, उस समय उस शहर में किसी महिला का साइकिल पर चलना अकल्पनीय था लेकिन लॉरा चलती थी, और कभी हम दोनों साइकिल पर मथुरा जानेवाली सड़क पर चल पड़ते थे। जब हम प्रेम महाविद्यालय के पास से गुजरते थे तब कॉलेज से निकलनेवाले छात्र हम पर चीखते, ताने कसते थे, वे लॉरा की साइकिल पकड़ लेते थे। एक दिन बेहद परेशान लॉरा ने उनके एक समूह पर थूक दिया। अगले दिन उन सबके दोस्त और परिवार वाले अपना भारी विरोध जताने पहुँच गए। लॉरा कोई पश्चाताप करने को तैयार नहीं थी। आखिर गलत व्यवहार किसके साथ किया गया था? इसके 40 साल बाद आज भी वृन्दावन में किसी लड़की का दोपहिये पर चलना आसान नहीं है। ट्रैफिक खतरनाक तो है ही, बगल से गुजरनेवाले पुरुषों से भी खतरा है। लेकिन महिलाएँ आश्चर्यजनक रूप से मोटरसाइकिल चलाती दिखने लगी हैं। शहर में घूमने का यह सबसे सुविधाजनक साधन तो है ही, इसके साथ ताकत का एहसास भी साफ दिखता है। और इसकी अपनी धमक भी है।

आज के वृन्दावन में स्त्रीत्व का एक भिन्न उदाहरण स्वामिनी विश्वमोहिनी के खामोश करिश्माई व्यक्तित्व के रूप में भी सामने दिखता है। हालाँकि वे उस भारतीय परिवार में पैदा हुईं, जो एक सदी तक दक्षिण अफ्रीका में रहा और स्वामी विश्वानन्द के निर्देश पर 2014 में वृन्दावन आकर बस गया (चित्र 5.10)। उन्हें स्थानीय बिल्डरों और ठेकेदारों के साथ मिलकर हर वह जरूरी काम करने की जिम्मेदारी सौंपी गई थी जिससे स्वामी विश्वानन्द का वृन्दावन आश्रम-मन्दिर दो साल बाद उद्घाटन के लिए बनकर तैयार हो जाए। वे प्रशंसनीय रूप से सफल हुईं, जैसा कि आपने पिछले अध्याय में देखा होगा। उस सफलता के कारण आगे

चित्र 5.10 : स्वामी विश्वानन्द के आश्रम मन्दिर के उद्घाटन के मौके पर महिला श्रद्धालुओं के माथे पर चन्दन लेप का प्रसाद लगातीं स्वामिनी विश्वमोहिनी, 4 दिसम्बर, 2016।

नया काम भी शुरू हुआ। उनकी देखरेख में आश्रम में नया हिस्सा जोड़ा जा रहा है, बगल की जमीन खरीद ली गई है। इसके अलावा, स्वामिनी विश्वमोहिनी 'भक्ति मार्ग' की उन करीब दस युवतियों के परिवार की मुखिया हैं, जिन्होंने वृन्दावन को अपना घर बना लिया है।

हमें यह धारणा नहीं बना लेनी चाहिए कि वे अपने प्रबन्धन कौशल के, जो दिखता भी है, प्रदर्शन के लिए इस काम से जुड़ी हैं या मातृत्व (उनकी दो सन्तान बड़ी हो चुकी हैं) की अपनी शक्तिशाली भावना की खातिर यहाँ हैं। बल्कि, जैसा कि वे अपनी कहानी बताते हुए जोर देकर कह चुकी हैं, असली चीज है व्यक्ति की आन्तरिक व्यवस्था—योजना और भावना की गम्भीरता, अहंकार से मुक्ति, निष्काम प्रेम; और यह व्यवस्था कोमलता से आती है, कभी-कभी यह उस गुरु द्वारा अप्रत्याशित रूप से 'संचालित' होती है जिसे सब कुछ पता होता है कि आप क्या करनेवाले हैं। स्वामिनी विश्वमोहिनी ने कहा, "गुरु ने मुझे उन चीजों में सुन्दरता के दर्शन कराए, जिन्हें मैंने कभी नहीं देखा था।" उन्हें शिकायत इस बात की है कि वृन्दावन के स्थायी निवासियों, खासकर पुरुषों की विश्वदृष्टि में उद्देश्य के प्रति उस विनम्रता का अभाव है जिसे स्वयं उन्होंने अपने गुरु के साथ अपने सम्बन्ध से

सीखा है। वे लोग यह जताते हैं कि वृन्दावन में जन्म लेना ही सबसे महत्त्वपूर्ण बात है। यह जन्मसिद्ध अहंकार है लेकिन उनका मानना है कि अहंकार मनुष्य का सबसे घातक शत्रु है। उनसे यह बात कहलवाने के लिए उनके गुरु वर्षों तक उनकी गर्व भावना को गौण करते रहे। उमस-भरी एक गरम सुबह बात करते हुए मैं श्रीकृष्ण के वृन्दावन से चले जाने के बाद गोपियों और उनकी व्यथा के बारे में सोचा करता। कंस का वध करने के बाद श्रीकृष्ण ब्रज से ही चले गए थे और गुजरात बस गए थे, ब्रज की अपनी प्रिया से अलग होकर वे किसी और की बाँहों में खो गए थे। लालसा का यह सबक है, और विनम्र कर देनेवाला अनुभव भी। प्रश्न यह है कि किसे यह सबक ज्यादा सीखने की जरूरत है, स्त्री को या पुरुष को?[26]

जुलाई की उस गरम, उमस-भरी सुबह विश्वमोहिनी से बात करके उस सुन्दर बैठकखाने से मैं बाहर निकला तो मेरी आँखों में वृन्दावन के स्त्रीत्व का एक अलग ही रूप बसा हुआ था—सिर पर ईंटें उठाए महिलाओं की एक कतार खड़ी है और ये ईंटें आश्रम के नये भाग की दीवारों के लिए हैं। पूरे उत्तर भारत में महिलाओं को भवन आदि निर्माण के लिए ईंटें ढोते हुए देखा जा सकता है। हिन्दी के प्रसिद्ध कवि सूर्यकान्त त्रिपाठी निराला की एक कालजयी कविता मजदूरी के इस बुनियादी सच को उजागर करती है। सड़क बनानेवाले समूह की एक औरत का वर्णन वे पहली ही पंक्ति में इस तरह करते हैं—'तोड़ती पत्थर...'। इसमें क्रिया ही स्पष्ट कर देती है सब कुछ, कवि को 'वह' लगाने की भी जरूरत नहीं पड़ती।[27] वह तो वहाँ है ही, और वह कड़ी मेहनत कर रही है।

वृन्दावन की श्रम शक्ति में केवल इस तरह की महिलाएँ ही शामिल नहीं हैं। उदाहरण के लिए, पुणे की वह दाँतों की डॉक्टर भी है, जो अपने माता-पिता के साथ रहने के लिए और अपने निजी आध्यात्मिक कारणों से वृन्दावन आ गई। उसने पाया कि पुणे की डिग्री उसे अपने घर से ज्यादा मथुरा में प्रतिष्ठा दिलवा रही थी। इसके अलावा प्रेम मन्दिर के बगल के आधुनिक अस्पताल में काम करनेवाली कई डॉक्टर भी हैं। वहाँ के मेडिकल कर्मचारियों में करीब आधी तो युवा व ऊर्जावान महिलाएँ ही हैं और वे अपनी सेवा देने के लिए न तो कृपालु जी की संस्था से और न जनता से कोई पैसा लेती हैं। यहाँ स्वामिनी विश्वमोहिनी की ओर से सेवा का अलग मॉडल प्रस्तुत किया जाता है—कीर्तन, गीता पर प्रवचन, शहर के अलग-अलग हिस्सों में ॐ मंत्रोच्चार की जगह मरीजों की जाँच, सूई देना और ऑपरेशन आदि। वृन्दावन की पुराणकथा में जो विशेष स्त्री-तत्त्व है, जिसका उदाहरण गोपियों में मिलता है, वह फिर प्रासंगिक दिखता है। कुछ लोग इसे अपमानजनक और पितृसत्तात्मक कहकर इसकी निन्दा कर सकते हैं, लेकिन यहाँ इसका स्थायी आकर्षण उभरता है।

इसके बाद, कला और संगीत का पहलू भी है। वृन्दावन की पहचान, और परम्परा रासलीला में सारी भूमिकाएँ पुरुष—विशेषकर लड़के—ही निभाते आ रहे हैं।[28] यहाँ की संस्कृति की माँग है कि महिलाएँ कोई सार्वजनिक प्रस्तुति नहीं देंगी, लेकिन आज चीजें धीरे-धीरे बदल रही हैं। जैसा कि हम जानते हैं, श्रीवत्स जब भागवत कथा प्रस्तुत करते हैं तब उनकी पत्नी सन्ध्या गोस्वामी मंच पर उनका साथ देती हैं। आज प्रसिद्ध हो चुकी गायक जोड़ी में सन्ध्या भी शामिल हैं। अधिकतर भागवत कथा पुरुष ही प्रस्तुत करते हैं लेकिन यह महत्त्वपूर्ण नवाचार है। सन्ध्या ने गोस्वामी परिवार की उस परम्परा को भी तोड़ा है जिसके तहत परिवार की महिलाएँ घूँघट के बिना घर से बाहर नहीं निकलती थीं, हालाँकि वे राधारमणजी मन्दिर में घूँघट डालकर ही जाती हैं। उनकी बहू आस्था गोस्वामी भी इस परम्परा का पालन नहीं करती हैं। निष्णात एवं उत्कृष्ट गायिका आस्था वृहत राधारमण पुरोहित परिवार की पहली महिला हैं जिन्हें मन्दिर में देवता के लिए गाने की अनुमति दी गई है। इसे वे अभूतपूर्व अनुभव बताती हैं लेकिन एक कलाकार की भूमिका ने उनके इस अनुभव का मूल्य बढ़ा दिया है।[29] शायद यह कहने की जरूरत नहीं है कि जब वे कहीं और कार्यक्रम प्रस्तुत करती हैं तो घूँघट डाल लेती हैं। सौम्यता उनके स्वर से उभरती है, उनके परिधान से नहीं। ऐसी महिला को राधारमणजी मन्दिर में गायन मंडली में शामिल होने दिया जाता है तो यह एक बड़ी बात है।

और सार्वजनिक क्षेत्र में बहुत कुछ है। जब मैं पहली बार वृन्दावन आया था तब सप्ताह-सप्ताह भर भागवत पुराण का पाठ और टीका करनेवाले कथावाचकों में एक भी महिला नहीं थी। अब, हम उनमें कुछ महिलाओं को देखने लगे हैं और वे कोई साध्वी ऋतम्भरा की तरह अलग-अलग आकाश में उगे सितारों की तरह नहीं हैं। यह सच है कि वृन्दावन में महिला कथावाचिकाओं में—मसलन साध्वी श्री आशानन्द शास्त्री जैसी—कई बाहर से आई हैं इसलिए उन्हें वृन्दावन में महिलाओं की स्थिति का सबसे अच्छा उदाहरण नहीं माना जा सकता, हालाँकि चालीस वर्ष पहले तो उनका अता-पता भी नहीं था। इससे भी ज्यादा महत्त्वपूर्ण तथ्य यह है कि एक कथावाचिका स्थानीय परिवार से हैं। उनका नाम देवी श्री शैल किशोरी है, जो अभी किशोरावस्था में हैं। उन्होंने अपना सात दिवसीय प्रवचन इस काम में पहले से लगे अपने परिवार के विशिष्ट कथावाचकों के प्रति भूरि-भूरि सम्मान अभिव्यक्त करके शुरू किया था। इसके बाद उन्होंने वहाँ बड़े गर्व से उपस्थित हुए अपने परिवार, और अन्य श्रोताओं में अधिक अनुपात में आईं महिलाओं और लड़कियों के सामने अपनी कथा सुनाई। इस तरह, महिलाओं को लेकर जो निषेध भाव है वह टूट रहा है, लेकिन इससे बड़ी खाई जाति की है जिसे पार करना और भी कठिन

है। मैंने वृन्दावन में अभी तक किसी गैर-ब्राह्मण को भागवत कथा का वाचन करते नहीं सुना है।[30] वहाँ भी ऐसे प्रश्न बार-बार पूछे जा रहे हैं, जो आपको यह सोचने पर मजबूर करते हैं कि पता नहीं भविष्य के गर्भ में क्या छिपा है।

श्रीवत्स और सन्ध्या गोस्वामी के दो बेटे हैं, जिन्हें वह विशेष शिक्षा-दीक्षा मिली है कि वे राधारमणजी के मन्दिर में उनके चरणस्पर्श करके उनकी सेवा कर सकते हैं। पीढ़ियों के द्वारा परम्परा को आगे बढ़ाने की दृष्टि से यह अच्छी बात है। लेकिन विधि का विधान देखिए, गोस्वामी के दोनों बेटों-बहुओं को कुल तीन बेटियाँ ही हुईं। राधारमण मन्दिर में 500 साल से जिस परम्परा का पालन किया जा रहा था उसके अनुसार तो इसका अर्थ यह होता कि सेवा में इस परिवार की भागीदारी बेटों की पीढ़ी के बाद खत्म हो जाएगी। केवल तीन महिलाएँ रह जाएँगी, और मन्दिर के अन्दर जिस वेदी पर राधारमणजी का स्थान है उस पर किसी महिला को आज तक नहीं देखा गया था। अब यह कहना मुश्किल है कि इन तीन लड़कियों के जीवनकाल में यह सब बदल सकेगा या नहीं। श्रीवत्स से भी मैंने ऐसा ही सुना है। वैसे, एक बात साफ है। अगर नया वृन्दावन इस अन्तरंग, केन्द्रीय रूप से नया हो जाता है, तो अनुष्ठान के दायरे में एक उल्लेखनीय महिला विष्णुप्रिया गोस्वामी शामिल हो जाएँगी (चित्र 5.11)।

चित्र 5.11 : विष्णुप्रिया गोस्वामी अपने सत्रहवें जन्मदिन पर अपनी छोटी बहन जयति के साथ

विष्णुप्रिया तीनों से बड़ी हैं। उनका जन्म 2002 में हुआ लेकिन उनका सोच बड़ा है। एक समय उन्होंने अपने दादा और पड़दादा की तरह भागवत वाचक बनना चाहा और इससे अपनी पीढ़ी पर पड़नेवाले प्रभाव को मूल्यवान माना। एक कुशल ओडिशी नर्तकी के रूप में वे अपने अनुभव का उपयोग इस क्षेत्र में कर रही हैं, जैसे अपनी सहेलियों के लिए वे नृत्य की मुद्राओं की व्याख्या किया करती थीं। वे कहती हैं, "मैं उन्हें सवाल पूछने के लिए उकसाती हूँ।" आपस में संवाद का यह अनुभव उन्हें उत्साहित करता है, और यह उनकी अपनी शिक्षा का मूल तत्त्व रहा है। उन्हें मालूम है कि पुस्तकों से बहुत सारा ज्ञान हासिल किया जा सकता है, और पुस्तकों के लिए उनकी भूख उनके स्कूल में मशहूर थी। वे अपने लिए खुद खोज किया करती थीं। आप शायद ही सोच सकेंगे कि वे जॉन ड्यूवी को पढ़ चुकी होंगी। उनका मानना है कि खुद से ही सवाल पूछना ज्ञान हासिल करने का सच्चा आधार है। आठवीं कक्षा में जब वे थीं तब अपने मोबाइल से सब कुछ मिटा दिया था। वे नये सिरे से शुरू करना चाहती थीं।

वे जिसे अपनी प्रारम्भिक नास्तिकता कहती हैं उसके कुछ ही समय बाद वे अलग दिशा की ओर मुड़ने लगी थीं। ऐसा नहीं है कि वे धर्म की ओर उस अर्थ में मुड़ गई थीं जिस अर्थ में बाकी लोग हमेशा उसे लेते हैं। बल्कि वे इस सवाल का जवाब खोजने लगीं कि कहाँ और क्यों उनकी भावनाएँ गहरी होती हैं। उन्होंने कहा, "मैं जब नृत्य करती हूँ, रोने लगती हूँ। आखिर क्यों?" और खासकर तब जब वे राधारमणजी के लिए उनके मन्दिर में नृत्य करती हैं। यह 'संगठित धर्म' के साथ उनका सम्बन्ध है। विष्णुप्रिया ने अनुभूति की इस गहराई को एक बार 'ईश्वर का भय' कहा था और उस मुहावरे को दोहराया था जिसे उन्होंने अंग्रेजीभाषी डोमिनिकन स्कूल में सुना था, जहाँ उन्होंने 15 की उम्र तक पढ़ाई की थी। लेकिन इस 'भय' के बारे में उन्होंने अपने घर में हिन्दी में भी सुना था, शायद एक हल्की डाँट के रूप में, 'यह काम मत करो नहीं तो राधारमणजी नाराज हो जाएँगे।' लेकिन भय असली मुद्दा नहीं है। मुद्दा यह है कि गहरे सच को, अपनी गहरी अनुभूतियों की सच्चाई को जाना जाए। धर्म के बारे में इस तरह से सोच कर वे पूरी गौड़ीय परम्परा को अभिव्यक्त करती हैं।

विष्णुप्रिया को इस बात का पूरा बोध है कि वे एक असामान्य स्थिति में हैं। वे वृन्दावन की एक सबसे प्राचीन संस्था के केन्द्र में हैं लेकिन महिला होने के नाते वे इसके लिए असुविधाजनक स्थिति में हैं। स्त्री होने के कारण वे राधारमणजी के बहुत समीप नहीं जा सकती हैं, उनका चरण स्पर्श नहीं कर सकती हैं। क्या वे ऐसा कर सकती हैं? उस ऊँचे आसन पर जानेवाली शायद वे पहली महिला हो सकती हैं

और उस चुनिन्दा मंडली में शामिल हो सकती हैं, जिसे वहाँ जाने की अनुमति है। वे जोर देकर कहती हैं कि उनके आग्रह पर यह नहीं हो सकता। लेकिन उन्हें ऐसा नहीं लगता कि उन्हें वंचित किया गया है। आखिर, वे नृत्य कर सकती हैं, जो कि ईश्वरीय सत्ता के समीप आने का उनका अपना साधन है।[31] लेकिन भविष्य की धुन्ध में देखते हुए मैं इस सवाल से बच नहीं सकता कि अगर ऐसा नहीं वैसा हुआ तो?

कथा यह है कि स्वामी विश्वानन्द के गिरधर गोपाल की पहली बार चिन्ता करनेवाली मीराबाई को वृन्दावन में प्रवेश करने के लिए संघर्ष करना पड़ा था। श्रीकृष्ण को लेकर उनके गीत हर जगह लोकप्रिय हुए लेकिन वृन्दावन में ही 1712 में लिखी गई '*भक्तिरसबोधिनी*' के अनुसार, जब वे वहाँ आईं तो जीव गोस्वामी ने उनसे बात तक करने से मना कर दिया था। उन्होंने किसी महिला से कोई सम्पर्क न रखने का संकल्प ले रखा था। इस पर मीरा की प्रतिक्रिया यह थी कि "ओह, मैं तो सोचती थी कि वृन्दावन में बस एक ही पुरुष है।" स्पष्ट है कि यह जीव के बारे में नहीं था। बात जब श्रीकृष्ण की होती है तो उनके इर्द-गिर्द हम सभी स्त्री ही हैं। जीव को राजी होना ही पड़ा था। श्रीवत्स गोस्वामी का कहना है कि अगर यह कथा सच्ची है तो इसका अर्थ यह हुआ कि जीव और उनके गुरु चैतन्य महाप्रभु में एक पीढ़ी का अन्तर था, क्योंकि गौड़ीय परम्परा बताती है कि चैतन्य इतने आकर्षक और सम्पूर्ण पुरुष थे कि वे एक पूर्ण स्त्री के रूप में भी अपनी उपस्थिति दर्ज करा सकते थे। अपने शिष्यों के लिए वे एक साथ श्रीकृष्ण और राधा, दोनों थे जिनके बीच अचिन्त्य भेद-अभेद का बन्धन था। ऐसे संसार में पुरुष वैराग्य का क्या रूप हो सकता है?

फिर भी ऐसा हुआ, जीव और स्वयं चैतन्य महाप्रभु के रूप में, जो अपनी माँ और पत्नी को त्यागकर पुरी जाकर अपने शिष्यों के साथ रहने लगे। वृन्दावन में पितृसत्तात्मक सुविधाएँ अलग-अलग रूपों में जारी हैं, और वृन्दावन चन्द्रोदय मन्दिर के नेतृत्व में हम गौड़ीय संन्यास परम्परा का नया विशिष्ट रूप देख रहे हैं। सबसे बड़े नेताओं और योजनाकारों में कोई वैरागी नहीं हैं, जबकि नीचे के स्तरों पर ये पाए जाते हैं, लेकिन वे निश्चित ही पुरुष हैं। मन्दिर भले राधा-कृष्ण की छवियों के द्वारा लैंगिक सन्तुलन को सामने लाता हो, लेकिन इन लोगों की इंजीनियरिंग और आइटी की डिग्रियाँ पुरुष वर्चस्व के समकालीन रूप का ही ऐलान करती हैं। वीसीएम में काम करनेवाला हर कोई किसी भी तरह से वैरागी नहीं है, फिर भी स्वागत-स्थल पर सवालों के जवाब देनेवाले, चाहे वे कुँवारे हों या विवाहित, प्राय: पुरुष ही हैं। बंगलूरु इस्कॉन के अध्यक्ष और उपाध्यक्ष की पत्नियाँ वीसीएम की योजना और इसके प्रचार की डिजाइनिंग से गहरे जुड़ी रहीं लेकिन सार्वजनिक

दायरे में उनके पति ही आगे दिखते हैं। इस्कॉन के कर्ता-धर्ता लोग इतिहास और अनुष्ठान आदि के मामले में जिस राधारमणजी मन्दिर की ओर देखते रहे हैं वह अति पारम्परिक मन्दिर अगर महिलाओं के मामले में सीमारेखा को इस्कॉन से पहले पार करता है तो यह कितनी उल्लेखनीय बात होगी। पुराना वृन्दावन तब नये से आगे निकल जाएगा। ऐसा होने का अभी तक तो कोई संकेत नहीं है लेकिन वृन्दावन में अजीबोगरीब चीजें भी हुई हैं।

मूल की ओर

आखिर वृन्दावन है क्या? इसे हमेशा सपनों के एक शहर के रूप में देखा गया, जो इच्छा, सुन्दरता, और रात्रि के बारे में सच की खोज को रेखांकित करता है। वृन्दावन रत्यात्मकता को आमंत्रित करता है, न कि इसे बेथलहेम की तरह कुँवारी कन्या के मातृत्व की कथाओं में उलझा देता है। यह अन्य के साथ, अपने प्रेमी के साथ मिलन के सपनों पर जीता है। वहाँ देवत्व प्रतीक्षा करता है।

किसका सपना है यह? कहा गया है कि यह केवल पुरुष का सपना है।[32] यह पुरुष की उत्तरदायित्वहीनता की एक कल्पना है, ऐसा कहनेवाले टीकाकार कहते हैं कि यह एक आदिम भूख है, पूर्ण नियंत्रण की कामना। ऐसे सन्दर्भ में केवल राक्षस ही नहीं, स्त्रियाँ भी श्रीकृष्ण की शिकार बनती हैं, वे उनसे दूर रह नहीं पातीं। वृन्दावन के मुख्य मिथक रासलीला (चित्र 5.1) में केवल श्रीकृष्ण ही एकमात्र पुरुष के रूप में खड़े दिखते हैं और अनगिनत स्त्रियाँ उन्हें घेरे होती हैं। उन सबको श्रीकृष्ण सशरीर उपलब्ध होते हैं, वे स्वयं को इस तरह विभाजित कर लेते हैं कि हरेक गोपी को लगता है मानो वे केवल उस पर ही सारा ध्यान दे रहे हैं। जब रास का घेरा टूटता और बिखरता है तो ये गोपियाँ एक अकेले, सीमातीत पुरुष पर अपना सारा ध्यान केन्द्रित करने की पीड़ा से परेशान हो जाती हैं। पिछली रात वे किसके साथ थे? उनके वक्ष पर नाखून के निशान क्यों हैं? उन्हें पूर्ण रूप से पाने की कोशिश में उन्हें अपने पति, ससुराल वालों, सखियों की नजरों से क्यों बचना पड़ता है?

यह सोचना आसान है कि इस तरह की आशंकाएँ इसलिए उठती हैं क्योंकि वे भी पुरुषों की कल्पनाएँ हैं—वे सब के सब आत्मरति की ग्रंथि से ग्रस्त होते हैं, जैसा कि महिलाएँ हमेशा से मानती रही हैं। लेकिन वे इस खेल में शामिल हैं। रासलीला के किसी भी आयोजन के दर्शकों में उनकी संख्या कम-से-कम आधी तो होती ही है। वे वहाँ अपनी पसन्द से जाती हैं। शायद इसका सम्बन्ध प्रचलित मिथक के दूसरे

पहलू से है। केन्द्रीय मंडल में एकमात्र पुरुष की उपस्थिति का अर्थ है कि बाकी सब स्त्रियाँ हैं। यह महिलाओं के लिए ऐसा अवसर बनाता है जहाँ वे एक-दूसरे के साथ स्त्री बनकर रह सकती हैं, सखी-सहेली बनकर, और कभी-कभी तो माँ बनकर भी। श्रीकृष्ण का स्वर्ग, गोलोक इस तरह उनके लिए भी स्वर्ग बन जाता है, सिर्फ उनकी उपस्थिति के कारण नहीं बल्कि एक-दूसरे के कारण।

पुरुष की दृष्टि में यह एक वैकल्पिक संसार है, एक भिन्न रहस्यपूर्ण वास्तविकता। महिलाओं की दृष्टि में यह जीवन का स्त्री तत्त्व है। एक पितृसत्तात्मक संसार में इस स्त्री संसार के अपने तनाव, अपने विभाजन, अपनी ईर्ष्याएँ हैं लेकिन पुरुषों को हटा दीजिए और उनकी जगह केवल एक को रहने दीजिए तो आपके लिए वास्तविकता एकदम बदल जाती है—स्त्रियों का स्वर्ग बन जाता है। रासलीला की उत्कृष्ट प्रस्तुति में हरेक स्त्री श्रीकृष्ण का हाथ पकड़े होती है, वे अपनी संख्या इस तरह बढ़ा लेते हैं कि सबको उपलब्ध हो सकें। लेकिन स्त्रियाँ भी एक-दूसरे के लिए होती हैं। श्रीकृष्ण या राधा-कृष्ण के प्रति सम्मोहित समूह की हरेक स्त्री पाती है कि उसका एक हाथ तो श्रीकृष्ण के हाथ में है, दूसरा हाथ खाली है, जो किसी स्त्री का हाथ थामे है।[33] और जब श्रीकृष्ण इन स्त्रियों में खो जाते हैं, तब यह स्त्री ही होती है जो स्थिति को अपने नियंत्रण में लेती है और यह नकल करके उन्हें वहाँ वापस लाती है कि जब वे उनके साथ थे तब क्या हो रहा था। हमें बताया जाता है कि रासलीला इसी तरह शुरू हुई थी, वृत्त के भीतर वृत्त, जो कि वृन्दावन है। वहाँ उन्हें अपने पति के पितृसत्तात्मक बन्धन से तब मुक्ति मिली जब वही गायब हो गया जिसने उनके लिए मुक्त होना सम्भव किया था। वे उसके जैसे बनकर उन्हें वापस लाए।[34]

यह वह कथा है जो पितृसत्ता को साँस लेने का मौका देती है, लेकिन क्या इसे वास्तविक संसार में दोहराया जा सकता है?

6

श्रीवत्स होना

अध्याय-दर-अध्याय इस कहानी को कहते हुए मैं श्रीवत्स गोस्वामी से कभी बहुत दूर नहीं गया हूँ। सबसे पहली बात यह है कि उनकी और उनके पिता की बदौलत ही मैं वृन्दावन में अपनी तरह से रह पाया। वे मेरे मकान मालिक हैं, और चूँकि यह एक आश्रम है इसलिए मैं कोई किराया नहीं देता। वे मेरे सलाहकार, मार्गदर्शक, प्रेरणास्रोत, सुधारक हैं। मैंने उन्हें केशी घाट के लिए संघर्ष करते देखा है और इसके लिए उनकी मलामत किए जाते सुना है। जब वे अपने भक्तों के साथ वनयात्राएँ कर रहे थे तब मैं उनके पीछे हो लिया करता था; मैं उनके बीच बैठा हूँ। मैंने उनकी पोतियों को परिवार के बीच उनकी गोद में बैठे देखा है। कई लोग भले न मानते हों मगर श्रीवत्स नये वृन्दावन से बहुत दूर हैं, लेकिन वे किसी भी तरह से कट्टर परम्परावादी नहीं हैं। कई अर्थों में उन्हें मैं नये वृन्दावन की परिभाषा में सही उतरता हुआ पाता हूँ—उस व्यक्ति के रूप में, जो अतीत से जुड़ा है लेकिन भविष्य के आयामों के लिए खुला हुआ भी है।

एक पुत्र का जीवन

श्रीवत्स से मैं वृन्दावन में 1972 में मिला था, लेकिन उन्हें वास्तव में इसके तीन साल बाद प्राचीन नगरी बनारस में ठीक से जान पाया (चित्र 6.1)। तब वे दर्शनशास्त्र के 23 वर्षीय शोध छात्र थे और भारत के एक जाने-माने विद्वान टी.आर.वी. मूर्ति के अधीन अध्ययन-अनुसंधान कर रहे थे। मूर्ति उस समय बनारस हिन्दू विश्वविद्यालय (बीएचयू) की फैकल्टी से हाल में ही सेवानिवृत्त हुए थे लेकिन अभी भी बहुत प्रभाव रखते थे। श्रीवत्स एमए कर चुके थे। उन्होंने, और चार साल पहले उनकी पत्नी बन

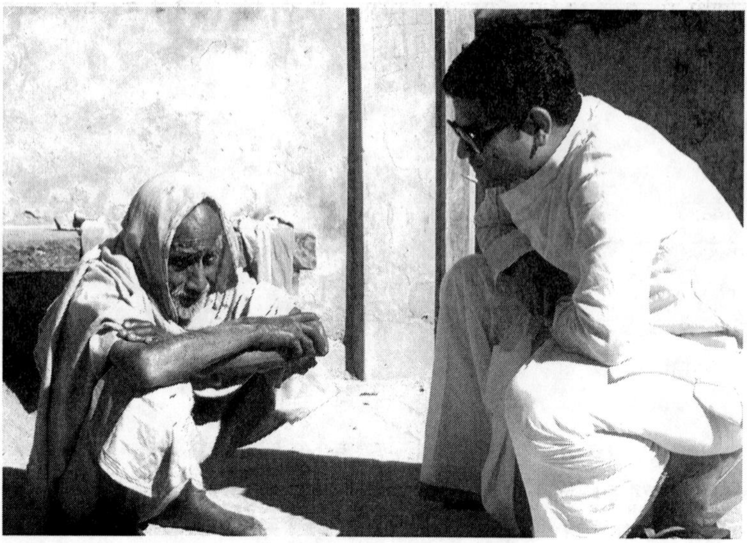

चित्र 6.1 : 1970 के दशक में पुराने वृन्दावन से संवाद करते श्रीवत्स गोस्वामी।

चुकीं सन्ध्या ने बीएचयू जानेवाली सड़क के पास अस्सी मोहल्ले में एक छोटा-सा फ्लैट किराये पर लिया था। उनका पहला बेटा अभिनव, जिसे राजू नाम से पुकारा जाता है, उस समय बच्चा ही था। सन्ध्या भी वृन्दावन की ही हैं और दर्शनशास्त्र में एमए कर चुकी हैं। वे 1952 से 1971 तक वृन्दावन के पालिकाध्यक्ष रह चुके मगन शर्मा की आठ बेटियों में, जिनके बाद अन्ततः उन्हें बेटा हुआ, सबसे बड़ी थीं। शहर के चहेते पालिकाध्यक्ष रहे मगन शर्मा को कार्यकुशलता और शहर की स्वच्छता के लिए आज भी याद किया जाता है।

श्रीवत्स के पिता पुरुषोत्तम गोस्वामी को भी लोग बड़े आदर से देखते थे। पुरुषोत्तम जी का जन्म राधारमण गोस्वामियों के बृहत् परिवार में हुआ था, जो 1542 में इस मन्दिर की स्थापना के बाद से लगातार वृन्दावन में ही रहा है। लेकिन पुरुषोत्तम जब नौ साल के ही थे कि उनके पिता का स्वर्गवास हो गया और परिवार का सबसे बड़ा बेटा होने के कारण उन पर अपनी और परिवार की अतिरिक्त जिम्मेदारी आ गई। यह जिम्मेदारी वे स्थानीय स्कूल में हाईस्कूल की पढ़ाई खत्म करके बनारस के प्रसिद्ध पंडितों से शिक्षा लेने के बाद दूर-दूर तक भागवत के पाठ का बीड़ा उठाकर पूरी करने लगे। उनके बारे में प्रचलित कथाओं में एक यह भी है कि कैसे उन्होंने चम्बल के कुख्यात डकैत मान सिंह को भी सम्मोहित कर लिया था, और चेन्नै में उनके एक सप्ताह के भागवत पाठ के बाद उन्हें 'जगद्गुरु' की

उपाधि से सम्मानित किया गया था। सम्मान के इस सिलसिले ने तब संस्थात्मक रूप ले लिया जब पुरुषोत्तम ने कुरुक्षेत्र में धर्मगुरुओं के महत्त्वपूर्ण समागम में चैतन्य सम्प्रदाय का प्रतिनिधित्व किया। इसी दर्जे के दूसरे गुरु भी 'जगद्गुरु' की उपाधि से विभूषित थे, इसलिए स्वाभाविक था कि पुरुषोत्तम भी इससे विभूषित होते। लेकिन पुरुषोत्तम के लिए संस्थात्मक स्वीकृति तथा व्यक्तिगत करिश्मे के बीच कोई प्रतिद्वंद्विता नहीं थी। युवा के रूप में और बाद के वर्षों में भी वे एक आकर्षक, खुले और साहसी, संगीत से गहरा लगाव रखनेवाले व्यक्ति थे। उपाधियों में 'राजाजी' को वे अपनी निधि मानते थे। उनके मित्र और अनुयायी उनके पिता की याद में उन्हें इसी नाम से पुकारते थे क्योंकि मूल रूप से उनके पिता की यही उपाधि थी।

पुरुषोत्तम से जब मैं पहली बार वृन्दावन की अपनी यात्रा के दौरान मिला था, मैं उनकी जिन्दादिली और उनके रसूख के अनूठे योग को देखकर स्तब्ध हो गया था (चित्र 6.2)। मैं सोचता था कि ऐसे व्यक्ति के पुत्र होने का, अपने कंधों पर सम्भावित उत्तराधिकार के वजन का एहसास कैसा होगा? मुम्बई में एक शाम बातचीत के दौरान अपने बचपन को याद करते हुए श्रीवत्स ने इन सब की कोई बात नहीं की।[1] बल्कि उन्होंने अपने पिता की उपस्थिति को एक मददगार और कल्पनाशील व्यक्ति की उपस्थिति के तौर पर याद किया, जो किसी तरह से भी अपना दबदबा या अंकुश नहीं जताता हो। कृष्ण की तरह मथुरा (जो श्रीवत्स की ननिहाल है) में जन्मे श्रीवत्स ने पाँच साल की उम्र में वृन्दावन के रंगजी मन्दिर के पास सरकारी स्कूल में अपनी शिक्षा शुरू की। स्कूल ने दाखिले से पहले उनकी परीक्षा ली और पाया कि पहली दो कक्षाओं में समय व्यर्थ न कर उन्हें सीधे तीसरी कक्षा में दाखिला दिया जाना चाहिए। इस छूट की चाहत नहीं थी शायद, मगर यह एक छूट तो थी ही। श्रीवत्स जब आठ साल के हुए तो उनके अभिभावकों ने उन्हें सरकारी स्कूल से निकालकर पारम्परिक पाठशाला में संस्कृत के पाठ्यक्रम में शिक्षा दिलाने का फैसला किया। यह पाठशाला पास के ही राधावल्लभ मन्दिर के परिसर में चलती थी। इसका अर्थ यह हुआ, जैसा कि श्रीवत्स को लगा था, कि एक साल तक 'लघु सिद्धान्त कौमुदी' को दिमाग में अँटाना पड़ा। पूरे भारत में संस्कृत शिक्षा का आधार यही पुस्तक है। वे याद करते हैं कि जब भी वे शिक्षकों से यह जानने की कोशिश करते कि जो उन्हें बताया जा रहा है वह वैसा क्यों है, तो वे उन्हें यह कहकर डाँट देते कि उन्हें जो पढ़ाया जा रहा है वही पढ़ें। लेकिन सवाल इस मुकाम पर बाधक बने। ऐसे सवाल वे काफी बाद में उठा सके, जब वे उन्हें समझकर उठाना जान गए। हजारों साल से संस्कृत इसी तरह पढ़ाई जाती रही, और इससे परम्परा की अखंडता और शक्ति के लिए प्रभावशाली परिणाम

चित्र 6.2 : पुरुषोत्तम गोस्वामी, 1975।

मिले हैं। लेकिन श्रीवत्स ने विद्रोह किया। उन्होंने पाठशाला छोड़ दी, लेकिन 20 वर्ष की उम्र में उन्हें अपने शोधकार्य की पढ़ाई के लिए फिर संस्कृत पर वापस आना पड़ा। परन्तु उस उम्र में उनका दिमाग उतनी तेजी से विकास नहीं कर रहा था जिस तेजी से आठ साल की उम्र में कर रहा था।

उनके पिता निराश हो गए लेकिन वे उदार थे। उन्होंने श्रीवत्स की अपनी इच्छा से बनारस जाने की व्यवस्था कर दी, जहाँ उनकी शिक्षा के इन शुरुआती चरणों ने परवर्ती शिक्षा को प्रभावित किया जब वे 19-20 वर्ष के हुए। पुरुषोत्तम ने बनारसी शिक्षण पद्धति के सबसे पारम्परिक स्वरूप का अनुभव हासिल किया था, वे एक प्रतिष्ठित गुरु के साथ जुड़ गए थे और उनसे शिक्षा ग्रहण करने की विनती की थी। ऐसा उन्होंने अपनी दृढ़ आस्था के अनुसार किया था, हालाँकि यह भी सच है कि वे बिलकुल साधनहीन थे और उनके पास कोई और उपाय नहीं था। फीस के कारण किसी बड़ी संस्था में शिक्षा हासिल करना उनके लिए सम्भव नहीं होता।

लेकिन श्रीवत्स जब बनारस गए, उस समय स्थितियाँ भिन्न थीं। उनकी उम्र का भी प्रश्न था, वे मात्र नौ साल के थे, लेकिन यह भी सच है कि पुरुषोत्तम का बचपन जिस परिवार में बीता उसके विपरीत श्रीवत्स उस परिवार के सदस्य थे जिसके पास इतने वित्तीय साधन थे कि वह उन्हें किसी आवासीय विद्यालय में भेज सकता था; पुरुषोत्तम के कई शिष्य साधन-सम्पन्न थे। जिस आवासीय विद्यालय को चुना गया वह कोई आम आवासीय विद्यालय नहीं था। पुरुषोत्तम गोस्वामी ने अपने पुत्र के लिए एक बहुत ही प्रगतिशील संस्था को चुना, बनारस के लिहाज से विशेष प्रगतिशील। शहर के राजघाट इलाके में स्थित इस संस्था को राजघाट स्कूल ही कहा जाता था हालाँकि इसका नाम 'द फाउंडेशन फॉर न्यू एजुकेशन' है। इसकी स्थापना प्रसिद्ध स्वतंत्र चिन्तक थिओसॉफिस्ट जे. कृष्णमूर्ति ने की थी, जो शिक्षा में वास्तविक प्रयोगवादी दृष्टिकोण के अग्रदूत थे। बहरहाल, राजघाट स्कूल ने नियमित परीक्षाओं के ढाँचे को स्वीकार किया था, ताकि उसके छात्रों को आगे की पढ़ाई के लिए दूसरे शिक्षा संस्थानों में जाने में सुविधा हो। श्रीवत्स बड़े प्यार से याद करते हैं कि किस तरह कृष्णमूर्ति अपने शहर चेन्नै से उनके स्कूल में आए थे। उन्होंने उसी शैली में उद्बोधन किया था, जिसके लिए वे दुनिया-भर में प्रसिद्ध थे। उन्होंने कहा कि सर्वोत्तम शिक्षा वह है जो दी नहीं जाती बल्कि बच्चे जिसे सीखना जरूरी मानते हैं। यह सुनकर एक शिक्षक ने जाहिर-सा सवाल किया था कि, तो फिर छात्रों से तमाम तरह की कड़ी परीक्षाएँ क्यों ली जाती हैं? कृष्णमूर्ति एक क्षण को चुप हो गए थे, अपने सामने टेबल पर रखी खुली किताब को बन्द किया और शान्ति से बोले, "अगला प्रश्न?" फिर भी, राजघाट स्कूल का वातावरण काफी मुक्त था, अभिभावकों और शिक्षकों ने अपने बच्चों के लिए जान-बूझकर यह वातावरण चुना था, और श्रीवत्स ने पाया था कि पूरे भारत से आकर वहाँ पढ़ाई कर रहे विविध छात्रों से मित्रता भी अपने आप में एक शिक्षा ही थी। वे मानते हैं कि उनमें हिन्दुओं की संख्या ज्यादा थी

लेकिन वे थिओसॉफिकल सोसाइटी की धारा वाले उदार किस्म के हिन्दू थे।

और केवल यही एक मौका नहीं था जब श्रीवत्स को इस बात का लाभ मिला कि उनके पिता ने पारम्परिक शिक्षा ग्रहण करने में अपने लिए आई कठिनाइयों और संघर्षों को भूल कर अपने पुत्र को अपने तरीके से दुनिया को समझने के लिए प्रेरित किया। फिर भी, हुआ यह कि परिवार की आय में कमी आने के कारण श्रीवत्स को एक साल बाद ही राजघाट स्कूल से वृन्दावन लौटना पड़ा। और बाकी की प्राथमिक शिक्षा उन्होंने वहीं पूरी की। 15 साल की उम्र में जब कॉलेज जाने का समय आया तब प्रादेशिक परीक्षा में काफी ऊँचे अंक लाने के कारण श्रीवत्स को इलाहाबाद विश्वविद्यालय के प्रसिद्ध ए.एन. झा छात्रावास में रहकर पढ़ने का मौका मिला, जिसे उस समय उत्तर प्रदेश के सबसे ऊँचे दर्जे का विश्वविद्यालय माना जाता था। उनके अभिभावक इससे बहुत खुश हुए। इसका अर्थ यह भी हुआ कि श्रीवत्स अपने जीवन में पहली बार पूरी तरह अंग्रेजीभाषी माहौल में रहेंगे और उस भाषा का व्यवहार सीखेंगे, जो भारतीय जनजीवन में ऊँची सफलता की कुंजी है। अंग्रेजों के जमाने में शासकों की भाषा अंग्रेजी थी और उनके जाने के बाद भी इसकी स्थिति में खास फर्क नहीं आया था। झा छात्रावास के छात्र इस विरासत को अच्छी तरह महसूस करते थे। वे इलाहाबाद विश्वविद्यालय की पैदावार के 'क्रीम' थे और कानून, विज्ञान में शानदार कैरियर, और सरकारी सेवा के आला ओहदों को सुशोभित करनेवाले थे। वे हर समय इसी सब की बातें करते थे।

श्रीवत्स को इससे नफरत थी, जैसे कि उन्हें कम उम्र में ही संभ्रांत संस्कृतज्ञों में शामिल किया जाना नापसन्द था। उन्होंने एक बार फिर बगावत कर दी, और इस बार छोटे रूप में। दो सप्ताह बाद वे बनारस चले गए, अपने पुराने शैक्षिक शहर में वे बीएचयू में जाना चाहते थे। उनके माता-पिता को जब यह पता चला तो उन्हें दुख हुआ, लेकिन पुरुषोत्तम सब भूलकर श्रीवत्स से मिलने उसी पथ या गंगा पर थोड़ा आगे स्थित बनारस पहुँच गए। दोनों ने बीएचयू के प्रभावशाली रजिस्ट्रार से कला विभाग में देर से दाखिला देने की प्रार्थना की। श्रीवत्स उस घटना को याद करते हैं कि उनके पिता ने कश्मीरी पंडित समुदाय से किस तरह सम्बन्ध बना रखा था, जिस समुदाय से रजिस्ट्रार भी आते थे। उनकी प्रार्थना शायद इसलिए भी स्वीकार कर ली गई क्योंकि काफी पहले कुलपति के अनुरोध पर पुरुषोत्तम ने रासलीला पर दो सप्ताह का प्रवचन दिया था। लेकिन मुझे लगता है कि खुद श्रीवत्स ने भी उन्हें काफी प्रभावित किया होगा। जो भी हो, वे इलाहाबाद के झा छात्रावास से बीएचयू के बिरला हाउस में आ गए। कुछ पारिवारिक मित्रों ने इस कथित अवनति पर अफसोस जताया। वास्तव में, श्रीवत्स की धाराप्रवाह, शानदार

और खोजपरक अंग्रेजी वैसी मुहावरेदार किस्म की नहीं थी, जो इलाहाबाद के पाठ्यक्रम के लिए उनकी दूसरी भाषा बननी चाहिए थी, अगर वे वहाँ बने रहते (बल्कि वे इस भाषा में अपने ही मुहावरे का रंग भरते हैं)। बहरहाल, परिवर्तन काफी लाभदायी ही रहा।

श्रीवत्स को बीएचयू से प्यार था। उसके खुले मैदान उन्हें आजादी का एहसास दिलाते थे। उन्होंने कहा, "खेलकूद धर्म का ही एक रूप हैं।" वे रविवार की सुबह खेले जानेवाले गोल्फ के बारे में मेरे पिता की राय को अनजाने में ही प्रतिध्वनित कर रहे थे। श्रीवत्स जल्दी ही कला विभाग की टेनिस टीम के कप्तान बन गए, उन्होंने तैराकी प्रतियोगिताओं में भाग लेना शुरू कर दिया था, जो विश्वनाथ मन्दिर के पीछे ओलंपिक आकार के तरणताल के निर्माण के कारण सम्भव हो गया था। उन्होंने कहा, "वह ताल मेरा मन्दिर बन गया।"[2] अपने शहर में यमुना में उन्होंने कभी तैरना नहीं सीखा था। खेल के सिवा विस्तार का एहसास दिलाने के लिए बीएचयू में और भी बहुत कुछ था। राष्ट्रीय विश्वविद्यालय होने के बावजूद बीएचयू इलाहाबाद से ज्यादा क्षेत्रीय था, जहाँ भोजपुरीभाषी पूर्वी उत्तर प्रदेश इलाके के कई छात्र पढ़ने आते हैं, और विश्वविद्यालय का प्राय: कामकाज हिन्दी में ही चलता है। हिन्दी के माहौल के कारण ही छात्र-समूह में विभिन्न वर्गों की संरचना सम्भव हो सकी, जो कि उस समय इलाहाबाद विश्वविद्यालय के अंग्रेजीदां और कुलीन माहौल में सम्भव नहीं था। यह विविधता कुछ हद तक धार्मिक पृष्ठभूमि के कारण भी सम्भव हुई, यद्यपि आप इसका अन्दाजा बीएचयू के नाम में 'हिन्दू' शब्द से नहीं लगा सकते हैं। उदाहरण के लिए, दर्शन विभाग में श्रीलंका के एक बौद्ध संत भी थे, जिनसे श्रीवत्स ने बिरला हाउस हॉस्टल में रहते हुए दोस्ती कर ली थी।

विविधता दूसरी तरह से भी, शिक्षेतर गतिविधियों से भी आ रही थी। विश्वविद्यालय का 'हॉबी सेंटर' फोटोग्राफी सीखने का अवसर उपलब्ध कराता था। श्रीवत्स ने अपना पहला कैमरा खरीदा और इस तरह फोटो डॉकुमेंटेशन में उनका लम्बा कैरियर शुरू हुआ। कैमरा उन्होंने खुद खरीदा, बाकी खर्चे विश्वविद्यालय ने उठाए। वहाँ के प्रसिद्ध संगीत संकाय ने और अवसर उपलब्ध कराए। श्रीवत्स ने एक साल तक सितार बजाना सीखा, लेकिन उनकी तीसरी उँगली में घट्टा पड़ गया जिसके दर्द ने उन्हें कुछ समय तक परेशान किया। लेकिन जब एक साल की शिक्षा के बाद उनके गुरु ने उनसे पूछा कि संगीत में और अधिक प्रवीणता के लिए क्या वे दूसरी गतिविधियों, विशेषतया खेल को छोड़ना चाहेंगे, तो उन्होंने मना कर दिया। उन्होंने अपना सितार बेच दिया और डनलप का टेनिस रैकेट खरीद लिया, जिस पर उनकी नजर टिकी हुई थी।

इस सबने उनके उस जीवन की पृष्ठभूमि तैयार की जिसे वे जैसे-तैसे "सर्वांगीण" कहते हैं। यह कुछ असामान्य बात थी, क्योंकि उत्तरी अमेरिका में उदारवादी कला शिक्षण के आदर्श एवं व्यवहार के तौर पर जो बात सामान्य मानी जाती है, वह भारत के कहीं अधिक केन्द्रित अंडरग्रेजुएट पाठ्यक्रम से आम तौर पर गायब रहती है। श्रीवत्स को इसका अफसोस है, और उन्हें खास तौर पर इस बात का दुख है कि भारत में उच्च शिक्षा के अधिकतर संस्थानों में खेलकूद के कार्यक्रम शामिल नहीं किए जाते हैं। जीवन के लिए खेल एक अच्छा प्रशिक्षण है। खिलाड़ी की भावना यही होती है कि 'तुम हारकर भी हारते नहीं हो—तुम बस खेलते रहते हो', असली चीज है खेलते रहना। इस तरह की मजबूती श्रीवत्स के लिए आगे के उनके संघर्षों के लिए बहुत महत्त्वपूर्ण साबित हुई; और वे बताते हैं कि पढ़ाई खत्म करने के बाद वे किस पेशे से जुड़नेवाले थे यह स्पष्ट नहीं था। एक बार अपने पासपोर्ट का नवीकरण कराते समय उन्हें यह बताना था कि वे किस पेशे से जुड़े हैं। आवेदनपत्र में जिन पेशों की सूची दी गई थी उनमें से वे किसी में भी फिट नहीं होते थे। उन्होंने कुछ देर सोच-विचार करने के बाद उन अंग्रेजी उपन्यासों को याद करते हुए, जो वे पढ़ चुके थे, और हिम्मत करते हुए उस पेज पर सबसे नीचे लिख दिया—'फुरसत का भद्र पुरुष'। श्रीवत्स सौभाग्य को कबूल करते हैं कि अपने माता-पिता की बदौलत वे अपने जीवन की इस खास तरह से शुरुआत कर सके थे। उन्होंने एक बार कहा कि वे प्राय: 'मुक्त पंछी' जैसे रहे हैं, और उनकी गैर-पारम्परिक शिक्षा-दीक्षा ने उन्हें इसके लिए तैयार किया। जब वे 'अपने पिता के संगतकार' की भूमिका निभा रहे थे तब उसमें काफी कुछ नया होता था और पिता इसके लिए प्रोत्साहित करते थे।

इस जुगतपूर्ण 'संगीतकारी' में उनकी माता भी अहम भूमिका निभाती थीं (चित्र 6.3)। इसका सम्बन्ध उनके पिता के व्यक्तित्व के साथ जुड़े संगीत के पहलू से था। श्रीवत्स ने बीएचयू में जब संगीत की शिक्षा शुरू की तो उन्होंने वाद्य संगीत को चुना, गायन को नहीं। भारतीय व्यवस्था में वाद्य यंत्र सीखने के लिए पहले रागों या उनके टुकड़ों को सीखना पड़ता है जिन्हें वाद्य यंत्र पर बजाना है। लेकिन यह गायन एक औपचारिक साधन नहीं है। श्रीवत्स को यह अच्छी चीज लगी। बचपन में ही वे समझ गए थे कि उनका गला गायन के लायक नहीं है, और बड़े होने पर उनकी आवाज कुछ भारी हो गई थी। आप कल्पना कीजिए कि उन्हें तब कितनी राहत मिली होगी जब उनके छोटे भाई, पिता की पाँचवीं और अन्तिम सन्तान, वेणुगोपाल ने गायन के प्रति झुकाव दिखाया। श्रीवत्स को यह दिखाने की जरूरत नहीं पड़ी कि पिता के कई गुणों में से इस एक गुण को भी उन्होंने विरासत के रूप में प्राप्त किया है।[3]

चित्र 6.3 : श्रीवत्स की माताजी ब्रजकुमारी गोस्वामी, 1975।

पुरुषोत्तम अपनी गायकी के लिए प्रसिद्ध थे। इसका उपयोग वे राधारमण मन्दिर में रीति-अनुष्ठान के अनुसार देवपूजन में ही नहीं करते थे बल्कि मन्दिर में समाज-कीर्तन आदि के लिए मन्दिर के पिछली तरफ जमा होनेवाले कीर्तन दल के नेता की भूमिका निभाने में भी करते थे। वृन्दावन की वैष्णव परम्परा में मान्यता है कि सभी कलाओं का उपयोग ईश्वर की सेवा में होना चाहिए, संगीत उन कलाओं में

शायद सबसे प्रमुख है। इसी तरह, पुरुषोत्तम बनारस में चैतन्य महाप्रभु के आगमन की वर्षगाँठ पर वहाँ निकाली जानेवाली प्रसिद्ध संकीर्तन यात्राओं का प्राय: नेतृत्व करते थे और उसमें गाते भी थे। यह यात्रा ज्ञानवापी मस्जिद के बाहर खुले स्थान पर आकर खत्म होती थी। और, श्रीवत्स ने बताया कि सर्वोपरि वे भागवत पुराण की संगीतमय कथा करने के लिए प्रसिद्ध थे। यह संगीतमय कथा जनता के लिए सात दिनों के पारम्परिक भागवत सप्ताह या भागवत कथा के रूप में आयोजित की जाती थी। पुरुषोत्तम ने ही इस कथा-शैली में पहली बार शास्त्र की व्याख्या के साथ ही संगीतकारों को जोड़ा था। इसलिए जब वेणुगोपाल, जो आगे चलकर खुद भागवत कथावाचक के रूप में विख्यात हुए, सुप्रसिद्ध पंडित जसराज से शिक्षा ग्रहण करने के लिए घर छोड़कर गए तो श्रीवत्स ने राहत की साँस ली कि चलो, संगीत का भार उतरा तो।

लेकिन इतना शीघ्र नहीं। उनकी माताजी ने कुछ और ही सोच रखा था। उन्होंने कहा कि वे अन्तिम साँस लेने से पहले अपने बड़े पुत्र से सात दिन का भागवत व्याख्यान सुनना चाहती हैं। वे इससे भला इनकार कैसे कर सकते थे।[4] कई बार बचने की कोशिश करने के बाद श्रीवत्स ने जुआ उठा ही लिया। 1980 के दशक के उत्तरार्द्ध में उन्होंने प्रतिदिन भागवत का पाँच-छह घंटे सस्वर पारायण करने का अभ्यास शुरू कर दिया ताकि ग्रंथ की गति को गहराई से अनुभव कर सकें। यह अभ्यास वे दो से ज्यादा वर्षों तक करते रहे। उन्होंने जीव गोस्वामी के सन्दर्भों का भी अध्ययन किया, जो कि भागवत पुराण से प्रेरणा लेकर लिखे गए सैद्धान्तिक सन्दर्भ ग्रंथ हैं। प्रोफेसर मूर्ति के अधीन शोधकार्य में यही उनका मुख्य विषय था। आखिर, हिचकते हुए ही सही, वे कथा प्रस्तुत करने के लिए तैयार हो गए, क्योंकि सात दिनों में एक बार के बाद सदा के लिए बात निबट जाएगी। लेकिन श्रीवत्स की एक शर्त थी कि पहली भागवत कथा वे वृन्दावन में नहीं करेंगे। उनकी माताजी ने कहा कि तब यह पाठ द्वारका में हो, वृन्दावन से बहुत दूर अरब सागर के तट पर स्थित द्वारका की दूरी ने श्रीवत्स को राहत पहुँचाई, वे राजी हो गए। लेकिन उन्होंने संगीत पक्ष की पूरी जिम्मेदारी अपनी पत्नी सन्ध्या को सौंप दी। इस तरह भागवत कथा की स्त्री-पुरुष मिश्रित प्रस्तुति तैयार हुई, जो अपने आप में आज तक एक महान नया प्रयोग है। फिर भी, दिसम्बर, 1993 में जब प्रस्तुति देने का समय आ गया तो श्रीवत्स ने पाया कि उन्होंने तो बहुत कम तैयारी की थी। भागवत सप्ताह के हर दिन के लिए उन्होंने जो संक्षिप्त नोट तैयार किए थे उनसे भला कैसे पार पड़ता। कई महीनों के अध्ययन का यह मामूली-सा फल? लेकिन कोई समस्या नहीं हुई। जैसा कि श्रीवत्स याद करते हैं, भागवत ने ही उन्हें सँभाल लिया, और

यह अच्छा ही हुआ। उस आयोजन के औपचारिक श्रोता उनके माता-पिता तो थे ही, उनके इस प्रथम प्रयास और आगे के लिए उनका उत्साह बढ़ाने के लिए द्वारका के प्रसिद्ध द्वारकाधीश मन्दिर में देश-भर के करीब 300 और श्रोता भी उपस्थित हुए।

यह उनकी अन्तिम प्रस्तुति होनेवाली थी, लेकिन एक पेंच उलझ गया। एक वर्ष पूर्व, 1992 में उनके पिता ने भ्रमर घाट को तथा स्वयं भ्रमर को प्रकट किया था। उस भ्रमर या उसके समान किसी ने भ्रमर घाट की स्थापना के समय चमत्कारिक रूप से प्रकट होकर अपनी भूमिका निभाई। पुरुषोत्तम गोस्वामी ने फिर कभी वृन्दावन न छोड़ने का संकल्प ले लिया। यह सब तो ठीक था, अत्यन्त श्रेष्ठ और उचित भी, लेकिन उन्होंने जो दूसरा संकल्प ले रखा था कि हर साल कार्तिक मास में जयपुर के गोविन्ददेव मन्दिर में भागवत कथा पाठ करेंगे, उसका निर्वाह कैसे होगा? परिवार ने श्रीवत्स पर अपनी यह भूमिका एक बार फिर निभाने का दबाव डाला, जिसे उन्होंने हिचकते हुए स्वीकार कर लिया बशर्ते वेणुगोपाल आगे की जिम्मेवारी सँभाल लें। लेकिन जब वे दूसरा भागवत सप्ताह कर रहे थे, श्रीवत्स को भागवत रूपी कीट डंक मार चुका था।

तब से वे और सन्ध्या मिलकर बड़े-छोटे श्रोता समूहों के लिए लगातार कथा करते रहे हैं। श्रीवत्स वास्तव में श्रोताओं के छोटे समूह ही पसन्द करते हैं। वे कहते हैं कि ऐसे समूह में श्रोताओं से संवाद बनाया जा सकता है, जहाँ परस्पर मूड और संकेतों का आदान-प्रदान पनपता है। लेकिन यह हमेशा सम्भव नहीं होता। एक बार तो उनके कार्यक्रम में दस हजार से ज्यादा श्रोता जमा हो गए थे, और वे खुद परेशान हो गए थे। तब उन्होंने सामने खड़े खम्भे की शरण ली, और अपने विचारों के प्रवाह पर ध्यान केन्द्रित करने के लिए वे उस शान्त और स्थिर खम्भे पर पूरे समय दृष्टि जमाए रहे। यद्यपि वे इतनी बड़ी भीड़ से—जिसके लिए दूसरे कथावाचक तरसते हैं—बचने की कोशिश करते रहे हैं लेकिन ऐसी भीड़ का उन्हें यह कोई आखिरी बार सामना नहीं करना पड़ा। बीएचयू ने जब अपना शताब्दी समारोह मनाया तब उसके प्रारम्भ में भागवत पुराण की सप्ताहव्यापी कथा का जो आयोजन किया उसमें मुख्य अभिनेता की भूमिका उसके उसी छात्र ने निभाई, जिसने सितार बेचकर टेनिस का रैकेट खरीदा था।

अब तक यह स्पष्ट हो गया होगा कि श्रीवत्स के लिए परम्परा एक बोझ भी है और एक आनन्द भी, लेकिन हम यह न मान बैठें कि अतीत का बोझ और भविष्य की सम्भावनाएँ, दोनों से सम्बन्ध मानना उनके लिए कोई नई चीज है। यह राधारमणीय गोस्वामियों के इतिहास में कूटबद्ध है। शहर के दूसरी तरफ रमण रेती पर जो नया वृन्दावन उभर रहा है उसके बारे में बात करना वास्तव में सार्थक

है, क्योंकि नये वृन्दावन तक का रास्ता राधारमण मन्दिर और जयसिंह घेरा में भी आलोकित रहा है, और यह लम्बे समय से ऐसा रहा है। वृन्दावन के गोस्वामियों में राधारमण गोस्वामी पहले थे, जिन्होंने अपने मन्दिर में बिजली लगवाई थी। वे पहले थे जिन्होंने पूजा और दर्शन के दौरान कैमरे के प्रयोग की अनुमति दी थी और यही नहीं, 'नीची' कही जानेवाली जातियों के लोगों को मन्दिर में प्रवेश की अनुमति दी थी।

इसके अलावा, 1930 के दशक में उन्होंने एक ऐसे विषय पर विचार किया था जिसका सीधा सम्बन्ध परम्परा और परिवर्तन के सवाल से था। वैष्णव संन्यासियों के सुधारवादी पंथ गौड़ीय मठ की स्थापना 1920 में बंगाल में की गई थी। वृन्दावन की आध्यात्मिक अर्थव्यवस्था के लिए यह नई बात थी। वैष्णव समुदाय ने गौड़ीय मठ की परम्परा को, जो कथित रूप से कृष्ण तक वापस जाने का दावा करती है, त्रुटिपूर्ण पाया। वह अविच्छिन्न नहीं थी। यह विवाद राधारमण गोस्वामियों के दरवाजे पर भी पहुँच गया, और उनकी प्रतिक्रिया से एक बार फिर यह स्पष्ट हुआ कि वे कुछ मामलों में तो प्रयोगवादी बन जाते हैं जबकि कुछ मामलों में परम्परावादी बन जाते हैं।

इस ज्ञानी विद्रोही को राधारमणीय मन्दिर के मुख्य द्वार पर स्थित रासमंडल पर इस मसले पर आयोजित सभा में आमंत्रित कर वे उनके पीछे अव्यक्त रूप से खड़े तो हो गए मगर गुरु परम्परा के प्रश्न पर उन्होंने कोई निर्णय न करने का ही दिखावा किया। बल्कि, उन्होंने स्पष्ट कर दिया कि भक्ति सिद्धान्त सरस्वती ने गौड़ीय मठ और मिशन में अपने कार्यों के द्वारा आधुनिक वैष्णववाद के लिए उत्साहपूर्वक जो योगदान दिया उसको वे मूल्यवान मानते हैं। आधुनिकता की चुनौतियों का यह 'विभाजित' जवाब था। भक्ति सिद्धान्त सरस्वती के उत्तराधिकारी भक्ति प्रसाद पुरी उर्फ अनन्त वासुदेव को 1940 के दशक में जब ऐसी ही समस्या का सामना करना पड़ा तो राधारमण गोस्वामियों ने फिर उनकी सहायता की। इस बार मसला और नाटकीय था। न केवल भक्ति प्रसाद पुरी अपने गुरु से असहमत थे बल्कि उनको विश्वास हुआ कि वे गौड़ीय मठ की खंडित गुरु परम्परा का प्रतिनिधित्व करते हैं, और उन्होंने यह निष्कर्ष निकाला कि चैतन्य ने कभी नहीं चाहा था कि उनके अनुयायी संन्यासी बनें।

इसी धारणा से अपनी गद्दी और संन्यास आश्रम, दोनों त्यागकर वे विवाहित पुरुष बने और अपना नाम रखा पुरीदास। उनके दाहिने हाथ माने गए, गौड़ीय मठ के संन्यासी सुन्दरानन्द विद्याविनोद ने गुरु के स्वरूप पर एक ग्रंथ लिखकर इस निर्णय को उचित ठहराने के लिए उसमें एक अध्याय जोड़ा और उसमें बताया

गया कि कोई व्यक्ति किन परिस्थितियों में अपने उस गुरु को त्याग सकता है, जिस गुरु ने उसे एक संन्यास की दीक्षा ही क्यों न दी हो।[5] इस बार गौड़ीय मठ का कोप और बढ़ गया, पुरीदास को जान से मारने की धमकी मिली, तो उन्होंने अपनी पहचान छिपाने के लिए कलकत्ता छोड़ ओड़ीसा के जंगलों में शरण ले ली। बाद में जब माहौल ठंडा हुआ तो वे वृन्दावन आए। राधारमणीय गोस्वामियों में से एक, पुरुषोत्तम गोस्वामी ने उनके रहने की व्यवस्था अपने परिवार के बगीचे में एक एकान्त स्थान पर की।

अतीत एवं वर्तमान के बीच सेतु बनने की राधारमण की इस विशिष्ट भूमिका ने 1970 के दशक में एक नया रूप ले लिया। इस समय इस्कॉन वृन्दावन के परिदृश्य में अपनी उपस्थिति जताने लगा था। इसके सदस्य इस बात के प्रति असहज थे कि राधारमण गोस्वामियों को राधारमण मन्दिर में पूजा-सेवा का जन्मना वर्चस्व हासिल था।[6] इस कारण से और अपनी नवीनता तथा आर्थिक सम्पन्नता के कारण कई वृन्दावन वासी इस्कॉन की बराबर आलोचना करते थे और उनका उपहास भले न करते हों मगर उन्हें अलग-थलग मानते थे। लेकिन राधारमणीय आचार्यों ने एक बार फिर मध्यम मार्ग अपनाया। गौड़ीय मठ की गुरु परम्परा को, जिसमें प्रभुपाद भक्तिवेदान्त आते थे, न तो वैध मानते और न उसे अस्वीकार करते हुए उन्होंने इन नये बच्चों (कई तो वाकई बच्चे ही थे) को खुशी से अपनी सेवाएँ दीं, जब वे धार्मिक रीति-रिवाजों, कर्मकांड आदि के बारे में परामर्श लेने उनके पास आए।

इसका परिणाम यह हुआ कि राधारमणीय गोस्वामियों ने भगवान की पूजा-अर्चना की अपनी शताब्दियों पुरानी और सावधानीपूर्वक संरक्षित विधियों को नव-वृन्दावन की सीमाओं पर भी पहुँचा दिया। और इसमें वे स्वयं सक्रिय पात्रों के रूप में नहीं बल्कि इस तरह की सीमित, सहायक भूमिका में रहे। शुरू से ही वे चाहे जितने भी शंकालु रहे हों, उन्होंने साझीदारी करने से मना नहीं किया। इसका परिणाम यह हुआ कि आज भी जब इस्कॉन अपनी शर्तों पर काम कर रहा है, इस्कॉन के भक्त राधारमण मन्दिर में भी दिखते हैं। पुराने और नये का मेल कई तरह से हुआ है, लेकिन पुरुषोत्तम और श्रीवत्स गोस्वामी के नेतृत्व में उन्होंने शहर की दूसरी ओर जमीन खरीदकर विस्तार नहीं किया है। इस मामले में राधारमणीय गोस्वामियों की एक जयसिंह घेरा शाखा अपने दूसरे कुटुम्बियों के मुकाबले ज्यादा रूढ़िवादी रही है।[7] मैं नहीं कह सकता कि यह सैद्धान्तिक निर्णय है या नहीं लेकिन हम यह निश्चित तौर पर जानते हैं कि श्रीवत्स पुराने वृन्दावन को जीवन्त बनाए रखने और उसे वर्तमान युग के हमलों से बचाने के लिए हमेशा सक्रिय रहे हैं। तथाकथित विकासवादी उनके विरोधी चाहे जो सोचते हों, यह भी एक क्षेत्र है जिसमें श्रीवत्स

अपने पिता की उदारता की आधारभूमि पर काम कर रहे हैं। एक भक्त की, जो आयकर विभाग के कमिश्नर थे, बार-बार दी गई प्रतिकूल सलाह के बावजूद पुरुषोत्तम ने 1972 में जयसिंह घेरा के अन्तर्गत आनेवाली जमीन और इमारतों को 'श्रीचैतन्य प्रेम संस्थान' के नाम कर दिया। इसके न्यासियों में केवल एक-तिहाई सदस्य ही उनके परिवार के हो सकते हैं। पुरुषोत्तम ने कहा, "मैंने जो भी हासिल किया है वह अपने भक्तों के ट्रस्टी के रूप में पाया...अब मेरे लिए उसे लौटाने का समय आ गया है।"[8]

इसलिए, जयसिंह घेरा को पुराने और नये का मिश्रण मानें। घेरा के आगे की सँकरी गली के प्रवेश द्वार के लकड़ी के विशाल मेहराबनुमा फाटक तो स्पष्टतया पुराने हैं लेकिन परिसर में बनी विशाल इमारत काफी नई है। जयसिंह 18वीं सदी में गुलाबी पत्थर वाले जिस विशाल कमरे में दरबार कचहरी लगाते थे उससे सटकर बनी पक्की इमारत में एक सभागार, एक रसोई, भूतल पर एक दफ्तर और कई गेस्ट रूम हैं। इसके ऊपर दो मंजिलों पर और भी रेस्ट रूम तथा कई दफ्तर हैं। एक-दो छतरियाँ छत की शोभा बढ़ा रही हैं। पूरे ढाँचे को श्रीचैतन्य प्रेम संस्थान नाम से जाना जाता है, जिसे चैतन्य महाप्रभु को समर्पित एक प्रेम संस्थान समझें या उनके प्रेम को मूर्तिमान करता एक फाउंडेशन। 1972 में स्थापित इस संस्थान ने समारोहों की शृंखला का आयोजन किया है, जो अनूठी नवीनता लिये हुए है। वृन्दावन में पहली बार उसने शैक्षिक सेमिनारों की शृंखला चलाई, जिनमें दुनिया-भर के विद्वान भाग लेने के लिए आए। इसका पुस्तकालय ब्रज क्षेत्र का सबसे अच्छा पुस्तकालय है, जिसका उपयोग करने के लिए कई जगहों से शोधार्थी आया करते हैं। इसके अलावा, संस्थान के अभिलेखागार ने 1967 से अपने या राधारमण मन्दिर के तत्त्वावधान में हुए सभी तरह के कार्यक्रमों और सभाओं का रिकॉर्ड रखा है। इन सबने परम्पराओं के पालन में नये प्रयोगों को उभारा है, और हरेक पर श्रीवत्स की छाप देखी जा सकती है। अभिलेखन कार्यक्रम उनके निजी कैमरे और टेप रिकॉर्डर से शुरू हुआ, और वे उन कई सहभागी प्रोजेक्टों में शामिल रहे जिनमें संस्थान भी सक्रिय रहा। इनमें 1988 में शुरू किया गया 'ब्रज-नाथद्वारा प्रकल्प' भी है जिसके तहत पश्चिमी राजस्थान के नाथद्वारा में स्थित वल्लभ सम्प्रदाय के, जिसका मुख्यालय राजस्थान के नाथद्वारा में है, विद्वानों से सम्पर्क का प्रयास किया गया ताकि उनके समान ब्रज को अपना मूल माननेवाली और ब्रज में रह गई अन्य सांस्कृतिक एवं धार्मिक संस्थाओं के बीच संवाद शुरू हो। इस प्रकल्प में दिल्ली के इन्दिरा गांधी राष्ट्रीय कला केन्द्र के सहयोग से महत्त्वाकांक्षी ब्रज महोत्सव 2009 में आयोजित किया गया, जिसमें दिल्ली में राष्ट्रपति भवन और इंडिया गेट के बीच

की सड़क, प्रसिद्ध राजपथ पर विद्वत समाज व्याख्यान, सांस्कृतिक प्रस्तुतियाँ, मेले और प्रदर्शनी के सप्ताहव्यापी कार्यक्रमों के आयोजन किए गए।

ऐसे उपक्रमों की सूची काफी लम्बी है, और इनमें नये और पुराने का मेल देखा जा सकता है। वैसे, यह मेल हमेशा बहुत सहजता से नहीं सम्भव होता था। मुझे याद है, 1994 में थोड़ा तनाव तब पैदा हो गया था जब पुरुषोत्तम गोस्वामी को यह पता चला कि उनके पुत्र 'ब्रज की सतत्सृष्टि' (द कंटिन्यूइंग क्रिएशन ऑफ ब्रज) विषय पर जो सेमिनार आयोजित कर रहे हैं उसमें न्यूयॉर्क के संगीत विशेषज्ञ पीटर मैनुएल कोई पर्चा प्रस्तुत करनेवाले हैं। इसमें मैनुएल इस तथ्य को रेखांकित करना चाहते थे कि श्रीकृष्ण और राधा या गोपियों के बीच के प्रेम को समर्पित पारम्परिक 'रसिया' गीतों को भारत का फलता-फूलता कैसेट उद्योग ट्रक ड्राइवरों के बीच बेच रहा है। इन गीतों के धार्मिक तत्त्वों की जगह ऐसे कामुक तत्त्व भरे जा रहे हैं कि ट्रक ड्राइवर ट्रक चलाते हुए अपने केबिन में बैठे गुनगुनाएँ। इन गीतों में रंगत इसलिए भी आई कि इनकी शुरुआत राधा-कृष्ण के भजन के रूप में हुई।[9] पुरुषोत्तम गोस्वामी को इसकी खबर लगी तो उन्होंने आपत्ति की। उनका मानना था कि संस्थान के दायरे में इस तरह की प्रस्तुति नहीं की जा सकती। लेकिन श्रीवत्स ने हस्तक्षेप किया और मैनुएल की शैक्षिक स्वाधीनता कायम रही, वह भी पुरुषोत्तम गोस्वामी की उपस्थिति में।

आश्चर्य नहीं कि पुरुषोत्तम गोस्वामी को अन्ततः इस परिवर्तन को झेलना पड़ा। आखिर, वृन्दावन के 20वीं सदी के इतिहास में जो सबसे महत्त्वपूर्ण नवाचार हुए उनमें से कई के लिए वे खुद भी जिम्मेदार थे। उन्होंने ब्रज की 500 साल पुरानी रासलीला की परम्परा पर फिर से ध्यान दिया था और इसकी मंचीय शब्दावली का विस्तार किया था ताकि इसमें न केवल श्रीकृष्ण के बाल्यकाल और युवावस्था की कथाएँ शामिल हों बल्कि चैतन्य की भी कथा आ जाए। इन नये संगीतनाट्य पाठों की रचना करनेवाली टीम में भी उन्होंने बड़ी भूमिका निभाई। जिन नाट्य-प्रस्तुतियों में वे सामने आए उन्हें गौर वर्ण के चैतन्य महाप्रभु के नाम पर गौरलीला नाम दिया गया। उन्हें पहली बार और विशिष्ट रूप से संस्थान के मंच पर प्रस्तुत किया गया। यह प्रातःकालीन उपक्रम होता था, जो शाम में प्रस्तुत की जानेवाली रासलीला की अपेक्षा रखने के साथ ही उनको विस्तार भी देता था। यहाँ तक कि जिस मंच पर ये लीलाएँ की जाती थीं वह भी एक नवाचार था। इस प्रयोग तक पारम्परिक रासलीलाएँ हमेशा मंडलाकार मंच पर ही होती थीं। यह परिवर्तन नाट्यविधा के आधुनिक स्वरूपों—मुम्बई के पारसी रंगमंच की परम्पराओं और बगल के बॉलीवुड—की स्वीकृति की एक बड़ी चेष्टा थी। एक और स्पष्ट परिवर्तन

था, और वह था राधारमण मन्दिर के पारम्परिक अनुष्ठानों में परिवर्तन की दिशा में, मानो दो दायरों के बीच सेतु बनाने की कोशिश की जा रही हो। पुरुषोत्तम ने रासलीलाओं का विकास करने का उपक्रम सँभाला ताकि वे प्रस्तुतियाँ श्रीकृष्ण के आठ प्रहरों में विभक्त दिवसव्यापी शास्त्रीय नित्यलीला को प्रकट कर सकें। और इस तरह आठ दिवसीय अष्टयाम लीला नाम की एक अलग मंचीय विधा विकसित हो सकी, जिसके पटकथा लेखक वे स्वयं ही थे।[10]

इनमें से हरेक प्रयोग निश्चित ही एक नवप्रयोग था, और प्रायः उसका एक सार्वजनिक रूप था। यह देखा जा सकता है कि इन प्रयोगात्मक उदाहरणों ने श्रीवत्स को संस्थान की क्षमताओं का और विकास करने के लिए प्रोत्साहित किया। लेकिन साथ ही एक विशेष अन्तर भी देख सकते हैं। उनके पिता तो वैष्णव सन्देश और उसकी विशिष्ट कलाविधाओं को यथासम्भव अधिक से अधिक श्रोताओं और अवसरों के दायरे में पहुँचाने के लिए प्रयत्नशील रहते थे, इस प्रक्रिया में आन्तरिक भेद भी अच्छी मात्रा में रहते। श्रीवत्स के नवप्रयोग उन लोगों को आकर्षित करने पर केन्द्रित होते थे जिनका इन परम्पराओं से नया परिचय हुआ हो और, या जो प्राय: नगण्य सरोकार रखते हों। इनमें से ज्यादातर लोग वैष्णव नहीं थे या गौड़ीय वैष्णवों से अलग तरह के वैष्णव थे।

श्रीवत्स के पिता यूँ तो कई बार भारत की सीमाओं को नाप चुके थे किन्तु मात्र दो बार ही उन्हें लाँघकर यूरोप गए थे जब यूनेस्को ने वहाँ रासलीला प्रस्तुतियों का कार्यक्रम किया था। श्रीवत्स ने महान विस्तृत विश्व को अपना घर बना लिया था। अंग्रेजी भाषा में उनकी प्रवीणता के कारण भी यह सम्भव हुआ। श्रीवत्स ने अन्तरधार्मिक सद्भाव के प्रसार के लिए कई बार दुनिया-भर की यात्रा की है, उसके लिए निमंत्रण चाहे सिओल के रेवरेंड संग योंग मून से हो, या असीसी से पोप बेनेडिक्ट का, या कैंटरबरी के आर्कबिशप से, या न्यूयॉर्क से संयुक्त राष्ट्र का। वर्ष 2000 में उन्होंने ऑक्सफोर्ड के संस्कृत विद्वान एवं धर्मों के तुलनात्मक अध्येता जे. एस्टलिन कारपेंटर के सम्मान में हिब्बर्ट ट्रस्ट द्वारा आयोजित समारोह में अन्तरधार्मिक सद्भाव विषय पर शताब्दी व्याख्यान दिया था।

अगर यह सब अन्तहीन विस्तार और उदारीकरण की दिशा की ध्वनि देता है, तो हमें याद रखना चाहिए कि श्रीवत्स ने कभी इन बिलकुल नये स्थानों पर अति प्राचीन से साक्षात्कार भी किया है। 1977-78 में एक साल के लिए जब वे हार्वर्ड में अतिथि विद्वान थे तब उनसे पूछा गया था कि क्या वे व्याख्यानमाला प्रस्तुत करेंगे? वहाँ, घर से हर तरह से पहली बार इतनी दूर होते हुए उन्होंने अत्यन्त पारम्परिक विषय पर बोलने का फैसला किया। यह विषय था स्मृतिशास्त्र 'हरिभक्तिविलास',

जिसे राधारमण मन्दिर के संस्थापक गोपाल भट्ट ने 16वीं सदी के मध्य में तैयार किया था। हार्वर्ड में इसकी व्याख्या करना सचमुच एक नई बात थी, लेकिन यह अत्यन्त पारम्परिक बात भी थी। इसने लोगों का ध्यान ब्रज में उनके सबसे पुराने बौद्धिक पूर्वज गोपाल भट्ट की ओर खींचा, और श्रीवत्स के लिए भी यही बात लागू होती है।[11] इन व्याख्यानों के आठ साल बाद उनके विषयों को श्रीवत्स ने पूर्ण निष्ठा से अपनाया। उन्होंने स्वैच्छिक त्याग (अधिकतर खानपान से सम्बन्धित) और सम्बन्धित आदतों को अपनाया ताकि मन्दिर के गर्भगृह में स्थित राधारमणजी की सेवा करने की सबसे पारम्परिक गोस्वामी भूमिका को वे निभा सकें। ऐसा करते हुए वे 'हरिभक्तिविलास' के विधानों का अनुपालन कर रहे थे ताकि वे देवपूजन से जुड़े अनुष्ठानों के उस सबसे रूढ़िवादी रंगमंच में खुद दीक्षित हो सकें, जिसमें राधारमणीय गोस्वामी लोग सक्रिय हैं।

इतिहास और नया बनता वृन्दावन

श्रीवत्स और उनके पिता की यह कहानी अगर यही सन्देश देती नजर आती है कि 'पुराना वृन्दावन' वास्तव में उतना पुराना नहीं है जितना आप सोचते हैं, तो इसका अर्थ यह है कि हमने स्वयं श्रीवत्स गोस्वामी द्वारा बार-बार दिए गए मुख्य सन्देशों में से एक को काफी बढ़ाकर देखा है। लेकिन, वे स्वीकार करते हैं कि जो नया है वह सचमुच नया है। 1980 के दशक में वृन्दावन के लिए एक मास्टर प्लान बना था, जो मानता था कि विकास होगा, लेकिन यह परिक्रमा मार्ग द्वारा बनाए गए घेरे के बाहर होगा, यह घेरा पवित्र था। इसके अन्दर के क्षेत्र को इसके चारों ओर बने हरित क्षेत्र से सुरक्षित होना था। "हमारे पास वह था," वे कहते हैं, "जो रमण रेती ही था।" लेकिन इसके अलावा साथ में भ्रष्टाचार भी था। श्रीवत्स कहते हैं कि मास्टर प्लान के तहत लगाए गए क्षेत्रीकरण प्रतिबन्धों से बचने के लिए आश्रम और गौशालाएँ बनाने के नाम पर "ये माचिस की डिब्बियाँ खड़ी कर दी गईं। ये बेहद बदसूरत हैं। विरासत क्षेत्र की सारी सुन्दरता फीकी कर दी गई है।" यह बात पुराने वृन्दावन के लिए भी लागू है। "नया और पुराना वृन्दावन, दोनों निर्बाध रूप से एक-दूसरे में प्रवाहित हैं।" और यह तब है जब इसका भौतिक पहलू सचमुच महत्त्व रखता है। आखिर यह वह भूमि है जिस पर राधा और श्रीकृष्ण ने अपने चरण रखे, उसे अपनी दिव्य देह से स्पर्श किया। और नहीं तो केवल इसी वजह से इस संसार का वृन्दावन उस संसार के वृन्दावन के लिए महत्त्व रखता है।[12] और देखिए कि इसने क्या गड़बड़ी फैलाई है! लेकिन, श्रीवत्स मुस्कुराते हुए कहते हैं

कि अगर हमें नये वृन्दावन के कारण हो रहे अदलबदल को पचाने में परेशानी हो रही है, तो हमें याद रखना चाहिए कि "मुख्य दोष बिहारीजी या स्वयं श्रीकृष्ण का है।" आखिर, वे ही अपने लोक को पीछे छोड़कर यहाँ आए।

> अगर श्रीकृष्ण ने वृन्दावन में रहना नहीं चुना होता, तो वृन्दावन में शान्ति रहती! वृन्दावन जैसे विरासत स्थल का विकास अवरुद्ध या सीमित नहीं हो सकता। यह स्वाभाविक प्रक्रिया है।...श्रीकृष्ण के कारण पूरी दुनिया वृन्दावन आ रही है। इसलिए वहाँ बुनियादी सुविधाएँ चाहिए, ठहरने के स्थान, पूजास्थल होने चाहिए। ज्यादा से ज्यादा पंथों के लोग आ रहे हैं, ज्यादा से ज्यादा करिश्माई नेता आ रहे हैं—उन्हें अपने शक्ति केन्द्र चाहिए। यह सब स्वाभाविक और निरन्तर जारी रहनेवाली प्रक्रिया है। लेकिन अगर लोग वृन्दावन की भावना में, जिसे मैं 'वृन्दावन भाव' कहता हूँ, थोड़े भी टिके होते तो वृन्दावन का विस्तार उसकी आनुष्ठानिक परम्परा और आवश्यकताओं, हरीतिमा आदि सभी बातों के अनुरूप होता। अगर यह स्वाभाविक रूप से होता रहता तो यह सब इतना विकृत नहीं होता।

और यह केवल बाहर वालों की करतूत नहीं है। ये खुद वृन्दावन वालों का किया हुआ है। "उन्हें पता नहीं है कि वे क्या कर रहे हैं। इससे वृन्दावन का हित हो रहा है या अहित, यह सवाल उनके मन में उठता तक नहीं है।" इसलिए श्रीवत्स का ध्यान केवल आम जनता में ही नहीं बल्कि अपने यहाँ भी जागरूकता फैलाने पर निरन्तर केन्द्रित रहा। जो भी उनकी बात सुनने को तैयार था उससे वे बात करते। जागरूकता फैलाने का उनका एक तरीका यह है कि वे लोगों को यह समझने में मदद करते हैं कि वे कितने लम्बे और गौरवपूर्ण इतिहास के हिस्से हैं, उस इतिहास के जिसकी रक्षा करना उनका कर्तव्य है। बेशक इसका इतिहास श्रीकृष्ण से शुरू होता है। जैसा कि श्रीवत्स कहते हैं, "श्रीकृष्ण आए, और उन्होंने वृन्दावन को नया बनाया," लेकिन तब से अब के बीच कई चरण आए। श्रीवत्स के मुताबिक, महान पहल चैतन्य महाप्रभु ने की, जिनकी देह में राधा और कृष्ण, दोनों बड़ी सहजता से विद्यमान थे। उन्होंने उस भूमि को अपनाने की इच्छा की जिसे काफी पहले श्रीकृष्ण अपना चुके थे। लेकिन "चैतन्य महाप्रभु का आना, नव-वृन्दावन को बनाना," यह उन्होंने अकेले नहीं किया। उनके शिष्य भी इसमें शामिल थे, और उनके साथ "दूसरे संतों की पूरी विशिष्ट मंडली भी जुड़ी थी", जिनमें हरिदास, हित हरिवंश, हरिराम व्यास, और "कई निम्बार्की साधु भी परिदृश्य पर उभरे, तथा साथ ही कई स्वच्छंद संत भी, जैसे कि आक्रामक सेनाओं द्वारा मार डाले गए सरल संत

आनन्दघन भी थे। उन सबने मिलकर अपने नये वृन्दावन का निर्माण किया।" इसके बाद 18वीं और 19वीं सदी का युग आया जब कई राजा उभरे, खासकर राजस्थान से, जिन्होंने हर जगह अपने निवास के लिए कुंज बनाए। ऐसा एक कुंज इन्दौर के होल्करों ने जयसिंह घेरा के सामने बनवाया था। "महाराजा होल्कर और महाराजा सवाई जयसिंह दोस्त थे, इसलिए उन्होंने अपने-अपने निवास अगल-बगल बनाए।"

श्रीवत्स ने यह जो व्यक्तियों की सूची तैयार की, मैं उसके विस्तार को देखकर चकित रह गया कि उन्होंने विशिष्ट गायक संतों और विशेष-स्थलों पर कितना ध्यान दिया था। वृन्दावन के चप्पे-चप्पे से उनकी यादें जुड़ीं हैं, बल्कि उनकी स्मृतियों का ताना-बाना उनसे ही बुना हुआ है। अगर आपको भी पता चल जाए कि वे कितना कुछ जानते हैं, तो आप वर्तमान क्षण के बारे में चिन्ता क्यों नहीं करेंगे? वे अभी भी बता रहे थे, "इसके बाद 19वीं सदी में बंगाल के सामन्त आए, खासकर राजा नन्दकुमार बसु, और उन्होंने उन सभी इमारतों को फिर से बनवाया जिन्हें औरंगजेब ने ढहा दिया था। उन्होंने गोविन्ददेव, मदन मोहन, गोपीनाथ और राधावल्लभ समेत कई मन्दिरों को बनवाया।" इसके बाद राजस्थानी व्यापारी मारवाड़ी लोग आए, जो 19वीं सदी में अपने मूल स्थान शेखावाटी से निकलकर कई स्थानों में फैल गए और भारत के दूरदराज के कोनों तक में जाकर बस गए। "अब तक आजादी हो चुकी थी और हर कोई वृन्दावन का निर्माण और पुनर्निर्माण कर रहा था। उस नई घड़ी में कौन आया? इस्कॉन। प्रभुपाद ने वृन्दावन की सीमा पर रमण रेती में जब एक मन्दिर बनवाया, तो लोग उन्हें कहने लगे कि 'आपने भला इतनी दूर मन्दिर क्यों बनवाया, वहाँ कौन जाएगा? इतनी दूर है वह!' (श्रीवत्स की आवाज ऊँची हो जाती है मानो वे भी शिकायत कर रहे हों)। लेकिन वह एक और नये वृन्दावन का बीजारोपण था। ये सब नये और भिन्न वृन्दावनों के बीज थे। लोग हर काल में आते जा रहे थे। सो, यह एक सिलसिला था—वृन्दावन इसी तरह खुद को निरन्तर नया जीवन देता रहा, नया बनता रहा।"

और इसके बाद अन्तिम टिप्पणी—"इन सबके पीछे मुझे यही दिखता है कि चैतन्य महाप्रभु ही नहीं बल्कि ये सभी संत वृन्दावन को एक मानव अभयारण्य की तरह बना रहे थे—एक अलग तरह की जगह, एक अलग भाव रखनेवाली जगह, रस साधना की जगह। ऐसी जगह, जहाँ विभिन्न तरह के सौन्दर्यबोधों का विस्फोट हो सके। ये विस्फोट उस विशाल मानव समुदाय के लिए एक विकल्प बन सकते थे, जो राजनीतिक शक्ति से वंचित किया जा चुका है, आर्थिक खुशहाली जिसकी पहुँच से दूर है; जिसमें कुल मानवता की आधी प्रताड़ित आबादी यानी महिलाएँ शामिल हैं। ये मन्दिर और आश्रम और ये सब इन महिलाओं के शरणस्थल बन

गए।" श्रीवत्स ने अपने इस लम्बे चिन्तन का समापन समग्र स्थिति पर दृष्टि डालते हुए किया, "अब जो नया वृन्दावन उभर रहा है वह भी शायद किसी-न-किसी तरह यही कर रहा है।" लेकिन उन्होंने स्वीकार किया कि वे यह नहीं देख पा रहे हैं कि यह कैसे हो रहा है, "यह सब श्रीकृष्ण की ही लीला है, बड़ी जटिल लीला।"[13]

जब मैं श्रीवत्स के उस चिन्तन-प्रवाह पर विचार कर रहा था जिसके तहत वे यह सब कह रहे थे, तब मुझे ऐसा लगा कि दो मान्यताएँ खंडित हो गई हैं। एक यह कि हम जिसे 'नया वृन्दावन' कहते रहे हैं उसे नये सन्दर्भ में रख दिया गया है ताकि वह कई नये वृन्दावनों में अपनी जगह बना सके, और उसे उस प्रस्थान बिन्दु पर पहुँचा दिया जाए जो श्रीकृष्ण पर ही जाकर टिकता है। यह श्रीवत्स का सीधा सन्देश है। लेकिन दूसरी मान्यता यह है कि यह एक ऐसी आन्तरिक गत्यात्मकता है, जिसके बारे में वे स्वयं पूरी तरह अवगत नहीं थे। जो सबसे ताजा 'नया वृन्दावन' की—एक ऐसी जगह की, जो नये वृन्दावनों के ऐतिहासिक परिदृश्य के नक्शे से वास्तव में बाहर है, जिसका चित्र उन्होंने उसके अतीत से ज्यादा उसकी साज-सँभाल के आधार पर रचा था। जो स्पष्ट अभियोग लगाने से शुरू हुआ, वह अन्ततः कुछ और बनकर सामने आया। इन दिनों रमण रेती पर रियल एस्टेट का जो विस्फोट हो रहा है और वह पश्चिम में राधाकुंड और बरसाना तथा गोवर्धन पर्वत तक पूरे ब्रज क्षेत्र को जिस तरह तेजी से लील रहा है उस पर श्रीवत्स के आक्रोश को खारिज नहीं किया जा सकता। लेकिन वे कबूल करते हैं कि वे यह नहीं समझ पाते कि इस विकृति को भी श्रीकृष्ण की लीला का अंग कैसे कहा जा सकता है।

इस लीला को चाहे जो भी नाम दिया जाए, श्रीवत्स को भी इसमें अपनी भूमिका निभानी है। पारम्परिक गोस्वामी शैली में वे एक काम यह कर रहे हैं कि उनका चैतन्य सम्प्रदाय भी वल्लभ सम्प्रदाय की भाँति ही वन-यात्राओं के आयोजन कर रहा है। इन यात्राओं में भक्तजनों तथा दूसरों को भी उन स्थलों तक जाने का मौका मिलता है, जिन्होंने वृन्दावन और आसपास के ब्रज क्षेत्र को पवित्रता प्रदान की है, जिन स्थानों पर किसी संत की या स्वयं राधा और श्रीकृष्ण की उपस्थिति रही है। अध्याय 4 में हमने बताया है कि इनमें से कई स्थानों को नारायण भट्ट ने 16वीं सदी से जोड़ा है और कई स्थानों को चैतन्य महाप्रभु ने इंगित किया है। इसी तरह के विवरण, हालाँकि थोड़े भिन्न, वल्लभ सम्प्रदाय की ओर से भी मिलते हैं। वैसे, श्रीवत्स ने इस प्रथा में एक नया प्रयोग जोड़ा है। उन्होंने न केवल वन-यात्रा का नया ढाँचा तैयार किया है ताकि इसमें शामिल होनेवाले लोग, खासकर बुजुर्ग लोग, हर शाम को जयसिंह घेरा के अतिथिगृह में लौट आएँ और फिर अगली सुबह वहाँ से दूसरे स्थलों को देखने जाएँ। सिर्फ यही नहीं है कि यात्री लोग एसयूवी

के काफिले में घूमते हैं, यह चरित्र-निर्माण की उस कठिन साधना से छुटकारा दिलाता है जिसका डेविड हेबरमन ने अपनी पुस्तक 'जर्नी थ्रु द ट्वेल्व फॉरेस्ट्स' में बड़े यादगार ढंग से विवरण दिया है। यह भी एक पहलू है 'नये वृन्दावन' का, और आप कह सकते हैं कि अन्तर्दृष्टि प्राप्त करने के लिए अब आपको शारीरिक कष्ट देनेवाली तपस्या करने की जरूरत नहीं है। वास्तव में, अब देखा जा सकता है कि ये यात्री आराम करके थकान मिटा लेते हैं इसलिए अगले दिन की यात्रा में हर पड़ाव पर इतिहास और साहित्य की जानकारियों से भरी श्रीवत्स की बातों को ध्यान से सुन-समझ पाने के लिए तैयार हो जाते हैं।

अगर इस तरह की यात्रा वृन्दावन में शुरू होती है तो उम्मीद की जाती है कि वह वहीं खत्म होगी और एक वृत्त पूरा करेगी, जो कि इस पूरी यात्रा की प्रतीकात्मकता का एक महत्त्वपूर्ण हिस्सा होगा। यह एक परिक्रमा होगी, जिसमें न केवल वृन्दावन बल्कि पूरा ब्रज क्षेत्र शामिल होगा, और इस तरह वह पूरे परिक्रमा क्षेत्र को पूजनीय बनाएगी। श्रीवत्स की वन-यात्रा दूसरी यात्राओं की तरह ही होती है लेकिन वे इसका समापन वृन्दावन में ऐसे विशेष स्थान पर करते हैं, जहाँ दूसरी ऐसी कोई तीर्थयात्रा खत्म नहीं होती। यह स्थान एक छोटे-से टीले पर है, जो यमुना नदी से दूर नहीं है और वह टूरिस्ट बसों के अड्डे के पास ही है, जहाँ सारे यात्री उतरते हैं। उस टीले पर एक विशाल मन्दिर बना है जिसका नाम गोविन्ददेव मन्दिर है। कुछ अर्थों में यह हतोत्साहित करनेवाला स्थल है। एक तो यह भारतीय पुरातत्त्व सर्वेक्षण के संरक्षण में है और यहाँ पूजन आदि भी संक्षेप में ही होता है। कुछ ही स्थानीय लोग वहाँ जाते हैं और जैसा श्रीवत्स बताते हैं, वह शहर के बन्दरों का पिकनिक स्थल बन गया है, वे वहाँ के ऊँचे बारजों पर धमाचौकड़ी करते रहते हैं और कभी-कभी नीचे आकर सैलानियों के बीच भी घूमते हैं।

कुल मिलाकर एक भयग्रस्त तथा धमकी-भरा वातावरण बनता है। श्रीवत्स कहते हैं कि यही नहीं, प्रथम गोविन्ददेव मन्दिर के पास ही—जो 16वीं सदी में रूप गोस्वामी के प्रभाव से बना था—मानसिंह निर्मित दूसरा गोविन्ददेव मन्दिर बना। पुराने मन्दिर के पत्थरों को चुराकर उनसे दूसरी इमारत की नींव बनाई गई। ये पत्थर अब राधा-गोविन्द पब्लिक स्कूल की पक्की इमारत के नीचे दबे हैं। वे वहाँ कैसे पहुँचे, इसकी कहानी व्यापक अव्यवस्था को लेकर लोगों की आम धारणा को ही पुष्ट करती है। इसके अतिरिक्त वर्तमान गोविन्ददेव मन्दिर में शिखर भी नहीं है, तो इस तरह का स्थान प्रेरणादायी कैसे हो सकता है?

फिर भी, श्रीवत्स जब कभी केन्द्रीय मगर आज उपेक्षित-से पड़े स्थल पर यात्रियों को लाकर उसके बारे में जो कुछ बताते हैं वह सचमुच प्रेरणादायी है

(चित्र 6.4)। मन्दिर के शिखर को हटाए जाने के बारे में स्थानीय पंडे जो कहानी बताते हैं उसे श्रीवत्स चरणबद्ध ढंग से खंडित करते हैं। फिर भी वे इस प्रचलित इतिहास के साथ सहजता से शुरुआत करते हैं। वे स्वीकार करते हैं कि सारे प्रमाण उपलब्ध तो नहीं हैं मगर उन्हें साफ लगता है कि मुगल बादशाह औरंगजेब (शासन काल 1658-1707) ही मन्दिर के शिखर को तुड़वाने के लिए जिम्मेदार था। यहाँ तक तो ठीक है, क्योंकि वे अपनी घरेलू टीम के साथ खेल रहे हैं। औरंगजेब एक मुसलमान था, जिससे नफरत करना हिन्दुओं को पसन्द है। लेकिन यहाँ एक पेच है। श्रीवत्स के अनुसार, औरंगजेब ने जो किया वह धार्मिक कट्टरता के कारण नहीं किया, न कट्टर मुसलमान होने के कारण हिन्दू विरोधी भावना से किया, बल्कि राजनीतिक कारणों से किया।

17वीं सदी के उत्तरार्द्ध में राजा मानसिंह के उत्तराधिकारी, आमेर और बाद में जयपुर के कछवाहा राजाओं ने बागी मराठा शिवाजी का पक्ष लेकर उन्हें शाही नजर में आने से बचाया, जो औरंगजेब की गिरफ्त से बाहर निकल चुके थे। इन जैसे राजपूत हमदर्दों के बूते शिवाजी बनारस, मथुरा और वृन्दावन में शरण लेते हुए बादशाह को चकमा देकर भाग सके। औरंगजेब ने उन भव्य मन्दिरों को, जिनके कारण उनके शहर विख्यात थे, इसलिए नष्ट किया ताकि राजपूत राजाओं को यह

चित्र 6.4 : वन-यात्रा के अन्तिम दिन गोविन्ददेव मन्दिर के इतिहास के बारे में बताते श्रीवत्स। 10 नवम्बर, 2016।

स्पष्ट कर सके कि शिवाजी जब उसके साम्राज्य को तोड़ने की कोशिश कर रहे हैं तो वह हाथ पर हाथ धरे नहीं बैठा रहेगा। इन ध्वस्त भव्य मन्दिरों में काशी का विश्वनाथ मन्दिर, मथुरा का केशवदेव मन्दिर, और यहाँ वृन्दावन का गोविन्ददेव मन्दिर शामिल है। लेकिन इनमें से आखिरी गोविन्ददेव मन्दिर को उसने आंशिक रूप से छोड़ दिया। मन्दिर का काफी हिस्सा (पुराने गर्भगृह को छोड़कर)—जो आगे के शिखरों के नीचे का है—अभी बचा हुआ है, और उस ओर देखते हुए ही यह सब बताते हैं श्रीवत्स। वे कहते हैं कि इस सोची-समझी उदारता का मकसद यह था कि औरंगजेब कछवाहा राजपूतों की सेवाओं का फायदा उठाते रहना चाहता था। उसके दादा अकबर के समय से ये राजपूत मुगलों की कामयाबी में बड़ी भूमिका निभाते रहे थे। वास्तव में, जैसा कि हम जानते हैं, इस मन्दिर का निर्माण अकबर के सबसे बड़े कछवाहा सेनापति राजा मानसिंह ने करवाया था। इस तरह औरंगजेब ने मिला-जुला सन्देश देने की कोशिश की।

श्रीवत्स श्रोताओं को याद दिलाते हैं कि बाद में जब औरंगजेब को सुदूर दक्कन में अपने राज के सबसे मुश्किल युद्ध का सामना करना पड़ा, तो उसने मराठों से सबसे निर्णायक टक्कर को स्थगित कर दिया और नौ महीने की छुट्‌टी लेकर चित्रकूट चला गया, जहाँ कभी राजा राम ने अपना वनवास बिताया था। वहाँ उसने राम का मन्दिर बनवाया और उसके लिए जमीन और पैसे दान में दिए। कौन मुस्लिम कट्‌टरपंथी ऐसा करेगा? अगर वह राम का उपासक नहीं था, तो उनका अनोखा सरपरस्त जरूर था, और उनका इसलिए सम्मान करता था कि उन्होंने दक्षिण जाकर एक योद्धा के रूप में धर्मयुद्ध किया था। श्रीवत्स जब यह संशोधनवादी इतिहास प्रस्तुत कर रहे थे तब वे दो साहसी व्याख्याओं के द्वारा सबसे घृणित मुगल बादशाह का पुनर्वास भी कर रहे थे। वे तीन बड़े मन्दिरों को नष्ट करने के उसके आक्रमणों को धार्मिक नहीं बल्कि एक राजनीतिक कदम बताते हैं, और यह भी दिखाते हैं कि राम के लिए औरंगजेब के मन में विशेष सम्मान क्यों था।[14]

इसी तरह, श्रीवत्स छाया में बैठे, गोविन्ददेव मन्दिर को निहारते अपने श्रोताओं को इतिहास के कई दूसरे आयामों का पाठ पढ़ाते हैं। वे कहते हैं कि हम जरा शुरुआत की ओर वापस लौटें—मानसिंह ने आखिर यह मन्दिर बनवाया ही क्यों था? क्या यह, जैसा कि पंडे कहते हैं, मुस्लिम शासन के खिलाफ एक महान हिन्दू राजा के प्रतिरोध का प्रदर्शन था? कदाचित। मानसिंह ने इस मन्दिर को इसलिए बनवाया था कि उन्होंने चैतन्यानुयायी गुरु रघुनाथ भट्‌ट के सामने इस स्थान पर जो संकल्प लिया था उसे पूरा करना था। गोविन्ददेव मन्दिर की पहली आवृत्ति से भट्‌ट गहरे जुड़े थे। मानसिंह वहाँ भट्‌ट से आशीर्वाद लेने आए थे कि मुगल

सल्तनत के पश्चिमी मोर्चे पर जो युद्ध मँडरा रहा था उसमें वे विजयी हों। उन्होंने संकल्प लिया था कि अकबर की ओर से गुजरात में लड़ते हुए अगर वे कामयाब हुए तो आभार प्रकट करने के लिए मन्दिर बनवाने जरूर वापस आएँगे। भट्ट ने उन्हें आशीर्वाद अवश्य दिया—'विजयी भव!'। और जब यह महत्त्वपूर्ण जंग जीत ली गई तो मानसिंह मन्दिर बनवाने के लिए वापस लौटे। और जब वे दूरस्थ मेवाड़ की हल्दीघाटी के युद्धक्षेत्र से लौटे तो अकबर से, जो उस समय दिल्ली में था, मिले बिना सीधे यहाँ पहुँचे। ऐसा लगता है कि यह उनकी पहली लड़ाई थी। यहाँ महत्त्वपूर्ण बात यह है, जिसे लोग प्रायः भूल जाते हैं, कि उन्होंने इस युद्ध में राजा राणा प्रताप को हराया, जो एक 'सह' हिन्दू थे।

इस प्रकार, औरंगजेब और मानसिंह, दोनों के बारे में 'पंडा पुराण' गलत है। इस मन्दिर का सम्बन्ध किसी तरह के अड़ियल हिन्दू-मुस्लिम झगड़े से नहीं है, बल्कि इसका ताल्लुक धर्म और राजनीति, तथा हिन्दू और मुसलमान के बीच संवेदनशील संवाद से है। श्रीवत्स आगे कहते हैं कि ठीक से समझा जाए तो वृन्दावन का पूरा इतिहास और कुछ नहीं बल्कि एक 'संवाद' का इतिहास ही है।[15] अध्याय 4 में हमने देखा कि यह दावा कितना विरोधाभासी है कि चन्द्रोदय मन्दिर एक बिलकुल नये वृन्दावन का 'प्रतीक-चिह्न' है। अब हम देखते हैं कि 16वीं सदी के 'गगनचुम्बी मन्दिर' के, जिसके सामने श्रीवत्स और उनके भक्त खड़े थे, इस दावे की भी पुनर्व्याख्या करने की जरूरत है। इतिहास के तटस्थ और गहन अध्ययन से ही यह सम्भव हो सकता है। अगर चन्द्रोदय मन्दिर को वास्तव में इस इतिहास का हिस्सा बनना है तो इसके प्रस्तावकों को ताजमहल को नीचा दिखाने की लफ्फाजियाँ छोड़नी पड़ेंगी। बल्कि दुर्भाग्य से, इसके बदले चन्द्रोदय मन्दिर वृन्दावन को ही नीचा दिखा रहा है।

इस विशाल नये ढाँचे पर श्रीवत्स को वास्तव में इसी वजह से आपत्ति है। यह वृन्दावन का हिस्सा नहीं बन रहा बल्कि इस तरह तैयार किया जा रहा है मानो वह अपने आप में एक अलग दुनिया है। चूँकि इसके निर्माता इसे एक ऐसी संरचना के रूप में देखते हैं जिसमें पूरा वृन्दावन उस स्थल पर सिमट आया हो जिसमें दुष्ट दानवों से सामना, वनयात्रा को एक मानचित्र का स्वरूप देनेवाले ब्रज के बारह वन, यमुना, और स्वर्गिक गोलोक वृन्दावन तक सब कुछ है। इसलिए चन्द्रोदय मन्दिर पुराने वृन्दावन को अप्रासंगिक बना देता है। वह जिस इतिहास का दावा करता है उससे वास्तविक सम्बन्ध जोड़ने में नाकाम रहता है। बल्कि वह उसे निगल लेने की कोशिश करता है। जैसा कि श्रीवत्स कहते हैं, "विरासत में मिला वृन्दावन नये वृन्दावन के लिए अप्रासंगिक हो गया है।"[16] इस तरह वह खुद को 1994 में हुए

सम्मेलन की इस घोषणा से अलग करता है कि "ब्रज : एक सतत्सृष्टि" है। वह इस तथ्य को ओझल करता है कि वृन्दावन चन्द्रोदय मन्दिर भी नये वृन्दावन के निर्माण की शताब्दियों लम्बी गाथा का हिस्सा है; उस गाथा का, जो खुद कृष्ण के जन्म के साथ शुरू हुई और 16वीं-17वीं सदी में जिसने जबरदस्त मोड़ लिया। उस दिशा-परिवर्तन के कुछ पहलू लम्बे समय से स्पष्ट हैं, लेकिन यह सब और भी ज्यादा स्पष्ट तब हुआ जब विद्वत्ता के इतिहास में एक क्रान्तिकारी विकास हुआ। यहाँ भी श्रीवत्स नजर आते हैं।

1970 वाले दशक में दिग्गज बांग्ला इतिहासकार तारापद मुखर्जी लन्दन के स्कूल ऑफ ओरिएंटल ऐंड अफ्रीकन स्टडीज में पढ़ा रहे थे। वहाँ अपने साथी रामदास गुप्ता से उन्हें पता चला कि जीव गोस्वामी के पुस्तकालय को निजी हाथों से वृन्दावन शोध संस्थान को हस्तान्तरित कर दिया गया है, जिसकी स्थापना गुप्ता ने 1968 में की थी और वह अब इस संस्थान में गुप्ता द्वारा संकलित किए जा रहे संग्रह का हिस्सा है। मुखर्जी वृन्दावन आए और इस संस्थान से बंगला पांडुलिपियों के 'कैटलॉगर' के रूप में गहरे जुड़ गए। ज्यादातर लन्दन से काम करते हुए उन्होंने संग्रह के कुछ सबसे महत्त्वपूर्ण दस्तावेजों का धार्मिक से ज्यादा ऐतिहासिक दृष्टि से गहरा अध्ययन किया। हम देख चुके हैं कि आरोपित ज्ञान ने 1990 के दशक में इस्कॉन और सत्यनारायण दास के बीच जीव गोस्वामी के ग्रंथों के धर्मशास्त्रीय पहलू पर विवाद के मामले में क्या वितंडा खड़ा किया था। कहा जाए, तो इतिहास खुद को विशुद्ध इतिहास के मामले में ही दोहराने जा रहा था।

मुखर्जी को जमीन के कई बैनामे मिले, जो जीव गोस्वामी के हाथ में तब आए थे जब वे चैतन्यानुयायियों के बढ़ते अभिलेखागार के अभिरक्षक थे। बाद में जीव गोस्वामी ने यह पुस्तकालय अपने उत्तराधिकारी के नाम वसीयत कर दी, और अन्ततः ये दस्तावेज वृन्दावन शोध संस्थान में पहुँच गए। अधिकांश दस्तावेज तो स्थानीय सम्पत्तियों के हस्तान्तरण से सम्बन्धित थे, लेकिन कुछ मामलों में मुगल सल्तनत का भी हाथ था। परिणामतः यह स्पष्ट दिखता है कि वृन्दावन के गोस्वामीगण राजसत्ता के साथ, जो स्पष्टतः मुस्लिम थी, करीबी से काम कर रहे थे। मुखर्जी को तुरन्त समझ में आ गया कि वे इतिहास को बनते, यानी इतिहास निर्माण को दोहराते जाते देख रहे हैं, और यह बड़े रूप में होने जा रहा है। उन्होंने मुगल इतिहासकारों में निर्विवाद रूप से अग्रगण्य अपने मित्र तथा सहकर्मी इरफान हबीब से सम्पर्क करने का फैसला किया और श्रीवत्स को अपना सन्देशवाहक बनाया। श्रीवत्स इन पांडुलिपियों की फोटोकॉपी मुखर्जी से हासिल करने के लिए लन्दन गए और उन्हें सुरक्षित लेकर दिल्ली लौटे और हवाई अड्डे से सीधे हबीब के यहाँ पहुँचे, बिना रुके।

अस्सी से ऊपर के हो चुके हबीब आज भी सक्रिय हैं और मार्क्सवादी इतिहासकारों से भी ज्यादा मार्क्सवादी हैं। मुगल इतिहास पर उनका काम किसानों पर केन्द्रित रहा है, जो मार्क्सवादी दृष्टि से सर्वहारा हैं और इतिहास के सच्चे तथा उपयुक्त पात्र हैं। लेकिन उनके जीवन और उनकी परेशानियों का खुलासा करनेवाले अभिलेख वे लोग रखते थे जो प्रशासनिक 'खाद्य-शृंखला' में ऊँचाई पर थे। हबीब इस परिदृश्य को दुनिया में किसी और के मुकाबले सबसे अच्छी तरह जानते-समझते थे, और वर्षों से फारसी दस्तावेजों का विस्तार से अध्ययन करते रहे थे। जिस समय श्रीवत्स को उनसे सम्पर्क करने के लिए भेजा गया था उस समय तक उनके काम की व्यापक प्रशंसा होने लगी थी। हालाँकि वे अलीगढ़ मुस्लिम यूनिवर्सिटी में थे और युवा मार्क्सवादी इतिहासकारों के एक समूह को प्रभावित और शिक्षित कर रहे थे, लेकिन इसके साथ ही वे भारतीय इतिहास अनुसंधान परिषद का अध्यक्ष पद भी सँभाल रहे थे, जिसका दफ्तर दिल्ली में था। वहीं श्रीवत्स लन्दन से विशेष पार्सल लेकर पहुँचे।

आश्चर्य नहीं कि वे उस क्षण को बड़े प्यार से याद करते हैं। उन्होंने हबीब को अपने दफ्तर में एक बहुत बड़ी डेस्क के पीछे बैठे देखा, जो उनकी हस्ती के अनुरूप था। श्रीवत्स ने अपने आने का कारण बताया और पैकेट डेस्क पर रख दिया। हबीब ने अपनी दो शिष्ट उँगलियों से उसे श्रीवत्स की ओर खिसकाते हुए कहा, "गोस्वामी जी, धर्म इतिहास का हिस्सा नहीं है।" मार्क्सवादी दृष्टिकोण से, यह था भी नहीं। श्रीवत्स ने चुपचाप पैकेट उठाया और उसे कपड़े के उस थैले में डाल दिया जिसमें लेकर आए थे। उनकी छुट्टी कर दी गई थी, और वे वापस लौटने को ही थे कि उन्हें कुछ सूझा और वे बोले, "मैंने सोचा था कि मुझे किसी इतिहासकर से बात करने के लिए भेजा गया है।" हबीब ने पैकेट को डेस्क पर रखने का इशारा किया। श्रीवत्स पैकेट रखकर बाहर निकल गए। बहरहाल, अगली सुबह उन्हें प्रोफेसर हबीब का फोन आया, "उस पैकेट को खोलने के बाद मैं एक पल भी सो नहीं पाया।"

हबीब ने प्रोफेसर मुखर्जी के द्वारा भेजे गए पैकेट में जो कुछ पढ़ा तथा उस पर जो चिन्तन किया वह गोवा में भारतीय इतिहास कांग्रेस की वार्षिक बैठक में उनके अध्यक्षीय भाषण का विषय बना। मुखर्जी के साथ लिखे उनके दो लेखों ने यह कहानी पूरी की। दुखद था कि जिस लेख को उन्होंने आरम्भ किया था उसका पूर्ण प्रकाशन होने के पहले ही कैंसर के कारण मुखर्जी का निधन हो गया। उदाहरण के लिए, जीव गोस्वामी के दस्तावेजों ने यह स्पष्ट किया कि अकबर ने 1598 में अपने मुख्य सलाहकार अबु फजल को पूरे ब्रज क्षेत्र में मन्दिरों की स्थिति के

बारे में सलाह करने के लिए चैतन्य महाप्रभु के चार अनुयायियों को नियुक्त करने भेजा था। अकबर ने उन्हें उस पूरे समूह के वार्ताकारों के तौर पर मान्यता दी और उन मन्दिरों को भी, जिनका वे प्रतिनिधित्व कर रहे थे। उसने वृन्दावन को एक स्वतंत्र प्रशासनिक इकाई का दर्जा दिया, और उसे कर-मुक्त क्षेत्र घोषित कर दिया। दस्तावेज बताते हैं कि बादशाह खुद वृन्दावन का संरक्षक बन गया, निचले स्तरों पर हुकूमत के साथ और कई तरह के सम्पर्क बने।

इतिहास लेखन में यह महत्त्वपूर्ण खोज, उल्लेखनीय संवाद के इस रिकॉर्ड ने श्रीवत्स के चिन्तन को काफी प्रभावित किया है। अकबर और मानसिंह के समय में गोविन्ददेव मन्दिर में जो कुछ हो रहा था उसका सीधा-सा मतलब भी दिखता है। और जैसा कि श्रीवत्स कहते हैं, यह हिन्दू-मुस्लिम के बीच 'पत्थर में एक संवाद' है। औरंगजेब के दौर में जो कुछ हुआ उस पर उनके विचारों को हम जानते हैं। उस दौर में तनाव और संघर्ष तो बेशक था लेकिन महान मन्दिर का आधा टूटा, आधा साबूत बचा भाग यही दिखाता है कि धर्मों के बीच सामंजस्य को कभी पूरी तरह खारिज नहीं किया गया। इसके बाद भी बहुत कुछ सामने आनेवाला था, ज्यादातर नये वृन्दावन के रूप में। 1707 में औरंगजेब की मौत के ठीक बाद अस्थिरता का नया दौर शुरू हो गया था और श्रीवत्स के एक निजी रहनुमा जयसिंह-2, जिनका नाम हम प्रायः सुनते हैं, एक बालक के रूप में कछवाहा की गद्दी पर आसीन हो चुके थे। कुशल रणनीतिकार और प्रशासक तो वे थे ही, गहरे धर्मपरायण व्यक्ति तथा सच्चे वैष्णव भी थे। प्रौढ़ होने के साथ ही उन्होंने मुगल-कछवाहा मेल को मान्यता दी और कुछ मायने में तो इससे भी आगे गए। अपने राज्य की उनकी जो कल्पना थी और उसकी राजधानी के तौर पर नये शहर जयपुर का जो चुनाव किया गया था उसे इस तरह निर्मित किया गया कि उसका प्रशासन पूरी तरह हिन्दू चरित्र का हो। सभी पंथों को समेटकर जो प्रशासन चल सकता था उसे वे वैदिक शासन के रूप में देखते थे। लेकिन इसके साथ ही जयपुर में दूसरे सम्प्रदायों, खासकर जैनियों और मुसलमानों के निवास के लिए पर्याप्त व्यवस्था की गई।[17] ऐसे जयपुर के प्रति श्रीवत्स स्वाभाविक रूप से आकर्षित हुए, और एक बार फिर उनके पिता ने उनके लिए रास्ता बनाया।

1972 में गोविन्ददेव पुरुषोत्तम गोस्वामी के सपने में आए और उन्हें सम्बोधित किया। हमें याद आता है कि 1669 में गोविन्ददेव को वृन्दावन से बाहर ले जाना पड़ा था ताकि उस दौरान मुगलों के खिलाफ जाटों के विद्रोह में हो रहे विनाश से उन्हें बचाया जा सके। यह भी मराठा शासक शिवाजी की गाथा का एक पहलू है। उस समय कछवाहा राजा रामसिंह ने गोविन्ददेव को वृन्दावन से सुरक्षित

बाहर ले जाने की व्यवस्था की थी, और बाद में उनके पोते जयसिंह-2 ने उनका मन्दिर आमेर के पुश्तैनी महल और उस जयपुर शहर के मध्य कनक घाटी पर बनवाया था। घाटी के बाद के समतल मैदान पर जयपुर बसाना शुरू किया था। बाद में उन्होंने गोविन्ददेव के लिए नया मन्दिर बनवाया, इस नये वृन्दावन जयपुर में। यह उस नये महल के ठीक सामने था जिसे वे अपने लिए बनवा रहे थे। तब से गोविन्ददेव वहीं निवास कर रहे हैं। यह शाही मन्दिर था मगर आम जनता के लिए खुला था।

दुर्भाग्य से इतने वर्षों में यह मन्दिर कुछ विस्मृत-सा हो गया। आम दिनों में बमुश्किल बीस लोग गोविन्ददेव और उनकी संगिनी राधा का दर्शन करने आते। इसलिए गोविन्ददेव ने पुरुषोत्तम को सपने में दर्शन दिया और व्यवस्था को ठीक करने को कहा, या शायद पुरुषोत्तम ने ऐसा समझा। नींद से जागने पर उन्होंने गोविन्ददेव की प्रसन्नता हेतु जयपुर में हर साल सात दिन की भागवत कथा का आयोजन करने का संकल्प लिया। वे मन्दिर को उसका पुराना वैभव लौटाने के प्रयासों में पूरी तरह जुट गए। यही नहीं, महल की चारदीवारी के सामने शहर के बड़े चौराहे पर स्थित विनोदीलाल के मन्दिर के उद्धार में भी वे जुट गए। जैसा कि हमने सुना था, श्रीवत्स के भाई वेणुगोपाल ने वार्षिक भागवत सप्ताह के आयोजन की जिम्मेवारी सँभाल ली। और भी बहुत कुछ था करने के लिए। इसलिए श्रीवत्स भी जुड़ गए, इतने कि 1999 के बाद वे जयपुर में नियमित भागवत सप्ताह का आयोजन करने लगे, जो विनोदीलाल के मन्दिर में नियमित तौर पर आयोजित किया जाता था।

बेशक, वे दूसरी जगहों पर भी जाते हैं। उन्होंने भक्तों की दक्षिण भारत की वार्षिक तीर्थयात्रा के आयोजन भी शुरू किए। जनवरी, 2016 में उन लोगों ने तमिलनाडु से शुरुआत की, एक साल बाद वे कर्नाटक गए। उनका कार्यक्रम महाराष्ट्र और गुजरात की यात्राएँ करने का भी है। इन सबके अनुभवों को लेकर वे वृन्दावन लौटेंगे। इस तरह, वे उस मार्ग की पुनर्यात्रा कर रहे हैं जिस पर भागवत माहात्म्य के अनुसार भक्ति मूर्तिमान होकर स्वयं चल चुकी है। भागवत माहात्म्य भागवत पुराण की प्रशंसा में लिखा गया ग्रंथ है जिसे मूल ग्रंथ की पूर्वपीठिका कहा जाता है। श्रीवत्स सात दिनों की भागवत कथा करने के लिए, जिसके लिए वे विख्यात हो गए हैं, और भी कई जगहों पर जाते हैं, जैसे उत्तर प्रदेश के पीलीभीत। जून, 2014 में उन्होंने कोलकाता में भगवद्गीता पर जो प्रवचन श्रृंखला दी वह इतनी सफल रही कि वे हर महीने वहाँ आकर करीब 60 लोगों के एक समूह के साथ इसका मंथर गति से मंथन कर रहे हैं। वे काफी व्यस्त व्यक्ति हैं।

वृन्दावन में भी वे व्यस्त रहे हैं, और यह इस शहर के अतीत के ताजा दौर में शामिल होने का निमंत्रण है। एक बार फिर हम खुद को फरेबी स्वार्थसिद्धि में, जिसे राजनीति कहा जा सकता है, उलझा हुआ पाते हैं। लेकिन यह 16वीं या 17वीं सदी की नहीं बल्कि 20वीं सदी की राजनीति है। श्रीवत्स मानते हैं कि वृन्दावन के इतिहास के इस दौर में एक असली खलनायक था, वह कोई छोटी-मोटी शक्तियों का खेल नहीं था। उस खलनायक का नाम था इन्दिरा गांधी। वे कहते हैं कि प्रधानमंत्री के रूप में अपने कार्यकालों के दो चरणों में उन्होंने वृन्दावन पर गहरा प्रभाव डाला। पहला चरण कम नृशंस था। अपने पहले चरण (1966-77) के शुरू में इन्दिरा गांधी ने अपनी ताकत बढ़ाने के लिए दिल्ली की अपनी सार्वजनिक सभाओं में अपने लिए ताली बजवाने के लिए गाँवों से लोगों को ढुलवाकर लाने का एक नियम बना लिया था। लोगों को बसों में या ट्रेनों में भरकर लाया जाता था। वे लोग दिल्ली देखने-घूमने का यह मौका छोड़ना नहीं चाहते थे। फिर, उन्हें वृन्दावन घुमा लाने का भी प्रलोभन दिया जाता था। यात्रियों की यह नियमित बाढ़ श्रीवत्स के वयस्क होने तक ब्रज के बाहर से आनेवाले तीर्थयात्रियों की उस मौसमी लहर पर पहला हमला था, जिसकी मेजबानी में वृन्दावन की एक विशेष भूमिका हुआ करती थी। दिल्ली से वृन्दावन का जो जीवन्त रिश्ता है उसे पीछे मुड़कर देखें तो ऐसा लगता है कि नई किस्म के इन यात्रियों का आगमन सालों-भर चलनेवाली 'वीकेंड कल्चर' का आरम्भ था, जो अब शहर पर हावी हो गई है। ये लोग भारी संख्या में थे, और वे कभी भी आ सकते थे।

वृन्दावन के साथ इन्दिरा गांधी के रिश्ते का दूसरा पहलू अप्रत्यक्ष है और ज्यादा अनिष्टकारी है। इसका ताल्लुक मथुरा के पश्चिमी बाहरी इलाके में एनएच-2 पर, जो वृन्दावन के 'नये' भाग से अधिक दूर नहीं था, एक विशाल तेल शोधक कारखाने की स्थापना को उनके उत्साही समर्थन से है। मथुरा में भारी प्रदूषण फैलानेवाला इस तरह का विशाल कारखाना लगाना श्रीवत्स को अर्थहीन लगता है। तेल शोधक कारखाने के लिए कच्चा तेल देश के पश्चिमी छोर पर बॉम्बे हाई या उससे भी दूर समुद्र से पाइप बिछाकर लाना पड़ता। इस तरह के फैसले का कोई आर्थिक औचित्य तो नहीं हो सकता था। शुद्ध रूप से यह एक राजनीतिक फैसला था। इन्दिरा गांधी विकास के नाम पर कुछ ऐसा बड़ा और दर्शनीय करना चाहती थीं, जो देश में सबसे बड़ी आबादी वाले राज्य उत्तर प्रदेश में उन्हें लोकप्रियता और वोट दिला सके, जिनकी उन्हें सख्त जरूरत थी। जाहिर है कि वे कामयाब रहीं।

यह 1980 के दशक के शुरू में कारखाने का निर्माण शुरू होने से पहले की बात है, लेकिन जब वास्तव में कारखाना लग गया तो इससे न केवल भौतिक

बल्कि इससे भी महत्त्वपूर्ण, सांस्कृतिक तथा नैतिक प्रदूषण भी फैला। इस परियोजना को लागू करने के लिए रूस से कारीगर और मजदूर बड़ी संख्या में आए, और उनके साथ आई ढेर सारी शराब। इसी के साथ हाइवे के किनारे देह व्यापार बड़े पैमाने पर शुरू हुआ। यह सब वृन्दावन के लिए जहर साबित हुआ, खासकर छटीकरा रोड के किनारे वृन्दावन के पश्चिमी प्रवेशद्वार पर। श्रीवत्स का मानना है कि कारखाना निर्माण की इस संस्कृति ने समय के साथ शराब के बोलबाले में अहम योगदान दिया, जिसे आज हम नये वृन्दावन में पाते हैं। वे कहते हैं कि आज वृन्दावन में किसी शादी में दूल्हे की बारात में उसकी कार के साथ-साथ प्राय: एक मारुति कार चलती है, जो और कुछ नहीं बल्कि चलता-फिरता 'बार' होता है। और यह तब भी मौजूद होता है जब शादी किसी प्रतिष्ठित गोस्वामी परिवार के लड़के या लड़की की हो रही हो। कारखाने का निर्माण शुरू होने के साथ जो व्यापक नैतिक पतन हुआ उसे देखकर श्रीवत्स ने कई चिन्तित नागरिकों के साथ मिलकर इन्दिरा गांधी से अपील की कि कारखाने को कहीं और ले जाकर लगवाएँ। वे लोग उनसे मिलकर यह अनुरोध करने दिल्ली भी गए। लेकिन कोई असर नहीं हुआ। गहरी साँस भरते हुए श्रीवत्स ने बताया कि यह "उस व्यवस्था का हिस्सा है, जिसे काल कहते हैं।"[18] लेकिन इस बार इसे कृष्ण की लीला का हिस्सा मानना बहुत मुश्किल था।

इन्दिरा गांधी के प्रति श्रीवत्स के कड़वाहट-भरे विरोध को इस तथ्य के मद्देनजर भी आँका जा सकता है कि कई वर्षों से उनका परिवार कांग्रेस से परहेज करता रहा है और उसकी विरोधी भाजपा के प्रति झुकाव रखता रहा है। पूरे वृन्दावन के बारे में भी यही सच है। 1980 में भाजपा के जन्म के समय से ही यह इसका गढ़ रहा है। और इससे पहले यहाँ के लोग इसकी मूल पार्टी भारतीय जनसंघ का समर्थन करते थे। लेकिन श्रीवत्स पर पक्षपात करने का आरोप लगाने से पहले यह याद करना जरूरी है कि वृन्दावन के महापौर के पद से अपने श्वसुर मगन शर्मा के हटने के बाद वे वहाँ के स्थानीय निकाय—जो प्राय: भाजपा के कब्जे में रहा—की विफलता और उसमें व्याप्त भ्रष्टाचार के भी उतने ही कड़े आलोचक रहे हैं। मगन शर्मा जब महापौर थे तब स्थानीय निकाय का प्रशासन जितना मजबूत था, उसे उसी स्थिति में लाने के रास्ते में स्थानीय नेता लोग प्राय: रोड़ा बनते रहे हैं। श्रीवत्स उन दिनों को अच्छी तरह याद करते हैं। वे याद करते हैं कि बीएचयू में पढ़ाई करते हुए पहली बार जब वे लम्बे समय के बाद बनारस से लौटे थे तब "वृन्दावन की गलियाँ पहले से छोटी लगी थीं" तब से जब वे उन्हें छोड़ कर गए थे। अब उनका किशोर भी पीछे छूट गया था। लेकिन इससे भी ज्यादा, इस शहर के लिए उनके

मन में गर्व का भाव पैदा हो गया था, जो बेशक बनारस से तुलना में अलग लगता था। वृन्दावन में प्रशासन अच्छा था इसलिए गलियाँ साफ-सुथरी रहती थीं, मन्दिरों की अच्छी देखभाल और सुरक्षा होती थी, और लोगों को भरोसा था कि वे अपनी समस्याओं के लिए अधिकारियों से मिल सकते थे।

वह सब अब बदल चुका था। 1980 में वृन्दावन के लिए आसन्न खतरे की आशंका और उससे निबटने की नगरपालिका की कोई योजना न देखकर श्रीवत्स ने स्थानीय प्रतिष्ठित पर्यावरण कार्यकर्ता सेवका शरण, जो एक साधु थे, के साथ मिलकर एक दस्तावेज तैयार किया। यह वृन्दावन को बेहतर बनाने का चार्टर था, जिसमें कचरा निकासी की व्यवस्था, हरित क्षेत्र आदि बनाने की बातें दर्ज थीं। इन प्रयासों में मथुरा संग्रहालय के तत्कालीन निदेशक रमेश चन्द्र शर्मा भी शामिल हो गए। उनके संग्रहालय में प्राचीन कृतियों का अच्छा संग्रह था। इन लोगों ने शहर के बीचोबीच सब्जी बाजार में सुबह का कारोबार खत्म होने के बाद जनसभा का आयोजन किया। अपना-अपना भाषण उन लोगों ने बड़ी मेहनत से तैयार किया। उन्हें उम्मीद थी कि शहर के सभी तरह के लोगों को वे अपने साथ जोड़ लेंगे। वे स्थानीय राजनीतिक नेताओं के बीच भी गए ताकि उनका भी समर्थन हासिल कर सकें। इस सबका नतीजा? केवल तीन लोग आए, और ये तीन लोग वे खुद थे। उन्होंने एक-दूसरे को ही अपना भाषण सुनाया। भ्रष्टाचार की नाव को डुबोने की कोशिश तक करने के लिए कोई नहीं तैयार नहीं हुआ, न ही कोई ऐसा करते हुए दिखने के लिए तैयार हुआ।

इसलिए, वृन्दावन के पतन के लिए दोष का सबसे बड़ा हार केवल इन्दिरा गांधी को नहीं पहनाया जा सकता। कारण कई थे और अधिक गहरे भी थे। नई तरह की राजनीति के कारण मारवाड़ी लोग कोलकाता से भागने को मजबूर हुए; और उनमें से कुछ ने वृन्दावन में शरण ली। 1980 के दशक में बसों से तीर्थयात्रा का चलन खूब बढ़ा, जिससे यात्रियों की संख्या में भारी वृद्धि हुई। 1990 के दशक और 2000 के शुरू में प्राकृतिक आपदाओं के कारण हिमालय की ओर यात्रियों का जाना रुक गया, तो इधर यह चलन और बढ़ गया। यानी तीव्र परिवर्तन के कई कारण रहे। लेकिन सबसे बड़ा कारण 1983 में सुजुकी कॉरपोरेशन द्वारा मारुति नाम की छोटी, सस्ती कार का उत्पादन रहा। इसके बाद 1990 के दशक के शुरू में आर्थिक उदारीकरण और अर्थव्यवस्था में नाटकीय उछाल ने जबरदस्त असर डाला। इसके साथ, आम आबादी में दोगुनी वृद्धि हुई। लोग या श्रीवत्स भी इसे वृन्दावन की मुश्किलों का कारण नहीं बताते। लेकिन स्पष्ट है कि यह उतनी ही बुनियादी वजह है जितनी और कोई वजह है। इन सबके प्रभावों को उलट पाना

असम्भव ही साबित हुआ है। उन सबको विकास नामक रोडरोलर ने अपनी लपेट में ले लिया है।

इस सबके लिए श्रीवत्स क्या करते रहे? इतना ही कहा जा सकता है—और हम इसके प्रमाण देख चुके हैं—कि वे हर समय कुछ-न-कुछ करते ही रहे हैं, चाहे एक पर्यावरण कार्यकर्ता के रूप में, या धार्मिक तथा सांस्कृतिक कार्यक्रम प्रस्तोता के रूप में, या प्रार्थना करनेवाले भक्त के रूप में। उन्हें अफसोस है कि कम ही लोगों को यह एहसास है कि पुराने वृन्दावन का विरासत वाला हिस्सा एक जीवनदायी कामधेनु है, जिस पर यह शहर अपनी सेहत के लिए हमेशा निर्भर रहा है। अगर उसका पतन हुआ, तो सेहत भी गई। अगर विरासत ही नहीं रही, तो विरासत पार्कों की फिक्र कौन करेगा?

एक समापन, एक नई शुरुआत

21 फरवरी, 2017 की सुबह एक शान्त दिन की सुबह थी। श्रीवत्स अपने बड़े मकान की, जिसमें पूरा परिवार रहता है, निचली मंजिल पर अपने पिता के कमरे में हमेशा की तरह गए और पाया कि पुरुषोत्तम अब इस दुनिया में नहीं रहे। उनकी बड़ी-बड़ी, श्रद्धेय आँखें अभी भी खुली हुई थीं, शरीर अभी गरम ही था, और उनकी सेवा करनेवाले दो लड़के उनके पास अभी सो रहे थे, उनकी खामोश मृत्यु से बेखबर। श्रीवत्स को पहले तो यही लगा कि वे जीवित हो सकते हैं। पुरुषोत्तम अक्सर शान्त मुद्रा में होते थे। तो क्या यह भी वैसी मुद्रा थी? लेकिन वास्तव में वे नहीं रहे थे। हमेशा के लिए वे नित्य और शाश्वत लीला में जा चुके थे, जो श्रीकृष्ण की अपनी लीला है।

बड़े महाराज जी (यह पदवी श्रीवत्स को भी कई साल पहले दे दी गई) की उम्र 94 साल हो गई थी। उनकी उल्लेखनीय आन्तरिक शक्ति अन्त तक दिखी (चित्र 6.5)। उनकी मृत्यु से करीब एक सप्ताह पहले जाकर पता चला था कि उनकी एक एड़ी में गहरा फोड़ा था। उनकी सेवा करनेवाले और रोज उन्हें स्नान करानेवाले लड़कों ने उस पर पर्याप्त ध्यान नहीं दिया, लेकिन यह गम्भीर बात थी। पुरुषोत्तम को इस फोड़े का पता नहीं चल पाया था क्योंकि कुछ वर्षों से कमर के नीचे का उनका हिस्सा सुन्न हो गया था और वे व्हीलचेयर में सिमट गए, लोग इसे 'सीमित हो जाना' कहते हैं। इस नई वास्तविकता के जवाब में वे रोज गोवर्धन पर्वत की एक-दो परिक्रमा करते थे, कार से ही सही। उनके सेवक उन्हें इसके लिए तैयार करते थे; उनकी व्हीलचेयर को उलटा घुमाकर वे घर के अगले दरवाजे के

चित्र 6.5 : नब्बे से ज्यादा उम्र के पुरुषोत्तम गोस्वामी पारिवारिक दीपोत्सव मनाते हुए। 30 अक्टूबर, 2016। उनके सामने बाईं तरफ बैठी है उनकी पोती विष्णुप्रिया, और दाहिने तरफ हैं श्रीवत्स।

बाहर बने रैम्प से उतारते थे। मुझे लगता कि वे काफी तेजी से उतारते थे, खासकर इसलिए कि रैम्प के बीच में नब्बे डिग्री का मोड़ था। लेकिन पुरुषोत्तम जरा भी परेशान नहीं होते थे, वे कभी किसी चीज से परेशान नहीं होते थे। छोटी-सी कार में उन्हें बैठाने और ठंड के समय उनकी गोद पर शॉल रखने में थोड़ा समय लगता था। उसी दौरान अक्सर मैं टहलते हुए घेरे से बाहर जा रहा होता या अन्दर आ रहा होता। तब रुक कर उनके पैर छूने का यह अच्छा मौका होता था, जैसा कि मैं वर्षों से करता आ रहा था। अपने जीवन के आखिरी वर्षों में वे इस पर बहुत ध्यान नहीं देने लगे थे मगर वे हमेशा मुझे जवाब देते थे, भले ही चुपचाप देते हों। मैं इससे ज्यादा और क्या अपेक्षा रख सकता था? उस समय वे गोवर्धन पर्वत के लिए निकल रहे होते थे। उन दिनों रिलायंस इंडस्ट्रीज के संस्थापक अरबपति उद्योगपति दो भाइयों में छोटे, अनिल अंबानी मुम्बई से हेलिकॉप्टर से आते और गोवर्धन पर्वत की परिक्रमा जॉगिंग करते हुए करते और वापस चले जाते। महाराज जी भी यही अपने तरीके से, उतनी बहादुरी और ज्यादा नियमित रूप से करते थे।

उस अन्तिम सप्ताह उन्हें मथुरा जाना था, डॉक्टरों के पास। वहाँ क्लीनिक में दिल्ली से स्पेशलिस्ट आनेवाले थे इसलिए समय अच्छा था। जख्म के सिवा सब

कुछ ठीक था। उनका ब्लड प्रेशर हमेशा की तरह 120/70 था, जो डॉक्टरों को चकित करता था। वे सोचते, क्या उन्होंने सही नाप लिया? कभी-कभी वे दूसरे यंत्र से नापते थे। हाँ, उनकी सेहत के महत्त्वपूर्ण संकेतक किसी युवक के संकेतकों जैसे ही थे, और वे उस पर गर्व करते थे। बायोप्सी के लिए ब्लड टेस्ट किए जाने थे इसलिए लोग सोचते थे कि यह उनके लिए थकानेवाली यात्रा होगी। घाव की पट्टी को खोलकर साफ किया जाना था और नई पट्टी की जानेवाली थी। इसमें कुछ समय लगा। जब सब लोग घर लौट आए और उनसे आराम करने के लिए कहा गया तो वे बोले, "आराम....?" वे तो गोवर्धन पर्वत जाने को तैयार थे, और यही उन्होंने किया। एक बार तो उन्हें यह कहते हुए सुना गया कि "मैं तो नब्बे का नहीं, उन्नीस का हूँ।" लेकिन जब डॉक्टरों ने उन्हें खून पतला करनेवाली दवाई दी ताकि पैरों में खून का प्रवाह बढ़े और घाव जल्दी भरे, तो यह मुश्किल बात थी क्योंकि उनका दर्द बढ़नेवाला था। एक बार मैंने उन्हें स्वभाव के विपरीत चिल्लाते सुना था।

मंगलवार को जिस दिन उनकी मृत्यु हुई, मैं दिल्ली में था। श्रीवत्स ने एक सन्देश भेजा—'महाराज जी आज सुबह नित्यलीला में पधार गए। दाहसंस्कार बुधवार प्रातः होगा।' मैंने दोपहर में वृन्दावन लौटने की तैयारी की, यह पूछते हुए कि क्या यह करना ठीक होगा? उनका जवाब आया—'नहीं डियर, आप अपना काम कीजिए। आपको उनका आशीर्वाद मिला है। राधे-राधे!' यह सच था। मुझे हमेशा लगता था कि मुझे उनका आशीर्वाद प्राप्त है। 1980 के दशक में किसी समय उन्होंने सबको यह कहकर आश्चर्य में डाल दिया था (बात को हल्के से लें तो) कि वे सोचते थे कि मैं अमेरिका का रांष्ट्रपति बननेवाला हूँ। बेशक हम सब इस पर हँस पड़े थे, लेकिन तभी से पुरुषोत्तम के साथ मेरा एक विशेष लगाव बन गया था। आप शायद इसे अत्यन्त असाधारण ढंग की दीक्षा कह सकते हैं।

दूसरी बात महाराज जी ने कही थी, जिसे मैं नहीं भूल पाऊँगा, वह बात उन्होंने अपने स्वभाव के विपरीत अंग्रेजी में कही थी। मैंने कुछ अफसोस और अपराधबोध के साथ कहा था कि मैं राधारमण मन्दिर में दर्शन के लिए बहुत नहीं आ पाता हूँ। पुरुषोत्तम ने इसे खारिज करते हुए एक कहावत कही थी, जो शायद उन्होंने बहुत पहले सुनी होगी कि 'वर्क इज वर्शिप'। इस क्षमादान के लिए मैं बहुत आभारी था, लेकिन मुझे लगा कि यह एक सीख भी थी। कर्म को पूजा समझना चाहिए। उनकी मृत्यु के दिन मैंने उनकी सीख नहीं मानी, जैसा कि उनके पुत्र की ओर से संकेत किया गया था। मैंने वृन्दावन लौटने के लिए दिल्ली में अपना व्याख्यान रद्द कर दिया।

अगली सुबह नौ बजे कार्यक्रम शुरू हो गया लेकिन माहौल उतने शोक का नहीं था जिसकी आप कल्पना कर रहे होंगे, अगर आप मेरी तरह ईसाई पृष्ठभूमि से

आते होंगे। न ही 'राम नाम सत्य है' के उद्घोष थे, जो मैं कई साल पहले बनारस में रहते हुए अक्सर सुना करता था। बल्कि शिष्ट बंगाली संगीतकार अपने खोल, करतालों से जो धुन निकाल रहे थे और नाच रहे थे, उससे साफ था कि वे अलग तरह से राम का नाम कृष्ण के नाम के साथ ले रहे थे, जैसा कि चैतन्य महाप्रभु ने सिखाया था। वे महामंत्र गा रहे थे—'हरे कृष्ण हरे कृष्ण कृष्ण कृष्ण हरे हरे', जो प्रभु के धाम के समान ही नित्य एवं शाश्वत था, जहाँ पुरुषोत्तम चले गए थे। 12-15 संगीतकारों की मंडली की अगुआई वही कर रहा था, जो संस्थान में रोज महामंत्र का जाप करता है। विदाई की उस घड़ी पर कुछ महिलाएँ भी मौजूद थीं मगर यह कुल मिलाकर पुरुषों का मामला था और परिवार की महिलाएँ दरवाजे से झाँक रही थीं।

श्रीवत्स और उनके भाई और बेटों तथा परिवार के दूसरे पुरुषों ने पुरुषोत्तम के पार्थिव शरीर को घर से निकालकर अर्थी पर रख दिया और शवयात्रा आगे गली बाजार में पहुँची तो दो तरह के कीर्तन सुनाई देने लगे। सबसे आगे वैष्णव मंडली महामंत्र का गायन कर रही थी। अर्थी के साथ चलनेवालों में एक व्यक्ति पुकारता—'राधारमण भट्ट गोपाल', तो प्रत्युत्तर में सब कहते, 'श्री वृन्दावन नित्य विहार'। विहार के कई अर्थ हैं। जैन और बौद्ध लोग संतों-मुनियों, जो सदैव भ्रमणशील रहते हैं, के रहने की जगह को विहार कहते हैं, भले ही वे लम्बे समय तक एक साथ रहे हों। विहार का एक अन्य मूल अर्थ भ्रमण करना भी है लेकिन इसका अर्थ आनन्द, मनोरंजन, खेलना भी है। और इस शहर के सबसे लोकप्रिय ठाकुर बिहारीजी का नाम भी इसी शब्द से बना है।[19] और हम यह न भूलें कि इसका जो बौद्ध अर्थ है वह है विश्राम स्थल। वृन्दावन की गलियों से जाती हुई शवयात्रा में जो मंत्रोच्चार हो रहा था वह इसी की पुष्टि कर रहा था कि पूरा वृन्दावन भी विहार है, कि पुरुषोत्तम गोस्वामी की आत्मा इस वृन्दावन को कभी त्यागेगी नहीं। वह हमेशा इसके साथ रहेगी और वृन्दावन हमेशा उसके साथ रहेगा—नित्यविहार।

शवयात्रा में सबसे आगे संगीतकारों की मंडली थी, उसके बाद पुरुषोत्तम और उनकी अर्थी ले जानेवाले, और फिर हम लोग थे। हमारे हाथों में फूल दिए गए थे जिन्हें हम अर्थी पर फेंकते जा रहे थे। पुरुषोत्तम का एक युवा सेवक भीड़ में से निकलकर कुछ देर मेरे बगल में चलता रहा, लेकिन मेरे विशेष मित्र थे कला संग्राहक नवनीत रमण, जो रात-भर कार चलाकर बनारस से आए थे। अपने घुँघराले बालों और अपनी मिलनसारिता से उन्होंने मुझे आश्वस्त कर दिया था। हम इन्तजार कर रहे थे कि लोग घर से निकलें और अन्तिम यात्रा शुरू हो। हम अपनी मित्र तथा लन्दन की फैशन फोटोग्राफर रॉबिन बीछ के बारे में बात करने लगे, जो बाद

में महाराज जी और जयसिंह घेरा की शिष्या बन गई थीं और पिछले ही वर्षों में जिन्हें कैंसर ने लील लिया था। नवनीत उनके आखिरी दिनों में उनके साथ होने के लिए ऑस्ट्रेलिया चले गए थे। उन्होंने पुरुषोत्तम से अपनी पहली मुलाकात के बारे में भी बात की। राधारमण मन्दिर में पुरुषोत्तम उनके बगल में खड़े थे तभी महामंत्र का कीर्तन शुरू हुआ था। उन्होंने नवनीत के पैरों की तरफ देखा और कहा था, "नाचो!" कहने की जरूरत नहीं थी कि उनका तात्पर्य यह था कि 'तुम जवान हो, तन्दुरुस्त हो, तो नाचो!'

अपने जीवन के आखिरी दशकों में पहुँचे पुरुषोत्तम कभी बूढ़े नहीं दिखे। रूपक की बात करें तो जब शवयात्रा आगे बढ़ी तो हम सब उनके पीछे चलते हुए नाच रहे थे, पवित्र और आनन्द भाव से। मकान बना रहे मजदूर काम बन्द करके हमें देखने लगे, महिलाएँ घरों से बाहर निकल आईं, दुकानदारों ने हाथ जोड़कर प्रणाम किए और एक साधु दूसरे साधु से पूछ बैठा, "कौन हैं ये?" जवाब तुरन्त मिला। यह एक महान आदमी था जो गलियों में अपनी अन्तिम संगीतमय यात्रा पर निकल पड़ा है, जिसके कानों में चैतन्य महाप्रभु के शब्द गूँज रहे थे और आँखों में श्रीकृष्ण हैं, लक्ष्य के रूप में। विलक्षण नृत्य!

श्रीवत्स को कई काम करने थे। अर्थी उठानेवालों में अगुआ के तौर पर वे हमेशा आगे-आगे चल रहे थे, सबकी भाँति नंगे पैर। हम गोकुलानन्द मन्दिर पर रुके, जहाँ पिछली सदियों के महत्त्वपूर्ण गौड़ीयों की समाधियाँ तथा स्मृति-फलक थे। वहीं रॉबिन बीछ के नाम से काली छाल वाला एक तमाल वृक्ष रोपा गया था। और तुलसी का एक पौधा टी.एन. मदन की पत्नी उमा के नाम था। इसके बाद हम ज्ञान गुदड़ी या यमुना पुलिन नामक जगह पर रुके, जो वह स्थान है जहाँ यमुना बाढ़ के दिनों में सबसे ऊँचे स्तर पर पहुँच जाती है। वहाँ अर्थी को जमीन पर रखा गया, श्रीवत्स ने पुरोहित के मंत्रोच्चार के साथ मंत्र पढ़ते हुए एक रस्म पूरी की, जिसमें महाराज जी के हाथों में रखे गए जौ के आटे के पिंड नये पिंडों से बदले गए। इसके पीछे यह मान्यता है कि शव अपनी स्थिति बदल सकता है। शुरू में पुरुषोत्तम के सिर को आगे रखकर चला गया था ताकि वे उत्तर की शुभ दिशा की ओर देख सकें, जिस जीवन को छोड़कर आए हैं उसे देख सकें। अब उनके पैरों को आगे की ओर रखकर दक्षिण की ओर यात्रा की जाएगी और अब वे मृतकों के स्थान की ओर देखेंगे, जिस दिशा पर मृत्यु यानी यम का शासन होता है। श्रीवत्स अब अर्थी के ठीक पीछे चलेंगे, जो जीवित हैं उनके प्रतीकात्मक अगुआ बनकर।

वह एक गम्भीर क्षण था, और अर्थी के साथ चल रहे हम लोगों ने जमीन की धूल मुट्ठी में उठाकर पुरुषोत्तम के पार्थिव शरीर पर डाल दी। फिर हम लम्बी

गलियों से दक्षिण की ओर बढ़ते गए और शहर के बाहर श्मशान घाट के खुले मैदान पर पहुँच गए। गुलाब के कुछ फूल अभी भी शव के ऊपर फेंके जा रहे थे, जो चमकीले पीले कपड़े में लिपटा था। लेकिन सारे फूल अब तक खत्म हो चुके थे। हम नगर को घाटों से पृथक करनेवाले, मृत्यु से जीवन को सुरक्षित करनेवाले कई मेहराबों से होते हुए गुजरे। वे मेहराब एक भव्यता का एहसास करा रहे थे, मानो हम किसी यूनानी मुक्ताकाशी मंच में प्रवेश करनेवाले हों। सामने रेतीले विस्तार के बाद यमुना थी। वह अंग्रेजी के यू अक्षर का आकार बनाती हुई मानो पूरे शहर को लपेटे हुए थी। और दूर जाकर वह मथुरा की दिशा में गायब हो जाती है, केवल मथुरा ही नहीं, इलाहाबाद, बनारस, पटना, बंगाल और फिर अन्त में समुद्र।

नदी के किनारे पर शव को रख दिया गया। उसे ढकने के लिए एक चमकदार नारंगी रंग का कपड़ा चार खम्भों से बाँध दिया गया था। लेकिन शव को पहले रेत पर रखा गया ताकि हम सब प्रणाम कर सकें। फिर से हम लोगों ने चुटकी से धूल उठाई। माटी में मिलती माटी! यह सत्य कौन धर्म नहीं जानता—वह भी जानता है, जो शव को दफन करने की जगह दाहकर्म करता है। पुरुषोत्तम को जहाँ लिटाया गया था उससे कुछ हट कर चिता तैयार की जा रही थी, गाय के गोबर के उपलों और कई तरह की लकड़ियों, तुलसी के सूखे झाड़ों से, जिन्हें पहले ही सूखने के लिए रख दिया गया था। यह सारा इन्तजाम घाट पर काम करवानेवाले विशिष्ट कर्मचारी करवा रहे थे। मैं नहीं जानता कि उनसे कैसे सम्पर्क किया गया और उन्हें क्या कहा गया था लेकिन अच्छी व्यवस्था की जा चुकी थी। चिता बड़ी बनाई गई थी ताकि आग तेज हो। उनमें से एक आदमी के हाथ में बड़ा-सा झाड़ू था जिससे अर्थी के इर्द-गिर्द सफाई की जा रही थी। कुछ और दूरी पर ढलान थी जहाँ पहले हो चुके दाहकर्म से बची सामग्री, घी के डिब्बे, लकड़ियाँ, मिट्टी के बर्तन आदि जमा थे।

मैं इससे पहले किसी श्मशान घाट पर नहीं गया था। वैसे भी बिना वजह कोई वहाँ नहीं जाता। नदी के किनारे और भी शवयात्राएँ आ रही थीं, कुछ दूरी पर एक शव का दाहकर्म हो चुका था। यमुना के किनारे सब कुछ इतना सपाट था। एक मरियल-सी कुतिया इधर-उधर घूम रही थी, उसका स्तन इधर-उधर डोल रहा था, वह चिता की आग को तेज करने के लिए फेंके गए घी की तलाश में थी। पास ही बड़ा शामियाना लगा था जिसके नीचे शोकाकुल लोगों के बैठने के लिए प्लास्टिक की कुर्सियाँ लगी थीं।

मुख्य कर्ता होने के नाते श्रीवत्स का अपना दायरा था। उनके इर्द-गिर्द उनका बड़ा बेटा अभिनव हमेशा की तरह अपने एक मित्र के साथ मौजूद था, छोटा बेटा

सुवर्ण पुरुषोत्तम के सिर के पास चन्दोवे के नीचे बैठा था। श्रीवत्स के लिए मुंडन कराने का समय आया। ब्राह्मणों की तरह सिर पर शिखा को छोड़कर सारे बाल मुँड़वा देने थे। नाई मनोज ठाकुर की अपनी दुकान वृन्दावन के मुख्य बाजार में ताँगा स्टैंड के सामने है। घोड़े और गाड़ी तो नहीं रहे लेकिन उनकी दुकान है। यह हट्टा-कट्टा सुन्दर बालों वाला नौजवान अपना पारिवारिक कारोबार चला रहा है। वह और उसके पूर्वज लम्बे समय से जयसिंह घेरा के पारिवारिक नाई रहे हैं। मुझे याद है, जब मैं अपने बाल बनवाने गया था तो मनोज ने श्रीवत्स के बारे में बताया था कि वे जब बाल बनवाते हैं तो सारे समय अपने सेल फोन से लगे रहते हैं। मैंने सोचा, यह कोई हैरत की बात नहीं है। उनके भक्तों और दूसरे सम्पर्कों का दायरा बड़ा है, उनके फोन के एड्रेस बुक में 7000 नाम दर्ज हैं। वह सूची अगर खो गई तो उनकी और कई दूसरों की भी दुनिया ढह जाएगी, इसलिए वे बार-बार बैकअप करते रहते हैं। लेकिन जब वे मनोज के हाथ में होते हैं तब फोन पर बात नहीं कर रहे होते, बालों की कटाई के बीच यह मुश्किल है इसलिए वे केवल ई-मेल या खबरें देखते हैं और फोन के कैमरे से मनोज के काम पर नजर रखते हैं।

अभी ऐसा कुछ नहीं हो रहा था। यमुना के किनारे आज श्रीवत्स के हाथ में फोन नहीं है, इसलिए वे और उनका नाई आपस में कुछ बातें कर रहे हैं पुराने दोस्तों की तरह, जबकि एक असाधारण घटना घट रही है। घाटों से मनोज का पुराना परिचय भी रहा है, होना भी था। इस तरह के और दूसरे मौकों पर नाई की जरूरत पड़ती ही है। बाद में चिता को आग दी जाएगी, और पार्थिव शरीर अग्नि में समाहित हो जाएगा तब भी वह श्रीवत्स के साथ होगा। और उन्हें आग को शान्त करने के लिए चिता पर गीली रेत डालने में मदद करेगा। हर काम वह पूरी तत्परता से करता है।

मुंडन करा लेने के बाद श्रीवत्स ने स्नान किया। कटे हुए बालों और दूसरी गन्दगी को साफ किया गया। उन्हें ऐसा ही बनना है मानो उनका नया जन्म हुआ हो। इसके लिए यमुना का जल चाहिए, जो पुराने समय में जब स्वच्छ था तब इस्तेमाल किया जाता था। कुशल तैराक होते हुए भी श्रीवत्स नदी में स्नान नहीं करने जा रहे थे। अभिनव के तगड़े शरीर वाला दोस्त गैस के सिलिंडर जितनी बड़ी बोतल में पानी भर कर लाया। मैंने देखा, वह हाँफ रहा था, पता नहीं कितनी दूर से बोतल उठाकर ला रहा था। समय आने पर उसने बोतल की सील तोड़ी, नदी किनारे जाकर नदी का थोड़ा पानी लाकर बोतल के पानी में मिलाकर उसे पवित्र किया, या कहें प्रदूषित किया। लेकिन रस्म के लिहाज से इसे पवित्र करना ही कहा जाता है। यमुना जल पूरी बोतल में फैल जाता है।

चित्र 6.6 : पुरुषोत्तम गोस्वामी की अन्त्येष्टि के लिए स्नान करने के बाद धोती बाँधते श्रीवत्स। उनके आगे हैं मनोज ठाकुर। 22 फरवरी, 2017।

श्रीवत्स सिर्फ अंडरवियर पहनकर नहाते हैं और इसके बाद बेहिसाब लम्बी सफेद धोती कमर में लपेटते हैं (चित्र 6.6)। पता नहीं इस तरह कभी उन्होंने सबके सामने कपड़े कभी बदले होंगे या नहीं। आम तौर पर धोती लपेटने की क्रिया वे सबके सामने आने से पहले पूरी कर चुके हैं, तब वे किसी कमरे में बड़ी शालीनता से चले आते हैं। यह शालीनता इस तरह के वस्त्र से ही आ सकती है। अब वे नेपथ्य में हैं—नेपथ्य, जो सबके सामने खुला है। क्या हम सब पुरुष लोग यह कल्पना कर रहे थे कि ऐसा करते हुए अकेले होने का एहसास कैसा होता है? या शायद हम यह याद कर रहे थे? और, क्या हम यह सोच रहे थे कि पुरुषोत्तम की भूमिका में होना कैसा हो सकता है? मैं सोच रहा था कि सबसे बड़ा बेटा होने के नाते अपने पिता के लिए यह भूमिका निभाना मेरे लिए कितनी विशेष बात होती—कम-से-कम मैं ऐसा सोचता हूँ कि यह होती।

इस बीच, लोग इधर-उधर कर रहे थे। श्रीवत्स घाट की रेत पर जलाई गई छोटी-सी आग के सामने बैठ जाते हैं। वे पुरोहित के मंत्रोच्चार के साथ 'स्वाहा स्वाहा' के उच्चारण के साथ घी और चन्दन की लकड़ी आग में डालते हैं। इस बीच उनके भाई वेणुगोपाल चिता में घी डालते हैं। श्रीवत्स रास्ता बनाते हुए चिता

चित्र 6.7 : मुखाग्नि देने के बाद श्रीवत्स, काले चश्मे में।

तक पहुँचते हैं। पुरुषोत्तम के ऊपर लगाया गया चँदोवा हटा दिया जाता है। सुवर्ण पार्थिव शरीर को उठाकर चिता पर लेटाने के लिए खड़े होते हैं। श्रीवत्स को एक लकड़ी थमाई जाती है जिसके एक सिरे पर आग जलाई गई थी। वे पिता की अन्तिम परिक्रमा करते हैं, उन्हें मुखाग्नि देते हैं और छोटे भाई वेणुगोपाल को भी इसके लिए बुलाते हैं हालाँकि विधान ऐसा नहीं कहता। चिता की आग की लपट तेज होती है। अचानक गर्मी बढ़ती है और हम पीछे हट जाते हैं (चित्र 6.7)। इसे भस्म करते हुए सब कुछ शून्य में बदलने में समय लगेगा लेकिन एक तरह से क्रिया सम्पन्न हो चुकी है। पुरुषोत्तम गोस्वामी सरीखे व्यक्ति भी अन्ततः एक मनुष्य ही हैं। और यह क्रिया इस बात पर मुहर लगाती है कि श्रीवत्स हमेशा के लिए उनके पुत्र रहेंगे।

आग को बीच-बीच में घी और कपूर डालकर तेज रखा जाता है; इसके बाद संगीत शुरू होता है, चिर संगीत। पहले केवल महामंत्र, सप्तम स्वर वाली बांग्ला शैली में। इसमें इस्कॉन के प्रसिद्ध भजन के विपरीत सुर पहले धीमा होता है, फिर अचानक तीव्र हो जाता है। यहाँ महामंत्र मानो आग के लिए धौंकनी का काम करता है। श्रीवत्स पास बैठे हैं। और तब, कीर्तन करनेवाले लोग होली के गीत गाने लगते हैं। फाल्गुन का महीना चल रहा है और इसी महीने की पूर्णिमा को होली होती है।

तब इसका पूरा बिन्दास आनन्द हम पर हावी हो जाएगा। इसकी भी अपनी आग है। गानेवाले आधा गाते हैं, आधा पुकारते हैं—'हो हो हो हो होली है!' इसके बाद सुवर्ण मैत्री भाव के शब्दों को कहने के लिए मेरे पास आते हैं, मैं ऐसा ही कुछ कहने के लिए अभिनव के पास जाता हूँ।

चिता अभी जल रही है। अनुष्ठानिक महत्त्व और निजी मार्मिकता का क्षण तब आता है जब आग शरीर की सबसे मजबूत हड्डी से बने कपाल के सिवा पूरे शरीर को गिरफ्त में ले लेती है। श्रीवत्स को अब लम्बा बाँस उठाकर कपाल को तोड़ना है ताकि भीतर का ताप निकल सके। टूटे कपाल में वे घी और कपूर डालते हैं; उनके पिता की आत्मा दूसरी दिशा से निकल जाती है। श्रीवत्स ने उनकी काया को अन्तिम विदाई दे दी है। अन्तिम यात्रा में आए लोगों को तब तक वहाँ रुके रहना है, इस क्रिया के बाद अब वे लौट सकते हैं।

वास्तव में, परम्परा यह है कि वे जिस क्रिया के लिए आए थे वह पूरी हो चुकी है तो उन्हें तुरन्त लौट जाना चाहिए, न कि किसी और काम के लिए रुके रहना चाहिए। मृत्यु के कर्म में सटीक विधि पर जोर होता है। लेकिन पुरुषोत्तम के प्रति विशेष सम्मान के कारण कई लोग रुक जाते हैं, नदी किनारे खुली धूप में, कुछ लोग शामियाने में। कई लोग चिता की आग के पूरी तरह बुझ जाने का इन्तजार करेंगे। पुरोहित श्रीवत्स से कहते हैं कि वे लोगों से जाने के लिए कह सकते हैं। वे जाते भी हैं और लोगों के साथ बैठक करते हैं, जैसी पहले कभी नहीं की थी। हमारी शाश्वतता का तुच्छ औद्योगिक रूप, प्लास्टिक की कुर्सियों पर बैठे सात-आठ लोगों से घिरे श्रीवत्स मुझे एक-दो लोगों से मिलने का अनुरोध करते हैं (इनमें से कुछ स्थानीय हस्तियाँ हैं)। मैं जानता हूँ कि उनका दिमाग कहीं और है। लेकिन वह यहाँ भी है। यह अतीत की एक लम्बी यात्रा की शुरुआत है।

बाद में

मुझे फिर भागकर दिल्ली जाना पड़ा। मैंने एक व्याख्यान के लिए तो मना कर दिया मगर दूसरे के लिए मना न कर सका। सो, ट्रेन पकड़नी थी। एक दिन बाद जब मैं वृन्दावन लौटा, तो पाया कि बहुत कुछ बदल चुका है। घर में अन्दर दो कदम रखते ही पुरुषोत्तम हर जगह नजर आए, अलग-अलग बड़े आकार के तीन बैनर लगे थे जिन पर महाराज जी के अलग-अलग आकार के चित्र छपे थे। सबमें वे अपने बहिर्मुखी स्वभाव के मुताबिक मुस्कुराते दिख रहे थे। एक बैनर तो इतना लम्बा था कि तीसरी मंजिल की बालकनी से लटकाने पर दूसरी मंजिल के भी नीचे

पहुँच रहा था—पुरुषोत्तम...पुरुषोत्तम...पुरुषोत्तम। पूरा प्रांगण पीले रंग में नहाया था, जिस रंग के वस्त्र वे हमेशा पहनते थे। कभी-कभी उनके वस्त्र भगवा या नारंगी रंग के होते—कृष्ण की पीली धोती की तरह। यही रंग हमेशा होता था, और उन्हीं की तरह श्रीवत्स भी इसी रंग को धारण करते हैं हालाँकि पिता के दाह-संस्कार पर कर्ता के रूप में उन्होंने सफेद धोती पहनी थी, जो अपवाद ही लग रही थी। प्रांगण में सब कुछ सुन्दर लग रहा था, महाराज जी के जीवन के हर चरण के चित्र जिनमें वे पूरी ऊर्जा से भरे दिखते हैं—सब कुछ उस कपड़े से एकदम अलग था जिसे श्मशान घाट पर हवा रोकने के लिए चँदोवे की तरह लगाया गया था। पता चला कि ऑस्ट्रेलिया से रॉबिन बीछ ने अपने गुरु की ये तसवीरें भेजी थीं। वे अपने जीवन के आखिरी महीनों में यह काम कर पाई थीं, एक विदाई सन्देश के तौर पर। लेकिन उन तसवीरों को यहाँ पहुँचने में रहस्यमय ढंग से छह महीने लग गए थे। बहरहाल, वे समय पर पहुँच गई थीं।

आवास में तीन मंजिल ऊँचे परिकोष्ठ (एट्रियम) के भूतल पर महाराज जी के चित्र के साथ एक पूजास्थल बनाया गया था, जो फूलों से सजा था। उनके कमरे से आप उनके मधुर स्वर में भागवत पुराण का पाठ सुन सकते हैं। किसी ने इन्हें बहुत पहले रिकॉर्ड कर लिया था। पूरा परिवार बैठकर उनके बारे में बातें करते हुए उन्हें याद कर रहा था। उनकी मृत्यु की खबर जब आई तब सुवर्ण पुणे में थे। जब उनकी माताजी का यह फोन आया था उस समय वे अपनी पत्नी आस्था के साथ नाश्ता कर रहे थे, और दो साल की बेटी कर्णिका बगल में सो रही थी। जब वह वृन्दावन में घर में होती थी, यद्यपि तब वह अक्सर सोती होती थी तब भी उसके परदादा गोवर्धन पर्वत की परिक्रमा के लिए घर से निकलते हुए उसे नाम लेकर पुकारते थे। कभी-कभी वह उन्हें सुन लेती थी। उसने उनको 'काका' नाम दिया था। इन अक्षरों का और कोई प्रयोग नहीं करती थी। उस दिन पुणे में कर्णिका अपने माता-पिता के बगल में सोते हुए अचानक जागी और बोली—काका!

पहली बार उसने उनकी अनुपस्थिति में यह शब्द बोला था। और थोड़ी देर बाद ही सुवर्ण के पास फोन आया कि उनके दादा अब नहीं रहे, घर आ जाओ।

अन्त्येष्टि के अगले दिन श्रीचैतन्य प्रेम संस्थान के विशाल हॉल में शाम 3 से 4 बजे के बीच उनकी भव्य श्रद्धांजलि सभा की गई। इस उठावनी में देश-भर के अलावा शहर के कई लोग आए। लग रहा था मानो वास्तव में यह पूरे पुराने वृन्दावन का ही सम्मेलन था। यह एक मौन श्रद्धांजलि सभा थी। लोग आकर एक वेदी के सामने बैठ रहे थे, जिस पर 1980 के दशक की उनकी तसवीर रखी थी और उसके ऊपर उतनी ही बड़ी तसवीर राधारमणजी की लगी थी, शाश्वत यौवन, सुन्दरता

और ऊर्जा—नित्यता का प्रतीक। पीछे की पूरी दीवार पर कपड़े पर कढ़ाई की हुई तसवीरें थीं, जो रॉबिन बीछ की थीं। कपड़े पर छपी तसवीरों के फ्रेम लगे थे। उन्हें एट्रियम में लटके बैनर से निकालकर वहाँ लगाया गया था और एक चित्र प्रदर्शनी का रूप दिया गया था। हॉल के एक किनारे रासलीला मंच पर चैतन्य महाप्रभु की छवि रखी गई थी और नीचे तीन-चार संगीतकार बैठे थे, जो हर सुबह और शाम उसी हॉल में महामंत्र का कीर्तन करते हैं। वे शोक के बारहों दिन दिवारात्रि अखंड कीर्तन करते रहे थे। इस सभा में भी उन्होंने महामंत्र का कीर्तन किया, परन्तु धीमे सुर में। लोग हॉल में लगातार आते ही रहे और वह पूरी तरह भर गया। सभा खत्म होने पर श्रीवत्स, उनके भाइयों और पुत्रों ने दरवाजे पर मौन प्रणाम करते हुए खड़े होकर लोगों को विदा किया।

इस सामान्य, शान्तिपूर्ण समय में अपने पिता का इस तरह सादे और शान्तिपूर्ण तरीके से सम्मान करके श्रीवत्स काफी सन्तुष्ट थे। दूसरी रस्में भी होनी थीं। नवें दिन दशगात्र हेतु (यह विधि दसवें दिन होती है परन्तु यदि मंगल, बृहस्पति या शनिवार हो तो पूर्व दिन किया जाता है)। श्रीवत्स को और उनके करीबी रिश्तेदार पुरुषों को फिर से मुंडन आदि करवाना पड़ा। पिंडदान की तीन रस्मों का यह पहला दिन था, जिसमें चावल के आटे के पिंडों के जरिये मृतात्मा को अपने पूर्वजों के बीच स्थान बनाने की यात्रा करने में मदद की जाती है। यह स्थान परिवर्तन खाद्य सामग्री के माध्यम से होता है। बारह दिन के एकान्तवास की रस्म पूरी होने के बाद परिवार 31 ब्राह्मणों को भोज देता है। ये ब्राह्मण उस स्थान पर जमा हुए, जहाँ पुरुषोत्तम की मृत्यु हुई थी, और वे सब समय की अलग-अलग इकाइयों की भूमिका निभाते हैं, जिनसे मिलकर पूरा साल बनता है। इससे परिवार को आगे पूरे साल में की जानेवाली रस्मों के अनुरूप भूमिका निभाने में मदद मिलती है। इस तरह के परिवार के लिए यह बहुत महत्त्वपूर्ण भी है। इसके परिणाम भी तुरन्त मिलते हैं। इसके बाद वे फिर से सामान्य थालियों में मसालेदार खाना खा सकते हैं। वे फिर से आम लोगों में शुमार हो जाते हैं। वे बन्धनमुक्त हो जाते हैं।

पिता से वियोग के इन 13 दिनों को श्रीवत्स जिस तरह निभाते हैं उससे ऐसा लगता है कि यह विपरीत ही है। इन रस्मों की अदृश्य सीमाओं को वे जीवितों के संसार से उन्हें निष्कासित करनेवाले बाड़ों की तरह नहीं लेते बल्कि सुरक्षित क्षेत्र के सीमांकन के रूप में लेते हैं, जहाँ वे पिता के साथ भी हो सकते हैं और जहाँ उन्हें उनसे अलग नहीं होना पड़ता। अपने मुँड़े हुए सिर को ठंड से बचाने के लिए वे एक लाल टोपी पहनते हैं। या क्या शायद यह सम्मान प्रदर्शित करने का तरीका भी है कि उनके सिर पर पिता का हाथ है? उनका सिर मूँड़े जाने के तुरन्त बाद कोई

इसे ले आया था, और तब से वे पूरे शोक काल में इसे पहने रहे। श्रीवत्स असामान्य रूप से चुप और गम्भीर हैं। वे सीधे आपकी आँखों में देखते हैं मगर मानो शून्य में ताक रहे हों, बिना किसी मुस्कान या विशेष लगाव के, जो कि प्राय: वे दिखाते रहे हैं। ऐसा लगता है कि वे शीशे की दीवार के पीछे खड़े हों। उनके सभी खाने बिना मसाले के होते हैं। जरूरी रस्में वे करते हैं, वे अपने सामाजिक व्यक्तित्व की भूमिका निभाते हैं, जो जरूरी है उसकी योजना बनाते हैं, लेकिन उनके भीतर का एक हिस्सा जैसे मर गया है।

एक बार मैं उन्हें कुछ भेंट करने के लिए उनके घर गया, तो सन्ध्या ने मेरा स्वागत किया। मेरी आवाज सुनकर श्रीवत्स अपने पिता के कमरे से बाहर आए, दरवाजा खुला तो पिता की आवाज में रिकॉर्ड किए भागवत पुराण का पाठ सुनाई पड़ा। श्रीवत्स शोक के इस दौर में जितने गम्भीर थे उतने ही गम्भीर दिखे लेकिन थोड़ा फर्क था, उनकी आँखें चमक रही थीं। पता नहीं, वे रो तो नहीं रहे थे। या एक दोस्त को देखकर उनकी आँखों में चमक आई हो। अन्ततः वे अपने एकान्तवास से निकले, और यह अचानक हुआ। होली का मौसम आ रहा था, फसल कटाई और सबसे पवित्र आयोजन शुरू होने की उम्मीद थी। यह साल में उन दो मौकों (एक मौका मॉनसून के दौरान आता है) में एक था जब उनका परिवार एक रासलीला समारोह प्रायोजित करता है, जो आनन्द का बड़ा लोक उत्सव होता है। भक्त वहाँ आते हैं। आश्रम गुलजार हो जाता है। इस बार श्रीवत्स अपने पिता की कमी जरूर महसूस करेंगे, जिन्होंने श्रीचैतन्य प्रेम संस्थान का निर्माण ठीक उस स्थान पर करवाया, जहाँ जयसिंह ने सबसे पहले रासलीला को राधारमणजी जैसे मन्दिर से बाहर निकालकर सार्वजनिक स्थान पर करवाया था। इनमें से हरेक आयोजन के मध्यान्तर में पुरुषोत्तम हमेशा प्रेरणास्पद व्याख्यान देते थे, जब रास का एक चक्र पूरा हो जाता था और उस दिन की लीला शुरू होने को होती थी। वहाँ हर दिन श्रीकृष्ण की किशोरावस्था, और ब्रजकिशोरी के रूप में राधा के जीवन और दोनों के प्रेम-प्रसंगों का मंचन होता था। वे दोनों दिव्य तथा नित्यप्रेम में आबद्ध थे और हैं। वह हम सबका शाश्वत, आद्यरूपी कैशौर्य है। यहाँ मृत्यु का कोई काम नहीं है।

वसन्त का सबसे बड़ा उत्सव होली इस शाश्वत यौवन के बोध को और गहरा करता है। हर चीज खेल और आनन्द है। होली से जुड़ी रासलीला की अन्तिम कड़ी से पहले वाली रात, जिसमें होली ही खेली जाती है, पास के राधारमण मन्दिर में स्वच्छंदता का दृश्य था। इसमें खुद ठाकुर शामिल थे। वे स्वयं इस खेल को देखने के लिए गर्भगृह से निकल आए थे, अपने भक्तों में उत्सव की उस घड़ी की

जीवन्तता के करीब आने के लिए। राधारमण के चाँदी के बड़े से सिंहासन के एक तरफ खड़े गोस्वामियों की युवा पीढ़ी के पुजारी नीचे जमा भीड़ पर बड़े उत्साह से ब्रज की धूल मिश्रित अबीर फेंक रहे थे। दूसरी तरफ खड़े युवा गोस्वामियों की टोली पिचकारियों से सुगंधित रंगों की बौछार कर रहे थे। मन्दिर के पीछे, जहाँ संगीत मंडली बैठी थी, एक व्यक्ति बड़ी-सी डफ बजा रहा था, जो होली पर खास तौर से बजाया जाता है (चित्र 6.8)। यह डफली या खंजीरा है, जिसे हिलाया नहीं बल्कि ड्रम की तरह लय में बजाया जा रहा था। और भीड़ भी तो कलाकार है। गलियों या ज्यादा सुरक्षित स्थानों में भी प्यार भरी तकरारों के बाद रंग से सराबोर कई पुरुष और स्त्रियाँ आईं। एक बार युवाओं का समूह 'हरि बोल' का उद्घोष कर उठता है और हाथों को ऊपर उठाए उछलने-कूदने लगता है। पूरा दृश्य मानो ऊर्जा का सजीव रूप हो। साठ की उम्र पार कर चुका और अभी-अभी अपने सम्मानित पिता की अन्त्येष्टि करके आया व्यक्ति इस तरह के दृश्य में किस तरह समाहित हो सकता है?

लेकिन श्रीवत्स ने सहज गरिमा के साथ यह भूमिका निभाई। जयसिंह घेरा में रासलीला के मंच पर जब वे आए तो हाथ में उनका आइफोन था, जो एक असामान्य बात थी। इसकी मदद से वे उस गीत के संगीत का कोई नोट पढ़ सकते थे। यह कृष्ण के द्वारा राधा के लिए या राधा के द्वारा कृष्ण के लिए गाये गए गीत जैसा लग रहा था—'डफ की हर थाप में आपकी आवाज सुनाई देती है।' लेकिन वास्तव में इसकी रचना उनके पिता के एक भक्त ने की थी और पुरुषोत्तम को ही सम्बोधित थी। श्रीवत्स ने इसे फोन में दर्ज कर लिया था। उन्हें फोन को छोड़ने का समय नहीं मिल पाया था। गीत के पाठ लिए उन्हें इसकी जरूरत भी थी। यह फोन लीला का हिस्सा बन गया, वह अवलम्ब से भी ज्यादा अवलम्ब बन गया। तमाम तरह के फोन से लैस श्रोताओं से, जो सामने पेश होनेवाले जादू को फोन में कैद करने आए थे, श्रीवत्स ने अपने हाथ के फोन को दिखाते हुए अपील की कि वे इस यंत्र से परहेज करें। अगर वे फोटो लेना चाहते हैं तो पीछे चले जाएँ ताकि वर्तमान उन्हें जो विशेष क्षण प्रस्तुत करने जा रहा है उसका पूरा आनन्द उठा सकें, उस क्षण का, जब भगवान स्वयं दर्शन दे सकते हैं। उन्होंने कहा, आप नहीं जानते कि वह क्षण कब अचानक प्रकट हो जाएगा। लेकिन जब भी वह क्षण आएगा तब उसे कैद करने के लिए आप अपनी आँखों को इन बाहरी आँखों से कहीं ज्यादा तैयार रखें। बस अपनी आँखें खोल कर रखिए। बाकी काम लीला कर देगी।

उनका मुख्य सन्देश यह था—हम सबको नित्य लीला में प्रवेश करने का मौका मिलनेवाला है, एक क्षण के लिए उसका अनुभव लेने का मौका। लेकिन

चित्र 6.8 : चित्र में होली के दिन एक गोपी डफ बजाती हुई और दूसरी, कृष्ण की बाँसुरी की धुन पर नृत्य करती हुई। सूरदास की कविता 'माई मेरो मन राचतु हे बिहारीलाल सूँ' के आधार पर मनोहर की कलाकृति, मेवाड़ लगभग 1650। कनोडिया संकलन, पटना, वीकेके 117। फोटो : एशियन आर्ट आर्काइव्स, यूनिवर्सिटी ऑफ मिशिगन : एएएसएए 4326।

जिसे यह मालूम होगा कि श्रीवत्स किस अनुभव से गुजरे हैं, उसने उनकी इस बात की गहराई को महसूस किया होगा कि पाँच साल बाद शायद हम यहाँ नहीं होंगे। आप नहीं जानते कि आपका वक्त कब आ जाएगा। तब ये यंत्र हमारे किस काम आएँगे? इसलिए, तसवीर तो अन्दर की आँखों से कैद की जानी चाहिए, तभी वह चिरस्थायी होगी। वह दृश्य जब उपस्थित होगा तब आप अपना फोन ही खोजते रह जाएँगे तो वह दृश्य तो बापस दिखनेवाला नहीं है। यानी कहने का अर्थ यह था कि जब तक आप उस दृश्य के लिए तैयार होंगे तब तक तो वह समाप्त हो चुका होगा। एक भाव यह है कि जब तक आप उस दृश्य के दोबारा उपस्थित होने में शरीक होंगे तब तक वह निश्चित ही खत्म हो चुका होगा। तो उस क्षण को पकड़िए जिसे आप मिटा नहीं सकते। उस क्षण को पकड़िए जो आपके दिमाग में नहीं, आपके दिल में बस जाए। अपने पूरे जीवन को एक उत्सव बनाइए—आपके चारों तरफ जो कुछ है, जिन्हें आप प्रतीक में तब्दील होते देखनेवाले हैं उनके प्रति खुलापन रखिए। होली का असली मतलब यही है।

श्रीवत्स ने यह कैसे जाना कि यह सन्देश देना है? उनकी प्रेरणा क्या थी? वे आकर सीधे जवाब नहीं देने लगते लेकिन यह परदे के बहुत पीछे नहीं छिपा था। अपनी निजी कहानी कहने की जगह वे राम और कृष्ण के बीच के अन्तर के पुराने आख्यान को उठाते हैं और उन्हें 'उत्तम पुरुष' बताते हैं। राम को मर्यादा पुरुषोत्तम के रूप में सर्वश्रेष्ठ बताया जाता है। इसके विपरीत कृष्ण को लीलापुरुष के रूप में सर्वश्रेष्ठ बताया जाता है, उस रूप को जो दर्शकों के सामने प्रस्तुत किया जानेवाला था। इन दोनों के परिचित सन्दर्भ में श्रीवत्स ने एक और 'उत्तम पुरुष' को जोड़ा, गुरु को, जो मार्ग दिखाता है। और यह बताते हुए वे सम्पूर्ण एवं अन्तिम 'उत्तम पुरुष' की बात करते हैं, जो कि स्वयं ईश्वर हैं और वे उन तीनों में प्रकट हैं जिनका उन्होंने जिक्र किया। इस मनन के केन्द्र में जो शब्द है वह है—पुरुषोत्तम, जो नाम उनके पिता को दिया गया था, उनके अपने निजी नाम के तौर पर—पुरुषों में सर्वोत्तम।

इस सन्दर्भ में श्रीवत्स ने जब उनका नाम लिया तो उनकी आवाज भर्रा गई, अन्दर दबे आँसू वाणी पर हावी होने लगे। उन्होंने अपने को तुरन्त सँभाला, और जिसे नहीं मालूम था वह इसके स्रोत को नहीं समझ पाया। लेकिन जो जानते थे उनके लिए उस दृश्य ने एक नया और गहरा अर्थ ले लिया। बारह दिनों के शोक में पुरुषोत्तम गोस्वामी का चित्र रासलीला हॉल के बीच में रखा गया था, उसे अब एकदम आगे रख दिया गया था, जहाँ इस रासलीला मंडली के स्वामी फतेह कृष्ण बैठे थे उनके बगल में। श्रीवत्स के पिता को लीला के लिए सबसे बढ़िया बॉक्स

सीट दी गई थी—उस लीला के लिए, जो फिर शुरू होनेवाली थी। उस शाश्वत लीला के संकेत, प्रतीक और रंगभूमि हम सबके जीवन से बुने गए हैं। आश्चर्य नहीं कि श्रीवत्स को जब अपनी उस सार्वजनिक पहचान को अपने पिता की जीवन्त, स्नेहिल दृष्टि के साये से वंचित होने के बाद प्रस्तुत करना था तब उनके आन्तरिक आँसू जोर मार रहे थे। लीला जब शुरू हुई और संगीत फिर गूँजा, तब श्रीवत्स ने डफ उठा लिया और बजाने लगे।

7

वृन्दावन : हमारे समय का संकेत

अब तक की हमारी यात्रा

सभी निर्जन क्षेत्र एक जैसे नहीं होते। वृन्दावन का वन उस निर्जन क्षेत्र से बहुत अलग है जिसने अमेरिकी सपने को लम्बे समय तक आकार दिया—पश्चिम से पुकारती निर्जनता, इतनी बड़ी कि 'अग्रणी अन्वेषकों' के समूह वहाँ जाकर उसे जोती जा सकने वाली ईसाई जमीन में बदल दें। आज, अमेरिका के पश्चिमी तट को गले लगा रहे सिएटल, और सिलिकन वैली एक नये सीमान्त को गढ़कर लुप्त हुए सीमान्त की कमी को पूरा कर रहे हैं। यह नई सीमा बेशक आभासी है परन्तु अपने तेवर और मकसद में अभी भी पूरी तरह अमेरिकी है।[1] वृन्दावन की निर्जनता दूसरी तरह की है। यह एक प्राचीन सभ्यता के केन्द्र में स्थित मुक्त आन्तरिक स्थल है। इस लिहाज से आद्यरूपी वृन्दावन एक बाग है, जो सीमांकित और सुरक्षित है लेकिन अभी भी अपने नैसर्गिक आधार के प्रति समर्पित है।

वृन्दावन के कुछ धार्मिक समुदाय निकुंजों, जंगल के झुरमुटों और प्रेमक्रीड़ा के गुप्त स्थलों के प्राकृतिक संयोजन को वृन्दावन के सबसे उपयुक्त, वास्तविक एवं सच्चे प्रतिनिधि स्थलों के रूप में देखते हैं। वे किसी और के गीत नहीं गाएँगे। लेकिन जो वृन्दावन 16वीं सदी में बनना शुरू हुआ था वह महलों के बगीचों के, जो कि फारसी जुड़ाव से उपजे हैं, प्रति मुगलों की मोहब्बत का शुक्रगुजार है।[2] बागडोर बादशाह अकबर के हाथ में थी, मानसिंह कछवाहा मुख्य सेनापति और वास्तुकार था, और वृन्दावन अकबर की दो राजधानियों आगरा और दिल्ली के बीच एक बाग के रूप में उभर आया। यह बादशाह की पसन्दीदा शिकारगाह थी। 16वीं सदी का वृन्दावन बिलकुल नया था (उन उल्लेखनीय अनलंकृत मन्दिरों के

साथ), और इसी के साथ बिलकुल प्राचीन भी था (श्रीकृष्ण के बालपन की यादों के साथ)। उसने निर्जनता के एक प्राचीन विचार का परिरक्षण किया और इसी के साथ नया विचार तैयार किया। वृन्दावन के मामले में नवीन और प्राचीन के बीच हमेशा संवाद चलता रहा।

16वीं सदी में वृन्दावन उसी नदी की बाँहों में घिरा रहा, जो दिल्ली और आगरा, दोनों से होकर गुजरती थी। वास्तव में, वह इस यमुना नदी के, अपनी चुनी हुई देवी के गुण गाता था; इसने उसे उसके दाय को नई तरह से दिया। वह केवल प्राचीन नगरी मथुरा से होकर बहता पानी नहीं था, जो शहर को स्नान स्थल, एक तीर्थ का दर्जा देता था; वह श्रीकृष्ण की लीलाओं के जरिये उस भूमि से संवाद करता था। निर्मित वृन्दावन इस तथ्य का जश्न मनाता था। यह आगरा और दिल्ली से भिन्न किस्म की राजधानी थी। इसने यमुना के किनारे किले नहीं, घाट बनाए थे। तब क्या वह सदानीरा और निरन्तर प्रवहमान थी? ऐसा भी नहीं था, और यह लैंगिक असमानता के बावजूद था। यमुना हर साल मॉनसून और हिमालय पर बर्फ के पिघलने के मुताबिक चढ़ती और उतरती रहती है, फिर भी वह कुछ ऐसा सम्प्रेषित करती रहती है जो निश्चित तथा प्राचीन है—एक जीवन दर्शन, जिसका आकलन वर्षों नहीं बल्कि युगों के आधार पर किया जाता है, युगों पुराने कर्मों के आधार पर किया जाता है। ऐसी ही नदी में श्रीकृष्ण छलाँग लगाते हैं, जब वे कदंब के वृक्ष से कूदते हैं। और जहाँ वे अपनी प्रेमिकाओं के संग क्रीड़ा करते हैं।

अब उसकी सफाई चल रही है, कालातीत नदी का गला दबा दिया गया है। वह अपने लुप्त होने का भय पैदा कर रही है, और इसके साथ इसकी सीमा पर फैला निर्जन बाग भी लुप्त होने के कगार पर है।[3] इस पुस्तक के पिछले अध्यायों में हम इस प्रक्रिया को देख चुके हैं। हमने एक आद्यरूपी घाट के लिए लड़ी जा रही लड़ाई से शुरुआत की, उस स्थान से जहाँ वृन्दावन की निर्जनता बड़े नाटकीय ढंग से नदी को बाँटती है (अध्याय 2)। न केवल सम्पर्क सूत्र के पूरी तरह कट जाने का खतरा पैदा हुआ है, बल्कि नदी पूरे अर्थ में नदी नहीं रह गई है, वह इतनी प्रदूषित हो चुकी है कि उसका जल पीने लायक तो क्या, नदी में प्रवेश तक करने लायक नहीं रह गया है। नदी इतनी प्रदूषित हो चुकी है कि उसके प्राचीन वासी और वाहन कछुओं ने उसमें रहना छोड़ दिया है। इस विच्छेद के बारे में कहा जाता है कि इसे 'सौन्दर्यीकरण' और 'घाटों के विकास' के खाते में डाल दिया गया। कहीं और से आयातित ये कसौटियाँ नदी को आभासी बना दे सकती हैं, और उसमें जो पानी बहा वह केवल यमुना का नहीं हो सकता है, गंगा का भी हो

चित्र 7.1 : यमुना के उस पार का दृश्य। इस पार पंडावाला घाट पर यात्रियों की प्रतीक्षा करती नाव, और नये डाले गए पाइप के ऊपर बने परिक्रमा मार्ग पर गुजरता एक व्यक्ति। 25 जनवरी, 2019।

सकता है।[4] ये नई कसौटियाँ, और वे जिन मिश्र तकनीकों को प्रस्तावित करती हैं वे हमें यह प्रश्न पूछने पर मजबूर करती हैं कि क्या वृन्दावन हमेशा से एक थीम पार्क रहा है, जो मनुष्य की इच्छा की ऐसी चीज रही है जो किसी आदिकालीन भाव से वास्तविक होने का सिर्फ दिखावा करती है। यह एक उचित प्रश्न है; स्वयं धर्म जितना आभासी है, वृन्दावन उससे कम आभासी नहीं हो सकता। और फिर, नदी पार के घाटों से लेकर इसके दूसरे किनारे पसरी चिकनी रेतीली जमीन और दूर तक फैले छोटे-छोटे वृक्षों तक से बनता परिदृश्य है (चित्र 7.1)। अगर यह वास्तविक नहीं है, तो वास्तविक क्या है? अगर यह विशाल पार्किंग क्षेत्र और अधिक सह-शासित परिसरों का जंगल बन जाता है तब वास्तव में क्या बचा रह जाएगा? क्षति अपूरणीय होगी।

अध्याय-3 में इस विषय पर ज्यादा विचार किया गया है। उसमें हमने छटीकरा रोड पर उभरे बिलकुल नये वृन्दावन में प्रवेश किया है। यह इतनी तेजी से और बाहरी मजबूरियों से उभरे तर्क से आकार ले रहा है, जो उस अप्रत्याशितता को भी काफी गौण बना देता है जिसके साथ 16वीं सदी के उत्तरार्द्ध में पुराना वृन्दावन उभर आया था। एक मॉल के—व्यापक अर्थ में मुख्य सड़क पर बने मॉल (जिन्हें 'स्ट्रिप मॉल' कहा जाता है) जिसमें कई आकर्षक 'एंकर स्टोर' जुड़े हैं—कई

तत्त्वों को प्रदर्शित करता नया वृन्दावन उस वृन्दावन से बिलकुल अलग है जिसके बारे में वह कहता है कि वह उसका आधार है। इस नये वृन्दावन ने बाकी 'पुराने वृन्दावन' का निर्माण किया। और मॉल की उपमा के बावजूद इसे शायद ही अछूता कहा जा सकता है। वह दिल्ली और बंगलूरु, दोहा और दुबई के 'स्ट्रिपों' और मॉलों की नकल करता है, भले ही धर्म उनकी थीम हो या न हो, अभी उनका निर्माण हो ही रहा हो या हो चुका हो। यह नया वृन्दावन पूँजीवादी ढोल की थाप पर नाचता है, जिसकी लय किसी देश की सीमा को नहीं मानती। इसकी जायदाद को निवेश के तौर पर खरीदा जाता है—जमीन की कीमत नाटकीय रूप से बढ़ गई है क्योंकि वृन्दावन एक तरह से महानगर दिल्ली की सीमा ही है—और वह 'वीकेंड रिट्रीट', सप्ताहान्त की सैरगाह का काम करता है, जैसी कि अन्तरराष्ट्रीय ब्रांड के दायरे में अपेक्षा की जाती है। और इनमें दाँव लगानेवालों की यही इच्छा होती है कि वे भी ग्लोबल जमात में शामिल हो जाएँ। उनमें केवल अप्रवासी भारतीय ही नहीं हैं, जो प्राय: विदेश में रहते हैं, बल्कि वे भी हैं जो उम्मीद करते हैं कि उनके बच्चे विदेश में जा बसेंगे। वृन्दावन उनके लिए इस बदलती दुनिया में बहती हवा में बहने के लिए एक लंगर जैसा है। इसके अलावा, वे भक्त हैं जो आन्तरिक रूप से अन्तरराष्ट्रीय आध्यात्मिक गुरुओं के अनुयायी हैं, चाहे वे गुरु विदेशी हों या भारतीय मूल के, चाहे वह इस्कॉन हो या उससे इतर कुछ हो। इस्कॉन में जो अंग्रेजी का 'आइ' अक्षर है वह 'इंटरनेशनल' के लिए है।

अध्याय-4 में हमने उस संस्था का अध्ययन किया, जो इस नये वृन्दावन के प्रतिमान जैसा है—वृन्दावन चन्द्रोदय मन्दिर (वीसीएम) का, जो 'मॉल ऑफ वृन्दावन' के एक सिरे के पास बनाया गया है। यह उन कई शक्तियों को संकेन्द्रित करता है जिनकी वजह से यह एक साथ आध्यात्मिक व अर्ध-आध्यात्मिक मॉल अस्तित्व में आया है। यहाँ रियल एस्टेट के विकास का पैमाना काफी बड़ा है। हम 70 मंजिले टावर की बात कर रहे हैं, और हम नये वृन्दावन को अपनी तरह का अलग वृन्दावन बनाने के संकल्प को लगभग पूरे पवित्र रूप में देखते हैं। वीसीएम बाकी वृन्दावन से कई पैमाने पर ऊँचा होगा, और यह बिना किसी परेशानी के अपना ही आभासी संसार स्थापित करता है—थीम पार्क, आन्तरिक 'विरासत' झाँकियाँ।[5] वीसीएम के बंगलूरु-इस्कॉन के डेवलपरों को पता है कि उसके संरक्षकों और दर्शकों में पूरी दुनिया के लोग होंगे। आध्यात्मिक निवेश का यह दिल केवल वृन्दावन की जमीन पर ही नहीं बल्कि गुड़गाँव और बंगलूरु के फील्ड कार्यालयों में भी धड़क रहा है, और एक बिलकुल अलग जमीन पर भी धड़कता है—व्हाट्सएप, फेसबुक, गूगल+, और यूट्यूब पर भी।

कोई कह सकता है कि मन्दिर का निर्माणाधीन आभासत्व उसे—धर्म की दृष्टि से—लचीला और आदर्श, दोनों बनाता है लेकिन सन्देशों, सम्पत्तियों, और साझा मकसद के इस आभासी बादल से वास्तविक मन्दिर जब उभरने लगेगा तब चुनौतियाँ भी निश्चित ही उभरेंगी। अब तक, मानवसेवी संगठन 'अक्षय पात्र' ने कुल मिलाकर वीसीएम को 'वास्तविक' वृन्दावन में समाहित करने की भूमिका ही निभाई है, लेकिन कभी इस भाव से नहीं कि इसका असर वृन्दावन की सीमाओं में सिमटा रहेगा। वहाँ भी जानी-पहचानी चूक होती है—'अक्षय पात्र' वास्तव में बंगलूरु स्थित राष्ट्रीय संगठन है, अगर आर्थिक मुहावरे का उपयोग करें तो यह स्थानीय शाखाओं वाली एक श्रृंखला है। स्थानीय वास्तविकताओं की बात करें, तो यह सोच कर हैरानी होती है कि जब इस स्वप्निल टावर में दाँव लगानेवाले आकर वास्तव में इसमें रहने लगेंगे, या आने-जाने लगेंगे तब क्या होगा। तब धर्म के आदर्शवादी आभासत्त्व द्वारा निर्मित सुरक्षित क्षेत्र बिखरने लग सकता है और अपनी सीवन उधेड़ने लग सकता है। 'वीसीएम' खुद को कब तक समय से आगे—भविष्य के धर्म का बड़ा खूँटा—बताता रहेगा जबकि वहाँ वास्तविक समय में जीनेवाले लोग रहते हैं। कपोल कल्पनाओं को हमेशा चुनौती का सामना करना पड़ता है। लेकिन वृन्दावन में ये एक खास स्वरूप ग्रहण कर लेती हैं। 'वीसीएम' अपनी विशेषता का जो भाव जताता है वह तब निश्चित ही फीका हो सकता है जब महानगर दिल्ली के दूसरे पहलू इस पर हावी होकर इसे सामान्य बना देंगे। एक विशाल नया हवाई अड्डा, जो दुनिया में चौथा सबसे बड़ा हवाई अड्डा होगा, एक दशक के अन्दर बनकर तैयार होनेवाला है। यह केन्द्रीय दिल्ली के मुकाबले वृन्दावन के ज्यादा करीब होगा। पूरे राष्ट्रीय राजधानी क्षेत्र (एनसीआर) में नई निजी तथा सार्वजनिक परिवहन व्यवस्था शुरू होगी। इस क्षेत्र की आबादी और ज्यादा बढ़ेगी और शुद्ध पानी तथा हवा जैसे प्राकृतिक संसाधन और ज्यादा दुर्लभ हो जाएँगे। वीसीएम एक मिसाल होगा, मगर किसकी? क्या उस धर्म की, जो इस सबके प्रकाशस्तम्भ जैसा दिखने की कोशिश कर रहा होगा?

अध्याय-5 में हमने नये वृन्दावन के एक अन्य पहलू पर विचार किया—नहीं, यह स्वच्छता या आबादी या बुनियादी सुविधाओं वाला पहलू नहीं है बल्कि यह वृन्दावन की बहुत पुरानी छवि के प्रति नये कर्णधारों की प्रतिक्रिया के स्वरूप से सम्बन्धित पहलू है। यह छवि वृन्दावन को विधवाओं के आश्रय (या कारागार?) के रूप में प्रस्तुत करती है। हमने देखा कि इस राष्ट्र के जन्म के समय से ही एक-दूसरे की घोर प्रतिद्वंद्वी कांग्रेस और भाजपा के वरिष्ठ नेता वृन्दावन के जीवन के एक पहलू से किस तरह खुद को जुड़ा हुआ पाते रहे हैं, और वह पहलू यह है कि

इसका महिलाओं के लिए क्या अर्थ है। कांग्रेस की सम्मानित नेता मोहिनी गिरि ने गरीब महिलाओं की कलंक मुक्ति का नया मार्ग ढूँढ़ने के लिए 'माँ धाम' आश्रम की स्थापना की। यह पितृसत्ता के अत्याचारों से मुक्ति का एक मॉडल हो सकता है। उनका 'माँ धाम' आश्रम इस अभिशाप से खुल कर लड़ने के लिए तैयार है, और इसके आदर्श तथा व्यवहार अन्तरराष्ट्रीय महिला आन्दोलनों के आदर्श तथा व्यवहार को प्रतिध्वनित करते हैं। इस बीच, राजनीतिक परिदृश्य के विपरीत पक्ष में साध्वी ऋतम्भरा ने 'वात्सल्य ग्राम' का विशाल परिसर विकसित किया है। उनकी संस्था वृन्दावन की विधवाओं के कलंक की तस्दीक अस्पष्ट तौर पर ही करती है। वह पूरी तरह महिलाओं द्वारा चलाए जा रहे नये परिवारों के निर्माण के प्रयास करती है। परिवारों की मुखिया वास्तव में विधवाएँ ही होती हैं लेकिन 'वात्सल्य ग्राम' इसका उल्लेख नहीं करता। उसकी शब्दावली में 'विधवा' शब्द का अस्तित्व है ही नहीं। वहाँ पितृसत्तात्मक हिन्दू धर्म की क्रूरताओं पर कोई भी उँगली नहीं उठाता। दीदी माँ उन्हें खारिज कर देती हैं। एक महिला के संरक्षण में चलनेवाले उनके नये किस्म के परिवारों का मकसद वृन्दावन के उन बच्चों को अपनाना है जिन्हें उनकी युवा माँओं ने त्याग दिया है। इन माँओं में ज्यादातर कुँवारी होती हैं। और परित्यक्त बच्चों में ज्यादातर लड़कियाँ होती हैं।

हम देखते हैं कि शहर के आमने-सामने के हिस्सों में पर्याप्त संख्या में बसे दोनों समुदायों में वृन्दावन को इस तरह ढालने की कोशिश होती है कि वह सचमुच में महिलाओं का आश्रय बन जाए—ऐसी धार्मिक संस्थाएँ बन जाएँ जो उन वास्तविकताओं को प्रकट करती हैं जिनका पुराणों में बहुत पहले दावा किया गया मगर वास्तविक जीवन में जो कभी नजर नहीं आईं। 'माँ धाम' राधा-कृष्ण के प्रेम की कथा की इस तरह व्याख्या करता है कि वह हिन्दू सीमाओं में कैद नहीं है, इसका परिवार मानवता का परिवार है। 'वात्सल्य ग्राम' इसका उलटा है, यह बड़े जतन से तैयार किया गया हिन्दू 'कॉमनवेल्थ' है—अपने शहीदों तथा मुस्लिम विरोधी विशिष्ट इतिहास और एक ऐसे गेस्टहाउस के साथ, जो भक्तों को इस नये, भविष्योन्मुख परिवार का अनुभव कराता है। भारत के महान शहरों से आनेवाले लोग प्राय: यहाँ ठहरते हैं। दीदी माँ के मूल संगठन 'परम शक्ति पीठ' की शाखाएँ वैश्विक हिन्दू प्रवासियों में भी मौजूद हैं। इससे यह मोहिनी गिरि की संस्था 'गिल्ड फॉर सर्विस' के समानान्तर खड़ा हो जाता है, लेकिन ये दोनों अन्तरराष्ट्रीय महिला समुदाय एक-दूसरे से बहुत अलग हैं। 'माँ धाम' और 'वात्सल्य ग्राम', दोनों में स्कूल चलते हैं और लड़कियों की शिक्षा को प्रमुखता दी जाती है, लेकिन दोनों के लक्ष्य दो दिशाओं में हैं। एक में शिक्षा का लक्ष्य स्वावलम्बन है, तो दूसरे में लक्ष्य

राष्ट्र है। लेकिन तमाम विरोधाभासों के बावजूद दोनों संस्थाएँ एक ऐसी सामान्य स्थिति का एहसास कराना चाहती हैं, जो भजन आश्रम में होनेवाली गतिविधियों से होनेवाले एहसास से बेहतर हो, जिनमें भजन गानेवाली महिलाओं को गोपियों की छवि से बाँध दिया गया है।

अन्त में, अध्याय-6 में मेरे पुराने मित्र श्रीवत्स गोस्वामी हैं, जो इस अध्याय के विषय भी हैं और जिन्होंने नये और पुराने वृन्दावन, दोनों से खुद को जोड़ा है। उनके मुताबिक, नये वृन्दावन के बारे में जो दावे किए जाते हैं उनमें से काफी कुछ की जड़ें गहरी हैं, जो उनके अपने विस्तृत राधारमण परिवार के इतिहास में भी फैली हैं, जिस परिवार ने उनके पिता द्वारा किए गए आविष्कारों को मजबूती दी। लेकिन श्रीवत्स दूसरों से ज्यादा अपनी पीढ़ी द्वारा की गई अति से डरे हुए हैं, वे एक आश्रयस्थल के तौर पर वृन्दावन की पहचान पर किए गए मारक हमले से डरे हुए हैं। क्या वृन्दावन की नई और रचनात्मक आभासिकताएँ उन्हें और उनके साथियों को इतना सक्षम बना सकती हैं कि वे वृन्दावन से जुड़ी उन सच्चाइयों की रक्षा कर सकें जो एक समय वास्तविक और स्वाभाविक थीं—और जो नदीतट पर उसके जीवन के तौर-तरीकों, उसके सुन्दर मन्दिरों और महलों को प्रेरित करनेवाली दृष्टि, और रासलीलाओं को गति प्रदान करनेवाली संस्कृति तथा भदेसपन के उल्लेखनीय मेल के रूप में प्रकट होती थीं? यह सब अभी सामने आना बाकी है। श्रीवत्स के अनुयायी और साथी उन्हें हमारे समय के असाधारण रूप से संवेदनशील अगुआ के रूप में देखते हैं, जो तेज बदलाव की शक्तियों को समझते-बूझते हैं लेकिन उनके असर या दबाव में नहीं आते। उनके विरोधी उन्हें बुरी तरह अप्रासंगिक हो चुके अतीत के कष्टदायी झंडाबरदार के रूप में देखते हैं। क्या उनको यह नहीं दिखता कि नये वृन्दावन से उन्हें भी लाभ मिलेगा? इस पर श्रीवत्स का जवाब होता है—क्या उन्हें यह नहीं दिखता कि आगे संरक्षण के बुनियादी काम नहीं किए गए तो कोई वृन्दावन ही नहीं बचा रहेगा जिसे नया बनाया जा सके? वे पूछते हैं कि अगर धर्म इतना आभासी है कि उसे एक थीम पार्क में समेटा जा सकता है, तो किसी को भौतिक रूप में वृन्दावन की क्या जरूरत पड़ेगी?

मेरा खयाल है, यह प्रोटेस्टेंट का प्रश्न है। अगर आभासी का अर्थ इसमें निहित है कि उसके बारे में हमारी समझ क्या है—इसकी सांसारिक अभिव्यक्ति की बजाय मार्गदर्शक सिद्धान्त के बारे में हमारा बोध क्या है, तो हम अपने शरीर के बारे में क्या समझें? इस अनावश्यक ऊपरी आवरण का हमें क्या करना है? लेकिन वृन्दावन का दिशादर्शक मिथक इस बात पर जोर देता है कि शारीरिक आकर्षण सत्य की खोज के लिए निर्णायक है। प्रेम को हम भौतिक रूप में जैसा जानते हैं, वह बहुत कुछ

का प्रवेशद्वार है। हमारे भौतिक अस्तित्वों के भीतर एक सिद्धान्त समाहित है, जो उन्हें रूपान्तरित कर देता है। यह तथ्य उस बात का उदाहरण है जिसे धर्मशास्त्रीय परम्परा में अचिन्त्य भेद-अभेद कहा जाता है, जिसके उत्तराधिकारी हैं श्रीवत्स। यह सिद्धान्त एक विशिष्ट, और लगभग परेशान करनेवाले तरीके से इस बात की पुष्टि करता है कि वास्तविक और आभासी, दोनों को एक-दूसरे की जरूरत पड़ती है। इस तरह से सोचने का अर्थ है इस बात को स्वीकार करना कि आभासी वास्तविकता सत्य नहीं है, चाहे धर्म ने उसे इस तरह से दिखाने की कितनी भी कोशिश क्यों न की हो; और इसी तरह, वास्तविकता नंगी आँखों से नहीं दिखती। सत्य को जानने के लिए एक तरह के लगाव का भाव चाहिए, आभासी और वास्तविक के बीच के सम्बन्ध का भाव। सत्य का ज्ञान विनम्र बनाता है, हमारा अपना शरीर ही सबसे पहले यह सबक सिखाता है। यह मूलतः नई, बुनियादी रूप से पुरानी तरह का द्वंद्वात्मक भौतिकवाद है।[6]

क्या इस तरह का सोच उस संसार से हमारी रक्षा कर सकता है जिसमें हम रहते हैं, जो संसार हमारा ही बनाया हुआ है? जैसा कि आज का वृन्दावन हमें स्पष्ट रूप से दिखा रहा है, हम उसी डाल को काट रहे हैं जिस पर हम बैठे हैं, वह डाल भौतिकता की भी है, और शायद धर्म की भी है। बेशक यह नया वृन्दावन है—बहुत साहसी, बहुत कल्पनाशील, बहुत आशावादी। और ऐसा लगता है, उतना ही बहुत दुराग्रही रूप से नादान भी।

वृन्दावन में भक्ति का पुनः उभार

एक आश्चर्यजनक, सर्वविदित कहानी है जो वृन्दावन के मिथक को इतिहास से जोड़ती है, उसकी आन्तरिक आभासिकता का सौदा वास्तविकता के महिमामंडन से करती है। यह भारतीय इतिहास में भक्ति के प्रादुर्भाव और विकास की भी कथा है। इस कथा में भक्ति को स्त्री रूप में चित्रित किया गया है। बताया जाता है कि उसका जन्म द्रविड़ क्षेत्र में हुआ, और अरब सागर तट के सीमा क्षेत्र से होते हुए गुजरात में वह जीर्ण तथा कमजोर हुई। उत्तर की ओर बढ़ते हुए वह विकसित और शक्तिशाली हुई। लेकिन यह केवल अगले कदम की तैयारी थी। यह और भी उत्तर की ओर बढ़ते हुए वृन्दावन पहुँची, जहाँ इसका यौवन और सौन्दर्य निखरा। भागवत माहात्म्य में कही गई यह कथा सबसे पहले 18वीं सदी के प्रारम्भिक दशकों की पांडुलिपियों से प्रकट होती है। और यह तथ्य सन्देह से परे लगता है कि ये पांडुलिपियाँ जिस वृन्दावन की बात करती हैं वह न केवल वह स्थान है जहाँ

श्रीकृष्ण का शाश्वत, मिथकीय बालपन बीता बल्कि वह वृन्दावन भी है जिसे मुगलों के दौर में यमुना के किनारे बड़ी खूबसूरती से बनाया गया। यह वृन्दावन श्रीकृष्ण के बालपन के सौन्दर्य को सहेजने के एक प्रयास का प्रतिफल था। भागवत माहात्म्य में यह भक्ति के इतिहास के एक चरण के रूप में, उसके पुनर्जीवन के चरण के रूप में दर्ज है।[7]

माहात्म्य के अनुसार, भक्ति की यात्रा का अन्तिम गन्तव्य वास्तव में वृन्दावन नहीं बल्कि हरिद्वार था, जहाँ भागवत पुराण का एक सप्ताह का कार्यक्रम उसकी सन्तानों—वैराग्य और ज्ञान—को नया जीवन प्रदान करता है। पूर्णता के क्षण का अनुभव लेने के लिए वह वृन्दावन से आगे यात्रा जारी रखती है। लेकिन अधिकतर लोग कथा के पुनर्वाचन में आख्यान के इस पहलू को भूल जाते हैं। यह ऐसा ही है मानो इस कथा का समापन वृन्दावन कथा के रूप में हो गया हो, इसलिए लोग बाकी को भूल जाते हैं। यह कोई मूर्खतापूर्ण भूल नहीं है, क्योंकि अगर हम उसकी सन्तानों के मामले को अलग कर देते हैं, तो यह हरिद्वार नहीं बल्कि वृन्दावन है जो भक्ति की यात्रा का सबसे महत्त्वपूर्ण समागम स्थल है। ऐसा लगता है कि यहाँ भक्ति आन्दोलन का लक्ष्य पूरा हो जाता है, और यह वृन्दावन ही है जहाँ भागवत सप्ताह सबसे ज्यादा संख्या में मनाया जाता है। इसका एक उदाहरण हमने दीदी माँ से सुना, और शहर-भर में लगे पोस्टर कई दूसरे उदाहरणों की ढोल पीटते हैं।

फिर भी, इसी वृन्दावन के लिए, भक्ति के पुनर्जीवन की भावना के प्रतीक के लिए बुढ़ापे और बीमारी के शिकार होने के कगार पर पहुँचने का खतरा पैदा हो गया है। भागवत माहात्म्य में नारद मुनि भक्ति को एक अति मनोरम नदी के किनारे विश्राम करते देखते हैं, लेकिन आज क्या दृश्य है? चारों ओर प्लास्टिक की थैलियाँ, कचरा, बन्दर, लाउडस्पीकर, गरीब विधवाएँ! शायद आप इसे अलग नजर से देखते हैं। इन हताशाजनक दृश्यों से आँखें फेरकर आप भक्ति के दक्षिण से उत्तर की ओर बढ़ते प्रभाव की सबसे नई अभिव्यक्ति, वृन्दावन चन्द्रोदय मन्दिर के लिए इस्कॉन-बंगलूरु की कल्पना पर ध्यान केन्द्रित कर देते हैं। लेकिन बंगलूरु के गुरुओं को भी पता है कि वे उनकी नजर को बहुत कुछ की ओर से फेर रहे हैं। कभी वे पुराने वृन्दावन की बदहाली को ठीक करने के लिए कुछ कोशिशें करते हैं, जिनमें 'अक्षय पात्र' उल्लेखनीय है, लेकिन वीसीएम का मुख्य मकसद जीर्णप्राय पुराने शहर पर हावी होना है। भक्ति आन्दोलन की पराकाष्ठा अधिक विस्तृत वृन्दावन के रूप में हो इसके लिए क्या किया जा सकता था? सम्पूर्ण वृन्दावन को एक ऐसे स्थान के रूप में कैसे बनाया जा सकता है, जहाँ भक्ति फिर से अपना यौवन और सौन्दर्य हासिल कर सके?

प्रभुपाद से एक विशेष गगनचुम्बी भवन हासिल करने का दावा करनेवाले इस्कॉन-बंगलूरु ने कामकाज का मॉडल अन्तरराष्ट्रीय रियल एस्टेट संघ और यूनिवर्सल स्टूडिओज जैसों से हासिल किया। इस तसवीर से बहुत कुछ छूट गया है—पूरा पुराना वृन्दावन, सिवा उसके जो नये गोलोक वृन्दावन की 70वीं मंजिल पर लगाई गई दूरबीन से नजर आता है। हम जमीन पर कैसे लौट सकते हैं? यहाँ वृन्दावन को पुनर्जीवन देने के लिए कौन-सा मॉडल कारगर होगा?

जैसा हम लोगों ने देखा, लोग वर्षों से इन्तजार कर रहे हैं कि मथुरा वृन्दावन विकास प्राधिकरण (एमवीडीए) की तरफ से कुछ होगा। उत्तर प्रदेश सरकार के इस महकमे को इसकी जिम्मेदारी सौंपी गई। साल-दर-साल बीतते गए लेकिन कोई मास्टर प्लान किसी भी रूप में प्रस्तुत नहीं किया गया। लोगों को सन्देह है कि इसकी वजह यह है कि अगर इसे प्रस्तुत किया गया होता, तो लोग हिसाब लगाकर देखने लगते कि प्लान के मुताबिक जमीन पर कितना काम हो रहा है। कुछ लोगों का तो यह मानना है कि यह शायद ही कभी होगा। कई राजनीतिक दलों के नेता केवल इस बात पर सहमत दिखते हैं कि उन्हें पारदर्शिता से नफरत है। लोगों को इस सबसे आँखें फेरने की आदत पड़ गई है, बशर्ते उनकी जेब में इससे कुछ पैसे आ जाएँ। मेरे जैसे लोग इस भ्रष्टाचार से उपजी कुछ चीजों का इस्तेमाल करके इससे अलग तरह के पापों के भागीदार बनने के दोषी हैं। जहाँ तक मेरी बात है, मैं शहर के मुख्य बाजार से होकर नया वृन्दावन पहुँचने में लगनेवाले समय से कम समय में वहाँ पहुँचने के लिए किसी ई-रिक्शा में सवार हो जाता हूँ, जो शहर के बीच से न जाकर उस ऊबड़-खाबड़ रास्ते से जाता है, जो हाल के वर्षों में यमुना के किनारे जमीन भरने के लिए डाली गई मिट्टी के ऊपर बन गया है। यह वो नया परिक्रमा मार्ग है, जिसकी हम बहुत चर्चा करते रहे हैं और जो पुराने, धूल-भरे नरम पैदल मार्ग की जगह उभर रहा है। क्या मैं यह चाहता हूँ कि यह नया मार्ग गायब हो जाए?

एमवीडीए की निष्क्रियता के कारण या सार्वजनिक रूप से उपलब्ध प्लान के अभाव के कारण बुनियादी सुविधाओं में सुधार के दूसरे प्रयास समय-समय पर उभरते रहते हैं। ऐसा ही एक प्रयास 2011 में किया गया था, जब 'सेव द यमुना' अभियान इलाहाबाद से महान मार्च के रूप में शुरू हुआ और वृन्दावन होते हुए केन्द्रीय सत्ता के केन्द्र दिल्ली पहुँचा। जैसा कि हमने अध्याय 2 में देखा, दुर्भाग्य से इस अभियान का कोई दीर्घकालिक असर नहीं दिखा। इससे पिछले साल दिल्ली की सरकार ने प्लास्टिक की थैलियों को यमुना में इकट्ठा होने से रोकने के लिए उन पर पूर्ण प्रतिबन्ध लगाया था। इस नये कानून को लागू करने में 'कोई कोताही नहीं' की जानी थी ताकि इसका वृन्दावन पर अच्छा असर दिखे। लेकिन नतीजे क्या मिले? शून्य![8]

फिर भी, दूसरे पक्षों की ओर से प्रयास किए गए। जल्दी ही यह सम्भावना उभरी कि विश्वबैंक गरीबों की खातिर पर्यटन विकास की अपनी परियोजनाओं के जरिये वृन्दावन के पुनर्निर्माण के प्रयासों के लिए अनुदान दे सकता है। इस परियोजना का समन्वय उत्तर प्रदेश सरकार ने किया। अनुदान 20 करोड़ डॉलर के बराबर हो सकता था। इस कोश से क्या कुछ सम्भव हो सकता है इस बारे में कल्पना करने के गम्भीर प्रयास किए गए। शहरी, ग्रामीण एवं सामाजिक विकास के मामलों से जुड़े विश्वबैंक के कार्यदल के प्रतिनिधियों ने अनुदान की अन्तिम सिफारिश पर फैसला करने के लिए वृन्दावन और मथुरा में स्थानों का 1-3 अप्रैल, 2015 के बीच सर्वे किया।[9] इसका नेतृत्व मीराबाई के भक्ति गीत गानेवाली कुशल गायिका प्रिया चोपड़ा ने किया, जो राधारमणजी मन्दिर में देवता के लिए और वहाँ उपस्थित भक्तों के लिए भजन गा चुकी थीं, और वृन्दावन के मीराबाई मन्दिर में भी गहरी दिलचस्पी रखती थीं। चोपड़ा और उनकी टीम ने न केवल इन दो मन्दिरों के कर्ताधर्ताओं और श्रीवत्स गोस्वामी से, बल्कि बाँके बिहारी मन्दिर के मुख्य पुजारी और इसके नियामक मंडल के सदस्यों से भी बात की। उन्होंने स्थानीय पंडों के संगठन 'पंडा सभा' के प्रमुख और कई और लोगों से भी बात की। उनका मकसद विकास की विस्तृत योजना के बारे में उनके विचार जानना और स्थानीय नेताओं के विचारों की तुलना उन विचारों से करनी थी, जो दुनिया-भर में विश्वबैंक के अनुभवों से हासिल हुए हैं। एक विस्तृत योजना वास्तव में उभरी जिसमें सभी मसलों का व्यवस्थित समाधान भी सुझाया गया—तीर्थयात्री किस तरह वहाँ पहुँचते हैं, वृन्दावन में दुकानों का मेला कैसे लगता है, यात्रियों के ठहरने की व्यवस्था की कमी, वृन्दावन में खाद्य सामग्री तैयार करने की व्यवस्था में सफाई की कमी, कूड़ा-कचरा, सार्वजनिक शौचालयों की भारी कमी, नदी तट का घटना-बढ़ना, और ऊपर से बन्दरों का आतंक भी। इस योजना का पहला लक्ष्य बाँके बिहारी मन्दिर के इर्द-गिर्द भारी भीड़भाड़ की समस्या का निबटारा करना था; इसके साथ ही वाहनों के आवागमन को बेहतर बनाने की सामान्य सिफारिशें आईं। और अन्त में एक महत्त्वपूर्ण खंड भ्रष्टाचार के ऊपर भी था।[10]

कुछ समय के लिए उम्मीद तो जागी, लेकिन यह पहल जल्दी ही राजनीति का शिकार हो गई। उस समय राज्य की सत्ता समाजवादी पार्टी के अखिलेश यादव के हाथ में थी, वे इस पर आगे बढ़ना चाहते थे लेकिन केन्द्र की भाजपा सरकार ने उन्हें इसका मौका नहीं दिया। उन्हें मंजूरी नहीं दी।

मई 2017 के चुनाव के बाद से अब तो स्थानीय, प्रादेशिक और राष्ट्रीय तीनों स्तरों पर भाजपा की सरकार है। लेकिन राजनीतिक सत्ता के इस नये समीकरण

से वृन्दावन को सिवाय इसके दूसरा कोई ज्यादा फायदा नहीं हुआ है कि यमुना का पूरी नदी के तौर पर उपयोग करने की जगह उसकी ऊर्जा के उपयोग के लिए नहरें बनाई गई हैं। सरकार के उच्चतम स्तर, केन्द्र सरकार के स्तर पर कई मास्टर प्लान बनने और खारिज होने के सिवा कुछ नहीं हुआ दिखता है, और पैसे जो खर्च हुए उनका कोई असर नहीं दिखा है कि वे कहाँ गए।[11] इसका एक उदाहरण है 'हृदय' (हेरिटेज सिटी डेवलपमेंट ऐंड ऑग्मेंटेशन योजना) नामक कार्यक्रम, जिसका उद्घाटन आवास एवं शहरी विकास मंत्रालय ने जनवरी, 2015 में किया था। इसके तहत लाभ पानेवाले शहरों में एक मथुरा का भी नाम है। माना गया कि मथुरा के लिए केन्द्र सरकार द्वारा निर्धारित कोश में से वृन्दावन को भी लाभ मिलेगा। तीन साल बाद मथुरा के जिलाधीश को जब लगा कि कुछ हुआ नहीं तो ब्रज फाउंडेशन से, जिसने वृन्दावन के लिए कार्ययोजना बनाई थी, कारण पूछा।[12] उसने पक्के परिक्रमा मार्ग के किनारे-किनारे नये फुटपाथ बनाने के लिए और इस मार्ग के बाँके बिहारी मन्दिर के पीछे के भाग में उभर आए पार्किंग स्थल को पक्का बनाने के लिए पैसे देने का प्रस्ताव किया था। हम देख चुके हैं कि इस तरह की योजना कितनी आपत्तिजनक थी, क्योंकि यह रेतीली जमीन पर और मदन मोहन मन्दिर के बगल में बननेवाली थी, जो कि भारतीय पुरातत्त्व सर्वेक्षण की सुरक्षा में है।

इस तरह, कहानी जारी है, और यह मानना होगा कि अतीत में ब्रज फाउंडेशन ने जो परियोजनाएँ शुरू की थीं वे इन्फ्रास्ट्रक्चर से जुड़ी बुनियादी समस्याओं का समाधान करने में विफल रहीं। वास्तव में, ब्रज फाउंडेशन ने वृन्दावन और ब्रज क्षेत्र में कुओं और जलस्रोतों के महत्त्व की ओर ध्यान खींचा है। उसने ठीक ही कहा कि पिछली सदियों में ये इस शहर के पारिस्थितिकीय लैंडस्केप के मुख्य तत्त्व थे, और उसने इस बात की ओर ध्यान आकृष्ट किया है कि इन वर्षों में इनकी कितनी उपेक्षा हुई है। लेकिन इसकी कुछ वजह यह है कि भूजल का स्तर इतना नीचे चला गया है कि उससे पीने और नहाने का पानी उपलब्ध नहीं हो सकता। उन्हें फिर से हासिल करना बेशक एक अच्छा प्रयास होगा और इसे बाकी चीजों से ज्यादा एक सुरुचिपूर्ण जीत माना जाएगा। वास्तव में, यह जीत ब्रज फाउंडेशन की अब तक की मुख्य उपलब्धि, ब्रह्मकुंड को पुनर्जीवित करने की है, जो 2009 में हासिल की गई। इसमें काफी सफाई की गई, जो कि एक प्रशंसनीय काम हुआ। इसके साथ सौन्दर्यीकरण भी हुआ। यही नहीं, इसके साथ एक नाटकीय तत्त्व भी जुड़ा, रात को ध्वनि एवं प्रकाश का शो भी शुरू किया गया।[13]

बाह्य मनोरंजन और मूल निष्क्रियता के इस सक्रिय इतिहास में एक प्रकट संसाधन की अनदेखी की गई है, हालाँकि इसका उपयोग भारत में दूसरी जगह

किया गया है। यह संसाधन है यूनेस्को का विश्व विरासत कोश, जो सम्मान और सहायता का स्रोत है, और जिसके लिए वृन्दावन में स्थापत्य और मंचीय कलाओं की विरासतों के संरक्षण के वास्ते सुनियोजित योजना के हिस्से के तौर पर बुनियादी चीजों पर ध्यान देने की जरूरत पड़ेगी। साफ है कि वृन्दावन में यूनेस्को के कोशों और इनके साथ जुड़ी विशिष्ट विशेषज्ञता का लाभ उठाने की सम्भावना है लेकिन स्थानीय नेता इस चुनौती के लिए तैयार होने में अब तक विफल ही रहे हैं। अगर वृन्दावन विश्व विरासत स्थल (डब्ल्यूएचएस) बन गया तो यह ताजमहल, बोधगया, विजयनगर, और अब तक इस श्रेणी में शामिल हुए 34 अन्य भारतीय स्थलों की कतार में जुड़ जाएगा। वृन्दावन इनमें से किसी के समान तो नहीं है लेकिन इसमें कोई सन्देह नहीं है कि इसके मन्दिरों, महलों, और घाटों का विशिष्ट स्थापत्य और वे सब मिलकर वृन्दावन को जो स्वरूप प्रदान करते हैं उसके कारण वह यूनेस्को की मान्यता पाने का सर्वश्रेष्ठ पात्र बन जाता है। यह दावा आसानी से किया जा सकता है कि ये चीजें दिशानिर्देशों के मुताबिक 'असाधारण सार्वभौमिक मूल्य' की हैं। शहर आनेवाले तीर्थयात्रियों की बाढ़ आज के सन्दर्भ में उनके महत्त्व को रेखांकित करती है। इतिहास की दृष्टि से भी दावा मजबूत बनता है—वृन्दावन उल्लेखनीय हिन्दू-मुस्लिम मेल से उभरा है, जैसा कि हम पहले ही जोर देकर कह चुके हैं, हालाँकि वृन्दावन का मुगल-मुस्लिम तत्त्व इसके कई निवासियों और गाइडों की चेतना में धुँधला पड़ चुका है। वृन्दावन के आयाम विरासत के इन सभी तीनों तरह के रूपों—मूर्त, नैसर्गिक और अमूर्त—को छूते हैं जिन्होंने यूनेस्को के विकसित होते सोच को आकार प्रदान किया। इनमें तीसरा रूप परम्परा और इसके वर्तमान वाहकों से सम्बन्ध रखता है। वृन्दावन बड़ी खूबसूरती से यह प्रदर्शित करता है कि ये तीनों रूप कभी-कभी कितनी गहराई से एक-दूसरे से जुड़ सकते हैं।[14]

इसके अलावा, जरूरत का भी तकाजा है। कम-से-कम पुराना वृन्दावन तो उन बुराइयों का शिकार होने की जद में है जिनकी कल्पना यूनेस्को के इन दिशानिर्देशों में की गई है—'शहर या पर्यटन के तीव्र विकास की बड़ी सार्वजनिक या निजी परियोजनाएँ; जमीन के उपयोग या स्वामित्व के स्वरूप में बदलावों के कारण हुआ विनाश; जल स्तर, बाढ़ और समुद्री लहरों में परिवर्तन।'[15] वृन्दावन को इन सभी और अन्य विपत्तियों से खतरा है। शहर के कुछ मन्दिर—मदन मोहन मन्दिर, युगल किशोर मन्दिर, और गोविन्ददेव मन्दिर—भारतीय पुरातत्त्व सर्वे के संरक्षण में जा चुके हैं, लेकिन इन्हें किसी व्यापक योजना में शामिल नहीं किया गया है। इसकी जगह ये कुल मिलाकर शहर के धार्मिक और पर्यटन जीवन के हाशिये पर चले गए हैं, उन्हें न तो ऐसे आकर्षण के रूप में देखा जाता है जो इसे महत्त्वपूर्ण बनाते हों,

और न इन्हें इस शहर को स्वरूप प्रदान करनेवाले मील के पत्थर के रूप में देखा जाता है। मदन मोहन मन्दिर और गोविन्ददेव मन्दिर वृन्दावन की ऐतिहासिक बस्ती की परिधि पर है, एक नदी की ऊपरी धारा पर है, तो दूसरा नीचे की धारा पर है। और केशी घाट के पीछे युगल किशोर मन्दिर ठीक बीच में है। फिर भी, वृन्दावन के संरक्षकों ने इस क्षेत्र, इसके घाटों, नदी तट और इसके ऊपर पूर्ण निर्मित परिसर की सुरक्षा की सार्वजनिक रूप से जाहिर समन्वित योजना को लागू नहीं किया। ऐसा लगता है कि इसके विपरीत स्थानीय भू-माफिया ने इसकी राह में अड़ंगा लगाने में कोई कसर नहीं छोड़ी है। यूनेस्को से समर्थन मिलने—और पूरे भारत तथा दुनिया-भर से आनेवाले तीर्थयात्रियों की संख्या बढ़ने और इस वृद्धि के लिए बुनियादी सुविधाओं की व्यवस्था—से क्या इस गतिरोध को तोड़ने में मदद मिलेगी?

यह पहले तो कारगर नहीं हुआ। 2009 के अन्त में यूनेस्को के दक्षिण एशिया निदेशक ने वृन्दावन का दौरा किया और विभिन्न समुदायों के लोगों से उनके विचार जानने के लिए उनसे बातचीत की। इसके पीछे वजह बनी मायावती सरकार की 'ब्रिज टु नोव्हेयर'। उस समय साझा अपील के लिए लोगों से दस्तखत करवाए गए। यूनेस्को के निदेशक ने इसके जवाब में कहा, "भारत के धार्मिक-सांस्कृतिक नक्शे में वृन्दावन का वास्तव में बहुत महत्त्वपूर्ण स्थान है। अपने शासनादेश और सम्भावनाओं के मद्देनजर ब्रजमंडल और वृन्दावन के संरक्षण व विरासत-आधारित विकास में मदद करके हमें खुशी होगी।" आगे के कदम स्पष्ट किए गए, लेकिन यूनेस्को को शामिल करने का अधिकृत अनुरोध नगरपालिका, प्रदेश और केन्द्र सरकारों द्वारा किया जाना चाहिए था, जो कभी नहीं किया गया।[16] मेरा खयाल है, यह प्रयास फिर से किया जाना चाहिए।

बेशक इससे सभी समस्याओं का समाधान नहीं हो सकता। इस तरह की परियोजना में एक तरह की सफाई, खँडहर या मलबे की सफाई शामिल है—विश्वबैंक की योजना के कई प्रयासों के तहत यह हासिल करने का लक्ष्य रखा गया। लेकिन मलबे की तरह खँडहर के भी कई अर्थ हो सकते हैं, और खँडहर भी किसके नजरिये से? कुछ चिन्तित नागरिकों ने तुरन्त कबूल किया कि इसमें प्लास्टिक की थैलियों और सीवेज को भी शामिल किया जाना चाहिए। वैसे, आम लोगों को इस सबसे कोई मतलब नहीं है। और उन मकानों और दुकानों का क्या होगा, जो पिछले करीब 25 वर्षों में परिक्रमा मार्ग पर उग आए हैं—उन ढाँचों का, जो जल संसाधन विभाग की जमीन पर खड़े हो गए हैं?[17] ये वही 'अतिक्रमण' हैं जिनका मैंने ऊपर जिक्र किया है, जो योजनाकारों की नजर में 'अतिक्रमण' हैं लेकिन उनमें रहनेवालों के लिए घर हैं और आजीविका के साधन भी हैं। दूसरे

विश्व विरासत स्थलों पर रह रहे गरीब लोगों को वहाँ से विस्थापित करना एक बड़ा मसला बन गया है, और यह वृन्दावन में भी बन सकता है।[18] उन्हें अलग जगह पर बसाने के लिए मकान बनाने होंगे। और उस मार्ग का क्या होगा, उसके सौन्दर्यीकरण का क्या होगा जिसके तहत मौजूदा सड़क को कई गुना चौड़ा किया जाना है? जैसा कि लोग कहते हैं, "पक्का घाट बनेगा।" यह रचनात्मक लगता है, इसका उलटा नहीं।

ये सभी चीजें बहुत विवादास्पद हैं, और फिर भावना का सवाल भी है, जिसे अमेरिकी लोग स्वतंत्रता और निजी उपक्रम के सवाल के रूप में देखेंगे। वृन्दावन की गलियों के जीवन की जो जीवन्तता है उसे कोई भी छीनना नहीं चाहता। उसी के लिए तो कई लोग वहाँ आते हैं, और उसमें अपना योगदान भी देते हैं। जुगाड़ की उस उल्लेखनीय भावना को कोई और ज्यादा शुद्ध, पुरानी और बेहतर के नाम पर खत्म नहीं करना चाहता। फिर भी, इस ग्रामीण मेले के एहसास को, पुराने वृन्दावन के सदाबहार जीवन के विधान को आखिर अपना मैदान तो मिलना ही चाहिए। बिहारीजी मन्दिर के लिए मोटर से आनेवाले भक्तों के लिए पार्किंग स्थल हों या गायों के तबेले, मन्दिर, पक्के परिक्रमा मार्ग के किनारे कतार में उग आई चाय की दुकानें हों या नदी से काफी हट कर बने पुराने सुन्दर घाट—ये सब वृन्दावन की भावना के जरूरी हिस्से नहीं हैं। उन्हें, और जैसे-तैसे बनाई गई उस सड़क को, जिसके किनारे वे बने हैं, साफ करने के लिए साहस और मजबूत इरादों की जरूरत पड़ेगी। समझौते तो लगभग करने ही पड़ेंगे। वैसे, अन्ततः शहरी जीवन्तता के अलग तरह के मॉडल को—जिसे हम दिल्ली मेट्रो की भारी सफलता में देखते हैं—बदलना पड़ेगा। वहाँ हर कोई हर दूसरे आदमी के संयम के मूल्य को देख सकता है। वहाँ गन्दगी फैलाना दंडनीय अपराध है, और यह अपराध कोई नहीं करता। इसके बाद काफी जीवन बचा रहता है। मैं सोच रहा हूँ कि दिल्ली मेट्रो वृन्दावन के लिए विश्व विरासत स्थल परियोजना ('डब्ल्यूएचएस') की सम्पूर्णता का मॉडल बन सकता है, लेकिन यह विशिष्ट अर्थ में भी एक मॉडल है। समय आ गया है कि हल्की रेल की एक योजना बनाई जाए, जो भावी तीर्थयात्रियों को उसी मेट्रो से बने 'एनसीआर' के सार्वजनिक परिवहन ग्रिड से जोड़ दे। हम इस भ्रम में नहीं पड़े रह सकते कि वृन्दावन वही पुराना निर्जन वनप्रान्तर है। वर्तमान ने उसे अपनी गिरफ्त में ले लिया है। निर्जन वनप्रान्तर वाली उसकी विशेषता को बनाए रखने के लिए इसे एक अन्तर-शहरी ग्रिड में, एक तरह के उस अन्तर-शहरी साँचे जैसी एक नई व्यवस्था में पुनर्स्थापित करने की जरूरत है, जिसने पहले मुगल-राजपूत वृन्दावन के निर्माण की परिस्थितियाँ निर्मित की थीं।[19]

वृन्दावन के हिस्से में डब्ल्यूएचएस अपील में कुछ चीजें जोड़नी होंगी, जिनकी शुरुआत पुराने शहर में सीवरों का व्यापक जाल, और नया कचरा शोधन संयंत्र बनाने की योजना से की जा सकती है। इस अपील में यह अनुबंध शामिल करना होगा कि सफाईकर्मियों को आज जो वेतन दिया जा रहा है उससे बेहतर वेतन दिया जाएगा और अगर उन्हें जरूरत हो तो वर्दी तथा सुरक्षा दस्ताने दिए जाएँगे, जैसी व्यवस्था 1996 में 'वृन्दावन बन्धु' ने की थी। इसके बाद प्लास्टिक के उपयोग से सम्बन्धित नियम बनाए जाएँगे, जो इसी व्यवस्था के हिस्से होंगे; और यह सिर्फ इसलिए नहीं होगा कि फेंकी गई प्लास्टिक थैलियों से गायों को परेशानी होती है, जो कि वास्तव में होती है।

इसके अलावा एकतरफा ट्रैफिक के लिए नियम बनाए जाएँगे और कार्बन उत्सर्जन न करनेवाले वाहनों को बढ़ावा देना होगा, जिसकी प्रक्रिया शुरू हो चुकी है। पूरे शहर में खासकर रातों में जो वेस्पा शोर मचाते रहते हैं और लोगों की जान के लिए खतरा हैं, उन्हें गति सीमा की घोषणा और उस पर अमल के जरिये नियंत्रित करना होगा। पैदल चलनेवालों के लिए एकदम अलग रास्ते बनाने होंगे जिन पर मोटर वाहन केवल अपंगों के लिए चलेंगे। मुगल-राजपूत मेल की भावना के अनुरूप, जिसके तहत ही इस शहर की स्थापना हुई, गैर-हिन्दू धार्मिक इमारतों के लिए भी खुले स्थान दिए जाने चाहिए, बेशक यह पुराने शहर की मौजूदा इमारतों की कीमत पर न किया जाए। जैसा कि कुछ नागरिक माँग करने लगे हैं, ध्वनि प्रदूषण के लिए नियम बनाना बेहद महत्त्वपूर्ण है और अगर ध्वनि-प्रकाश का कोई नया कार्यक्रम शुरू किया जानेवाला हो तो उसकी ध्वनि सीमा निश्चित की जानी चाहिए। सौभाग्य से मन्दिर और बगीचे पुराने वृन्दावन के जीवन का हमेशा हिस्सा बने रहेंगे; उनके मामले में कोई गैरजरूरी नियम न बनाए जाएँ।

एक गम्भीर समस्या है बन्दरों का आतंक। अपने मानव बन्धुओं की बड़ी संवेदनशीलता और सफाई से नकल करते बन्दर कई भित्तिचित्रों में उकेरी गई अपनी छवियों के अनुरूप दीवारों पर उछल-कूद करके मनोरंजन करनेवाले जीव नहीं रह गए हैं बल्कि परभक्षी बन गए हैं। यहाँ वे आपस में इशारे करके लोगों के चश्मे और मोबाइल छीनने की कला में पारंगत हो चुके हैं और इन साधनों पर निर्भर लोगों के लिए वृन्दावन को उन्होंने नरक बना दिया है। इस दृश्य के अपने दिलचस्प पहलू हैं। बाजार में इकट्ठा लोग जब देखते हैं कि किसी बन्दर ने नीचे कूद कर किसी महिला का चश्मा उतार लिया है, तो सब छीने गए सामान को उससे वापस हासिल करने की एकजुट कोशिश करने लग जाते हैं। लेकिन यह भुक्तभोगी के लिए कभी खेल जैसा नहीं होता। कई लोग घायल हो चुके हैं। निरन्तर जारी यह संघर्ष बढ़ता

गया है और लोगों ने कभी-कभी अपने भीतर के बन्दर को पहचानते हुए इसे नियति मान लिया है, लेकिन यह आतंक साल-दर-साल बढ़ता ही गया है। जरूरत इस बात की है कि इस समस्या को दूर करने का गम्भीर और महँगा अभियान चलाया जाए। पुराने शहर के इलाके में एक-एक करके आखिरी बन्दर तक को पकड़कर कहीं और पहुँचा दिया जाए। इसके बिना यह मुसीबत खत्म नहीं होनेवाली है और चश्मे-मोबाइल छीनने की तकनीक अगली कई पीढ़ियों तक जारी रहेगी। कहा भी गया है कि बन्दर जो देखते हैं, वही करते हैं। नया वृन्दावन फिलहाल इस संकट से बचा हुआ है। इसकी वजह शायद यह है कि वहाँ लंगूरों की गश्त चलती है, जो बन्दरों के लिए चुनौती प्रस्तुत करते हैं। राष्ट्रीय स्तर पर काम करनेवाले वन विभाग के कर्मचारियों की मदद ली जा सकती है, वे तय कर सकते हैं कि इन बन्दरों को कहाँ पहुँचाया जा सकता है, कि जहाँ वे मनुष्य के लिए खतरा न बनें। इस महती काम में सबके अभूतपूर्व सहयोग की जरूरत पड़ेगी, लेकिन फिलहाल तो कोई छुटकारा नहीं नजर आ रहा है।[20]

कई प्रेक्षक स्पष्ट कर चुके हैं कि वृन्दावन को विश्व विरासत स्थल घोषित कर देने से हर समस्या दूर नहीं हो जाएगी। उदाहरण के लिए, यमुना में पानी का प्रवाह बढ़ाने और शहर में आनेवाले इसके पानी को शुद्ध बनाने के लिए दूसरी एजेंसियों से सहायता लेने की जरूरत पड़ेगी। लेकिन डब्ल्यूएचएस का दर्जा इस तरह के प्रयासों को मजबूती प्रदान करेगा।[21] फिर भी चिन्ताएँ कायम हैं। कुछ लोगों को डर है कि दूसरे स्थलों की तरह, निर्धारित स्थलों पर 'विरासत' का नियंत्रण वृन्दावन के पुराने भाग को एक संग्रहालय में बदल देगा और इसके वर्तमान विकासशील, परिवर्तनशील धार्मिक जीवन पर अवांछित सीमाएँ थोप देगा।[22] उदाहरण के लिए, बोधगया में अन्तरराष्ट्रीय यात्रियों को आकर्षित करने के मकसद से वह 'शान्त, हरा-भरा वातावरण', जिसने बुद्ध की ज्ञान प्राप्ति का आधार तैयार किया था, बनाने की कोशिश ने स्थानीय खोमचे वालों और दुकानदारों की रोजी-रोटी को खतरे में डाल दिया और उन लोगों के विस्थापन का खतरा पैदा कर दिया, जिनके आशियानों को अतिक्रमण बताया गया।[23] अधिकारियों ने महाबोधि मन्दिर के अन्दर पूजा की विधि भी बदल दी, तेल से जलनेवाले दीयों का उपयोग कम कर दिया क्योंकि उनसे ढाँचे को नुकसान पहुँचता था और अफरा-तफरी मचती थी।[24]

सौभाग्य से वृन्दावन में वातावरण अलग और ज्यादा विविधतापूर्ण है; और बोधगया में जैसे बगीचे बनाए जानेवाले थे वैसे बगीचे पहले से ही वृन्दावन के मूल्यवान हिस्से थे और पुरानी सदियों में ही वे इसकी योजना के अभिन्न अंग थे। उनमें से कुछ 'वनों' और बगीचों पर अब भले बन्दरों का राज हो गया हो मगर वे

अस्तित्व में हैं और उन्हें निर्मित करने के लिए किसी ढाँचे को गिराने की जरूरत नहीं है। 'डब्ल्यूएचएस' के उद्देश्यों और राष्ट्रीय-प्रान्तीय-स्थानीय सरकारों तथा उत्सुक उद्यमियों की जमात को प्रिय पर्यटन के लक्ष्यों के घालमेल से उपजे नये 'डिज्नीलैंडों' के निर्माण के खतरे से एक अलग तरह की चुनौती पेश हुई है।[25]

वैसे भी बाहरी नियंत्रण को लेकर आशंकाएँ समझ में भी आती हैं और मैं इस तथ्य को समझता हूँ कि कुछ लोगों को किसी अन्तरराष्ट्रीय संस्था से वृन्दावन की समस्याओं के समाधान की उम्मीद रखना गलत लग सकता है। कोई भी यह नहीं चाहता कि भारत के लोग अपने ही देश में फिर से दोयम दर्जे के नागरिक बन जाएँ। विशिष्ट भारतीय समाधानों को तरजीह दी जा सकती है लेकिन अभी तक हमारे पास दिल्ली मेट्रो के सिवाय कोई सफल मॉडल नहीं है। प्रधानमंत्री मोदी का स्वच्छ गंगा अभियान एक उत्तम विचार है लेकिन इससे स्वयं इस नदी को अभी तक कोई विशेष लाभ नहीं मिला है। बनारस में काशी विश्वनाथ मन्दिर तक खुले गलियारे और नीचे गंगा के घाटों के निर्माण की उनकी योजना का, जो उनकी आदर्श कल्पना का हिस्सा है और जो नगर की पवित्रता के बारे में उनके नये सोच का हिस्सा है, स्थानीय स्तर पर कड़ा विरोध किया गया।[26] लेकिन इस विरोध को सरकार द्वारा इतने ऊँचे मुआवजे देकर खरीद लिया गया जैसा पहले कभी नहीं हुआ था। गनीमत है कि एक बार फिर वृन्दावन की स्थिति भिन्न है। डब्ल्यूएचएस की जो योजना है उससे किसी भी सम्मानित ढाँचे के संरक्षण को खतरा नहीं होगा। इसके विपरीत, उनके बेहतर रखरखाव की पेशकश की जाएगी और इस बात की व्यवस्था की जाएगी कि उनमें स्वतः क्षरण न हो। यही नहीं, सौन्दर्यीकरण के नाम पर उन्हें ऐसे बुनियादी बदलाव से सुरक्षा प्रदान की जाएगी जिसके तहत उन्हें खत्म करने या उनमें बड़ा परिवर्तन करने की योजना हो। इस उद्देश्य के लिए विदेशी कोश काफी मददगार हो सकते हैं। वास्तव में, वे विदेशी फंडिंग के वैसे प्रभावों को बेअसर कर सकते हैं जिन्हें शहर के नये हिस्से में देखा जा सकता है। भारत में रियल एस्टेट के रथ को गति प्रदान करनेवाले 'विदेशी' निवेशक भारतीय मूल के हैं लेकिन न्यूयॉर्क, लन्दन, और दुबई में रहकर वे अन्तरराष्ट्रीय पूँजीवाद में प्रशिक्षित हो चुके हैं।[27]

कुछ लोगों का कहना है कि वृन्दावन के भविष्य के निर्माण का उपक्रम करना उसकी उस स्वाभाविक गति में बाधा डालना है, जो भक्ति आन्दोलन हमेशा प्रदान करता रहा है—यह भारत की अपनी कहानी है कि वृन्दावन उसके लिए किस तरह महत्त्वपूर्ण रहा है। जैसा कि बताया जाता है, भक्ति आन्दोलन को यहाँ नया जीवन मिला जिसमें इतिहास का एक ऐसा तर्क शामिल था जिसे केवल मनुष्य नहीं समझ

सकते। फिर भी, वृन्दावन का कोई निर्विवाद आद्य अतीत नहीं था। भक्ति आन्दोलन की कथा में इतिहास की जो दृष्टि निश्चित हुई उसका सम्बन्ध हमेशा सांसारिक शक्ति से जुड़ा था। भक्ति आन्दोलन के विचार के पूर्ण स्वरूप में उस तत्त्व की महत्ता निहित थी, जिसे राज्यसत्ता 'राष्ट्रीय एकता' का नाम देती है। यहाँ राज्यसत्ता से तात्पर्य उस राष्ट्र से है, जो अंग्रेजों द्वारा थोपी गई व्यवस्था की जगह ले रहा था। यहाँ मेरा तात्पर्य 1920 के दशक से लेकर 1970 के दशक के कालखंड से है। ये राजनीतिक समीकरण पहले की शताब्दियों में भी अनुपस्थित नहीं थे, जब भक्ति आन्दोलन के 'उदात्त' विचार के कई मुख्य तत्त्व उसमें समाहित हो रहे थे। इन मुख्य तत्त्वों में एक था, चार सम्प्रदायों वाला तत्त्व। कहा जाता है कि धार्मिक सम्प्रदायों ने प्राचीन दक्षिण को नवतर उत्तर से जोड़ा। ऐसा लगता है कि यह विचार तब उभरा जब मुगल राज्यसत्ता उत्तर भारत में मजबूत हो रही थी, और उसने इसका जवाब भारतीय इतिहास के बारे में पूर्णतः भारतीय उपमहाद्वीपीय नजरिये के रूप में दिया। बाद में आमेर के राजा जयसिंह द्वितीय के समय में इसने प्रत्यक्ष राजनीतिक स्वरूप ग्रहण कर लिया। माना गया कि चार सम्प्रदाय वाला मॉडल एक ऐसे 'रेलिजन' का ढाँचा बनाएगा जिसे राज्यसत्ता समर्थन भी देगी और उसकी निगरानी भी करेगी, और उसका वृन्दावन से सीधा सम्बन्ध भी था। वृन्दावन की सबसे प्रसिद्ध मूर्ति, गोविन्ददेव की मूर्ति को जयसिंह ने उस राजतंत्र के केन्द्र में बसाए जा रहे नये शहर जयपुर में अपने नये महल के सामने स्थापित किया था, जिस शहर का निर्माण वे करवा रहे थे। लेकिन राजा ने स्वयं अपना निवास वृन्दावन में ही रखा। चूँकि वृन्दावन ने भक्ति आन्दोलन में प्रमुख भूमिका निभाई—जिसके बारे में भागवत माहात्म्य की कथा में भी कहा गया है—इसलिए यह कहना कि 'वृन्दावन को हाथ मत लगाओ!', इस बात को भुला देना है कि राजनीति ने उस विशेष कथा की प्रस्तुति और स्वीकृति में हमेशा महत्त्वपूर्ण भूमिका निभाई है। इसलिए मुद्दा यह नहीं है कि उसे कोई भी हाथ न लगाए बल्कि यह है कि उसे अच्छे लोग हाथ लगाएँ और वे हाथ कुछ हद तक विदेशी भी हो सकते हैं।

भक्ति आन्दोलन की कहानी अब केवल भारत की नहीं है, उसने अन्तरराष्ट्रीय स्वरूप ग्रहण कर लिया है। लन्दन में बसे बंगाली, कैरीबिया में बसे बिहारी, सिलिकन वैली में बसे तमिल, सभी इस कहानी में भूमिका निभा रहे हैं, लेकिन इस्कॉन से ज्यादा अहम भूमिका किसी ने नहीं निभाई है। हरे कृष्णा आन्दोलन ने उस शहर को नया रूप प्रदान कर दिया जिसमें प्रभुपाद रहते थे, और उसे ग्लोबल रेलिजन के नेटवर्क का प्रमुख केन्द्र बना दिया। उस नेटवर्क को ग्लोबल से कम मानना घड़ी की सुई की दिशा को बदलने की असम्भव कोशिश करना होगा। बल्कि हमें

यह एहसास होना चाहिए कि अपने इतिहास के हरेक दौर में और अपनी स्थानीयता की विशेषता के हर अर्थ में वृन्दावन ने हमेशा उन शर्तों में अपनी अर्थवत्ता जताई है, जो उसकी पहुँच से दूर रही है।[28] वृन्दावन वैसे तो एक संसार नहीं है मगर वह एक संसार का आईना है, चाहे वह राजपूत-मुगल का रहा हो या औपनिवेशिक बंगाली का या मौजूदा अर्थों में अन्तरराष्ट्रीय हो। दुनिया-भर के लोगों ने वृन्दावन में खुद को प्रतिबिम्बित पाया है। अगर कोई एक है जो एक साथ लोकल भी है और ग्लोबल भी, तो वह हैं श्रीकृष्ण। अगर हम उनके आईने को—वृन्दावन में निर्मित 'वन' को—खो देते हैं, तो वह ऐसी क्षति होगी जिसकी पूर्ति कभी नहीं हो पाएगी।

नये युग की अश्लीलता

विख्यात कीट विज्ञानी एडवर्ड ओ. विल्सन ने मानव जाति और धरती पर जीवन के दूसरे रूपों के बीच के जटिल तथा नाजुक सम्बन्ध पर लम्बा और गहरा शोध किया है। एक विशेषज्ञ तथा सार्वजनिक हस्ती के रूप में वे इस बात को लेकर सबसे ज्यादा चिन्तित रहे हैं कि उनकी अपनी प्रजाति ही पूरे संसार की जैविक विविधता के अधिकतर अबूझ चमत्कारों के तीव्र विलोप के लिए जिम्मेदार है, और यह सामूहिक अहंकार का बृहत प्रदर्शन है। इसे पृथ्वी पर पुराने भूवैज्ञानिक युग की समाप्ति के बाद आए नये 'एंथ्रोपोसीन' युग की अश्लीलता कहा जा सकता है।[29]

फिर भी, ऐसे समय भी आए जब मनुष्य ने अपनी प्रजाति-केन्द्रित व्यवस्था और उन परिस्थितियों के बीच सन्तुलन की गहरी नियमबद्ध समझ को अपनाया जिसने हमारी प्रजातियों के बीच प्रतिस्पर्द्धा में हमें सफल कराया। विल्सन ने अपनी पुस्तक 'द क्रिएशन : ऐन अपील टु सेव लाइफ ऑन अर्थ' में ऐसे ही मौकों का उल्लेख किया है, और अपनी दक्षिणी बैप्तिस्त पृष्ठभूमि से निर्मित एक काल्पनिक ईसाई पादरी/पुरोहित पात्र के जरिये विज्ञान और धर्म के बीच एक साझा जमीन बनाने की कोशिश की है। विल्सन 'मानव स्वभाव की कई विचित्रताओं' की बात करते हैं जिन्हें इस व्यापक धारणा के अनुरूप माना जा सकता है (हालाँकि इसकी पुष्टि नहीं की जा सकती) कि मानव प्राणी का उद्भव एक स्वतंत्र प्रजाति के रूप में अफ्रीका के गोचर क्षेत्र में हुआ था—

> शोधकर्ताओं ने पाया है कि उत्तरी अमेरिका, यूरोप, एशिया, अफ्रीका समेत भिन्न-भिन्न संस्कृतियों के लोगों को जब अपने रहने और काम करने के स्थानों के लिए व्यवस्था चुनने की छूट दी गई तब उन सब ने इसके लिए ऐसा वातावरण चुना जिसकी तीन विशेषताएँ थीं। उन्होंने

निवास के लिए ऊँचे स्थान को चुना, जहाँ से नीचे का दृश्य दिखे; उन्हें कुछ पेड़ों और गुल्म-वनों का क्षेत्र चाहिए था, जो एक घास के मैदान या बन्द जंगल की बजाय गोचर क्षेत्र जैसा था; और उन्हें झील, नदी या समुद्र आदि के करीब रहना पसन्द था। यद्यपि इन सबका केवल सौन्दर्यबोध के लिहाज से महत्त्व है और वे अवकाश गृह की तरह किसी काम से जुड़े नहीं होते, फिर भी साधन-सम्पन्न लोग ऐसी जगह के लिए ऊँची कीमत देने को तैयार रहते हैं।...विकल्पों में से चुनने की छूट हो तो लोग ऐसे निवास स्थान को पसन्द करते हैं जो ऐसा आश्रयस्थल हो जिसके पृष्ठ भाग में कोई दीवार, पर्वत चोटी या कोई मजबूत सुरक्षा हो। वे चाहते हैं कि ऐसे आश्रयस्थल के आगे लाभदायी क्षेत्र हो। वे चाहते हैं कि बड़े-बड़े घरेलू या जंगली पशु भी बिखरे हों। अन्त में, उन्हें ऐसे पेड़ पसन्द हैं जिनकी शाखाएँ कम ऊँचाई पर फैली हुई हों और जिनके पत्ते बँटे हुए हों।[30]

इन सभी मूल्यवान स्थलों की—जिन्हें वे कभी-कभी 'आश्रयस्थल' कहते हैं—सभी विशेषताएँ उन स्थितियों के अनुरूप हैं जो स्थितियाँ अफ्रीका के गोचर क्षेत्र में उस समय उपस्थित थीं जब मनुष्य ने पहली बड़ी छलाँग लगाई थी। यह आद्य वन है, यद्यपि यह वैसा नहीं दिखता जिसकी लॉन्गफेलो ने इस शब्द को गढ़ते हुए कल्पना की थी।[31] बल्कि उद्‌भव का हमारा जो प्रजाति-केन्द्रित वन है वह गोचर क्षेत्र जैसा दिखता है। और वह काफी कुछ वृन्दावन जैसा दिखता है। वह थोड़ी ऊँचाई पर है जहाँ से यमुना का दृश्य उपस्थित होता है। नदी सामने है और दूर तक फैली है, और 'बिखरे हुए पेड़ों तथा गुल्मों वाला बगीचा' उस 'वन' को उपस्थित करता है जो नये वृन्दावन द्वारा साफ किए जाने से पहले मौजूद था। पेड़ लॉन्गफेलो के 'फुसफुसाते चीड़ों' जैसे नहीं बल्कि बहुत कुछ झाड़ियों जैसे हैं, और सुगंध बिखेरनेवाले, औषधीय गुणों वाले तुलसी के छोटे-छोटे पेड़—वृन्दावन के वृन्दा—वैसे ही दिखते हैं जैसे पेड़ों को हम गोचर जैसे क्षेत्र में देखने की उम्मीद कर सकते हैं। हमारी कल्पना का जो प्राचीन वृन्दावन है उसमें बड़े पशु भी मुक्त विचरण कर रहे हैं—सबसे अधिक कृष्ण की गायें। यह वह वनप्रान्तर है, जो संरक्षित किए जाने योग्य है। आश्चर्य नहीं कि यह श्रीकृष्ण के गुप्त प्रणय सम्बन्धों के बारे में कल्पनाएँ करनेवालों के मन में इस तरह का भाव जगाता है कि यह इसके लिए उपयुक्त स्थल है। और अपने अधिक 'सभ्य' घरों को छोड़कर यहाँ आकर बसनेवाले चैतन्य महाप्रभु के शिष्यों तथा दूसरे कई लोगों को भी यह यही संकेत देता है।

वृन्दावन उस घड़ी का संकेत देने की विशिष्ट स्थिति में है जब मानव-जाति उस मानव-पूर्व या मानवेतर 'निर्जन क्षेत्र' से पहली बार उभरी थी, जिसका वह हिस्सा थी। हम शहरी जीवन के अन्तर्निहित विलोम के बारे में कह चुके हैं, जिसे वृन्दावन हमेशा प्रस्तुत करता रहा है—कि वह उस बड़े और विशिष्टतः मानवीय परिदृश्य की नकल किए बिना उसमें किस तरह भागीदारी करता है। फिर भी यहाँ हम एक अधिक पुरातन प्रतिध्वनि महसूस करते हैं। इसकी विशिष्ट व्यवस्था उस चीज का मर्मस्पर्शी ढंग से आह्वान करती है—या अभी हाल तक करती रही है—जो हमारी प्रजाति के लिए आदिम दृश्य है। निर्मित वृन्दावन बेशक कभी शुद्ध निर्जन क्षेत्र नहीं रहा। कैसे रह सकता था, जबकि उसका निर्माण किया गया था? लेकिन उसमें एक तरह का जंगलीपन निहित था, जो मूलभूत था और जिसने उसके अर्थ को जीवित रखा। वृन्दावन हमेशा जानता था कि वह प्राचीन और पुरातन किस्म के मथुरा के उलट है, हालाँकि मथुरा नजदीक ही था। मथुरा शहर का प्रतीक है, वृन्दावन वन का प्रतीक है।[32]

वृन्दावन निर्जनता का प्रतिनिधि है; फिर भी, इस तथ्य के कारण भी यह निवासस्थल का प्रतीक भी है। वृन्दावन वन भी है और धाम भी है—ये दोनों बिलकुल भिन्न हैं लेकिन एक-दूसरे पर निर्भर अवधारणाएँ भी हैं, जो साथ पककर एक आत्मधारणा बन गई हैं। यही वजह है कि वृन्दावन की निर्जनता को बसे हुए स्थान की परिधि पर नहीं बल्कि उसके केन्द्र में स्थित माना जा रहा है। वृन्दावन के शास्त्री दावा करते रहे हैं कि इसका धाम—'घरेलूपन' का इसका भाव—भारत के केन्द्र में स्थित है, जो एक परिचित संसार है।[33] इसके विपरीत बाकी चार धाम दिशाओं के मूल बिन्दुओं को रेखांकित करते हैं, वे सभी किनारे पर स्थित हैं। इस अवधारणा की प्रतिध्वनि हम भागवत माहात्म्य द्वारा प्रस्तुत भक्ति आन्दोलन की कथा में सुनते हैं। उसमें भक्ति का उद्गम दक्षिण में होता है और वह धीरे-धीरे परिचित संसार के हृदयस्थल, वृन्दावन की ओर बढ़ती है जो भारत के सबसे बड़े नदीतटीय क्षेत्र के मध्य स्थित है। अन्ततः वह और उत्तर की ओर बढ़ती है, लेकिन उसे जीवन्तता इस आद्य, गोचर शैली के निवासस्थल के केन्द्र में आकर प्राप्त होती है।[34]

आज वृन्दावन उस 'विश्वस्तरीयता' के आग्रह के समुद्र में डूब रहा है, जो इसके अस्तित्व के स्वतंत्र आधार को ही मिटा दे रहा है।[35] नया वृन्दावन पैसे से मौज करने के अपने उसूल के साथ, पुराने वृन्दावन का मखौल 'निर्जनता ही निवास है' वाले उसके स्थायी भाव के लिए उड़ा रहा है। इस नये उसूल को 'स्टे ब्लेस्ड!' ('प्रभुकृपा बनी रहे!') के नारे के तहत आगे बढ़ाया जा सकता है, मानो यह वृन्दावन की विशेषता हो, लेकिन जिन स्थितियों के कारण यह सब हो रहा है

वे उस मस्ती को ही खतरे में डाल रही हैं जिसका संकेत इस नारे में किया गया है। यह मुहावरा बाहर से आयातित है। अमेरिका में इस नाम का एक ईसाई टीवी चैनल चलता है। नये और पुराने वृन्दावन में विच्छेद को हम दूसरे रूपों में भी देख सकते हैं। 'स्टे ब्लेस्ड!' का नारा दिया है वीसीएम के विशेष रियल एस्टेट सहयोगी 'कृष्ण भूमि' ने, और यह 'दिल्ली से मात्र 90 मिनट की दूरी पर (यमुना एक्सप्रेसवे के रास्ते) स्थित वृन्दावन के अन्दर 'विश्व स्तरीय मन्दिर नगरी' देने का वादा कर रहा है।[36] लेकिन वास्तव में यह झूठा वादा है। चन्द्रोदय मन्दिर और इसके इर्द-गिर्द की इमारतें वृन्दावन के अन्दर नहीं बल्कि उसकी सीमा पर होंगी। वे अगर किसी के अन्दर होंगी तो वह है 'संसार', वह संसार जिसमें रहने के लिए आपको पैसा चाहिए तो इसके लिए आपको उस संसार में भागीदारी करनी पड़ेगी।

वृन्दावन में आज हम जो देख रहे हैं वह कुछ वैसा ही है मानो नया भूगर्भीय प्लेट पुराने प्लेट से टकरा रहा हो। वृन्दावन एक विशेष मोड़ पर खड़ा है, जिसके एक ओर उत्तर प्रदेश है और दूसरी ओर दिल्ली है। भारत का सबसे गरीब और सबसे बड़ी आबादी वाला उत्तर प्रदेश यह दिखा रहा है कि क्या होता है जब एक प्राचीन उर्वर क्षेत्र उस जनजीवन को सहारा नहीं दे सकता, जो कभी फल-फूल रहा था। और दिल्ली तेजी से बढ़ते ग्लोबल शहरीकरण के दुःस्वप्नों को उजागर कर रही है। दोनों अपने आप में विनाश के नुस्खे हैं, दोनों का मेल क्या गुल खिलाएगा यह कल्पना सहज ही की जा सकती है। भारत की आबादी 2025 तक चीन की आबादी को पार कर जाएगी, लेकिन जनसंख्या नियंत्रण के बारे में भारत सरकार के अन्दर कोई विचार नहीं कर रहा है। 1970 के दशक में इन्दिरा गांधी ने जो इमरजेंसी लगाई थी और जनसंख्या नियंत्रण के उपायों को जिस तरह लागू किया था उसका इतना विरोध हुआ था कि अधिकारी लोग आज इस मसले को उठाने की हिम्मत तक नहीं कर पाते हैं। इसके क्या नतीजे हो सकते हैं, यह वृन्दावन की निर्जनता के लोप से स्पष्ट है।[37]

प्रकृति प्रतिकार कर रही है। कुएँ अब पानी नहीं दे रहे हैं; नये और पुराने वृन्दावन के नीचे भूजल का स्तर निरन्तर और गहराई में डूबता चला जा रहा है। यमुना कसैली होती जा रही है और शहर से दूर भी होती जा रही है। कालिय और केशी फिर प्रमुखता पा रहे हैं, जो इस ग्रह के साथ सीधे दुराचार के प्रतिबिम्ब जैसे हैं। ये दुराचार केवल असुर राजा के दूतों की करतूतें नहीं हैं। भागवत पुराण उन सबको असुर, कंस के जासूस ही कहता है, इस तरह कि वे आततायी बने मानव संसार के कारनामे नजर आते हैं। लेकिन पुराने विचार, भागवत के अपने सूत्रों द्वारा प्रस्तुत विचार उन्हें अधिक मौलिक, परिदृश्य में अन्तर्निहित आक्रांता के रूप

में देखता है। इन मौलिक प्रतिकारों को हम वृन्दावन के लड़खड़ाते विकास के प्रतिकार के रूप में देखते हैं।

श्रीकृष्ण के जीवन के बारे में बतानेवाले सबसे पुराने स्रोत 'हरिवंश' में एक स्मरणीय कथा है कि श्रीकृष्ण ने एक बार अपने शरीर से भेड़ियों का झुंड निकालकर अपने ग्वालबाल के ऊपर छोड़ दिया था। यह क्रूर प्रेम था, क्योंकि एक स्थान पर चारा समाप्त होने के बाद उन्हें गायों को दूसरे स्थान पर चराने के लिए भेजने का कोई और उपाय नहीं था। यह प्रसंग भागवत पुराण के सुसंस्कृत, श्रेष्ठ लेखक को इतना अपमानजनक लगा कि उन्होंने इस प्रसंग को श्रीकृष्ण की अपनी कथा से निकाल दिया। बाकी ग्रंथों ने भी यही किया। यह सोचा भी नहीं जा सकता था कि श्रीकृष्ण ऐसा करेंगे। भागवत के रचयिता ने उस मिथक के बाकी सभी हिस्सों को तो भक्ति भाव और सुन्दरता से शामिल किया मगर भेड़ियों वाला प्रसंग, जाहिर है, उनकी सहनशीलता के बाहर था।[38]

अब हमें समझ में आता है कि वह कथा वहाँ क्यों थी। वृन्दावन के निर्जन-निवास में बेशक कुछ अप्रिय तत्त्व भी हैं, भले ही वह ब्रह्मांड के केन्द्र में क्यों न हो। वास्तव में, अगर हम यह मानते हैं कि वृन्दावन इस ग्रह का पूर्ण प्रतिनिधित्व करता है, तो फिर कहीं और जाने की जगह नहीं बचती। 'हरिवंश' में, विचरण करने के कई स्थानों का उल्लेख है, और भेड़ियों की कथा तो सर्वश्रेष्ठ निर्जन क्षेत्र—स्वयं वृन्दावन—की खोज की भूमिका है, जो यमुना के किनारे, और कदंब के कई पेड़ों की छाया में है। लेकिन इसकी खोज-कथा में यह एहसास भी निहित है कि किसी निर्जन क्षेत्र का अति दोहन करके जब अपवित्र कर दिया जाता है तो वह कितना भयानक हो जा सकता है। यह खतरा बना रहता है कि उर्वर निर्जनता, जो कि एक समाधान है, हमेशा अपने शुष्क विलोम में परिवर्तित हो जाए, और विचरण के लिए कोई स्थान न रह जाए।

'प्रभुकृपा बनी रहे!' इसके लिए आपको अन्दर से अरक्षित होने के एहसास से जूझना पड़ेगा। वृन्दावन को विश्व विरासत स्थल के रूप में डिजाइन करने में एक बड़ी चुनौती यह होगी कि अरक्षित होने के एहसास को आगे और केन्द्र में रखना होगा। यूनेस्को के पास विश्व विरासत स्थलों की एक ऐसी विशेष श्रेणी है, जिनमें निर्जनता को 'निरंकुश' रखा गया है। वृन्दावन के पुराने शहर को हाल तक घेरे रही निर्जनता चूँकि बुलडोजरों द्वारा रौंद दी गई है, इसलिए यमुना के दूसरे किनारे की जमीन 'डब्ल्यूएचएस' की योजना के दायरे में होनी चाहिए। इस जमीन पर जितना विकास किया जा चुका है उससे ज्यादा करने की अब कोई जरूरत नहीं है। विल्सन ने जिस आद्य दृश्य को बार-बार याद किया है उसे इस शहर के लिए बनाए रखने

का और कोई उपाय नहीं है। बिहारीजी का सनातन युवा गीत अपने उद्गम पर ही मूक हो जाएगा, चाहे उसे कृत्रिम साधनों से अधिक मुखर बनाने की कितनी भी कोशिश क्यों न की जाए। यह स्थान, यूनेस्को के हिसाब से वैसा नहीं रह जाएगा कि उस चीज को ठीक कर सके जिसे हम 'विश्व स्तरीय' नये वृन्दावन में देखते हैं।[39]

विश्व विरासत की विश्वदृष्टि

19वीं सदी में श्रीकृष्ण को लेकर एक खलबली मची थी। अंग्रेजों और बड़ी संख्या में भारतीय सुधारकों को गोपियों के साथ श्रीकृष्ण के गुप्त प्रेम प्रसंग काफी अतिवादी, देश की नैतिकता के ऊपर एक धब्बा लग रहे थे।[40] 1886 में बंकिम चन्द्र चट्टोपाध्याय ने इसे दुरुस्त करने के लिए एक ग्रंथ लिख दिया।[41] जैसा कि हम देख चुके हैं, श्रीकृष्ण उनके लिए विवेकी, बौद्धिक, ऐतिहासिक, योद्धा, और पूर्णतः व्यवहारकुशल हस्ती थे; वे स्त्री के पुरुष नहीं, पुरुष के पुरुष थे। बंगाली वैष्णववाद में जिसका मुखर महिमागान किया गया है वह वृन्दावन उनके इर्द-गिर्द इस सबके उलटी तरफ स्थित था, और ऐसा लगता है कि इतिहास की विपरीत दिशा में स्थित था। वैसे, इन दिनों पौरुषता का प्रदर्शन बिलकुल गलत माना जाता है। पौरुषता को पुष्ट, और अधिक पुष्ट करते जाने की गहरी इच्छा ने उस आधारशिला को ही ध्वस्त कर दिया है जिस पर यह ढाँचा खड़ा होता है। वृन्दावन रूपी निर्जन-निवास के लुप्त होने का खतरा पैदा हो गया है।

मैं उस विश्वदृष्टि को लेकर चिन्तित हूँ, जो इस प्रक्रिया को आगे बढ़ाने में सहायक बनती है। मुझे लगता है कि श्रीकृष्ण को इस रूप में देखने से बात नहीं बनेगी कि उनका मूल उद्देश्य अपने प्रति ध्यान आकर्षित करना था, जो कि इस्कॉन-बंगलूरु की विश्वदृष्टि का प्रमुख तत्त्व है। यह उन्हें हमारी आत्मरत प्रजाति का प्रतीक बनाता है। बल्कि, मैं सोचता हूँ कि उनका आकर्षण इस तथ्य के कारण है कि वे उस संसार को प्रतिबिम्बित करते हैं जिसके वे स्वाभाविक निवासी हैं, जैसे मोर मॉनसून की प्रणय ऋतु में अपने शानदार पंखों को फैला देता है। श्रीकृष्ण की उस शक्ति की छवि है वृन्दावन—नये से ज्यादा पुराना वृन्दावन। ब्रज की पारम्परिक रासलीलाएँ उसी मोरपंखी क्षण को प्रकट करती हैं।

श्रीकृष्ण, या कहें श्रीविष्णु की दूसरी छवियाँ उन्हें कहीं अधिक खुले सार्वभौमिक स्वरूप में अभिकल्पित करती हैं। कश्मीरी मूर्तिकारों और पहली सहस्राब्दी के उत्तरार्द्ध के धर्मशास्त्रियों ने उन्हें स्वर्गिक अवतार में, वैकुंठ के स्वामी के रूप में प्रस्तुत किया है (चित्र 7.2)। उसमें पृथ्वी विष्णु के पाँवों के बीच प्रकृति यानी स्त्री

चित्र 7.2 : वैकुंठ विष्णु, कश्मीर, 8वीं शताब्दी के उत्तरार्द्ध की प्रतिमा, मेट्रोपॉलिटन म्यूजियम ऑफ आर्ट 1991.301, फ्लोरेन्स और हर्बर्ट इरविंग की भेंट।

के रूप में स्थित है। उनका वैकुंठ पृथ्वी को थामे हुए है, वह सम्मान के भाव से ऊपर देख रही है और उनके चार चेहरे, जिनमें दो पशुरूपी हैं, किसी भी दिशा से आनेवाले खतरे से बचाव कर रहे हैं। यह वृन्दावन की छवि से अधिक श्रेणीबद्ध और ब्रह्मांडीय है। लेकिन इसके साथ व्यापक तर्कसम्मतता का भाव भी उभरता है।

विष्णु की वामनावतार वाली छवि इस प्रकट श्रेणीबद्ध व्यवस्था के इस अर्थ का विश्लेषण करती है जिसमें पुरुष प्रमुख के रूप में स्त्री के ऊपर विराजमान है। यह ऐसा ही है जैसे कोई वृन्दावन की रासलीला की किसी विशेषता पर गहरा ध्यान दे रहा है, इस तरह कि प्रभुता और ऐश्वर्य के भाव उस भाव के आगे गौण हो जाते हैं जिसमें तार्किकता में अधिक अन्तरंगता, अधिक माधुर्य है। विष्णु के इस अश्रेणीबद्ध लेकिन ब्रह्मांडीय छवि में सबसे पहले हम उन्हें एक बौने ब्राह्मण के रूप में देखते हैं, जो एक महान सम्राट के द्वार खटखटा रहा है। यह असुर सम्राट महाबली है, जो वास्तव में अति न्यायप्रिय है और अपने नाम के अनुरूप बलवान है। सम्राट उस ब्राह्मण से कहता है, वह जो माँगेगा वह उसे देगा। ब्राह्मण बड़ी विनम्रता से बस अपने लिए तीन कदम भर चलने की जमीन माँगता है। और, पहले कदम में वह पूरी धरती को नाप डालता है (आखिर वह विष्णु जो है!), दूसरे कदम में वह स्वर्गलोक को नाप लेता है, और उसके पैर के अँगूठे से गंगा फूटती है, जो संसार की सभी नदियों तथा ब्रह्मांड के सभी जलस्रोतों का प्रतिनिधित्व करती है। अब अपने तीसरे कदम से उस ब्राह्मण के लिए यही करना बाकी रह गया है कि सम्राट की पीठ पर विराजमान हो जाए जिससे सम्राट को उसके स्पर्श से वरदान मिल जाए और इसके साथ ही विष्णु पाताललोक के स्वामी बन जाएँ। उसके तीसरे कदम के दबाव से महाबली, जो अब उसका भक्त बन चुका है, मृत्युलोक का स्वामी बन जाता है। इस तरह, केवल तीन कदमों से विष्णु ने वह विशाल आकार ग्रहण कर लिया कि पूरा ब्रह्मांड नाप लिया। हर कदम विजय का प्रमाण है, और भगवान को इन तीनों के लिए त्रिविक्रम के नाम से जाना जाता है। पाताल, पृथ्वी, और आकाश—तीनों के लिए एक विष्णु हैं। बस उन्हें खड़े होने की थोड़ी जगह दीजिए, और वे सबके स्वामी बन जाएँगे। उनका उठा हुआ विशाल कदम यही घोषणा करता है (चित्र 7.3)।

वैकुंठ और त्रिविक्रम की छवियाँ ऐश्वर्य और आश्चर्य की घोषणा करती हैं—विष्णु सर्वदर्शी हैं, हर शिखर के स्वामी। लेकिन वे छवियाँ हमें उसके लिए तैयार नहीं करतीं जो हम बाकी वृन्दावन में देखते हैं। वहाँ हम उस बालक से मिलते हैं जिसके मुख में पूरा संसार दीखता है। वृन्दावन के श्रीकृष्ण चतुर हैं लेकिन हैं तो बालक ही, जो माखन के बहुत भूखे हैं और सुन्दर युवा के रूप में उनमें गोपियों के लिए आकर्षण होता है (चित्र 1.1)। ये आकर्षण वास्तव में आपस में जुड़ जाते हैं, और वे उस वातावरण में रहते हैं जिसमें ये आकर्षण और प्रबल होते हैं। ये उन्हें घेर लेते हैं, और वे इन्हें।

हाँ, वे अभी भी नायक हैं। वे केशी और दूसरी असुर शक्तियों का वध करते हैं। यह करने के लिए बड़े होने की जरूरत नहीं है (चित्र 2.2)। उन्हें ऊर्जा अपने

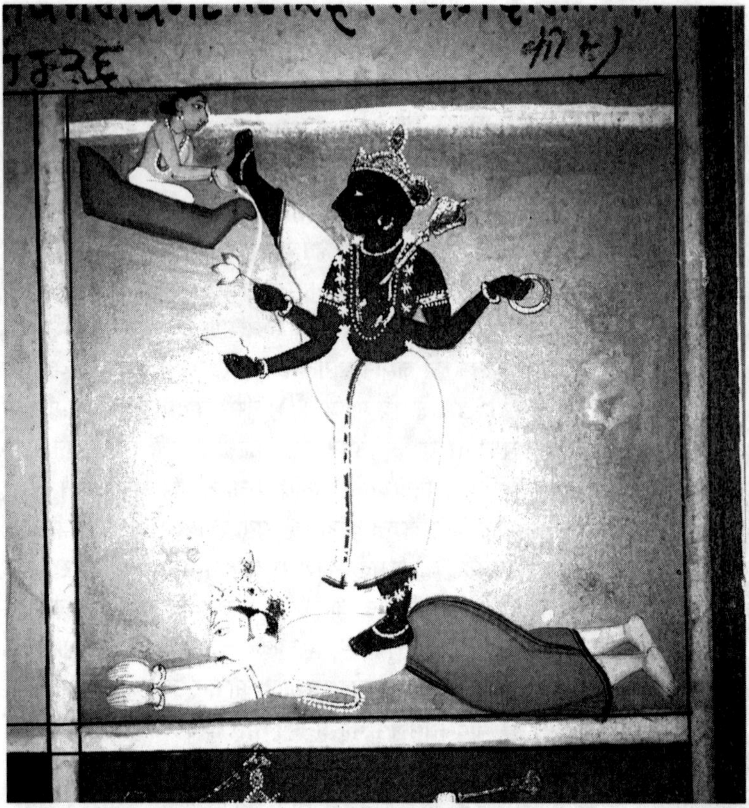

चित्र 7.3 : त्रिविक्रम विष्णु, यहाँ श्रीकृष्ण के रूप में, राजा महाबली के ऊपर खड़े। उनके उठे हुए चरण से फूटती गंगा। आंशिक रूप से खुदी हुई कविता 'महाराज तेरी लीषी न परे हो' पर बनाए गए चित्र का एक भाग। पूरी कविता सूरदास की छाप लिये है (नागरी प्रचारिणी सभा के सूरसागर में 104 नम्बर)। मेवाड़, लगभग 1720। सरकारी संग्रहालय, उदयपुर, 1097 26/303।

अन्दर से मिलती है, जैसा कि किसी भी कुशल नर्तक के साथ होता है, जिनमें शिव और कृष्ण शामिल हैं। महत्त्वपूर्ण बात यह है कि वृन्दावन के वासी श्रीकृष्ण को समझने के मनुष्य के प्रयासों के लम्बे इतिहास में दो ऐसे कृत्य हैं जो प्रतिमान के रूप में उभरते हैं—एक है, गोवर्धन पर्वत के साथ उनकी लीला; और दूसरा है कालिय नाग के यहाँ उनका पहुँच जाना। दृष्टिगोचर प्रमाण, लगभग 1500 ई. के प्रारम्भ से उपलब्ध मूर्तियों में ये प्रसंग दूसरे प्रसंगों की तुलना में ज्यादा स्पष्ट होते हैं। लोगों ने इन्हें महत्त्वपूर्ण माना, और मेरा मानना है कि इसकी वजह भी है।

दोनों में एक ऊर्ध्वाधार आयाम है—आप इसे शक्ति की श्रेणीगत धुरी मान सकते हैं—लेकिन दोनों मामलों में खाँचे से बाहर की श्रेणीबद्धता पर प्रश्न उठाया जाता है। जिसे मान्य किया जाता है वह है अन्दर की सम्बन्ध-केन्द्रित व्यवस्था। दोनों लीलाएँ यही घोषित करती हैं कि कृष्ण सचमुच वृन्दावन के हैं।[42]

इनमें से पहले प्रसंग में कृष्ण देवाधिपति इन्द्र के मनमाने आक्रमण से ब्रज के अपने साथियों और मवेशियों की रक्षा करते हैं (चित्र 7.4)। स्वर्ग के राजा इन्द्र पूरे एक सप्ताह तक कहर ढाते रहते हैं लेकिन कृष्ण गोवर्धन पर्वत को अपनी अँगुली पर छतरी की तरह उठाकर ब्रजवासियों की रक्षा करते हैं। इसके चित्र हम ज्वालामुखी आश्रम में देख चुके हैं (चित्र 3.4-3.5), और इसके चित्र प्रेम मन्दिर समेत शहर में कई जगहों पर देखे जा सकते हैं। आप सोच सकते हैं कि वर्षा के देवता विनाशकारी बरसात और तूफान जैसे मानवेतर पात्रों का, जलवायु परिवर्तन के नाटक के पात्रों का प्रतिनिधित्व करते हैं। मैं आपके इस विचार का खंडन नहीं करूँगा। लेकिन कथा अलग मोड़ ले लेती है। इन्द्र का आक्रमण एक कुपित, बाहरी देवता का आक्रमण है, जो कृष्ण के परितंत्र में नहीं हैं। कृष्ण जिस चुनौती

चित्र 7.4 : गऊ चरानेवाले दो सखाओं की सहायता से गोवर्धन पर्वत उठाए कृष्ण। नीचे : पराजित इन्द्र भक्ति भाव से झुके हुए। सूरदास की कविता 'बादर की बर आई देषो' पर बनाया गया चित्र। सूरदास को चित्र में कहीं और दिखाया गया है। मेवाड़ लगभग 1720। सरकारी संग्रहालय, उदयपुर, 1097 26/16।

का सामना करते हैं वह श्रेणीबद्धता के लिए चुनौती है, कृष्ण देवताओं की पुरानी श्रेणी को विस्थापित करते हैं। वे पर्वत को उठा लेते हैं, उसी की रक्षा के लिए जो ब्रज का प्रतीक है। ऐसा वे अपनी अन्त:प्रेरणा से करते हैं। वे केवल अपना हाथ या अँगुली उठाते हैं, और सब ठीक हो जाता है। इन्द्र अन्ततः रुक जाते हैं और हार मान लेते हैं।

जहाँ तक दूसरी लीला की बात है, यह भी एक प्रतिमान स्थापित करती है (चित्र 7.5)। इसके चित्र हमने प्रेम मन्दिर के परिसर में भी देखे, और परिक्रमा पथ पर भी कई जगह देखे। कथा में भी, श्रीकृष्ण कालिय पर वार करते हैं क्योंकि उसने यमुना की ऊपरी धारा में आकर उसमें विष घोला है। उसने सतह के नीचे के संसार से ऊपर आकर वृन्दावन की सुन्दर, उर्वर समरसता में घुसपैठ की है। गायें नदी का जल नहीं पी सकतीं, पक्षी इसके ऊपर उड़ नहीं सकते, आसमान से गिर पड़ते हैं। नाग के शरीर से निकलनेवाला ताप असहनीय है, वृन्दावन और संसार का ताप असहनीय है, जो पृथ्वी के अन्दर कार्बन के उत्सर्जन से साल-दर-साल और असहनीय होता जा रहा है। कृष्ण कालिय का क्या करते हैं? वे उसका वध नहीं करते, नदी में प्रवेश करके उसके कई फनों पर नाचते हैं। वे नाग को मार नहीं डालते बल्कि उसे फिर से परितंत्र की परिधि पर भेज देते हैं, जो उसका निवासस्थान है। इस तरह, कृष्ण संकट में फँसी मानवता की ओर से कार्रवाई करते हैं लेकिन यह वे व्यापक संसार में अपनी स्थिति से समझौता करके नहीं करते—उस संसार से, जो मनुष्य और दूसरे जीवों के सम्बन्धों को उजागर करता है। ज्ञात संसार में सभी जीव अपनी भूमिका निभाते हैं और ऐसा करते हुए वे उचित अनुपात में संवाद करते हैं।[43]

इन दिनों इस तरह का अनुपात खो गया है। ज्ञात संसार का विस्फोट हो गया है। वैसे, हमारी समझ के लिए यही हासिल हुआ है कि हमारी यह खूबसूरत धरती ही खुद परिधि पर पहुँच चुकी है, वह विशाल अबूझ अन्तरिक्ष में चक्कर लगा रही है (चित्र 7.6)। हम अन्ततः शायद यह नहीं समझ पाएँगे कि यह जटिल परितंत्र किस तर्क से (अगर वाकई कोई तर्क है) चल रहा है, क्योंकि हम खुद इसके अन्दर हैं और इस वजह से हमें विनम्र हो जाना चाहिए। हमें अपने किए के नतीजे ही दिखेंगे, और वे नतीजे ऐसे नहीं होंगे जिनकी हम इच्छा कर रहे होंगे। अगर हम डोनाल्ड ट्रम्प वाली अकड़ दिखाते फिरेंगे तो इससे बात नहीं बनेगी, न ही वह कृत्रिम बुद्धि हमें मुक्ति दिलाएगी जिसे दिखाने में हम सक्षम हैं। एक बार मैं एक सुपरमार्केट में यह देखकर चिन्तित हो गया था कि सेल्स काउंटर पर बैठी महिला पहले से प्लास्टिक में बन्द सामान को एक और प्लास्टिक बैग में रख रही थी। मैं सोच रहा था कि हम एक महादेश के आकार का जो प्लास्टिक प्रशान्त महासागर में डाल चुके हैं

चित्र 7.5 : कालिय नाग को नाधते श्रीकृष्ण, जिन्हें नाग की पत्नियाँ घेरे हैं। भागवत पुराण के लिए बनाया गया चित्र, गढ़वाल, लगभग 1785। मेट्रोपॉलिटन म्यूजियम ऑफ आर्ट, न्यूयॉर्क, संख्या 27.37।

चित्र 7.6 : पृथ्वी ग्रह 'डीप स्पेस क्लाइमेट ऑब्जर्वेटरी' से जैसा दिखा। 16 जुलाई, 2016। उसके दर्द की अभिव्यक्ति पर गौर कीजिए।

वह जब इतना बड़ा हो जाएगा कि उससे छुटकारा पाना मुश्किल हो जाएगा, तब क्या होगा। उस महिला का जवाब था, "वे लोग कुछ-न-कुछ सोचेंगे।" मैं उसके विश्वास और अमेरिकी बुद्धि-कौशल पर आश्चर्य कर रहा था।[44]

कुछ ऐसी चीज का उपयोग करना होगा जो ज्यादा सरल हो—ऐसी सत्यनिष्ठ दृष्टि का, जो हमारी प्रजाति के उद्‌भव की स्थितियों के आगे विनम्र दिखे। हमें अपनी सीमाओं को समझना सीखना होगा, यह कठिन है। अमेरिकी लोगों को जानना होगा कि बुरी तरह विवश वृन्दावन हमारी धरती के साझा भविष्य का एक संकेत है, उस भविष्य का नहीं जो निरन्तर फैलते लास वेगस या लॉस एंजिल्स का है। ऐसा लग सकता है कि आप 'विश्व स्तरीय' वृन्दावन हासिल कर सकते हैं, पश्चिम की नकल वाला, लेकिन परिस्थितियाँ और परिणाम आपको पुनर्विचार करने को विवश कर सकते हैं—केवल भारत में ही नहीं, हर जगह। निर्जन प्रदेश और घर को एक क्षेत्र के रूप में देखने की वृन्दावन की दृष्टि हमें इस तथ्य का सामना करने में मदद करती है, लेकिन आज के वृन्दावन पर नजर डालिए तो आप पाएँगे कि इस आदर्श को जीवित रखना कितना मुश्किल है। हर चीज इस पर निर्भर करती है कि हम वृन्दावन को संसार की छवि के रूप में देखें, फिर भी हम देखते हैं कि वास्तविक वृन्दावन कितना क्षणभंगुर है।

वैश्विक जलवायु परिवर्तन के बारे में अपनी बेहद निराशाजनक पुस्तक 'द ग्रेट डिरेंजमेंट' के अन्त में अमिताव घोष सहायता के लिए धर्म से अपील करते हैं, पोप फ्रांसिस सरीखी हस्तियों से, जो धार्मिक कारणों से 'सीमाओं और असमर्थताओं के स्वीकार' तक पहुँच पाते हैं क्योंकि उनके पास 'पवित्रता का एक बोध है, चाहे उसे कोई किसी रूप में लेना चाहे'।[45] हम अन्तिम बयान में एक सावधानी भरे खंडन पर यह सोचते हुए मुस्कुरा सकते हैं कि यह ड्वाइट आइजनहावर के इस मशहूर बयान जैसा है कि "हमारी सरकार का जो स्वरूप है उसका तब तक कोई मतलब नहीं है जब तक उसका आधार कोई गहरी धार्मिक आस्था न हो, और मुझे इससे कोई फर्क नहीं पड़ता कि वह आस्था कौन-सी है।"[46] आइजनहावर को अगर कोई फर्क नहीं पड़ता था तो इसकी कई वजहें थीं। उनके लिए साझा समानता की भावना महत्त्वपूर्ण थी—हमारी हैसियतों में तमाम अन्तर के बावजूद विनम्रता की भावना। आइजनहावर का मानना था कि ये सारी चीजें केवल भ्रम हैं, और घोष भी इसी बात पर जोर देते हैं। हम सब इसमें एक साथ फँसे हैं, और पवित्रता का एक बोध हमें यह समझने में मदद करता है कि हम कैसे फँसे हैं। लेकिन यह सब, पवित्रता के लिए हमारी प्रजातिगत सहज वृत्ति अगर भ्रम ही है तो फिर क्या? धर्म अगर मात्र एक आभासी चीज है, तो फिर क्या? वृन्दावन हमें यह सिखाता है कि

हमेशा से ऐसा ही रहा है, और अगर हम यह जान लें तो इससे बाकी बातों को समझने में मदद मिलेगी।

अन्त में, हम इस आभासी-वास्तविक संसार को साझा करते हैं, अपने निर्जनता-आवास को साझा करते हैं। अगर वृन्दावन का लौकिक वैकुंठ जलता है, तो हम सब झुलसने लगते हैं। धर्म का महान उपहार यह है कि यह हमें यह एहसास कराता है कि इस दुनिया के ऊपर अपनी सत्ता पर हमारा दावा कितना क्षणभंगुर/कमजोर है। और, जैसा कि घोष बताते हैं, संगठित धर्म वास्तव में अच्छाई की ताकत बन सकता है। लेकिन धर्म के इस उपहार को हम प्राय: एक हथियार के रूप में लहरा कर, यह कह के उसे जहरीला बना देते हैं कि हमने तो ज्योति का दर्शन कर लिया और तुम नहीं कर पाए हो। प्रेम की नींव पर बने वृन्दावन को उम्मीद है कि वह हमें ऐसी भ्रांतियों से बचा लेगा, लेकिन वृन्दावन भी तो धर्म के आधार पर बना है।

क्या वृन्दावन को वास्तव में जमींदोज कर दिया गया है? क्या उसे वापस हासिल करने के प्रयासों का फल शून्य ही रहेगा? अगर ऐसा है, तो यह इस ग्रह के लिए भी सच हो सकता है। वृन्दावन हमारे समय की ओर संकेत करता है।

टिप्पणियाँ

1. खो गया सपनों का संसार

1. एकदम हाल के 'गायन' में शब्दों में कुछ परिवर्तन किए गए हैं, लेकिन जब मैं बड़ा हो रहा था तब यही सुनता था। शब्द जेन एल. बोर्थविक (1813-97) के हैं, संगीत ('ओरा लाबोरा') टी. टर्शियस नोबल (1897-1953) का है, जैसा कि *पिलग्रिम हिमनल* (बोस्टन : बीकन प्रेस, 1965 {प्रथम सं., 1931}, 293 में है।
2. मैक्स वेबर, *द प्रोटेस्टेंट इथिक ऐंड द स्पिरिट ऑफ कैपिटलिज्म,* अनु. : टालकोट पारसंस (लन्दन : एलेन ऐंड अनविन, 1930), *Gesammelte Aufsätze zur Religionssoziologie,* 1920-21 से।
3. "निर्जनता में ही संसार का संरक्षण निहित है।" *एक्सकर्सस* (बोस्टन : टिकनोर ऐंड फील्ड्स, 1864), 185; हेनरी डेविड थोरो का 'वाकिंग'; कॉनकॉर्ड, 1862 में मौखिक रूप से सम्प्रेषित। जिस क्षेत्र में तीर्थ की धारणा उपस्थित हो—पवित्र भूमि—उस क्षेत्र का सर्वे करते हुए थोरो यूरोप, एशिया, अफ्रीका और खासकर अमेरिका का उल्लेख करते हुए कभी-कभी अति उत्साह में बह जाते हैं : "मैं वन में, चरागाह में, और उस रात में यकीन करता हूँ जिसमें मक्का उपजता है" (185); "मुझे सागर दे दो, मरुभूमि दे दो, या निर्जन वनप्रान्तर दे दो!" (189-90)। एक संक्षिप्त पूर्वावलोकन है डगलस ब्रिंकले की थोरो ऐंड द लेगसी ऑफ विल्डरनेस, *न्यूयॉर्क टाइम्स बुक रिव्यू,* 9 जुलाई, 2017।
4. केनिथ ई. ब्रायंट और जे.एस. हॉली, *सूर्स ओशन : पोएम्स फ्रॉम द अर्ली ट्रैडीशन* (कैम्ब्रिज : हारवर्ड यूनिवर्सिटी प्रेस, 2016), 439-41।
5. आर. पार्थसारथि, द *टेल ऑफ ऐन ऐंक्लेट, ऐन इपिक ऑफ साउथ इंडिया : द किलाप्पटीकारम ऑफ इलाकों अतिकल* (न्यूयॉर्क : कोलम्बिया यूनिवर्सिटी प्रेस, 1993), कैंटो 17, 170-8।
6. यह प्रतिध्वनि उलटी भी सुनी जा सकती है। 14वीं सदी के संस्कृत कवि वेदान्तदेशिक की जीवनकथा बताती है कि उन्होंने 'उत्तर के मदुरै' (वात मतुरै) यानी मथुरा समेत कई पवित्र तीर्थस्थलों की यात्रा की। स्टीवन पी. हॉपकिन्स, द *फ्लाइट ऑफ लव : अ मेसेंजर*

पोएम ऑफ मेडाइवल साउथ इंडिया बाइ वेंकटनाथ (न्यूयॉर्क : ऑक्सफोर्ड यूनिवर्सिटी प्रेस, 2016), 3-4।

7. अर्चना वेंकटेशन, द *सीक्रेट गारलैंड : आन्तल्स तिरुप्पवै ऐंड नाकियार तिरुमोली* (न्यूयॉर्क : ऑक्सफोर्ड यूनिवर्सिटी प्रेस, 2010), 186-8। ज्यादा विस्तार के लिए डेनिस हडसन, 'ब्रज एमंग तमिल्स'; *जर्नल ऑफ वैष्णव स्टडीज* 3 : 1 (1994), 113-40।
8. वैलरी स्टोकर, *पोलेमिक्स ऐंड पैट्रोनेज इन द सिटी ऑफ विक्टरी : व्यासतीर्थ, हिन्दू सेक्टेरियनिज्म, ऐंड द सिक्स्टींथ सेंचुरी विजयनगर कोर्ट;* (बर्कले : यूनिवर्सिटी ऑफ कैलिफोर्निया प्रेस, 2016), 37, 159-60।
9. बारबरा स्टोलर मिलर, *लव सांग ऑफ द डार्क लॉर्ड : जयदेवाज गीतगोविन्द* (न्यूयॉर्क : कोलम्बिया यूनिवर्सिटी प्रेस, 1977), 77, 135 (खंड 1, गीत 4, दोहा 45)।
10. रॉड्नी सेबास्टियन, 'कल्चरल फ्यूजन इन अ रिलिजियस डांस ड्रामा : बिल्डिंग द सैक्रेड बडी इन मणिपुरी रासलीलाज' (पीएचडी थीसिस, यूनिवर्सिटी ऑफ फ्लोरिडा, 2019), और 'कंस्ट्रक्टिंग द मणिपुरी रासलीलाज : एजेंसी, पावर, ऐंड कन्शसनेस', अमेरिकन एकेडमी ऑफ रिलिजन में प्रस्तुत शोधपत्र, डेनवर, 18 नवम्बर, 2018।
11. टी. रिचर्ड ब्लर्टन, *कृष्ण इन द गार्डेन ऑफ असम : द हिस्टरी ऐंड कंटेक्स्ट ऑफ अ मच-ट्रैवल्ड टेक्सटाइल* (लन्दन : द ब्रिटिश म्यूजियम, 2016)।
12. पीका घोष, *टेम्पल ऑफ लव : आर्किटेक्चर ऐंड डिवोशन इन सेवेंटींथ सेंचुरी बंगाल* (ब्लूमिंग्टन : इंडियाना यूनिवर्सिटी प्रेस, 2005), 187-99।
13. सुकन्या सर्वाधिकारी, *द प्लेस ऑफ डिवोशन : सिटिंग ऐंड एक्सपीरिएंसिंग डिविनिटी इन बंगाल वैष्णविज्म* (बर्कले : यूनिवर्सिटी ऑफ कैलिफोर्निया प्रेस, 2015); वारुणी भाटिया, *अनफॉरगेटिंग चैतन्य : वैष्णविज्म ऐंड कल्चर्स ऑफ डिवोशन इन कोलोनियल बंगाल* (न्यूयॉर्क : ऑक्सफोर्ड यूनिवर्सिटी प्रेस, 2017), 161-99; भाटिया, 'फाइंडिंग अ बर्थप्लेस', *जर्नल ऑफ वैष्णव स्टडीज* 23:1 (2014), 157-88; और जेसन डी. फुलर, 'बंगाली वैष्णव होमलैंड्स', *जर्नल ऑफ वैष्णव स्टडीज* 18:1 (2009), 39-52।
14. भक्ति पुरुषोत्तम स्वामी, *श्री नवद्वीप परिक्रमा,* (मायापुर : मायापुर मीडिया, 2010), 25।
15. वेस्ट वर्जीनिया में स्थल के चित्रमय परिचय के लिए बरसाना स्वामी, *एप्रिसीएटिंग न्यू वृन्दावन धाम : हर ब्यूटी ऐंड ग्लोरी, मेसेज ऐंड ग्रेस,* (एन.पी. : मूनटावर पब्लिकेशंस, 2018); इतिहास के विवादित पहलुओं के लिए देखें जॉन हुबनर की *मंकी ऑन अ स्टिक : मर्डर, मैडनेस, ऐंड द हरे कृष्णाज* (सान दिएगो : हारकोर्ट ब्रेस जोवानोविच, 1988)। मुम्बई में राधानाथ स्वामी के काम के बारे में देखें—http://www.radhanathswami.com और क्लेयर सी. रॉबिसन की 'अ रिटर्न टु अ प्लेस वन हैज नॉट बीन : इस्कॉन ऐंड रेटरिक ऑफ भक्ति रिवाइवलिज्म इन मुम्बई' अप्रकाशित पत्र, नवम्बर, 2018।
16. ई. एलन रिचर्डसन, *सीइंग कृष्णा इन अमेरिका : द हिन्दू भक्ति ट्रैडीशन ऑफ वल्लभाचार्य इन इंडिया ऐंड इट्स मूवमेंट टु द वेस्ट* (जेफरसन, एनसी : मैकफरलैंड ऐंड को., 2014)।
17. जिस तरह के आविष्कार और दोहराव के पैटर्न का वर्णन किया गया है वह केवल वृन्दावन में नहीं है, फिर भी वृन्दावन आद्यरूप और प्रतिकृति के बीच के सम्बन्धों का

एक विशेष पैटर्न प्रस्तुत करता है। व्यापक भारतीय दायरे में परस्पर विरोधी पैटर्नों के लिए देखें—डायना एल. एक्क, *बनारस : सिटी ऑफ लाइट* (न्यूयॉर्क : अल्फ्रेड ए. नॉफ्फ, 1982), 283-8; टोनी हुबनर, द *होली लैंड रीबॉर्न : पिलग्रीमेज ऐंड द तिबेटन रीइन्वेन्शन ऑफ बुद्धिस्ट इंडिया;* (शिकागो : यूनिवर्सिटी ऑफ शिकागो प्रेस, 2008); और, अधिक नाटकीय रूप में—सत्यसुन्दर बारिक, 'कृष्णा ऐंड कंस कम अलाइव फॉर 11 डेज एवरी इअर इन दिस ओडिशा विलेज'; द *हिन्दू,* 19 जनवरी, 2019; www.thehindu.com/entertainment/art/ krishna-and-kansa-come-alive-for-11-days-every-year-in-this-odisha-village/article26036571.ece.

2. केशी घाट का संघर्ष

1. यान 'जगत' ब्रेजेंस्की का मानना है कि जिस क्षेत्र में बन्दरों का आतंक है उसमें पिछले 10-15 साल में उनकी संख्या में जो नाटकीय वृद्धि हुई है उसका कारण यह है कि जब युवा बन्दर बड़े हो जाते हैं तब उस झुंड का दादा उन्हें खदेड़ देता है। ऐसा होने के बाद वे अपने झुंड की 'विशेष तकनीक' का ज्ञान लेकर दूसरे इलाके में जाते हैं और दूसरे दादा को उखाड़ते हैं (ब्रेजेंस्की, इंटरव्यू, जीव इंस्टीट्यूट, 2 दिसम्बर, 2016)। यह 'तकनीक' है जो वृन्दावन के लिए नई चीज है, बन्दर नहीं। 1630 के दौरान वहाँ की यात्रा करनेवाले पीटर मंडी ने उन्हें बड़ी संख्या में पाया। उनके अनुसार इसकी वजह यह थी कि उन्हें खिलाना धार्मिक कार्य समझा जाता था। लगभग उसी समय मेवाड़ में प्रस्तुत की गई बिहारीलाल की 'रसिकप्रिया' की चित्रमय पांडुलिपि में बन्दरों के खिलंदड़ेपन को वृन्दावन के आदर्श दृश्य की तरह चित्रित किया गया है। देखें—एलन डब्लू. एंटविस्ल, *ब्रज, सेंटर ऑफ कृष्णा पिलग्रिमेज;* (ग्रोनोंजेन : एगबर्ट फोर्स्टेन, 1987), 209; और मिरजाम वेसत्र, 'कृष्णा अप्रोचेज राधा ऐंड हर कॉन्फिडांट इन अ गार्डेन विथ ट्रीज, प्लेफुल मंकीज, ऐंड ग्लोरियस ब्लू पिकॉक्स (1620-1640)'; *आजियातिष्क कुंस्त* 48:1 (2018), 94-101। आज बन्दरों की बड़ी आबादी के कारण वृन्दावन के बाहर भी जो खतरा है वह हाल में आगरा में हुई घटनाओं से जाहिर हुआ ('बन्दरों ने घर में घुसकर शिशु को माँ से छीना और मार डाला', *टाइम्स ऑफ इंडिया,* 14 नवम्बर, 2018)। इसके बाद बन्दरों के काटे का इलाज करनेवाली दवा की एक अस्पताल में कमी पर खबर छपी—'बन्दरों के काटने के मामले तीन महीने में 50 फीसदी बढ़े', *टाइम्स ऑफ इंडिया,* 17 नवम्बर, 2018)।
2. आम तौर पर इस विषय के लिए देखें—सम्राट शिमएम कुमार, 'सैक्रेड मॉडर्निटी ऐंड इट्स फ्रैग्मेंट्स : स्पेस, एनवायरमेंट, ऐंड लाइफ-वर्ल्ड्स इन द इंडियन टेम्पल टाउन वृन्दावन' (पीएचडी थीसिस, यूनिवर्सिटी ऑफ ओस्लो, 2014); और *वृन्दावन्स एनकाउंटर विथ मॉडर्निटी : चेंजिंग* एनवायरमेंट, *ऐंड लाइफ-वर्ल्ड्स इन द इंडियन टेम्पल टाउन* (बर्लिन : एलआइटी वेरलाग, 2019); साथ में, सम्राट शिमएम कुमार तथा एलिडा जेकबसेन, 'हेरिटेज ऐंड एनवायरमेंट : विजंस ऑफ फास्ट ऐंड फ्यूचर इन द इंडियन टेम्पल टाउन ऑफ वृन्दावन'; *पीसवर्क्स* 7:1 (2017), 116-30। रियल एस्टेट और काले धन के

लिए—रवि अग्रवाल, *इंडिया कनेक्टेड : हाउ द स्मार्टफोन इज ट्रांसफॉर्मिंग द वर्ल्ड्स लार्जेस्ट डेमोक्रेसी* (न्यूयॉर्क और दिल्ली : ऑक्सफोर्ड यूनिवर्सिटी प्रेस, 2018), 173-4, 185।

3. इस झूले का चित्र हॉली के 'वृन्दावन ऐंड द ड्रामा ऑफ केशी घाट' में, जिसे देखें—ए. श्रीवस्तन, अन्नपूर्णा गारिमेल्ला, और श्रीया श्रीधरन (सं.) द *कंटेम्परारी हिन्दू टेम्पल : फ्रैगमेंट्स फॉर अ हिस्टरी* (मुम्बई : मार्ग पब्लिकेशंस, 2019), 67, चित्र 12, इस अध्याय के लिए प्रासंगिक दूसरे चित्र भी वहाँ हैं।
4. कुछ प्रेरणा उस झूले से मिली, जो राधा के गाँव बरसाना के नीचे की सड़क से पहाड़ी के ऊपर बरसाना तक बनाया जा रहा था। यह गाँव वृन्दावन से कोई 25 किमी. दूर है; कुछ पर्यटक दोनों जगह जाते हैं।
5. भारत में मोबाइल फोन के विस्तार के बारे में देखें—अग्रवाल, *इंडिया कनेक्टेड*।
6. लांस ई. नेल्सन (सं.), *प्यूरिफाइंग द अर्थली बडी ऑफ गॉड : रिलिजन ऐंड इकोलॉजी इन हिन्दू इंडिया* (अल्बानी : स्टेट यूनिवर्सिटी न्यूयॉर्क प्रेस, 1998), 255-6 में ब्रूस एम. सलवन की *थिओलॉजी ऐंड इकोलॉजी इन द बर्थप्लेस ऑफ कृष्णा।*
7. चन्द्रकान्त गुप्ता, बातचीत, 14 जुलाई, 2018 और 23 जनवरी, 2019।
8. स्थानीय सरकारों की कठिनाइयों के वित्तीय, प्रशासनिक और ऐतिहासिक सन्दर्भों के लिए देखें—अस्सा डोरोन और रॉबिन जेफ्रे, *वेस्ट ऑफ अ नेशन : गारबेज ऐंड ग्रोथ इन इंडिया* (कैम्ब्रिज : हारवर्ड यूनिवर्सिटी प्रेस, 2018), 162-87; इस सन्दर्भ में परिवर्तन की सम्भावनाओं और उसकी राह में अवरोधों के लिए देखें 183-7; पानी की कमी के कारण फ्लश वाले शौचालयों की दिक्कतों के लिए देखें 85-8। मानव द्वारा फेंके गए कचरे के मामले में जाति के आम पहलू के लिए देखें—डायने कॉफ्फी और डीन स्पियर्स, *व्हेयर इंडिया गोज : अबैंडन्ड टायलेट्स, स्टंटेड डेवलपमेंट, ऐंड द कॉस्ट्स ऑफ कास्ट* (नोएडा : हार्पर कॉलिन्स, 2017)।
9. इस बात पर बहस हो रही है कि यमुना का आज जो बहाव है और वह जिस तरह ऐतिहासिक घाटों से दूर होकर बह रही है उसके पीछे प्राकृतिक कारण हैं या यह स्थानीय भू-माफिया द्वारा नदी किनारे इमारतें और पार्किंग स्थल बनाकर नदी को पीछे धकेलने की कोशिशों और भविष्यवादियों की योजनाओं का नतीजा है। इस तरह के माफिया की मौजूदगी और इस मुहावरे के उपयोग के बारे में देखें—'सेंट्स लाइव्स इन डैंजर ऐज लैंड माफियाज आइ आश्रम्स' और 'लैंड यूज स्कैम्स इनवॉल्विंग डिस्ट्रिक्ट अफसर्स कम्स टु लाइट'; *वृन्दावन टुडे*, 6 जून, 2018; देखें—निकोलस मार्टिन और लूचीया मिशेलुट्टी, 'प्रोटेक्शन रैकेट्स ऐंड पार्टी मशीन्स : कंपेरेटिव एथनोग्राफीज ऑफ माफिया राज इन नॉदर्न इंडिया'; *एशियन जर्नल ऑफ सोशल साइंस* 45.5 (2017), 699-722। परिक्रमा मार्ग के निर्धारण में भी समय के साथ बदलाव किया गया है। आज यह जितना बड़ा है, उससे 16वीं सदी में कम ही रहा होगा जब यह शहर बसना शुरू हुआ था, क्योंकि तब बस्ती छोटी थी (सुशान्त भारती, प्राइवेट कम्यूनिकेशन, दिल्ली, 12 फरवरी, 2019)।
10. यह लिखते समय तक यह वीडियो एक डीवीडी था जिसे इंटरनेट पर नहीं

डाला गया था। परमाद्वैती स्वामी, *हेल्दी सैक्रेड वाटर : यमुना ऐंड गंगा* (वृन्दावन : वृन्दावन ऐक्ट नाउ, 2010); देखें—ब्रज वृन्दावन ऐक्ट नाउ, vrindavanactnow.org। डीवीडी में वह वीडियो भी है जिसमें के.पी.एस. गिल (इनके बारे में बाद में) अपने विचार रखते हैं।

11. 'मैसिव मार्च फॉर यमुना रिवर रीचेज दिल्ली'; *न्यूयॉर्क टाइम्स*, 11 मार्च, 2013, https://india.blogs.nytimes.com/2013/03/11/massivemarch-for-yamuna-river-nears-delhi/
12. 'न्यू मथुरा प्लान गियर्ड फॉर टूरिज्म; नो मेन्शन ऑफ सीवेज, वेस्ट मैनेजमेंट'; *वृन्दावन टुडे*, 9 जून, 2017; इसके साथ देखें 'हेमा मालिनी वर्किंग ऑन ब्रज्स वाटर इशूज, क्रिएटिंग थीम पार्क्स'; *वृन्दावन टुडे*, 13 मई, 2018। थीम पार्क मथुरा के जवाहरबाग इलाके में बनाया जा रहा है। वहाँ की सांसद हेमा मालिनी मुम्बई में रहती हैं लेकिन वे वृन्दावन के ओमैक्स कॉम्प्लेक्स में अपना दूसरा घर बनवा रही हैं।
13. ताजा घटनाओं के बारे में जानकारी मथुरा-वृन्दावन विकास संघ की वेबसाइट http://mvda.in पर ली जा सकती है। सभी तीर्थस्थलों की योजना के समन्वय के लिए गठित उत्तर प्रदेश सरकार की नई एजेंसी 'ब्रज तीर्थ विकास परिषद' के सन्दर्भ में इसे 9 सितम्बर, 2018 को 'नोडल एजेंसी' के अन्तर्गत देखा गया, जिससे पता चला कि परिक्रमा मार्ग के सौन्दर्यीकरण और सुधारीकरण के लिए 1893 लाख रुपये मंजूर किए गए हैं। और जानकारी नहीं दी गई है। इसके लिए देखें—https://www.upbtvp.in/projects.php
14. एंथनी अचियवात्ती, *गेंजेज वाटर मशीन : डिजाइनिंग इंडियाज एन्सिएंट रिवर* (सैन फ्रांसिस्को : अप्लाइड रिसर्च ऐंड डिजाइन, 2015), 109-210।
15. 'पाइपलाइन टु ब्रिंग गंगा वाटर टु द यमुना डिक्लेयर्ड सक्सेसफुल'; *वृन्दावन टुडे*, 25 जनवरी, 2018; 'सफलता' का बहुत कम जिलों में पानी के दबाव का ह्रास नहीं पाया गया; मांट के किसान परियोजना का विरोध करते थे क्योंकि गंगाजल परियोजना के पाइप बिछने के लिए सरकार उनकी जिस जमीन का अधिग्रहण कर रही थी उसकी बहुत कम कीमत दे रही थी। देखें—श्रुति जैन, 'ट्वेल्व इयर्स आफ्टर गंगाजल प्रोजेक्ट, आगरा स्टिल वेट्स फॉर क्लीन ड्रिंकिंग वाटर', *द वायर*, 24 जून, 2017।
16. देखें—पीटर वान डर वीर, *द वैल्यू ऑफ कम्परीजन*; अध्याय 6 : 'हू केयर्स? केयर अरेंजमेंट्स ऐंड सैनिटेशन फॉर द पूअर इन इंडिया ऐंड एल्सव्हेयर'; (दरहम : ड्यूक यूनिवर्सिटी प्रेस, 2016), 130-46, 168-70।
17. आइटम नं. 10, कोर्ट नं. 2, जस्टिस रघुवेन्द्र एस. राठौर, जुडीशियल मेम्बर, और डॉ. सत्यवान सिंह गबरियाल, एक्सपर्ट मेम्बर। एनजीटी का फैसला 'एहतियात के सिद्धान्त' को खुल कर नहीं अपनाता, जो कि पर्यावरण के बढ़ते विनाश के इस युग में नदियों और शहरों के बीच के सम्बन्ध के मामले में वैधानिक और नागरिक शर्तों के लिए उपयुक्त है, लेकिन ऐसे लक्ष्यों के अनुरूप है। देखें—अवधेन्द्र शरण, 'अ रिवर ऐंड द रिवरफ्रंट : डेलहीज यमुना ऐज ऐन इन-बिटवीन स्पेस'; *सिटी, कल्चर ऐंड सोसाइटी* 7 (2016), 267-73।
18. मारग्रेट एच. केस, *सीइंग कृष्णा : द रिलिजियस वर्ल्ड ऑफ अ ब्राह्मण फेमिली इन*

वृन्दावन (न्यूयॉर्क : ऑक्सफोर्ड यूनिवर्सिटी प्रेस, 2000), 16-21।

19. फ्रेडरिक सालमन ग्राउस, *मथुरा : अ डिस्ट्रिक्ट मेमायर;* तीसरा संस्करण, (इलाहाबाद : नॉर्थ-वेस्टर्न प्रोविंसेज ऐंड अवध गवर्मेंट प्रेस, 1883), 264।
20. 'मथुरा-वृन्दावन में यमुना किनारे 200 मीटर तक निर्माण पर रोक : गलत हलफनामा देने के मामले में जल निगम के परियोजना प्रबन्धक पर गिरी गाज', अमर उजाला के इलाहाबाद ब्यूरो से आई खबर, 23 दिसम्बर, 2017, साथ में—'हाइकोर्ट डिक्लेयर्स यमुना प्लेन ऐज नो कंस्ट्रक्सन जोन'; *वृन्दावन टुडे*, 24 दिसम्बर, 2017।
21. हाथरस के विजय कुमार अजय कंस्ट्रक्सन कं., मेरठ के कर्मचारी; (वृन्दावन, 23 दिसम्बर, 2017)।
22. अधिसूचना नं. 1799/9-7-17-8 (सीमा विस्तार)/ 2016, उत्तर प्रदेश सरकार, नगर विकास अनुभाग-7, लखनऊ, 12 मई, 2017।
23. वृन्दावन नगर पालिका परिषद के नियमों के तहत किसी इमारत की अधिकतम ऊँचाई 'फ्लोर सरफेस इंडेक्स' (एफएसआइ) के मुताबिक तय होती है। परिक्रमा मार्ग के दायरे की जमीन के लिए एफएसआइ का अनुपात ऊँचा रखा गया, जबकि पुराने वृन्दावन के केन्द्र से दूर की जमीन के लिए इसे नीचा और काफी उदार रखा गया। 2007 के पहले तक शहर के सबसे पुराने हिस्से में इमारतों के निर्माण के नियम ज्यादा कड़े थे।
24. विस्तृत विवरण के लिए देखें फेसबुक पर नितिन गडकरी की पोस्टिंग-https://www.facebook.com/238734830200028/posts/415762349163941. कोसी नाला का जिक्र न करना महत्त्वपूर्ण है। अवधेन्द्र शरण ने इस मुद्दे पर जोर दिया है कि "प्रदूषण को आज हम जिस तरह समझते हैं वह पारम्परिक व्यवस्था की देन नहीं है बल्कि यह उपनिवेशवादी शासन द्वारा शुरू की गई जल एवं कचरा निबटारा व्यवस्था की देन है।" कोसी नाला इस विशाल व्यवस्था का हिस्सा है। देखें मार्टिन नोल, उवे लुबकेन, और दिएटर स्कॉट (सं.), *रिवर्स लॉस्ट, रिवर्स रिगेंड : रीथिंकिंग सिटी-रिवर रिलेशंस;* (पिट्सबर्ग : यूनिवर्सिटी ऑफ पिट्सबर्ग प्रेस, 2017), 214 में अवधेन्द्र शरण का लेख 'द गेंजेज ऐज ऐन अर्बन सिंक : अर्बन वेस्ट ऐंड रिवर फ्लो इन कोलोनियल इंडिया इन द 19थ सेंचुरी'।
25. श्रीवत्स गोस्वामी : इन मामलों पर चर्चा में वृन्दावन और बनारस की स्थिति में अन्तर पर जोर देते हैं कि वृन्दावन में दूसरी जो भी समस्याएँ रही हों लेकिन कचरे को कभी नदी के घाटों की सीमा पार करने नहीं दिया गया था (इंटरव्यू, वृन्दावन, 25 जनवरी, 2019)।
26. *हिन्दुस्तान टाइम्स* ने सार्वजनिक चिन्ता के विषय के तौर पर यह खबर दी है कि दुनिया में कोई भी देश भूजल की उतनी खपत नहीं करता जितना भारत करता है, और "2000 से 2010 के बीच इस खपत की दर में 23 प्रतिशत की वृद्धि हुई है", (सम्पादकीय पृष्ठ, 21 मार्च, 2019)।
27. शहर में 'चौपाटी' नाम का तड़क-भड़क वाला रेस्तराँ खुल जाने से मुम्बई का 'चौपाटी बीच' भी यहाँ आ पहुँचा है। प्रेम मन्दिर के साथ ही बना यह रेस्तराँ मस्ती के मूड का विस्तार करता है। यह खुले आकाश वाला रेस्तराँ है जिसमें मुख्यत: फुटपाथों वाली

खाद्य सामग्री मिलती है। इसकी नाटकीय छत दो-तीन मंजिल ऊँची है। छत से लटकते असंख्य बल्ब रात को जगमग कर देते हैं। माहौल मुम्बई वाला बनाने की कोशिश की गई है लेकिन इसके मालिक स्थानीय ही हैं और उन्होंने यह स्पष्ट करने के लिए बीच की खाली जगह में एक मिलनसार दूधवाले को स्थापित कर दिया है। कभी-कभी वह भगवा रंग का कुर्ता-पाजामा और साफा पहनकर विशाल कड़ाह से गरम दूध पेश करता है। यह रंग केवल माहौल बनाने के लिए है मगर यह प्रेम मन्दिर के संस्थापक कृपालु जी के वस्त्र के रंग से हू-ब-हू मिलता है।

28. इस परियोजना के प्रमुख, शिवम कंस्ट्रक्संस के विजय सिंह ने जब यह बताया कि एमवीडीए ने उन्हें अप्रैल, 2019 तक काम पूरा करने के लिए ठेका दिया तो उन्होंने राष्ट्रीय चुनाव का जिक्र नहीं किया, लेकिन जैसा कि उत्तर प्रदेश के पिछले चुनाव में हुआ था, यह सन्दर्भ अनदेखा नहीं रह सकता था (बातचीत, वृन्दावन, 24 मार्च, 2019)।
29. जे.एस. हॉली और श्रीवत्स गोस्वामी, *ऐट प्ले विथ कृष्णा : पिलग्रिमेज ड्रामाज फ्रॉम वृन्दावन* (प्रिंसटन : प्रिंसटन यूनिवर्सिटी प्रेस, 1981), 40।
30. इस तरह की आरती के आयोजन इधर जोर पकड़ चुके हैं। गंगावाले नाम के एक स्थानीय व्यापारी वहाँ हर दोपहर काफी जोर-शोर की आरती का आयोजन करते हैं। उन्होंने अपना मोबाइल फोन नम्बर पांडववाला घाट की सीढ़ियों पर साइनबोर्ड में लिखवाकर टाँग दिया है ताकि आप उन्हें फोन करके उनकी सेवाएँ ले सकें। या आप चाहें तो सीधे वहाँ पहुँच सकते हैं। उन्होंने जाड़े और गर्मी में आरती का समय भी साइनबोर्ड पर लिखवा दिया है।

3. मॉल ऑफ वृन्दावन

1. यहाँ मैं जो कुछ लिख पाया हूँ उसके लिए सम्राट शिमएम कुमार का आभारी हूँ (पर्सनल कम्यूनिकेशन, 7 अक्टूबर, 2016)। देखें—हॉली और गोस्वामी, *ऐट प्ले विथ कृष्णा : पिलग्रिमेज ड्रामाज फ्रॉम वृन्दावन*; 22,24, 29।
2. अमरनाथ पांडे, इंटरव्यू, वृन्दावन, 24 मार्च, 2017।
3. एन फेल्डहाउस, *वाटर ऐंड वुमनहुड : रिलिजियस मीनिंग्स ऑफ रिवर्स इन महाराष्ट्र;* (न्यूयॉर्क : ऑक्सफोर्ड यूनिवर्सिटी प्रेस, 1995); डायना एल. एक्क, *इंडिया : अ सैक्रेड ज्योग्राफी;* (न्यूयॉर्क : हारमनी बुक्स, 2012), 131-88।
4. यमुना के प्रदूषण के विस्तृत विवरण के लिए देखें—डेविड एल. हेबरमन, *रिवर ऑफ लव इन ऐन ऐज ऑफ पॉल्यूशन : यमुना रिवर ऑफ नॉदर्न इंडिया* (बर्कले : यूनिवर्सिटी ऑफ कैलिफोर्निया प्रेस, 2006), 74-94, 141-95। दूसरे स्रोत हैं क्रिज्स्टीना डांका का वृत्तचित्र *द स्टोलेन रिवर;* (करुणा प्रोडक्संस, 2017), जो उनके अधिक वृहत वृत्तचित्र *रेस्कुइंग द सैक्रेड रिवर* (2015) पर आधारित है। यमुना की सखी मानी गई गंगा के लिए देखें—केल्ली डी. एल्ली, *ऑन द बैंक्स ऑफ गंगा : व्हेन वेस्टवाटर मीट्स अ सैक्रेड रिवर* (एन्न आर्बोर : यूनिवर्सिटी ऑफ मिशिगन प्रेस, 2002), और क्रिस्टोफर के चैपल तथा मेरी एवलिन टकर (सं.), *हिन्दुइज्म ऐंड इकोलॉजी : द इंटर्सेक्सन ऑफ अर्थ,*

स्काई, ऐंड वाटर (कैम्ब्रिज : सेंटर फॉर द स्टडी ऑफ वर्ल्ड रिलिजंस, हारवर्ड डिविनिटी स्कूल, 2000), 355-87 में सेपरेट डोमेन्स : हिन्दुइज्म, पॉलिटिक्स, ऐंड एनवायरमेंटल पॉल्यूशन। नागरिकों द्वारा जल स्रोतों की सफाई के प्रयासों के बारे में देखें—एन ग्राद्सिंस गोल्ड, *शिपटाउन : बिटवीन रूरल ऐंड अर्बन नॉर्थ इंडिया* (फिलाडेल्फिया : यूनिवर्सिटी ऑफ पेंसिलवानिया प्रेस, 2017), 196-207, और ड्रू थॉमसेस, *गेस्ट इज गॉड : पिलग्रिमेज टूरिज्म, ऐंड मेकिंग पाराडाइज इन इंडिया* (न्यूयॉर्क : ऑक्सफोर्ड यूनिवर्सिटी प्रेस, 2019), 52-77; 'मेकिंग पुष्कर पाराडाइज : हिन्दू रिचुअलाइजेशन ऐंड द एनवायरमेंट', *इंटरनेशनल जर्नल ऑफ हिन्दू स्टडीज* 21:2 (2017), 187-210।

5. पुराने समय में यह कैसा था इसके विवरण के लिए देखें—क्लाउस क्लोस्टरमेअर, *इन द पाराडाइज ऑफ कृष्ण : हिन्दू ऐंड क्रिश्चियन सीकर्स;* अनु. एंटोनिया फोनेस्का (फिलाडेल्फिया : वेस्टमिंस्टर, 1969), 14-26। मूल जर्मन—*क्राइस्ट उंद हिन्दू इन वृन्दावन;* (कोलोन : जेकब हेगनर, 1968)।
6. 24 मार्च, 2017 को जब मैंने बैटरी वाले ऑटोरिक्शा पर साथ बैठे आदमी से इस दोहे के बारे में पूछा तो उसने सही दोहा यह बताया—'चित्रकूट का राम राज, वृन्दावन का धूल; यह रज मस्तक लगे, पाप होए सब दूर'। मीटर की खातिर मैंने इसमें थोड़ा बदलाव किया है।
7. इंटरव्यू, वृन्दावन, 29 दिसम्बर, 2016। उनका यह भी देखें—'भक्तिवेदान्त मार्ग ऐंड द श्री वृन्दावन्स'; *वृन्दावन टुडे*, 2 मार्च, 2016, https://vrindavantoday.com/ bhaktivedanta-marg-and-the-three-vrindavans/। इसी तरह का विरोधाभास मँडरा रहा है जिसके मद्देनजर प्रसिद्ध पुष्टिमार्गीय स्वामी के मुँह से निकले ये वाक्य तुलना के लायक हैं—'श्री जी नाथद्वारा से बहुत पहले चले गए और ब्रज लौट गए। एक मूर्ति भले रह गई हो, स्वयं श्रीनाथ जी चले गए हैं'। देखें—'एमीलिया बैखरैख, 'इन द सीट ऑफ अथॉरिटी : डिबेटिंग टेम्पल स्पेशेज ऐंड कम्यूनिटी आइडेंटिटी इन अ वैष्णव सम्प्रदाय ऑफ कंटेंपररी गुजरात'; *जर्नल ऑफ हिन्दू स्टडीज* 10:1 (2017), 27। इस उद्धरण का उल्लेख करते हुए रूपर्ट स्नेल कहते हैं—"शायद ब्रज उतना सुरक्षित आश्रय नहीं साबित होनेवाला था" (ई-मेल कम्यूनिकेशन, 11 मार्च, 2019)।
8. सम्राट कुमार, *वृन्दावन्स एनकाउंटर विथ मॉडर्निटी* 61।
9. वैष्णो देवी का प्रभाव पंजाब से आगे भी फैला है। 5 जुलाई, 2018 की शाम मथुरा रेलवे स्टेशन पर खड़ा था और देर से आ रही ताज एक्सप्रेस से किसी के आने का इन्तजार कर रहा था, जब कोई दूसरी ट्रेन उसी पटरी पर आ गई। इस पर लगी तख्तियों से साफ था कि यह श्री माता वैष्णो देवी कटरा एक्सप्रेस थी। यह नाम पुराने अंडमान एक्सप्रेस को दिया गया था, जिसका मूल नाम भी इसके पहले डिब्बे पर लिखा था क्योंकि ट्रेन हिमालय के तल में बसे कटरा शहर में समाप्त होती थी, जो वैष्णो देवी से बहुत दूर नहीं था। यह बदलाव तीर्थ पर्यटन के क्षेत्र में वैष्णो देवी के नये महत्त्व को दर्शाता था। जब ताज एक्सप्रेस आई तो मैंने देखा कि इसमें भी किसी ट्रेन का नाम जोड़ दिया गया है। अब यह शान-ए-पंजाब ताज एक्सप्रेस हो गई थी क्योंकि अब यह दिल्ली में खत्म न होकर अमृतसर में खत्म हो रही थी।

10. कृष्णा शब्द तकनीकी लिहाज से गलत है क्योंकि यह पुल्लिंग नहीं बल्कि स्त्रीलिंग है। आम तौर पर यह नाम पाँच पांडवों की पत्नी द्रौपदी का है लेकिन यहाँ इसका उपयोग कृष्ण के लिए किया गया है। उनके नाम में अन्तिम स्वर आ का नहीं अ का है। जब मैंने आश्रम के दफ्तर में इसके बारे में पूछा तो वहाँ ऐसा कोई भाव नहीं नजर आया कि कुछ गलत हुआ है। जिस खुशमिजाज युवक से मैंने बात की उसने कहा, "कृष्णा शब्द मंत्र के रूप में प्रयोग करने के लिए है", और उसने 'हरे कृष्णा' से शुरू होनेवाले कई सुन्दर मंत्र सुना दिए (इस्कॉन के असर और शायद मेरे बारे में धारणा बनाकर उसने ऐसा किया होगा) और उसके बाद वह केवल कृष्णा कृष्णा का जाप करने लगा था। उसने बताया कि सुरीलेपन के लिए 'कृष्णा' का उच्चारण जरूरी लगता है। उसका आग्रह था कि इसका ताल्लुक उच्चारण से ही है, और उसने अपनी बात स्पष्ट करने के लिए अंग्रेजी शब्द को हिन्दी वाक्य में जोड़ दिया। विदेशियों के अंग्रेजी उच्चारण का प्रायः हिन्दी में लिप्यन्तरण करते हुए यह अतिरिक्त 'आ' जोड़ दिया जाता है। इसका मशहूर उदाहरण दिल्ली के अशोका होटल का नाम है। अंग्रेजीभाषियों द्वारा सम्मान प्रकट करने के लिए—मानो हिन्दी नहीं संस्कृत बोला जा रहा हो—'श्व' स्वर के मामले में जैसा हुआ मानो वे हिन्दी में नहीं संस्कृत में बोल रहे हों, और इस तरह अशोक को अशोका बोला गया और यह हिन्दी में भी होने लगा और प्रसिद्ध होटल का नाम देवनागरी लिपि में इसी तरह लिखा जाने लगा। यहाँ भी यही हुआ, संस्कृत नहीं बल्कि अन्तरराष्ट्रीय भाषा अंग्रेजी की प्रतिष्ठा के सामने नतमस्तक होते हुए और यह उम्मीद भी की गई कि इससे इस होटल को अन्तरराष्ट्रीय प्रसिद्धि और ग्राहक मिलेंगे। मुझसे बात करनेवाले ने इस सबको मुस्कुराते हुए स्वीकार किया (इंटरव्यू, दीपक गोयल, वृन्दावन, 7 जुलाई, 2018)। अंग्रेजी से प्रभावित 'आ' का उपयोग उस परमार्थ ट्रस्ट के नाम में किया गया है, जो इस भवन का निर्माण करवा रहा है। वृन्दावन के इस इलाके में कई जगहों पर पश्चिम के प्रति सम्मान करते हुए इस तरह के उपयोग दिखते हैं। उदाहरण के लिए, अपार्टमेंट का नाम श्रीकृष्णा ग्रींस रखा गया है, या छटीकरा रोड पर कई साइनबोर्डों में आयुर्वेद की जगह आयुर्वेदा लिखा मिलता है।
11. गुरु ग्रंथ साहिब, पेज 470, राग आसा 3 : 2.5-6। यहाँ नानक जो कहते हैं वह सामान्य विवरण से कई तरह से विपरीत है। कृष्ण के बारे में कहा गया है कि उन्होंने जिस महिला का अपहरण किया वह रुक्मिणी थीं न कि चन्द्रवली, और पारिजात वृक्ष की चोरी का प्रसंग सत्यभामा से जुड़ा है, न कि किसी गोपी से। जहाँ तक इस सवाल का ताल्लुक है कि नानक ने 'रंगु कीया' कहा है, जिसका मैंने अनुवाद किया है 'आनन्द किया', उसके अर्थ के बारे में निश्चित ही कई मतभेद हो सकते हैं। 'रंग' या 'रंगु' का अर्थ रंग या कामुक प्रेम से भी लगाया जा सकता है।
12. गुरु ग्रंथ साहिब, पृ. 464-5, आसा दी वार 32.4-5। मैं नोरविन हीन की व्याख्या, द *मिरैकल प्लेज ऑफ मथुरा* (न्यू हैवेन : येल यूनिवर्सिटी प्रेस, 1972, 116-17) को स्वीकार करता हूँ, जहाँ अनुवाद भी मौजूद है।
13. इंटरव्यू, नानक टीला गुरुद्वारा, 28 दिसम्बर, 2016।
14. व्यापक अर्थों में अर्थव्यवस्था और धर्म में समानता, और सम्बन्ध, के बारे में देखें—

नाइल ग्रीन, *टेरेन्स ऑफ एक्सचेंज : रिलिजियस इकोनॉमीज ऑफ ग्लोबल इस्लाम;* (न्यूयॉर्क : ऑक्सफोर्ड यूनिवर्सिटी प्रेस, 2014)। मैंने जो विशेष प्रयोग किया है उसके लिए देखें—कृष्णा, द बटर थीफ (प्रिंसटन : प्रिंसटन यूनिवर्सिटी प्रेस, 1983), 261-87, और हमारे पास वेबर की द *प्रोटेस्टेंट इथिक ऐंड द स्पिरिट ऑफ कैपिटलिज्म* भी है। अन्त में, हमें छटीकरा रोड पर विशेष किस्म की वास्तुकला के नमूने दिख रहे हैं जिसके लिए लास वेगास के बारे में एक क्लासिक अध्ययन पर नजर डालना पृष्ठभूमि के बारे में जानकारी पाने के लिए जरूरी है, चाहे वह वृन्दावन से अलग परिदृश्य पर केन्द्रित क्यों न हो—रॉबर्ट वेंटूरी, डेनीस स्कॉट ब्राउन, और स्टीवेन इजेनौ, *लर्निंग फ्रम लास वेगास : द फॉरगोट्टन सिंबलिज्म ऑफ आर्किटेक्चरल फॉर्म;* (कैम्ब्रिज : एमआइटी प्रेस, 1977)।

15. चार सम्प्रदायों के स्वरूपों के लिए देखें—हॉली, *अ स्टॉर्म ऑफ सांग्स,* 99-147।
16. कृपालु जी महाराज (श्रेय इन्हें), *प्रेम मन्दिर : अ ट्रिब्यूट टु डिवाइन लव* (नई दिल्ली : राधा गोविन्द समिति, 2013), 18-19। आवरण पर दूसरा शीर्षक है—*प्रेम मन्दिर : अ ट्रांसिडेंटल गिफ्ट ऑफ लव बाइ जगतगुरु कृपालु जी महाराज टु श्री वृन्दावन धाम।* 2016 में प्रेम मन्दिर की किताबों की दुकान में यह भी एक चमकदार पुस्तिका उपलब्ध थी। दूसरी पुस्तिका हिन्दी में थी और अंग्रेजी पुस्तिका से अलग थी। इसके शुरू में ही महत्त्वपूर्ण धार्मिक तथा राजनीतिक, खासकर भाजपाई हस्तियों द्वारा भेजी गईं शुभकामनाएँ दर्ज थीं, इनके अलावा मन्दिर के अन्दर की दीवारों पर खुदी हुईं कृपालु जी महाराज की कविताओं को सम्पूर्ण रूप से प्रस्तुत किया गया था (अनाम, प्रेम मन्दिर श्री वृन्दावन धाम, तिथि नहीं {2012}, 34-67)।
17. डी.एस. पांडे, इंटरव्यू, प्रेम मन्दिर, 21 मार्च, 2017।
18. कृपालु जी महाराज (श्रेय इन्हें), प्रेम मन्दिर (अंग्रेजी में), 55।
19. फिलिप लट्गेंडोर्फ, 'माइ हनुमान इज बिगर दैन योर्स', *हिस्टरी ऑफ रिलिजंस* 33:3 (1994), 211-45। ऐसे पवित्र प्रदर्शन निरन्तर धर्मनिरपेक्ष होते 'धर्मनिरपेक्ष शहर' के लिए शायद ही अनुपयुक्त हैं। इस बारे में देखें—मीरा नन्दा, द *गॉड मार्केट : हाउ ग्लोबलाइजेशन इज मेकिंग इंडिया मोर हिन्दू;* (न्यूयॉर्क : मंथली रिव्यू प्रेस, 2009), कजरी जैन, *गॉड्स इन द बाजार : द इकोनॉमीज ऑफ इंडियन कैलेंडर आर्ट* (दरहम : ड्यूक यूनिवर्सिटी प्रेस, 2007), और तुलसी श्रीनिवास, द *काउ इन द एलिवेटर : ऐन एंथ्रोपोलॉजी ऑफ वंडर* (दरहम : ड्यूक यूनिवर्सिटी प्रेस, 2018)। तुलना के लिए देखें—हार्वी कॉक्स, *द सेकुलर सिटी : सेकुलराइजेशन ऐंड अरबनाइजेशन इन थिओलॉजिकल पर्सपेक्टिव* (न्यूयॉर्क : कोलियर बुक्स, 1965)।
20. वृन्दावन किस तरह एक बड़ा विवाह स्थल बन गया है यह तथ्य तब सामने आया जब 'गार्जियन' पत्रिका ने हिन्दू भारत में विवाह के स्वरूप में आ रहे परिवर्तनों पर एक लेख प्रकाशित किया और इसके साथ वृन्दावन में हाल में हुए एक विवाह का फोटो छापा। अमृत ढिल्लों, 'आउट विथ द ओल्ड : ऐप-वाइज इंडियंस रिजेक्ट कास्ट ऐंड डॉरी ट्रैडीशंस', द *गार्जियन,* 10 जुलाई, 2018।
21. अमित राजपूत, इंटरव्यू, 8 नवम्बर, 2016; शैलेन्द्र दीक्षित, इंटरव्यू, 24 फरवरी, 2019।

22. राजदीप सिंह, इंटरव्यू, 28 दिसम्बर, 2016।
23. मैं जिस इस्कॉन समूह की बात कर रहा हूँ वह परिक्रमा मार्ग के पास निकुंज समाधि मन्दिर में रहनेवाला रूसी समुदाय है। इसका दिलचस्प अमेरिकी-रूसी इतिहास है, जो इस समुदाय के अन्तरराष्ट्रीयतावाद को रेखांकित करता है। वहाँ रह रहे इस्कॉन भक्त प्रेम मन्दिर के सामने रोज नहीं, 10-15 दिनों में एक बार नृत्य करते हैं।
24. हिन्दी में इसे प्रसाद कहते हैं। इसके अन्त में जो 'म' जोड़कर प्रसादम कहा जाता है वह प्रभुपाद मिशन की अपनी शब्दावली की देन है। इस्कॉन में यह एक भाषायी सत्य बन गया है, जैसे प्रचलित अंग्रेजी शब्द 'डिवोटी' के उच्चारण में अन्तिम अक्षर पर नहीं बल्कि बीच वाले अक्षर पर जोर दिया जाता है।
25. एडविन एफ. ब्रायंट और मारिया एल. एक्स्ट्रांड (सं.), द हरे *कृष्णा मूवमेंट : द पोस्ट-करिश्मैटिक फेट ऑफ अ रिलिजियस ट्रांसप्लांट* (न्यूयॉर्क : कोलम्बिया यूनिवर्सिटी प्रेस, 2004, 161 में विलियम एच. डेडवाइलर, 'क्लीनिंग हाउस ऐंड क्लीनिंग हर्ट्स : रिफॉर्म ऐंड रिन्यूअल इन इस्कॉन'।
26. सत्यनारायण दास, इंटरव्यू, वृन्दावन, 11 फरवरी, 2017।
27. सत्यनारायण दास और कुंडली दकस, *इन वैकुंठ नॉट इवन द लीव्स फॉल : अ ट्रीटाइज ऑन द बोनेज ऑफ द जीव;* (वृन्दावन : जीव इंस्टीट्यूट ऑफ वैष्णव स्टडीज, 1994), xiv।
28. सत्यनारायण दास, इंटरव्यू, वृन्दावन, 11 फरवरी, 2017।
29. भक्ति मार्ग समुदाय में जैसा समझा जाता है, बिशप माइकल के पदनाम के लिए देखें—रॉबर्ट लिंड्सी, *डिवाइन एनकाउंटर, मिरैकल्स, ऐंड क्रिश्चनिटी : रिलिजियस एक्सपीरिएंस इन परमहंस विश्वानन्दाज भक्ति मार्ग मूवमेंट;* 14-15। अप्रकाशित पत्र, कोलम्बिया यूनिवर्सिटी, 2016।
30. स्वामी विश्वरेवतीकान्तानन्द, इंटरव्यू, वृन्दावन, 2 दिसम्बर, 2016।
31. सत्यनारायण दास, इंटरव्यू, वृन्दावन, 11 फरवरी, 2017।
32. मैं रॉबर्ट लिंड्सी का आभारी हूँ, जिन्होंने नृत्य को 3 दिसम्बर, 2016 को रिकॉर्ड किया और भविष्य के बारे में सवाल सुझाया।
33. भक्ति मार्ग प्रकाशन की सम्पादकीय टीम, गिरिधारी, द *अपलिफ्टर ऑफ हर्ट्स : अ सेलेक्सन ऑफ 108 इनसाइट्स फ्रॉम परमहंस विश्वानन्द* (श्प्रिंगेन, जर्मनी : भक्तिमार्ग पब्लिकेशंस, 2016), 8।
34. स्वामी विश्वरेवतीकान्तानन्द, इंटरव्यू, श्प्रिंगेन, 28 जून, 2018।
35. स्वामिनी विश्वमोहिनी, इंटरव्यू, वृन्दावन, 13 जुलाई, 2018।
36. वल्लभ सम्प्रदाय में भी ऐसी जोड़ी बनाई जाती है लेकिन उस सन्दर्भ में कृष्ण को गिरिधारी नहीं दिखाया गया है, हालाँकि समुदाय में उनके व्यक्तित्व का यह महत्त्वपूर्ण रूप है (श्रीनाथ जी)। डेविड हेबरमन कहते हैं कि गोवर्धन पर्वत के पत्थर मथुरा में विश्राम घाट पर यमुना के किनारे के मन्दिरों में हमेशा पाए जाते हैं लेकिन यह भी वह चीज नहीं है जो हम यहाँ देख रहे हैं (हेबरमन, *रिवर ऑफ लव इन ऐन ऐज ऑफ पॉल्यूशन,* 101-2)।
37. जे.एस. हॉली, *भक्ति के तीन स्वर : मीरां, सूर, कबीर* (दिल्ली : राजकमल प्रकाशन,

2019), 117-119।

38. जे.एस. हॉली, क्रिश्चियन ली नोवेत्स्की और स्वप्ना शर्मा (सं.), *भक्ति ऐंड पावर : डिबेटिंग इंडियाज रिलिजन ऑफ हार्ट* (सिएटल : यूनिवर्सिटी ऑफ वाशिंगटन प्रेस, और हैदराबाद : ओरिएंट ब्लैकस्वान, 2019), 134-41 में डेविड एल. हेबरमन, 'भक्ति ऐज रिलेशनशिप : ड्राइंग फॉर्म ऐंड पर्सनालिटी फ्रॉम द फॉर्मलेस'; यह भी देखें—हेबरमन, *लविंग स्टोन्स : मेकिंग द इम्पॉसिबल पॉसिबल इन द वरशिप ऑफ माउंट गोवर्धन* (न्यूयॉर्क : ऑक्सफोर्ड यूनिवर्सिटी प्रेस, 2020)।
39. सीतारामशरण भगवान प्रसाद 'रूपकला' (सं.), 'श्री भक्तमाल' और साथ में प्रियदास का *भक्तिरसबोधिनी* नामक टीका; (लखनऊ : तेजकुमार प्रेस, 1969 {1910}), 721। कहानी कभी-कभी इस तरह सुनाई जाती है कि जीव के ताऊ रूप गोस्वामी मीराबाई के प्रतिद्वंद्वी थे। देखें—जे.एस. हॉली और मार्क जुएर्गेंसमेयर, *सांग्स ऑफ द सेंट्स ऑफ इंडिया* (दिल्ली : ऑक्सफोर्ड यूनिवर्सिटी प्रेस, 2004 {1988}), 126, 203।
40. स्वामी विश्वरेवतीकान्तानन्द, इंटरव्यू, वृन्दावन, 4 दिसम्बर, 2016। गुरु की भावना के बारे में देखें—आमन्दा लुशिया, 'गुरु सेक्स : करिश्मा, प्रोक्सेमिक डिजायर, ऐंड द हैप्टिक लॉजैक्स ऑफ द गुरु-डिसाइपल रिलेशनशिप', *जर्नल ऑफ द अमेरिकन एकेडमी ऑफ रिलिजंस;* 86:4 (2018), 953-88।
41. इंटरव्यू, वृन्दावन, 4 दिसम्बर, 2016।
42. लिंड्सी, 'डिवाइन एनकाउंटर, मिरैकल्स, ऐंड क्रिश्चनिटी', 27-8, परिशिष्ट 9; स्वामी विश्वरेवतीकान्तानन्द, इंटरव्यू, श्प्रिंगेन, 28 जून, 2018।
43. स्वामी विश्वानन्द, इंटरव्यू, मुंगेर राज मन्दिर, वृन्दावन, 1 दिसम्बर, 2016।
44. गिरिधारी, द *अपलिफ्टर ऑफ हट्र्स 50*।
45. एमील दुर्खहाइम, द *एलीमेंटरी फॉर्म्स ऑफ द रिलिजियस लाइफ;* अनु. : जोसेफ वार्ड स्वेन (न्यूयॉर्क : फ्री प्रेस, 1965 : 1915), 258; देखें 255-61, 466, 469, 474-5। अतींद्रियता की सीमा पर पहुँचने के बारे में देखें—विक्टर टर्नर, 'द सेंटर आउट देयर: पिलग्रिम्स गोल'; *हिस्टरी ऑफ रिलिजंस* 12:3 (1973), 1911-230, और द *रिचुअल प्रोसेस : स्ट्रक्चर ऐंड एंटी-स्ट्रक्चर* (शिकागो : एलडाइन, 1969), 14, 94-165। नववर्ष दिवस एकदम भिन्न हिन्दू सन्दर्भ में, देखें—जे.एस. हॉली और वसुधा नारायणन (सं.), द *लाइफ ऑफ हिन्दुइज्म* (बर्कले : यूनिवर्सिटी ऑफ कैलिफोर्निया प्रेस, 2006), 1-4। दुनिया के दूसरे हिस्सों में तीरथों की जीवन्तता (स्वआरोपित कष्टों के साथ) के लिए देखें—किर्क सेंपल, 'वर्जिन ऑफ ग्वाडलुपे इज नम्बर वन मदर इन मेक्सिको, अ बाइंडिंग फोर्स अक्रॉस डिवाइड्स'; *न्यूयॉर्क टाइम्स,* 15 दिसम्बर, 2018।

4. गगनचुम्बी मन्दिर

1. राकेश पाठक, इंटरव्यू, वृन्दावन, 21 दिसम्बर, 2017।
2. गौड़ीय स्मृति में विशेष रूप से बसा है संस्कृत नाटक 'चैतन्यचन्द्रोदय', जिसकी रचना चैतन्य के सबसे प्रतिभाशाली अनुयायी कविकर्णपुर ने 1572 में की थी। इसके अलावा

देखें—रेंबर्ट लुत्जेहार्म्स, *अ वैष्णव पोएट इन अर्ली मॉडर्न बंगाल : कविकर्णपुराज "स्प्लेंडर ऑफ स्पीच* (ऑक्सफोर्ड : ऑक्सफोर्ड यूनिवर्सिटी प्रेस, 2018), 42, 62-3।

3. यह पहली बार नहीं है कि एक विशाल नये भवन की योजना इस्कॉन के हलके में सामने आई हो। न्यूयॉर्क के मूल वासी और अब वृन्दावन में रह रहे भक्तिसिद्धान्त दास ने *वृन्दावन, द क्रेस्ट जुएल ऑफ इंडिया* (वृन्दावन : प्रभुपाद इंस्टीट्यूट ऑफ कल्चर, [1990]) प्रकाशित किया है जिसमें कहा गया है कि "वृन्दावन वैदिक नगर, सर्वोच्च देवता भगवान श्रीकृष्ण की भावातीत भूमि" है। उन्होंने एक भविष्योन्मुख 'भारत गौरव संग्रहालय', एक मन्दिर, एक वृन्दावन विश्वविद्यालय, एक 'मल्टीमीडिया हरिबोल स्टेडियम', और दो विशाल पाँचतारा होटल, और इसके अतिरिक्त 'एक हिरण अभयारण्य, हाथी अभयारण्य और एक विशाल गोशाला' (11) की भी कल्पना की थी। यह परियोजना "[प्रभुपाद के] लुप्त हो जाने के ठीक बाद बने विशाल शून्य" का स्वतःस्फूर्त उत्तर थी, यानी उनकी मृत्यु के बाद का उत्तर (11)। जहाँ तक मुझे ज्ञात है, इनमें से कोई भी योजना अपनी कल्पना के अनुसार पूरी नहीं हुई।

4. सर्वानन्द गौरांग दास, इंटरव्यू, गुड़गाँव, 25 नवम्बर, 2016। लेकिन आकार—और विशेषकर ऊँचाई—महत्त्वपूर्ण है, जैसा कि इन भवनों की तुलना से स्पष्ट होता है, जिसके अनुसार वीसीएम सबसे ऊँचा भवन है। इस विश्वव्यापी खेल में हाल में शामिल हुआ है पीपुल्स सैल्वेसन कैथीड्रल, जो 2024 में बुखारेस्ट में बनकर तैयार होगा। यह 'दुनिया में सबसे ऊँचा ऑर्थोडॉक्स चर्च' होगा, जैसा कि न्यूयॉर्क टाइम्स ने लिखा है (किट गिललेट, 'बिग डिबेट इन रोमानिया ओवर अ बिग कैथेड्रल ऐंड इट्स बिग प्राइस टैग', 4 दिसम्बर, 2018)।

5. कविता सिंह, 'टेम्पल ऑफ एटरनल रिटर्न : द स्वामीनारायण अक्षरधाम काम्प्लेक्स इन दिल्ली; *आर्तिबुस आसिए* 70:1 (2010), 50। वैसे, समकालीन दक्षिण एशिया में महत्ता के बारे में देखें—ब्रूस मैकोय औएंस, 'मोनुमेंटलिटी, आइडेंटिटी, ऐंड स्टेट : लोकल प्रैक्टिस, वर्ल्ड हेरिटेज, ऐंड हेटरोटोपिया ऐट स्वयंभु, नेपाल'; *एंथ्रोपोलॉजिकल क्वार्टर्ली,* 75.2 (2002), 269-316, और मेलिया बेली, 'मॉनुमेंटल प्राइड: मायावतीज मेमोरियल्स इन लखनऊ'; आर्स ओरिएंटालिस 44 (2014), 85-109।

6. कजरी जैन, 'पोस्ट-रिफॉर्म इंडियाज ऑटोमोटिव-आइकनिक-सीमेंट एसेम्ब्लेजेज : अनइवेन ग्लोबलीती, टेरिटोरियल स्पेक्टेकल, ऐंड आइकनिक एक्जीबिशन वैल्यू', आइडेंटिटीज : ग्लोबल स्टडीज इन कल्चर ऐंड पावर; 8 मई, 2015, खासकर 8-9, 13-16; और 'गॉड्स इन द टाइम ऑफ ऑटोमोबिलिटी'; *करेंट एंथ्रोपोलॉजी* 58 : सप्लिमेंट 15 (2017), 28 नवम्बर, 2016 को देखा। यह निष्कर्ष गलत होगा कि पूर्व-आधुनिक हिन्दू मन्दिरों में उस चीज की कमी थी जिसे कई दृष्टि से 'प्रदर्शनीय' कहा जा सकता है। यह बेशक कहा जा सकता है कि किसी प्रतिमा को करीब से देखने से जो गहरा प्रभाव पड़ता है, वह वैसे देखने से नहीं पड़ता, और इसे विभिन्न रूपों में तुरन्त प्रसाद पा लेने के अनुभव से मापा जा सकता है, लेकिन दूरी (दर्शक और प्रतिमा के बीच में पंडित के आ जाने या बीच के खाली स्थान के कारण, जहाँ केवल पंडित जा सकते हैं) का भी अपना प्रभाव होता है : किसी मूर्ति या लिंग को दूर से देखना उसकी आभा की

शक्ति को अनुभव करना है, चाहे वह एक बार लम्बे समय तक दर्शन करने के कारण हो या स्थान के उस अन्तराल के कारण हो जो देवता से फूटनेवाली आभा के प्रभाव में योगदान देता है। कजरी जैन ने इस तथ्य पर टिप्पणी की है कि यांत्रिक प्रस्तुति के युग के पहले और बाद की मूर्तियों के अनुष्ठानिक और राजनीतिक संयोजनता के बीच के विरोधाभास की व्याख्या करते हुए वाल्टर बेंजामिन ने प्रदर्शन (उदाहरण के लिए, चर्च के अन्दर का जुलूस) आयामों का कमतर आकलन किया या उसका संज्ञान नहीं ले पाए, जो मूर्ति के दर्शन से होनेवाली स्वानुभूति में योगदान देते हैं ('वेन द गॉड्स इमर्ज फ्रॉम द टेम्पल्स : आइकनिक एक्जीबिशन वैल्यू ऐंड डेमोक्रेटिक पब्लिकनेस इन इंडिया'—कोलम्बिया यूनिवर्सिटी के इंस्टीट्यूट फॉर रिलिजन ऐंड कल्चर में 9 अक्टूबर, 2018 को दिया गया व्याख्यान)। तुलना के लिए देखें—वाल्टर बेंजामिन, 'द वर्क ऑफ आर्ट इन द ऐज ऑफ मेकेनिकल रीप्रोडक्शन'; इल्यूमिनेशंस, सं. हान्ना आरेंड, अनु. हैरी जोन (न्यूयॉर्क : शोक्केन बुक्स, 2007 [मूल। सूह्रकाम्फ वेरलाग, 1955], 220-5); इसी तरह, विशाखा एन. देसाई और दारिएल मेसन, सं., *गॉड्स, गार्डियंस, ऐंड लवर्स : टेम्पल स्कल्प्चर्स फ्रॉम नॉर्थ इंडिया, एडी 700-1200* (न्यूयॉर्क : द एशिया सोसाइटी गैलरीज ऐंड अहमदाबाद : मापिन पब्लिशिंग, 1993), 66-93 में फिल्लिस ग्रैनोफ, *हलायुद्धाज प्रिज्म : द एक्सपीरिएंस ऑफ रिलिजन इन मेडाइवल हाइम्स ऐंड स्टोरीज*। मूर्ति की साज-सज्जा भी विचार करने का एक विषय है, कि क्या यह मूर्ति के प्रभाव के पर्याप्त अनुरूप है कि, बेंजामिन के शब्दों में, उसकी 'आभा' में निहित मानी जा सके? मूर्ति और आभूषण के बीच के अन्तर के मजबूत दावे का अर्थ यह होगा कि आभूषण का प्रयोग मूर्ति के प्रभाव को नियंत्रित और परिवर्तित करने के लिए किया जा रहा है, जो कि वैसे वह मनुष्य/भक्त की दृष्टि की सीमा के लिहाज से बहुत तीव्र होता—सिंथिया पैकार्ट, *द आर्ट ऑफ लविंग कृष्णा : ऑर्नामेंटेशन ऐंड डिवोशन* (ब्लूमिंग्टन : इंडियाना यूनिवर्सिटी प्रेस, 2010), 87। दूसरों की रिपोर्ट और अनुष्ठान की विधियों के पाठ में दर्ज हिदायतें कहती हैं कि इस तरह का विचार पवित्र कथा की प्रकृति में शामिल है, जो दैवी आभा वाले व्यक्ति के असीम सौन्दर्य की उद्घोषणा को समर्पित है। इसके विपरीत काव्य में, देखें—इमके राजमणि, मागरित पेरनौ, और कैथरीन बटलर स्कोफील्ड (सं.), *मॉनसून फीलिंग्स : अ हिस्टरी ऑफ द इमोशंस इन द रेन* (नई दिल्ली : नियोगी बुक्स, 2018), 84-5; में रिचर्ड डेविड विलियम्स, *अ थिओलॉजी ऑफ फीलिंग : द राधावल्लभी मॉनसून इन 18थ सेंचुरी*।

7. डिज्नी के उपक्रमों के दूसरे पहलुओं की तुलना में डिज्नी के अपने थीम-पार्क व्यवसाय की वैश्विक सफलता के लिए देखें—ब्रूक बार्न्स, 'डिज्नी थीम पार्क्स प्रीपेयर फॉर लिफ्टऑफ'; *न्यूयॉर्क टाइम्स,* 17 नवम्बर, 2018, बी1, बी4-5।
8. मधु पंडित दास, चंचलापति दास, भक्तिलता देवी दासी, और प्रशान्त कदकोल, 'रीचिंग टु द स्काइ'; (बंगलूरु : इंटरनेशनल सोसाइटी फॉर कृष्णा कन्शसनेस, 2015), 85।
9. रिंपेश शर्मा, इंटरव्यू, गुड़गाँव, 27 मार्च, 2017; साथ में जगमिंदर जीत सिंह, 16 जनवरी, 2019।
10. सर्वानन्द दास, इंटरव्यू, गुड़गाँव, 25 नवम्बर, 2017।

11. अक्षय पात्र पहल का भक्तिपूर्ण विवरण आख्यान रूप में प्रस्तुत है—रश्मि बंसल, गॉड्स ओन किचेन : द इन्सपायरिंग स्टोरी ऑफ अक्षय पात्र—अ सोशल इंटरप्राइज रन बाइ मोंक्स ऐंड सीईओज (चेन्नै : वेस्टलैंड, 2017)। जरूरतमन्दों को मुफ्त भोजन कराने का चलन दक्षिण एशियाई धार्मिक समुदायों—हिन्दुओं, सिखों, मुसलमानों—में व्यापक है। इस्कॉन आन्दोलन के इतिहास के शुरू में यह विशेष रूप से इसके अन्दर शुद्ध निरामिष प्रसादम के रूप में प्रचलित हो गया।
12. मोदी के बीज व्याख्यान को इस पर देखा जा सकता है—www.ndtv.com/india-news/pm-modi-in-vrindavan-to-serve-3-billionth-akshay-patrameal-today-live-updates-1991591। अधिक विस्तृत, सरकारी कवरेज को इस पर पोस्ट किया गया—www.narendramodi.in/pm-modi-attends-third-billionth-mealof-akshaya-patra-mid-day-meal-programme-in-vrindavan-543479। एक बार मोदी ने इलाहाबाद में चल रहे कुम्भ मेला पर 'न्यूयॉर्क टाइम्स' में छपे लेख का उल्लेख किया। उन्होंने कहा कि 'टाइम्स' ने पहली बार नग्न साधुओं की खबर नहीं दी, जिन्हें राष्ट्रीय-अन्तरराष्ट्रीय प्रेस में प्राय: प्रमुखता दी जाती है, बल्कि इस विशाल मेले पर सफाई के सरकारी प्रयासों की खबर दी। मोदी ने यह नहीं बताया कि टाइम्स का लेख वास्तव में इस बात पर मुख्य जोर दे रहा था कि सरकार ने कुम्भ को नरेन्द्र मोदी और योगी आदित्यनाथ के विज्ञापन में तब्दील कर दिया था, क्योंकि वहाँ हर जगह इन दोनों की तसवीरें छायी हुई थीं। देखें—जेफ्री गेट्लमन और हरि कुमार, 'मिलियंस ऑफ इंडियंस ट्रेक टु गेंजेज, ऐंड मोदी चेजेज देयर वोट्स', *न्यूयॉर्क टाइम्स,* 10 फरवरी, 2019।
13. चंचलापति दास, इंटरव्यू, बंगलूरु, 30 जनवरी, 2019।
14. नरेन्द्र मोदी, बीज व्याख्यान।
15. युधिष्ठिर कृष्णदास, इंटरव्यू, वृन्दावन, 1 जनवरी, 2017। 'संस्कृति' के बारे में धारणा पर संवाद में 'विरासत' शब्द के अन्तर्निहित और प्रत्यक्ष चयन पर देखें—रोमिला थापर, *इंडियन कल्चर्स ऐज हेरिटेज : कंटेम्परारी पास्ट्स* (दिल्ली : आलेफ बुक्स, 2018), xxii—xxvi, xxxvii—xl, 20—37, 102—33। 179—205।
16. वीसीएम की टीम के आत्म-परिचय के लिए 'स्वरमान' बिलकुल सामान्य विषय है।
17. नलिनी ठाकुर, इंटरव्यू, 26 दिसम्बर, 2016। यह भी देखें—केन टेलर और जेन एल. लेनन (सं.), *मैनेजिंग कल्चर लैंडस्केप्स* (लन्दन और न्यूयॉर्क : रटलेज, 2012), 164-72 में ठाकुर, 'द इंडियन कल्चरल लैंडस्केप : प्रोटेक्टिंग ऐंड मैनेजिंग द फिजिकल टु द मेटाफिजिकल वैल्यूज'। विरासत वाली अवधारणा को खासकर वीसीएम से गहरे जुड़े सन्दर्भों में लागू किया गया है। देखें—सी. ब्रोसियस और केरिन एम. पॉलिट (सं.), *रिचुअल, हेरिटेज, ऐंड आइडेंटिटी : द पॉलिटिक्स ऑफ कल्चर ऐंड परफॉर्मेंस इन अ ग्लोबलाइज्ड वर्ल्ड* (नई दिल्ली : रटलेज, 2011), 97-125 खासकर पेज 103 पर प्लेट 5.1 में क्रिस्टियान ब्रोसियस, 'द कल्चरल पॉलिटिक्स ऑफ ट्रांसनेशनल हेरिटेज रिचुअल : अक्षरधाम कल्चरल कॉम्प्लेक्स इन न्यू दिल्ली'।
18. सर्वानन्द दास, इंटरव्यू, गुड़गाँव, 25 नवम्बर, 2016।
19. वैदिक साहित्य में 'धाम' शब्द जिस तरह आया है उसकी केस स्टडी है—यान होंडा, द

मीनिंग ऑफ संस्कृत टर्म धामन (एम्स्टर्डम : एन.वी. नोर्ड-होलांडश ऊटगेवेर्स मात्शप्पू, 1967), लेकिन इसमें इसके जिन अर्थों की चर्चा की गई है उनका विस्तार वीसीएम के लिए कल्पित इसके प्रयोग से कहीं बड़ा है, जहाँ वैदिक का केवल वैष्णव रूप प्रयुक्त है। ऐसे प्रयास के सन्दर्भ के लिए, खासकर *भागवत पुराण, बृहदब्रह्संहिता,* और रूप तथा जीव गोस्वामी के धार्मिक लेखन के मामले में, देखें—बारबरा ए. होल्डरेग, *भक्ति ऐंड एम्बडिमेंट : फैशनिंग डिवाइन ऐंड डिवोशनल बडीज इन कृष्ण भक्ति* (न्यूयॉर्क : रटलेज, 2015), 199-270; होल्डरेग, 'ब्रज—धाम ऐज अ मेडिटेशन मंडल, *जर्नल ऑफ वैष्णव स्टडीज* 27:1 (2018), 69-95; और रवि एम. गुप्ता और केनिथ आर. वालपे (सं.), द *भागवत पुराण : सैक्रेड टेक्स्ट ऐंड लिविंग ट्रेडीशन* (न्यूयॉर्क : कोलम्बिया यूनिवर्सिटी प्रेस, 2013), 91-116 में होल्डरेग, 'ब्रज धाम'। ब्रज में समकालीन प्रयोग के बारे में देखें—डेविड एल. हेबरमन, *जर्नी थ्रु द ट्वेल्व फोरेस्ट्स : ऐन एनकाउंटर विथ कृष्ण* (न्यूयॉर्क : ऑक्सफोर्ड यूनिवर्सिटी प्रेस, 1994), 72-3, और यान के. ब्रेजेंस्की, 'ग्लोबलाइज्ड ब्रज धाम : पिलग्रिमेज ऐंड रेसिडेंस'; *जर्नल ऑफ वैष्णव स्टडीज* 27:1 (2018), 53-67।

20. संस्कृत पाठों में 'गोलोक' की अवधारणाओं के बारे में देखें—मागरिट एच. केस (सं.), *गोविन्ददेव, अ डायलॉग इन स्टोन;* (नई दिल्ली : इन्दिरा गांधी अन्तरराष्ट्रीय कला केन्द्र, 1996), 195-9 में गोपाल नारायण बहुरा, 'श्री गोविन्द गाथा : सर्विस रेंडर्ड टु गोविन्द बाइ द रूलर्स ऑफ आमेर ऐंड जयपुरा'। जीव गोस्वामी की धर्मशास्त्रीय व्यवस्था से छनकर निकले भागवत पुराण द्वारा प्रस्तुत आधार के सन्दर्भ में पूरे मॉडल के लिए देखें—होल्डरेग, *ब्रज धाम,* 99-106।
21. आज की धार्मिक राजनीति में चार धाम को कितना महत्त्व दिया जा रहा है, यह इस बात से भी स्पष्ट होता है कि सिक्किम के मुख्यमंत्री ने 2011 में नामची में; चार धाम तीर्थ एवं सांस्कृतिक परिसर का उद्घाटन किया, जो विष्णु या कृष्ण के नाम पर नहीं बल्कि शिव के नाम पर है। यहाँ भी ऊँचा स्मारक, शिव की 108 फुट ऊँची प्रतिमा बनाने का मामला जुड़ा था (जैन, 'पोस्ट-रिफॉर्म इंडियाज ऑटोमेटिव-आइकनिक-सीमेंट एसेम्ब्लेजेज', 10)।
22. स्टाफ राइटर, *वृन्दावन टुडे,* 22 जनवरी, 2014।
23. नॉर्दर्न केंटकी में एनकाउंटर थीम पार्क और इस तरह के कई स्थानों में 'बाइबिल को सांसारिक' बनाने पर जिस तरह जोर दिया गया है उससे तुलना कीजिए। देखें—जेम्स एस. बीएलो, *आर्क एनकाउंटर : द मेकिंग ऑफ अ क्रिएशनिस्ट थीम पार्क* (न्यूयॉर्क : न्यूयॉर्क यूनिवर्सिटी प्रेस, 2018), 32-58। स्थानिक हिन्दू धर्म, जो कि हरिद्वार के बहुमंजिला भारतमाता मन्दिर से प्रकट होता है, के लिए देखें—लाइज मॉकीन, *डिवाइन एंटरप्राइज : गुरूज ऐंड द हिन्दू नेशनलिस्ट मूवमेंट;* (शिकागो : यूनिवर्सिटी ऑफ शिकागो प्रेस, 1996), 144-63।
24. भागवत पुराण 10.28.11-17। जीव गोस्वामी द्वारा प्रस्तुत व्याख्या के लिए देखें—होल्डरेग, *ब्रज धाम,* 110-14।
25. भागवत पुराण 10.39.38-57।

26. जय गुरुदेव आन्दोलन का राधास्वामी आन्दोलन से भी सम्बन्ध है, इसलिए स्वामीबाग मन्दिर द्वारा प्रस्तुत मॉडल कोई संयोग नहीं है। देखें—डेनियल गोल्ड, *प्रोविंशियल हिन्दुइज्म : रिलिजन ऐंड कम्यूनिटी इन ग्वालियर सिटी;* (न्यूयॉर्क : ऑक्सफोर्ड यूनिवर्सिटी प्रेस, 2015), 212-18।

27. उदाहरण के लिए, 13 जुलाई, 2018 को जब मैं प्रेम मन्दिर गया था तब वहाँ किताबों की दुकान के एक कर्मचारी ने मुझे बताया कि त्योहार के दिनों में या कार्तिक महीने अथवा हर तीन साल पर आनेवाले चन्द्र अधिमास जैसे मौकों पर रोज 2 लाख लोग मन्दिर में दर्शन के लिए आते हैं। 'सामान्य' दिनों में रोज 50-60 हजार लोग आते हैं। अगर आप हिसाब जोड़ें तो प्रेम मन्दिर में सालाना ढाई-तीन करोड़ लोग आते हैं, जबकि ताजमहल देखने के लिए सालाना 70-80 लाख लोग ही आते हैं। दोनों स्थानों पर आनेवालों की राष्ट्रीय और जातीय पृष्ठभूमि में भारी अन्तर रहता है।

28. मुझे नहीं पता कि 'ताज को बेताज करने का विचार शुरू में इस्कॉन के हलके—बंगलूरु वाला नहीं—में कितना फैला है लेकिन इसे *वृन्दावन, द क्रेस्ट जुएल ऑफ इंडिया* में स्पष्ट देखा जा सकता है। "जल्दी ही ताजमहल सबसे महत्त्वपूर्ण स्थान नहीं रह जाएगा। 'वृन्दावन वैदिक सिटी' परियोजना के जरिये वृन्दावन स्वयं को संसार के वास्तविक आश्चर्य, वास्तविक सौन्दर्य के रूप में प्रस्तुत करेगा।" (20)।

29. चंचलापति दास, इंटरव्यू, बंगलूरु, 30 जनवरी, 2019।

30. मधु पंडित दास एवं अन्य, *रीचिंग टु द स्काइ,* 12। एक अस्पष्ट कथा यह भी है कि दिल्ली हवाई अड्डे से वृन्दावन जाते हुए रास्ते में पानी की एक टंकी को देखकर प्रभुपाद ने कहा था कि "वृन्दावन में हमें भी ऐसी टंकी बनानी चाहिए", देखें—गुरुदास (उर्फ रोजर सीगल), *बाइ हिज एक्जांपल : द विट ऐंड विजडम ऑफ हिज डिवाइन ग्रेस ए.सी. भक्तिवेदान्त प्रभुपाद,* दूसरा संस्करण, (वृन्दावन : इस्कॉन लाइब्रेरी सोसाइटी, 2013), परिशिष्ट 1,255। इसी सलाह ने 115 फुट ऊँचे 'टावर ऑफ वाटर' का विचार दिया होगा, जो 'मानस मन्दिर' (*वृन्दावन, द क्रेस्ट जुएल ऑफ इंडिया,* 21-2) में भक्तिसिद्धान्त दास द्वारा सुझाए गए प्रोजेक्शन में दिखता है। लगता है कि चंचलापति दास भी इसका उल्लेख तब कर रहे थे जब उन्होंने दावा किया था कि वृन्दावन में टावर बनाने का प्रभुपाद ने अनुमोदन किया था। उन्होंने गुरुदास के स्रोत का स्पष्ट उल्लेख किया (इंटरव्यू, बंगलूरु, 31 जनवरी, 2019)।

31. कोर्टनी बेंडर, 'रिलिजियस होराइजंस इन न्यूयॉर्क्स 1920'; अप्रकाशित शोधपत्र, 2017, विशेषकर 11-22; और 'स्टडीइंग अप : अ ब्रीफ हिस्टरी ऑफ द रिलिजन ऑफ द फ्यूचर', कोलम्बिया यूनिवर्सिटी के रिलिजन विभाग में प्रस्तुति, 20 फरवरी, 2018।

32. चंचलापति को यह शिक्षा बंगलूरु के सेंट जोसफ इंडियन हाईस्कूल में मिली, लेकिन सम्भव है कि अधिक सीधा सम्बन्ध पाया जाए स्टीव एसोम्बा की द *बुक ऑफ लाइफ, नॉलेज, ऐंड सेल्फ कॉन्फिडेंस* में (Lulu.com, 6 जून, 2012), 167, जिसमें भी यह शब्द आया है।

33. युधिष्ठिर दास, इंटरव्यू, वृन्दावन, 1 जनवरी, 2017। श्रीकृष्ण की ऐतिहासिकता के सवाल के बारे में देखें—बिमान बिहारी मजूमदार, *कृष्ण इन हिस्टरी ऐंड लिजेंड;* (कोलकाता :

कलकत्ता यूनिवर्सिटी, 1969)। ऐसे सवालों के स्वरूप के लिए देखें—एडविन एफ. ब्रायंट, द *क्वेस्ट फॉर द ओरिजिन्स ऑफ वैदिक कल्चर : द इंडो-आर्यन माइग्रेशन डिबेट;* (न्यूयॉर्क : ऑक्सफोर्ड यूनिवर्सिटी प्रेस, 2001)।

34. सर्वानन्द दास, इंटरव्यू, 25 नवम्बर, 2016।
35. बंकिम चन्द्र चटर्जी, *कृष्ण-चरित्र : बंगला से अनूदित और प्रदीप भट्टाचार्य की प्रस्तावना के साथ* (कोलकाता : एम.पी. बिरला फाउंडेशन, 1991); सुदीप्त कविराज, द *अनहैप्पी कन्शसनेस : बंकिम चन्द्र चट्टोपाध्याय ऐंड द फॉर्मेशन ऑफ नेशनलिस्ट डिस्कोर्स इन इंडिया;* (दिल्ली : ऑक्सफोर्ड यूनिवर्सिटी प्रेस, 1998), 72-106।
36. सर्वानन्द दास, इंटरव्यू, 25 नवम्बर, 2016।
37. प्राचीन गौड़ीय उत्तराधिकारियों में एक, श्रीवत्स गोस्वामी—जिनका सम्बन्ध श्रीरंगम मन्दिर के संस्थापक गोपाल भट्ट के जरिये इससे है—बंगलूरु सर्कल के इस पहलू की बहुत प्रशंसा करते हैं, और खासकर मधु पंडित दास की भी। उन्हें पता है कि रामानुज और मध्व जैसी हस्तियाँ केवल धर्मशास्त्री नहीं थीं बल्कि वे मन्दिर के अनुष्ठानों का ज्ञान रखनेवाले अधिकारी भी थे (इंटरव्यू, मुम्बई, 6 फरवरी, 2017)।
38. सर्वानन्द दास, इंटरव्यू, गुड़गाँव, 25 नवम्बर, 2016।
39. सर्वानन्द दास, इंटरव्यू, गुड़गाँव, 15 जुलाई, 2018, सन्दर्भ, भगवद्गीता 3.21। सर्वानन्द को इस तथ्य का भी खयाल था कि कृष्ण ने एक सामान्य मनुष्य अर्जुन को यह सर्वोच्च ज्ञान दिया।
40. लिखित दस्तावेजों में उनका नाम शुद्ध संस्कृत में 'पंच गौड़ दास' दर्ज है, जो इस्कॉन की परम्परा के मुताबिक है, जिसका सामना हम आन्दोलन की लगभग सभी शाखाओं में करते हैं। पंच गौड़ दास की पृष्ठभूमि पर नोट के लिए मैं स्टीवेन रोजेन का आभारी हूँ, ई-मेल से संवाद, 5 फरवरी, 2018।
41. यह भी देखें—एडविन एफ. ब्रायंट और मारिया एल. एक्सत्रांद (सं.), द हरे *कृष्णा मूवमेंट : द करिश्माटिक फेट ऑफ अ रिलिजियस ट्रांसप्लांट;* (न्यूयॉर्क : कोलम्बिया यूनिवर्सिटी प्रेस, 2004), 194-213 में कृष्णकान्त देसाई, सुनील अवत्रमामी (आद्रीधरण दास), और मधु पंडिता दास, 'द नो चेंज इन इस्कॉन पाराडाइम'।
42. यह कोई संयोग नहीं है कि वीसीएम के निर्माण के खिलाफ एक कानूनी चुनौती राष्ट्रीय हरित अधिकरण (एनजीटी) में दायर एक याचिका के रूप में सामने आई है, जिसे कृष्ण-बलराम मन्दिर से जुड़े एक अमेरिकी ने दायर किया। 2018 की गर्मियों में दायर किए गए आरोप में कहा गया है कि वीसीएम की 'यमुना क्रीक' नहर के लिए नदी से ही पानी लिया जाएगा। वीसीएम का कहना था कि यह सच नहीं है, नहर को यमुना नदी से नहीं जोड़ा जाएगा, और एनजीटी ने मुकदमे को खारिज कर दिया। किसी सम्भावित उलझन और दूसरी चिन्ताओं को दूर करने के लिए वीसीएम के योजनाकारों ने 'यमुना क्रीक' नाम ही हटा दिया (चंचलापति दास, इंटरव्यू, बंगलूरु, 30 जनवरी, 2019)।
43. उर्मिला मोहन, "द 'टेम्पल ऑफ द वैदिक प्लेनिटेरियम' ऐज मिशन, मॉनुमेंट, ऐंड मेमोरियल", *जुगाड़ : अ मेटेरियल रिलिजंस प्रोजेक्ट,* 30 सितम्बर, 2014, https://jugaad.pub/the-temple-of-the-vedic-planetarium-asmission-monument-and-

memorial।

44. देखें—'टेम्पल ऑफ द वैदिक प्लेनेटेरियम', https://tovp.org/vedic-science/Vedic-planetarium, जैसा कि भक्तों ने समझा, देखें—जॉन फाही, 'द कंस्ट्रक्टिव एम्बिग्वीटीज ऑफ वैदिक कल्चर इन इस्कॉन मायापुर'; जर्नल ऑफ हिन्दू स्टडीज 11:3 (2018), 234-59।
45. मायापुर में इस्कॉन की स्थापना करनेवालों के सोच में नवद्वीप का जो विचार आया उसमें यह चार धाम योजना अंकीय वर्गीकरण का केवल एक अंक है। जिन नौ द्वीपों के नाम पर शहर का नाम पड़ा है उनका अपना महत्त्व तो है ही, उनमें सात पवित्र नगर, वृन्दावन के 12 वन, ब्रह्मांडीय काल के चार युग, और भारत की 16 पवित्र नदियों की धाराएँ शामिल हैं (भक्ति पुरुषोत्तम स्वामी, *श्री नवद्वीप परिक्रमा,* 30-34)।
46. श्रीवत्स गोस्वामी ने 120 गुना 90 मीटर का जो नाप सुझाया है वह अनुमानित है, क्योंकि शिखर नष्ट हो चुका है और जमीन पर से भवन के जो आयाम देखे जाते हैं वे मूल भवन के लिहाज से अधूरे हैं। देखें—मारग्रेट एच. केस, (सं.), *गोविन्ददेव : अ डायलॉग इन स्टोन,* 11-68 में नलिनी ठाकुर, 'द बिल्डिंग ऑफ गोविन्ददेव', रॉबिन बीछ के फोटो के साथ; जॉर्ज मिशेल, *लेट टेम्पल आर्किटेक्चर ऑफ इंडिया 15थ टु 19थ सेंचुरीज : कंटिन्यूइटीज, रिवाइवल्स, एप्रोप्रिएशंस, ऐंड इनोवेशंस* (दिल्ली : ऑक्सफोर्ड यूनिवर्सिटी प्रेस, 2015), 139; इरफान हबीब (सं.), *प्रोसीडिंग्स ऑफ द इंडियन हिस्टोरिकल कांग्रेस, सेवेंटींथ सेशन;* (अलीगढ़ : अलीगढ़ हिस्टोरियंस सोसाइटी, 2010-11), 297-301 में हबीब, 'ब्रजभूमि इन मुगल टाइम्स'; और रेम्बेर्ट लुत्जेहार्म्स और कियोकाजू ओकिता (सं.), द *बिल्डिंग ऑफ वृन्दावन,* (लीदें : ब्रिल, प्रकाश्य) में जे.एस. हॉली, 'द आइडियल रियल वृन्दावन ऑफ जयसिंह्स डाइनिंग रूम'।
47. मदुरै की प्रतिकृति के रूप में मथुरा के बारे में देखें—डी. डेनिस हडसन, *कृष्णाज मंडल : भागवत रिलिजन ऐंड बियोंड,* सं. जे.एस. हॉली, (दिल्ली : ऑक्सफोर्ड यूनिवर्सिटी प्रेस, 2010), 12, 70-74।
48. एंटविस्ल, *ब्रज, सेंटर ऑफ कृष्णा पिलग्रिमेज,* 253।
49. केस (सं.) *गोविन्ददेव,* 121-2 में जॉर्ज मिशेल, 'द मिसिंग सैंक्चुअरी'; यह भी देखें—हाइदी पाउवेल्स और एमीलिया बैखरैख, "औरंगजेब ऐज आइकोनोक्लास्ट : वैष्णव अकाउंट्स ऑफ द कृष्ण इमेजेज' एक्सोडस फ्रॉम ब्रज"; *जर्नल ऑफ द रॉयल एशियाटिक सोसाइटी* 28:3 (2018), 485-508, विशेषत: 499
50. इरफान हबीब, 'डीलिंग विद मल्टीप्लीसिटी : मुगल एडमिनिस्ट्रेशन इन ब्रजभूमि अंडर औरंगजेब (1659-1707)', *स्टडीज इन पीपुल्स हिस्टरी* 3:2 (2016), 153-5।
51. मौजूदा आँकड़ों को भविष्य के सन्दर्भ में अनुमान लगाया जाए तो वे तथागत चटर्जी द्वारा दिए गए आँकड़ों से मेल खाते हैं, देखें उनकी *साइटाडेल्स ऑफ ग्लास* (चेन्नै : वेस्टलैंड, 2015), 20, और मैं अवधेन्द्र शरण के निजी संवाद (30 जनवरी, 2019) के लिए उनका आभारी हूँ।

52. चटर्जी, *साइटाडेल्स ऑफ ग्लास,* 76।
53. फिलिप लट्गेंडोर्फ, 'इमेजनिंग अयोध्या : यूटोपिया ऐंड इट्स शैडोज इन अ हिन्दू लैंडस्केप'; *इंटरनेशनल जर्नल ऑफ हिन्दू स्टडीज* 1:1 (1997), 19-54। साथ में देखें—व्हीटनी सैनफोर्ड, 'शिफ्टिंग द सेंटर : यक्षाज ऑन द मार्जिंस ऑफ कंटेंपररी प्रैक्टिस', *जर्नल ऑफ द अमेरिकन एकेडमी ऑफ रिलिजन* 73:1 (2005), 89-100, जहाँ जोर इस बात पर है कि ब्रज के पवित्र ब्रह्मांडीय शास्त्र के कुछ प्राचीन, अधिक गहरे 'स्वाभाविक' पहलू इस शहरी 'ग्रामीणीकरण' में क्यों पूरी तरह समाहित नहीं हो पाए।
54. स्टाफ रिपोर्टर, *इंडिया डेली टाइम्स,* 28 मार्च, 2016। यह उपाधि बनारस और बोधगया को भी दी गई है, लेकिन दिल्ली से करीब होने के कारण वृन्दावन को यह नाम ज्यादा अहमियत देता है। यह कोई संयोग नहीं है कि इस्कॉन बंगलूरु ने वीसीएम परियोजना के सम्बन्ध में इस मुहावरे का प्रयोग किया है; www.iskconbangalore.org/vrindavana-spiritual-capital। देखा गया 24 नवम्बर, 2018 को।
55. राष्ट्रीय राजधानी क्षेत्र (एनसीआर) उन कई विशाल शहरी, निजी-सार्वजनिक उपक्रमों से कई तरह से जुड़ा है, जो पूरे एशिया में फैले हैं। देखें—अनन्या रॉय और ऐहवा ओंग (सं.), *बल्डिंग सिटीज : एशियन एक्सपेरिमेंट्स ऐंड द आर्ट ऑफ बीइंग ग्लोबल,* (चिचेस्टर, वेस्ट ससेक्स : विली-ब्लैकवेल, 2011), 77-97 में गेविन शटकिन, 'प्लानिंग प्राइवेटोपोलिस : रिप्रेजेंटेशन ऐंड कंटेस्टेशन इन द डेवलपमेंट ऑफ अर्बन इंटीग्रेटेड मेगा-प्रोजेक्ट्स'।
56. श्रीवत्स गोस्वामी, इंटरव्यू, मुम्बई, 5 फरवरी, 2017।
57. हाइदी आर.एम. पाउवेल्स (सं.), *पैट्रोनेज ऐंड पॉपुलराइजेशन, पिलग्रिमेज ऐंड प्रोसेसन : चैनेल्स ऑफ ट्रांसकल्चरल ट्रांसलेशन ऐंड ट्रांसमिशन इन साउथ एशिया। पेपर्स इन ऑनर ऑफ मोनिका हॉर्स्टमान,* (वीसबाडन : हार्रास्सोविज, 2009), 87-8 में जे.एस. हॉली, 'द भागवत माहात्म्य इन कंटेक्स्ट'। 'स्थानिक रूपान्तरण' मुहावरे का पहला प्रयोग देखें—डायना एक्क, *बनारस : सिटी ऑफ लाइट,* (न्यूयॉर्क : अल्फ्रेड ए. नॉफ, 1982), 283-4; बनारस में गोकर्ण के लिए देखें 145, 354-5।
58. मथुरा का एक स्कूल मेरा पसन्दीदा है जिसका नाम है 'ग्रोइंग सोल किड्ज गुरुकुल', लेकिन हाइवे पर स्पेज आइटी पार्क के सामने एलडेको मैनसन-जेड् नामक एक रिहाइशी बस्ती है।
59. गुड़गाँव पर हाल में आई बेहद जरूरी तीन किताबें हैं—संजय श्रीवास्तव की *एन टैंगल्ड अर्बनिज्म : स्लम, गेटेड कम्यूनिटी, ऐंड शॉपिंग मॉल इन दिल्ली ऐंड गुड़गाँव* (दिल्ली : ऑक्सफोर्ड यूनिवर्सिटी प्रेस, 2015); लेरेना गुइऊ सर्ल की *लैंडस्केप्स ऑफ अकुम्यूलेशन : रियल एस्टेट ऐंड द निओलिबरल इमैजिनेशन इन कंटेंपररी इंडिया* (शिकागो : यूनिवर्सिटी ऑफ शिकागो प्रेस, 2016; दिल्ली : प्राइमस बुक्स, 2017); और वीणा तलवार ओल्डेनबर्ग की *गुड़गाँव : फ्रॉम मिथिक विलेज टु मिलेनियम सिटी* (नोएडा : हार्पर कॉलिन्स, 2018)। समकालीन शहरों, खासकर एशिया के शहरों पर व्यापक साहित्य इतना विशाल है कि उदाहरण देना मुश्किल है। बड़ी दिल्ली और एनसीआर से वृन्दावन की स्थिति के बारे में विभिन्न प्रतिनिधिक रचनाएँ हैं—शैल मायाराम (सं.), *द अदर ग्लोबल*

सिटी (न्यूयॉर्क और लन्दन : रटलेज, 2008); रश्मि वर्मा, द *पोस्ट-कोलोनियल सिटी ऐंड इट्स सब्जेक्ट्स : लन्दन, नैरोबी, बॉम्बे;* (न्यूयॉर्क और लन्दन : रटलेज, 2012); और एन. रैडमाखर तथा, के. शिवरामकृष्णन (सं.), *इकोलॉजीज ऑफ अर्बनिज्म इन इंडिया : मेट्रोपॉलिटन सिविलिटी ऐंड सस्टेनेबिलिटी* (हांगकांग : हांगकांग स्कॉलरशिप ऑनलाइन, 2014 {मुद्रण 2013)।

60. यहाँ, और इस पूरे खंड के लिए मैं रिंपेश शर्मा से गुड़गाँव में 2 जनवरी, 2017 को हुई बातचीत और 26 दिसम्बर, 2016 तथा 1 जनवरी, 2017 को दूसरों से हुई बातचीत का सहारा ले रहा हूँ।
61. इसके विपरीत वीसीएम का दावा है कि यह घटना 15वीं सदी की है। देखें—www.vcm.org.in/ sri-radha-raman-mandir-in-gurugram। देखा गया 12 जुलाई, 2018 को।
62. राकेश शेट्टी, इंटरव्यू, वृन्दावन, 11 जुलाई, 2018।
63. रिंपेश शर्मा, इंटरव्यू, गुड़गाँव, 27 मार्च, 2017।
64. यह भी देखें—रिचर्ड एच. डेविस, 'हेनरी डेविड थोरो, योगी'; *कॉमन नॉलेज* 24:1, 56-89, https://doi.org/10.1215/0961754X-4253822।
65. सर्वानन्द दास, इंटरव्यू, गुड़गाँव, 18 मार्च, 2017।
66. रिंपेश शर्मा, इंटरव्यू, गुड़गाँव, 27 मार्च, 2017।
67. सर्वानन्द दास, इंटरव्यू, गुड़गाँव, 15 जुलाई, 2018। अगले पैराग्राफ़्स में भी मैंने इस बातचीत का सहारा लिया है।
68. इसके अनुरूप एक बोर्ड यमुना एक्सप्रेसवे से वृन्दावन की ओर जानेवाली सड़क के मोड़ पर लगा है जिसमें लिखा है—'पुनः पधारें!' और यह भी लिखा है—'होलिडेज : फर्स्ट स्पिरिचुअल टाइमशेयर प्रोडक्ट', साथ में वृन्दावन चन्द्रोदय मन्दिर की तसवीर है और सम्पर्क करने के लिए फोन नम्बर भी दिया गया है (11 फरवरी, 2019)।
69. सर्वानन्द दास, इंटरव्यू, गुड़गाँव, 15 जुलाई, 2018। देखें—डेविड एल. हेबरमन, द *भक्तिरसामृतसिन्धु ऑफ रूप गोस्वामी;* (नई दिल्ली : इन्दिरा गांधी राष्ट्रीय कला केन्द्र, 2003), 38-39, 70-73 में *भक्तिरसामृतसिन्धु* 2.89, 2.235-8। इन कड़ियों में से अन्तिम दो से स्पष्ट है कि वृन्दावन से भी मतलब है। मथुरा का महिमागान करनेवाली रूप की कृति *मथुरा माहात्म्य* कुछ अधिक कठिन है (हॉली, *अ स्टॉर्म ऑफ सांग्स,* 155,360)। प्रासंगिक उद्धरण के लिए देखें—भूमिपति दास, *श्री मथुरा माहात्म्य : द ग्लोरीज ऑफ मथुरा मंडल,* (वृन्दावन : रासबिहारी ऐंड संस, नई दिल्ली), खासकर 1.45, 1.53-6।
70. रिंपेश शर्मा, इंटरव्यू, गुड़गाँव, 16 जनवरी, 2019; संशोधन किया चंचलापति दास ने, इंटरव्यू, 30 जनवरी, 2019। चंचलापति ने वीसीएम के पास की जमीन पर तीन तरह के रिहाइशी टावर की कल्पना की थी—प्रीमियम, बजट, और इकोनॉमी।
71. चंचलापति दास, इंटरव्यू, बंगलूरु, 30 जनवरी, 2019।
72. रिंपेश शर्मा, इंटरव्यू, गुड़गाँव, 16 जनवरी, 2019।
73. कृष्णदास कविराज की *चैतन्यचरितामृत* में चंचलापति की जो जीवनी है उसे सामान्य तथ्य के रूप में लिया जाना था। उन्हें विश्वास था कि उन्हें चैतन्य के शब्द और विचार ज्यों के त्यों पता हैं, जबकि कुछ विद्वानों ने इस मेल पर सन्देह किया है। विशेष तौर

पर देखें—टोनी के. स्टीवर्ट, द *फाइनल वर्ड : द चैतन्य चरितामृत ऐंड द ग्रामर ऑफ रिलिजियस ट्रैडीशंस* (न्यूयॉर्क : ऑक्सफोर्ड यूनिवर्सिटी प्रेस, 2010), इनके विचार को मैंने *अ स्टॉर्म ऑफ सांग्स,* 165-179 में अपनाया है।

74. 'स्ट्रेटेजिक कम्यूनिकेशन ऐंड प्रोजेक्ट्स' के प्रमुख नवीन नीरद दास ने भी मुझे यह न्यूयॉर्क में 10 नवम्बर, 2018 को बताया था।
75. चंचलापति दास ने भागवत पुराण और गर्ग संहिता को स्रोत के रूप में लिया, और मुझे यह देखकर लगा कि इस्कॉन ने 'एअर ब्रश' वाले 'नव-वैदिक' कला रूपों के प्रभाव में किस तरह महारत हासिल कर ली है। देखें—प्रियसखी बर्ची, 'निओ-वैदिक कृष्णा : फ्यूजन ऑफ ट्रैडीशन ऐंड इनोवेशन' (अप्रकाशित लेख, बारनार्ड कॉलेज, कोलम्बिया यूनिवर्सिटी, दिसम्बर, 2017) और रिचर्ड एच. डेविस : 'कृष्णा इंटर्स द ऐज ऑफ मेकेनिकल रीप्रोडक्शन', *जर्नल ऑफ वैष्णव स्टडीज* 21:2 (2013), 31-42। गोलाकार जेल के बारे में देखें—मिशेल फूको, *डिसिप्लिन ऐंड पनिश : द बर्थ ऑफ द प्रीजन* (न्यूयॉर्क : विंटेज, 1995); और उलटी दिशा में, मिशेल डि सर्च्यू, द *प्रैक्टिस ऑफ एवरीडे लाइफ* (बर्कले : यूनिवर्सिटी ऑफ कैलिफोर्निया प्रेस, 1984), 91-110, 218-21 में मिशेल ड सेर्टो, 'वाकिंग इन द सिटी'।
76. रासलीलाएँ इस बात को खूबसूरती से स्पष्ट करती हैं। देखें—हॉली और गोस्वामी, *ऐट प्ले विथ कृष्ण,* 49-51।
77. सर्वानन्द दास, इंटरव्यू, गुड़गाँव, 16 जनवरी, 2019।
78. काल का मार्मिक और चमत्कारिक बोध तुलसी श्रीनिवास ने तकनीक-उन्मुख बंगलूरु में जीवन का जो चित्र खींचा है उससे उभरता है (द *काउ इन एलिवेटर,* अध्याय 5, 'टाइमलेस इंपरेटिव्स, ओब्सोलिसेंस, ऐंड सैलवेज', 172-205)।

5. महिलाओं का वृन्दावनी आश्रय : आज कैसा?

1. पवन के. वर्मा, 'विडोज ऑफ वृन्दावन', 2002, जिसका जिक्र खुशवन्त सिंह ने 'सर्वाइविंग येट अनदर कोल्ड वार', द *ट्रिब्यून,* 1 फरवरी, 2003 में किया है : www.tribuneindia.com/2003/20030201/windows/above.htm। दूसरे मीडिया में इसको लेकर जो शोर है उसमें शामिल हैं—पंकज बुटालिया, *मोक्ष* (अंग्रेजी फिल्म *सैल्वेशन,* 1993); कुसुम अंसल, द *विडो ऑफ वृन्दावन* (हिन्दी उपन्यास *तापसी* का अनुवाद मासूमा अली द्वारा), (नई दिल्ली : हार्परकॉलिन्स, 2004); फजल शेख, *मोक्ष,* (गुर्टिंगेन : स्टैडल, 2005); और लीना यादव, *पार्च्ड,* निर्माता अजय देवगन (मुम्बई : अजय देवगन फिल्म्स, 2015), 23 सितम्बर, 2016 को रिलीज हुई।
2. हॉली और गोस्वामी, *ऐट प्ले विथ कृष्णा,* 44-8।
3. स्वामी अपूर्वानन्द, श्रीसारदा देवी : संक्षिप्त जीवनी तथा उपदेश (नागपुर : रामकृष्ण मठ, 1984), 37-43; स्वामी चेतनानन्द, स्वामी अनिमेषानन्द (सं.), 'बोधन सूवनीर 2012'...। 'माँ शारदा कुटीर' (वृन्दावन : रामकृष्ण मठ और रामकृष्ण मिशन सेवाश्रम, 2012), 10-17 में 'होली मदर्स पिलग्रिमेज (अगस्त 1886-अगस्त 1887); स्वामी निखिलानन्द, *होली मदर :*

बीइंग द लाइफ ऑफ श्रीसारदा देवी, वाइफ ऑफ श्री रामकृष्ण ऐंड हेल्पमेट इन हिज मिशन (लन्दन : एलेन ऐंड अनविन, 1962), 95-9।

4. मैं टी.एन. मदन के 14-15 जनवरी, 2019 के उनके ई-मेल के लिए उनका आभारी हूँ। दोहे में 'रहीम' नाम मुगल दरबारी और ब्रज भाषा के महान कवि अब्दुर्रहीम खानखाना का है, लेकिन दोहे की पहली पंक्ति में 'रहिमन' को भी प्रतिध्वनित करता है जिसके साथ तीन व्यंजन भी हैं। पहली दृष्टि में दोनों का अर्थ अल्लाह से है, इसके बाद मनुष्य से सम्बन्ध है। विष्णु का एक नाम नारायण भी है।
5. मार्था आल्टर चेन, *पर्पेचुअल माउनिंग : विडोहुड इन रूरल इंडिया* (दिल्ली : ऑक्सफोर्ड यूनिवर्सिटी प्रेस, 2000), 262-4; वी.एन. दत्ता, *सती : अ हिस्टोरिकल, सोशल, ऐंड फिलोसॉफिकल इनक्वायरी इंटु द हिन्दू राइट ऑफ विडो बर्निंग* (दिल्ली : मनोहर, 1988), 195-7; मनीषा रॉय, *बेंगाली वुमेन,* (शिकागो : यूनिवर्सिटी ऑफ शिकागो प्रेस, 1972), 146-7। ज्यादा विस्तार के लिए देखें—लिंड्सी हार्लन और पॉल बी. कोर्टराइट (सं.), *फ्रॉम द मारजिन्स ऑफ हिन्दू मैरेज; एसेज ऑन जेंडर रिलिजन ऐंड कल्चर* (न्यूयॉर्क : ऑक्सफोर्ड यूनिवर्सिटी प्रेस, 1995), 92-118 में सूसन एस. वादली, *नो लॉन्गार अ वाइफ : विडोज इन रूरल नॉर्थ इंडिया;* उमा चक्रवर्ती, *एवरीडे लाइव्स, एवरीडे हिस्टरीज : बियोंड द किंग्स ऐंड ब्राह्मन्स ऑफ एंसिएंट इंडिया,* (नई दिल्ली : तूलिका बुक्स, 2006), अध्याय 8, *जेंडर कास्ट ऐंड लेबर : आइडियोलॉजिकल ऐंड मेटेरियल स्ट्रक्चर ऑफ विडोहुड,* 156-78; और सती पर विपुल साहित्य।
6. वी. मोहिनी गिरि, इंटरव्यू, दिल्ली, 16 जुलाई, 2018। मोहिनी गिरि कई किताबों की लेखिका है, सभी अंग्रेजी में हैं जिनमें ये भी हैं—*देवीज : वुमेंस अनइक्वल स्टेटस इन सोसाइटी* (2006), और इनके सम्पादित खंड—*लिविंग डेथ : ट्रामा ऑफ विडोहुड इन इंडिया* (2002), और *स्टेटस ऑफ एल्डरली वुमेन इन इंडिया* (2013), सभी का प्रकाशन नई दिल्ली के ज्ञान पब्लिशिंग हाउस ने किया है।
7. 'ओप्राज नेक्स्ट चैप्टर' पर 'ओप्रा इन इंडिया', www.youtube.com/watch?v=Y814cP3IB1s,और www.youtube.com/watch?v=aBhpng2NzVc, देखा गया 28 जुलाई, 2018 को। धार्मिक अध्ययन की दृष्टि से खुद ओप्रा के बारे में देखें—*ओप्रा : द गोस्पेल ऑफ ऐन आइकन,* (बर्कले : यूनिवर्सिटी ऑफ कैलिफोर्निया प्रेस, 2011)।
8. वी. मोहिनी गिरि, इंटरव्यू, दिल्ली, 10 जुलाई, 2018।
9. वी. मोहिनी गिरि, इंटरव्यू, दिल्ली, 7 जुलाई, 2018।
10. रामसिया वाजपेयी, इंटरव्यू, वृन्दावन, 24 दिसम्बर, 2017।
11. वी. मोहिनी गिरि, इंटरव्यू, दिल्ली, 7 जुलाई, 2018।
12. पवन वर्मा ने इस घटना पर एक कविता भी लिखी है—"In life we are flesh/clad in white / embalmed in ashrams /to mark us out /as someone else's right..." बताया जाता है कि यह *विडोज ऑफ वृन्दावन* में प्रकाशित है और संकलन की 11वीं कविता है। लेकिन मैं इसका प्रकाशित स्रोत नहीं ढूँढ़ पाया (वी. मोहिनी गिरि, फोटोकॉपी, 29 जनवरी, 2019)। इस कविता के आधार पर प्रतिभा प्रह्लाद ने 2003 में भरतनाट्यम नृत्य प्रस्तुत किया।

13. 'द डिविनिटी स्पीक्स', वात्सल्य ग्राम (अ विलेज ऑफ मेटरनल लव), (दिल्ली : परम शक्ति पीठ, एन.डी.। [उपलब्ध 2017]), 1।
14. वात्सल्य ग्राम के प्रतिनिधियों ने मथुरा के रमनलाल शोरावला इंटरनेशनल स्कूल और नागपुर के भोंसला मिलिटरी स्कूल का उदाहरण दिया (वृन्दावन, 20 जनवरी, 2019)। साथ में देखें—तरुण नांगिया, 'साध्वी ऋतम्भरा मेक्स हर ओन वर्ल्ड', *इंडियन एक्सप्रेस*, 19 जून, 2011।
15. वृन्दावन क्षेत्र में लड़कियों के जीवन को प्रभावित कर रहा है सन्दीपनी मुनि स्कूल, जिसकी स्थापना इतालवी माता-पिता की सन्तान और इस्कॉन भक्त रूप रघुनाथ दास ने की थी। 2002 से चल रहा यह स्कूल निजी दान के बूते गरीब परिवारों की करीब 1200 लड़कियों को 12वीं कक्षा तक की शिक्षा दे रहा है। स्कूल का दायरा पास गाँवों तक फैला है। www.vina.cc/2010/09/25/third-sandipani-muni-school-opens-in-vrindavan।
16. वी. मोहिनी गिरि, इंटरव्यू, दिल्ली, 1 फरवरी, 2019।
17. वात्सल्य ग्राम के बारे में सूचनाएँ देने और चन्दे की अपील करनेवाले अंग्रेजी वीडियो 'गोकुलम' में प्राचीन आश्रमों को 'सामाजिक सुरक्षा की प्राचीन भारतीय व्यवस्था' बताया गया है, जहाँ किसी भी जरूरतमन्द को 'परिवार का सदस्य' मानकर अपनाया जाता है। इस सन्दर्भ में 'वैदिक' शब्द का विशेष प्रयोग किया गया है। दूसरी जगह उस मंत्र 'वसुधैव कुटुम्बकम्' का प्रयोग किया गया है जिसका प्रयोग मोहिनी गिरि किया करती थीं लेकिन अलग सन्दर्भ में, www.youtube.com/watch?v=vFqQb_UzuTA देखा गया 7 अक्टूबर, 2018 को।
18. *वात्सल्य ग्राम (अ विलेज ऑफ मेटरनल लव),* 4।
19. साध्वी ऋतम्भरा और स्वामी परमानन्द गिरि के सम्बन्ध के बारे में माँ धाम के प्रकाशनों में बराबर उल्लेख किया जाता है। उदाहरण के लिए, इस विषय पर मासिक घरेलू पत्रिका *वात्सल्य निर्झर* (अक्टूबर 2017) में 'मेरे गुरुदेव' शीर्षक शृंखला में प्रकाशित कई लेख अलग हटकर हैं।
20. साध्वी ऋतम्भरा, *यशोदा भाव : वात्सल्य ग्राम की मूल प्रेरणा* (दिल्ली : वात्सल्य प्रकाशन, 2013), 1 और आवरण।
21. 'सैनिक की आत्मा में बसा भारत', *वात्सल्य निर्झर* (अक्टूबर 2016)। मासिक पत्रिका *वात्सल्य निर्झर* में 'स्वाधीनता संग्राम के शहीदों को रक्तांजलि', 'नमन शहीदों को' जैसे लेख छापे गए हैं। उदाहरण के लिए, अक्टूबर, 2016 के अंक में पंडित चन्द्रशेखर आजाद पर लेख (30-1); जून, 2017 के अंक में अन्तिम मुगल बादशाह बहादुरशाह जफर (30) पर लेख छपा था। इन दोनों के मृत्यु दिवस (1931, 1861) बताए गए थे।
22. रवि अग्रवाल बताते हैं कि शिशु लड़कियों और लड़कों का मौजूदा अनुपात 919: 1000 का है (*इंडिया कनेक्टेड,* 204)।
23. डेविड एल. हेबरमन, ऑन ट्रायल : द लव ऑफ द सिक्स्टीन थाउजेंड गोपीज', *हिस्टरी ऑफ रिलिजंस,* 33:1 (1993), 44-70; जे. बार्टन स्कॉट, *स्पिरिचुअल डेस्पोट्स : मॉडर्न हिन्दूइज्म ऐंड द जीनिओलॉजीज ऑफ सेल्फ-रूल* (शिकागो : यूनिवर्सिटी ऑफ शिकागो प्रेस, 2016), 119-49, 241-7; करसनदास मुल्जी, *हिस्टरी ऑफ द सेक्ट*

ऑफ महाराजाज, ऑर वल्लभाचार्य, इन वेस्टर्न इंडिया (लन्दन : त्रबनार, 1865); अमृता शोधन, *अ क्वेश्चन ऑफ कम्यूनिटी : रिलिजियस ग्रुप्स ऐंड कोलोनियल लॉ* (कोलकाता : साम्य, 2001), 117-200; कविराज, *द अनहैप्पी कन्शसनेस,* 72-106।

24. उषा गर्ग, इंटरव्यू, वृन्दावन, 28 दिसम्बर, 2017।
25. 'वृन्दावन की विधवाओं के पुनर्वास के लिए सुप्रीम कोर्ट ने कमिटी का गठन किया', *वृन्दावन टुडे,* 12 अगस्त, 2017; कुछ महीने बाद 'विधवाओं के बारे में अतिरिक्त संकेतकों' के लिए अनुरोध (*वृन्दावन टुडे,* 7 फरवरी, 2018)। सुप्रीम कोर्ट के आदेश पर गठित इस छह सदस्यीय एक्शन कमिटी में सुलभ इंटरनेशनल और गिल्ड फॉर सर्विस भी शामिल थे।
26. स्वामिनी विश्वमोहिनी, इंटरव्यू, वृन्दावन, 13 जुलाई, 2018।
27. निराला, 'तोड़ती पत्थर' कविता (1935), जो 1938 में प्रकाशित उनके कविता संग्रह *अनामिका* (इलाहाबाद : भारती भंडार, 1963), 81; 'ब्रेकिंग स्टोन्स' शीर्षक से अंग्रेजी में अनुवाद डेविड रूबिन ने किया, *अ सीजन ऑन द अर्थ,* (न्यूयॉर्क : कोलम्बिया यूनिवर्सिटी प्रेस, 1976), 40-1।
28. यह व्यापक सत्य नहीं है। रासलीला की मणिपुरी अभिव्यक्ति एक अपवाद है।
29. आस्था गोस्वामी, 'सांग्स फॉर कृष्णा इन ऑटम : डिवोशनल म्यूजिक फ्रॉम नॉर्थ इंडिया', इंटरव्यू और प्रदर्शन, न्यूयॉर्क, 5 अक्टूबर, 2018।
30. हरिबोल पंडाल, वृन्दावन, 8 नवम्बर, 2016। इस विषय के लिए देखें—मैकोमस टेलर, *सेवेन डेज ऑफ नेक्टार : कंटेंपररी ओरल परफॉरमेंस ऑफ द भागवत पुराण* (न्यूयॉर्क : ऑक्सफोर्ड यूनिवर्सिटी प्रेस, 2016), 204; और हॉली, *भागवत अक्रॉस बाउंड्रीज, जर्नल ऑफ हिन्दू स्टडीज* 11:1 (2018), 4-20। गैर-ब्राह्मण भागवत के इतिहास के लिए देखें—हॉली, *अ स्टॉर्म ऑफ सांग्स,* 70-2।
31. विष्णुप्रिया गोस्वामी, इंटरव्यू, वृन्दावन, 29 दिसम्बर, 2017; वृन्दावन, 5 मार्च, 2019।
32. जे.एल. मेसन, 'द चाइल्डहुड ऑफ कृष्णा : सम साइकोएनालिटिक ऑब्जरवेशंस', *जर्नल ऑफ द अमेरिकन ओरिएंटल सोसाइटी* 94:4 (1974), 454-9; सुधीर कक्कड़, *द इनर वर्ल्ड : अ साइको-एनालिटिक स्टडी ऑफ चाइल्डहुड ऐंड सोसाइटी इन इंडिया,* दूसरा संस्करण (दिल्ली : ऑक्सफोर्ड यूनिवर्सिटी प्रेस, 1981), 147-53; सुधीर कक्कड़ और जॉन एम. रॉस, *टेल्स ऑफ लव, सेक्स, ऐंड डैंजर,* (दिल्ली : ऑक्सफोर्ड यूनिवर्सिटी प्रेस, 1986), 88, 98-100; और जे.एस. हॉली, *भक्ति के तीन स्वर : मीरां, सूर, कबीर* (दिल्ली : राजकमल प्रकाशन, 2019), 129-141, 'कृष्णा ऐंड द जेंडर ऑफ लॉन्गिंग'। मालाश्री लाल और नमिता गोखले द्वारा सम्पादित ग्रंथों में एकदम भिन्न दृष्टि उभरती है—*फाइंडिंग राधा : द क्वेस्ट फॉर लव,* (गुड़गाँव : पेंगुइन, 2018)।
33. यह भी देखें—रूथ वनिता, *लव्स राइट : सेम-सेक्स मैरेज इन इंडिया ऐंड द वेस्ट* (दिल्ली : पेंगुइन, 2005), 166-7।
34. भागवत पुराण 10:30.17-44।

6. श्रीवत्स होना

1. श्रीवत्स गोस्वामी, इंटरव्यू, मुम्बई, 3 फरवरी, 2017। इस खंड में आगे के उद्धरण भी श्रीवत्स के साथ 3 से 8 फरवरी, 2017 के बीच हुई बातचीत से ही लिये गए हैं। मैंने विशेष क्षणों का उल्लेख यदा-कदा ही किया है।
2. इंटरव्यू, मुम्बई, 4 फरवरी, 2017।
3. इंटरव्यू, मुम्बई, 8 फरवरी, 2017।
4. इंटरव्यू, मुम्बई, 6 फरवरी, 2017।
5. सुन्दरानन्द दास विद्याविनोद, *वैष्णव-सिद्धान्ते श्रीगुरुस्वरूप* (कलकत्ता : श्री करुणा दास, 1965), अध्याय 10 (गुरु त्याग), 209-34। इस विवाद का संक्षिप्त और कुछ संशोधित विवरण भक्ति सिद्धान्त सरस्वती की जीवनी *श्री भक्ति सिद्धान्त वैभव* (सूरत : भक्ति विकास ट्रस्ट, 2009), खंड 2, 345 में फुटनोट के रूप में है, जिसे भक्ति विलास स्वामी ने लिखा है।
6. चार्ल्स आर. ब्रुक्स, *द हरे कृष्णाज इन इंडिया*, (प्रिंसटन : प्रिंसटन यूनिवर्सिटी प्रेस, 1989), 155-70।
7. कुमार, *सैक्रेड मॉडर्निटि ऐंड इट्स फ्रैग्मेंट्स*, 100-1।
8. श्रीवत्स गोस्वामी, इंटरव्यू, मुम्बई, 4 फरवरी, 2017।
9. पीटर मैनुअल, 'सिंक्रेटिज्म ऐंड एडेप्टेशन इन रसिया, अ ब्रज फोक सॉन्ग जेनर', *जर्नल ऑफ वैष्णव स्टडीज* 3;1 (1994), 33.60।
10. केस, *सीइंग कृष्णा*, 111-50।
11. टाइलर विलियम्स, अंशु मल्होत्रा, और जे.एस. हॉली (सं.), *टेक्स्ट ऐंड ट्रैडिशन इन अर्ली मॉडर्न नॉर्थ इंडिया* (दिल्ली : ऑक्सफोर्ड यूनिवर्सिटी प्रेस, 2018), 335-53 में श्रीवत्स गोस्वामी, *गोपाल भट्ट : केरियर ऑफ भक्ति टु द नॉर्थ*।
12. यहाँ और अगले दो पारा में दिए गए उद्धरण श्रीवत्स गोस्वामी से मुम्बई में 5 फरवरी, 2017 को हुई बातचीत से।
13. श्रीवत्स गोस्वामी, मुम्बई, 5 फरवरी, 2017 को हुई बातचीत से। यही बातें उन्होंने वृन्दावन में 18 फरवरी, 2017 को जूडिथ जेनसेन से हुई बातचीत में कहीं।
14. इस मामले में श्रीवत्स रिचर्ड ईटन द्वारा, उदाहरण के लिए, 'टेम्पल डेसीक्रेशन ऐंड इंडो-मुस्लिम स्टेट्स', *जर्नल ऑफ इस्लामिक स्टडीज* 11:3 (2000), 283-319 में प्रस्तुत प्रमाण का सहारा लेते हैं। संक्षिप्त रूप देखें—ऑड्री ट्रश्की, *औरंगजेब : द मैन ऐंड द मिथ*, (गुड़गाँव : वाइकिंग, 2017), 107-13।
15. केस (सं.), *गोविन्ददेव*, 269-77 में श्रीवत्स गोस्वामी, 'गोविन्द दर्शन : द लोटस इन स्टोन'।
16. इंटरव्यू, मुम्बई, 5 फरवरी, 2017।
17. विभूति सचदेव, *बिल्डिंग जयपुर : द मेकिंग ऑफ ऐन इंडियन सिटी* (न्यूयॉर्क : ऑक्सफोर्ड यूनिवर्सिटी प्रेस, 2002); मोनिका हॉर्स्टमान, *विजंस ऑफ किंगशिप इन द ट्विलाइट ऑफ मुगल रूल* (एम्स्टर्डम : रॉयल नीदरलैंड्स एकेडमी ऑफ आर्ट्स ऐंड साइंसेज, 2006)।
18. श्रीवत्स गोस्वामी, इंटरव्यू, मुम्बई, 5 फरवरी, 2017।

19. यह भी देखें—इमके राजामणि, मार्ग्रीट पेर्नौ, और कैथरिन बटलर स्कोफील्ड्स (सं.), *मॉनसून फीलिंग्स : अ हिस्टरी ऑफ द एमोशंस इन द रेन* (नई दिल्ली : नियोगी बुक्स, 2018), 71-96, खासकर 94 में रिचर्ड डेविड विलियम्स, 'अ थिओलॉजी ऑफ फीलिंग : द राधावल्लभी मॉनसून इन द एटीन्थ सेंचुरी'।

7. वृन्दावन : हमारे समय का संकेत

1. निर्जन वनप्रान्तर की सामान्य अमेरिकी धारणा के बारे में, जिसके अनुसार यह क्षेत्र हमेशा सीमान्त पर होना चाहिए, देखें—विलियम क्रोनोन, 'द ट्रबल विथ विल्डरनेस : ऑर गेटिंग बैक टु द रौंग नेचर', *एन्वायरमेंटल हिस्टरी* 1:1 (1996), 13; रोड्रिक फ्रेजियर नैश, *विल्डरनेस ऐंड द अमेरिकन माइंड,* 5वाँ संस्करण (न्यू हेवेन : येल यूनिवर्सिटी प्रेस, 2014 [1967]), खासकर 238-71, 342-85; और फ्रेडरिक जैक्सन टर्नर तथा साथ में टिप्पणियाँ जॉन मैक फरघर की, *रीरीडिंग फ्रेडरिक जैक्सन टर्नर : द सिग्निफिकेंस ऑफ द फ्रंटियर इन अमेरिकन हिस्टरी, ऐंड अदर एसेज,* (न्यू हेवेन : येल यूनिवर्सिटी प्रेस, 1998)।
2. इसके बारे में और जानने के लिए, वृन्दावन को 'बागों के शहर' के रूप में कल्पित और डिजाइन करने में शहरी और खासकर शाही रुझान के प्रभाव के बारे में जानने के लिए देखें—फिलिप लट्गेंडोर्फ, 'इमेजिनिंग अयोध्या : यूटोपिया ऐंड इट्स शैडोज इन अ हिन्दू लैंडस्केप', *इंटरनेशनल जर्नल ऑफ हिन्दू स्टडीज* 1:1 (1997), 37-40। लट्गेंडोर्फ का मुहावरा है—'सिटी इन अ गार्डेन' (उर्ब्स इन होर्टो), 19-21, 37। निकुंज के बारे में देखें—रूपर्ट स्नेल, द निकुंज ऐज सैक्रेड स्पेस इन पोएट्री ऑफ राधावल्लभी ट्रैडिशन', जर्नल ऑफ वैष्णव स्टडीज 7:1 (1998), 63-84; 18वीं सदी के वृन्दावन के डिजाइन पर विशेष जोर देने के बारे में देखें—सुगता राय, *क्लाइमेट चेंज ऐंड द आर्ट ऑफ डिवोशन : जीओएस्थेटिक्स इन द लैंड ऑफ कृष्ण,* 1550-1850, (सिएटल : यूनिवर्सिटी ऑफ वाशिंगटन प्रेस, 2019), 119-20; वन के विचार के साथ जैसा प्रयोग किया गया है—एंटविस्ल, *ब्रज : सेंटर ऑफ कृष्ण पिलग्रिमेज,* 301।
3. वृन्दावन टुडे के ऑनलाइन और मुद्रित संस्कारण वृन्दावन में पर्यावरण विनाश के विभिन्न पहलुओं और उससे जुड़ी घटनाओं की सूचना का बड़ा स्रोत है। विषयवस्तु के रूप में एक सामान्य योगदान रणछोड़ प्राइम भी है, 'रिस्टोरिंग द फोरेस्ट्स ऑफ ब्रज', *वृन्दावन टुडे,* 22 जुलाई, 2014। नदी में हो रहे परिवर्तनों के बारे में देखें—अवधेन्द्र शरण, इन द *सिटी, आउट ऑफ प्लेस : न्यूसेंस, पोल्यूशन, ऐंड ड्वेलिंग इन दिल्ली, सीए।* 1850-2000 (दिल्ली : ऑक्सफोर्ड यूनिवर्सिटी प्रेस, 2014), 22-69 (पानी के बारे में) यत्र-तत्र उल्लेख।
4. देखें—डेविड शूलमन, 'मोर दैन रियल : अ हिस्टरी ऑफ द इमेजिनेशन इन साउथ इंडिया' (कैम्ब्रिज : हारवर्ड यूनिवर्सिटी प्रेस, 2012)।
5. 'विरासत' के पर्यावरण में वास्तविकता और अनुभवजनित ज्ञान के कई पहलुओं की व्याख्या पर एक प्रभावी बयान है बारबरा किर्शेंब्लाट-गिम्बलेट का *डेस्टिनेशन कल्चर :*

टूरिज्म, म्यूजियम्स, ऐंड हेरिटेज, (बर्कले : यूनिवर्सिटी ऑफ कैलिफोर्निया प्रेस, 1998), 189-200। हाल में भारत के सम्बन्ध में विशेष जानने के लिए देखें थापर, 'इंडियन कल्चर्स ऐज हेरिटेज'।

6. मूर्त रूप, और इस तरह के सन्दर्भों में इसका क्या अर्थ है, यह जानने के लिए देखें—बारबरा ए. होल्दरेग और कैरेन पेचीलिस (सं.), *रीफिगरिंग द बडी : एंबडीमेंट इन साउथ एशियन रिलिजंस* (अलबानी : स्टेट यूनिवर्सिटी ऑफ न्यूयॉर्क प्रेस, 2016); विशेषकर रूप और जीव गोस्वामी के सम्बन्ध में देखें—होल्दरेग, *भक्ति ऐंड एम्बडिमेंट*। यहाँ मुख्य दिलचस्पी जैसी कि इन गोस्वामियों के धार्मिक लेखन के लिए है, वैसी ही इस बात में है कि मूर्त रूप के बोध को अधिक सूक्ष्म रूपों में कैसे रूपान्तरित किया जाए, या उन सूक्ष्म रूपों को सामान्य के हिस्से की तरह कैसे पहचाना जाए। इसका अर्थ यह हुआ कि 'शरीर' या 'देह' या और 'रूप' जैसे शब्दों से प्रकट ठोस वास्तविकताएँ अपने 'साधक रूप' या 'सिद्ध रूप' में विलीन होती हैं, न कि प्रत्यक्षत: खुलकर सामने आती हैं। इसलिए, उनके सम्बन्धों की द्वंद्वात्मक विशेषता कभी-कभी पूर्णत: स्पष्ट होकर सामने नहीं आ पाती, और बाकी दो नहीं बल्कि 'रूप' केन्द्रीय तत्त्व बन जाता है, हालाँकि ये सम्बन्ध मूलभूत हैं। देखें—होल्दरेग, *भक्ति ऐंड एंबडीमेंट,* 97-101, खासकर 98। 'अचिन्त्यभेद-अभेद' के बारे में प्राथमिक ज्ञान के लिए देखें—एडवर्ड सी. डिमॉक जूनियर, *द प्लेस ऑफ द हिडेन मून : इरोटिक मिस्टीसिज्म इन द वैष्णव-सहजिया कल्ट ऑफ बंगाल,* (शिकागो : यूनिवर्सिटी ऑफ शिकागो प्रेस, 1966), 129-34।

7. इस पारा में आए विषयों के बारे में देखें—जे.एस. हॉली, *अ स्टॉर्म ऑफ सांग्स,* और खासकर भागवत माहात्म्य के लिए अध्याय 2, 59-98; साथ में हॉली, द *भागवत माहात्म्य इन कंटेक्स्ट*।

8. विक्टर मैलेट, *रिवर ऑफ लाइफ, रिवर ऑफ डेथ : द गेंजेज ऐंड इंडियाज फ्यूचर,* (दिल्ली : ऑक्सफोर्ड यूनिवर्सिटी प्रेस, 2017), 248।

9. परियोजना का सुपरविजन स्टेफानिया अबाकेर्ली कर रही थीं, भारत की ओर से विशेषज्ञ थीं प्रिया चोपड़ा, जिनका मैं आभारी हूँ कि उन्होंने 12 जून, 2017 को वाशिंगटन में विश्वबैंक में मुझसे बातचीत की।

10. प्रिया चोपड़ा एवं अन्य, *उत्तर प्रदेश प्रो-पूअर टूरिज्म डेवलपमेंट प्रोजेक्ट* (पी 146936) : वृन्दावन में साइट का दौरा (1-3 अप्रैल, 2015)', 10 अप्रैल, 2015।

11. गंगा पर केन्द्रित और यमुना को भी समेटनेवाले आकलन के लिए देखें—मैलेट, *रिवर ऑफ लाइफ, रिवर ऑफ डेथ,* 242-52। एक समय था जब 'पुनर्स्थापन और अनुसंधान' पर 10 करोड़ रुपये से ज्यादा के खर्च को एमवीडीए और ब्रज फाउंडेशन के बीच करार के द्वारा रिकॉर्ड किया जा सकता था, लेकिन एमवीडीए के वर्तमान स्वरूप में इसकी वेबसाइट यह नहीं दर्शाती है। देखें—कुमार और जैकबसेन, 'हेरिटेज ऐंड एन्वायर्मेंट', 121,125, 128, और www.mvda.in।

12. 'हृदय स्कीम डेवलपमेंट एसेस्ड', *वृन्दावन टुडे,* 14 जनवरी, 2018।

13. देखें—'प्रोजेक्ट्स', ब्रज फाउंडेशन, www.brajfoundation.org/ projects.php? brajfoundation=55, देखा गया 14 सितम्बर, 2018 को।

14. यह भी देखें—बारबरा कार्शेनब्लाट-गिंबलेट, 'इनटैंजिबल हेरिटेज ऐज मेटाकल्चरल प्रोडक्शन', *म्यूजियम इंटरनेशनल* 56:1-2 (2004), 52-65।

15. जेकब एन. किन्नार्ड, *प्लेसेज इन मोशन : द फ्लूइड आइडेंटिटीज ऑफ टेम्पल्स, इमेजेज, ऐंड पिलग्रिम्स* (न्यूयॉर्क : ऑक्सफोर्ड यूनिवर्सिटी प्रेस, 2014), 120।

16. अर्मूगम परशुरामन, दिल्ली में यूनेस्को ऑफिस के प्रमुख, 'यूनेस्को-वृन्दावन सहयोग' के वृन्दावन ग्रुप के संयोजक श्रीवत्स गोस्वामी को पत्र, 1 फरवरी, 2010। अप्रैल में बैठक करने का सुझाव दिया गया मगर परशुरामन की अस्वस्थता के कारण वह बैठक कभी नहीं हो पाई। इसके अलावा, प्रदेश और स्थानीय प्रशासन ने इसमें शामिल होने से मना कर दिया।

17. केन्द्र सरकार के इस महकमे का पूरा नाम जल संसाधन, नदी विकास और गंगा संरक्षण मंत्रालय है जिसका गठन 2014 में आई भाजपा सरकार ने किया। इसका इतिहास देखें—http://mowr.gov.in/ about-us/history।

18. पेनांग की जॉर्ज टाउन जेट्टी के लिए देखें—लाइग्नी बैरन, 'यूनेस्को-साइड : डज वर्ल्ड हेरिटेज स्टेटस डू सिटीज मोर हार्म दैन गुड', द *गार्डियन,* 30 अगस्त, 2017। बोधगया और पोर्टो के बारे में देखें—किन्नार्ड, *प्लेसेज इन मोशन,* 141-2, और यह भी देखें—डेविड गियरी, *द रीबर्थ ऑफ बोध गया : बुद्धिज्म ऐंड द मेकिंग ऑफ अ वर्ल्ड हेरिटेज साइट,* (सिएटल : यूनिवर्सिटी ऑफ वाशिंगटन प्रेस, 2017), 137-46, 168-79। एशिया के अन्दर—नातालिया ब्लोच, 'एविक्टिंग हेरिटेज : स्पाशियल क्लिंसिंग ऐंड कल्चरल लेगसी ऐट द हम्पी यूनेस्को साइट इन इंडिया', *क्रिटिकल एशियन स्टडीज* 48: 4 (2016), 556-78; डेनिस बर्न, 'वेस्टर्न हेजिमनि इन आर्किओलॉजिकल हेरिटेज मैनेजमेंट', *हिस्टरी ऐंड एंथ्रोपोलॉजी* 5:2 (1991), 269-76; और बर्न, *काउंटरहेरिटेज : क्रिटिकल पर्सपेक्टिव्स ऑन हेरिटेज कंजर्वेशन इन एशिया* (लन्दन : रटलेज, 2014)।

19. इस विषय पर संक्षेप में—हॉली, *अ स्टॉर्म ऑफ सॉन्ग्स,* 150-7।

20. एक अलग प्रजाति को लेकर मैंने एक समानान्तर अभियान को देखा है जिसमें प्रत्यक्ष टकराव काफी कम हुआ और वह सफल दिखा। यह अभियान उत्तरी अमेरिकी मार्गान्सर बतखों के लिए था, जिनका मिशिगन प्रदेश की झील के, जिसमें मैंने तैरना सीखा, अन्दर रहनेवाले घोंघों से सम्पर्क के कारण हजारों तैराकों को कई साल तक खुजली की बीमारी हो जाती थी। इस वजह से बच्चे तो पानी से दूर रहते थे और बड़ों को बीमारी भी लग जाती थी। एक व्यापक और नियोजित अभियान के तहत बतखों को अन्ततः वहाँ से हटाकर वहाँ ले जाया गया जहाँ घोंघे नहीं थे। अब नये घर में वे बतख़ें मजे में हैं। 1997 के बाद से वृन्दावन के बारे में देखें—एकवाल इमाम, एच.एस.ए. याहया, और इकबाल मलिक, 'अ सक्सेसफुल मास ट्रांसलोकेशन ऑफ कोमेंसल रेसस मंकीज मकाका मूलत्ता इन वृन्दावन, इंडिया', *ओरिक्स* 36:1 (2002), 87-93।

21. लम्बी अवधि के लिए देखें—हेबरमन, *रिवर ऑफ लव इन ऐन ऐज ऑफ पोल्यूशन,* 169; मैलेट, *रिवर ऑफ लाइफ, रिवर ऑफ डेथ,* 244।

22. किन्नार्ड, *प्लेसेज इन मोशन,* 119। यह भी देखें—क्रिस्टियान ब्रोसियस और केरिन एम. पॉलिट (सं.), *रिचुअल, हेरिटेज, ऐंड आइडेंटिटी,* (लन्दन : रटलेज, 2011), 33-4

में रिचर्ड हैंडलर, 'द रिचुअलाइजेशन ऑफ रिचुअल इन द कंस्ट्रक्शन ऑफ हेरिटेज', और ज्यादा विस्तार के लिए—मेरी ई. हैनकॉक, *द पॉलिटिक्स ऑफ हेरिटेज फ्रॉम मद्रास टु चेन्नै,* (ब्लूमिंग्टन : इंडियाना यूनिवर्सिटी प्रेस, 2008)। एकदम अलग क्षेत्र—मायन मेक्सिको—में तुलनीय 'दुविधा' के लिए देखें—लीसा बेगलिया, *मॉनुमेंटल एम्बिवैलेंस : द पॉलिटिक्स ऑफ हेरिटेज,* (ऑस्टिन : यूनिवर्सिटी ऑफ टेक्सास प्रेस, 2006)।

23. गियरी, द *रीबर्थ ऑफ बोधगया,* 159, 169-73, 188-91।
24. किन्नार्ड, *प्लेसेज इन मोशन,* 123-4।
25. इस खतरे के बारे में 'विरासत' सम्बन्धी साहित्य में बार-बार लिखा गया है, मसलन किन्नार्ड, *प्लेसेज इन मोशन,* 142; गियरी, द *रीबर्थ ऑफ बोधगया,* 176।
26. काशी विश्वनाथ मन्दिर विस्तारीकरण-सौन्दर्यीकरण योजना और इसके विरोधियों के बारे में देखें—फैजल फरीद, 'इन वाराणसी, अ प्लान टु बिल्ड कॉरिडोर फ्रॉम काशी विश्वनाथ टेम्पल टु रिवर गंगा स्पार्क्स ऐंगर', Scroll.in, 10 फरवरी, 2018; संजय सिंह, 'काशी विश्वनाथ पाथवे : ओवर 100 हाउसेज टु बी डिमॉलिस्ड, रीहैबिलीटेशन इन रामनगर', *इकोनॉमिक्स टाइम्स,* 14 मई, 2018; ए. श्रीवत्सन, 'वाराणसी बाइ डिजाइन : विश्वनाथ धाम ऐंड पॉलिटिक्स ऑफ चेंज', द *हिन्दू,* 23-24 मार्च, 2019; जोआना स्लेटर, 'हाउ नरेन्द्र मोदी इज रीमेकिंग हिन्दूइज्म्स होलीएस्ट सिटी—ऐंड इंडिया इन द प्रोसेस', *वाशिंगटन पोस्ट,* 27 मई, 2019। प्रधानमंत्री के विचारों के लिए देखें 9 मार्च, 2019 के उनके ट्विटर पोस्ट : https://twitter.com/ narendramodi/status/1104398525050376194; इसमें और 2019 के अन्त में वृन्दावन में 'वाटरफ्रंट' नामक वीडियो में काफी समानता है। पारिस्थितिकी के सन्दर्भ के लिए देखें—डोरों और जेफ्री, 'वेस्ट ऑफ अ नेशन', 95-7, 267-71, और रघु दयाल, 'डर्टी फ्लोज द गंगा : व्हाइ प्लान्स टु क्लीन द रिवर हैव कम अ क्रॉपर', *इकोनॉमिक ऐंड पॉलिटिकल वीकली* 51:25, 18 जून, 2016, 55-65।
27. सर्ल, *लैंडस्केप्स ऑफ एक्यूमुलेशन,* 1-46।
28. इसलिए, उदाहरण के लिए, 16वीं सदी के गौड़ीय सौन्दर्यवादी कविकर्णपूर ने *आनन्द वृन्दावन* नाम का नाटक लिखा ताकि मानदंड प्रस्तुत करनेवाले, आन्तरिक रूप से प्रकाशमान वृन्दावन को प्रस्तुत किया जा सके, जिसमें उसका मूल भौतिक रूप स्थित है, या इसका विपरीत है। इसके साथ ही वे गद्य और पद्य के बीच की वक्रोक्ति शैली को चम्पू विधा के जरिये स्थापित करते हैं (लुत्जेहार्म्स, *स्प्लेंडर ऑफ स्पीच,* 244-77)।
29. 'एन्थ्रोपोसीन' की अवधारणा और इतिहास के लिए देखें—हेल्मुठ ट्रिश्लर, 'द एन्थ्रोपोसीन : अ चैलेंज फॉर द हिस्टरी ऑफ साइंस, टेक्नोलॉजी, ऐंड द एनवायरमेंट', *एन.टी.एम.,* 24 (2016), 309-35।
30. ई.ओ. विल्सन, द *क्रिएशन : ऐन अपील टु सेव लाइफ ऑन अर्थ,* (न्यूयॉर्क : डब्लू. डब्लू. नॉर्टन, 2006), 66। जिन शोधकर्ताओं का वे जिक्र करते हैं उनमें से विल्सन जॉर्ज एच. ओरियंस और जूडिथ एच. हेलवागन को उनके लेख 'इवोल्व्ड रेस्पोंसेज टु लैंडस्केप्स' के लिए विशेष उल्लेख करते हैं। इसके लिए देखें—जेरोम एच. बर्कोव, लेडा कोस्माइड्स, और जॉन टूबी (सं.), द *एडेप्टेड माइंड : एवोल्यूशनरी साइकोलॉजी ऐंड*

द *जेनरेशन ऑफ कल्चर,* (न्यूयॉर्क : ऑक्सफोर्ड यूनिवर्सिटी प्रेस, 1992), 555-79।

31. हेनरी वाड्सवर्थ लॉन्गफेलो, *लॉन्गफेलोज इवांजेलाइन,* (बोस्टन : हाउटन, मिफ्ल इन ऐंड को., 1883 [मूल 1847])।

32. अफ्रीकी गोचर क्षेत्र भारत के जंगल की हमारी कल्पना से मिलता-जुलता है; इसे भी अर्ध-शुष्क विस्तार माना जाता है, न कि घना, अँधेरा जंगल जो अंग्रेज वक्ताओं के ध्यान में आता है। देखें—फ्रांसिस जिमरमन, द *जंगल ऐंड द एरोमा ऑफ मीट : ऐन इकोलॉजिकल थीम इन हिन्दू मेडिसिन* (बर्कले : यूनिवर्सिटी ऑफ कैलिफोर्निया प्रेस, 1987), 1-19; माइकल आर. डव, 'द डाइलेक्टिकल हिस्टरी ऑफ जंगल इन पाकिस्तान', *जर्नल ऑफ एंथ्रोपोलॉजिकल रिसर्च* 48 (1992), 231-47; फिलिप लतेंडोर्फ, सिटी फॉरेस्ट, ऐंड कॉसमॉस : इकोलॉजिकल पर्सपेक्टिव फ्रॉम द संस्कृत इपिक्स', इन चैपल ऐंड टकर, सं., *हिन्दुइज्म्स ऐंड इकोलॉजी,* 269-87। इस्कॉन के संस्थापक ने वृन्दावन के प्रति ऐसे दृष्टिकोण को स्पष्ट रूप से अस्वीकार कर दिया है : "वन का अर्थ है जंगल। वास्तव में यह जंगल नहीं है, जैसी कि जंगल की कल्पना करते हैं क्योंकि यह घने हरे-भरे पेड़ों, वनस्पति आदि से भरा होता है।" व्याख्यान, 9 अप्रैल, 1975, जैसा कि ए.सी. भक्तिवेदान्त स्वामी प्रभुपाद की *श्री वृन्दावन धाम ऐज इट इज,* (वृन्दावन : भक्तिवेदान्त बुक ट्रस्ट, 2005), 53; हिन्दी में *श्री वृन्दावन धाम यथारूप,* 54।

33. धर्म और 'गृह' की अवधारणा के लिए देखें—थॉमस ए. ट्वीड, *क्रॉसिंग ऐंड ड्वेलिंग : अ थियरी ऑफ रिलिजन,* (कैम्ब्रिज : हारवर्ड यूनिवर्सिटी प्रेस, 2006), 103-22; थोड़े फर्क के साथ—जोनाथन जेड. स्मिथ, *टु टेक प्लेस : टूवर्ड थियरी इन रिचुअल,* (शिकागो : यूनिवर्सिटी ऑफ शिकागो प्रेस, 1987), 24-32, 44-46। गौड़ियों के लिए धाम के बारे में देखें—स्टुअर्ट, द *फाइनल वर्ड,* 57, 124-8, पासिम; होल्ड्रेग, *भक्ति ऐंड एम्बडिमेंट,* 199-270। धर्म से जुड़ाव के कारण 'स्थान' की हाल की बौद्धिक अवधारणाओं के बारे में देखें—ल्यूक व्हिटमोर, *माउंटेन, वाटर, रॉक, गॉड : अंडरस्टैंडिंग केदारनाथ इन द 21स्ट सेंचुरी,* (बर्कले : यूनिवर्सिटी ऑफ कैलिफोर्निया प्रेस, 2018), 21-7, 201-6।

34. जिस तरह भागवत पुराण को पाँचवाँ वेद कहा गया है उसी तरह वृन्दावन को पाँचवाँ धाम कहा गया है, शेष के लिए यह व्याप्त तत्त्व संकलन और आधार का काम करता है। आरएसएस ने अंगकोरवाट को हिन्दुओं के लिए पाँचवाँ धाम घोषित किए जाने और उसके पास की जमीन पर एक मन्दिर बनाने के लिए दावा करके इस तर्क को उलट दिया है। देखें—पारुल पांड्या धर, 'व्हाइ द संघ परिवार्स आइडिया ऑफ बिल्डिंग अ हिन्दू धाम इन कम्बोडिया इज रॉन्ग', द *वायर,* 16 जून, 2018।

35. अनन्या रॉय जिसे 'विश्व स्तरीय शहर का वर्चस्ववादी आइकन' बताती हैं (267) और खासकर कोलकाता के मामले में इसे लागू करने के तनावों का जो जिक्र करती हैं उसके बारे में देखें—अनन्या रॉय और ऐहवा ओंग (सं.), *वल्डिंग सिटीज,* 259-78 में रॉय, 'द ब्लॉकेड ऑफ द वर्ल्ड-क्लास सिटी'। पूरी पुस्तक प्रस्तुत विषय के प्रसंग के अनुकूल है जिसमें 'चमत्कार के क्षेत्र' भी शामिल हैं जिसका जिक्र ऐहवा ओंग की 'हाइपरबिल्डिंग : स्पेक्टकल, स्पेकुलेशन, ऐंड द हाइपरस्पेस ऑफ सॉवरेंटी', 208 में है।

36. नमन आहूजा का ई-मेल अटेचमेंट (11 अगस्त, 2018) जिसमें एक मुद्रित विज्ञापन है

जो उन्होंने 2017 में देखा था। 'वर्ल्ड-क्लास' का ब्रांड और 'लिव ब्लेस्ड' का नारा श्रीकृष्णभूमि के प्रचार अभियान में पूरे मीडिया में छाया हुआ है।

37. मसले के सभी पहलू *इंडियन एक्सप्रेस* के 8 जुलाई, 2018 के रविवार अंक में छपे अवन्तिका घोष के लेख 'द बिग पिक्चर' का विषय थे, लेकिन व्यापक चुप्पी परेशान करती है। भारत की आबादी के बारे में संयुक्त राष्ट्र का अनुमान है कि वह 2060 तक 1.65 अरब हो जाएगी। देखें—https://population; un.org/wpp/Graphs/Probabilistic/POP/TOT/; अग्रवाल, *इंडिया कनेक्टेड,* 203-4।
38. परशुराम लक्ष्मण वैद्य (सं.), 'हरिवंश' 52.8-53.9 खंड 1, 350-5 (पुणे : भंडारकर ओरिएंटल इंस्टीट्यूट, 1969)। कृष्ण के बालकाल के पौराणिक आख्यानों के लिए देखें—डेनियल एच.एच. इंगल्स, द *हरिवंश ऐज अ महाकाव्य,* मेलांज डेंदियानिज्म आ ला मेम्वार द लूई रनू (पेरिस : एडीसियों द बोकार, 1968), 381-94।
39. यूनेस्को के सन्दर्भ में 'वर्ल्ड क्लास' ब्रांडिंग के बारे में देखें—गियरी, द *रीबर्थ ऑफ बोधगया,* 165-9। यमुना के पूर्वी तट के बारे यह मानने की वजह है कि उस पर वृन्दावन के भू-माफिया की नजर गड़ी हुई है। प्रायद्वीपीय वृन्दावन में ही इतनी जमीन खाली है। नदी के दूसरे किनारे पर भी फैलने की मंशा है, जैसा कि दिल्ली के पूरब में नोएडा के निर्माण के साथ हुआ। जाहिर है, जमीन को लेकर अटकलें लगाई जा रही हैं।
40. देखें अध्याय 5, टिप्पणी 23।
41. बंकिम ने अपने *कृष्णचरित्र* से क्या हासिल किया उसकी जटिलता के लिए देखें—सुदीप्त कविराज, द *अनहैप्पी कन्शसनेस,* 72-106, 176-83। सम्बन्धित अध्याय का शीर्षक है 'द मिथ ऑफ प्रैक्सिस'।
42. जे.एस. हॉली, 'कृष्णाज कॉस्मिक विक्ट्रीज', *जर्नल ऑफ अमेरिकन एकेडमी ऑफ रिलिजन,* 47:2(1979), 201-21।
43. रणछोड़ प्राइम (उर्फ रणछोड़ दास), 'रिवाइविंग द फॉरेस्ट्स ऑफ वृन्दावन', *बैक टु गॉडहेड* 26 (1992), 24-39, खासकर 31।
44. यह भी देखें—क्रिस्टीना कैरोन, 'फ्लोटिंग बूम सेंट टु पैसिफिक गारबेज पैच टु स्टार्ट ट्रैपिंग 87,000 टन्स ऑफ प्लास्टिक', 10 सितम्बर, 2018, ए 12। दूसरी तरफ की ढलान के लिए—कर्ट एंडरसन, *फैंटेसीलैंड : हाउ अमेरिका वेंट हेवायर, अ 500-ईयर हिस्टरी,* (न्यूयॉर्क : रैंडम हाउस, 2017)।
45. घोष, द *ग्रेट डिरेंजमेंट : क्लाइमेट चेंज ऐंड द अनथिंकेबल* (गुड़गाँव : पेंगुइन बुक्स, 2016),182। ज्यादा विस्तार के लिए देखें—'जेएएस राउंड टेबल ऑन अमिताव घोष, द ग्रेट डिरेंजमेंट : क्लाइमेट चेंज ऐंड द अनथिंकेबल, जिसमें जूलिया एडने थॉमस, प्रसन्नन पार्थसारथी, रॉब लिनरोद, फा-टी फान, केनिथ पोमेरंज और खुद घोष शामिल हैं, द *जर्नल ऑफ एशियन स्टडीज* 75:4 (2016), 929-55।
46. पैट्रिक हेनरी, 'ऐंड आइ डोंट केयर व्हाट आइटी इज : द ट्रैडिशन-हिस्टरी ऑफ अ सिविल रिलिजन प्रूफ-टेक्स्ट', *जर्नल ऑफ द अमेरिकन एकेडमी ऑफ रिलिजन,* 49:1 (1981), 35-47।

सन्दर्भ ग्रंथ सूची

अनाम, 'प्रेम मन्दिर श्री वृन्दावन धाम', वृन्दावन, प्रेम मन्दिर, तिथि नहीं। (2012)।

कुसुम अंसल, 'द विडो ऑफ वृन्दावन', 'तापसी' (हिन्दी संस्करण) से मासूमा अली द्वारा अनूदित। नई दिल्ली : हार्पर कॉलिन्स, 2004।

स्वामी अपूर्वानन्द, 'श्रीसारदा देवी : संक्षिप्त जीवनी तथा उपदेश', नागपुर : रामकृष्ण मठ, 1984।

नरेश चंद्र बंसल, 'चैतन्य-सम्प्रदाय : सिद्धान्त और साहित्य', आगरा : विनोद पुस्तक मन्दिर, 1980।

भक्ति पुरुषोत्तम स्वामी, 'श्री नवद्वीप परिक्रमा' मायापुर : मायापुर मीडिया, 2010।

भक्ति विलास स्वामी, 'श्री भक्ति सिद्धान्त वैभव'। तीन खंड, सूरत : भक्ति विकास ट्रस्ट, 2009।

ए.सी. भक्तिवेदान्त स्वामी, 'प्रभुपाद', 'श्री वृन्दावन धाम ऐज़ इट इज़' (हिन्दी अनुवाद : 'श्री वृन्दावन धाम यथारूप'), वृन्दावन : भक्तिवेदान्त बुक ट्रस्ट, 2005।

भूमिपति दास, 'श्री मथुरा माहात्म्य : द ग्लोरीज़ ऑफ मथुरा मंडल', वृन्दावन : रासबिहारी ऐंड सन्स, तिथि नहीं।

बंकिम चंद्र चटर्जी (चट्टोपाध्याय), 'कृष्ण-चरित' : बंगला से अनुवाद, प्रदीप भट्टाचार्य की प्रस्तावना के साथ, कलकत्ता : एम.पी. बिरला फाउंडेशन, 1991।

दैवीशक्ति देवदासी, 'वृन्दावन परिक्रमा', वृन्दावन : भक्तिवेदान्त बुक ट्रस्ट, 2017।

'मथुरा-वृन्दावन में यमुना किनारे 200 मीटर तक निर्माण पर रोक : गलत हलफनामा देने के मामले में जलनिगम के परियोजना प्रबन्धक पर गिरी गाज', अमर उजाला, इलाहाबाद, 23 दिसंबर 2017।

प्रभुदयाल मीतल, 'ब्रज का सांस्कृतिक इतिहास', खंड 1-2, दिल्ली : राजकमल प्रकाशन, 1966।

..... 'ब्रज के धर्म सम्प्रदायों का इतिहास', दिल्ली : नेशनल पब्लिशिंग हाउस, 1968

सूर्यकांत त्रिपाठी 'निराला', 'अनामिका', इलाहाबाद : भारती भंडार, 1963।

साध्वी ऋतंभरा, 'वात्सल्य ग्राम', दिल्ली : परम शक्ति पीठ, नई दिल्ली।

......'यशोदा भाव : वात्सल्य ग्राम की मूल प्रेरणा', नई दिल्ली, वात्सल्य प्रकाशन, 2013
सीतास्मरण भगवान प्रसाद 'रूपकला', सं. श्री भक्तमाल, साथ में भक्तिरसबोधिनी पर प्रियादास की टीका, लखनऊ : तेजकुमार प्रेस, 1969 (1910)।
परशुराम लक्ष्मण वैद्य, सं. 'हरिवंश', खंड1, पुणे, भंडारकर ओरिएंटल रिसर्च इंस्टीट्यूट, 1969।

Acciavatti, Anthony. *Ganges Water Machine: Designing India's Ancient River.* San Francisco: Applied Research and Design, 2015.
Agrawal, Ravi. *India Connected: How the Smartphone Is Transforming the World's Largest Democracy.* New York and Delhi: Oxford University Press, 2018.
Alley, Kelly D. "Separate Domains: Hinduism, Politics, and Environmental Pollution." In *Hinduism and Ecology: The Intersection of Earth, Sky, and Water,* edited by Christopher Key Chapple and Mary Evelyn Tucker, 355–87. Cambridge: Center for the Study of World Religions, Harvard Divinity School, 2000.
........., *On the Banks of the Gaṅgā: When Wastewater Meets a Sacred River.* Ann Arbor: University of Michigan Press, 2002.

Bachrach, Emilia. "In the Seat of Authority: Debating Temple Spaces and Community Identity in a Vaiṣṇava Sampradāy of Contemporary Gujarat." *Journal of Hindu Studies* 10:1 (2017), 18-46.
Bahura, Gopal Narayan. "Śrī Govinda Gāthā:Service Rendered to Govinda by the Rulers of Āmera and Jayapura." In *Govindadeva, A Dialogue in Stone,* edited by Margaret H. Case, 195–99. New Delhi: Indira Gandhi International Centre for the Arts, 1996.
Bansal, Naresh Chandra. *Caitanya-Sampradāy: Siddhānt aur Sāhitya.* Agra: Vinod Pustak Mandir, 1980.
Bansal, Rashmi. *God's Own Kitchen:The Inspiring Story of Akshaya Patra—a Social Enterprise Run by Monks and CEOs.* Chennai: Westland, 2017.
Barchi, Priyasakhi. "Neo-Vedic Krishna: Fusion of Tradition and Innovation." Unpublished paper, Barnard College, Columbia University, December 2017.
Barnes, Brook. "Disney Theme Parks Prepare for Liftoff." *New York Times*, November 17, 2018, B1, B4-5.
Barron, Laignee. "Unesco-cide: Does World Heritage Status Do Cities More Harm Than Good." *The Guardian,* August 30, 2017.
Belli, Melia. "Monumental Pride: Mayawati's Memorials in Lucknow." *Ars Orientalis* 44 (2014), 85109.
Bender, Courtney. "Religious Horizons in New York's 1920s." Unpublished paper, Columbia University, 2017.
........., "Studying Up: A Brief History of the Religion of the Future." Paper presented to the Department of Religion, Columbia University, February 20, 2018.
Benjamin, Walter. "The Work of Art in the Age of Mechanical Reproduction." In *Illuminations,* edited by Hannah Arendt, translated by Harry Zohn, 217-51. New York: Schocken Books, 2007 [Frankfurt: Suhrkamf Verlag, 1955].
Bhakti Puruṣottama Swami. *Śrī Navadvīpa Parikramā.* Mayapur: Mayapur

Media, 2010.
Bhaktisiddhanta Dasa. *Vrindavana, the Crest Jewel of India.* Vrindavan: Prabhupada Institute of Culture, ca. 1990. [1990].
Bhatia, Varuni. "Finding a Birthplace." *Journal of Vaishnava Studies* 23:1 (2014), 157-88.
........., *Unforgetting Chaitanya: Vaishnavism and Cultures of Devotion in Colonial Bengal.* New York: Oxford University Press, 2017.
Bielo, James S. *Ark Encounter: The Making of a Creationist Theme Park.* New York: New York University Press, 2018
loch, Natalia. "Evicting Heritage: Spatial Cleansing and Cultural Legacy at the Hampi UNESCO Site in India." *Critical Asian Studies* 48:4 (2016), 556-78.
Blurton, T. Richard. *Krishna in the Garden of Assam: The History and Context of a Much-Travelled Textile.* London: The British Museum, 2016.
Borthwick, Jane L. "Come, Labor On." *Pilgrim Hymnal.* Boston: Beacon Press, 1965 [1931].
Brinkley, Douglas. "Thoreau and the Legacy of Wildness." *New York Times Book Review*, July 9, 2017.
Brooks, Charles R. *The Hare Krishnas in India.* Princeton: Princeton University Press, 1989.
Brosius, Christiane. "The Cultural Politics of Transnational Heritage Ritual:Akshardham Cultural Complex in New Delhi." In *Ritual, Heritage, and Identity:The Politics of Culture and Performance in a Globalized World,* edited by Christiane Brosius and Karin M. Polit, 97-125. New Delhi: Routledge, 2011.
Bryant, Edwin F. *The Quest for the Origins of Vedic Culture: The Indo-Aryan Migration Debate.* New York: Oxford University Press, 2001.
Bryant, Kenneth E., and John Stratton Hawley. *Sur's Ocean: Poems from the Early Tradition.* Cambridge: Harvard University Press, 2015.
Brzezinski, Jan K. "Jagat." "Globalized Braj Dham: Pilgrimage and Residence." *Journal of Vaishnava Studies* 27:1 (2018), 53-67.
........., "Bhaktivedanta Marg and the Three Vrindavans." *Vrindavan Today*, March 2, 2016.
Butalia, Pankaj. *Moksha* (English: *Salvation*). London: Vital Films for Channel Four Television, 1993.
Byrne, Denis. "Western Hegemony in Archaeological Heritage Management." *History and Anthropology* 5:2 (1991), 269–76.
........., *Counterheritage: Critical Perspectives on Heritage Conservation in Asia.* London: Routledge, 2014.

Caron, Christina. "Floating Boom Sent to Pacific Garbage Patch to Start Trapping 87,000 Tons of Plastic." *New York Times*, September 10, 2018, A12.
Case, Margaret H. *Seeing Krishna: The Religious World of a Brahman Family in Vrindaban.* New York: Oxford University Press, 2000.
Certeau, Michel de. "Walking in the City,"91–110, 218–21. In Certeau, *The Practice of Everyday Life.* Berkeley: University of California Press, 1984.
Chakravarti, Uma. *Everyday Lives, Everyday Histories: Beyond the Kings and*

Brahmanas of 'Ancient' India. New Delhi: Tulika Books, 2006.

Chatterji, Tathagata. *Citadels of Glass.* Chennai: Westland, 2015.

Chen, Martha Alter. *Perpetual Mourning: Widowhood in Rural India.*Delhi: Oxford University Press, 2000.

Chetananda, Swami. "Holy Mother's Pilgrimage (August 1886–August 1887)." In *Bodhan Souvenir 2012…Ma Sarada Kutir*, edited by Swami Animeshananda, 10-17.Vrindavan: Ramakrishna Math and Ramakrishna Mission Sevashrama, 2012.

Chopra,Priya, et al. "Uttar Pradesh Pro-poor Tourism Development Project (P146936): Site Visit to Vrindavan (April 1-3, 2015)" Unpublished paper, The World Bank, April 10, 2015.

Coffey, Diane, and Dean Spears.*Where India Goes: Abandoned Toilets, Stunted Development, and the Costs of Caste.*Noida: HarperCollins, 2017.

Corcoran, Maura. *Vṛndāvana in Vaiṣṇava Literature.* Vrindavan: Vrindavan Research Institute and New Delhi: D. K. Printworld, 1995.

Cox, Harvey. *The Secular City: Secularization and Urbanization in Theological Perspective.* New York: Collier Books, 1965.

Cronon, Willliam. "The Trouble with Wilderness: Or, Getting Back to the Wrong Nature." *Environmental History* 1:1 (1996), 7-28.

Danka, Krisztina. *Rescuing the Sacred River.* New York: Karuna Productions, 2015.

………, *The Stolen River.* New York: Karuna Productions, 2017.

Datta, V.N. *Sati: A Historical, Social, and Philosophical Enquiry into the Hindu Rite of Widow Burning.* Delhi: Manohar, 1988.

Davis, Richard H. "Krishna Enters the Age of Mechanical Reproduction," *Journal of Vaisnava Studies* 21:2 (2013), 31-42.

………, "Henry David Thoreau, Yogi." *Common Knowledge* 24: 1 (2018), 56-89. https://doi.org/10.1215/0961754X-4253822.

Deadwyler, William H. "Cleaning House and Cleaning Hearts: Reform and Renewal in ISKCON." In *The Hare Krishna Movement: The Postcharismatic Fate of a Religious Transplant,* edited by Edwin F. Bryant and Maria L. Ekstrand, 149–69. New York:Columbia University Press, 2004.

Deane-Drummond, Celia, Sigurd Bergmann, and Markus Vogt, eds. *Religion in the Anthropocene.* Eugene: Cascade Books, 2017.

Desai, Krishnakant, Sunil Awatramami (Adridharan Das), and Madhu Pandit Das. "The No Change in ISKCON Paradigm."In*The Hare Krishna Movement: The Charismatic Fate of a Religious Transplant,* edited by Edwin F. Bryant and Maria L. Ekstrand, 194-213. New York: Columbia University Press, 2004.

Dhar, Parul Pandya. "Why the Sangh Parivar's Idea of Building a 'Hindu Dham' in Cambodia Is Wrong." *The Wire*,June 16, 2018.

Dhillon, Amrit. "Out with the Old:App-wise Indians Reject Caste and Dowry Traditions." *The Guardian*, July 10, 2018.

Dimock, Jr., Edward C. *The Place of the Hidden Moon: Erotic Mysticism in the Vaiṣṇava-Sahajiyā Cult of Bengal.* Chicago: University of Chicago Press, 1966.

Doron, Assa, and Robin Jeffrey. *Waste of a Nation: Garbage and Growth in India.*

Cambridge: Harvard University Press, 2018.
Dove, Michael R. "The Dialectical History of 'Jungle' in Pakistan" *Journal of Anthropological Research* 48 (1992), 231-47.
Durkheim, Émile. *The Elementary Forms of the Religious Life,* translated by Joseph Ward Swain.New York: Free Press, 1965 [1915].
Eaton, Richard. "Temple Desecration and Indo-Muslim States." *Journal of Islamic Studies* 11:3 (2000), 283-319.

Eck, Diana L. *Banaras: City of Light.* New York: Alfred A. Knopf, 1982.
........., *India: A Sacred Geography.* New York: Harmony Books, 2012.
Elison, William. *The Neighborhood of Gods: The Sacred and the Visible at the Margins of Mumbai.* Chicago: University of Chicago Press, 2018.
Entwistle, Alan W. *Braj, Centre of Krishna Pilgrimage.* Groningen: Egbert Forsten, 1987.
........., "The Cult of Krishna-Gopal as a Version of the Pastoral." In *Devotion Divine: Bhakti Traditions from the Regions of India: Studies in Honor of Charlotte Vaudeville,*edited by Diana L. Eck and Françoise Mallison, 73-90. Groningen: Egbert Forsten, 1991.
Esomba, Steve. *The Book of Life, Knowledge, and Self-Confidence.* Lulu.com, June 6, 2012.

Fahy, John. "The Constructive Ambiguities of Vedic Culture in ISKCON Mayapur." *Journal of Hindu Studies* 11:3 (2018), 234-59.
Fareed, Faisal. "In Varanasi, a Plan to Build Corridor from Kashi Vishwanath Temple to River Ganges Sparks Anger." *Scroll.in,* February 10, 2018.
Feldhaus, Anne. *Water and Womanhood:Religious Meanings of Rivers in Maharashtra.* New York: Oxford University Press, 1995.
Foucault, Michel. *Discipline and Punish: The Birth of the Prison.* New York: Vintage,1995.
Fuller, Jason D. "Bengali Vaishnava Homelands." *Journal of Vaishnava Studies* 18:1 (2009), 39-52.

Geary, David. *The Rebirth of Bodh Gaya: Buddhism and the Making of a World Heritage Site.* Seattle: University of Washington Press, 2017.
Ghosh, Abantika. "The Big Picture." *Indian Express,*July 8, 2018.
Ghosh, Amitav. *The Great Derangement: Climate Change and the Unthinkable.* Gurgaon: Penguin Books, 2016.
Ghosh, Pika. *Temple to Love: Architecture and Devotion in Seventeenth-Century Bengal.* Bloomington: Indiana University Press, 2005.
Gillet, Kit. "Big Debate in Romania over a Big Cathedral and its Big Price Tag." *New York Times*, December 4, 2018.
Giri, V. Mohini. *Living Death: Trauma of Widowhood in India.* New Delhi: Gyan Publishing House, 2002.
........., *Deprived Devis: Women's Unequal Status in Society.*New Delhi: Gyan Publishing House, 2006.
........., *Status of Elderly Women in India.* New Delhi: Gyan Publishing House, 2013.

Gold, Ann Grodzins. *Shiptown: Between Rural and Urban North India.* Philadelphia: University of Pennsylvania Press, 2017.

Gonda, Jan. *The Meaning of the Sanskrit Term Dhāman.* Amsterdam: N.V. Noord-Hollandsche Uitgevers Maatshappu, 1967.

Goswami, Aastha. "Songs for Krishna in Autumn: Devotional Music from North India." Interview and performance, Barnard College, Columbia University. New York, October 5, 2018.

Goswami, Shrivatsa. "Gopal Bhatt:Carrier of *Bhakti* to the North." In *Text and Tradition in Early Modern North India,* edited by Tyler Williams, Anshu Malhotra, and John Stratton Hawley, 335-53. Delhi:Oxford University Press, 2018.

Goswami, Shrivatsa, and Robyn Beeche. *Celebrating Krishna.* Vrindavan: Sri Caitanya Prema Samsthana, 2001.

Granoff, Phyllis. "Halāyudha's Prism: The Experience of Religion in Medieval Hymns and Stories." In *Gods, Guardians, and Lovers: Temple Sculptures from North India, A.D. 700–1200,*edited by Vishakha N. Desai and Darielle Mason, 66–93. New York: The Asia Society Galleries and Ahmedabad: Mapin Publishing, 1993.

Green, Nile. *Terrains of Exchange: Religious Economies of Global Islam.* New York: Oxford University Press, 2014.

Growse, Frederic Salmon. *Mathurá: A District Memoir*, 3rd ed. Allahabad: North-Western Provinces and Oudh Government Press, 1883.

Gupta, Moti Lal.*Braj: The Centrum of Indian Culture.* Delhi: Agam Kala Prakashan, 1982.

Gurudas (Roger Siegel). *By His Example: The Wit and Wisdom of His Divine Grace A.C.Bhaktivedanta Prabhupada*, 2nd ed.Vrindavan: ISKCON Library Society, 2013.

Haberman, David L. "On Trial:The Love of the Sixteen Thousand Gopees." *History of Religions* 33:1 (1993), 44-70.

........., *Journey Through the Twelve Forests: An Encounter with Krishna.*New York: Oxford University Press, 1994.

........., *The Bhaktirasāmṛtasindhu of Rūpa Gosvāmin.* New Delhi: Indira Gandhi National Centre for the Arts, 2003.

........., *River of Love in an Age of Pollution: The Yamuna River of Northern India.* Berkeley: University of California Press, 2006.

........., "Bhakti as Relationship: Drawing Form and Personality from the Formless." In *Bhakti and Power: Debating India's Religion of the Heart,* edited by John Stratton Hawley, Christian Lee Novetzke, and Swapna Sharma, 134-41. Seattle: University of Washington Press, 2019.

........., *Loving Stones: Making the Impossible Possible in the Worship of Mount Govardhan*. New York: Oxford University Press, 2019.

Habib, Irfan. "Braj Bhūm in Mughal Times." In *Proceedings of the Indian Historical Congress, Seventeenth Session,* edited by Irfan Habib, 297–301. Aligarh: Aligarh Historians Society, 2010-1.

........., "From Ariṭh to Rādhākund: The History of a Braj Village in Mughal Times."

Indian Historical Review 38 (2011), 211-24.
........., "Dealing with Multiplicity: Mughal Administration in Braj Bhum under Aurangzeb (1659-1707)." *Studies in People's History* 3:2 (2016), 151-64.
Hancock, Mary E. *The Politics of Heritage from Madras to Chennai.* Bloomington: Indiana University Press, 2008.
Handler, Richard. "The 'Ritualization of Ritual' in the Construction of Heritage." In *Ritual, Heritage, and Identity,* edited by Christiane Brosius and Karin M. Polit, 39-54.London: Routledge, 2011.
Hawley, John Stratton. "Krishna's Cosmic Victories." *Journal of the American Academy of Religion* 47:2 (1979), 201-21.
........., in association with Shrivatsa Goswami. *At Play with Krishna: Pilgrimage Dramas from Brindavan.*Princeton: Princeton University Press, 1981.
........., *Krishna, the Butter Thief.* Princeton:Princeton University Press, 1983.
........., *Three Bhakti Voices: Mirabai, Surdas, and Kabir in Their Time and Ours.* Delhi: Oxford University Press, 2005.
........., "The *Bhāgavata-Māhātmya* in Context." In *Patronage and Popularisation, Pilgrimage and Procession: Channels of Transcultural Translation and Transmission in Early Modern South Asia. Papers in Honour of Monika Horstmann,* edited by Heidi R.M. Pauwels, 81-100.Wiesbaden: Harrassowitz, 2009.
........., *A Storm of Songs: India and the Idea of the Bhakti Movement.*Cambridge: Harvard University Press, 2015.
........., *Into Sur's Ocean: Poetry, Context, Commentary.*Cambridge: Harvard University Press, 2016.
........., "Bhāgavata across Boundaries." *Journal of Hindu Studies* 11:1 (2018), 4-20.
........., "Vrindavan and the Drama of Keshi Ghat." In *The Contemporary Hindu Temple: Fragments for a History,*edited by A. Srivasthan, Annapurna Garimella, and Shriya Shridharan, 60-73.Mumbai: MARG Publications, 2019.
........., "The Ideal Real Vrindavan of Jaisingh's Dining Room." In *The Building of Vṛndāvana,* edited by Rembert Lutjeharms and Kiyokazu Okita. Leiden: Brill, forthcoming.
Hawley, John Stratton, and Mark Juergensmeyer. *Songs of the Saints of India* (Delhi: Oxford University Press, 2004 [1988]).
Hawley, John Stratton, and Vasudha Narayanan, eds. *The Life of Hinduism.* Berkeley: University of California Press, 2006.
Hein, Norvin. *The Miracle Plays of Mathurā.*New Haven: Yale University Press, 1972.
"Hema Malini Working on Braj's Water Issues, Creating Funparks." *Vrindavan Today*, Vrindavan, May 13, 2018.
Henry, Patrick. "'And I Don't Care What It Is': The Tradition-History of a Civil Religion Proof-Text." *Journal of the American Academy of Religion* 49:1 (1981), 35-47.
"High Court Declares Yamuna Plain as 'No Construction Zone'." *Vrindavan Today*, Vrindavan,December 24, 2017.
Holdrege, Barbara A. *Bhakti and Embodiment: Fashioning Divine Bodies and*

Devotional Bodies in Kṛṣṇa Bhakti. New York: Routledge, 2015.

........., "*Vraja-Dhāman.*" In *The Bhāgavata Purāṇa: Sacred Text and Living Tradition,* edited by Ravi M. Gupta and Kenneth R. Valpey, 91–116. New York: Columbia University Press, 2013.

........., "*Vraja-Dhāman* as a Meditation Maṇḍala: Perspectives from the Vṛndāvana-Māhātmya." *Journal of Vaishnava Studies* 27:1 (2018), 69–95.

Horstmann, Monika. *Visions of Kingship in the Twilight of Mughal Rule.* Amsterdam: Royal Netherlands Academy of Arts and Sciences, 2006.

Holdrege, Barbara A., and Karen Pechilis, eds., *Refiguring the Body: Embodiment in South Asian Religions.*Albany: State University of New York Press, 2016.

Hoque, Ashraf, and Lucia Michelutti. "Brushing with Organized Crime and Democracy: The Art of Making Do in South Asia." *The Journal of Asian Studies* 77:4 (2018), 991–1011.

Howley, John (Jada Bharata Dasa). *Vrindavana and Braja Mandala: A Practical Guide.* Vrindavan: Bhaktivedanta Book Trust, 1997.

"HRIDAY Scheme Development Assessed." *Vrindavan Today*, Vrindavan, January 14, 2018.

Huber, Toni. *The Holy Land Reborn: Pilgrimage and the Tibetan Reinvention of Buddhist India.* Chicago: University of Chicago Press, 2008.

Hubner,John. *Monkey on a Stick: Murder, Madness, and the Hare Krishnas.* San Diego: Harcourt Brace Jovanovich, 1988.

Hudson, D. Dennis. "Vraja among the Tamils." *Journal of Vaishnava Studies* 3:1 (1994), 113–40.

........., *Krishna's Mandala: Bhagavata Religion and Beyond,* edited by John Stratton Hawley.Delhi: Oxford University Press, 2010.

Imam, Ekwal, H.S.A. Yahya, and Iqbal Malik. "A Successful Mass Translocation of Commensal Rhesus Monkeys *Macaca mulatta*in Vrindaban, India." *Oryx* 36:1 (2002), 87-93.

Ingalls, Daniel H.H. "The *Harivaṃśa* as a *Mahākāvya.*" In *Mélanges d'indianisme à la mémoire de Louis Renou,*381-94.Paris: Éditions de Boccard, 1968.

Jain, Kajri. *Gods in the Bazaar: The Economies of Indian Calendar Art.* Durham: Duke University Press, 2007.

........., "Post-Reform India's Automotive-iconic-cement Assemblages:Uneven Globality, Territorial Spectacle, and Iconic Exhibition Value." *Identities: Global Studies in Culture and Power*, May 8, 2015, 1-18.

........., "Gods in the Time of Automobility," *Current Anthropology* 58: supplement 15 (2017), accessed November 28, 2016.

........., "When the Gods Emerge from the Temples: Iconic Exhibition Value and Democratic Publicness in India." Lecture, Institute for Religion and Culture in in Public Life, Columbia University, October 9, 2018.

Jain, Shruti. "Twelve Years after Gangajal Project, Agra Still Waits for Clean Drinking Water." *The Wire,* June 24, 2017.

Kakar, Sudhir. *The Inner World: A Psycho-analytic Study of Childhood and Society in India*, 2nded. Delhi: Oxford University Press, 1981.

Kakar, Sudhir, and John M. Ross. *Tales of Love, Sex, and Danger.* Delhi: Oxford University Press, 1986.

Kaviraj, Sudipta. *The Unhappy Consciousness: Bankim Chandattopadhyaya and the Formation of Nationalist Discourse in India.* Delhi: Oxford University Press, 1998.

Kinnard, Jacob N. *Places in Motion: The Fluid Identities of Temples, Images, and Pilgrims.* New York: Oxford University Press, 2014.

Kirshenblatt-Gimblett, Barbara. *Destination Culture: Tourism, Museums, and Heritage.*Berkeley: University of California Press, 1998.

........., "Intangible Heritage as Metacultural Production." *Museum International* 56:1–2 (2004), 52-65.

Klostermaier, Klaus. *In the Paradise of Krishna:Hindu and Christian Seekers,* translated by Antonia Fonseca from *Christ und Hindu in Vrindaban* (Köln: Jakob Hegner, 1968). Philadelphia: Westminster,1969.

Kripalu Ji Maharaj [attributed]. *Prem Mandir: A Tribute to Divine Love.*New Delhi:Radha Govind Samiti, 2013.

Kumar, Hari. "Massive March for Yamuna River Nears Delhi." *New York Times*,-March 11, 2013.

Kumar, Samrat Schmiem. "Sacred Modernity and its Fragments: Space, Environment, and Life-worlds in the Indian Temple Town Vrindavan." Ph.D. dissertation, University of Oslo, 2014.

........., *Vrindavan's Encounter with Modernity: Changing Environment and Life-worlds in an Indian Temple Town.* Berlin: LIT Verlag, 2019.

Kumar, Samrat Schmiem, and Elida Jacobsen, "Heritage and Environment: Visions of Past and Future in the Indian Temple Town of Vrindavan." *Peaceworks* 7:1 (2017), 116-30.

Lal, Malashri, and Namita Gokhale, eds. *Finding Radha: The Quest for Love.* Gurgaon: Penguin, 2018.

"Land Use Scams Involving District Officers Comes [*sic*] to Light." *Vrindavan Today*, Vrindavan, June 6, 2018.

Lindsey, Robert. "Divine Encounter, Miracles, and Christianity:Religious Experience in Paramahamsa Vishwananda's *Bhakti Marga* Movement. Unpublished paper, Columbia University, 2016.

Lofton, Kathryn. *Oprah: The Gospel of an Icon.*Berkeley: University of California Press, 2011.

Longfellow, Henry Wadsworth. *Longfellow's Evangeline.*Boston: Houghton, Mifflin & Co., 1883 [1847].

Lucia, Amanda. "Guru Sex: Charisma, Proxemic Desire, and the Haptic Logics of the Guru-Disciple Relationship," *Journal of the American Academy of Religion* 86:4 (2018), 953-88.

Lutgendorf, Philip. "My Hanuman Is Bigger Than Yours." *History of Religions* 33:3 (1994), 211-45.

........., "Imagining Ayodhyā: Utopia and its Shadows in a Hindu Landscape." *International Journal of Hindu Studies* 1:1 (1997), 19-54.

........., "City, Forest, and Cosmos: Ecological Perspectives from the Sanskrit

Epics." In *Hinduism and Ecology: The Intersection of Earth, Sky, and Water,* edited by Christopher Key Chapple and Mary Evelyn Tucker, 269-87. Cambridge: Center for the Study of World Religions, Harvard Divinity School, 2000.

Lutjeharms, Rembert. *A Vaiṣṇava Poet in Early Modern Bengal: Kavikarṇapura's "Splendor of Speech."* Oxford: Oxford University Press, 2018.

Madhu Pandit Dasa, Chanchapathi Dasa, Bhaktilata Devi Dasi, and Prashanth Kadkol. *Reaching to the Sky.* Bangalore: International Society for Krishna Consciousness, 2015.

Majumdar, Bimanbihari.*Kṛṣṇa in History and Legend.*Calcutta: University of Calcutta, 1969.

Mallet,Victor. *River of Life, River of Death: The Ganges and India's Future.* Delhi: Oxford University Press, 2017.

Manuel, Peter. "Syncretism and Adaptation in Rasiya, a Braj Folksong Genre." *Journal of Vaishnava Studies* 3:1 (1994), 33–60.

Martin, Nicholas, and Lucia Michelutti. "Protection Rackets and Party Machines: Comparative Ethnographies of 'Mafia Raj' in North India." *Asian Journal of Social Science* 45:5 (2017), 692–722.

Mason, David V. *Theatre and Religion on Krishna's Stage.* New York: Palgrave Macmillan, 2009.

Masson, J.L. "The Childhood of Kṛṣṇa: Some Psychoanalytic Observations." *Journal of the American Oriental Society* 94:4 (1974), 454-9.

Mayaram, Shail, ed. *The Other Global City.* New York and London: Routledge, 2008.

McDowall, Anna, and Arvind Sharma, eds. *Vignettes of Vrindavan.* New Delhi: Books & Books, 1987.

McKean, Lise. *Divine Enterprise: Gurus and the Hindu Nationalist Movement.* Chicago: University of Chicago Press, 1996.

Michell, George. "The Missing Sanctuary." In *Govindadeva: A Dialogue in Stone,* edited by Margaret H. Case, 115-22. New Delhi: Indira Gandhi National Centre for the Arts, 1996.

........., *Late Temple Architecture of India 15th to 19thCenturies: Continuities, Revivals, Appropriations, and Innovations.*Delhi: Oxford University Press, 2015.

Miller, Barbara Stoler. *Love Song of the Dark Lord: Jayadeva's Gītagovinda.* New York: Columbia University Press, 1977.

Mohan, Urmila. "The 'Temple of the Vedic Planetarium' as Mission, Monument, and Memorial." *Jugaad: A Material Religions Project*, September 30, 2014.

"Monkey Bites Up by 50% in Last 3 Months." *Times of India*,Agra, November 17, 2018.

"Monkey Enters House, Snatches Infant from Mom, Mauls Him to Death in Agra." *Times of India*,Agra, November 14, 2018.

Moodie, Deonnie. *The Making of a Modern Temple and a Hindu City: Kālīghāṭ and Kolkata.* New York: Oxford University Press, 2018.

Mukherjee, Tarapada, and Irfan Habib. "Akbar and the Temples of Mathura and Its Environs." In *Proceedings of the Indian History Congress,* 48th Session, 234–250. Panaji: Goa University, 1988.

........., "The Mughal Administration and the Temples of Vrindavan during the Reigns of Jahangir and Shahjahan." In *Proceedings of the Indian History Congress,* 49th Session, 287-300. Dharwad: Karnataka University, 1989.

........., "Land Rights in the Reign of Akbar: The Evidence of the Sale-Deeds of Vrindaban and Aritha." In *Proceedings of the Indian History Congress,* 236–55. Gorakhpur: Gorakhpur University, 1990.

Mulji, Karsandas. *History of the Sect of Maharajas, or Vallabhacharyas, in Western India.*London:Trubner, 1865.

Nanda, Meera. *The God Market: How Globalization Is Making India More Hindu.* New York: Monthly Review Press, 2009.

Nangia, Tarun. "Sadhvi Ritambhara Makes Her Own World." *Indian Express,* June 19, 2011.

Nash, Roderick Frazier. *Wilderness and the American Mind,* 5thed.New Haven: Yale University Press, 2014 [1967].

"New Mathura Plan Geared for Tourism; No Mention of Sewage, Waste Management." *Vrindavan Today,*Vrindavan, June 9, 2017.

Nikhilananda, Swami. *Holy Mother: Being the Life of Sri Sarada Devi, Wife of Sri Ramakrishna and Helpmate in his Mission.*London: Allen & Unwin, 1962.

Oldenberg, Veena Talwar. *Gurgaon: From Mythic Village to Millennium City.* Noida: HarperCollins, 2018.

Ong, Aihwa. "Hyperbuilding: Spectacle, Speculation, and the Hyperspace of Sovereignty," In *Worlding Cities,* edited by Ananya Roy and Aihwa Ong, 205-26. Chichester: WileyBlackwell, 2011.

Orians, George H., and Judith H. Heerwagen. "Evolved Responses to Landscapes." In *The Adapted Mind: Evolutionary Psychology and the Generation of Culture,* edited by Jerome H. Barkow, Leda Cosmides, and John Tooby, 555-79. New York: Oxford University Press, 1992.

Owens, Bruce McCoy. "Monumentality, Identity, and the State: Local Practice, World Heritage, and Heterotopia at Swayambhu, Nepal." *Anthropological Quarterly* 75:2 (2002), 269-316.

Packert, Cynthia. *The Art of Loving Krishna: Ornamentation and Devotion.* Bloomington: Indiana University Press, 2010.

Padmalochan Das. *Cintamani-Dhama (A Guide to Vrindavan).* Juhu: Bhaktivdeanta Book Trust, n.d.

Paramadvaiti Swami. *Healthy Sacred Water: Yamuna & Ganga.* Vrindavan: Vrindavan Act Now (VAN), 2010.

Parthasarathy, R. *The Tale of an Anklet, an Epic of South India: The Cilappatikāram of Iḷaṅkō Aṭikaḷ.*New York: Columbia University Press, 1993.

Pauwels, Heidi R.M. "Imagining Religious Communities in the Sixteenth Century: Harirām Vyās and the Haritrayī." *International Journal of Hindu Studies* 13

(2009), 143-161.
........., "Hagiography and Community Formation: The Case of a Lost Community of Sixteenth-Century Vrindāvan." *Journal of Hindu Studies* 3:1 (2010), 53-90.
Pauwels, Heidi, and Emilia Bachrach."Aurangzeb as Iconoclast: Vaishnava Accounts of the Krishna Images' Exodus from Braj." *Journal of the Royal Asiatic Society* 28:3 (2018), 485-508.
Pinch, William R. *Warrior Ascetics and Indian Empires.* Cambridge: Cambridge University Press, 2006.
"Pipeline to Bring Ganga Water to the Yamuna Declared Successful." *Vrindavan Today*,Vrindavan, January 25, 2018.
Prime, Ranchor. "Reviving the Forests of Vṛndāvana." *Back to Godhead* 26 (1992), 24-39.
........., "Restoring the Forests of Braj." *Vrindavan Today*,Vrindavan,July 22, 2014.

Rademacher, Anne, and K. Shivaramakrishnan, eds. *Ecologies of Urbanism in India: Metropolitan Civility and Sustainability.* Hong Kong: Hong Kong Scholarship Online, 2014 [print 2013].
Ray, Sugata. *Climate Change and the Art of Devotion: Geoaesthetics in the Land of Krishna, 1550–1850.*Seattle: University of Washington Press, 2019.
Richardson, E. Allen. *Seeing Krishna in America: The Hindu Bhakti Tradition of Vallabhacharya in India and its Movement to the West.* Jefferson, NC: McFarland and Co., 2014.

Robison, Claire C. "A Return to a Place One Has Not Been: ISKCON and the Rhetoric of *Bhakti* Revivalism in Mumbai." Unpublished paper, November, 2018.
Roy, Ananya. "The Blockade of the World-Class City." In *Worlding Cities,* edited by Ananya Roy and Aihwa Ong, 259-78. Chichester: WileyBlackwell, 2011.
Roy, Manisha. *Bengali Women.*Chicago: University of Chicago Press, 1972.
Rubin, David. *A Season on the Earth.*New York: Columbia University Press, 1976.

Sachdev, Vibhuti. *Building Jaipur: The Making of an Indian City.*Delhi and New York: Oxford University Press, 2002.
"Saints' Lives in Danger as Land Mafias Eye Ashrams." *Vrindavan Today*, Vrindavan, June 6, 2018.
Sanford, A. Whitney. "Shifting the Center: Yakṣas on the Margins of Contemporary Practice." *Journal of the American Academy of Religion* 73:1 (2005), 89-110.
Sarbadhikary, Sukanya. *The Place of Devotion:Siting and Experiencing Divinity in Bengal-Vaishnavism.* Berkeley: University of California Press, 2015.
Satya Nārāyaṇa Dāsa and Kuṇḍalī Dāsa. *In Vaikuṇṭha Not Even the Leaves Fall:A Treatise on the Bondage of the Jīva.* Vrindavan: Jiva Institute of Vaisnava Studies, 1994.
Scott, J. Barton. *Spiritual Despots: Modern Hinduism and the Genealogies of Self-Rule.*Chicago: University of Chicago Press, 2016.
Searle, Llerena Guiu. *Landscapes of Accumulation: Real Estate and the Neoliberal Imagination in Contemporary India.* Chicago: University of Chicago Press, 2016; Delhi: Primus Books, 2017.

Sebastian, Rodney. "Constructing the Manipuri *Rāslīlās*: Agency, Power, and Consensus." Paper delivered to the American Academy of Religion, Denver, November 18, 2018.

"Cultural Fusion in a Religious Dance Drama: Building the Sacred Body in the Manipuri *Rāslīlās*." Ph.D. dissertation, University of Florida, 2019.

Semple, Kirk."Virgin of Guadalupe Is 'No. 1 Mother' in Mexico, a Binding Force Across Divides." *New York Times*, December 15, 2018.

Sharan, Awadhendra. *In the City, Out of Place: Nuisance, Pollution, and Dwelling in Delhi ca. 1850-2000*. Delhi: Oxford University Press, 2014.

.... "A River and the Riverfront: Delhi's Yamuna as an In-Between Space." *City, Culture and Society* 7 (2016), 267-73.

.... "The Ganges as an Urban Sink: Urban Waste and River Flow in Colonial India in the Nineteenth Century." In *Rivers Lost, Rivers Regained: Rethinking City-River Relations*,edited by Martin Knoll, Uwe Lübken and Dieter Schott, 200–215, 374–9. Pittsburgh: University of Pittsburgh Press, 2017.

Shatkin, Gavin. "Planning Privatopolis: Representation and Contestation in the Development of Urban Integrated Mega-Projects." In *Worlding Cities: Asian Experiments and the Art of Being Global,* edited by Ananya Roy and Aihwa Ong, 77–97. Chichester: WileyBlackwell, 2011.

Sheikh,Fazal. *Moksha.*Göttingen: Steidl, 2005.

Shodhan, Amrita. *A Question of Community: Religious Groups and Colonial Law.* Kolkata: Samya, 2001.

Shulman, David. *More Than Real: A History of the Imagination in South India.* Cambridge: Harvard University Press, 2012.

Singh, Kavita. "Temple of Eternal Return: The Swāminārāyan Akshardhām Complex in Delhi." *Artibus Asiae* 70:1 (2010), 47-75.

Singh, Sanjay. "Kashi Vishwanah Pathway: Over 100 Houses To Be Demolished, Rehabilitation in Ramnagar." *Economic Times*, May 14, 2018.

Slater, Joanna. "How Narendra Modi is Remaking Hinduism's Holiest City—and India in the Process." *Washington Post,* May 27, 2019.

Smith, Jonathan Z. *To Take Place: Toward Theory in Ritual.* Chicago: University of Chicago Press, 1987.

Snell, Rupert. "The Nikuñja as Sacred Space in Poetry of the Rādhāvallabhī Tradition." *Journal of Vaishnava Studies* 7:1 (1998), 63-84.

Srinivas, Tulasi. *The Cow in the Elevator: An Anthropology of Wonder.*Durham: Duke University Press, 2018.

Srivastava,Sanjay.*Entangled Urbanism: Slum, Gated Community, and Shopping Mall in Delhi and Gurgaon.*Delhi: Oxford University Press, 2015.

Srivathsan, A. "Varanasi, by Design:Vishwananath Dham and the Politics of Change." *The Hindu*, March 23-24, 2019.

Stewart,Tony K. *The Final Word: The Caitanya Caritāmṛta and the Grammar of Religious Tradition.* New York: Oxford University Press, 2010.

Stoker,Valerie. *Polemics and Patronage in the City of Victory: Vyāsatīrtha, Hindu Sectarianusm, and the Sixteenth-Century Vijayanagara Court.* Berkeley: University of California Press, 2016.

Sullivan, Bruce M. "Theology and Ecology in the Birthplace of Kṛṣṇa." in *Puri-*

fying the Earthly Body of God: Religion and Ecology in Hindu India, edited by Lance E. Nelson. Albany: State University of New York Press, 1998.

Taneja, Anand Vivek.*Jinnealogy: Time, Islam, and Ecological Thought in the Medieval Ruins of Delhi.*Stanford: Stanford University Press, 2018.

Taylor, McComas. *Seven Days of Nectar: Contemporary Oral Performance of the Bhāgavatapurāṇa.*New York: Oxford University Press, 2016.

Thakur, Nalini. "The Building of Govindadeva" with photographs by Robyn Beeche. In *Govindadeva: A Dialogue in Stone,* edited by Margaret H. Case, 11–68. New Delhi: Indira Gandhi National Centre for the Arts, 1996.

Thakur, Nalini. "The Indian Cultural Landscape:Protecting and Managing the Physical to the Metaphysical Values." In *Managing Culture Landscapes,* edited by Ken Taylor and Jane L. Lennon. London and New York: Routledge, 2012, 164-72.

.... with photographs by Robyn Beeche."The Building of Govindadeva." In *Govindadeva: A Dialogue in Stone,* edited by Margaret H. Case, 11-68. New Delhi: Indira Gandhi National Centre for the Arts, 1996.

Thapar, Romila. *Indian Cultures as Heritage: Contemporary Pasts.*Delhi: Aleph Books, 2018.

Thomas, Julia Adeney, Prasannan Parthasarathi, Rob Linrothe, Fa-Ti Fan, Kenneth Pomeranz, and Amitav Ghosh. "*JAS* Round Table on Amitav Ghosh, *The Great Derangement...*" *The Journal of Asian Studies* 75:4 (2016), 929-955.

Thomases, Drew. "Making Pushkar Paradise: Hindu Ritualization and the Environment." *International Journal of Hindu Studies Making Pushkar* 21:2 (2017), 187-210.

........., *Guest is God: Pilgrimage, Tourism, and Making Paradise in India.*New York: Oxford University Press, 2019.

Thoreau, Henry David. *Excursions.* Boston: Ticknor and Fields, 1864.

Trischler, Helmuth. "The Anthropocene: A Challenge for the History of Science, Technology, and the Environment." *N.T.M.* 24 (2016), 309-35.

Truschke, Audrey. *Aurangzeb: The Man and the Myth.* Gurgaon: Viking, 2017.

Turner, Frederick Jackson, with commentary by John Mack Faragher. *Rereading Frederick Jackson Turner: "The Significance of the Frontier in American History", and Other Essays.* New Haven: Yale University Press, 1998.

Turner, Victor. *The Ritual Process: Structure and Anti-Structure.*Chicago: Aldine, 1969.

........., "The Center Out There: Pilgrim's Goal." *History of Religions* 12:3 (1973), 191-230.

Tweed, Thomas A. *Crossing and Dwelling: A Theory of Religion.* Cambridge: Harvard University Press, 2006.

Vajpeyi, Ananya. "Our House of Love." http://indianculturalforum.in/2017/06/22.

Van der Kooij, Arjen, and Ramon Dekkers. *Doorway to Eternity: Celebrating the Land of Krishna.* San Rafael: Mandala Publishing, 2003.

van der Veer, Peter. *The Value of Comparison.* Durham: Duke University Press, 2016.

Vanita, Ruth. *Love's Rite: Same-Sex Marriage in India and the West.*Delhi: Penguin, 2005.

Varma, Rashmi. *The Postcolonial City and its Subjects: London, Nairobi, Bombay.* New York and London: Routledge, 2012.

Vātsalya Nirjhar. October 2016 and June 2017.

Vaudeville, Charlotte. "Braj, Lost and Found." *Indo-Iranian Journal* 18:3–4 (1976), 195–213.

Venkatesan, Archana. *The Secret Garland: Āṇṭaḷ's Tiruppāvai and Nācciyār Tirumoḻi.* New York: Oxford University Press, 2010.

Venturi, Robert, Denise Scott Brown, and Steven Izenour. *Learning from Las Vegas: The Forgotten Symbolism of Architectural Form.*Cambridge: MIT Press, 1977.

Vishwananda, Paramahamsa [attributed] *Giridhari, the Uplifter of Hearts:A Selection of 108 Insights from Paramahamsa Vishwananda.*Springen: Bhakti Marga Publications, 2016.

Wadley, Susan S. "No Longer a Wife: Widows in Rural North India." In *From the Margins of Hindu Marriage; Essays on Gender, Religion, and Culture,* edited by Lindsey Harlan and Paul B. Courtright. New York: Oxford University Press, 1995.

Weber, Max. *The Protestant Ethic and the Spirit of Capitalism,* translated by Talcott Parsons from *Gesammelte Aufsätze zur Religionssoziologie*, 1920-21. London: Allen & Unwin, 1930.

Westra, Mirjam. "Kṛṣṇa Approaches Rādhā and her Confidante in a Garden with Trees, Playful Monkeys, and Glorious Blue Peacocks (1620–1640)." *Aziatische Kunst* 48:1 (2018), 94-101.

Whitmore, Luke. *Mountain, Water, Rock, God: Understanding Kedarnath in the Twenty-First Century.* Berkeley: University of California Press, 2018.

Williams, Richard David. "Krishna's Neglected Responsibilities: Religious Devotion and Social Critique in Eighteenth-Century North India." *Modern Asian Studies* 50:5 (2016), 1403-40.

......., "A Theology of Feeling: The Radhavallabhi Monsoon in the Eighteenth Century." In *Monsoon Feelings: A History of the Emotions in the Rain,* edited by Imke Rajamani, Magrit Pernau, and Katherine Butler Schofield, 71-96. New Delhi: Niyogi Books, 2018.

Wilson, E. O. *The Creation: An Appeal to Save Life on Earth.* New York: W.W. Norton, 2006.

Winfrey, Oprah. "Oprah in India." In "Oprah's Next Chapter," www.youtube.com/watch?v=Y814cP3IB1s, www.youtube.com/watch?v=aBhpng2NzVc. Accessed July 28, 2018.

Yadav, Leena. *Parched,* produced by Ajay Devgn.Mumbai: Ajay Devgn Ffilms, 2015; released September 23, 2016.

Zimmermann, Francis. *The Jungle and the Aroma of Meat: An Ecological Theme in Hindu Medicine.* Berkeley: University of California Press, 1987.

अनुक्रमणिका

अंगकोरवाट 143, 348
अंग्रेज मन्दिर (इन्टरनेशनल सोसाइटी फॉर कृष्ण कंशसनेस, इस्कॉन भी देखें) 50, 103, 134, 160, 162, 164
अकबर (मुगल बादशाह) 10, 35, 166, 259-260, 262-263, 285
अक्रूर 154
अक्षय पात्र 146-149, 170, 175, 180, 190, 215, 289, 293, 332; परियोजना 146
अखिलेश यादव 54, 60, 103, 295
अचिन्त्य भेद-अभेद 234, 292
अजय कंस्ट्रक्शन कम्पनी 56
अतिक्रमण 298
अनन्त वासुदेव 248
अनिल अंबानी 269
अनुयायी 239, 248, 288, 291, 329
अन्तरराष्ट्रीय रियल एस्टेट संघ 294
अन्धा पुल परियोजना 73
अन्नकूट 142
अभय चरण डे 49
अभय चरणारविन्द भक्तिवेदान्त स्वामी प्रभुपाद 49; ए.सी. भक्तिवेदान्त मार्ग 165; देखें 'प्रभुपाद'
अभिनव गोस्वामी 29, 46
अभिषेक गोस्वामी 128
अमित राजपूत 107, 113, 327
अयोध्या 80-81, 103, 151, 182, 221, 337, 344
अरीठ (अरिष्ट) 167
अर्चना सुराणा 175
अर्जुन 24, 30, 225, 335
अल जरूनी 180, 181
असाधारण सार्वभौमिक मूल्य 297
असीम कृष्ण दास 26, 27
आकर्षण 145, 147, 157, 185
आतिथ्य संस्थान 183
आदेश इंस्टीट्यूट 133
आध्यात्मिक 180
आरिफ मोहम्मद 145
आश्रयस्थल 37, 70, 121, 291, 305
आस्था गोस्वामी 231, 342
इंटरनेशनल इस्कॉन 162
इंटरनेशनल इस्कॉन के दो 'पीठ' 162
इन वैकुंठ नॉट इवन द लीव्स फॉल 120
इन्दिरा गांधी 72, 204, 211, 250, 265, 266, 267, 307, 333, 338
इरफ़ान हबीब 261, 336
इलाहाबाद 46, 60, 76, 242-243, 273, 294, 323, 332, 342, 350
इस्कॉन मन्दिर 10, 37, 41, 49-51, 54,

57, 63, 71-72, 86-90, 94, 103-121, 123, 134-136, 139-140, 143, 147-148, 155, 156-162, 164, 179, 181-183, 185, 191, 202, 208, 234-235, 249, 255, 261, 276, 288, 293-294, 303, 309, 319, 326, 328, 330, 332, 334-337, 339, 341, 348; भक्तिवेदान्त बुक ट्रस्ट 119; इस्कॉन के समृद्ध बंगलूरु मन्दिर 139; इस्कॉन-बंगलूरु 293, 294, 309
ईश्वर का भय 233
उड़ान के अनुभव 192
उत्तम पुरुष 283
उमा चतुर्वेदी मदन 204
उर्मिला मोहन 162, 335
उषा दीदी 226, 227
ऋतम्भरा (साध्वी) 216-223, 225, 231, 290, 341
ऋषिकेश 55, 211
एंकर स्टोर 287
एंथ्रोपोसीन 304
एनआरआइ ग्रींस 105
एलिडा जेकबसन 195
ऑस्ट्रेलिया 178, 272, 278
ओप्रा विनफ्रे 206
औरंगजेब 169, 255, 258, 259, 260, 263, 336, 343
कंस 31, 47, 78, 79, 83, 144, 151, 154, 167, 230, 307, 320
कजरी जैन 143, 327, 330, 331
कथावाचक 246, 247
कविता सिंह 143, 330
कश्मीर 130, 215, 310
काँगड़ा 130, 131, 132; जीर्ण-शीर्ण मन्दिर 132; क्षेत्र 130
कानून 55, 205, 242, 294; चुनौती 335
कालिय नाग 34, 37, 101, 184, 307, 312, 314, 315
कालियदह 57, 67, 184
काशी विश्वनाथ मन्दिर 302, 347
कीर्तन 110, 115-116, 121, 123, 222, 230, 245, 271-272, 276, 279
कुरुक्षेत्र 30, 136, 239
कृपालु जी महाराज 37, 51, 98, 101-103, 226-227, 230, 324, 327
कृष्ण थीम पार्क 43, 63, 78, 183
कृष्णदास 26, 27, 148, 332, 338
कृष्णमूर्ति 241
कृष्णलीला थीम पार्क 144, 148, 181
कृष्णस्तुभगवान स्वयम् 152
कृष्णा और वृन्दावन 142
के.पी.एस. गिल 72, 322
केदारनाथ दत्त 37, 152, 192, 348
केशवदेव मन्दिर 259
केशी घाट 14-15, 45-46, 48, 52-56, 59-64, 67-68, 70, 73, 75-77, 79-80, 82-83, 88, 114, 172, 237-298, 320-321; का संघर्ष 45, 320
कौतुक भाव 143
गंगा 46, 60, 66, 73, 79, 91, 152, 162, 192, 242, 286, 302, 311-312, 322, 324, 345-347
गंगाजल परियोजना 322
गगनचुम्बी मन्दिर 139-142, 155, 162, 165, 260, 329
गिरधारी 125-126, 131, 132, 133
गिल्ड फॉर सर्विस 216, 290, 342
गीत 23, 24, 25, 32, 43, 203, 234, 276, 281, 285, 295, 309, 319
गीता 24
गुरु नानक 93, 94, 95
गोकुल 30, 31, 192
गोकुलानन्द मन्दिर 272
गोपाल भट्ट 28, 30, 75, 167, 178, 253, 335, 343
गोपी 24, 32-33, 35, 95, 235, 282, 326
गोपीनाथ 255
गोमती नदी 80

गोलोक 152, 163, 236, 333; गोलोक वृन्दावन 119, 151, 152, 153, 176, 260, 294
गोवर्धन ईको विलेज 19
गोवर्धन पर्वत 31, 65, 89, 93, 94, 95, 125, 158, 172, 256, 268, 269, 270, 278, 312, 313, 328
गोविन्ददेव 166-169, 247, 255, 257-259, 263-264, 297-298, 303, 333, 336, 343
गोविन्ददेव मन्दिर 166, 168-169, 247, 257-259, 263, 297-298
गौड़ीय 31, 37, 89, 116, 118, 124, 127-128, 134, 141, 164, 187, 201, 233, 234, 248-249, 252, 329, 335, 347-धर्मशास्त्री 127; मठ 201, 248, 249; वैष्णववाद 164
गौशाला 116
चंचलापति दास 18, 117, 140, 148, 153, 156, 158, 161, 188-191, 193, 331-332, 334-335, 338-339
चन्द्रोदय टावर 183-184
चन्द्रोदय मन्दिर 14, 18, 43, 103, 107-108, 113-114, 117, 139, 141, 143-146, 149, 150, 152-158, 162, 164-166, 168-172, 175, 177-180, 183-184, 186-187, 189-190, 192, 194, 196-197, 207, 221, 234, 260-261, 288, 293, 307, 338; चन्द्रोदय मन्दिर परियोजना 170
चाँदी हेफनर 18, 56, 69, 70, 71, 72, 73, 74, 75, 77, 97, 281
चार किंगडम डिजनी वर्ल्ड 178
चार धाम 152, 306, 333, 336; योजना 336
चित्रकूट 51, 89, 259, 325; आश्रम 51
चुनाव 54, 60, 63, 70, 73, 75, 82, 148, 154, 263, 295, 324
चैतन्य महाप्रभु 30, 34, 37, 46, 60, 102, 116, 140, 162, 167, 188-189, 192, 205, 234, 246, 248, 250-251, 254-256, 263, 271-272, 279, 329, 338, 305; सम्प्रदाय 239, 256; विहार 227
चौपाटी 82, 323
छटीकरा 51, 86-90, 92-94, 97-99, 103-105, 107, 113, 124-126, 134, 137-138, 140, 150, 165, 207-208, 215, 266, 287, 326, 327; मॉल 105
जगद्गुरु 238, 239
जगमिंदर जीत सिंह 145, 331
जय गुरुदेव 154, 334; विशाल मन्दिर 154
जयकृष्ण बाबा 65
जयपातक स्वामी 162
जयसिंह (महाराजा) 20, 166, 248-250, 255-256, 263-264, 272, 274, 280-281, 303
जयसिंह घेरा 20, 248-250, 255, 256, 272, 274, 281
जयसिंह द्वितीय (महाराजा) 69, 166, 263-
जानकी दास पटोडिया 201
जीव आयुर्वेद 116
जीव गोस्वामी 116, 118-119, 127, 205, 234, 246, 261-262, 333, 345
जीव दास 110, 111
जीव संस्थान 116
जे. एस्टलिन कारपेंटर 252
जे. कृष्णमूर्ति 241
जे.सी. चौधरी 91, 133
जेल 192
ज्वाला धाम (श्रीकृष्ण आश्रम) 52, 93
टी.आर.वी. मूर्ति 237
टी.एन. मदन 272, 340
डब्ल्यूएचएस 297, 299-302, 308
डिजनीकरण 194
डिजनीलैंड 63, 144, 157
डीप स्पेस क्लाइमेट ऑब्जर्वेटरी 315
डेविड हेबरमन 257, 328
डॉरिस ड्यूक 70, 71

डोनाल्ड ट्रम्प 70, 73, 314
ताज एक्सप्रेसवे 53
ताजमहल 46, 5-52, 68, 98-100, 143, 154-155, 176, 223, 260, 297, 334
तारापद मुखर्जी 261
तीर्थयात्री 15, 38-40, 49, 53, 59, 82, 86, 108, 135, 192, 295
तेजो महालय 154
त्रिलोकी नाथ मदन 204
त्रिविक्रम 311, 312
थिओसॉफिकल सोसाइटी 242
थीम पार्क 43, 63, 65, 78, 144-145, 148, 168, 181, 183, 187, 191, 287-288, 291, 322, 333
द अपलिफ्टर्स ऑफ हर्ट्स 132
द ग्रेट डिरेंजमेंट 316, 349
द भगवद्गीता ऐज इट इज 140, 181, 182
दलाईलामा 130
दहेज प्रथा 219
दिव्य धाम 93
देवी महात्म्य 220, 221
देवी श्री शैल किशोरी 231
द्रुतकर्म दास 120
द्वारका (पश्चिम) 32, 131, 151-152, 246-247
द्वारकाधीश मन्दिर 247
धर्मशाला 39, 86, 87, 108, 130, 208
धाम 92, 112, 149, 332
धार्मिक 180, 189; परियोजना 184
नन्दकुमार 255
नन्दगाँव 172, 192
नन्दिनी नन्दन ठाकुर 97
नबद्वीप 37, 162, 192
नया आध्यात्मिक वृन्दावन 114
नये शिव मन्दिर 'शंकर धाम वृन्दावन' 177
नरसिंह 126, 127, 128, 129
नरेन्द्र मोदी 54, 63, 78, 80, 148, 154, 332, 347
नर्मदा बचाओ आन्दोलन 60, 80
नलिनी ठाकुर 150, 332, 336
नवनीत रमण 271
नागर मन्दिर 98, 188
नाचियर तिरुमोली 35
नाभादास के 'भक्तमाल' 127
नारायण भट्ट 167, 168, 256
निकुंज समाधि मन्दिर 328
नितिन गडकरी 79, 170, 323
नित्यगोपाल 69; मन्दिर 69
निधिवन 39, 41
निर्जन क्षेत्र 285, 306, 308
नीरज गोस्वामी 19
नोर्दस्त्रोम 99
न्यूयॉर्क 20, 26, 37, 47, 51, 56, 93, 109, 117, 156, 160, 198-199, 251-252, 302, 315, 318-325, 327-335, 337-340, 342-349
न्यूयॉर्क टाइम्स 198-199, 318, 322, 329-332
पंडा 40; पुराण 169, 260; सभा 295
पंडित जसराज 246
पंथ बद्रीनाथ (उत्तर) 152
पटना 4, 273, 282
पत्थर में एक संवाद 263
परम शक्ति पीठ 220, 290, 341, 350
परमाद्वैती स्वामी 18, 53-55, 59, 63-64, 73, 114-116, 322
परिक्रमा मार्ग 14, 59-60, 62, 64, 67, 75-77, 81-82, 88, 112-113, 135-136, 143, 184, 253, 287, 294, 296, 298-299, 321-323, 328
परियोजना 80, 145
पवन वर्मा 199, 340
पाँच गौड़ दास 54
पागल बाबा का मन्दिर 154
पुराणकथा 230
पुराने वृन्दावन में राधारमण मन्दिर 167
पुरी (पूरब) 152, 164, 234, 248
पुरुषोत्तम गोस्वामी 69, 238, 240, 241,

247, 249, 251, 263, 269, 271, 275, 276, 283
पुष्पा समाधि मन्दिर 162
पूजा भाव 143
पैनोप्टिकोन 192
प्रणब मुखर्जी 147, 169
प्रतीक-चिह्न 164, 172, 260
प्रियदास 127, 329
प्रिया चोपड़ा 19, 295, 345
प्रेम मन्दिर 41, 51, 98-101, 103, 109, 133-135, 155, 226, 230, 313-314, 323-324, 327-328, 334, 350
फॉरगॉटन विडोज ऑफ वृन्दावन 199
बंकिम चन्द्र चट्टोपाध्याय 157, 225, 309, 335
बंगलूरु 36, 116-117, 130, 139-142, 147-148, 156, 158, 160-161, 164-166, 168-169, 179, 185, 188-191, 193, 234, 288, 289, 293, 294, 309, 331-332, 334, 335, 337, 338, 339; मन्दिर 139, 140, 141, 161; की परियोजना 139
बंगाल 30, 36-37, 46, 116, 120, 159, 162, 164, 187, 201-202, 205, 248, 255, 273, 319, 330, 345
बकासुर 37, 144
बद्रीनाथ 152
बनारस 15, 24-25, 86, 101, 172, 237-238, 241-242, 246, 258, 266-267, 271, 273, 302, 320, 323, 337
बन्दर 48, 49, 59, 293, 300-301, 320
बरसाना 37, 128, 172, 191-192, 256, 319, 321; धाम 37
बलराम 35, 74-75, 78, 89, 103, 112-113, 123-124, 160, 188
बाँके बिहारी मन्दिर 39, 41, 50, 57, 76, 102, 135, 172, 295, 296
बाबरी मस्जिद विध्वंस 221, 225
बाबा हरबंस सिंह 95, 96
बिन्देश्वर पाठक 227
बिहारीजी मन्दिर 15, 103, 107, 159, 223, 299
बीबीसी 15, 198
बोधगया 297, 301, 337, 346, 347, 349
ब्रज 25-26, 28, 30-31, 33-34, 37-38, 60, 63-65, 69, 80-81, 84, 88-89, 93, 101, 103, 115, 118, 125, 127, 130, 132, 134, 145-146, 150-151, 159, 164, 167-168, 170, 172, 176, 185, 191-192, 204, 219, 230, 250-251, 253, 256-257, 260-262, 265, 281, 296, 309, 313-314, 319, 320, 322, 325, 333, 336-337, 340, 343-344, 345, 350; न्यू ब्रज (ब्रज) 37; ब्रज धरोहर उत्सव 185; ब्रज धाम 333; मूल ब्रज (हरे-भरे जंगल से भरा) 192
ब्रज फाउंडेशन 296, 345
ब्रज महोत्सव 250
ब्रजकुमारी गोस्वामी 245
ब्रजभाषा 16, 25, 32, 204
ब्रजभूमि 182, 336
ब्रजवासी 19, 73, 85, 93, 97
ब्रेकिंग न्यूज 222
भक्ति 130, 145, 167, 182, 192; आन्दोलन 293, 302, 303, 306
भक्ति प्रसाद पुरी उर्फ अनन्त वासुदेव 248
भक्ति भावना 109, 115, 167, 204
भक्ति मार्ग 19, 121, 122, 125, 126, 129, 133, 196, 229, 328
भक्ति विनोद ठाकुर 192
भक्ति सिद्धान्त 248, 343, 350
भक्ति सिद्धान्त सरस्वती 248, 343
भक्तिरसबोधिनी 127, 234, 329, 351
भक्तिरसामृतसिन्धु 187, 338
भक्तिवेदान्त बुक ट्रस्ट 119, 348, 350
भक्तिवेदान्त मार्ग 103, 165, 325
भक्तिवेदान्त स्वामी गेट 51
भक्तिसिद्धान्त दास 330, 334

भगवद्गीता 24, 26, 111, 117, 130, 140, 148, 157, 159, 180, 181, 182, 225, 264, 335
भगवा 73, 140, 216, 278, 324
भजन आश्रम 201-203, 205-208, 226, 291
भागवत कथा 209, 221, 231, 232, 246, 247, 264
भागवत पुराण 136, 152-154, 157, 163, 180, 182, 221-223, 225, 231, 246-247, 264, 278, 280, 293, 307-308, 315, 333, 339, 342, 348
भागवत महात्म्य 264
भागवत सप्ताह 163, 221, 246, 247, 264, 293
भानु प्रताप शुक्ल 223
भारतमाता 220, 333
भारतीय जनता पार्टी (भाजपा) 54, 63, 77-78, 148, 169-170, 217, 225, 266, 289, 295, 346
भारतीय पुरातत्त्व सर्वेक्षण (एएसआइ) 61, 76, 100, 257, 296-297
भ्रमर घाट 46, 69-70, 73, 247
भ्रष्टाचार 48, 78, 112, 253, 266-267, 294-295
मगन शर्मा 238, 266
मथुरा 9, 14, 30-31, 34-35, 42, 46, 50, 53, 54, 58, 63, 66, 78-79, 86-87, 107, 130, 144, 148-149, 151, 154, 159, 165, 168, 172, 175, 185, 187, 191-192, 204, 216, 225-228, 230, 239, 258-259, 265, 267, 269, 273, 286, 294-296, 306, 318, 322-323, 325-326, 328, 336-338, 341, 350; रोड 14, 86, 87, 154, 165, 225, 227
मथुरा वृन्दावन विकास प्राधिकरण (एमवीडीए) 58, 68, 81, 294, 324, 345
मथुरावासम् 187
मदन मोहन मन्दिर 15, 296-298
मदुरै 35, 143, 167-168, 318, 336
मधु पंडित दास 18, 116-117, 140, 142, 161-162, 164, 331, 334-335
मनजीत सिंह 211
मनमोहन सिंह 169
मनोज ठाकुर 274, 275
महाबली 311, 312
महाबोधि मन्दिर 301
महामंत्र दास 54, 63, 73, 202
माँ आनन्दमयी 204
माँ ज्वाला धाम 18, 87, 94, 95 206, 207, 208, 209, 210, 211, 212, 213, 214, 215, 216, 217, 219, 290, 341; आश्रम 18, 207
माँ वैष्णो देवी धाम 90-91
माँ शारदा 203, 205, 339
माँ सर्वमंगला 222
मानसिंह कछवाहा 10, 257, 258, 259, 260, 263, 285
मायापुर 54, 106, 108, 120, 123, 162, 163, 164, 189, 192, 319, 336, 350; चन्द्रोदय मन्दिर 162, 164
मायापुर वृन्दावन ट्रस्ट (एमवीटी) 54, 106, 108
मायावती 172, 298
मायावन 113, 114
मारुति 266, 267
मिर्जापुरी धर्मशाला 86, 108
मीरा खन्ना 18, 213, 214
मीराबाई 125, 127, 130-234, 295, 329; मन्दिर 295
मुंगेर मन्दिर 18, 226-227
मुक्त पंछी 244
मुरारीलाल वर्मा 30
मुस्लिम 34, 42, 154, 155, 209, 259, 260, 261, 262, 263, 290, 297, 343; स्मारक 154
मेट्रोपॉलिटन म्यूजियम ऑफ आर्ट 47, 310, 315

मैकडोनल्ड 147
मैनहट्टन 70
मॉल ऑफ वृन्दावन 84, 90, 96, 98, 124, 288, 324
मोहिनी गिरि 18, 206, 207-217, 219, 290, 340-341
यम द्वितीया 69, 73
यमुना 13,-15, 30, 34-35, 38, 41, 43, 45-46, 48, 52-53, 55, 57-70, 73, 75-76, 79-83, 87-88, 91, 101, 112-113, 125-126, 143, 150, 154, 165, 170-171, 191, 204, 243, 257, 260, 272-274, 286-287, 293-294, 296, 301, 305, 307-308, 314, 321-324, 328, 335, 338, 345, 349-350
यमुना एक्सप्रेसवे 53, 112-113, 165, 171, 307, 338
यमुना क्रीक 335
यमुना नदीतट परियोजना 63
यमुना बचाओ 60
युगल किशोर मन्दिर 46, 55, 61, 76, 297-298
युधिष्ठिर कृष्ण दास 148, 157, 332, 334
यूनिवर्सल स्टूडिओज 294
यूनेस्को 35, 149, 252, 297-298, 308-309, 346, 349
योगी आदित्यनाथ 148, 154, 332
रंगजी मन्दिर 39, 102, 239
रघुनाथ भट्ट 259
रणधीर सिंह 72
रमण रेती 49, 88, 247, 253, 255-256
रमेश चन्द्र शर्मा 267
राजा नन्दकुमार बसु 255
राजा मानसिंह 258, 259, 263
राजा हेरोड 31
राधा 28, 30, 34, 37, 39, 74, 97;98, 101, 107, 141, 157, 191-193, 195-196, 202-203, 222, 224, 227, 234, 236, 251, 253-254, 256, 257, 264, 280-281, 290, 320-321, 327, 342; कुंड 89, 167, 256
राधा दामोदर मन्दिर 227
राधारमण जी 14-15, 20, 27-30, 39, 44, 50, 69, 75, 128, 136, 159, 167, 178, 184, 231-232, 238, 245, 248-250, 194, 204, 232-233, 235, 252-253, 270-272, 278, 280-281, 291, 295; मन्दिर 27, 128, 159, 167, 232, 245, 248, 249, 250, 252, 253, 270, 272, 280
राधारमणीय गोस्वामी 253
राधावल्लभ मन्दिर 239
राधास्वामी सत्संग 154
राधे श्याम 228
राम 96, 151, 221, 259, 271, 283; मन्दिर निर्माण 221
रामकृष्ण 203, 339, 340, 350
रामदास गुप्ता 261
रामानुज 101, 126, 335
रामायण 158, 221
रामेश्वरम (दक्षिण) 152
राष्ट्रपति प्रणब मुखर्जी 147
राष्ट्रीय राजधानी क्षेत्र (एनसीआर) 63, 172, 289, 337
राष्ट्रीय स्वयंसेवक संघ (आरएसएस) 225, 348
राष्ट्रीय हरित ट्रिब्यूनल (एनजीटी) 61, 67, 68, 69, 70, 73, 322, 335; पहला आदेश 69; का फैसला 61, 67, 69-70, 73, 322
रिंपेश शर्मा 18, 145, 173-174, 181, 184, 188, 331, 338
रिलायंस इंडस्ट्रीज 269
रीचिंग टु द स्काइ 142, 144-145, 150-, 152, 184, 186, 188, 331, 334
रुक्मिणी विहार 57, 87
रूप रघुनाथ दास 341
रेवतीकान्त 18, 19, 127, 128, 129, 196;

देखें विश्वानन्द स्वामी/ विश्वरेवतीकांतानन्द स्वामी
रॉबिन बीछ 20, 56, 271, 272, 278, 279, 336
लघु सिद्धान्त कौमुदी 239
लास वेगस 316
लिटिल कृष्णा 158
लॉस एंजिल्स 140, 149, 316
वन्स वी वेयर विद कृष्ण 120
वल्लभ सम्प्रदाय 34, 37, 126, 250, 256, 328
वल्लभाचार्य 30, 319, 342
वात्सल्य ग्राम 216-225, 290, 341, 350-351
वात्सल्य निर्झर 223, 225, 341
वालचरित नाटकंकल 35
वाल्टर बेंजामिन 143, 331
विजयनगर 297, 319
विनोद बिहारी बाबा 128
विनोदीलाल के मन्दिर 264
विभाजित 248
विश्व विरासत स्थल (डबल्यूएचएस) 35, 297, 299, 301, 308; परियोजना ('डबल्यूएचएस') 299
विश्व स्तरीय मन्दिर नगरी 307
विश्वनाथ मन्दिर 243, 259, 302, 347
विश्वबैंक 19, 183, 295, 298, 345
विश्वरेवतीकान्तानन्द 127, 328;329
विष्णु 101, 124, 126, 152-153, 193, 309-312, 333, 340; का लोक 153; विष्णुपुर 37
विष्णुप्रिया गोस्वामी 18, 232, 342
विहिप (विश्व हिन्दू परिषद) 225
वीकेंड कल्चर 265
वृन्दा कुंज 114, 115
वृन्दापुरम 52, 105
वृन्दावन 9-11, 13-22, 25-26, 28, 30- 32, 34-46, 48-60, 63-76, 78-82, 84, 86-99, 102-146, 148-172, 175-178, 180, 182-192, 194-209, 212-221, 225-239, 242, 245-251, 253-261, 263-268, 270-271, 274, 277-278, 285-314, 316-317, 319-330, 332-334, 336-350, 383; नया वृन्दावन 11, 13, 16, 26, 35, 43-44, 50, 53, 64, 89-90, 97, 98, 103, 105, 106-108, 112-114, 125, 129, 133-134, 136, 141-142, 150, 160, 162, 167, 170, 182, 187, 197, 208, 214-216, 232, 237, 247-248, 254-257, 260-261, 263-264, 266, 287-289, 291-292, 294, 301, 305-306, 309; नव वृन्दावन 35; पुराना वृन्दावन 43, 50, 89, 134, 135, 167, 184, 194, 235, 253, 287, 294, 297, 309; पाँचवाँ धाम 348; धाम 109, 110, 111, 149, 150, 151, 319, 327, 348, 350
वृन्दावन के लिए परियोजना 61, 77, 203
वृन्दावन का अर्थ 26, 35
वृन्दावन के लिए कार्ययोजना 296
वृन्दावन के लिए विश्व विरासत स्थल परियोजना ('डबल्यूएचएस') 299
वृन्दावन चन्द्रोदय मन्दिर (वीसीएम) 18, 43, 107-108, 114, 117, 139-146, 148-152-160, 162-165, 168-172, 175-185, 187-188, 190, 193-194, 196-197, 221, 234, 261, 288-289, 293, 307, 330, 332-333, 335, 337-338; की टीम 150, 158, 332; परियोजना 160, 170-171, 179, 184, 337
वृन्दावन बन्धु 57, 300
वृन्दावन में मन्दिर 91
वृन्दावन विरासत टावर 149; देखें वृन्दावन चंद्रोदय मंदिर (वीसीएम)
वृन्दावन स्मृति 197
वृन्दावन हेरिटेज टावर (वीएचटी) 180, 182
वृष्णी परिवार 31
वेणुगोपाल 244, 246-247, 264, 275-276

वैकुंठ लोक 120, 153, 309-311, 317, 328
वैकुंठ विष्णु 310
वैदिक 150-151, 153, 159, 162, 164, 177, 180-182, 185, 189, 191, 217, 219, 221, 263, 330, 332-336, 339, 341
वैदिक तारामंडल मन्दिर 162
वैदिक ब्रह्मज्ञान 177, 182
वैदिक ब्रह्मांडिकी 150
वैदिक मूल्य 180
वैदिक व्यवस्था 153, 159
वैदिक हिन्दुत्व 217
वैष्णव 39, 91-92, 101, 115, 119, 126, 152-153, 159, 163, 179, 219-220, 245, 248, 252, 263, 271, 319, 325, 328, 330, 333, 336, 339, 343-345
वैष्णव पंथ 92, 163
वैष्णव मन्दिर 39, 91
वैष्णव संघ 115
वैष्णव सम्प्रदाय 126, 325
वैष्णो देवी मन्दिर 90, 92, 93, 97, 99, 133
व्यासतीर्थ 35, 319
व्रज' 30, 37
व्रजभक्तिविलास 167, 168
व्रजोत्सवचन्द्रिका 167
शंकर धाम वृन्दावन 177
शक्ति पीठ 220, 290, 341, 350
शान्ति सेवा धाम गेस्टहाउस 51
शारलीन हेफनर 70
शालिग्राम पत्थर 28
शाही वंश परम्परा 128
शिरडी के साईं बाबा 93
शिलप्पदिकारम (एक पायल की कथा) 35
शिव 33, 58, 86, 91, 124, 152, 154, 177, 220-221, 312, 333; शिव-शक्ति 221
शिवानन्द आश्रम 211
शिष्यत्व के उत्तराधिकार 112
शीतल छाया 116, 126
शेरशाह सूरी 170
शैव पंथ 220
श्मिएम कुमार 195, 320, 324
श्रद्धालु 52, 64, 97, 104, 135, 199
श्री चैतन्य प्रेम संस्थान 29, 56, 85, 250, 278, 280
श्री श्री राधा वृन्दावन चन्द्र 196
श्री सर्वमंगला 220, 221, 222
श्री सर्वमंगला पीठम 222
श्रीकृष्ण 9, 11, 13-14, 21-28, 30-37, 39-40, 42-43, 45, 47, 50, 52, 63, 65, 69, 73-74, 78, 82, 84, 85, 90-94, 96-98, 101, 103, 105-109, 111-113, 117, 119, 120, 123, 125-127, 130-132, 139, 145-148, 151-165, 167-168, 172, 176-184, 187-189, 191-200, 202-204, 208-210, 219, 221-223-225, 230, 234, 235-236,239, 248, 251-254, 256, 261, 266, 268, 271-272, 278, 280-283, 286, 290, 293, 304-305, 307-309, 311-315, 319, 325, 326, 328, 330, 332, 333, 334, 335, 336, 339, 344, 349, 350, 383; कृष्णभूमि 141, 156; कृष्ण का ऐतिहासिक व्यक्तित्व 157; गायें 28, 32, 35, 93, 101, 124, 148, 222, 273, 305, 314; के नाम 271, 333; कृष्ण जन्माष्टमी 145; कृष्ण-बलराम 89, 103, 112, 113, 160, 161, 335; कृष्ण-बलराम मन्दिर 89, 103, 112, 113, 160, 335; बाँसुरी 26, 28, 32, 101, 127, 131, 133, 203, 225, 282, श्रीकृष्ण भागवत पुराण वाले 'बाँसुरी बजइया, रास रचइया' 225; रासलीला 26, 30, 37, 39, 56, 84, 85, 96, 168, 200, 225, 231, 235, 236, 242, 251, 252, 279, 280, 281, 283, 311, 342
श्रीकृष्ण विष्णु 193
श्रीकृष्ण हाइट्स 14, 105, 106, 107, 108, 113

श्रीरंगम 28, 39, 167, 335
श्रीवत्स गोस्वामी 17, 20, 25-26, 28, 30, 43-44, 56-58, 60, 65-66, 68-69, 73, 76- 77, 84, 86, 97, 169, 205, 207, 231-232, 234, 237-247, 249-281, 283-284, 291-292, 295, 323-324, 335-337, 343, 346
संगठित धर्म 233, 317
संत शिरडी के साईं बाबा 36, 130, 209; का आश्रम 130
संत श्री रामकृष्ण 203
संतोषी माँ 220
संस्कृत 24, 26, 30-31, 36, 69, 117-118, 121, 124, 175, 186, 239-240, 252, 318, 326, 329, 333, 335, 348
सत्यनारायण दास (बाबाजी, बाबा) 18, 116-117, 120-124, 128, 160, 261, 328
सद्गुरु सन्निधि 220
सनातन गोस्वामी 167
सनातन धर्म 220, 221
सन्देश 189
सन्ध्या गोस्वामी 25, 207, 231-232, 238, 246-247, 280
समाधि मन्दिर 162, 328
सर्वानन्द गौरांग दास 18, 143, 145, 330
सवाई जयसिंह (महाराजा) 255
साधु महाराज 18, 128, 226
सुजुकी कॉरपोरेशन 267
सुन्दरानन्द विद्याविनोद 248
सुभद्रा दासी 227, 228
सुवर्ण गोस्वामी 17
सेन नदी 80
सेवका शरण 267
सेवा क्षेत्र 215
सेवा संगठन 18
सेवाकुंज 39, 41
सौन्दर्यीकरण परियोजना 79-81, 286
स्ट्रिप मॉल 287
स्वच्छ गंगा अभियान 302
स्वच्छ भारत अभियान 54, 63, 148
स्वप्निल टावर 289
स्वर्गलोक 153, 156, 311
स्वामिनी विश्वमोहिनी 126, 228, 229-230, 328, 342
स्वामी विश्वरेवतीकान्तानन्द 127, 328-329
स्वामी विश्वानन्द 18, 121-134, 145, 228, 229, 234, 328, 329
स्वामीनारायण सम्प्रदाय 159
स्वामीबाग मन्दिर 154, 334
स्विमिंग पूल 105, 122
हरिद्वार 10, 55, 73, 293, 333
हरिभक्तिविलास 167, 252, 253
हरिवंश 254, 308, 349, 351
हरे कृष्ण आन्दोलन (यानी इंटरनेशनल सोसाइटी फॉर कृष्ण कांशसनेस, इस्कॉन) 37, 49, 112, 139, 162, 182, 303
हरे कृष्ण ऑर्किड 105, 106, 108, 109, 113
हरे कृष्णा 49, 105, 109, 112, 139, 162, 182, 303, 326, 328, 335
हिन्दू परिषद 225
हिन्दू संत संग्रहालय 124
हिन्दू स्मारक 154
हिब्बर्ट ट्रस्ट 252
हृदय (हेरिटेज सिटी डेवलपमेंट ऐंड ऑगमेंटेशन योजना) 81, 296
हेमा मालिनी 63, 78, 172, 322
हेरिटेज 81, 103, 149, 180-182, 197, 296, 320, 330, 332, 345-347
हेरिटेज आर्टिस्ट 103
हेरिटेज ग्रींस 149
हेरिटेज टावर 149, 180, 181, 182
हेरिटेज पब्लिक स्कूल 149
होली 39, 89, 200, 212, 276-277, 280, 281, 282, 283, 320, 339

भौगोलिक नक्शे पर एक स्थान होने के अलावा वृन्दावन मानवीय प्रेम के वरदान और पीड़ा के दैवी रूपान्तरण का रूपक भी है। 'दिल्ली के महानगरीय प्रसार' के सामने होते हुए भी, वृन्दावन भक्ति के मनोजगत का अभिन्न अंग बना हुआ है।

भक्ति-संवेदना के प्रख्यात विद्वान जे.एस. हौली गए पाँच दशकों से भी ज्यादा समय से वृन्दावन के साथ संवाद में हैं। यह किताब, जो इस अवधि में वृन्दावन के सफर का विचारोत्तेजक और हृदयस्पर्शी विवरण है, हर उस व्यक्ति के लिए पठनीय है जिसे भारत के सांस्कृतिक इतिहास में रुचि और उससे प्यार है।

—**पुरुषोत्तम अग्रवाल**, *पूर्व अध्यक्ष, भारतीय भाषा केन्द्र, जे.एन.यू., नई दिल्ली*

हौली की यह शानदार किताब नए और पुराने के बीच बँटे लोगों तथा विरोधाभासी इच्छाओं से जूझते एक जनसमूह के मन व आत्मा का पता देती है। वह हर इच्छा जो अपने आप में जायज है लेकिन जो अनिवार्यतः उन्हें एक ऐसी जगह ले जाती है जहाँ कोई जाना नहीं चाहता। अपने विषय के प्रति असीम प्रेम में पगी और बहुत अच्छे ढंग से लिखी गई इस किताब की विषयवस्तु व्यापक और दृष्टि वैज्ञानिक है। इसे पढ़ना खुशी भी देता है, उदास भी करता है, इसमें मधुर संगीत भी है, शोर भी है। यह हमें न सिर्फ वृन्दावन बल्कि हमारे समूचे ग्रह के भविष्य के प्रति चिन्ता और भय से भर देती है। हौली वृन्दावन को पूरे विश्व के रूपक में बदल देते हैं।

—**राजीव भार्गव**, *प्रोफेसर, सेंटर फॉर द स्टडी ऑफ डेवलपिंग सोसायटीज, नई दिल्ली*

हौली के अलावा इस किताब को और कोई नहीं लिख सकता था। वृन्दावन से अपना सुदीर्घ और गहरा प्रेम, हिन्दू धर्म के इतिहास का अपना ज्ञान और कृष्ण-भक्ति के पवित्र पदों के अनुवादक के रूप में उन्होंने अपना सब कुछ इसमें समाहित कर दिया है। वृन्दावन के लोगों की अच्छाई और शक्ति में अपने भरोसे को वे मौजूदा भारत में हिन्दू धर्म के राजनीतिक दुरुपयोग के भावी खतरों के प्रति अपनी कठोर व सुविज्ञ सजगता से सन्तुलित करते हैं और दूसरी तरफ, अपने प्रिय मूल्यों का निर्वाह करने वाले लोगों पर थोपी गई पूँजीवादी विकृतियों से वृन्दावन के रूपान्तरण के लिए अपना खाका भी पेश करते हैं। यह एक जटिल गाथा है जिसे वे मोहक सादगी और साफगोई से बयान करते हैं ताकि पाठक समझ सके कि वृन्दावन की कथा उनके लिए इतनी महत्त्वपूर्ण क्यों है।

—**वेंडी डोनिगर**, *मिर्सिया एलिडे डिस्टिंगुइश्ड सर्विस प्रोफेसर एमेरिटा ऑफ द हिस्ट्री ऑफ रिलिजंस, द यूनिवर्सिटी ऑफ शिकागो*

जैक हौली कृष्ण की भूमि वृन्दावन को दशकों से जानते हैं और कृष्ण की भक्ति-परम्पराओं और काव्य को लेकर बहुत अच्छी किताबें लिख चुके हैं। इस महत्त्वपूर्ण और दिलचस्प किताब में वे हमारी तेजी से बदलती दुनिया को एक अलग और आलोचनात्मक निगाह से देखते हैं। हमें जीवन का एक बड़ा और दुर्लभ दृष्टिकोण देते हैं। यहाँ वे पौराणिक वृन्दावन को, मन्दिरों और तीर्थयात्रियों के एक पारम्परिक नगर को देखते हैं जो नई चीजों के सामने हतप्रभ है। प्राचीन परम्पराएँ आधुनिकता के हमले का सामना कर रही हैं, जो धीमा और सादा था उसके सामने कुछ अति तीव्र और चमचमाता हुआ आ खड़ा है, ग्रामीण और देहाती के सामने पॉलिश्ड उपनगरीय चमक है। नदी प्रदूषण की राजनीति और उसके प्रभाव, भव्य रियल एस्टेट के अतिक्रमण, तीव्र परिवहन की जिद्दी आवाजाही और मनोरंजक अध्यात्म के नूतन आकर्षण, हौली इस किताब में

इस सबकी खबर लेते हैं। वृन्दावन के एक थीम पार्क बन जाने पर प्राचीन मन्दिरों की सुरुचिपूर्ण परम्पराओं का क्या होगा? कृष्ण की देहाती भूमि की तरफ दुनिया का ध्यान खींचने के लिए जब एक सत्तर मंजिला मन्दिर बनाने की योजना भी है?

हौली इन हताशाजनक गतिविधियों को गहरी रुचि और विद्वत्ता के साथ विश्लेषित करते हैं। अपने वृत्तान्त में वे महत्त्वाकांक्षी डेवलपर्स के साथ महिलाओं की आवाजों को भी शामिल करते हैं। वृन्दावन की विधवाएँ, जिनके लिए नई व्यवस्था बहुत बुरी भी नहीं है और अपने आख्यान के साथ वे श्रीवत्स गोस्वामी के प्रभावशाली और एकल स्वर को भी लेकर चलते हैं जो एक पारम्परिक, लेकिन आधुनिक धार्मिक नेता हैं और हौली के दोस्त भी, जिनकी कहानी इन तमाम निर्णायक दशकों के आर-पार फैली है, जिन्होंने पुराने से नए और घोड़ागाड़ी से आइफोन तक के इस सफर को देखा है। हौली और गोस्वामी दोनों अपनी-अपनी तरह से स्पष्ट करते हैं कि अपनी सांस्कृतिक विरासत की तलाश में वृन्दावन अकेला नहीं है, जो विरासत उसी भूख का शिकार हो गई है जो भूख यात्रियों को यहाँ लेकर आती है। यह प्यारा स्थान अपने आप में एक मार्मिक परीक्षा-स्थल हो गया है जहाँ यह तय होगा कि क्या दुनिया आने वाले समय में इस आध्यात्मिक मातृभूमि को, बिना एक आध्यात्मिक डिज्नीलैंड में बदले हासिल कर पाएगी।

—**डायना एल. ऐक**, *प्रोफेसर ऑफ कम्पेरेटिव रिलिजन एंड हिन्दू स्टडीज;*
निदेशक, द प्लुरालिज्म प्रोजेक्ट, हार्वर्ड यूनिवर्सिटी

इस वर्चुअल या एन्थ्रोपोसीन/मानव-पीड़ित या कहें अश्लील समय में एक पवित्र स्थान के रूपान्तरण का आदर्श अध्ययन है यह पुस्तक। बेहद पठनीय और ग्राह्य जिसमें निश्चय ही सामान्य पाठक भी रुचि लेंगे और वे भी जिन्हें वृन्दावन से प्यार हो गया है, वे चाहे भारतीय हों या विदेशी।

—**डेविड एल. हेबरमैन**, *प्रोफेसर, डिपार्टमेंट ऑफ रिलिजियस स्टडीज,*
इंडिआना यूनिवर्सिटी

यह महत्त्वाकांक्षी कार्य उस महा-परिवर्तन को सबसे अच्छे ढंग से देखता है जिसे वृन्दावन, बतौर एक स्थान और बतौर एक धार्मिक विचार, झेल रहा है। यह पुस्तक भारत में भक्ति के इतिहास से सम्बन्धित गहन और व्यापक ज्ञान पर आधारित है। एक पीड़ादायी अर्थ में यह पुस्तक उसमें एक आवश्यक पूरक जोड़ती है। जैसा कि लेखक का रूपक सुझाता है, आज जो भक्ति के इस केन्द्र में होता है उसका असर पूरे दक्षिण एशिया के धार्मिक नक्शे पर पड़ता है।...इस तरह के परिवर्तन भारत से कहीं आगे तक फैले हैं, क्योंकि, एक खास तरह की सुरक्षित पुरातनता में अच्छेपन की अपनी झलक खोजने वाला हिन्दू धर्म अकेला नहीं है। वह भी आधुनिकता के अनेकों खतरों को देखने के लिए...पुस्तक का प्रत्येक अध्याय एक नया मूलगामी दृष्टिकोण जोड़ता चलता है... इससे गुजरने वाले को स्थितियों की गतिमानता का बोध हो जाता है : जैसे-जैसे हम पढ़ते जाते हैं गगनचुम्बी मन्दिर का डिजाइन और क्रियाविधि बदल जाती है, और आगे के समाचार जानने के लिए पाठक को खबरों और इंटरनेट तक जाना ही पड़ता है। 'कृष्ण की लीलाभूमि' हर उस व्यक्ति के लिए एक जरूरी पाठ है जो धार्मिक इतिहास में, भक्ति में या कहें कुल विकास में रुचि रखता है।

—**रूपर्ट स्नेल**, *प्रोफेसर एमेरिटस, डिपार्टमेंट ऑफ एशियन स्टडीज,*
द यूनिवर्सिटी ऑफ टेक्सास एट ऑस्टिन